□ 責任編輯：阿 桶
□ 裝幀設計：高 林
□ 排 版：陳美連
□ 印 務：劉漢舉

中華傳統文化簡明詞典

□
主編
李行健
□
出版
中華書局（香港）有限公司
香港北角英皇道 499 號北角工業大廈一樓 B
電話：(852) 2137 2338 傳真：(852) 2713 8202
電子郵件：info@chunghwabook.com.hk
網址：http://www.chunghwabook.com.hk
□
發行
香港聯合書刊物流有限公司
香港新界大埔汀麗路 36 號
中華商務印刷大廈 3 字樓
電話：(852) 2150 2100 傳真：(852) 2407 3062
電子郵件：info@suplogistics.com.hk
□
印刷
美雅印刷製本有限公司
香港觀塘榮業街 6 號海濱工業大廈 4 樓 A 室
□
版次
2019 年 3 月初版

□
規格
32 開（168 mm × 118 mm）
□
ISBN：978-988-8572-09-0

中華傳統文化簡明詞典

首席顧問 許嘉璐
主編 李行健

中華書局

編寫組

首席顧問	許嘉璐				
顧　　問	柳　斌	朱新均	曹先擢	傅永和	仲哲明
主　　編	李行健				
副 主 編	季恆全	高喜田	高慎貴		
編寫人員	董紹克	徐復嶺	程國甡	鈕　葆	朱振平
	張　標	吳承琳	冉中光	劉景耀	徐賦秋
	陳毓舒	靳古隆	張德吉	仇志群	邵統緒
	廉啟一	王　芬	宋芳彥		
審稿專家	朱小健	張聖潔	朱瑞平	安　然	冉淮舟
	葉齊煉	婁　毅	祝曉峰	李　茹	
工作人員	孔德成	王　宏	邢鎖明	崔穎昌	

目　錄

序

許嘉璐

任何民族的文化，都起源於該民族遠古的生活、生產以及所處的自然環境。在其漫長的發展征途中，必不可少的條件有二：1. 猶如樹木，隨着年年四季輪轉，葉落而復生，枝新則益高，但新葉新枝都是從原有的根和幹上「長」出來；2. 不斷接受外來的肥、水和花粉，這樣才能不斷茁壯。中華文化就是這樣在幾千年或風和日麗，或風雨雷暴的歷史中興而衰，衰而興，延綿至今，仍具極大活力的。唯其如此，中華文化才能超越時空，為歷代億萬人民所認同，形成國家永不枯竭的合力，也才能被外人所尊重。

中華文化在歷史上有過幾次極其重要的轉型。從 20 世紀之交開始了最近一次，也是最為劇烈的一次轉變，幾經曲折，到現在為止這一過程還沒有結束。眼下人類對和平、友誼、安全、幸福的渴望，世界政治經濟狀況的複雜多變，中華民族面臨的歷史性機遇，人們對傳統文化的回顧與留戀，都在呼喚着中華文化又一個發展高潮的到來。

在這樣的時刻，學者們正在面向當下、面向世界、面向未來，殫精竭慮地進行研究、爭辯、修正、創新，各行各業越來越多的人們在設法多了解一些傳統文化，觀察着文化發展的動向。

任何民族的文化，都是個極其複雜而龐大的系統；而中華文化，確如人們常說的博大精深、源遠流長。文化研究，需要多種學科的共同努力；一般的讀者如何簡便地、一目了然地大體把握住中華傳統文化的筋脈？如何在人們聽、讀古典文獻遇到一些問題時可以自行解決呢？出版一部傳統文化的簡明詞典不失為一個挺好的辦法。

有感於此，曾經編纂過不少優秀字詞典的一批專家，由李行健先生領銜編寫了這部《中華傳統文化簡明詞典》。在我看來，這不啻為這些專家奉獻給廣大讀者的一份文化之禮。

任何文化在歷史長河中都沉澱下了許多自己專有的典籍（包括口傳的）、概念（包括名詞、術語）以及重要的人物、事件和掌故，這些就可以作為踏入文化大觀園必備的導遊圖或索引。《中華傳統文化簡明詞典》就是這樣的角色：翻看了它，可以知其梗概；要想詳細深入，即請按照它所提供的信息「按圖索驥」。

中華民族文化自古就是由居於中華大地上的所有民族、部落共同創造、哺育、保護、發展起來的。漢民族文化只是其中的主幹而已；即使在我們所稱說的「漢文化」當中，也有許多來自非漢族的內容和形式。因此，「中華傳統文化」理應包括漢族以外其他民族文化的內容；我理想中的《中華傳統文化詞典》一類的工具書，也應該包括漢族以外所有民族文化的內容。但是，編纂這樣一部詞典談何容易！可以想見其工程之浩大。李行健先生他們之所以在所編的這部詞典名字中嵌一個「簡」字，大概也隱含着待機而編一部內容更為全面的詞典的意願吧。若真如是，那麼，就讓我們翹首以待。

凡例

為適應大眾學習中華優秀傳統文化的需要，特編寫本詞典。本詞典是普及性的小型辭書，以中等及中等以上文化程度的讀者為主要服務對象，也可用作傳統文化普及教育的參考書。本詞典堅持古為今用、批判繼承原則，促進優秀傳統文化的發揚光大，發揮其思想熏陶和文化教育功能。

一、條目以體現中華優秀傳統文化的詞語、短句為基本收釋對象，並適當收釋一些相關的基本概念、基本知識詞語、短句及有關人物和著作。條目從儒家學說、道家學說、佛家學說和諸子百家學說中廣搜精選，共 3600 餘條。

二、全部條目先按種類分，後按中文筆畫順序排列。首字形、筆畫相同的，按第二個字的筆畫排列。

三、為了便於讀者檢索，正文前編有內容分類索引。

四、條目、釋文中的罕用字和容易錯讀的字，括注讀音。如：

【論（lún）語】、【公冶長】…… 賢否（pǐ）得失。

五、一般詞語的釋義，先解釋詞語的含義，指明出處，適當援引原文；原文不易理解的用白話意譯，對較難理解的字、詞予以括注。

六、釋文中的書證，作者是古代人的，在人名前標明朝代（朝代與人名之間使用間隔號）。非個人著作（如《金剛般若波羅蜜經》《禮記》等），中國著名古典小說（如《紅樓夢》《西遊記》《水滸傳》《三國演義》等），知名度極高的專著（如《論語》《孟子》等），不標注作者姓名，也不標注朝代。

七、引《論語》文凡屬孔子的話，「子曰」二字均省，在上下文中用「孔子說」或「孔子認為」予以照應。其他如「曾子曰」「子夏曰」等則不省，以免引起歧義。如：

【殺身成仁】《論語・衞靈公》：「志士仁人，無求生以害仁，有殺身以成仁。」孔子說志士仁人為實現仁的道德理想，即使犧牲生命也在所不惜。

【弘毅】《論語・泰伯》：「曾子曰：『士不可以不弘毅，任重而道遠。』」

八、人物的條目以通用名為主條，較通用的為副條，不通用的不出條。條目本身並非人名，但確屬普遍稱呼的立條。如【冉有】立為主條，【冉求】和【子有】立為副條。【孔子】立條，「孔丘」「仲尼」不立條。釋義內容為生卒年份、字號、籍貫、成就和簡要評價等。如：

【孔子】（前 551 — 前 479）名丘，字仲尼，春秋時魯國陬（zōu）邑（今山東曲阜東南）人。中國古代偉大的思想家、教育家、政治家，儒家創始人。早年家境貧寒，做過多種卑賤的工作。十五歲立志學習，先後問學於郯（tán）子、師襄、老子等人，並整理《春秋》《詩經》等古籍，以博學多才聞名於世。曾任魯國司空、大司寇等職。首創面向所有人的「私學」，提出「有教無類」，面授弟子多達三千餘人；在教學方法上倡導因材施教、啟發式、學思結合、學以致用等。創立儒家學說，言論見於《論語》《易傳》《禮記》等書。其學說以「仁」為核心。「仁」即「愛人」，「己所不欲，勿施於人」「己欲達而達人」，進而「泛愛眾」，達到「天人合一」，認為這是解決人類一切社會問題的鎖鑰。在政治上提出「天下為公」的社會理想，提倡德治和教化，對民眾既「富之」又「教之」，反對苛政和刑殺。在道德修養上指出「道不遠人」，每個人通過努力都能成為君子，進而成為聖人，主張以「忠、孝、禮、義、信」調整各種關係，使社會趨於和諧；當社會群體都是君子、諸侯國皆由聖人執政時，就會實現世界大同。在思維方式上提倡「中庸之道」，克服極端傾向，避免過與不及。其思想已成為中國傳統文化的主流，歷代尊為「至聖先師」，當今尊為「永遠的人類偉人」，名列「世界十大名人」之首，受到全世界的廣泛尊崇。聯合國以其生日9月28日為世界教師節。

九、著作的釋義先指出書名或篇名，重點簡述基本內容、觀點、社會意義；若有別稱，用「也稱」或「也說」指出。如：

【論（lún）語】書名。儒學重要經典之一。主要記載孔子及其弟子的言行。論：編纂整理。主要由孔子的弟子及其再傳弟子陸續編定，約成書於戰國初期。全書約15000字，分20篇。集中反映以孔子為代表的儒家思想。主要包括以「仁」為核心的政治主張，以「克己復禮」為特點的禮治原則，以無過無不及為準則的「中庸之道」，以君子、聖人為範式且以忠恕恭寬信敏惠等為內容的高尚人格標準。是一部社會治理、人生規劃的教科書。所以古代有「半部論語治天下」的說法。南宋後在大眾中得到普及與傳播，在世界上也有廣泛影響。比較重要的注本：宋代邢昺（bǐng）《論語注疏》、宋代朱熹《論語集注》、清代劉寶楠《論語正義》、今人楊伯峻《論語譯注》。

分類索引

（一）語詞、概念

1. 思想文化

【一至四畫】

•【五至七畫】•

•【八至十畫】•

【十一至十四畫】

•【十五畫以上】•

2. 宗教

•【一至七畫】•

•【八至十二畫】•

•【十三畫以上】•

3. 歷史

•【一至八畫】•

•【九至十一畫】•

•【十二畫以上】•

4. 文學藝術

【一至八畫】

•【九至十二畫】•

•【十三畫以上】•

（二）文化傳承

1. 文化遺址

•【二至八畫】•

•【九至十四畫】•

•【十六畫以上】•

2. 名勝古跡

【二至五畫】

【六至十二畫】

•【十三畫以上】•

3. 創造發明

•【二至十二畫】•

•【十三畫以上】•

4. 時令習俗

•【二至九畫】•

•【十畫以上】•

5. 傳説故事

•【二至九畫】•

•【十至十四畫】•

•【十五畫以上】•

(三) 人物

1. 政治人物

•【二至八畫】•

【九至十一畫】

【十二至十五畫】

•【十六畫以上】•

2. 文化科技人物

•【一至四畫】•

•【五至九畫】•

•【十至十一畫】•

•【十二至十六畫】•

【十七畫以上】

3. 神、佛、仙

【二至九畫】

【十至十六畫】

•【十七畫以上】•

（四）名篇、名著

•【一至四畫】•

【五至八畫】

【九至十一畫】

•【十二至十五畫】•

•【十六畫以上】•

（五）格言、警句

•【一至四畫】•

•【五至七畫】•

•【八至十畫】•

【十一至十四畫】

•【十五至十八畫】•

【十九畫以上】

（一）語詞、概念

1. 思想文化

【一】①指萬物的普遍本質或本原，即「道」。《老子》二十二章：「聖人抱一以為天下式。」（式：榜樣）②指從無形的「道」派生出來的混沌之氣。《老子》四十二章：「道生一，一生二，二生三，三生萬物。」

【二十八宿（xiù）】①星宿名。中國古代天文學家把分佈在黃道、赤道附近的星空劃分為二十八個區域，每個區域叫一宿。分為四組，每組七宿，與四方及四象（四種動物形象）相配。分別是：東方蒼龍：角、亢、氐（dī）、房、心、尾、箕；北方玄武：斗（dǒu）、牛、女、虛、危、室、壁；西方白虎：奎、婁、胃、昴（mǎo）、畢、觜（zī）、參（shēn）；南方朱雀：井、鬼、柳、星、張、翼、軫（zhěn）。②道教神名。道教將二十八宿配二十八宿神，道士齋醮（jiào）作法時，常召二十八宿神下凡降妖收魔。也稱「二十八君」。

【二十四孝】中國古代 24 個孝順父母的故事的通稱。元代郭居敬輯錄成書，書名《二十四孝》，是古代兒童啟蒙讀物之一。24 個盡孝的故事是：孝感動天、戲綵娛親、鹿乳奉親、百里負米、齧指痛心、蘆衣順母、親嚐湯藥、拾葚（shèn）異器、埋兒奉母、賣身葬父、刻木事親、湧泉躍鯉、懷橘遺（wèi）親、扇枕溫衾（qīn）、行傭供母、聞雷泣墓、哭竹生筍、臥冰求鯉、扼虎救父、恣蚊飽血、嚐糞憂心、乳姑不怠、滌親溺（niào）器、棄官尋母。

【二諦】佛教用語。真諦與俗諦的合稱。諦，意為真理。佛教認為，就現象而言，一切事物是「有」，這是順着世俗道理說的，稱為「俗諦」。就本質而言，一切事物是「無」（也稱「空」），這是超脫世俗道理說的，稱為「真諦」。

【丁憂】丁：遇到，遭逢。遭逢父母的喪事；泛指守喪。舊制，父母死後，子女要守喪，三年內不做官，不婚娶，不赴宴，不應考。《晉書·袁悅之傳》：「（悅之）為謝玄參軍，為玄所遇，丁憂去職。」

【十二生肖】用於紀年的一種方法。也是中國民間計算年齡的方法。十二種動物配十二地支，出生在某年就肖某種動物，如子年生的肖鼠，丑年生的肖牛。形成後代「子鼠丑牛、寅虎卯兔、辰龍巳蛇、午馬未羊、申猴酉雞、戌狗亥豬」的歌謠。國外（如印度、埃及等）也有類似紀年方法。也說「十二屬相」。

【十二消息卦】六十四卦中的「泰、大壯、夬（guài）、乾、姤（gòu）、遯（dùn）、否（pǐ）、觀、剝、坤、復、臨」十二卦稱作「十二消息卦」，分屬農曆一至十二月。其中，農曆五月至十月，叫作「消」，指陽氣漸漸消散；十一月至來年四月，叫作「息」，指陽氣漸漸生息壯大。它將一年四季十二個月的陰陽消長和春生夏長、秋收冬藏的規律形象而又巧妙地包藏其中。

【十年寒窗】指長期清苦攻讀。也說「十年窗下」「十載寒窗」。

【十善】佛教指十件善事（與「十惡」相對）：不殺生、不偷盜、不邪淫、不妄語、不兩舌、不惡口（不發粗獷惡言，罵辱他人）、不綺語（不説裝飾華麗之言）、不貪欲、不嗔恚（huì，不生忿怒之心，嗔恨於人）、不邪見（不偏邪異見，執非為是）。

【卜（bǔ）】占卜。古人用火灼龜甲觀其裂紋以推測吉凶，後來泛指各種預測吉凶的迷信活動。《左傳》：「卜以決疑，不疑何卜？」

【卜卦】占卜方法。根據八卦的卦象來預測吉凶。

【卜筮（shì）】占卜方法。古人占卜，用龜甲叫卜，用蓍（shī）草稱筮。合稱「卜筮」。《韓非子·亡徵》：「事鬼神，信卜筮而好祭祀者，可亡也。」

【卜課】占卜方法，即起課。多通過擲銅錢看正反面或掐手指算干支來預測吉凶。

【卜辭】商周時代刻在龜甲或獸骨上的占卜記錄。內容多為祭祀、狩（shòu）獵、征伐、農事、疾病等。也說「甲骨卜辭」。參見125頁「甲骨文」。

【人文】指詩書禮樂等。《周易·賁（bì）卦·彖（tuàn）》：「觀乎天文以察時變，觀乎人文以化成天下。」今泛指人類社會的各種文化現象。

【人我合一】指人與人、國與國協調發展、相互尊重的思想。在「自我」和「他人」之間存在着一種相即不離的內在關係。孔子認為「仁」就是「愛人」，而「仁愛」的品德是人本身所具有的，愛自己的親人是最根本的；孟子則由「親親」擴大到「仁民」及「愛物」。把愛自己的親人擴大到愛他人，社會就和諧了；一個國家、一個民族把愛自己的國家和民族擴大到也愛別的國家和民族，世界就和平了。

【人和】指人心一致，感情融洽，上下團結，和諧相處。《孟子·公孫丑下》：「天時不如地利，地利不如人和。」

【人治】①人倫之治，即以人與人之間的關係和應該遵循的道德準則為立身、治國之本。《禮記．大傳》：「名者，人治之大者。」鄭玄注：「人治所以正人。」②一種治理國家的主張（跟「法治」相對）。認為國家的治或亂，關鍵在於統治者個人的道德和行為，而不只是法律。儒家以此作為統治者的治國之本。

【人性皆善】南宋．朱熹《論語集注》：「人性皆善，而其類有善惡之殊者，氣習之染也。」（氣習：風氣，習俗；染：熏染）朱熹認為：人的本性都是善的；人有善惡之分並不是因為他們的本性不同，而是由於風氣和習俗的熏染、影響不同造成的。強調好的環境影響和後天的教育可使人恢復其善的本性，成為善的人。

【人倫】儒家關於人與人關係的根本理論和行為準則。孔子將人倫關係概括為「君君、臣臣、父父、子子」（《論語．顏淵》），並提出仁、智、勇等道德規範。子思把君臣、父子、夫婦、昆（哥）弟、朋友五者看作「天下之達道」（普天下的人必須共同遵循的普遍道理），智、仁、勇三者為「天下之達德」（普天下的人應具備的基本品德）。孟子規定了五種關係的準則：「父子有親，君臣有義，夫婦有別，長幼有敍（序），朋友有信。」（《孟子．滕文公上》）後來董仲舒把人倫關係更具體化為「三綱五常」。

【人道】①為人之道。即在社會活動中要求人們共同遵循的道德規範。《周易．繫辭下》：「有天道焉，有人道焉。」②佛教用語。即人界。佛教認為，眾生根據生前善惡行為，因果報應，在天道、人道、修羅道、畜生道、餓鬼道、地獄道等六道中輪迴。

【人權】指人們應當平等享有的權利，首先是生存權，同時也包括人身自由、民主權利以及經濟、文化、社會等方面的權利。

【入泮（pàn）】周代諸侯的學校前有半圓形的池，名「泮水」，學校稱「泮宮」。後沿襲其形制。明清州縣考試，新進生員須入學宮拜謁孔子，故入學也稱「入泮」。

【八字】用天干和地支相配表示人的出生年、月、日、時的八個字。方術家根據這八個字推算人的一生命運。舊俗訂婚時男女雙方須先交換八字帖（庚帖）。也說「生辰八字」。

【八卦】《周易》中的八種基本圖形。每種圖形由三個爻（整畫「⚊」代表陽爻，斷畫「⚋」代表陰爻）組成，共八種，即：乾（☰）、坤（☷）、震（☳）、巽（xùn，☴）、坎（☵）、離（☲）、艮（gèn，☶）、兑（☱），分別代表天、地、雷、風、水、火、山、澤，稱為八卦。任取兩卦互相搭配，可得六十四卦，用來象徵各種自然現象和社會人事現象。八卦傳說起源於三皇五帝之首的伏羲，反映了華夏先民對現實世界的樸素認識。後來被用作占卜的符號，逐漸帶上神祕的色彩。

【九行】古指九種德行。說法不一。《逸周書・文政》：「九行：一仁，二行，三讓，四信，五固，六治，七義，八意，九勇。」晉・王嘉《拾遺記・軒轅黃帝》：「九行者，孝、慈、文、信、言、忠、恭、勇、義。」

【九州】①傳說中的中國上古行政區劃。具體說法不一。《尚書・禹貢》作冀、兗、青、徐、揚、荊、豫、梁、雍；《呂氏春秋・有始》有幽州而無梁州；《周禮・夏官・職方氏》有幽州、并（bīng）州而無徐州、梁州。《漢書・地理志》則以《職方氏》九州為周制。②泛指全中國。宋・陸游〈示兒〉詩：「死去元知萬事空，但悲不見九州同。」

【九思】君子需要慎重考慮的九種情況。《論語・季氏》：「君子有九思：視思明，聽思聰，色思溫，貌思恭，言思忠，事思敬，疑思問，忿思難，見得思義。」（思：思考，考慮）君子有九種情況需要慎重考慮：當觀察一件事情的時候，要考慮確實看清楚了嗎？聽人說話時，要考慮聽明白了嗎？對自己的處事態度，要考慮保持溫和了嗎？在待人的禮節上，要考慮謙遜恭敬了嗎？言談方面，要考慮誠實可信嗎？對於工作事業，要考慮全力以赴了嗎？對於有疑問的問題，要考慮怎樣以禮貌的方式請教？在發脾氣之前，要考慮後果會怎樣？在可得利益之時，要考慮這個我該得嗎？

【九品中正】魏晉南北朝時期中央政府的一種官員選拔制度。其主要內容是，在各州郡選擇「賢有識見」的官員任「中正」。中正必須是二品現任中央官員。中正以簿世（譜牒家世）、行狀（才幹、道德）、鄉品（中正鑒定）為標準查訪評定州郡人士，將這些人士分成上上、上中、上下、中上、中中、中下、下上、下中、下下九等，作為吏部授官的依據。也說「九品官人法」。

【九流】先秦學術流派，即儒、道、陰陽、法、名、墨、縱橫、雜、農等九家。儒家為「九流」之首。

【九流十家】先秦至漢初學術思想派別的總稱。西漢劉歆（xīn）將諸子思想分為十家，並分別指出其思想淵源。十家即儒、道、陰陽、法、名、墨、縱橫、雜、農、小說家。十家中除去小說家，稱為九流。

【九宮】戲曲音樂名。南曲、北曲常用的曲牌，包括仙呂宮、南呂宮、中呂宮、黃鐘宮、正宮、大石調、雙調、商調和越調九個宮調，統稱「九宮」或「南北九宮」。

【九族】《尚書 · 堯典》:「以親九族。」指本身以上的父、祖、曾祖、高祖和以下的子、孫、曾孫、玄孫。舊時立宗法、定喪服皆以此為準。也有包括異姓親屬而言的，指父族四、母族三、妻族二，合為「九族」。

【九鼎】①傳説夏禹鑄九鼎，象徵九州，夏商周三代奉為傳國之寶。《史記 · 封禪書》:「禹收九牧之金，鑄九鼎。」②借指國家政權。清 · 龔自珍〈《妙法蓮華經》四十二問〉:「諸經有《法華》，王者有九鼎，家業之有總賬簿也。」③比喻極重的分量。《史記 · 平原君列傳》:「毛先生一至楚，而使趙重於九鼎、大呂。」(大呂：鐘名，周朝國寶)明 · 張煌言〈懷古〉詩:「人定能勝天，一言重九鼎。」

【力行】《中庸》第二十章:「力行近於仁。」意思是努力行善，就接近仁道了。儒家道德修養的重要方法。泛指努力從事，盡力去做。

【三友】①儒家的擇人交友之道。《論語 · 季氏》:「益者三友，損者三友。友直，友諒，友多聞，益矣。友便辟(pián pì)，友善柔，友便佞(pián nìng)，損矣。」意思是有益和有害的朋友各有三種。交結正直之友，交結誠信之友，交結見聞廣博之友，是有益的；交結諂媚奉承之友，交結善於取悦於人之友，交結誇誇其談之友，是有害的。後多指三種益友。②古稱松、竹、梅為歲寒三友。也稱詩、酒、琴為三友。

【三公】古代一般為中央軍政三種最高官銜的合稱。周代指太師、太傅、太保;西漢指丞相、太尉、御史大夫。後代有的只作為虛銜、榮銜，並無實權。具體情況，因朝代而異。

【三官】道教所信奉的天官、地官、水官三神的合稱。傳説天官賜福，地官赦罪，水官解厄。三官中以天官信仰最為普遍，民間視為福神，年畫中身着紅袍，手持如意，面容慈祥，春節時貼於門上，以求賜福長壽。也稱「三官大帝」。

【三省(shěng)】尚書省、中書省、門下省的合稱。始於曹魏，至隋代分工明確：尚書執行，中書出令，門下封駁(對詔敕之不當者封還並加以駁斥)。唐初，共議國政，具宰相職能。宋代曾與樞密院同掌大政，尚書省長官實為宰相。

【三畏】《論語 · 季氏》:「君子有三畏：畏天命，畏大人，畏聖人之言。」(畏：敬畏；天命：指宇宙法則、自然規律；大人：大人物)意思是君子對自然規律、聖人和聖人之言持敬畏的態度。

【三教九流】三教指儒教、佛教、道教；九流指儒家、道家、陰陽家、法家、名家、墨家、縱橫家、雜家、農家。後用「三教九流」泛指宗教、學術等的各種流派、社會上的各種行業或各類各色人物。《鏡花緣》第九十九回：「細細看去，士農工商，三教九流，無一不有。」

【三從四德】中國古代婦女遵守的三種道德規範與應有的四種德行。「三從」即「未嫁從父，既嫁從夫，夫死從子」(《儀禮·喪服·子夏傳》)。「四德」即「婦德、婦言、婦容、婦功」(《周禮·天官·九嬪》)。東漢·班昭《女誡·婦行》對四德作了注釋：「清閒貞靜，守節整齊，行己有恥，動靜有法，是謂婦德；擇辭(選得體的話)而說，不道惡語，時然後言，不厭於人，是謂婦言；盥浣(guàn huàn 洗漱，洗滌)塵穢，服飾鮮潔，沐浴以時，身不垢辱(污濁)，是謂婦容；專心紡績，不好戲笑，潔齋酒食，以奉賓客，是謂婦功。」

【三統】人統、地統、天統的合稱。指夏商周三代的正(zhēng)朔(王朝新頒佈的曆法)。夏朝正月設置為寅時，以正月為歲首，稱為人統或黑統；商朝正月設置為丑時，以十二月為歲首，稱為地統或白統；周朝正月設置為子時，以十一月為歲首，稱為人統或赤統。也稱「三正(zhēng)」。

【三統說】西漢董仲舒等的歷史循環論。認為「天之道終而復始」，黑、白、赤循環往復：夏、商、周三代分別為黑統、白統、赤統，後出的王朝據此循環，自成一統，以順天命。三統說是董仲舒依託天人感應進行改制的倫理依據。也稱「三正(zhēng)說」。

【三綱】①儒家指父為子綱、君為臣綱、夫為妻綱。②佛教指寺院中的三項僧職，即上座(統領眾僧者)、寺主(寺內堂宇的營造、管理者)、都維那(簡稱「維那」，主管僧眾雜務者)。

【三綱五常】綱：提網的總繩，比喻處在主要或支配地位的東西。「三綱」指「君為臣綱，父為子綱，夫為妻綱」。漢代董仲舒認為，這是社會中的三種主要倫理關係。「五常」指仁、義、禮、智、信。儒家認為五常之道是治國者所應遵循的修身規範，也是每一個人所必守的道德準則。宋代朱熹將「三綱」「五常」連用，認為三綱五常是永恆不變的「天理」。

【三樂(lè)】語出《孟子·盡心上》。孟子認為君子一生有三大樂趣：一是父母健在，兄弟姐妹都平安；二是上對得起天，下對得起所有的人；三是能夠教育天下的英傑才俊之士。

【三禮】①《周禮》《儀禮》《禮記》三書的合稱。唐·韓愈〈送陳密序〉：「今將易其業而『三禮』是習。」②古代指祭天、祭地、祭宗廟的禮儀。《隋書·禮儀志一》：「唐、虞之時，祭天之屬為天禮，祭地之屬為地禮，祭宗廟之屬為人禮。」

【干支】 天干和地支的合稱。天干：甲、乙、丙、丁、戊（wù）、己、庚、辛、壬、癸（guǐ），簡稱「干」，也稱「十干」；地支：子、丑、寅、卯、辰、巳（sì）、午、未、申、酉、戌（xū）、亥，簡稱「支」，也稱「十二支」。二者依次相配，組成六十個基本單位，通稱「六十甲子」。古人以此表示年、月、日、時的次序，周而復始，循環使用。用這種「干支紀法」形成的曆法，叫干支曆。現在農曆仍用干支紀年。

【干戈】 ①古代用於防禦和進攻的兩種兵器；泛指武器。西漢·桓寬《鹽鐵論·世務》：「兵設而不試，干戈閉藏而不用。」②借指戰爭。北宋·王安石〈何處難忘酒〉詩之一：「賦斂中原困，干戈四海愁。」

【干城】《詩經·周南·兔罝（jū）》：「赳赳武夫，公侯干城。」指盾牌和城牆，比喻捍衛國家的將士。

【才德論】 篇名。北宋史學家司馬光著。把人的「智愚勇怯」稱為才，歸於天賦自然，認為「四者有常分而不可移」；把「善惡逆順」稱為德，歸於後天人為，可以通過後天努力來改變。對於才和德的關係，強調以德為主。選人才，不一定要選德才兼備的人，而是讓有德者控制駕馭有才者。

【大一統】 古代王朝將整個天下統統納入自己管轄的思想。《公羊傳·隱公元年》：「何言乎王正月？大一統也。」《漢書·王吉傳》：「《春秋》所以大一統者，六合同風，九州共貫也。」指思想、法度與政治高度集權，統一於一家。後泛指統治全國。

【大而化之】 古指聖賢光大德業，教化萬民。《孟子·盡心下》：「充實而有光輝之謂大，大而化之之謂聖。」趙岐注：「大行其道使天下化之是為聖。」今多指工作作風粗糙，把本該細緻具體對待的問題籠統而簡單地處理。

【大同】 儒家提出的高度公平、和諧的社會理想。在這樣的社會裏，天下為公（政治權力和經濟資源為全天下人所有），人們老有所終，壯有所用，幼有所長，鰥寡孤獨廢疾者皆有所養。也稱「大同世界」。

【大同世界】 見 7 頁「大同」。

【大治】 國家被治理得井井有條，呈現出人民富足、政治修明、社會安定、文化繁榮的景象。《禮記·禮器》：「是故聖人南面而立，而天下大治。」

【大雅】 ①《詩經》的組成部分之一。內容多反映周代的廟堂祭祀或重大的政治事件。②高雅；文雅。如：大雅之堂。

【大道】 ①儒家的最高政治理想，即「天下為公」的社會；也指最高的治世原則。《禮記．禮運》：「大道之行也，天下為公，選賢與（jǔ，同『舉』）能，講信修睦。」②指自然法則。《莊子．天下》：「天能載之而不能覆之，地能覆之而不能載之，大道能包之而不能辯之，知萬物皆有所可有所不可。」

【大節】為國家和民族而慷慨赴難、不辱使命的道德氣節。《論語．泰伯》：「曾子曰：『可以託六尺之孤，可以寄百里之命，臨大節而不可奪也，君子人與？君子人也。』」（六尺之孤：指未成年的孤兒；百里：指諸侯國）意思是可以把幼小的孤兒託付於他，可以把國家的政權託付於他，在緊要關頭不會動搖變節，這樣的人就是君子。

【大德】①大功德；大恩。《周易．繫辭上》：「天地之大德曰『生』。」《詩經．小雅》：「忘我大德，思我小怨。」②佛家對年長僧人或佛、菩薩的敬稱。道士也有稱大德者。

【大儒】語出《荀子．儒效》。政治主張完備、道德修養高尚、知識積累廣博的儒士。孔子即是大儒的代表。

【上林苑】①古宮苑名。秦始皇建都咸陽後，營建朝宮於苑中，阿房（ē páng）宮即其前殿。漢初曾廢置。武帝時擴建，養禽獸，供射獵，新建宮、觀多處。西漢．司馬相如有〈上林賦〉極寫其奢侈。舊址在今西安市西及周至、鄠邑一帶。②東漢置。故址在今洛陽市東。

【文過飾非】《論語．子張》：「子夏曰：『小人之過也必文。』」意思是小人有了過錯必作掩飾。後指用各種藉口來掩飾自己的過失和錯誤。

【小康】①儒家思想體系中所指的政教相對清明、人民比較富裕的社會局面（與「大同」相對）。主張「天下為家，貨力為己」，即政權為一家一姓或掌握強大武力的集團所私有，統治權力的更替採取世襲和分封的規制，由統治者私相授受，與天下人無關。②指經濟比較富裕。洪邁《夷堅甲志．五郎君》：「然久困於窮，冀於小康。」

【小說家】戰國末期至西漢初期的一個學派。以採集民間街談巷語、記錄加工道聽途說著稱。《漢書．藝文志》列有此派。主要代表人物有虞初，著有《虞初周說》（已失傳）。《史記》《漢書》中有虞初事跡的記載。

【小學】①指研究文字、訓詁、音韻的學問。是經典闡釋學的基礎。②對兒童、少年實施基礎教育的學校。古代貴族子弟八歲入小學，學習六藝：禮（禮節儀式）、樂（音樂舞蹈）、射（射箭）、御（駕車）、書（認字）、數（算術）。現代小學主要學習語文、算術、品德、音樂、體育、美術等。

【口頭禪】原指某些禪宗佛教徒不明

禪理、僅拿來以資談助而並不實行的禪家常用語；也指平常談話中借用的一些禪宗話語。今指經常掛在口頭的習慣語。

【及冠（guàn）】古代指男子年滿 20 歲。古代男子 20 歲時舉行冠禮，戴上成年人的帽子，表示長大成人。《禮記・曲禮上》：「男子二十冠而字。」

【及第】科舉考試得中。因榜上題名有甲乙次第，故稱。明清時殿試的一甲一、二、三名賜進士及第，其餘的稱進士出身或同進士出身，不稱進士及第。

【子部】指中國古代圖書四部（經、史、子、集）分類的第三類。收諸子百家及釋、道宗教等著作。也稱「丙部」。

【子路無宿諾】語出《論語・顏淵》。宿諾：拖延很久而不履行的諾言。子路從來沒有許下諾言而不履行的。

【女真】古族名。源於唐黑水靺鞨（mò hé），遼至金時期稱「女真」。北宋末，阿骨打統一女真各部，建立金政權，強盛時東至大海，西鄰蒙古，北接外興安嶺，南達秦嶺、淮河。遷居中原的女真人在金亡後與漢族融合。留東北的至明初分為建州女真、海西女真、野人女真三部。明末，努爾哈赤統一女真各部建立後金政權。1635 年皇太極將女真族改稱滿族。游離於後金政權之外的女真人形成今赫哲、鄂溫克、鄂倫春等族。也稱「女直」。

【王法】①指古代王朝的法令；也泛指國家法律。《三國志・魏書・董卓傳》：「暹（xiān）、奉不能奉王法，各出奔。」②泛指行為準則。

【王道】聖王之道。《書・洪範》：「無偏無黨，王道蕩蕩。」（偏：不公正；黨：偏私）意思是處事公正，沒有偏向，聖王之道就會寬廣無比。古代儒家用以稱以仁義統一和治理天下的政治主張和治理模式。

【王霸】見 9 頁「王霸並用」。

【王霸並用】古代關於統治方法的觀點。戰國時孟子主張以仁義治天下，稱為王道；把以武力征服天下，稱為霸道，說「五霸（春秋五霸）者三王（夏禹、商湯、周文王）之罪人也」（《孟子・告子下》）。荀子認為王道、霸道只是程度不同，主張王霸並用，讚揚建立霸業的齊桓公、管仲是「古之人有大功名者」（《荀子・王霸》）。至宋代程朱理學把漢唐之政與三代之政相對立，認為漢唐之政是歷史的倒退，但遭到陳亮的批駁，認為漢唐之政與三代之政沒有本質區別，提出「王霸並用，義利雙行」的觀點（《龍川文集・又甲辰答朱元晦書》）。

【井田制】相傳商周時期的一種土地制度。每九百畝土地為一個單位，按

「井」字形劃作九區，故稱。中區為公田，餘八區為私田，由八夫（戶）耕種，先公田，後私田。

【井蛙】《莊子·秋水》:「井蛙不可以語於海者，拘於虛也。」(拘：局限；虛：所居之處）意思是不能跟井底的青蛙談論大海，因為它被狹小的生活環境局限住了，只能看到井口的一小塊天空。後用「井蛙」比喻見識狹窄的人。也說「井底之蛙」。

【天人合一】一種強調「天道」和「人道」,「自然」和「人為」相通、相類和統一的哲學觀點。《周易·乾卦·文言》:「大人者與天地合其德。」把天人合德看作人生修養的最終目標。孔子說:「天生德於予。」(《論語·述而》）認為性與天道是合一的，人生目的就是通過「下學」之途而上達「天人合一」的最高境界。戰國時子思、孟子認為天有意志，人事是天意的體現，天意能支配人事，人事能感動天意，兩者合為一體。宋以後思想家從「理」「性」「命」等方面來論證天人關係的合一。明清之際的王夫之則主張「人心即天」。以上各說力圖追索天與人的相通之處，以求天人和諧一致，實為中國古代哲學的特色之一。

【天人感應】西漢董仲舒提出的一種神祕學說。董仲舒認為，天和人相類相通，天能干預人事，人的行為也能感應上天，自然界的災異和祥瑞表示天對人的譴責和嘉獎。董仲舒以「天人感應」說作為其神學體系的理論基礎。

【天干】甲、乙、丙、丁、戊、己、庚、辛、壬、癸的統稱。通常用作表示次序的符號。參見 7 頁「干支」。

【天下】中國古代關於「大國家」的概念。即包括所有諸侯國、附屬國以及臣服國的地域。秦漢以前，指華夏與四夷所居之地，即中原及其周邊的地區和國家。漢代以後，隨着對外交往範圍的擴大,「天下」的概念也逐漸擴大，主要指中國及其周邊國家，即中國天子直接或間接擁有的地域。儒家所推崇的政治理想「天下為公」以及傳統士大夫常說的「以天下為己任」中的「天下」，均指上述概念。今人所說的天下，通常指全世界。

【天下大同】大同：儒家提出的與「小康」相對的理想社會。「天下大同」是古代儒家宣揚的「天下為公」理想的體現，反映了人們對未來社會的美好憧憬。參見 334 頁「天下為公」。

【天即理】語出南宋·朱熹《論語集注》。朱熹把《論語》中原本帶有古代宗教意味的「天」解釋為「理」，這是理學解經思想的基點。這裏的「理」是宇宙的普遍法則。「理」「其尊無對」，人只能順理而動，不可逆理而行。

【天命】上天的意志。商周時代人們認為人的生死、社會的變故都受上天的安排，因而對「天」產生敬畏心理。歷代帝王利用「天命」來論證他們獲得統治權力的合法性，叫作「受命於天」或「奉天承運」。在為統治階級服務的思想文化領域，也用天命來解釋新舊王朝更替的必然性，叫作「天命轉移」。參見 32 頁「君權神授說」。

【天命無息】南宋學者胡宏的一種儒學思想。胡宏在其著作《知言》中認為：天命就是天之命令，是至誠無息之道或天道。天命之道的流行無息，必然衍生和展現出一個現實的宇宙世界，萬物俱存俱生；萬物變化不息，是天命無息的一種表現方式。

【天罡（gāng）】星名。北斗七星的柄。道教認為北斗群星中有三十六個天罡星、七十二個地煞星。小說《水滸傳》受其影響，將梁山泊 108 將附會成天罡星、地煞星轉生。

【天理】①自然的法則。《莊子．天運》：「順之以天理。」②天然的道理；道義。如：天理難容、天理良心。③宋代理學家把理學倫理看作永恆的道德法則，稱之為「天理」。認為天理是每個人心中都有的，誰都能理解、把握；有的人喪失了天理，是因為受到外物的影響，人欲遮蔽了天理，因此「滅私欲則天理明」。

【天道】①指自然界，包括日月星辰等天體運行的法則和顯示徵兆的天象。《國語．周語下》：「吾非瞽（gǔ）史，焉知天道？」②天理，天意。《尚書．湯誥》：「天道福善禍淫，降災於夏。」

【五行（xíng）】指水、火、木、金、土五種物質。中國古代思想家把這五種物質作為構成萬物的元素，以說明世間萬物的起源和多樣性的統一。春秋時產生五行相生相克思想。「相生」意味着相互促進，如「木生火、火生土、土生金、金生水、水生木」等。「相克」意味着互相排斥，如「水克火、火克金、金克木、木克土、土克水」等。五行學說對中醫藥學的發展起了重要作用，對古代天文、曆法、軍事、政治等也有一定影響。

【五行（xíng）相生】見 11 頁「五行」。

【五服】①古代的五等服飾。《尚書．皋陶（gāo yáo）謨》：「天命有德，五服五章哉！」孔傳：「五服，天子、諸侯、卿、大夫、士之服也。」②古人關於喪服的制度。根據與死者的親疏關係，古代將喪服分為斬衰（cuī）、齊（zī）衰、大功、小功、緦（sī）麻五個層次，俗稱「五服」，以區分尊卑、長幼、親疏等各種關係。是宗法制度的重要組成部分。③指從高祖父、曾祖父、祖父、父親到自身的五代血緣關係；後用出沒出五服表示家族關係的遠近。

【五倫】倫：輩分，類別，秩序，關係。人與人之間最基本的倫理關係。儒家認為，人的基本社會關係有五種：君臣、父子、夫婦、兄弟、朋友，即五倫。正確處理各種人際關係的道德準則是：父子有親，君臣有義，夫婦有別，長幼有序，朋友有信。（《孟子·滕文公上》）

【五常】常：永恆不變。指仁、義、禮、智、信五種恆常不變的道德觀念。仁即仁愛，義即道義，禮即禮儀，智即智慧，信即誠信。孔子繼承和弘揚遠古華夏民族已有的道德觀念，在《論語》等著作中對五常有精闢的闡述。孟子加以完善和系統化。漢代董仲舒提出「五常」概念：「仁義禮智信五常之道，王者所當修飭也。」（〈天人三策〉）後與「三綱」合稱「三綱五常」，簡稱「綱常」。參見6頁「三綱」「三綱五常」。

【五禮】古代的五種禮制。即吉禮、賓禮、嘉禮、軍禮、凶禮。這一分類源於《周禮》。《隋書·禮樂志》：「周公救亂，弘治斯文，以吉禮敬鬼神，以凶禮哀邦國，以軍禮誅不虔，以賓禮親賓客，以嘉禮合姻好，謂之五禮。」這五種禮儀遂為後代禮制所沿用。

【不封不樹】指墓葬既沒有封土堆，也不植樹作標誌。這是西周墓葬的習俗。墳丘墓出現於春秋晚期，到戰國時代才普及開來。

【不惑】《論語·為政》：「四十而不惑。」孔子說他到四十歲時，即能通達一切道理而不再有疑惑。後因以「不惑」為四十歲的代稱，也說「不惑之年」。

【太極】中國古代哲學中指派生宇宙萬物的本原，最原始的混沌之氣。《周易·繫辭上》：「易有太極，是生兩儀。兩儀生四象，四象生八卦。」意思是太極運動而分化出陰陽（兩儀），由陰陽而產生四時變化（四象），繼而出現各種自然現象（八卦卦象）。宋代理學家認為「太極」即是「理」。南宋朱熹說：「總天地萬物之理，便是太極。」（《朱子語類》卷九四）

【太極拳】武術拳種。始創於清初。它吸收眾家武術之長，融合易學陰陽五行、中醫經絡、導引吐納等術，形成一種內外兼修、柔和緩慢、剛柔相濟的拳術，有增強體質、防病保健的功用。有陳氏、楊氏等流派。是國家級非物質文化遺產。

【太歲】①木星的古名。中國古代根據它圍繞太陽公轉的周期紀年（12年為1周）。也稱「太陰」。②指太歲之神。古代數術家認為太歲也有歲神，凡太歲神所在的方位及與之相反的方位，均不可興造、移徙和嫁娶、遠行，犯者必凶。後用以比喻兇惡殘暴的人。

【太學】中國古代的大學。太學之名始於西周。《禮記・保傅》:「帝入太學，承師問道。」漢武帝時，採納董仲舒「興太學，置明師，以養天下之士」的建議，始設於京師長安，立五經博士，為太學之始。至東漢發展很快，四方學士雲會京師，有太學生三萬人。自魏晉至明清，設太學或國子監（jiàn），或二者同設，均為全國最高學府。

【友善】 ①友好親善。如：鄰里友善、兩國關係友善。②朋友之間親近和睦。《三國志・諸葛亮傳》:「與亮友善。」唐・元稹（zhěn）〈上令（líng）狐相公詩啟〉:「稹與同門生白居易友善。」

【巨擘（bò）】 大拇指。比喻在某一領域最傑出的人物。如：文壇巨擘。

【瓦舍】 宋元時城市裏娛樂場所集中的地方。有表演雜劇、曲藝、雜技等的勾欄，也有賣藥、估衣、飲食等店鋪。南宋・孟元老《東京夢華錄》、南宋・周密《武林舊事》等詳細記載了宋時瓦舍的情況。也説「瓦肆」「瓦子」。

【中和】 ①指不偏不倚的儒家中庸思想。認為人的修養能「致中和」（達到中和的境界），會產生「天地位焉，萬物育焉」（天地各得其應處的位置，萬物正常生育）的效果。②道教的早期戒律。《老子想爾注》:「道貴中和，當中和行之；志意不可盈溢，違道誡。」③指寬猛適當，政治平和。

【中華】 古代華夏族、漢族多建都於黃河南北，以其在四夷之中，因稱之為「中華」。後各朝疆土漸廣，凡所統轄皆稱中華，也稱「中國」。東晉・桓溫〈請還都洛陽疏〉:「自強胡陵暴，中華蕩覆，狼狽失據。」參見 110 頁「中國」①。

【中庸】 ①儒家的倫理思想和處事原則。中指中正、中和，適度、合宜、無過無不及；庸指平常、平凡、常道。儒家主張凡事取中，不偏不倚、不左不右、不走極端。《論語・雍也》:「中庸之為德也，其至矣乎！」處理問題的原則和方法，既不落後於現實，又不過於超前，既「中」且「正」，態度溫和。②書名。儒家經典之一。原是《禮記》中的一篇。據傳為戰國時子思〔孔伋（jí）〕所作。內容肯定中庸是道德行為的最高標準，提出「從容中道，聖人也」，把誠看成是世界的本體，又以「至誠」作為最高境界和世界本原。並提出「博學之，審問之，慎思之，明辨之，篤行之」的學習過程和認識方法。至宋代儒家始將《中庸》和《大學》《論語》《孟子》並列為「四書」。

【中庸之道】 儒家的最高道德標準。主張待人接物採取折中調和、不偏不倚的態度。主旨在於修養人性，所追求的修養的最高境界是「至誠」。中庸之道是很難達到的完美境界。

【中學為體，西學為用】中國近代關於「中學」與「西學」關係的命題。清末洋務派的指導思想。所謂「中學」，指以孔孟之道為核心的儒家學說和君主專制的國家政體；「西學」，指歐美的自然科學和社會政治學說，即「西政」和「西藝」兩個部分。「中學為體，西學為用」，即以「中學」為根本，「西學」為「中學」服務。張之洞〈勸學篇〉中首提這一命題，認為西方學術必須「有益於中國，無損於聖教者」，即不能觸犯王朝的根本利益，為王朝的統治服務。這一思想成為洋務派的思想武器，對中國近代的政治、思想、教育、文化均有較大的影響。

【中醫】①中醫學即「漢族醫藥學」的簡稱（跟「西醫學」相區別）。中國傳統醫學的重要組成部分。理論體系包括陰陽、五行、運氣以及藏（zàng）象、經絡、病因病機、治則治法等。診病方法有望、聞、問、切（qiè）。主張辨證施治，治療方法有中藥、方劑、針灸、推拿、按摩、氣功等。中醫學為中華民族的生存繁衍以及中國臨近國家的人民健康，做出了巨大貢獻。②指用中國傳統醫學醫術治病的醫生。

【內功】①以鍛煉身體內部器官為主要目的的武術或氣功（跟「外功」相對）。通過氣的練習而成。練氣講究呼吸吐納，多用腹式呼吸法，精神集中，循序漸進。②指人內在的能力及修養。

【內聖外王】語出《莊子．天下篇》。意為內修聖人之德，外施王者之政或追求治國平天下的事功，做到人格理想與政治抱負二者的結合。其具體內容隨不同學派而異。以儒家內聖外王為主的理想人格，對中國社會的政治、倫理、哲學、文化產生深遠影響，成為歷代士人人生追求的理想目標。

【仁】儒家認為人類所應具有的對他人和世間一切事物的關懷、同情、惻隱、憐憫、扶持、護佑等良善之心，即愛心。是孔孟思想的核心，也是儒家哲學的理論基礎。《論語．顏淵》：「樊遲問仁。子曰：『愛人。』」《孟子．離婁下》：「君子以仁存心，以禮存心，仁者愛人。」唐代韓愈指出仁就是博愛。〈原道〉：「博愛之謂仁。」儒家所倡導的這種博大無疆的仁愛精神，與佛教、道教、基督教、伊斯蘭教所尊奉的愛心善念具有極大的一致性。

【仁人志士】指有高尚節操、仁愛之心，能為理想獻身的人。《韓詩外傳》卷三：「（山）育群物而不倦，有似仁人志士，是仁者之所以樂（yào）山也。」也說「志士仁人」。《論語．衛靈公》：「志士仁人，無求生以害仁，有殺身以成仁。」

【仁人君子】指有仁愛之心、品德高尚的人。北宋·蘇軾〈晁錯論〉:「唯仁人君子、豪傑之士，為能出身為天下犯大難，以求成大功。」

【仁政】執政者把仁作為施政綱領並努力去實踐的政府行為。戰國時孟子的政治主張。《孟子·公孫丑上》:「萬乘(shèng)之國行仁政，民之悅之，猶解倒懸也。」「行仁政而王(wàng，稱王)，莫之能禦也。」仁政思想集中體現了儒家的人文主義精神。

【仁道】為仁之道或行仁之道。自己具備深厚的仁愛之心，又把這愛心向他人傳播、佈施。

【仁愛】仁厚慈愛；親愛。《淮南子·修務訓》:「堯立孝慈仁愛，使民如子弟。」

【仁義之師】為仁愛和正義而戰鬥的軍隊。如:興仁義之師，救民於倒懸。

【仁義道德】①指儒家所倡導的仁愛、合乎道義等行為規範。唐·韓愈〈原道〉:「噫，後之人，其欲聞仁義道德之説，孰從而聽之?」②泛指為人處世的行為標準。

【反切(qiè)】中國古代注音方法之一。東漢末年出現。用兩個字為一個字注音，即取上字的聲(相當於聲母)和下字的韻(相當於韻母和聲調)拼合成一個音，寫作「某某反」或「某某切」。如「難，乃但反」，取「乃」的聲母 n 和「但」的韻母和聲調 àn 拼作 nàn，就是「難」的讀音。

【反省(xǐng)】檢查自己的思想行為，剖析存在的缺點與錯誤。

【反真】道家指復歸自然本真之態。道教認為人死就是復歸自然，故稱死亡為「反真」。《莊子·大宗師》:「嗟來(哎呀)桑戶(人名)乎!嗟來桑戶乎!而(你)已反其真，而我猶為人猗(yī，啊)!」(反:同「返」;真:自然本性，真道)

【反哺】傳説小烏鴉長大，銜食餵養其母。後用以比喻子女奉養回報父母。明·李時珍《本草綱目·禽部》:「慈烏:此鳥初生，母哺六十日，長(zhǎng)則反哺六十日。」

【爻(yáo)】①組成《周易》中卦的基本符號。有整畫「—」和斷畫「--」兩種。「—」是陽爻，爻題中用「九」表示;「--」是陰爻，爻題中用「六」表示。《周易·繫辭》認為陰陽兩爻的對立象徵事物的運動和變化。②指爻辭。

【凶禮】古代「五禮」之一。指喪葬哀悼之禮。《周禮·春官·大宗伯》:「以凶禮哀邦國之憂。」

【公元】國際通用的紀年體系。以傳説中的耶穌基督生年為公元元年(相當於中國西漢平帝元年)。常以

A.D. 表示，公元前則以 B.C. 表示。中國從辛亥革命後第二年（1912）起採用公曆月、日，但同時採用中華民國紀年。1949 年中華人民共和國成立後採用公元紀年。

【公正】公平正直而無偏私。如：公正不阿、公正無私。東漢．孔融〈臨終詩〉：「讒邪害公正，浮雲翳（yì）白日。」（翳：遮蔽）

【公堂】①古代君主的廳堂。《詩經．豳（bīn）風．七月》：「躋彼公堂，稱彼兕（sì）觥（gōng）。」南宋．朱熹《詩集注》：「公堂，君之堂也。」（兕觥：獸形酒器）②舊時法庭或官署的廳堂；泛指廳堂。唐．賈島〈酬姚合校書〉詩：「公堂朝共到，私第夜相留。」又〈夜集姚合宅期可公不至〉詩：「公堂夜秋雨，已是念園林。」③舊時家族的祠堂、公共的房屋等。明．馮夢龍《醒世恆言．三孝廉讓產立高名》：「公堂錢庫田產，都是伯伯們掌管，一出一入，你全部知道。」

【公道】公正的道理。《管子．明法解》：「然則喜賞惡（wù）罰之人，離公道而行私術矣。」

【公義】①公正的義理。《荀子．修身》：「《書》曰：『無有作好，遵王之道。無有作惡，遵王之路。』此言公子以公義勝私欲也。」②公眾的議論；輿論。《後漢書．袁紹傳》：「紹議欲立劉虞為帝，術（袁術）好放縱，憚立長君，託以公義不肯同。」也說「公議」。

【公德】指處理個人和群體關係的道德。梁啟超《新民說．論公德》：「人人獨善其身者謂之私德，人人相善其群者謂之公德。」現指人們在社會公共生活中應遵循的基本道德，主要包括：遵守公共秩序、愛護公共財物、尊重他人人格、救死扶傷、講究衛生、保護環境、文明禮貌、誠實守信等。也說「社會公德」。

【六甲】①古代用十干和十二支依次相配成六十組干支，其中起頭是「甲」字的有六組，即甲子、甲戌、甲申、甲午、甲辰、甲寅，合稱六甲。②道教用語。道教認為，六丁（丁卯、丁巳、丁未、丁酉、丁亥、丁丑）是陰（女）神，六甲（甲子、甲戌、甲申、甲午、甲辰、甲寅）是陽（男）神，為天帝所驅使，能行風雷，制鬼神，道士能用符籙（lù）召請來使之「祈禳（ráng）驅鬼」。③舊指婦女懷孕。如：身懷六甲。

【六合】①指天地和東、南、西、北四方；也泛指天下。②古代曆法用語：孟春與孟秋、仲春與仲秋、季春與季秋、孟夏與孟冬、仲夏與仲冬、季夏與季冬均為「合」，故稱「六合」。③古代陰陽家所指吉利日辰的說法，以子與丑、寅與亥、卯與戌、辰與酉、巳與申、午與未合為「六合」。

【六言六蔽】蔽：弊病。孔子所指的六種美德和六種弊病。六言：仁、知、信、直、勇、剛；六蔽：愚、蕩（放蕩不羈）、賊（傷害）、絞（偏激）、亂（作亂惹禍）、狂（輕率狂妄）。《論語．陽貨》載：孔子告誡子路說，愛仁德卻不愛學習，其弊病就是容易被愚弄；愛耍聰明卻不愛學習，其弊病就是放蕩不羈；愛誠實卻不愛學習，其弊病就是容易被人利用反而害了自己；愛直率卻不愛學習，其弊病就是說話尖刻，容易傷害別人；愛勇敢卻不愛學習，其弊病就是搗亂闖禍；愛剛強卻不愛學習，其弊病就是膽大妄為。

【六和】佛教指身和同住、口和無諍（zhèng）、意和同悅、戒和同修、利和同均、見和同解。

【六部】隋唐以後，中央行政機構吏、戶、禮、兵、刑、工各部合稱，是尚書省的下屬機構，掌管全國行政事務。以後歷朝其職事範圍各有所不同。清末逐漸添設新部，六部之名遂廢。

【六書】①古人分析漢字的造字方法而歸納出來的六種條例，即象形、指事、會意、形聲、轉注、假借。今人多認為「轉注」「假借」實為用字方法，與造字無關。也說「六義」。②王莽時六種字體。即古文（戰國時通行於六國的文字）、奇字、篆書、左書、繆篆、鳥蟲書。

【六經】①指儒家的六部經典：《詩》《書》《禮》《易》《春秋》和《樂》。②十二經脈中手足同名的六對經脈，即太陰經、少陰經、厥陰經、陽明經、太陽經、少陽經。

【六經皆史】以《易》《書》《詩》《禮》《樂》《春秋》六經為古代歷史書籍的一種主張。這一思想可追溯到隋代的王通，他認為《書》《詩》《春秋》皆史。其後，明代的王世貞在《藝苑卮（zhī）言》中提出「天地間無非史而已」的觀點；李贄也有「經史相為表裏」的觀點。系統提出「六經皆史」觀點的是清代章學誠。他以為「古人未嘗離事而言理，六經皆先王之政典也」（《文史通義．易教上》）。並提出「六經皆史」「六經皆器」諸命題，反對「離器言道」的空洞說教。袁枚及後來的龔自珍、章炳麟等也主此說。

【六親】①六種親屬。通常指父、母、兄、弟、妻、子，也有指父、母、兄、弟、夫、婦為六親的，還有指父子、兄弟、姑姊、甥舅、婚媾、姻婭（yà，連襟）為六親的。②泛指親屬。

【六藝】①即「六經」。參見17頁「六經」①。②西周學校教育科目：禮（禮儀制度、道德規範）、樂（音樂、詩歌、舞蹈）、射（射箭）、御（駕馭馬車）、書（文字讀寫）、數（算法）。

【文化】①人類創造的物質財富和精神財富的總和；特指精神財富，如教育、科學、文藝等。②運用語言文字的能力和一般的知識。③特指某一領域或某一範疇體現的思想、觀念、道德和行為規範以及風俗習慣等。④考古學指同一歷史時期的不依分佈地點為轉移的遺跡、遺物的綜合體。同樣的工具、用具，同樣的製造技術等，是同一種文化的特徵。如：半坡文化。

【文以載道】道：舊時多指儒家思想。用文章來説明道。中唐時期韓愈等古文運動家提出「文以明道」的觀點。北宋·周敦頤《通書·文辭》:「文所以載道也。輪轅飾而人弗庸，徒飾也，況虛車乎。」意思是「文」像車，「道」像車上所載的貨物，通過車的運載，可以達到目的地。認為寫文章的目的，就是要宣揚儒家的仁義道德和倫理綱常，為政治教化和社會治理服務。現在通常指文藝作品是用來表達思想感情的。

【文字獄】統治者以挑剔或歪曲作品中的錯誤為藉口對讀書人進行迫害的一種手段。文字獄歷朝皆有，但以清代最多。順治朝興文字獄 7 次，康熙朝 12 次、雍正朝 17 次、乾隆朝 130 多次。其手段是以文化專制措施，鉗制人們的思想，以文字、言論羅織罪名，往往株連家族親友。其目的是壓制漢人的民族反抗意識，樹立清朝統治的權威，加強中央專制集權。其後果造成社會恐怖，禁錮了人們的思想，摧殘了人才，嚴重阻礙了社會的發展和進步。

【文明】①指人類所創造的財富的總和，特指精神財富，如文學、藝術、教育、科學等。②指社會發展到較高階段表現出來的狀態（跟「野蠻」相對）。③指有教養、講禮貌、言行不粗野的良好品行。④舊指帶有現代色彩的。

【文治】以文教禮樂治理國家。北宋·范仲淹〈答趙元昊（hào）書〉:「小國無文治而有武功，禍莫大焉。」

【文宗】指文章為眾人尊崇、師法的巨匠。明清時期尊稱提學、學政為文宗；也用來尊稱主持考試的員官。

【文房四寶】書房中四種常用文具筆、墨、紙、硯的統稱。這些文具，製作歷史悠久，品類繁多，歷代都有著名的製品和藝人。如：安徽涇縣的宣紙、歙（shè）縣的徽墨、浙江湖州的湖筆、廣東肇慶（古名端州）的端硯等，至今仍很著名。

【心學】儒學中宋明理學的一個學派。南宋陸九淵、明代王陽明都把「心」看作宇宙萬物的本源，提出聖人之學就是心學。也稱「陸王心學」。參見 342 頁「心外無物」。

【孔門三戒】孔子提出的人生修養內容之一。《論語·季氏》:「君子有三戒：少之時，血氣未定，戒之在色；及其壯也，血氣方剛，戒之在鬥；及其老也，血氣既衰，戒之在得。」少年戒情色，壯年戒鋒芒，老年戒貪得。

【孔孟之道】 以孔子和孟子為代表的儒家思想理論體系。

【孔顏氣象】 見 19 頁「孔顏樂處」。

【孔顏樂處】 孔：孔子。顏：顏回。宋儒所追求的一種崇高的精神境界和理想的道德人格。《論語．述而》：「飯疏食飲水，曲肱（gōng，胳膊）而枕之，樂亦在其中矣。」又《論語．雍也》：「一簞食，一瓢飲，在陋巷，人不堪其憂，回也不改其樂。賢哉回也！」北宋哲學家周敦頤要求學者體會孔子、顏回快樂的原因，實現與聖賢心志一致，達到身安道充、進德修業的境界。

【未】 ①地支第八位。參見 7 頁「干支」。②未時。中國傳統計時法指下午 1 — 3 時這一段時間。

【正人君子】 指道德高尚、品行端正的人。《舊唐書．崔胤（yìn）傳》：「胤所悦者闒（tà）茸下輩，所惡者正人君子。」（闒茸：庸碌低下）

【正心】 ①使人心歸向於正直。北宋．司馬光〈交趾獻奇獸賦〉：「吾聞古聖人之治天下也，正心以為本。」②公正無私之心。《管子．任法》：「臣有所愛而為私賞之，有所惡而為私罰之，倍其公法，損其正心，危主也。」（倍：背，違背；危：危害）

【正名】 見 355 頁「名正言順」。

【正宗】 ①佛教指各派的創建者所傳下來的嫡派。後世泛稱初祖所傳之嫡派為正宗。②指完全符合傳統要求的；真正的。

【正氣】 ①正直剛強的氣概；剛正的氣節。《楚辭．遠遊》：「內惟省（xǐng）以端操兮，求正氣之所由。」（端操：端正操守）②光明正大的作風；純正良好的風氣。南宋．羅大經《鶴林玉露》卷二：「歐公（歐陽修）非特事事得體，且是和平深厚，得文章正氣。」③中醫學指人體元氣。《花月痕》第六回：「今日之事必先激濁揚清，如醫治疾，扶正氣始可以禦外邪。」

【正義】 ①公正的、正當的道理。《韓詩外傳》卷五：「耳不聞學，行無正義。」②正確的或本來的意義。東漢．桓譚〈抑訐（jié）重賞疏〉：「屏群小之曲説，述五經之正義。」③公道正直；正確合理。東漢．王符《潛夫論．潛嘆》：「是以范武歸晉而國奸逃，華（huà）元反朝而魚氏亡。故正義之士與邪枉之人不兩立之。」④舊時指經史的注疏。如唐．孔穎達的《五經正義》《周易正義》《春秋正義》等。

【世外桃源】 原為晉代陶淵明〈桃花源記〉中虛構的一個與世隔絕、沒有戰亂的安樂而美好的地方。後用「世外桃源」指不受外界干擾的理想處所或與世隔絕的幻想世界。《痛史》第十回：「左右沒事，就叫她們做些女紅（gōng），我這山中便是個世外桃源了。」

【世界】①佛教指無限的時間和空間。《楞嚴經》卷四：「世為遷流，界為方位。」②今指地球上的所有地方或某個範圍、領域。

【世俗】①指塵世、人間。西漢·賈誼〈惜誓〉：「方世俗之幽昏兮，眩白黑之美惡。」②指社會的風俗習慣。《史記·循吏列傳》：「施教導民，上下和合，世俗盛美。」③佛教指佛法勝義諦以外的一切世間規範及事物。《顯揚聖教論》卷十六：「宣說我法用，皆名為世俗。」

【世襲】世代承襲相傳，多指帝位、爵位、領地等。

【古風】①古代的風俗。南宋·陸游〈遊西山村〉：「簫鼓追隨春社近，衣冠簡樸古風存。」（春社：古時於春耕前祭祀土神以祈豐收的活動）②見124頁「古詩」②。

【古訓是式】《詩經·大雅·烝（zhēng）民》：「古訓是式，威儀是力。」（古訓：先王之遺典、制度、法則；式：範式，準則）古代傳下來的典籍、制度、法則，可以作為範式、準則。

【古董】①可供鑒賞、研究的古代器物。元·秦簡夫《東堂老》一折：「可早十年光景，把那家緣過活金銀珠翠，古董玩器……典盡賣絕，都使得無了也。」（家緣：家業，家產）②比喻過時的東西或頑固守舊的人。清·孔尚任《桃花扇·先聲》：「古董先生誰似我，非玉非銅，滿面包漿裹。」（包漿：指銅、玉、竹等古玩經長期撫摸而表面發出的光澤）

【古裝】古代式樣的服裝（與「時裝」相對）。北宋·歐陽修〈豐樂亭小飲〉詩：「看花遊女不知醜，古裝野態爭花紅。」

【古語】①指古代流傳下來的話。如「滿招損，謙受益」即是一句古語。②古代的詞語。

【古諺】古代諺語。東晉·王嘉《拾遺記·後漢》：「何休木訥多智……及遠年古諺，歷代圖籍，無所不誦。」

【本心】指心的本來屬性，先天稟賦。《孟子·告子上》：「此之謂失其本心。」謂言行不合道德，失心之本然。南宋陸九淵繼承並發展了孟子的性善論，認為人的本心就是仁義之心。

【石器時代】考古學指人類歷史最早的一個時代，從有人類起到青銅器出現止二三百萬年。這個時期人類使用的生產工具以石器為主。按製造石器的進步程度，一般又分為舊石器時代、中石器時代和新石器時代。

【平等】佛教指佛、法、僧三寶，以及心、佛、眾生三法，在本質上均平齊等，無高下差別。世俗社會中，指人們在權利、地位等方面是同等的。

【北學】南北朝時期北朝的經學。北朝經師墨守東漢經學舊説，以章句訓詁為主，不願別出新義。學風較保守，撰述亦少。代表人物有徐遵明、熊安生等。

【甲】①天干的第一位。參見 7 頁「干支」。②借指第一。如甲級。③佔據第一，冠於。如桂林山水甲天下。

【甲子】①甲居天干第一位，子居地支第一位。干支依次相配（如甲子、乙丑、丙寅……癸亥），共六十組，統稱甲子。古人主要用於紀日或紀年等。清·黃宗羲《歷代甲子考》:「按歷代甲子，自魯隱公元年己未以下，載記皆可考據，無有異同。」②指歲月、光陰。唐·杜甫〈春歸〉詩:「別來頻甲子，倏忽又春華。」③指年歲、年齡。前蜀·貫休〈軒轅先生〉詩:「略問先生真甲子，只言弟子是劉安。」④季節;歲序。唐·杜甫〈重簡王明府〉詩:「甲子西南異，冬來只薄寒。」⑤指日曆。《西遊記》一回:「那猴在山中，夜宿山崖之下，朝遊峰洞之中。真是『山中無甲子，寒盡不知年』。」⑥指人命八字。南宋·周密《癸辛雜識(zhì)別集·黃國》:「華父(huà fǔ)熟於典故，又好談命，知人甲子。」

【史部】中國古代圖書四部分類（經、史、子、集）中的第二大部類，包括各種體裁的歷史著作。也説「乙部」。參見 125 頁「四部」。

【四句教】明代哲學家王陽明用來表述自己思想精華的四句話。即「無善無惡心之體，有善有惡意之動，知善知惡是良知，為善去惡是格物。」意思是:心的本體晶瑩純潔、無善無惡;但意念一經產生，善惡也隨之而來;能夠區分何為善、何為惡，就是孟子所説的「良知」;而儒學理論的重要概念格物就是「為善去惡」，這是儒者的終身使命。四句教是王陽明哲學思想的高度概括和總結，對明以後中國和日本、朝鮮的儒學界均產生過較大影響。也説「王陽明四句教」「王門四句教」。

【四端】孟子提出的人人應具有的四種最重要最基本的德行。端，發端，出發點，萌芽。「四端」指仁、義、禮、智四種道德觀念的端緒、萌芽。《孟子·公孫丑上》:「惻隱之心，仁之端也;羞惡之心，義之端也;辭讓之心，禮之端也;是非之心，智之端也。」孟子認為，一個人若無此四心，就不配做人。

【四聲】古代漢語的四種聲調，即平、上、去、入。其中平稱為「平聲」，上、去、入統稱「仄聲」，故四聲又稱「平仄」。四聲是漢語特有的語音現象，自南朝學者發現以來，為詩詞歌賦等韻文的創作和鑒賞提供了科學系統的聲韻標準。元代時，四聲已發生變化，平聲分化為陰平與陽平，入聲分別歸入平（陰平與陽平）、上、去聲，原四聲遂演變成陰平、陽平、上聲、去聲（元・周德清《中原音韻》），與現代漢語的四聲十分接近。但明清至近現代文人作律詩和詞，仍沿用中古四聲的平仄規則。

【付丙】用火燒掉（書信、文稿等）。古人以天干配「金、木、水、火、土」五行，「丙」「丁」屬火，故稱「火」為「丙丁」或「丙」。《負曝閒談》二十五回：「閱後付丙。」也說「付丙丁」。

【白馬非馬】先秦時期名實之辯的一個主要命題。最早見於《韓非子・外儲說左上》，講的是齊國規定驢、馬過關卡要收稅。一位學者騎着白馬過關，說白馬就是白馬，不能說白馬是馬，不能收我的稅。韓非子認為，這是詭辯。公孫龍著〈白馬論〉，從多個方面對「白馬非馬」這一命題詳加論證，將「白馬」與「馬」兩個概念加以嚴格區分，揭示了個別與一般的差異，對中國古代邏輯思想的發展有一定貢獻。但他過分誇大個別與一般的差異，沒能認識到個別與一般的共性關係。

【他律】指運用法律、社會輿論等外在力量對社會成員的行為進行約束和規範（跟「自律」相對）。如：道德是自律，法律是他律。

【印章】用作取信的器物。秦統一中國後，皇帝的印章稱璽（xǐ），官、私所用稱印。漢代稱章或印章。《後漢書・公孫述傳》：「多刻天下牧守印章，備置公卿百官。」因軍政命令與公文必須用印（蓋章）方生效，所以官印又是權力的象徵。後來，印章也用於書畫題識（zhì）與圖書鑒藏，成為中國特有的一種傳統藝術品。印章的材質，古代官家多用金玉，其他也有用銀、銅、牙、角、玉石、木等。現代個人印章已多用於藝術品。專門研究古代印章及篆刻藝術的稱印章學。也稱「圖章」。

【卯】①地支的第四位。參見 7 頁「干支」。②卯時。中國傳統計時法指早晨 5 — 7 點這一段時間。

【立功】建立功勛。參見 23 頁「立德」。

【立志】①樹立志向。如：無志之人常立志，有志之人立長志。②指堅強獨立的意志。《孟子・萬章下》：「故聞伯夷之風者，貪夫廉，懦夫有立志。」（伯夷：商末孤竹君之長子。孤竹君死後，他遵從父命，不接受其弟叔齊讓位。後二人都逃到周文王那裏，共同勸諫武王伐紂。商滅後，二人因不食周粟而死）

【立言】①著書立說。如：學者立言、立言明道。參見 23 頁「立德」。②泛指寫文章。南朝梁·劉勰（xié）《文心雕龍·章句》:「夫人之立言，因字而生句，積句而成章，積章而成篇。」

【立德】 指樹立德業。《左傳·襄公二十四年》:「太上有立德，其次有立功，其次有立言，雖久不廢，此之為不朽。」（太上：最高）

【玄】 道家指幽深微妙、高遠莫測的「道」。《老子》一章:「玄之又玄，眾妙之門。」（眾妙之門：認識萬物的法門）道教繼承並發展了老子「玄」的概念，將其衍化成精神性的宇宙本體，並成教義的重要部分。晉·葛洪《抱朴子·暢玄》:「玄者，自然之始祖，而萬殊之大宗也。」道教信奉的天界尊神真武大帝，又稱玄天上帝。

【玄一】《老子》四十二章:「道生一，一生二，二生三，三生萬物。」後因稱「道」的本原為「玄一」。東晉·葛洪《抱朴子·地真》:「玄一之道，亦要法也。」

【玄武】 ①四象之一。二十八宿中北方七宿（斗、牛、女、虛、危、室、壁）的統稱。②中國古代神話中的北方之神。為道教所信奉，同青龍、白虎、朱雀合稱「四方四神」。塑像為龜或龜蛇合體。宋代因避財神趙公元帥（趙玄朗）之名諱，改玄為真。也稱「玄（真）武大帝」。

【玄風】 魏晉時代士大夫清談玄學的風氣。始於曹魏正始年間，何休、王弼倡「貴無論」；接着有阮籍、嵇康倡「越名教而任自然」，其特點是蔑視儒家禮教，倡導精神自由；後有郭象提出「獨化論」，以調和儒家名教和「自然」的矛盾，玄風大盛。東晉後佛學大盛，玄風漸衰。

【玄學】 魏晉時期以老莊思想為骨架，糅合儒家經義以代替煩瑣的兩漢經學的一種哲學思潮。具有高度抽象的思辯形式。玄學家大都是所謂名士。他們以出身門第、容貌儀止和虛無玄遠的「清談」相標榜，成為一時的風氣。其討論的中心問題是「本末」「有無」「體用」等深奧問題。如何晏、王弼提倡「貴無」，而裴頠則作〈崇有論〉，彼此針鋒相對。東晉以後，玄學與佛學趨於合流，佛學漸盛，玄學漸衰。

【民本】 以民為本。古代的明君、賢臣為維護和鞏固其統治而提出的一種統治觀，其基本思想為重民、貴民、安民、恤民、愛民等。《孟子·盡心下》提出「民貴君輕」的觀點。西漢·賈誼《新書·大政上》:「聞之於政也，民無不為本也。國以為本，君以為本，吏以為本。輕本不祥，實為身殃。」都是儒家民本思想的體現。參見 348 頁「民貴君輕」。

【民生】 ①人民的生計。《左傳·宣公十二年》:「民生在勤，勤則不匱（kuì，缺乏）。」②人生。屈原《離騷》:「長太息以掩涕兮，哀民生之多

艱。」(太息：大聲長嘆；掩涕：掩面流淚；哀：同情)

【民主】①民眾的主宰。古代多指帝王、君主。《左傳・襄公三十一年》：「趙孟將死矣，其語偷，不似民主。」(偷：苟且，怠惰)②指人民享有參與政治生活和國家事務並對其自由發表意見等的權利。如：民主集中制、作風民主。

【民氣】人民大眾對事關國家、民族重大事務所表現的意志和氣概。西漢・晁錯〈言兵事疏〉：「竊聞戰勝之威，民氣百倍；敗兵之卒，沒世不復。」

【民情】①民間的生產、生活、風俗、習慣等情況。西漢・董仲舒《春秋繁露・王道》：「民情至樸而不文。」(文：華麗，文飾)②人民大眾的情緒、願望等。如：體恤民情、順民情合民意。

【民智】指民眾的聰明才智、文化知識。是體現國民素質的重要方面。清・黃遵憲《紀事》詩之八：「民智益發揚，國富乃倍蓰(xǐ)。」(蓰：五倍)

【民權】指人民管理國事的權力。包括選舉權、罷免權、創制權和復決權。由孫中山所提倡。也稱「四權」。

【弘毅】指剛強而有毅力，抱負遠大，意志堅強。《論語・泰伯》：「曾子曰：『士不可以不弘毅，任重而道遠。』」

【弘願】佛教指普度一切眾生的大願。唐・窺基《心經幽贊》卷上：「若諸菩薩先於菩提發弘願已，欲勤修學。」今泛指遠大的志向或願望。

【刑名】「刑名之學」的省稱。戰國時代主張循名責實、慎賞明罰的學派，以申不害為代表。刑：同「形」，形體或實際。

【吉日】①指朔日，農曆每月初一。《周禮・地官・黨正》：「及四時孟月吉日。」(孟月：農曆每季的第一個月)②吉利的日子；好日子。《紅樓夢》第九十七回：「老爺已擇了吉日，要給你娶親了。」

【吉兆】吉祥的徵兆。《三國演義》第七回：「韓當曰：『此非吉兆，可暫班師。』」

【吉禮】古五禮之一。指祭祀之禮。《周禮・春官・大宗伯》：「以吉禮事邦國之鬼神示(qí)。」[事：祭祀；鬼：祖先之靈；神：天神；示：同「祇(qí)」，地神]

【老莊】老子和莊子的合稱。

【地支】子、丑、寅、卯、辰、巳、午、未、申、酉、戌、亥十二支的統稱。中國傳統用作表示順序的符號。又與天干(甲、乙、丙、丁、戊、己、庚、辛、壬、癸)配成六十組，表示年、月、日的次序。

【耳順】①《論語·為政》:「六十而耳順。」指人到六十歲，什麼話都能聽得進去，正確的話予以採納，對不正確的話不斤斤計較。後因以「耳順」為六十歲的代稱。②順耳。

【共和】①西周從厲王失政到宣王執政，中間 14 年，號共和。共和元年，即前 841 年，是中國歷史有確切紀年的開始。共和的由來有兩說:一、因厲王出奔後由召公、周公二相共同執政;二、因由共伯和代理政事(共:諸侯國國名;伯:爵位名;和:共伯之名)。②共和制，即國家權力機關和國家元首由選舉產生的政權組織形式。

【共商國是】共同商討國家大事。西漢·劉向《新序·雜事二》:「願相國與諸侯士大夫共商國是。」(國是:國家大政方針政策)

【西天】①中國古代指印度。②《阿彌陀經》所說的「西方極樂世界」。

【西夏文】記錄西夏党項族語言的文字。西夏景宗李元昊(hào)正式稱帝前的大慶元年(1036)，西夏大臣野利仁榮奉命創製，三年始成。形體方整，筆畫繁冗，結構仿漢字，又有其特點。曾在西夏王朝所統轄的今寧夏、甘肅、陝西北部、內蒙古南部等地盛行了約兩個世紀。元明兩朝，仍在一些地區留傳了大約三個世紀。全部西夏文字共計 5917 字，有實際意義的字共 5857 字。

【西學東漸(jiān)】漸:流進，流入，引申指傳播。指西方學術思想向中國傳播的過程。這個潮流經歷了漢唐文化時期、宋明文化時期和明末清初文化時期三次高潮。但通常指明末清初及清末民初兩個時期歐美學術思想的傳入。對中國的學術、思想、社會經濟都產生了重大的影響。

【戌】①地支第十一位。參見 7 頁「干支」。②戌時。中國傳統計時法指晚上 7 — 9 時這一段時間。

【百家爭鳴】春秋末期和戰國時期諸子百家(儒、道、法、墨、名等)互相爭辯，思想學術領域呈現一片繁榮的景象，後世稱為「百家爭鳴」。現多指學術上不同學派之間的自由爭論，常與「百花齊放」連用。參見 71 頁「諸子百家」。

【百家姓】一種文化啟蒙讀本。成書於宋初，編者不詳。全書集 400 多個常見姓氏為四言韻語，易讀易記。姓氏排序以當時國姓「趙」為首。明代有《皇明千家姓》，改以「朱」姓為首;清康熙時有《御製百家姓》，又改以「孔」姓居首。但流行的仍然是北宋時本。

【成人】人格完美的人。語出《論語·憲問》。孔子認為，見到可得之利時首先考慮它是否符合道義、自己該不該得，遇到危險時勇於承擔責任、做出犧牲，經過長久的窮困也不忘自己平生諾言的人，就稱得上「成人」了。

【成仁】 成就仁德。《論語·衛靈公》：「志士仁人，無求生以害仁，有殺身以成仁。」指為維護正義而獻出生命。

【至善】 ①完美的道德。儒家指人的道德修養所能達到的最高境界。《大學》「三綱領」之一。《大學·經文》：「大學之道，在明明德，在親民，在止於至善。」（親：通「新」，革新）意思是大學裏所講的聖王之道，在於發揚人心固有的光明的德性，在於革新人們的不良習俗，在於使人們達到最完美的道德境界。②最好的辦法或情況。《管子·幼官》：「至善不戰，其次一之。」意思是用兵最上之策是不戰而勝，其次是雖戰而號令始終如一。

【至誠】 ①古代儒家道德修養的極真誠的境界。《禮記·中庸》：「唯天下至誠，為經綸天下之大經，立天下之大本，知天地之化育。」朱熹集注：「至誠之道，非至聖不能知；至聖之德，非至誠不能為。」②極忠誠；極真誠。東漢·袁康《越絕書·外傳計倪》：「願君王公選於眾，精煉左右，非君子至誠之士，無與居家，使邪僻之氣，無漸以生。」

【曲禮】 ①書名。《儀禮》的別名。內容涉及飲食、待客、事親、敬長等各種禮制的細節。可供研究中國古代社會參考。②《禮記》篇名。以其委曲周到地講述吉、凶、賓、軍、嘉五禮之事，故稱。

【先生】 ①老師。②對有學問有聲望的人的敬稱。③對別人或自己的丈夫的稱呼。④舊時對文祕、管賬人員和以說書、賣唱、相面、算卦、看風水等為職業的人的稱呼。

【先哲】 指已故的有才德的思想家。東漢·張衡〈思玄賦〉：「仰先哲之玄訓兮，雖彌高而弗違。」（玄：深奧；彌：更加）

【竹林七賢】 指魏晉間的嵇康、阮籍、山濤、向秀、阮咸、王戎、劉伶。《魏氏春秋》說，此七人「相與友善，遊於竹林，號為七賢」（《三國志·魏書·嵇康傳》裴松之注引）。也稱「竹林七子」。

【自由】 ①由自己作主；不受限制和拘束。〈孔雀東南飛〉：「吾意久懷忿，汝豈得自由。」清·蒲松齡〈鞏仙〉（《聊齋志異》）：「野人之性，視宮殿如籓（fān，同『藩』）籠，不如秀才家得自由也。」②法律名詞。指公民在法律規定的範圍內，自己的意志活動有不受限制的權利。包括人身、言論、信仰、集會等方面的自由。

【自省（xǐng）】 自行省察。自我反省是儒家提倡的自我修養、完善人格的方法。孔子主張「見賢思齊焉，見不賢而內自省也」（《論語·里仁》）。曾子主張「三省吾身」（《論語·學而》），朱熹也主張「日省其身，有則改之，無則加勉」（《四書集注》）。

【自訟（sòng）】 自我責備，自覺反省錯誤，從嚴自律。《論語．公冶長》：「吾未見能見其過而內自訟者也。」（內：發自內心；訟：責備）

【自律】 遵循法度，自己管束自己。唐．張九齡〈貶韓朝宗洪州刺史制〉：「不能自律，何以正人？」

【自勉】 自己勉勵自己。《莊子．天運》：「此皆自勉，以役（保養）其德者也。」

【自新】 自覺改正錯誤，重新做人。《史記．孝文本紀》：「妾願沒入為官婢，贖父刑罪，使得自新。」南宋．葉適〈代宗彥遠青詞〉：「雖積罪以致禍，猶積哀而自新。」

【自檢】 自我檢點約束。唐．李翺〈與淮南節度使書〉：「以法令自檢，以知足自居。」

【自覺】 ①自己感覺到；自己意識到。《孔子家語．致思》：「吾有三失，晚不自覺。」②自己有所認識而覺悟。如：自覺守法。

【行（háng）輩】 行：排行；輩：輩分。先秦時代，通常在名或字前加伯（孟）、仲、叔、季來表明同父兄弟的排行。如孔子字仲尼，「仲」即排行第二。唐代文人之間，常省略名字，僅以姓加排行相稱。如白居易被稱「白十二」，元稹被稱「元九」。這種排行多是按照同一曾祖父下的兄弟總數來排算的，不是同父兄弟的排行。表示家族各代的縱向關係，前代叫作長輩，同代叫作同輩，下代叫作晚輩。社交中輩分比排行更重要。在宴飲、聚會等各種場合，均有嚴格的尊卑禮節須遵守。如違禮，被稱為「沒教養」。輩分可通過稱謂或姓名中的用字來反映。如稱呼與祖父同輩的人叫「爺」，與父親同輩的叫「伯」「叔」等。有些姓氏，例如孔氏，很早就選定若干字用於子孫行輩起名，顏、曾、孟姓沿用孔氏行輩用字，使得後人根據其名字即可判斷其所處輩分，形成中華姓氏文化的一大特點。

【合同異】 先秦名家惠施學派的基本觀點。與之對立的觀點是「離堅白」。認為一切事物的差別、對立是相對的，強調差異之中有同一。一切被常人當作相異的事物，在他們看來都是相同的。對古代邏輯思想的發展有一定貢獻。但誇大了概念的同一性，忽視了個體的差別，因而導致相對主義的錯誤。參見 78 頁「離堅白」。

【匈奴】 古代居於蒙古大漠和草原上的遊牧民族。戰國時活動於燕、趙、秦北部。秦漢之際，冒頓（mò dú）單于（chán yú）統轄大漠南北，勢力強盛。漢初，常南下侵擾，漢取守勢。武帝時轉守為攻，不斷進擊，使其勢力轉衰。宣帝甘露二年（前 52）呼韓邪（yé）單于歸附漢，與漢經濟文化交流六七十年。東漢光武時分為南北二部，北匈奴留居漠北，南匈奴附漢，屯居今內蒙古境內，後分為五部。其中三部兩晉時曾建前趙、夏、北梁等國。北匈奴在漢和帝時被南匈奴與漢擊敗，部分西遷。也稱「胡」。

【名山】①著名的大山。古多指五嶽。②指可以傳之不朽的藏書之所。《史記．太史公自序》：「以拾遺補藝，成一家之言 …… 藏之名山，副在京師，俟（sì，等待）後世聖人君子。」唐．司馬貞《史記索隱》：「正本藏之書府，副本留京師也。」③借指著書立說。清．譚嗣同〈夜成〉詩：「斗酒縱橫天下事，名山風雨百年心。」也說「名山事業」。

【名家】戰國時期的一個學派，以辯論名實著稱。名家學說含辯證法、邏輯學和辯論術等內容，在百家爭鳴中獨樹一幟。主要代表人物有惠施、公孫龍等。惠施提出天地萬物瞬息萬變，普遍聯繫為一個整體，反映了他對世界總體的思考。公孫龍提出「審其名實，慎其所謂」，調整名實關係，使名實相符；提出「白馬非馬」，過分強調事物的差別性，否認事物的同一性。該派因善於辯論，也稱「辯者」；因主張「刑名之辯」，也稱刑名家（刑，古同「形」，指形體、實體）。

【名教】①指名聲與教化。《管子．山至數》：「昔者周人有天下，諸侯賓服，名教通於天下。」②以正名定分為主的古代禮教，「三綱」「五常」為其主要內容。東晉．袁宏《後漢紀．獻帝紀》：「夫君臣父子，名教之本也。」

【名實】中國古代哲學、邏輯學概念，指名稱與事實以及二者的關係。各學派對此的理解不盡相同甚至對立，因而形成「名實之辯」（「名辯」）。孔子主張「正名」，認為「名不正則言不順」。墨子主張「取實予名」，即依據事實給予名稱，名稱或概念是事實的反映。莊子認為名和實是賓主關係，「名者，實之賓也」。公孫龍提出名的作用是「謂（稱呼）實」，應該「審其名實，慎其所謂」。荀子認為名對於實來說並非永久適合，應該「約定俗成」。韓非子提出「循名實而定是非」，要按照名實是否相符來判定是非。名實之辯推動了中國古代哲學的發展，促進了中國古代邏輯學的形成。

【汗青】①古代在竹簡上寫字，先用火烤青竹，使水分如汗滲出，乾後易於書寫，並免蟲蛀。後用「汗青」指著作完成。南宋．朱熹〈答嚴時亭書〉：「當時若得時亭諸友在近相助，當亦汗青有期也。」②借指史冊。南宋．文天祥〈過零丁洋〉詩：「人生自古誰無死，留取丹心照汗青。」

【形而上學】①《周易．繫辭上》：「形而上者謂之道，形而下者謂之器。」形而上的原意是指無形或抽象，後來把研究經驗以外的對象（如神、靈魂、意志、自由等）的哲學叫「形而上學」。②特指同辯證法相對立的世界觀和方法論。它用孤立、靜止、片面的觀點來看世界，認為即使有變化，也只是數量的增減和場所的變更；變化的原因也只在事物的外部。

【赤縣神州】 中國的別稱。戰國時齊人鄒衍説：「中國名曰赤縣神州，赤縣神州內自有九州島。」(《史記·孟子荀卿列傳》)後以此代指中原或中國。簡稱「赤縣」或「神州」。

【孝】 ①孝順；孝敬。「孝」作為一個倫理觀念正式提出是在西周。②舊時禮俗，尊長死後在一定時期內穿孝服，不娛樂，不應酬交際，以示哀悼。③居喪期間穿的白色布衣或麻衣。

【孝子】 對父母孝順的兒子。北宋·蘇軾〈代張方平諫用兵書〉：「慈父孝子、孤臣寡婦之哭聲，陛下必不得而聞也。」也指父母亡故之後處於居喪期的兒子。

【孝子賢孫】 指孝順、有德行的子孫。語出《孟子·離婁上》。也作「孝子慈孫」。

【孝悌（tì）】 指孝順父母、敬愛兄長。《論語·學而》：「有子曰：『其為人也孝弟，而好犯上者鮮矣。』」(弟：古通「悌」)

【孝順】 盡心盡力承擔侍奉父母或其他長輩的義務，並順從他們的意願。東晉·袁宏《後漢紀·安帝紀上》：「觀人之道，幼則觀其孝順而好學，長則觀其慈愛而能教。」

【孝道】 ①以孝為本的禮法規範。《史記·仲尼弟子列傳》：「曾參，少孔子四十六歲……孔子以為能通孝道，故授以業。」②孝行。盡心盡力奉養父母。

【孝廉】 孝指尊崇孝道，廉指清廉。原為古代選拔官吏的兩個科目，後合為孝廉一科；也指孝廉科選拔出來的人才；明清兩代則把舉人稱為孝廉。

【均田制】 北魏至唐中葉按人口分配土地的制度。公元485年，北魏孝文帝開始實行。男年十五、女二十均可授無主荒田。所授田地不准買賣，老死歸還官府。受田後不得遷徙。對恢復、發展農業起到一定積極作用。至唐中葉，土地兼併加劇，均田制則形同虛設。

【志於學】 《論語·為政》：「吾十有（yòu）五而志於學。」(有：通「又」)孔子自述其十五歲時便有志於做學問，進入自覺學習的階段。

【克己】 ①《論語·顏淵》：「克己復禮為仁。」克制自己的私欲，嚴格要求自己。如：克己修身。②節儉。如：自奉克己。③舊時商家自稱貨價便宜，不多賺錢。

【克己復禮】 儒家的修養方法。約束自己，使自己的行為合於禮。《論語·顏淵》：「顏淵問仁。子曰：『克己復禮為仁。』」

【村學】 舊指農村中的私學，也説「村塾」。《水滸傳》第十五回：「小生這幾年也只在晁（cháo）保正莊上左近教些村學。」

【杏壇】 傳為孔子講學之處。《莊子·漁父（fǔ）》：「孔子遊乎緇（zī）帷之林，休坐乎杏壇之上。弟子讀書，孔子弦歌鼓琴。」後世將杏壇建在曲阜文廟大成殿前。今杏壇為明隆慶三年（1569）所建。後也指聚徒講學處。

【求索】 尋求探索。多用於追求真理等。屈原《離騷》：「路曼曼其修遠兮，吾將上下而求索。」

【車同軌，書同文】《禮記·中庸》：「今天下車同軌，書同文。」（軌：車左右兩輪間的距離；書：指公文、文書；文：文字）一國之內使用同一輪距的車輛，用同一種文字書寫。後用以比喻統一天下。也説「書同文，車同軌」。

【見地】 ①佛教指「十地」（修行過程中的十個等級）之一，即其中的第四地，達到不受外界迷惑的地步。②泛指見解、見識。如：頗有見地。

【秀才】 ①明清兩代，稱童生通過最低一級科舉考試得以在府學、縣學讀書的人。②泛指讀書人或有一定文化知識的人。如：秀才不出門，全知天下事。

【私德】 ①個人的恩惠。《商君書·錯法》：「明君之使其民也，使必盡力以規其功，功立而富貴隨之，無私德也。」②在私生活方面表現出來的品德。清·陳天華〈絕命書〉：「其尤不肖（xiào）者，則學問未事，私德先壞。」

【私學】 中國歷代私人開辦的學校。西周以前，學在官府。春秋時官學衰廢，開私人講學之風。孔子是成功創辦私學的著名人物。戰國時期大盛。漢代以後則成學校制度的重要組成部分。《後漢書·輿服志下》：「中二千石（shí）以下至博士兩梁，自博士以下至小史私學弟子，皆一梁。」（梁：冠上橫脊，區分官階的冠飾）

【每事問】《論語·八佾（yì）》：「子入大（tài）廟，每事問。」（大，通「太」；大廟：指周公廟）孔子進入周公廟，對每件事都發問。後指遇事不懂，多做調查研究或發問請教。著名教育家陶行知詩歌〈每事問〉：「發明千千萬，起點是一問。禽獸不如人，過在不會問。智者問的巧，愚者問的笨。人力勝天工，只在每事問。」倡導「每事問」的精神。

【兵家】先秦至漢初研究軍事理論、從事軍事活動的學派。主要代表人物有春秋末期的孫武、司馬穰苴（ráng jū），戰國的吳起、孫臏、尉繚，漢初的韓信、張良等。今存的重要著作有《孫子兵法》《司馬法》《吳子兵法》《孫臏兵法》《六韜》《尉繚子》等。這些兵家著作在中國古代哲學史上也佔有重要地位。

【身心合一】指人的行為和精神間存在着相即不離的和諧關係。儒家主張要達到「身心合一」就要「修身」，即知道了做人的道理，就應反求諸己，以達到「仁」的境界。其目標就是「齊家」「治國」「平天下」，實現《禮記》中所說的「天下為公」的「大同」社會。如果一個社會有了良好的制度，又有了有道德修養的人來管理，加上都能「以修身為本」的民眾，那麼就離和諧社會的目標不遠了。

【身教】指用自己的行為來影響教育別人。南宋·李呂〈師正堂〉詩：「物我雖殊理本同，算來身教易為功。」

【忘我】①指忘掉了自己。多形容公而忘私。《晉書·王坦之傳》：「成名在乎無私，故在當而忘我。」②形容超脫塵俗、與自然融為一體的境界。

【宋明理學】見52頁「理學」。

【宋學】儒家學術流派。同「漢學」相對。以中晚唐儒學復興為先導，通過兩宋諸多理學家的多方努力而創造的中國中後期社會最完備的思想理論體系。它以「理」作為宇宙體系和哲學思辨結構最高範疇，所以被稱為理學。它以堯、舜、禹、湯、文、武、周、孔的繼承者自居，以「明道」為其治學的終極目的，故亦稱道學。其學術思想雖以儒家禮法、倫理為核心，卻因其融合佛道思想精粹而區別於原始儒學，給人以煥然一新之感，故稱新儒學。派別甚多，重要的有朱熹理學派、陸九淵心學派、葉適永嘉學派等。

【宏達】①指才識宏大通博。東漢·班固〈西都賦〉：「大雅宏達，於茲為群。」唐·李白〈《大鵬賦》序〉：「悔其少作，未窮宏達至旨，中年棄之。」②形容事業宏偉。唐·杜甫〈北征〉詩：「惶惶太宗業，樹立甚宏達。」

【良】善良。子貢稱頌孔子「溫、良、恭、儉、讓」（《論語·學而》）。孔子有溫和、善良、恭敬、節制、謙遜五種美德。

【良心】①天賦的善良、仁義之心。孟子認為人人都生來就有一個作為道德判斷主體的良心——「不忍人之心」，把握它、培養它，它就存在；放失它、捨棄它，它就消失。缺失良心，離禽獸也就不遠了。（《孟子·告子上》）②泛指善良的心地。主要表現在對自己行為的是非、善惡的自我反思和袪惡向善。

【良知】①儒家指天賦的道德善性和認知能力。《孟子·盡心上》:「所不慮而知者,其良知也。」(慮:思考,考慮)②知己;好友。南朝宋·謝靈運〈遊南亭〉詩:「我志誰與亮?賞心惟良知。」(亮:顯露)③良心。如:毫無良知。

【良善】①善良。《百喻經·為熊所齧喻》:「世間愚人……而濫害良善有德之人。」②指善良的人。如:誅罰良善。

【君子】跟「小人」相對。在不同時期君子所指並不完全相同。西周、春秋時指貴族統治者。如《左傳·襄公九年》:「君子勞心,小人勞力。」到春秋後期「君子」「小人」的概念發生變化,有德者稱作「君子」,無德者稱作「小人」。如《論語·述而》:「君子坦蕩蕩,小人長戚戚。」儒家創始人孔子所說的「君子」,在道德品質、精神人格、器識才學諸方面都達到完美的境地,是富有仁德的理想化的美好形象,歷來受到人們的景仰。

【君主】①君主制國家的元首,如皇帝、國王等。終身任職,並世襲。②公主。《史記·六國年表》:「初以君主妻(qì)河。」(妻:嫁給;河:指河伯)

【君君、臣臣、父父、子子】語出《論語·顏淵》。國君要像個國君,臣子要像個臣子,父親要像個父親,兒子要像個兒子。人人都恪守本分、忠於職守,做到不越位、不亂位,社會就會和諧。否則,君臣失位,長幼失序,倫理失常,社會就會混亂失穩。

【君權神授說】宣稱君王的權力是神賦予的一種學說。《尚書·召誥》:「有夏服(受)天命。」認為夏朝乃承受「天命」。漢初董仲舒則提出「天人相與」的理論,認為天和人間是相通的,繼而提出「君權神授」的命題。他認為皇帝是天的兒子,是奉天之命來統治人世的,強調君權的天然合理性和神聖不可侵犯性。這種理論在中國產生了深遠的影響,歷代帝王以至造反的農民領袖,無不假託天命,自稱「奉天承運」或者「替天行道」,從而達到神化自己及其活動的目的。

【壯士斷腕】《三國志·魏書·陳泰傳》:「古人有言:『蝮(fù)蛇螫(shì,蜇)手,壯士解腕。』」意思是勇士手腕被蝮蛇咬傷,就立即截斷,以免毒性擴散全身。後多用「壯士斷腕」比喻做事要當機立斷,不可遲疑、姑息。唐·竇臮(jì)《述書賦·下》:「君子棄瑕以拔材,壯士斷腕以全質。」

【妙悟】南宋嚴羽提出的關於詩歌創作的理論。認為作詩的奧妙就在一個「悟」字。《滄浪(láng)詩話》:「大抵禪道惟在妙悟,詩道亦在妙悟。」妙悟相當於形象思維,指詩歌創作中不假文字、不藉推理、靈感閃動、豁然開悟的現象。清代王士禛（zhēn）在嚴羽「妙悟」說的基礎上，提出了「神韻」說，可謂淵源有自，異曲同工。

【奉養】 侍候並贍養長輩。《後漢書·列女傳·吳榮》：「榮嘗躬勤家業，以奉養其姑。」（姑：婆婆）

【武功】 ①軍事方面的功績。《詩經·大雅·文王有聲》：「文王受命，有此武功。既伐於崇，作邑於豐。」鄭玄注：「武功，謂伐四國及崇之功也。」②武力。北宋·蘇軾〈書王奧所藏太宗御書後〉：「太宗以武功定禍亂，以文德致太平。」

【坤】 ①八卦之一，卦形為「☷」，象徵地。參見 3 頁「八卦」。②代表女性或女方。如：坤宅、坤伶。《周易·繫辭上》：「乾道成男，坤道成女。」

【抱一】《老子》二十二章：「聖人抱一以為天下式。」（式：榜樣）意思是聖人（得道之人）應持守形體與精神合於一的狀態，達到這種狀態即可成為天下人的榜樣。指人置身於大千世界應保持一顆沉潛篤定的淳樸之心，心無旁騖，矢志不移。道教以此作為學道、養生的修煉方法。也說「守一」。

【亞聖】 孟子的尊稱。亞：次一等的。指孟子的人格學術緊隨聖人孔子之後，只是略有差距。東漢·趙岐注《孟子》，最早稱孟子為「命世亞聖之大才」。唐代韓愈將孟子排在堯、舜、禹、湯、文、武、周公、孔子之後，認為孟子是儒家道統的優秀傳承人。南宋朱熹把《孟子》一書與《論語》《大學》《中庸》合稱「四書」，使孟子的地位空前提高。元代皇帝封孟子為「鄒國亞聖公」，明代皇帝也徑稱其為「亞聖」，使這個本由民間賦予孟子的稱號，得到最高統治者的肯定。

【直】 正直，公正，正派。中國古代的道德規範之一。《論語·雍也》：「人之生也直，罔之生也倖而免。」（罔：枉曲，不直）意思是人能生存於世上是由於正直，而不正直的人也能生存，那只是僥倖。

【直言直行】 語出《大戴禮記·曾子執言中》。意思是言行正直。孔子所稱譽的一種德行。

【直音】 中國古代的注音方法之一。即用同音字給生字注音，如「大音太」「忉音刀」；或加上語言描述，如「信，讀若屈伸之伸」。

【東林黨】 明朝末年以江南士大夫為主、批評時政的政治集團。神宗後期，社會矛盾尖銳，政治腐敗。萬曆三十二年（1604），無錫人顧憲成等修復宋代楊時講學的東林書院，與高攀龍、錢一本等人在此講學。他們諷議朝政，反對權貴貪贓枉法，要求朝廷振興吏治、開放言路、革除積弊，遭到以宦官魏忠賢為首的閹黨的激烈反對。東林黨人楊漣（lián）、左光斗等慘遭殺害。閹黨還羅織罪名，準備一網打盡。1627 年思宗（崇禎帝）即位，閹黨被鏟除，對東林黨的迫害才中止。

【炁】「氣」的古字。道教指人的元氣。《關尹子・六匕》：「以神存炁，以炁存形。」東晉・葛洪《抱朴子・至理》：「吳越有禁咒之法，甚有明驗，多炁耳。」

【非人】①佛教指人類之外的天龍八部、夜叉、惡鬼、修羅、地獄等。《法華經・提婆品》：「天龍八部，人與非人。」也泛指鬼神。②出家遁世之沙門（佛教徒）的自謙之詞。③道家指遊心於物外，形神寂靜，有如槁木的異人。《莊子・田子方》：「孔子見老聃（dān），老聃新沐，方將被髮而乾，慹（zhí）然似非人。」（被：同「披」；慹然：不動的樣子）

【非攻】《墨子》中的篇章，分上中下三篇。闡述墨子反對戰爭、主張和平的思想。非：反對，批評，非難；攻：攻伐，戰爭。

【非命】①《墨子》中的篇章，分上中下三篇。闡釋反對儒家的天命論、主張事在人為的觀點。命：壽命。②非正常死亡；意外災禍。如：死於非命。

【非樂（yuè）】《墨子》中的篇章，分上中下三篇。闡述墨子反對奢靡的音樂活動、主張節省人力物力的思想。非：反對，批評，非難。

【尚賢】尚：推崇、重用。《墨子》篇名。分上中下三篇。講述用人唯賢，唯能是舉，主張不分貴賤選拔賢能做國君或官吏，批判與否定了當時的世卿世祿制度。

【昆仲】昆：兄弟中的老大；仲：兄弟中的老二。敬詞。用於稱他人兄弟。如：王家昆仲。

【門閥】指古代有功勛的世家或名門望族、官宦人家。門閥制度是中國歷史上從兩漢到隋唐最為顯著的選拔官員的系統，其實際影響造成國家重要的官職往往被少數家族所壟斷，個人的出身背景對於其仕途的影響要遠遠大於其本身的德才。直到唐代，門閥制度才逐漸被科舉制度所取代。也說「門第」「世族」「巨室」。

【明】①指一種待人接物的明智態度。《論語・顏淵》：「浸潤之譖（zèn）、膚受之愬（sù）不行焉，可謂明也矣。」（譖：讒言；愬：同「訴」，誹謗）意思是逐漸傳播的讒言，切身感受的誹謗，在你這裏都行不通，可以說你是明智的。②智慧。《中庸》二十一章：「誠則明矣，明則誠矣。」意思是精神達到誠的境界就具有洞察一切的智慧，反之亦然。③朝代名（1368—

1644）。由朱元璋創建，定都南京。1421 年明成祖朱棣（dì）遷都北京。1644 年，李自成率農民軍攻破北京，明思宗朱由檢自縊，明朝滅亡。共歷 16 帝，277 年。明亡後，其殘餘勢力曾先後在南方建立弘光等政權，史稱「南明」。

【明經】①漢代選舉名目之一。即將通曉經學之人推薦給朝廷。察舉（選官制度）科目有賢良方正、文學、明經等。始於漢文帝，至武帝時形成較為完備的制度。後世仍有沿用，具體制度不同。②隋煬帝時設置的科舉考試科目之一。也稱「明經科」，與進士科並行。唐、五代、宋沿置，宋神宗熙寧四年（1071）停，明復置。③明清貢生的俗稱。

【忠】忠誠無私；盡心竭力。是儒家處理人與人之間尤其是臣子與君主之間關係的道德準則。是孔子教育學生的一項內容。《論語・述而》：「子以四教：文、行、忠、信。」一方面是「與人忠」，為別人辦事要盡心盡力；一方面是「事君以忠」，後世的忠君思想即源於此。

【忠臣】忠於君主或國家的官吏。唐・杜甫〈秦州見敕目薛畢遷官〉詩：「忠臣詞憤激，烈士涕飄零。」明・朗瑛〈南都二墓〉（《七修類稿》）：「吾夫為國死，為忠臣。」

【忠孝】忠於君國，孝敬父母。《東觀漢記・北海敬王劉睦傳》：「大王忠孝慈仁，敬賢樂士。」

【忠言逆耳】正直的話聽起來不順耳。《史記・留侯世家》：「且忠言逆耳利於行，毒藥苦口利於病，願沛公聽樊噲（kuài）言！」

【忠良】忠誠善良；也指忠誠善良的人。南朝宋・鮑照〈代出自薊（jì）北門行〉：「時危見臣節，世亂識忠良。」

【忠骨】忠烈者的遺骨。清・梁章鉅《楹聯叢話・廟祀下》引松江徐氏女題岳飛墓楹聯：「青山有幸埋忠骨，白鐵無辜鑄佞（nìng）臣。」（忠骨：指抗金愛國將領岳飛的遺骨；佞臣：指勾結金人陷害岳飛的秦檜等四人）

【忠烈】忠誠於國家而壯烈犧牲；也指忠誠於國家而壯烈犧牲的人。如：滿門忠烈、緬懷忠烈。

【忠恕】儒家的一種道德倫理規範。忠，盡心為人；恕，推己及人。《論語・里仁》：「曾子：『夫子之道，忠恕而已矣。』」朱熹注：「盡己之謂忠，推己之謂恕。」忠恕是貫徹孔子全部倫理的重要思想，是實行「仁」的方法。「忠」要求積極為人，「恕」要求推己及人。

【忠誠】對國家、人民、事業、朋友盡心盡力，誠心誠意。東漢・荀悅《漢紀・文帝紀》：「周勃質樸忠誠，高祖以為安劉氏者必勃也。」

【忠義】①忠貞節義。《老殘遊記》第二回：「後人敬他的忠義，所以至今春秋時節，士人尚不斷的來此進香。」②指忠臣義士。《後漢書．臧洪傳》：「將軍舉大事，欲為天下除暴，而專先誅忠義，豈合天意？」

【知天命】《論語．為政》：「五十而知天命。」意思是人到五十歲才懂得天命。所謂「知天命」指已把握了人生一切應知的道義與職責，知道如何去做。後因以「知命」或「知天命」為五十歲的代稱。

【知行合一】明代哲學家王守仁的認識論命題。認為「知」和「行」是統一的。「知是行之始，行是知之成」，「知而不行，只是未知」，學者必須「知行並進」。但他所謂的「知行合一」的本體是「良知」，實際上是以知代行，行合於知。

【知言】指善於了解、分析別人的言辭。《孟子．公孫丑上》：「我知言，我善養吾浩然之氣。」意思是我能分析別人的言辭，我善於培養我的浩然之氣。孟子指出要善於分析四類言辭：不全面的言辭〔詖（bì）辭〕、過分的言辭（淫辭）、不合於正道的言辭（邪辭）、掩飾自己過錯的言辭（遁辭）；還要進一步找到四類言辭的癥結所在。

【知恥】《中庸》第二十章：「知恥近乎勇。」意思是懂得恥辱，就接近勇敢了。指人應該知道可以做和不可以做的事情，對自己的錯誤言行保持羞恥之心。

【垂範】為後代或下級作出示範，樹立榜樣。清．平步青《論文．陸渭南集》：「丁寧訓誡之語，皆足垂範百世。」（丁寧：古通「叮嚀」）

【物理】①指事物的道理、規律。《周書．明帝紀》：「天地有窮已，五常有推移，人安得常在，是以生而有死者，物理之必然。」②「物理學」的簡稱。

【物競天擇】19 世紀末嚴復對達爾文《物種起源》的概括。他在〈原強〉中說：「物競者，物爭自存也；天擇者，存其宜種也。」即生物的生存競爭由自然規律決定取捨。原指生物進化的一般規律，後也用於人類社會的發展。

【和】①和諧；協調。《禮記．樂記》：「其聲和以柔。」②和睦；融洽。《孟子．公孫丑上》：「天時不如地利，地利不如人和。」③溫暖；溫和；謙和。北宋．范仲淹〈岳陽樓記〉：「至若春和景明，波瀾不驚。」④和解；結束戰爭或爭執。《三國志．蜀書．諸葛亮傳》：「西和諸戎，南撫夷越。」

【和平】①形容社會安定，沒有戰亂。《周易．咸卦．彖》：「聖人感人心而天下和平。」《漢書．王商傳》：「今政治和平，世無兵革。」②和諧；和睦。《魏書·高祖紀》：「故上下和平，民無怨謗。」③平靜；寧靜。唐·韓偓〈閒興〉詩：「忙人常擾擾，安得心和平。」

【和而不同】《論語·子路》：「君子和而不同，小人同而不和。」（和：和諧；同：指盲目附和、苟同）意思是君子行事講究和諧，但不盲目附從；小人盲目附從，卻不懂和諧相處的道理。

【和合】①和睦同心。《墨子·尚同中》：「內之父子兄弟作怨仇，皆有離散之心，不能相和合。」《紅樓夢》二十八回：「女兒樂，夫唱婦隨真和合。」②中國古代神話中象徵夫妻相愛的神。常畫二像，蓬頭笑面，一持荷花，一捧圓盒，稱「和合二仙」，取「和諧合好」之意。舊時民間舉行婚禮時，每喜陳列和合像，以圖吉利。③神名，即萬回哥哥。明·田汝成《西湖遊覽志餘·委巷叢談》：「宋時於臘月祀萬回哥哥。其像蓬頭笑面，身着綠衣，左手擎鼓，右手執棒，云是和合之身。祀之，可使人在萬里之外，亦能回家，故曰萬回。」

【和如羹焉】《左傳·昭公二十年》：「和如羹焉，水、火、醯（xī）、醢（hǎi）、鹽、梅，以烹魚肉。」（醯：醋；醢：以肉、魚等做成的醬）意思是「和」就像做湯羹，用水、火、醋、醬、鹽、梅等來烹調魚和肉，可以獲得美味佳肴。指和諧社會的達成，必須容納各種不同的思想、意見，通過集思廣益，優選最佳治理方略，讓各方面的優秀人才去貫徹實施，才能實現。

【和美】①和善。《南齊書·齊隨郡王子隆傳》：「性和美，有文才。」②和睦美滿。南朝梁·沈約〈為武帝與謝朏（fěi）敕〉：「群才競爽，以致和美。」

【和為貴】《論語·學而》：「有子曰：『禮之用，和為貴。』」（和：和諧，協調）意思是禮的運用，以和諧為可貴。「和為貴」是構建和諧社會、和諧世界的要素。

【和睦】相處友愛和好，關係融洽。《左傳·成公十六年》：「上下和睦，周旋不逆。」《紅樓夢》三回：「更好，更好，若如此，更相和睦了。」

【和諧】①配合得適當。《晉書·摯虞傳》：「施之金石，則音韻和諧。」②和睦；融洽。明·高明《琵琶記·寺中遺像》：「敢天教我夫婦再和諧，都因這佛會。」

【金】（1115—1234）朝代名。女真族完顏阿骨打所建。曾建都於會寧（今黑龍江省哈爾濱市阿城區南），後遷都中都（今北京城西南）、開封（今河南省開封市）。先後滅掉遼和北宋，長期與南宋對峙，統治中國北部。後在南宋與蒙古的聯合進攻下滅亡。

【金文】 鑄刻在商周青銅器上的銘文。商代金文字體與甲骨文相近，銘辭字數較少。西周金文字數漸多，最多近500字，史料價值很高。戰國末年字體逐漸和小篆相近，長篇記事銘文較少。也說「鐘鼎文」。

【金華朱學】 儒學學派之一。創始人是宋末的何基、王柏。主要代表人物還有金履祥、許謙。朱熹曾到金華麗澤書院講學，接引弟子。金華學派的創始人呂祖謙先歿（mò），於是其門生便入朱門。朱門高弟黃榦（gàn）在此講學多年，傳於何基，再傳於王柏等人。因何基居於金華北山，故這一支朱學通常被稱為金華朱學。鼎盛期是在金履祥、許謙從事學術活動的元朝初期和中葉。

【金烏】 古代神話，太陽中有三足烏，故借指太陽。如：金烏西墜、玉兔東升。唐．韓愈〈李花贈張十一署〉詩：「金烏海底初飛來，朱輝散射青霞開。」也說「赤烏」。

【金榜】 科舉時代稱殿試之後公佈錄取者姓名所張的榜。按成績依次排序。

【金榜題名】 科舉殿試揭曉的榜上有名，即殿試錄取。五代．王定保《唐摭（zhí）言》：「金榜題名墨尚新，今年依舊去年春。」

【爭（zhèng）於父】 參見38頁「爭於君」。

【爭（zhèng）於君】《郭店楚墓竹簡》：「子曰：『君不義，臣可以爭於君；父不義，子可以爭於父。』」（義：公正的道理，正義；爭：通「諍（zhèng）」，規諫，直率地勸告）意思是君主有不義言行，臣下可以直率地規諫；父親有不義言行，兒子可以直率地勸告。

【庚】 ①天干的第七位。參看7頁「干支」。②年齡。如：年庚、同庚。

【炎黃】 中國古代傳說中的炎帝和黃帝的合稱。借指中華民族的祖先。參見188頁「炎帝」、280頁「黃帝」。

【法制】 指通過國家政權建立起來的法律制度，包括法律的制定、執行和遵守。《韓非子．飾邪》：「明法制，去私恩。」

【法治】 指依照法律治理國家的政治主張和治國方式（跟「人治」相區別）。《晏子春秋．諫上九》：「昔者先君桓公之地狹於今，修法治，廣政教，以霸諸侯。」

【法家】 戰國時期的一個重要學派。起源於春秋時管仲、子產，發展於戰國時李悝（kuī）、商鞅、慎到和申不害等人。到戰國末期，韓非集其大成。主張「各當時而立法，因事而制禮；禮法因時而定，制令各順其宜」（《商君書．更法》）。還主張實行統一的國家君主制；提倡以農致富，以戰求強；嚴刑峻法，監察官吏。主要著作有《商君書》《韓非子》等。

【河汾門下】 隋末大儒王通設教於黃河、汾河之間，受業者千餘人。唐初名臣房玄齡、杜如晦、魏徵、李靖、程元、竇威、薛收等都是其門生。時稱「河汾門下」。後以此語比喻名師門下人才盛出。

【注疏】「注」和「疏」的合稱。一種經籍注釋體式。一般稱解釋經書或經傳字句意義的為「注」(又稱傳、箋、解、章句)，疏通注文意義的為「疏」(又稱義疏、正義、疏義)。後人把古人關於經書的注本、疏本合為一編，因有「注疏」之稱。如：《十三經注疏》。

【治世】 ①國家太平、社會繁榮的時代(與「亂世」相對)。《荀子·大略》：「故義勝利者為治世，利克義者為亂世。」②治國，治理天下。參見372頁「治世不一道，便國不法古」。

【治學三境界】 清·王國維《人間詞話》：「古今之成大事業、大學問者，罔不經過三種之境界：『昨夜西風雕碧樹。獨上高樓，望盡天涯路』，此第一境界也；『衣帶漸寬終不悔，為伊消得人憔悴』，此第二境界也；『眾裏尋他千百度，驀(mò)然回首，那人卻在燈火闌珊處』，此第三境界也。」用形象的比喻提出了治學的三種境界：第一境界(語出宋代晏殊〈鵲踏枝〉詞)，指首先要立志高遠；第二境界(語出宋代柳永〈鳳棲梧〉詞)，指要不懈努力，執著追求；第三境界(語出宋代辛棄疾〈青玉案〉)，指終於功到事成。

【性三品說】 西漢董仲舒和唐代韓愈的人性論學說。董仲舒將人性分為善、惡、中(上、下、中)三等：「聖人之性」「斗筲(dǒu shāo)之性」和「中民之性」。主張人性以「中民之性」命名。「中民之性」可上可下，須「性待漸於教訓，而後能為善」(《春秋繁露》卷十)。韓愈則更提出一種嚴格的「性三品說」，並把「性」和「情」對立起來，各分上、中、下三等，「性」的內容為仁、義、禮、智、信，是「與生俱生」的；「情」的內容為喜、怒、哀、懼、愛、惡、欲，因接觸外界事物而生。

【性相近，習相遠】《論語·陽貨》：「性相近也，習相遠也。」孔子說，人的本性是相近的，由於習染不同才有了差別。說明良好的教育環境對於美好品德的形成是至關重要的。

【性惡論】 戰國末荀子的人性理論。中國古代人性論重要理論之一。與「性善論」相對。認為人的本性為「惡」，諸如「好(hào)利」「疾惡」「好(hào)聲色」等；其善是由於「偽」(人為)。以人性有惡為其禮法兼治政治主張的理論依據，同時強調環境和教育對改變「惡」習性的作用。

【性善論】戰國時孟子的人性理論。中國古代人性論的重要理論之一。與「性惡論」相對。認為人性本來就是善的。人之性善就像水之就下一樣，人沒有不善，水無有不下;仁、義、禮、智是人固有的；倫理道德是天賦予人的本性。性善論是孟子「仁政」學說的理論依據，後來成為宋明理學正統的人性理論。

【宗法】古代宗族或家族內部以血統遠近為基礎來區分嫡庶親疏的禮制。夏商時代已有權力和財產的嫡長繼承規制，到周代形成完備的禮制。古代婚姻實行一妻多妾制，正妻所生之子稱「嫡出」，媵（yìng）妾所生之子為「庶出」。西周確立嫡長子為王位或爵位的法定繼承人，嫡長子及其後裔一支血脉，稱為大宗，是宗族或家族的當然繼承人;其餘各支均為小宗，按照與大宗關係的遠近，分別受封為諸侯、卿、大夫等爵位，構成「家天下」龐大周密的宗法系統，使古代統治權力得以有序延續和傳承。

【宗族】同宗同族之人。《周禮·春官·大宗伯》:「以飲食之禮，親宗族兄弟。」《爾雅·釋親》:「父之黨為宗族。」

【官學】舊指從中央到地方由官方興辦、管理的學校（與「私學」相對）。古代只有貴族子弟才有入學資格。各時代名稱不同。夏曰校，殷曰庠（xiáng），周曰序。東周時設在國都的叫國學，設在地方的叫鄉學。周王朝的大學叫辟（bì）雍，諸侯國的大學叫泮（pàn）宮。漢代以後分中央和地方兩級，設在首都的最高學府叫太學，或稱國子監（jiàn）、國子學；設在地方的則有郡學、州學、縣學，或統稱儒學。按程度分小學和大學。小學學禮、樂、射、御、書、數六門課程，大學學修身、齊家、治國、平天下等知識，漢以後主要學習儒家經典。

【官爵】官職和爵位。《商君書·農戰》:「凡人主之所以勸民者，官爵也。」

【建言】①古語或古諺。《老子》四十一章:「故建言有之：明道若昧，進道若退。」清·嚴復〈救亡決論〉:「建言有之：天不變，地不變，道亦不變。以觀化不審、似是實非之言也。」②對國事提出意見或建議。《漢書·郊祀志下》:「禹（禹貢）建言漢家宗廟祭祀多不應（yìng）古禮。上是其言。」

【狀元】①科舉考試中指殿試一甲第一等第一名。唐宋時殿試一甲頭三名，有時也稱「狀元」。②比喻在本行業中成績最突出者。如：三百六十行，行行出狀元。

【孤家寡人】古代君主謙稱為孤或寡人。後來用「孤家寡人」比喻單獨一人，無人扶持幫助。曾樸《孽海花》

六五回：「雲岫（xiù）的一妻一妾，也為了這件事，連嚇帶痛的死了。到了今日，雲岫竟成了孤家寡人了。」

【姓氏】姓與氏的合稱。《通志．氏族略》：「三代（夏商周）之前，姓氏分而為二，男子稱氏，婦人稱姓。氏所以別貴賤，貴者有氏，賤者有名無氏……姓所以別婚姻，故有同姓異姓庶姓之別。氏同姓不同者，婚姻可通；姓同氏不同者，婚姻不可通。三代之後，姓氏合而為一，皆所以別婚姻，而以地望明貴賤。」（地望：古代士族大姓壟斷地方選舉等權利，一姓與其所在郡縣相聯繫）

【始作俑（yǒng）者】《孟子．梁惠王上》：「仲尼曰：『始作俑者，其無後乎！』」（俑：古代殉葬用的木製或陶製的偶）孔子說，那些最開始使用俑做陪葬的人，大概會斷子絕孫沒有後代吧！儒家極為珍視人的生命，對於滅絕人性的殉葬制度極為痛恨，連用俑做陪葬品都持否定態度。後一般用以指帶頭做壞事的人。

【郎中】①古代官名。a）始於戰國，秦漢沿置。掌管門戶、車騎等事務，內充侍衛，外從作戰。b）尚書臺設郎中，掌管詔策文書等，為尚書、侍郎之下的高級官員。清末始廢。②舊指中醫醫生或賣藥兼治病的人。南宋．洪邁《夷堅支甲志．杜郎中驢》：「杜涇郎中，世為醫，資業稍給（jǐ）。」（資業：財產，產業；給：豐足）

【春秋學派】唐朝中期以治春秋為主的儒家學派。代表人物有啖（dàn）助、趙匡、陸淳（陸質）。三人都在江南任地方官，志趣相投，時常切磋學問。春秋學派的主要特點是捨「傳」求「經」，一反過去經學中尊「傳」甚於尊「經」的風氣，主張通「經」致用。代表著作有《春秋集傳纂例》，共十卷，陸淳纂。纂集啖助、趙匡的《春秋》解說，加以發揮。

【封建】①一種分封的政治制度。《呂氏春秋通詮．慎勢》認為：封建，即封邦建國，古代帝王把爵位、土地分賜親戚或功臣，使之各建邦國。相傳黃帝為封建之始，至周制度始備。②指封建社會或帶有封建思想、封建色彩的事物。

【封禪（shàn）】古代帝王祭祀天地的大型典禮。封是到泰山祭天，禪是到梁父（fǔ）山（一說雲山或亭山）祭地，表示受命於天。遠古和夏商周三代，已有封禪的傳說，秦始皇、漢武帝、唐玄宗等都曾到泰山封禪。

【持正】主持公正；操守正派。《史記．東越列傳》：「繇（yóu）王不能矯其眾持正。」

【持重】（言談舉止）謹慎穩重。北宋．歐陽修〈為君難論〉：「新進之士喜勇銳，老成之人多持重。」

【政通人和】政令推行通暢，人民和睦團結。形容國泰民安的景象。北宋・范仲淹〈岳陽樓記〉:「越明年，政通人和，百廢俱興。」

【茶文化】 飲食文化的一種。中國是最早發現和利用茶的國家，被稱為「茶的祖國」。早在商代，就已經有栽培茶樹的記載。到了唐朝，飲茶之風遍及大江南北。陸羽的《茶經》，強調通過飲茶達致自修內省、超然物外和追求安詳、平和的審美境界，包含了儒家豐富的中庸、和諧思想，標誌着茶文化的正式形成。茶葉作為藥用，記載最早的是秦漢時期的《神農本草經》。

【胡服騎射】 指戰國時趙武靈王採用西北遊牧民族的服飾、學習騎馬射箭之術的軍事改革。趙武靈王為了改變趙國四面受敵、被動捱打的局面，增強趙國的戰鬥力，讓軍隊改穿短小貼身、便於作戰的「胡服」，像遊牧民族一樣騎馬射箭。

【南學】 南北朝時南朝的經學。南朝經師繼承魏晉學風，除《詩》《三禮》採用鄭玄箋注外，《周易》用三國魏王弼注，《尚書》用偽孔安國傳，《左傳》用晉代杜預注。講經兼採眾說，也取玄學，不拘家法，隨意發揮。又受佛教影響，把講經記錄編為講疏或義疏，比經注更為詳盡，成為唐代孔穎達等編撰《五經正義》的依據。又就《禮記・中庸》發揮天命心性學說，為宋代理學的淵源。代表人物有皇侃(著有《論語義疏》)、費甝(hán)等。

【相容】 互相包容；並存。《史記・淮南衡山列傳》:「孝文十二年，民有作歌歌淮南厲王曰:『一尺布，尚可縫；一斗粟，尚可舂。兄弟二人不能相容。』」

【相愛】 ①相互愛護。②相互愛戀。

【相應】 ①佛教指互相呼應。有三種：一為境與心相應；二為行與理相應；三為果與因相應。②指互相照應；也指跟某事物相適應或相對應。

【厚道】 待人善良寬容，不刻薄。《紅樓夢》一一七回:「大凡做個人，要厚道些。」

【厚愛】 ①深愛。《韓非子・六反》:「故母厚愛處子多敗，推愛也。」(處：對待；推愛：濫用慈愛)②敬詞。指對方對自己的關愛。明・陳確〈答吳仲木書〉:「至言及弟答成夫書後語，更荷(hè)厚愛。」(荷：敬詞，承受)

【貞】 固守正道，矢志不渝，忠於自己的信仰和原則。《論語・衛靈公》:「君子貞而不諒。」(諒：信，指不分是非地守信)孔子說君子堅守正道而不拘泥(nì)於小信。

【星象】 星體的明暗及位置等現象。古人常夜觀星象，據以占測吉凶禍福。清・袁枚《隨園詩話》卷三:「梁山舟侍講調以詩云：『昨夜中庭看星象，小星正在少微邊。』」

【思無邪】《論語．為政》：「詩三百，一言以蔽之，曰：思無邪。」（蔽：概括；思：本為語首助詞，此處作思想解）孔子認為，用一句話來概括《詩經》三百篇，就是它所表達的思想感情都是純正無邪的。

【品級】①官員等級名。將官職分為九等（品），依其品級享受祿秩（俸祿）和相關待遇。始設於三國魏。②魏、晉、南北朝士族內部等級。自一品至九品，根據家世、品行等，由中正官評定並掌其升降。此品級制也稱「九品中正制」。

【骨氣】①指人的體貌氣質；今多比喻剛強不屈的品格。南朝宋．劉義慶《世説新語．品藻》：「時人道阮思曠，骨氣不及右軍（王羲之），簡秀（端莊清秀）不如真長（劉真長）。」②指詩文的風格氣勢。南朝梁．鍾嶸《詩品》卷上：「骨氣奇高，詞彩華茂。」③比喻書法的筆力和雄健的氣勢。唐．張彥遠《書法要錄》卷二：「蔡邕（yōng）書骨氣洞達，爽爽有神。」

【科甲】①指科舉考試。漢唐取士分甲乙等科，後因稱科舉為科甲。②指科舉及第的人，也指科舉出身。

【科舉】中國古代一種分科考試、選拔後備官員的制度。始於隋代。唐代考試科目較多。明清兩代文科只設進士一科，考八股文，武科考騎射、舉重等武藝。清光緒三十一年（1905），科舉制度廢除。

【修己】語出《論語．憲問》。意思是修養自己來嚴肅認真地對待工作，修養自己來使天下百姓安樂。儒家修己主要有「仁、智、勇」三個方面，大致相當於今人所説的「德、智、體」。

【修養】①修煉養性。南宋．趙與時《賓退錄》卷二：「柳公權書如深山道士，修養已成，神清氣健，無一點塵俗。」②培養完善人格，使言行合乎規矩。今指長期養成的符合社會要求的待人處世的態度和涵養。

【修德】培養道德品質。《論語．述而》：「德之不修，學之不講，聞義不能徙，不善不能改，是吾憂也。」（徙：改變，指服從道義）

【俗樂】中國古代各類民間音樂的泛稱（與「雅樂」相對）。宮廷中宴會、娛樂時所用俗樂稱為「燕樂」。參見136頁「燕樂」。

【信】指待人處事誠實無欺，言行一致。為儒家「五常」之一。孔子將信作為仁的重要體現，認為誠信是人必備的品德，推崇「敬事而信」「謹而信」（《論語．學而》）等重要理念。

【皇上】古代臣民對皇帝的稱呼，多指在位的皇帝。清·李漁〈奈何天·鬧封〉:「莫說鄉黨之間，說來不雅，就是皇上知道，也有許多不便。」

【皇天后土】 天神和地神。古人認為，天地主宰萬物，主持公道。《左傳·僖（xī）公十五年》:「君履后土而戴皇天，皇天后土，實聞君之言。」

【皇帝】 君主國的國家元首名稱之一。世襲並終身任職。在中國，皇帝的稱號始於秦始皇。

【皇家】 皇室；王朝。三國·魏·曹植〈王仲宣誄（lěi）〉:「皇家不造，京室隕顛。」（隕顛：隕墜，覆滅）

【皇親國戚】 皇親：皇帝的親屬，多指皇帝家屬成員；國戚：帝王的外戚。皇帝的親屬和親戚。也指與當權者沾親帶故的人。元·無名氏《謝金吾》三折:「刀斧手且住者，不知是那（nǎ，同『哪』）個皇親國戚來了也。」

【皇儲】 君主國的皇位繼承人。清·戴名世《弘光朝偽東宮偽后及黨禍紀略》:「大臣蔽主，危害皇儲。」也稱「王儲」。

【皇權】 皇帝的權力；中央集權的君主專制制度下，皇帝對全國人民土地財產的控制和管理權，包括行政、軍事、立法、司法、文化等大權。在君主專制社會裏，皇權是至高無上的權力。

【鬼雄】 鬼中的雄傑（多用於稱頌為國捐軀的人的靈魂）。屈原〈國殤〉:「身既死兮神以靈，子魂魄兮為鬼雄。」南宋·李清照〈夏日絕句〉:「生當作人傑，死亦為鬼雄。」

【後宮】 ①君主時代后妃的居所。《漢書·外戚傳下》:「孝成班倢伃（jié yú），帝初即位選入後宮。」②借指嬪妃。東漢·班固〈西京賦〉:「後宮之號，十有（yòu）四位。」（號：稱號；有：通「又」；位：等級）

【風骨】 ①骨氣；剛正堅強的品格。《北齊書·武成十二王傳論》:「文襄諸子，咸有風骨。」②指（詩文書畫等）雄渾豪放、剛勁（jìng）有力的風格。如：建安風骨。

【風習】 ①風俗習慣。清·吳偉業〈送宛陵施愚山提學山東〉詩:「風習使之然，詩書徇然諾。」②北宋哲學家、教育家程顥指如物一般客觀實在的文化土壤。任何時代的文化土壤都是客觀存在的現實，每個人都生長在其中，二者交互影響。通過教化以養成良好的風習，是關鍵所在。

【風雅】 ①原指《詩經》中的《國風》和《大雅》《小雅》。亦用以指代《詩經》。後泛指與詩文有關的文化活動。②文雅。《明史·文苑傳四·袁宏道》:「（宏道）與士大夫談說詩文，以風雅自命。」

【風範】可以作為典範的風度、氣派。《周書．柳洋傳》：「（柳洋）與王湜（shí）俱以風範方正為當時所重。」

【首善之區】《漢書．儒林傳．序》：「教化之行也，建首善自京師始。」（首善：最好）後用「首善之區」指首都。也說「首善之地」。

【洪荒】指混沌、蒙昧的時代，即遠古時代。《千字文》：「天地玄黃，宇宙洪荒。」

【洪爐】①大火爐。本作「烘（hōng）爐」。《後漢書．何進傳》：「今將軍總皇威，握兵要，龍驤虎步，高下在心，此猶鼓烘爐以燎毛髮耳。」②比喻陶冶、鍛煉人的環境。明．陳繼儒《讀書鏡》：「君子以善服人，不如以善養人。養人至於盜賊使之改過，真是一大烘爐也。」

【恆】儒家道德觀之一。指恆定不變的信仰、信念和意志，即恆心。《論語．子路》載：孔子引用南方人的諺語和《周易．恆卦》爻辭說：一個人如果沒有恆心，就沒有資格擔當「巫醫」這樣的職務；如果不能持之以恆地持守德操，就必然會招致羞辱。沒有恆心的人，一定沒有好結果，用不着占卦。

【恆心】持之以恆的信念、決心。儒家指能經常保持一定的道德觀念，遵守一定的道德準則。《孟子．梁惠王上》：「無恆產而有恆心者，惟士為能。若民，則無恆產，因無恆心。苟無恆心，放辟（pì）邪侈，無不為已。」意思是沒有固定產業而有堅定的信念，只有士能夠做到。其他人若沒有一定的產業，就缺乏堅定的信念。沒有堅定的信念，就容易胡作非為，為所欲為。

【恆產】固定佔有或恆久使用的財產，即私有財產。《孟子．滕文公上》：「民之為道也，有恆產者有恆心，無恆產者無恆心。苟無恆心，放辟（pì）邪侈，無不為已。」孟子認為，要想使國家穩定，長治久安，就必須讓老百姓擁有自己的「恆產」，以保障勞動者本人及其家庭成員的生存需要，人們便會常存善心；老百姓若無「恆產」，就不會有「恆心」，就容易鋌而走險，導致社會動盪不安。讓百姓有恆產，是安邦治國的出發點。

【突厥】①古族名。一般認為帶有匈奴的血統。公元 6 世紀時，遊牧於金山（阿爾泰山）以南。因金山形似兜鍪（móu）（古代戰盔），俗稱兜鍪為「突厥」，故稱。初屬柔然，550 年破鐵勒部。次年破柔然，建突厥汗（hán）國於今鄂爾渾河流域。全盛時，東至遼海，西達今裏海，南到阿姆河南，北越貝加爾湖。有文字、官制、刑法、稅法等。582 年，東西突厥以阿爾泰山為界分立。後統一於唐。②現代突厥不是一個民族，而是語言屬於突厥語族的不同民族的統稱。總人口近 2 億。主要分佈在土耳其、阿塞拜疆、塞浦路斯、哈薩克斯坦以及中國的新疆等地，遍佈十多個國家和地區。

【冠（guān）冕】①古代君王、官員戴的帽子。《左傳·召公七年》：「我在伯父，猶衣服之有冠冕。」②比喻首位、第一。唐·劉知幾（jī）《史通·斷限》：「夫《尚書》七經之冠冕，百氏之襟袖。」（百氏：指諸子百家）③體面；光彩。清·吳敬梓《儒林外史》二十回：「小弟而今正要與先生接風，我們而今就到樓上坐罷，還冠冕些。」

【冠（guān）蓋】①官吏的冠服和車輛（蓋：車上的篷蓋，借指車輛）。《史記·魏公子列傳》：「平原君使者冠蓋相屬（zhǔ）。」（相屬：相連）②借指官吏。唐·杜甫〈夢李白〉詩：「冠蓋滿京華，斯人獨憔悴。」

【軍機處】清代官署名。清朝中後期的中樞權力機關。雍正七年（1729）始，由皇帝特召三品以上滿漢大臣若干人入值，稱軍機大臣，僚屬稱軍機章京。其職能每日上殿，商討軍國大政，用面奉諭旨的名義對全國各地區、部門發佈指示。其地位遠遠高於作為國家行政中樞的內閣。宣統三年（1911）4 月責任內閣成立後，軍機處撤銷。

【軍禮】古代五禮之一。指校閱、出師、祝捷等有關國家軍事方面的禮儀活動。《周禮·春官·大宗伯》：「以軍禮同邦國。」（同：齊一，同一）

【祖宗】①古代帝王的世系中，始祖稱祖，繼祖者稱宗。《禮記·祭法》：「（殷人）祖契（xiè）而宗湯，（周人）祖文王而宗武王。」《漢書·張湯傳》：「國家承祖宗之業，制諸侯之重。」後世各朝代廟號遂以「高祖」或「太祖」稱奠基者，以「太宗」稱繼業者。②泛指祖先。如：老祖宗，祭祖宗。

【祖國】①祖先以來所居之地。清·魏源《聖武記》卷六：「巴社者，回回祖國。」②國籍所屬的國家；自己的國家。清·秋瑾〈柬某君〉詩：「頭顱肯使閒中老，祖國寧甘劫後灰？」

【祖廟】見 152 頁「宗廟」。

【神通】佛教指變幻莫測、無所不能的法力；泛指極其高超的本事。

【勇】勇敢。儒家稱智、仁、勇為三達德。強調勇必須與仁、義相結合，認為只有在義的引領下，勇才有價值。「勇」表現在自我修養層面上，就是勇於認識和改正自身過錯，「知恥近乎勇」（《禮記·中庸》）。

【彖（tuàn）】《易經》中總結各卦基本含義的話。《易傳》中有「彖辭」「彖傳」兩篇，用以闡釋卦名、卦辭和卦義。相傳為孔子所作。如《周易·革卦·彖》提出「天地革而四時成，湯武革命順乎天而應乎人」的論點，認為政權的更替是合理的。

【郡縣制】 由春秋、戰國到秦代逐漸形成的地方行政制度。秦統一六國，分全國為三十六郡，郡下設縣，郡縣長官均由中央政府任免，成為中央集權組織的一部分。

【哲人】 智慧超群的人。唐．韓愈〈王公墓誌銘〉:「氣鋭而堅，又剛以嚴，哲人之常（素質）。」

【哲學】 研究自然、社會和思維的一般規律的科學。

【華夏】 中國的古稱。「華夏」一詞最早見於《尚書．周書．武成》:「華夏蠻貊（mò），罔不率俾（bǐ）。」中原有服裝之美，謂之「華」，有禮儀之大，謂之「夏」，華夏連稱指中國。早期華夏係由部分羌、夷、戎、狄、苗、蠻等族融混而成。公元前 221 年，秦始皇建立以華夏為主體的統一的多民族國家，實行「車同軌（共同的經濟生活），書同文（共同的文字），行同倫（共同的道德文化）」，華夏開始成為穩定的族體，為漢民族的形成奠定了基礎。近代出現「中華民族」的概念後，遂以中華民族作為中國各民族的總稱。

【華夏文化】 在黃河長江流域產生並發展、以華夏民族為主要載體的文明傳承體系。其主要內容是敬天尊祖，重視綱常倫理，倡導仁義道德，強調良善友愛，維護社會和諧。在哲學、政治、文學、歷史的觀念上，以及飲食、服飾、建築、音樂、繪畫等社會生活的各個領域內，均有特色鮮明的理論、習俗、典章、規範和作品存世，是一個博大精深的文化系統。大約產生於八千年前。堯、舜、禹、商湯、周文王、周武王、周公、孔子、孟子、老子、莊子等，是秦以前華夏文化的傑出創造者和傳承者。漢代以後儒家文化成為華夏文化的主流，成為鑄就中華民族精神的文化基因。它不僅是中國範圍內的主體文化，而且對周邊國家文化有深遠影響。也稱「炎黃文化」。參見 47 頁「華夏」。

【華蓋】 ①古代帝王所乘車上的傘形遮蔽物。《漢書．王莽傳》:「莽乃造華蓋九重，高八丈一尺。」②借指帝王所乘的車子。三國魏．曹植〈求通親表〉:「出從華蓋，入侍輦轂（niǎn gǔ）。」③古星名。屬紫微垣，共 16 星，在五帝座上。今屬仙后座。舊時認為，人運氣不好，是華蓋星犯命，叫作交華蓋運；但和尚華蓋罩頂則是走好運。

【華裔】 ①古代指中國中原和邊遠地區。西晉．劉琨〈勸進表〉:「天地之際既交，華裔之情允洽。」②指華僑在僑居國所生並取得僑居國國籍的子女；也泛指在國外的華人後代。如華裔學校。

【恭】 指待人處事恭敬、肅穆的態度。

孔子認為恭是達到仁不可或缺的一種生活態度，並且恭必須以禮為準則。孟子繼承和發揮了恭的理念，提出用仁政來要求君主，向君主直言進諫也是一種恭。

【恭敬之心】 儒家指一種天賦的謙讓之心。《孟子・告子上》：「恭敬之心，人皆有之。」儒家也認為是「禮」的內容之一。《孟子・公孫丑上》：「恭敬之心，禮也。」也說「辭讓之心」。

【桃花源】 東晉・陶淵明〈桃花源記〉中所寫的世外理想社會。那裏「有良田、美池、桑竹之屬，阡陌交通，雞犬相聞」，「男女衣着悉如外人，黃髮垂髫（tiáo），並怡然自樂」，是與世隔絕的樂土。後借指避世隱居的地方；也指理想的境地。也說「世外桃源」。

【格物】 ①探求事物的原理、法則。②清朝末年對物理、化學等自然科學的統稱。

【格物致知】《禮記・大學》：「致知在格物，物格而後知至。」意思是探求事物的原理、法則，從而獲取對事物的理性認識。簡稱「格致」。

【原心定罪】《漢書・薛宣傳》：「《春秋》之義，原心定罪。」（原心：推究其本心；考察其動機）意思是以追究、考察犯罪者心裏的動機來確定有無罪過或罪過輕重。

【烈士】 ①指有志於建立功業的人。西漢・賈誼〈鵩（fú）鳥賦〉：「貪夫殉財，烈士殉名。」（殉：為某種目的而死）東漢・曹操〈步出夏門行〉：「老驥伏櫪，志在千里；烈士暮年，壯心不已。」②今指為正義事業壯烈犧牲的人。如：烈士遺孤、革命烈士。

【殉國】 為國家犧牲生命。明・劉績〈征婦詞〉：「征婦語征夫，有身當殉國。」

【殉道】 為道義、信仰或某種政治主張而獻身。《孟子・盡心上》：「天下無道，以身殉道。」

【殉節】 ①戰敗或亡國時不願投降，為保全氣節而自殺。《晉書・忠義傳贊》：「重義輕生，亡軀殉節。」②舊指婦女為屈從古代禮教追隨亡夫或抗拒凌辱而自殺。

【殉難】 為國家或正義事業遇難身亡。清・魏源《神武記》卷十三：「順治二年，王師下江浙，江陰典史閻應元起兵守城，自六月至八月凡八十日，城陷殉難。」

【晉商】 即山西商幫。指明清兩代的山西商人。晉商是中國重要商幫之一，經營鹽業、票號等，以票號最為出名。晉商不僅留下了豐富的建築遺產，如喬家大院、三多堂等，也傳承了儒商精神。

【虔誠】恭敬而有誠意（多用於信仰）。北周・庾（yǔ）信〈祀五帝歌〉：「朱弦絳鼓磬（qìng）虔誠，萬物含養各長生。」

【恩師】對有恩德於自己的老師或師傅的尊稱。《三俠五義》第六回：「包公……暗自思量道：『我包某自幼受了多少的顛險，好容易蒙兄嫂憐愛，聘請恩師，教誨我一舉成名。』

【恩榮宴】見 78 頁「瓊林宴」。

【恩澤】指君王對於臣民的恩惠，猶如雨露潤澤草木。《史記・李斯列傳》：「群臣莫不被潤澤，蒙雨露。」

【剛】堅毅，剛強。《論語・子路》：「剛、毅、木、訥近仁。」孔子認為「剛毅」已接近於仁的境界，但又認為剛直的人必須善於學習，「好剛不好學，其蔽也狂」（《論語・陽貨》）。意思是剛勇而不愛好學習，它的弊病就是容易惹禍。

【氣】中國古代哲學概念。儒家多指主觀精神。《孟子・公孫丑下》：「我善養吾浩然之氣。」宋儒認為是一種在「理」（精神）之後的物質。朱熹〈答黃道夫〉：「氣也者，形而下之器也，生物之具也。」道教一般指形成宇宙萬物的本原或物質實體。《周易・繫辭上》：「精氣為物，遊魂為變。」莊子提出天下萬物為一氣所變的觀點，認為「人之生，氣之聚也。聚則為生，散則為死」（《莊子・知北遊》）。

【氣化】中國古代哲學術語。指陰陽之氣化生萬物（與「形化」相對）。北宋・程顥《二程遺書》卷五：「萬物之始皆氣化；既形然後以形相禪，有形化；形化長，則氣化漸消。」意思是萬物是由氣化產生的，氣化而生萬物之後，各物種就能一代一代遺傳下去。

【氣節】氣：志氣或氣質，指一種至大至剛的精神狀態，即孟子所說的「浩然之氣」；節：節操，指一種高尚的道德境界。具有凜然正氣和高尚道德的人格素質。《論語・泰伯》：「臨大節而不可奪。」大節即對信仰、道德的堅守以及為此而獻身的犧牲精神。所謂「殺身成仁」「捨生取義」都是指的「節」。在中華傳統文化中，當一個人身處危難之時，能夠表現出剛正不阿、威武不屈、視死如歸的精神風貌，被稱為「有氣節」。

【倫理】①事物的條理。《禮記・樂記》：「樂者，通倫理者也。」②處理人際關係所應遵循的道德準則。如：倫理道德。

【倫常】古代社會倫理道德以君臣、父子、夫婦、兄弟、朋友五種尊卑長幼關係為不可改變的常道，故稱。今泛指倫理道德。清・紀昀（yún）《閱微草堂筆記・灤陽續錄五》：「干名義，瀆倫常，敗風俗，皆王法之所必禁也。」

【躬行】親身實行。《論語·述而》：「文，莫（或許）吾猶人也。躬行君子，則吾未之有得。」

【躬親】親自去做。如事必躬親。西晉·李密〈陳情表〉：「祖母劉，愍（mǐn）臣孤弱，躬親撫養。」

【烏兔】借指日月。古代神話中說太陽上有三足烏（也說「金烏」），月亮上有玉兔，故稱日月為「烏兔」。西晉·左思〈吳都賦〉：「籠烏兔於日月，窮飛走之棲宿。」也說「金烏玉兔」。

【師法】①指漢代的經學傳授。在漢代，某一經的大師被立為博士之後，他的經說便叫「師法」。《漢書·胡母生傳》：「唯嬴公守學不失師法。」②老師教授的學問和技藝。《荀子·儒效》：「故有師法者，人之大寶也；無師法者，人之大殃也。」

【師道尊嚴】指為師之道尊貴莊嚴。《元史·劉因傳》卷一七一：「家居教授，師道尊嚴，弟子造其門者，隨材器教之，皆有成就。」

【殷實】生活富裕，家業厚實。《後漢書·寇恂（xún）傳》：「今河內帶河而固，戶口殷實。」清·李漁《慎鸞交·狠圖》：「自家非別，乃蘇州鄉下第一個殷實財主。」

【訓詁】①解釋古書中字、詞、句的意義。②指訓詁學，研究古書字句的解釋。

【高士】①志行高潔的人。《戰國策·趙策三》：「吾聞魯連先生，齊國之高士也。」②指隱居不仕或修煉的人。唐·唐彥謙〈寄蔣二十四〉詩：「大知（zhì）高士禁愁寂，試依欄杆莫斷腸。」（知：「智」的古字，智慧）

【高尚】①清高；崇高（跟「卑鄙」相對）。東晉·陶潛〈桃花源記〉：「南陽劉子驥，高尚士也。」②指志行高尚的人。《北史·李先傳》：「（昭徽）尋師訪道，不遠千里。遇高尚則傾蓋如舊，見庸識雖王公蔑如。」（傾蓋如舊：車上的傘蓋並在一起，形容初次相見就像老朋友一樣非常親切；庸識：學識平庸；蔑如：看不起）

【兼愛】《墨子》篇名。分上中下三篇。是墨子針對儒家「愛有等差」而提出的一種倫理思想。主張君臣、父子、兄弟都要在平等的基礎上不分厚薄親疏地相互友愛。

【浩氣】正大剛直的氣概。《明史·楊繼盛傳》：「浩氣還太虛，丹心照千古。」（太虛：天，天空）

【浩然】剛正豪邁。《孟子·公孫丑上》：「我善養吾浩然之氣。」元·張可久〈金字經·偕王公實尋梅〉：「浩然英雄氣，塞乎天地間。」

【悌（tì）】 順從並敬愛兄長；也泛指敬重長上。儒家把悌與孝並稱，認為「孝悌也者，其為仁之本」，教導人們要「入則孝，出則悌」（《論語．學而》），強調「堯舜之道，孝悌而已矣」（《孟子．告子下》，意即堯舜之道，其實就是講求孝悌）。

【家風】 指家庭或家族的傳統風尚或作風。北周．庾（yǔ）信〈《哀江南賦》序〉：「潘岳之文采，始述家風；陸機之辭賦，先陳世德。」

【家訓】 ①父母對子女的訓導。清．龔自珍〈懷寧王氏族譜〉：「家訓，以訓子孫之賢而智者。」②父母為子孫寫的訓導之辭。如北齊．顏之推《顏氏家訓》。

【家規】 一個家庭或家族所規定的行為規範。唐．韓愈〈寄崔二十六立之〉詩：「諸男皆秀朗，幾能守家規。」

【家教】 ①在家教授子弟。《史記．儒林列傳》：「申公恥之，歸魯，退居家教，終身不出門，復謝絕賓客。」②家庭中的禮法或父母對子女進行的關於道德、禮節的教育。如：家教嚴格、沒有家教。

【家學】 ①家族世代相傳之學。北宋．蘇軾〈劉壯輿長官是是堂〉詩：「劉君有家學，三世道益孤。」②指舊時家塾、門館之類，由塾師啟蒙傳學。《紅樓夢》第八十一回：「如今且在家學裏溫習溫習也是好的。」

【家譜】 記載一姓世系和重要人物事跡的譜籍。是中國文明史上多具平民特色的文獻，所保存的珍貴資料對多種學科研究有其不可替代的獨特價值。也說「族譜」「宗譜」「家乘（shèng）」。

【容人】 待人寬厚。中國傳統文化提倡「君子尊賢而容眾，嘉善而矜不能」（《論語．子張》），即尊重賢人，也接納普通人。

【被（pī）髮左衽（rèn）】 披頭散髮，衣襟左開。指異族入侵為主，改變華夏人的習俗。《論語．憲問》：「微管仲，吾其被髮左衽矣。」（微：假如沒有；被：同「披」；衽：衣襟，古代華夏人衣襟右開）孔子肯定管仲的歷史功績說，如果沒有管仲擊敗入侵的異族，我們大概要披散着頭髮，衣襟左開，淪為落後民族了。

【書香門第】 指世代相傳的讀書人家。也說「書香門戶」「詩書門第」。

【書院】 唐宋至清代私人或官府設立的供人讀書、講學的處所。如宋代的白鹿、嵩陽、應天、嶽麓四大書院。清代光緒二十七年（1901）後，改全國省、縣書院為學堂，書院之名少用。

【書館】 漢代的啟蒙學館（學堂）。屬私學。清．王國維〈漢魏博士考〉：「漢時教初學之所名曰書館……其旨在教學童識字、習字。」

【恕】 寬恕，原諒，以仁愛之心對待別人。《論語·衛靈公》：「其『恕』乎！己所不欲，勿施於人。」意思是可以終生奉行的就是「恕」吧，自己不喜歡的，不要強加給別人。

【納諫】 君主採納臣下的意見。唐·陸贄〈貞元九年大赦制〉：「納諫如響，任賢勿疑。」泛指尊長接受規勸。

【陰】 ①中國古代哲學指宇宙間貫通一切事物的兩大對立面之一（另一面是「陽」）。如：陰陽二氣。②古代指太陰，即月亮。③迷信指跟鬼神有關的；跟冥間有關的。如：陰間、陰曹地府。

【陰陽】 ①中國古代思想家創立的哲學範疇。指宇宙萬物相互對立、依存的兩方面，如：天地、日月、晝夜、男女、夫婦等。《老子》四十二章：「萬物負陰而抱陽。」《易傳》進一步提出「一陰一陽之謂道」的學説，把陰陽交替看作宇宙的根本規律，並用陰陽比附社會現象。②古代指有關日、月等天體運轉規律的學問。《後漢書·張衡傳》：「衡善機巧，尤致思於天文、陰陽、曆算。」③指星相、占卜、相宅、相墓的方術。

【陰陽五行説】 陰陽説與五行説相結合而形成，在古代方術基礎上產生的一種哲學思想，經常用來解釋季節更替、萬物生長、朝代興廢、歷史演進等，對後代社會科學及自然科學都有一定影響。參見52頁「陰陽」，11頁「五行」。

【陰陽家】 ①戰國時期的一個學派。以提倡陰陽五行説著稱。主張按事物的本性和相互作用説明世界變化。但以鄒衍為代表的陰陽家認為，人類社會的發展也受木、火、土、金、水的支配，提出「五德終始」「五德轉移」説，用以論證社會歷史的變革和王朝的更替，為新興的古代政權提供理論根據。參見52頁「陰陽」，11頁「五行」。②指以擇日、占卜、星相、風水等為職業的人。也稱「陰陽生」「陰陽先生」。

【連中三元】 三元：科舉考試中解元、會元、狀元的合稱。接連在鄉試、會試、殿試中獲得第一名。今指連續在三次考試或比賽中獲得第一名。

【理學】 宋明時期的儒家哲學思想。宋儒以闡釋義理為主，故稱「理學」。北宋時期周敦頤、邵雍、張載、程顥、程頤等主張回歸孔孟道統，提出「天道」「天理」概念，至南宋朱熹建立起完備的理學體系。後世取二程（程顥、程頤）和朱熹為代表，稱為「程朱理學」，認為「理」先天地而存在，是宇宙的根本，具有永恆的至高無上的地位，提出「存天理，滅人欲」的觀點。到明代，王守仁在南宋陸九淵「宇宙便是吾心」的「心學」基礎上，有新發展，認為「心外無物」「心外無理」，提出「明本心」「致良知」的觀點。至明末清初經黃宗羲、顧炎武、王夫之及後來的顏元、戴震的批判，理學趨於沒落。也說「道學」「宋明理學」。

【規誡】勸誡；規勸。《舊唐書．元行沖傳》：「行沖性不阿（ē）順，多進規誡。」

【規諫】指以正言規誡諫諍。《墨子．非命中》：「故上有以規諫其君長，下有以教順其百姓。」

【接濟】在物質上援助。《紅樓夢》第五十七回：「寶釵倒暗中每相體貼接濟。」

【探花】科舉制度中殿試一甲（第一等）第三名的稱謂。唐代從進士中選少年英俊兩三人為探花使，遍遊名園，折取名花。南宋後才專指殿試一甲第三名。南宋．吳自牧《夢粱錄．士人赴殿試唱名》：「伺候上御文德殿臨軒唱名，進呈三魁試卷，天顏親睹三魁，排定名姓資次 …… 第一名狀元及第，第二名榜眼，第三名探花。」

【乾坤】①《周易》中乾卦和坤卦的合稱。常代表天地、陰陽、男女等。《周易．說卦》：「乾為天 …… 坤為地。」②指國家、江山或局勢、大局。《敦煌曲子詞．浣溪沙》：「竭節盡忠扶社稷，指山為誓保乾坤。」清．秋瑾〈黃海舟中日人索句並見日俄戰爭地圖〉詩：「拚將十萬頭顱血，須把乾坤力挽回。」

【梵文】印度古代的一種文字，相傳為「大梵天王」所造。《法苑珠林》卷十五：「西方寫經，同祖梵文。」

【問鼎】《左傳．宣公三年》記載：春秋時，楚莊王陳兵洛水，向周王朝炫耀武力，並向周王的特使王孫滿詢問周朝傳國之寶九鼎的大小輕重，透露出要奪取周天下的意圖。後用「問鼎」指圖謀奪取政權；現也比喻希望在賽事中奪冠。

【國士】①一國中最傑出的人物。《左傳．成公十六年》：「皆曰：國士在，且厚，不可當也。」（厚：優待，重視；當：「擋」的古字，阻擋）北宋．黃庭堅〈書幽芳亭〉：「士之才德蓋一國則曰國士。」②一國中最勇敢、最有力量的人。《荀子．子道》：「雖有國士之力，不能自舉其身，非無力也，勢不可也。」

【國子監（jiàn）】隋代以後的中央官學，是中國古代的最高學府。南京國子監始建於東吳永安元年（258），規模宏大。北京國子監始建於元朝大德十年（1306），是元、明、清三代國家管理教育的最高行政機關和最高學府。明代在南京和北京都設有國子監，分別為南監和北監。也稱「國子學」或「國子寺」。

【國手】①棋藝高超、國內少有能與之匹敵的棋手。北宋·歐陽修《歸田錄》:「太宗時有待詔賈玄,以棋供奉,號為國手。」②泛指某項技藝達到國家級水平的人。唐·白居易〈醉贈劉二十八使君〉詩:「詩稱國手徒為爾,命壓人頭不奈何。」

【國本】①立國的根本或基礎。南宋·陳亮〈廷對〉:「正人心以立國本,活民命以壽國脉。」②指書畫等的國家藏本。唐·韓愈〈畫記〉:「余少時,常有志乎茲事,得國本,絕人事而莫得之。」

【國別史】中國傳統史書的一種,按諸侯國的不同分別記述其歷史事實的史書。如《國語》《戰國策》。

【國君】①天子或諸侯國的君主。《禮記·曲禮上》:「國君撫式,大夫下之。」(撫式:指古人乘車時,身子前俯,兩手依憑車前橫木;式:通「軾」)②古代命婦的封號,位在公主之下。北宋·陸游《南唐書·烈祖紀》:「降吳公主為國君……封女弟杞國君為廣德長公主。」

【國教】①國家的教化。西漢·劉向〈《戰國策》序〉:「故其謀扶急持傾,為一切之權,雖不可以臨國教,化兵革,亦救急之勢也。」②得到國家支持或被執政當局定為國家意識形態的宗教。它往往在社會的意識形態領域佔有支配或主導地位,並在精神上對維繫統治秩序起着重要作用。比如中國元朝的藏傳佛教、阿拉伯國家的伊斯蘭教。

【國策】國家執行較長時間,對國計民生有重大影響的基本政策。《管子·乘馬數》:「故修公室臺榭,非麗其樂也,以平國策也。」(麗:施加;平:平衡,齊一)

【國富民安】國家富強,人民安定。《漢書·刑法志》:「至齊桓公任用管仲而國富民安。」

【國魂】國家的靈魂,指一個國家特有的高尚精神和風尚。清末民初·蘇曼殊〈無題〉詩:「水晶簾捲一燈昏,寂對河山叩國魂。」

【國粹】指本國傳統文化中的精華;也指一國特有的事物。中國的國粹有中醫、國畫、書法、京劇、樂舞、圍棋、象棋、文字訓詁等。

【國殤(shāng)】①《楚辭·九歌》篇名,戰國楚人屈原作,是禮讚為保衛楚國而捐軀的將士的樂歌。②指為國捐軀的人。南朝宋·鮑照〈代出自薊北門行〉詩:「投軀報明主,身死為國殤。」

【國學】①指古代國家設立的學校。《周禮·春官·樂師》:「樂師掌國學之政,以教國子小舞。」(小舞:古人幼小時所學各種舞蹈的統稱)②指中國傳統的文化學術。如：國學大師、《國學季刊》。

【國難（nàn）】①國家的危難。三國魏．曹植〈白馬篇〉：「捐軀赴國難，視死忽如歸。」（忽：不注意，不重視）②指國家遭受外國侵略。南宋．文天祥〈《指南錄》自序〉：「生無以救國難，死猶為厲鬼以擊賊。」

【符節】古代調兵使用的符和使者所持的節的合稱；也單指符或節。唐．司馬貞《（史記）索隱》引韋昭曰：「符，發兵符也；節，使者所擁也。」

【敏】敏捷；勤勉。儒家道德之一。《論語．學而》：「敏於事而慎於言。」是說行事勤敏而言語謹慎。《論語．陽貨》：「敏則有功。」是說勤勉就能卓有成效。

【貨殖】①經商營利。《論語．先進》：「賜不受命而貨殖焉，億則屢中。」〔億：臆測，猜度（duó）〕②財物；商品。東晉．葛洪《抱朴子．行品》：「觀道義而如醉，聞貨殖而波擾者，穢人也。」（波擾：波動煩擾；穢人：鄙俗之人）

【術數（shù）】術：方法；數：氣數。指以種種方術觀察自然界現象，來推測家國人事的氣數和命運。《漢書．藝文志》列天文、曆譜、五行、蓍（shī）龜、雜占、形法六種。後世術數一般指各種迷信，如星占、卜筮（shì）、命相、拆字、起課、堪輿等。也稱「數術」。

【象】①象徵。《周易》用卦、爻（yáo）等符號象徵自然變化和人事吉凶。《周易．繫辭下》：「是故易者象也，象也者像也。」②篇名。指《易傳》十篇的《象辭》（也稱《象傳》），上下兩篇。用卦和爻象徵自然和社會現象，闡釋和發揮卦象和爻象的含義。

【象數之學】用圖像符號和數字推測宇宙或人生變化，解說《周易》的學說。事物都有一定形象和數量，《易傳》就多處說到「象」或「數」。此後漢儒孟喜、京房等以象數之學說《易》，用八卦與陰陽之數預言災變，也包含一些天文、曆法、樂律的知識。北宋理學家邵雍融合《周易》與道教思想，制定了一種煩瑣而神祕的象數之學體系，稱為「先天學」。參見 228 頁「邵雍」。

【祭祀】祭神或祀祖。指擺設供品向神佛或祖先行禮，表示崇敬並求保佑賜福。《戰國策．趙策四》：「已行，非弗思也，祭祀必祝之。」

【祭典】①古代記載有關祭祀制度的典籍。如：《禮經》。②古代有關祭祀的專書。如《隋書．經籍志一》著錄晉代范汪撰《祭典》3 卷。③古代祭祀的禮儀法度。《禮記．月令》：「（孟春之月）是月也，命樂正入學習舞，乃修祭典。」

【祭拜】祭祀禮拜。如：祭拜先烈。

【祭酒】古代學官名。漢代有博士祭酒，為博士之首。晉武帝咸寧四年（278）設國子祭酒，為國子監（jiàn）的主管官員。歷代多沿用。清末始廢。後也泛稱文藝界、學術界的首腦人物。

【祭奠】在靈前或墓前舉行儀式，對死者表示悼念。如：祭奠先父。

【祭壇】①古時祭祀或祭奠用的臺。也說「祭臺」。②宗教祈禱用的臺。

【祭禮】①古代祭祀或祭奠的儀式。《墨子．公孟》：「執無鬼而學祭禮，是猶無客而學客禮也。」②祭奠用的禮品。

【庶民】平民，百姓。《禮記．大傳》：「庶民安，故財用足。」

【康泰】①健康安寧。如：身體康泰。②人名。三國時吳國人。中國早期海外旅行家。約在吳．黃武五年（226）和朱應出使扶南（現屬柬埔寨）等國。歸國後撰有《吳時外國傳》。

【章句之學】漢代注家以分章析句來解說古書意義的學問。分章析句指劃分段落、分析詞義、串講文句。如王逸有《楚辭章句》，《漢書．藝文志》所載《尚書》有歐陽章句、大小夏侯章句，《春秋》有公羊章句、穀梁章句等。

【章草】早期的草書。始於秦漢年間，由草寫的隸書演變而成。章草是「今草」的前身，與「今草」的區別主要是保留隸書筆法的形跡，上下字獨立而基本不連寫。因這種字體構造彰明，或因適用於寫奏章，或因漢章帝愛好，或因史游用以寫其所著《急就章》而得名。

【望聞問切】中醫診斷疾病的四種常用方法。「望」是觀察病人的氣色；「聞」是聽病人發出的聲音，聞病人的氣息；「問」是詢問病人的症狀和病史；「切」是用手診脉或觸按身體其他部位。合稱「四診」。《古今醫統》：「望聞問切四字，誠為醫之綱領。」

【清平】政治清明，社會安寧。東漢．班固〈《兩都賦》序〉：「臣竊見海內清平，朝廷無事。」

【清明】①指政治上法度嚴明，社會公平和諧。《漢書．禮樂志》：「〔世祖〕即位三十年，四夷賓服，百姓家給（jǐ），政教清明。」②清明節。

【清真】本指自然、質樸、純潔。後成為中國使用漢語的伊斯蘭教徒稱頌真主安拉的用語，意為「清淨無染」「真乃獨一」。教徒稱該教為清真教，稱該教的寺院為清真寺。也泛指與伊斯蘭教有關的。如：清真食品、清真風味。

【清廉】清正廉潔。《東觀漢記．周澤傳》:「拜太常，果敢，數（shuò，多次）有直言，朝廷嘉其清廉。」

【淡泊】對名利不追求、不熱衷。《東觀漢記．鄭君傳》:「好黃老，淡泊無欲，清靜自守。」

【陽】①日光；太陽。②中國古代哲學家指宇宙間貫通一切事物的兩大對立面之一（另一面是「陰」）。如：陰陽二氣。

【進士】唐代稱參加禮部最高一級科舉考試的人；明清兩代稱由舉人參加殿試被錄取的人。參見66頁「殿試」。

【鄉試】明清時期，每三年一次在各省省城舉行的科舉考試。時間在秋季八月。應考的是秀才，考取後稱舉人，第一名稱解（jiè）元。也稱「大比」「秋闈」。

【超以象外】語出唐代司空圖《詩品．雄渾》。指超脫於物象之外。形容詩文、繪畫等的意境超脫。也指置身世外，脫離現實。

【揖讓】拱手作揖，互相謙讓。古代賓主相見的一種禮節。

【黃老】黃帝和老子的合稱。道家尊二人為始祖，故以「黃老」代指道家。

【黃老之治】西漢初期，執政者吸取秦好大喜功、嚴刑峻法、二世而亡的教訓，推崇黃老「清靜無為」的治術，既主張君主集權，又推崇無為而治，刑德相濟，輕徭薄賦，讓民眾休養生息。施行六十餘年，改變了經濟凋敝的窘況，穩定了統治秩序，恢復了社會生產，促成了「文景之治」。故「文景之治」又稱「黃老之治」。

【黃老學派】戰國、漢初道家學派。尊黃帝和老子為始祖，故稱。戰國中期，齊國稷下學者慎到、田駢是黃老學派的代表人物。申不害、韓非「本於黃老而主刑名」，糅合了道家與法家的思想。西漢初年，統治者推崇黃老「清靜無為」的治術，採取與民休息、恢復生產的政策，取得了顯著的成效。

【黃宗羲定律】明末清初重要思想家黃宗羲對中國古代賦稅制度作了深入、系統的研究後發現：歷代稅賦改革，每改革一次，農民的負擔在下降一段時間後，又會上漲到比改革前更高的水平，形成一個越改越重的「怪圈」。黃宗羲稱之為「積累莫返之害」。這種觀點以及所反映的歷史現象，被現代學者總結為「黃宗羲定律」。

【敬業樂群】《禮記．學記》:「一年視離經辨志，三年視敬業樂群。」（離經辨志：分析經書的文義，讀斷文句，弄清原義）指專心致志於學業或事業，樂於與朋友相切磋。

【朝服】古代社會中，君臣朝會議政的服裝。各個朝代形制不一。先秦以皮弁（biàn）、玄端為朝服，漢明帝制定朱衣朝服，後世以進賢冠、絳紗袍為朝服。有的朝服文武官員有別，不同等級有別。

【惠】慈惠；物質上給人好處。仁的重要內容之一。孔子認為，「惠」是五種美德之一。能在天下實行莊重、寬厚、誠實、勤敏、惠人五種美德，就是仁了。有了這五種美德，就可以從事政務，到任何地方都可以行得通。

【雅】①正統的；合乎標準的。如：雅言、雅正。②周代朝廷上的樂曲，配曲的歌詞作為一大類收在《詩經》裏，被認為是樂歌的典範。雅詩依音樂分為「大雅」和「小雅」。③高尚的；不庸俗的。如：文人雅士、雅俗共賞。

【雅言】①古代指通語，即通行的語言。②正確合理的言論意見。《三國志．蜀書．諸葛亮傳》：「陛下亦宜自謀，以咨諏（zōu）善道，察納雅言，深追先帝遺詔。」（咨諏：咨詢）③高雅的言論。

【虛實】①指假真。南朝宋．范曄（yè）《後漢書．度尚傳》：「夫事有虛實，法有是非。」②理學認為「虛」指宇宙間相對獨立的太虛之氣，「實」指太虛之氣凝聚而成的有形之物。北宋．張載《正蒙．太和篇》：「兩體者，虛實也，動靜也，聚散也，清濁也，其究一而已。」

【貴無論】魏晉時期的一種哲學思想。其代表人物為何晏、王弼。他們發揮《老子》的「有生於無」之說，認為天下萬物「以無為本」，「以無為體」，把「無」當作天下萬物的精神本原。強調君主「無為而治」，「執一統眾」。

【無我】佛教的根本思想之一。否定世界上有物質性的實在自體（即「我」）的存在。有「人無我」（人空）和「法無我」（法空）兩類。

【無為】語出《老子》三十七章。老子認為宇宙萬物的本源是「道」，而「道」是「無為」而「自然」的，人效法「道」，也應以「無為」為主。這是道家的基本哲學思想。

【無神論】否定所有鬼神迷信和宗教信仰的學說（與「有神論」相對）。在中國殷周之際已有無神論思想產生，其後還有戰國的荀子、東漢的王充、南朝的范縝等，指出：「（人）死而精氣滅」（王充〈論死〉）；「神則形也，形則神也。是以形存則神存，形滅則神滅也」（范縝〈神滅論〉）。

【無違】語出《論語．為政》。孟懿子（魯國大夫）問孔子什麼是孝道，孔子答：「無違。」即不要違背禮。弟子樊遲問他這是什麼意思時，孔子這樣解釋：父母活着，按照禮侍奉他們；父母去世，按照禮安葬他們，按照禮祭祀他們。

【智】指聰明，智慧。《孟子・公孫丑下》：「王自以為與周公孰仁且智？」為儒家「五常（仁、義、禮、智、信）」之一。

【御史】古代一種官職名。始於秦朝，專門行使監察職能，負責監察朝廷、諸侯、官吏，一直延續到清代。

【鈎沉】查考、探索幽深的道理或散失的內容。《晉書・楊方傳》：「在郡積年，著《五經鈎沉》。」

【就義】為正義而死。南宋・文天祥〈《臨江軍》詩跋〉語：「今使命不達，委身荒江，誰知之者？盍（hé）少須臾以就義乎？」

【童生】明清科舉中尚未獲得生員（秀才）資格的讀書人，不論年齡大小都稱「儒童」，習慣上稱為「童生」。

【善】有美好、友好、善良、慈善、善行等義。「善」具有深刻的倫理學、哲學和佛學內涵。中國傳統倫理中有豐富的勸善內容。如：「積善之家，必有餘慶」（《周易・坤卦・文言》），「擇其善者而從之，其不善者而改之」（《論語・述而》），「善，德之建也」（《國語・晉語》）。

【善人】一貫行善的人。《論語・子路》：「善人為邦百年，亦可以勝殘去殺矣。」《史記・伯夷傳》：「天道無親，常與善人。」

【善心】慈善的心；好心腸。唐・陳鴻《東城老父傳》：「讀釋氏經，亦能了其深義至道，以善心化市井人。」

【善因】佛教指招致善果的本原或原因。《本業經》下：「善果從善因生。」

【善良】心腸好；和善而不懷惡意。唐・韓愈〈爭（zhèng）臣論〉：「晉之鄙人，薰其德而善良者幾（jī）千人。」（爭：通「諍」；幾：將近）

【善事】慈善的事；好事。《穀梁傳・襄公十年》：「中國有善事，則並焉；無善事，則異之，存之也。」

【善待】友善地對待；好好地對待。佛教主張關愛生命，善待眾生，重視人的生命和存在價值，主張人要有慈悲之心。慈悲之心，即善待眾生之心，是佛教教義的核心，也是佛教修行的根本。

【善惡】善的和惡的。「是非善惡」是人世道德的正反標準。為人處世首要之點就是明辨是非善惡，只有這樣才能行得正。三國魏・李康〈運命論〉：「善惡書於史冊，毀譽流於千載。」

【善意】①好意；良好的心願。《漢書・

蘇建傳》:「(建)因厚賂單于,答其善意。」②佛教指同佛門結下緣分。《三慧經》:「善意如電,來即明,去便復冥。」

【善舉】 慈善的舉措或行為。善舉是一種發自內心的善良的表達方式,是一種美德。如捐資助學、扶貧濟困都是善舉。

【尊長】 ①尊敬年長的人。《禮記·鄉飲酒義》:「鄉飲酒之禮,六十者坐,五十者立侍,以聽政役,所以明尊長也。」(政役:役使)②尊稱地位或輩分高的人。《禮記·少儀》:「尊長於己逾(yú)等,不敢問其年。」(於己逾等:輩分高於自己)

【尊師】 尊敬師長;尊敬教師。《禮記·學記》:「大學之禮,雖詔於天子無北面,所以尊師也。」(無北面:無須面北行禮)《漢書·蕭望之傳》:「國之將興,尊師而重傅。」

【尊稱】 古代對於第二、第三人稱的稱謂禮節。在言談與書信往來中,為表尊敬和客氣,一般避免直接用「你」或「他」等代詞,而是改用某些表示尊敬的詞語來指稱。常見的有:君、諸君、公、子、父(fǔ)、卿、陛下、足下、閣下、殿下等。這些稱謂大多帶有顯明的尊敬色彩,需根據不同情況加以運用。

【渾天說】 中國古代的一種宇宙學說。其代表作為東漢·張衡《渾儀注》。認為天地的關係猶如雞蛋殼包着蛋黃,天的形體渾圓如彈丸,故稱「渾天」。渾天說最初認為地球不是孤零零地懸在空中的,而是浮在水上。後來又認為地球浮在氣中,因此有可能迴旋浮動。渾天說還認為全天恆星都佈於一個「天球」上,而日月五星則附麗於「天球」上運行。這與現代天文學的天球概念十分接近。

【富民】 使人民富裕。《荀子·王制》:「故王者富民,霸者富士,僅存之國富大夫,亡國富筐篋(qiè),實府庫。」(筐篋:盛財貨的箱子)

【富強】(國家)富足而強盛。《管子·形勢解》:「主之所以為功者,富強也。故國富兵強,則諸侯服其政,鄰敵畏其威。」

【登科】 見60頁「登第」。

【登第】 科舉考試得中;特指考取進士。科舉考試錄取時要評定等第,故稱。《新唐書·選舉志上》:「通四經,業成,上於尚書,吏部試之。登第者加一級放選(任職),其不第習業如初。」也說「登科」。

【結繩記事】 文字發明前人們使用的一種記事方法。在一條繩子上打結記事,大事結大結,小事結小結,用來提醒自己,避免遺忘。上古時期的中國及北美印地安人都用過這種方法。

【統天曆】 一種陰陽曆。施行於南宋慶元五年（1199）。由楊忠輔創製。該曆以 29.530594 天為曆月；365.2425 天為曆年，只比回歸年長 26 秒，精度與公曆一致，但比西方早用 380 多年。首先提出回歸年長度有變化，古大今小。

【幾（jī）諫】 婉言勸告。《論語·里仁》：「事父母幾諫，見志不從，又敬不違，勞而不怨。」（幾：隱微，婉轉；又敬不違：仍然恭敬而不冒犯；勞：憂愁）孔子所主張的事奉父母的態度：父母若有過失，要婉言勸告。話說清楚了，卻沒有被接納，仍然恭恭敬敬而不冒犯他們，只是內心憂愁，但不怨恨。

【道】 ①先秦道家思想的最高範疇。老子認為「道」是先天地萬物而生的宇宙本原、本體。《老子》二十五章：「有物混成，先天地生 …… 可以為天下母，吾不知其名，字之曰道。」並認為大道無形，不可以言說。莊子也認為「道」是虛無妙通的宇宙萬物之本，具有周行不殆、物我為一、無為無不為等法則。東漢以後的道教將老莊關於「道」的概念加以改造發揮，成為道教信仰的核心和道教的教義、教理。如得道成真、體道成仙等無不本源於此。②儒家指天下為公和仁義禮智信等至高的政治主張、倫理綱常。《論語·公冶長》：「道不行，乘桴浮於海。」西漢·董仲舒〈對賢良策〉：「道之大，原出於天。天不變，道亦不變。」

【道不遠人】 道，指仁道。仁道本來就是指導人的行為的，離人不遠。《中庸》第十三章：「道不遠人，人之為道而遠人，不可以為道。」孔子說仁道是離人不遠的，假使脫離人的實際行為研究仁道，那就不可以稱之為仁道了。

【道法自然】 語出《老子》二十五章。老子認為道雖生長萬物，卻是無目的、無意識的。道不把萬物據為己有，不誇耀自己的功勞，不主宰和支配萬物，而是聽任萬物自然而然地發展。以此為根據提出「無為而治」的觀點。

【道性】 道的特性。道教認為，世界上一切有形可見的事物，無論是否具有自我意識，都蘊含有「道」的特性，這一特性是悟道的機緣，「能了此性，即成正道」。這一教義源於老莊的「道生萬物」和「道」無所不在、無處不有的學說。

【道統】 指儒家傳播學術思想的脉絡和系統。唐·韓愈作〈原道〉，正式提出了堯、舜、禹、湯、文、武、周公、孔孟相繼傳授的系統說。朱熹認為周敦頤、程顥（hào）、程頤上承孟子，而自己是上承周、程的儒家正宗道統。

【道義】 道德和義理。《管子·法禁》：

「道行必有所是，道義必有所明。」

【道學】①宋儒的哲學思想。以繼承孔孟「道統」，宣揚「性命義理」之學為主。語出北宋・張載〈答范巽之書〉。《宋史》把周敦頤、程顥、程頤、張載、朱熹等哲學家歸為一類，列為《道學傳》。後來用作理學的同義語。參見 52 頁「理學」。②指道家或道教的學說。

【鼎革】舊多指改朝換代或重大改革。《周易・雜卦》：「革，去故也；鼎，取新也。」

【鼎新】更新；革新。明・沈璟（jǐng）《義俠記・恩榮》：「荷皇恩，把前非鼎新，男兒志欲酬君恩。」

【達觀】什麼事都看得開，不因不如意的事情煩惱。南朝宋・羅含〈更生論〉：「達觀者所以齊死生，亦云死生如寤寐，誠哉斯言！」（達：豁達；齊：平齊，一樣）

【聖】儒家指具有最高的精神境界和道德品質、僅次於神的人。《孟子・盡心下》：「大而化之之謂聖，聖而不可知之之謂神。」意思是大力推行善信，使天下人受其教化就叫聖，聖達到不可測知的程度就叫神。

【聖母】①中國古代對皇太后的尊稱。②對女神的尊稱。舊時多有聖母祠、聖母廟等。③天主教對耶穌的母親瑪利亞的尊稱。通稱聖母瑪利亞。

【聖訓】①聖人的教導。指儒家相傳的訓諭。東漢・蔡邕〈釋誨〉：「且用之則行，聖訓也；捨之則藏，至順也。」②帝王的訓諭、詔令。清・梁啟超〈譚嗣同傳〉：「先遣內侍持歷朝聖訓授君。」③伊斯蘭教指創始人穆罕默德及其弟子們的言行記錄。也說「聖訓經」「至聖寶訓」。

【聖賢】聖人和賢人；泛指德才極高的人。西漢・司馬遷〈報任少卿書〉：「《詩》三百篇，大底聖賢發憤之所為作也。」

【蓋天說】中國古代最早的一種宇宙結構學說。認為天是圓形的，像一把張開的大傘覆蓋在地上，地是方形的，像一個棋盤，日月星辰則像爬蟲一樣過往天空。這一學說的最早記錄出現在《大戴禮・曾子天圓》：「天圓而地方，則是四角之不揜（yǎn，掩）也。」也稱「天圓地方說」。

【感化】指用行動影響或善意勸導，使人的思想、行為逐漸向好的方面變化。《後漢書・陳禪（shàn）傳》：「禪於學行禮，為說道義以感化之。」

【照妖鏡】中國古代神話小說中指一種能照出妖精原形的寶鏡；比喻能識別壞人的依據和方法。

【農家】戰國時期的一個學派，以注重農業生產著稱。據載，炎帝神農氏、周的始祖后稷等都是早期農家代表人物。傳統認為戰國時期的農家代表人物有許行等。《孟子．滕文公上》載有許行的言論，主張「賢者與民並耕而食」「播百穀，勸農桑」，反對社會分工。此外，《管子》《呂氏春秋》等某些章節也是研究農家的重要資料。

【農曆】 中國傳統曆法的俗稱，實為陰陽合曆。因其始於夏朝，故又稱「夏曆」。古人最早根據月亮的運行規律制定曆法。月亮圍繞地球轉動，每完成一次圓缺大約需要 29.5 天。月圓稱為「望」，在每月 15、16 或 17 日；直到每月 1 日左右幾乎完全消失，此時稱為「朔」。朔望完成 12 個循環為 12 個月，一年共 354 天，叫陰曆。比以太陽的運行為根據的太陽曆（陽曆，也稱「公曆」，平年 365 天，閏年 366 天）少 11 天左右。為了協調陰曆陽曆的差別，古人設計了「閏月」的辦法，即每三年將所差天數湊成一個月，按一定規律加在某月之後，稱為「閏某月」，帶有閏月的年有 13 個月。這就是陰陽合曆，年屬陽曆，月屬陰曆。這樣就能確保每年平均 365.4 天，二十四節氣等名稱與物候變化相符。按農曆編製的曆書與農業生產密切相關，便於安排農耕，也便於按曆書了解節日物候，確定婚嫁營造等重要事項。也稱「陰曆」。

【農戰】 商鞅、韓非等先秦思想家重視農業和戰爭並主張兩者結合的經濟、軍事思想。商鞅認為，國家要興旺靠的是農戰，只有純樸的農民才能成為勇敢的士兵（《商君書．農戰》）。韓非認為，使國家富強靠的是農民，抗拒外敵靠的是士卒（《韓非子．五蠹》）。也說「耕戰」。

【歃（shà）血】 古代盟會中的一種儀式。盟約宣讀後，參加者用口微吸所殺牲之血，以表示誠意。引申指結盟。《孟子．告子下》：「葵丘之會，諸侯束牲載書而不歃血。」（歃：用嘴吸血）

【節用】 ①節約用度。《論語．學而》：「節用而愛人，使民以時。」②《墨子》篇名。分上中下三篇。宣揚反對奢侈浪費、主張勤儉節約的思想。

【節操】 氣節操守。儒家思想中指高尚純正的道德品質。《後漢書．伏隆傳》：「隆字伯文，少以節操立名。」

【傳（zhuàn）】 ①書傳，著作；特指諸子著作。《孟子．梁惠王下》：「齊宣王曰：『文王之囿方七十里，有諸？』孟子對曰：『於傳有之。』」②注釋和闡述經義的著作。如：《詩毛傳》《春秋左氏傳》。多產生於先秦與漢初。也指對經文進行注釋、解說。③記載個人或群體事跡的文字；傳記。如：自傳、列傳、《漢書．賈誼傳》《三國志．方技傳》。④指以演述人物故事為中心的文學作品。如：《水滸傳》《兒女英雄傳》。

【會試】明清兩代每三年在京城舉行一次科舉考試，各省舉人會聚京師應試，故稱。名稱始於金代。考期初在二月，乾隆時改在三月。錄取名額不固定。考中者稱「貢士」，第一名稱「會元」，可參加殿試。

【會館】舊時同鄉或同業的人在京城、省城或大商埠設立的機構，主要以館址的房屋供同鄉或同業聚會或暫住，為同鄉或同行內部利益服務。名稱最早出現於明代，清代更為盛行。一般以縣、府、省為單位。在京師的多由外地官僚士紳組織，在商業城市的，多由外地工商行幫組織。

【愛民如子】愛護百姓就像對待自己的子女一樣。儒家的執政理念中，自古就有保民、裕民、以民為本、民貴君輕的思想，認為只有愛護人民，社會才能安定，政權才可以長久。

【愛民如身】愛民如同愛自身一樣。東漢·荀悅《申鑒·雜言上》：「愛民如身，仁之至乎？」

【愛民如傷】愛護民眾就像看待自己身上的傷痛一樣。形容極其顧恤民眾疾苦。《左傳·哀公元年》：「臣聞國之興也，視民如傷，是其福也。」意思是我聽説國家興旺，國君顧惜民眾像看待自己身上的傷痛一樣，這樣才是國家的福分。

【誠身】以誠為標準和原則反省自身。南宋·朱熹《中庸章句》：「誠身有道：不明乎善，不誠乎身矣。」（明善方能誠身）

【誠信】誠實守信。《禮記·祭統》：「是故賢者之祭也，致其誠信，與其忠敬。」

【誠意】使心意真誠。《禮記·大學》：「欲正其心者，先誠其意。」唐·韓愈〈原道〉：「然則所謂正心而誠意者，將以有為也。」

【誠樸】忠誠而樸實。明·李東陽〈先考贈少傅府君誥命碑陰記〉：「為人誠樸坦易，言若不能出口。」

【誠篤】誠實而真摯。明·方孝孺〈雙桂軒銘〉：「公和易誠篤，表裏如一，與人交，豁然無隱。」

【廉正】廉明清正。《史記·循吏列傳》：「石奢者，楚昭王相也。堅毅廉正，無所阿（ē）避。」

【廉明】廉潔清明。清·蒲松齡《聊齋志異·夢狼》：「鄒平李進士匡九，居官頗廉明。」

【廉政】廉潔執政；使政治清廉。《晏子春秋·問下四》：「景公問晏子：『廉政而長久，其行何也？』」

【廉恥】廉潔知恥。《荀子·修身》：「偷儒憚事，無廉恥而嗜乎飲食，則可

謂惡少者矣。」（偷懦：苟且懶惰；憚事：怕事）

【廉潔】 廉正清白。《楚辭·招魂》：「朕幼清以廉潔兮。」（朕：我；廉：不受賄；潔：不貪污）

【意境】 意：指作者的內在思想或主觀情志，即「心」；境：指心思所攀緣寄託的外在景物。中唐以後「意境」用以指在詩文創作上所達到的情景交融、物我一體的藝術境界，成為詩人孜孜以求的創作標桿。清·王國維《宋元戲曲史》說：「文章之妙，亦一言以蔽之，曰：有意境而已矣。」

【義】 儒家的道德之一。原指「宜」，即行為合於禮。《中庸》：「義者，宜也。」儒家以義作為評判人們的思想、行為的道德原則。如「君子義以為上」（《論語·陽貨》）、「君子義以為質」（《論語·衛靈公》）、「捨生而取義」（《孟子·告子上》）。泛指正義、情誼、恩義。

【義勇】 維護正義並勇於鬥爭。北宋·王讜（tǎng）《唐語林·夙慧》：「前朝邑尉劉幽求忠貞貫日，義勇橫秋。」

【義理】 ①合於一定倫理道德的行事準則。《韓非子·難（nàn）言》：「故度量雖正，未必聽也；義理雖全，未必用也。」②講求儒家經義的學問。《漢書·劉歆（xīn）傳》：「及歆治左氏，引傳（zhuàn）文以解經，轉相發明，由是章句義理備焉。」（發明：發揮、闡明）③文辭的思想內容。北宋·歐陽修《歸田錄》卷一：「舉子輕薄為文，不求義理，唯以敏速相誇。」

【義舉】 ①維護正義的舉動或行為；熱心公益事業的舉動或行為。《東周列國志》第七回：「寡人本迫於王命，從君討罪，若利其土地，非義舉也。」②仗義疏財的舉動。

【慈】 ①指父母關愛子女之情。《論語·為政》：「臨之以莊則敬，孝慈則忠。」②也代指母親。如：家慈、慈訓。

【慈善】 仁慈善良。清·昭槤（lián）《嘯亭雜錄·孝親》：「（皇后）天性慈善，屢勸上減刑罷兵，以免蒼生屠戮。上無不順從，以承歡愛。」（上：指皇帝）

【慎】 謹慎；慎重。古人認為「慎」是君子的美德之一。《周易·頤卦·象》：「君子以慎言語，節飲食。」南朝宋·劉義慶《世說新語·德行》：「晉文王稱阮嗣宗至慎，每與之言，言皆虛遠，未嘗臧否（pǐ）人物。」

【慎獨】 儒家修養方法。指當獨處而無人覺察時，仍能謹慎不苟，使自己的行為符合道德標準。《禮記·中庸》：「莫見（xiàn）乎隱，莫顯乎微，故君子慎其獨也。」意思是隱祕的事情沒有不被人發現的，細微的事情沒有不暴露出來的，所以君子在獨處的時候要更加謹慎、檢點。

【福祉(zhǐ)】幸福。孫中山〈同盟會宣言〉:「復四千年之祖國,謀四萬萬人之福祉。」

【福澤】福祿與恩澤。北宋·張載〈西銘〉:「富貴福澤,所以大奉於我,而使吾之為善也。」

【殿試】科舉中最高一級的考試。由會試(舉人參加)錄取的貢士應試,在皇宮大殿內舉行,由皇帝親自主持,被錄取者稱進士。

【經世致用】經世:治理世事。宋代後逐漸形成的一種研究經學與解決當前實際政治、經濟問題相結合的治學方法。主張讀書人應當關注社會現實,用所學解決社會問題,以達到國治民安的實效。其特點是,以解釋古代典籍為手段,從中發揮自己的社會政治見解,並用於社會。這種思潮到明清之際已蔚然成風,代表人物有顧炎武、黃宗羲、王夫之、李顒(yóng)、顏元、李塨(gōng)、王源等,清末又有魏源、龔自珍、康有為等。它體現了中國古代知識分子以天下為己任、為萬世開天平的情懷。

【經史子集】中國傳統圖書分類法分出的四大部類。經部包括儒家經典和小學類著作,史部包括歷史著作和部分地理著作,子部包括諸子百家的著作,集部包括詩、文、詞、賦等文學藝術類著作。

【經史合一】南宋學者胡宏關於儒家「四經」與歷史合為一體的觀念。把史比作肢體,把經比作脉絡。所著《皇王大紀》一書具有經史合一的特點。

【經典】①指古代儒家的經籍。唐·劉知幾(jī)《史通·敘事》:「自聖賢述作,是曰經典。」②指宗教的經書。唐·白居易〈蘇州重玄寺法華院石壁經碑〉銘:「佛涅槃後,世界空虛,惟是經典,與眾生俱。」

【經部】指中國古代圖書四部分類的第一大類,收儒家經典及小學類著作。清修《四庫全書》分為易、書、詩、禮、春秋、孝經、五經總義、四書、樂、小學十類。也說「甲部」。

【經書】指儒家的經典著作。南宋後通常指《周易》《尚書》《詩經》《春秋三傳》《論語》《周禮》《禮記》《儀禮》《孝經》《孟子》《爾雅》等。

【經傳(zhuàn)】經和傳的合稱。舊稱儒家的重要代表作品和儒家師法前代而加以闡述的古代典籍為「經」,解釋經文的書為「傳」。如《春秋》是經,《左傳》《公羊傳》《穀梁傳》為傳。

【經學】對儒家經傳的注釋解説,闡發經義,研究經傳的學科。古代有「五經」,後來擴充為「十三經」。這些書自戰國以來被儒家學派用作講授教本，師徒相傳。因解説經書，闡發經義，附麗於經的傳注越來越多，故到漢代正式出現了「經學」的名稱。漢武帝罷黜百家、獨尊儒術以後，經學成為中國古代社會文化的正統。董仲舒用陰陽五行説解釋《春秋公羊傳》，以鞏固皇權，開創今文經學。西漢末，開始出現經學的古文與今文兩派的爭論。經學與中國古代社會制度的鞏固、發展和延續有極其密切的關係，對中國的歷史、哲學、文學、藝術影響都很大。

【嘉禮】古五禮之一。指飲宴、婚冠、賀慶等聯絡感情、親睦人際關係的禮儀活動。《周禮 · 春官 · 大宗伯》:「以嘉禮親萬民。」後也專指婚禮。

【誓願】佛教稱自制其心為「誓」，志求滿足為「願」，即發願起誓完成某一件事。今泛指誓言和心願。

【對策】漢代選拔官吏的考試方法。始於漢文帝前元二年（前 178）。由皇帝提出有關政治、經義等方面的問題，讓被薦舉的士人回答。後科舉考試也沿用此法。俗稱金殿對策，也説「策試」。

【圖騰】英語音譯。原始社會的人認為跟本氏族有血緣關係而加以崇拜，並以此作為本氏族標誌的自然物（多為動物）。圖騰崇拜為原始社會的宗教信仰。

【疑孟論】北宋史學家司馬光對孟子論點質疑的論説。司馬光撰寫了〈善惡混辨〉一文，對孟子的性善論和荀子的性惡論都進行了批評，而歸本於揚雄的性善惡混合論。又撰寫〈疑孟〉一文，對孟子提出 11 條質疑，譏孟子為「鬻（yù，賣）先王之道以售其身」之人。

【養士】①指培養人才。《漢書 · 賈山傳》:「地之美者善養禾，君之美者善養士。」②指收羅、供養賢才。東漢 · 趙曄《吳越春秋 · 句踐陰謀外傳》:「幸蒙諸大夫之策，得返國修政，富民養士。」

【養性】①中醫指養生的重大法則。其含義很廣，首要在於道德品性的修養。因為修身養性、行善積德能使心神安泰、氣血和暢，對養生保健有重要意義。②道士修行的一種。指靜處一室，屏去左右，澄神靜慮。《水滸傳》第一回:「這代祖師，號曰虛靖天師，性好清高，倦於迎送，自向龍虎山頂結一茅庵，修真養性。」也説「入靜」。

【精忠】純潔忠貞。《宋史 · 岳飛傳》:「帝手書『精忠岳飛』字，製旗以賜之。」

【精舍】①儒生居住或講學的場所。《後漢書 · 包咸傳》:「因住東海，立精舍講學。」②指僧、道居住或講道説法的場所。唐 · 白居易〈香山寺新修經藏堂記〉:「寺有佛像,有僧徒,而無經典。寂寥精舍,不聞法音,三寶闕一,我願未滿。」

【漢承秦制】 指漢代對秦王朝實行的中央集權制、以丞相為核心的各級官僚體制、行政區劃的郡縣制以及法律、禮樂、賦稅、官員管理制度等的基本承襲與沿用。

【漢學】 儒家學術流派。本指漢儒治經時以樸實的學風、箋注的方法所創立的經學和學派。其基本方法是「實事求是」「無徵不信」,反對空談學風。其研究範圍是以經學為中心而衍及小學、音韻、史學、天算、水地、典章制度、金石、校勘、輯佚等。在清代,漢學作為一種思潮和流派是相對宋學而言的。它以顧炎武、閻若璩(qú)等為開山之祖,以惠棟、戴震為分宗立派的大師。在整理、保存古籍方面有卓越貢獻,惠及後人,至今仍為學人所重。但是除少數漢學家關心民生疾苦、呼籲改良社會外,多數漢學家懾於文字獄,埋頭故紙堆,脱離現實,影響及於近現代。

【漸悟】 佛教用語。指漸次修行,心明累進,方能達到無我正覺境界(與「頓悟」相對)。

【寬和】 形容待人寬厚謙和。《漢書·韓信傳》:「為人寬和自守,以溫顏遜詞承上接下,無所失意,保身固寵,不能有所建明。」

【賓禮】 古代五禮之一。指諸侯朝見天子的禮節。《周禮·春官·大宗伯》:「以賓禮親邦國。」孫詒讓《正義》「謂制朝聘之禮,使諸侯親附,王亦使諸侯自相親附也。」後世也指接待賓客的禮節。見 12 頁「五禮」。

【寡欲】 節制欲望。老子首倡「見素抱樸,少私寡欲」。道教吸取這一觀點,並結合修行實踐,將寡欲作為基本戒律。唐宋後道教內丹家更將寡欲原則運用於內修,要求修道者達到無欲境界。

【察廉】 即「舉廉」。漢朝選用官吏的一種方法,由郡國薦舉廉潔之士,經過朝廷考察後,任以官職。《漢書·王嘉傳》:「光祿勛(漢代官名)于永除為掾(yuàn),察廉為南陵丞,復察廉為長陵尉。」(光祿勛:漢代官名;除:授,拜官職;掾:屬員)意思是一位朝廷官員于永,薦舉王嘉為屬員,察廉官員考察後任命為南陵縣令副職,又經察廉官員復察,提升為長陵縣武官正職。

【實學】 指切實有用的學問。心學的創始人陸九淵認為:實學就是得實理之學;踐行是實學的基本特性。實學與空言勢不相容。

【盡孝】 指對父母及長輩盡孝道。東晉·袁宏《後漢紀·桓帝紀下》:「夫喪親自盡孝之終也。」

【盡忠】 竭盡忠誠，多指為國事鞠躬盡瘁或以身殉國。是儒家忠孝思想的體現。《左傳·宣公二十年》:「（荀）林父（fǔ）之事（侍奉）君也，進思盡忠，退思補過，社稷之衛也。」

【盡性】 語出《中庸》。指充分發揮人與物的本性。儒家認為，人物之性都包含着「天理」，只有至誠的人，才能發揮自己和他人的本性，進而發揮萬物的本性。

【綱常】 見6頁「三綱五常」。

【維新】 改變舊的，實行新的。一般指政治上的改良。《詩經·大雅·文王》:「周雖舊邦，其命維新。」毛傳:「乃新在文王也。」意思是從周文王開始維新，實行新的制度。

【摯】 誠懇；真摯。《明史·靖江王守謙傳》:「（太祖）賜書戒飭，語極摯切。」如清·王士禛（zhēn）〈《誠齋詩集》序〉:「於師友之際，尤纏綿篤摯。」又如：摯友（真摯的朋友）。

【賢人】 有道德和才能的人。《論語·述而》:「子貢曰:『伯夷、叔齊何人也？』（孔子）曰:『古之賢人也。』」（伯夷、叔齊是商末孤竹君的兩個兒子，兩人因真心互讓王位而逃避，最後又一起隱居首陽山，不食周粟而死）

【賢良三對策】 指西漢董仲舒答漢武帝策問「賢良文學之士」的三個對策。從「天人感應」說出發，提出罷黜百家、獨尊儒術，興太學（最高的官學）、置明師（設五經博士），重選舉、廣取士等對策。

【賢妻良母】 既是丈夫賢惠的妻子，又是子女慈愛的母親。這是中國女子家庭道德的重要內容。

【賢明】 ①才能出眾、明達事理。《戰國策·燕策二》:「臣聞賢明之君，功立而不廢，故著於《春秋》。」②指才能出眾、明達事理的人。唐·孟郊〈古意贈梁肅補闕〉詩:「曲木忌日影，讒（chán）人畏賢明。」（讒：說人壞話）

【賢能】 ①德才兼備。《韓非子·人主》:「賢能之士進，則私門之請止矣。」《史記·太史公自序》:「且士賢能而不用，有國者之恥。」②指德才兼備的人。《荀子·成相》:「主之孽，讒人達，賢能遁逃國乃蹶（jué，敗）。」

【踐行】 實踐履行。唐·韓愈〈唐祕書少監贈絳州刺史獨孤府君墓誌銘〉:「憲公躬孝踐行，篤實而辨於文。」（躬孝；親自奉行孝道；篤實：忠誠、實在）《朱子語類》卷九:「只有兩件事：理會，踐行。」（理會：理解、領會）

【踐約】 履行約定的事情。是儒家誠信思想的體現。南宋·岳珂（kē）《桯（tīng）史·汪革謠讖》:「乃（你的）

事俟（等到）秋涼即得踐約。」

【踐諾】 履行諾言。是儒家誠信思想的體現。《紅樓夢》第九十九回：「如蒙踐諾，即遣冰人（媒人），路途雖遙，一水可通。」

【墨守】 戰國時期的墨子善於守城，所以把善於防守叫作「墨守」。後用以形容固守老一套的規則、方法，不求改進。也說「墨守成規」。

【墨家】 戰國時的重要學派之一，創始人墨子。參見 264 頁「墨子」①。

【稽（qǐ）首】 ①古代的一種跪拜大禮。施禮者屈膝跪地，拱手後左手按右手，掌心至地，頭也緩緩至地。手在膝前，頭在手後。這是最隆重的拜禮，用於拜天地、神佛、君王、祖宗、師傅、父母等。②道士的行禮方式，立一手至胸前，再俯首至手。

【稷（jì）下學派】 戰國時齊宣王在都城稷門外擴置學宮，招攬大批文學游說之士來此講學，開展學術討論。有淳于髡（kūn）、鄒衍、田駢、慎到、宋鈃（jiān）、尹文、魯仲連和荀子等著名人物，成為當時道、法、儒、名、陰陽等各學派匯集的中心，並逐漸形成一個黃老思想居於主導地位的「稷下學派」。也稱「稷下學」。

【儉】 ①節儉。《論語・八佾》：「禮，與其奢也，寧儉。」意思是推行禮儀，與其奢華，不如儉樸。②謙遜；約束，節制。孔子弟子頌揚他「溫、良、恭、儉、讓」（《論語・學而》）。

【儀禮】 書名。儒家主要經典之一。記述周代的各種禮節儀式。為春秋、戰國時代一部分禮制的彙編。17 篇。一說是周公制作，一說孔子訂定。近代學者根據書中的喪葬制度，結合出土文物進行研究，認為成書當在戰國初期至中葉間。有漢代鄭玄《儀禮注》，唐代賈公彥《儀禮義疏》，清代胡培翬（huī）《儀禮正義》等注本。簡稱《禮》，也稱《禮經》《士禮》。

【樂土】 安樂的地方。《詩經・魏風・碩鼠》：「逝將去女（rǔ），適彼樂土。」（逝：通「誓」；去：離開；女：通「汝」；適：到……去）

【樂園】 基督教《聖經》指天堂或伊甸園。也泛指快樂的園地。

【德】 ①道德；品德。《周易・乾》：「君子進德修業。」儒家認為「德」是人立身的根據和行為的準則。《論語・述而》：「德之不修，學之不講，聞義不能徙（xǐ），不善不能改，是吾憂也。」（徙：指改變己意而服從道義）道教以修道有成、與道一體、長生久視為「德」，認為修道就是修德。②恩惠、恩德。《詩經・大雅・既醉》：「既醉以酒，既飽以德。」

【德行】 道德品行。儒家指道德修養與道德實踐，是孔子傳授給弟子的重要學科之一。《論語·先進》：「德行：顏淵、閔子騫、冉伯牛、仲弓。」孔子眾多弟子中，顏淵（顏回）、閔子騫（qiān，閔損）、冉伯牛（冉耕）、仲弓（冉雍）四人在德行方面最為突出。

【德治】 儒家提出的用道德規範治理國家的政治主張和治國方式。強調施仁政，行王道。與「法治」相輔相成。

【德政】 語出《左傳·隱公十年》對人民和社會發展有利的政治措施或政績。

【諸子百家】 先秦至漢初各種學術思想流派的總稱。諸子指各學派的代表人物，如孔子、老子、墨子、韓非子、荀子、管子等；百家指各學派，如儒家、道家、墨家、法家、名家、農家、陰陽家、縱橫家、雜家和小説家等。

【諸侯】 ①西周、春秋時分封的各國君主。在其封疆內世代掌握統治權，但按禮要服從王命，定期向帝王朝貢述職，並有出軍賦和服役的義務。《周易·比卦·象》：「先王以建萬國，親諸侯。」②指掌握軍政大權的地方長官。三國蜀·諸葛亮〈出師表〉：「臣本布衣，躬耕於南陽，苟全性命於亂世，不求聞達於諸侯。」

【彈指】 ①拇指與食指或中指之指頭強力摩擦，彈出聲音。佛教常用此動作表示虔敬、歡喜、許諾或告誡。②比喻極短暫的時間。佛經説二十念為一瞬，二十瞬為一彈指（《翻譯名義集》卷二）。

【導引】 即導氣引體。古醫家、道家的養生方法。採取呼吸、肢體活動、意念活動或局部按摩等方法行氣活血、祛病健身。與現在的氣功和體育療法相近。

【薨（hōng）】 指君主時代諸侯或高級官員死亡。《禮記·曲禮上》：「天子死曰崩，諸侯曰薨。」《新唐書·百官志一》：「凡喪，二品以上曰薨。」

【翰林】 ①指文翰（即文章）薈萃的所在，取文翰多如林之意。西晉·陸機《文賦》：「鬱雲起乎翰林。」②古代官名。唐玄宗初置翰林待詔，為文學侍從之官。至唐德宗後，翰林學士職掌撰擬機要文書。明清則以翰林院為儲才之地，在科舉考試中選拔一部分人入院為翰林官。清制，大學士為翰林院掌院學士，下設侍讀學士、侍講學士、侍讀、侍講、修撰、編修、檢討等官。

【翰林院】 古代供養御用文人的官署，供職的人為翰林官，簡稱「翰林」。始於唐代，宋代後成為正式官職，並與科舉接軌。明以後負責修書撰史，起草詔書，擔任皇室成員侍讀、科舉考官等。

【翰墨】①筆墨。東漢·張衡〈歸田賦〉:「揮翰墨以奮藻,陳三皇之規模。」②借指文章、書畫。三國魏·曹丕《典論·論文》:「古之作者,寄身於翰墨,見意於篇籍。」唐·顏真卿〈《干祿字書》序〉:「既考文辭,兼詳翰墨。」

【曆法】為記錄和計算較長的時間序列,安排年、月、日、時等計時單位時所依據的法則。一般分為三類:陽曆(以地球繞太陽一周的時間為一年)、陰曆(以月亮的月相周期為一個月,十二個月為一年)和陰陽曆(如中國的農曆)。參見63頁「農曆」。

【曆書】根據一定曆法安排年、月、日並提供有關數據的書。現今中國使用的曆書一般包括公曆和農曆的日序、月序、干支、星期、節氣、日月食、紀念日等。

【積累莫返之害】見57頁「黃宗羲定律」。

【篤行】切實履行;專心實行。《禮記·儒行》:「儒有博學而不窮,篤行而不倦。」

【舉人】①推舉選拔人才。《論語·衛靈公》:「君子不以言舉人。」②隋唐宋三代被地方推舉入京應試的人,即應舉之人。③明清時稱鄉試考中的人。

【儒】①古代從巫、史、祝、卜中分化出來專為貴族人家襄禮的知識分子。《周禮·天官·太宰》:「儒以道得民。」②孔子創立的學派;儒家。《韓非子·顯學》:「世之顯學,儒、墨也。儒之所至,孔丘也。」參見72頁「儒家」。③信奉儒學的人,也指讀書人。如:大儒、腐儒、雅儒。

【儒家】中國學術思想中崇奉孔子學說的學派。先秦至漢初時即被列為「九流十家」之首。其學說內容,主要是遵循堯舜之道,效法周文王、周武王之制,崇尚禮樂(yuè)和仁義,提倡忠恕和不偏不倚、無過無不及的中庸之道。政治上主張德治和仁政。重視倫理道德教育和自我修身養性。戰國時儒家有孟子、荀子等八派。自漢武帝罷黜(chù)百家、獨尊儒術後,其學說逐漸成為中國古代社會文化的主流。儒家學派又成為中國傳統文化的主體,在漫長的歷史中為維護民族的統一、穩定社會秩序起着積極作用,對中華民族文化的保存和發展有巨大貢獻。

【儒教】將孔子學說視作宗教的稱謂。南北朝開始把儒家視同宗教,與佛教、道教並稱為「三教」。《晉書·宣帝紀》:「伏膺(yīng,信服)儒教。」也稱「孔教」。

【儒術】儒家的學術思想。儒家主張用儒術治理國家。漢武帝採納董仲舒的建議,「罷黜百家,獨尊儒術」,其後兩千年來儒術成為執政者的指導思想。也稱「孔子之術」。

【儒學】①儒家的學説；儒家經學。《後漢書．方術傳上．李郃（hé）》：「父頡（jié），以儒學稱，官至博士。」②元、明、清在各府、州、縣設立的供生員修業的學校。

【獨尊儒術】漢武帝在思想文化領域採取的統治政策。漢建元元年（前140），漢武帝採納董仲舒「諸不在六藝之科、孔子之術者，皆絕其道，勿使並進」等建議，於建元五年在太學設五經博士，用儒家經典教育貴族子弟;選用官吏，以儒學為標準。次年，用尊儒術的田蚡（fén）為相，「黜黃老、刑名百家之言，延文學儒者以百數」。從此，儒家思想成為歷代執政者的正統思想。

【諧和】見37頁「和諧」。

【謚法】古代根據死者生前的事跡表現冠以名號的制度。獲得謚號者為帝王、后妃、文武大臣以及社會賢達等。謚號一般由皇帝頒佈，稱為定謚或賜謚，屬於國家行為。如漢文帝被謚以「孝文」，後世稱「孝文帝」。唐太宗的謚號為「文武大聖大廣孝皇帝」。民間也有「私謚」傳統，如弟子給先生謚號，以表達敬仰、懷念和哀悼之情。如陶淵明，私謚「靖節」，世稱「靖節先生」。謚號有褒揚性的美謚、憐惜性的平謚、貶斥性的惡謚三種。惡謚如周厲（殺戮無辜）王、隋煬（好內遠禮）帝。宋元以後惡謚被取消。

【親民】①親近愛撫民眾。《管子．形勢解》：「道之純厚，遇之有實，雖不言曰『吾親民』，而民親矣。」意思是執政者對老百姓只要純樸厚道，多做實事，即使不説自己愛民眾，民眾也會親近他。②古代稱地方長官。北宋．司馬光〈論監司守資格任舉主札子〉：「凡年高資深之人，雖未必盡賢，然累任親民，歷事頗多。」

【親和】親愛和睦，關係融洽。《史記．五帝本紀》：「契（xiè）主司徒，百姓親和。」（契：舜的大臣）

【親善】①親近友善。《後漢書．儒林傳上．尹敏》：「（敏）與班彪親善，每相遇，輒日旰（gàn）忘食。」（旰：天色晚）②寵愛信任。唐．鄭綮（qǐ）《開天傳信記》：「上嘗問曰：『此胡腹中何物，其大如是？』祿山尋聲應曰：『腹中更無他物，惟赤心爾。』上以言誠而益親善之。」

【辨證論治】辨證，即辨認疾病的證候，通過四診（望、聞、問、切）收集症狀、體徵等臨牀資料，進而分析、辨清疾病的原因、性質、部位及邪正關係等，判斷屬於何症；論治，即根據辨證的結論，確立相應的治療方法，並選方用藥。辨證和論治是診治疾病過程中相互聯繫、不可分割的兩個方面。也説「辨證施治」。

【龍】 古代傳説中一種有麟角鬚爪、能興風作雨的神異動物，是華夏民族的崇拜物。道教奉為神，稱為龍王。孔子曾讚美老子「猶龍」，故道經中有《猶龍傳》。古代「龍」是皇帝和皇權的象徵。

【龍宮】 神話傳説中龍王的水底宮殿。參見 281 頁「龍王」。

【龍鳳】 ①指龍與鳳兩種神物。比喻才能傑出的人物。②比喻帝王和帝后。如：龍鳳之姿。③指男女。如：龍鳳胎、龍鳳呈祥。

【縉紳】 縉：也作「搢」，插；紳：束衣的大帶子。原意是大帶子上插笏（古代大臣上朝記事的手板），是舊時官宦的典型裝束，後用作官宦的代稱。

【龜鶴】 古人以為龜、鶴為長壽之物，因用以比喻長壽。東晉．葛洪《抱朴子．對俗》：「知龜鶴之遐壽，故效其道（導）引以增年。」

【舊雨】 唐．杜甫〈秋述〉：「卧病長安旅次，多雨 …… 常時車馬之客，舊，雨來；今，雨不來。」意思是，賓客過去下雨也來，如今下雨就不來了。後用「舊雨」借指老朋友。南宋．張炎〈長亭怨〉詞：「故人何許？渾忘了，江南舊雨。」

【隸書】 ①字體名。由小篆簡化演變而成的一種字體。把小篆圓轉的筆畫變成方折，把象形結構筆畫化，以便書寫。始於秦代，普遍使用於漢魏。是漢字演進史上的一個轉折點。②正書（楷書）的古稱。正書由隸書演變而成，故唐以前仍把正書沿稱為隸書。為與漢魏時代所用的隸書相區別，又稱正書為「今隸」。

【檢束】 檢點約束。唐．韓愈〈感春〉詩之二：「近憐李杜無檢束，爛漫長醉多文辭。」（李杜：指李白和杜甫）明．陳繼儒《讀書鏡》卷十：「要知淡泊者，必為濃艷人所疑；檢束者，必為放肆子所怒。」

【檢點】 ①檢查點驗。明．沈鍾鶴〈虞美人．春雨〉詞：「桃花和泪濕胭脂。檢點殘紅一半未開時。」②約束；慎重。《初刻拍案驚奇》卷二十：「世人做事決不可不檢點！」

【擊節】 ①指出使。東晉．袁宏《後漢紀．光武帝紀八》：「古之君子，遇有為之時，不能默然而止，擊節驅馳，有事四方者，蓋為斯也。」（節：符節，使者的憑證）②打拍子。西晉．左思〈蜀都賦〉：「巴姬彈弦，漢女擊節。」（節：一種打擊樂器）唐．白居易〈琵琶行〉詩：「鈿（diàn）頭銀篦擊節碎，血色羅裙翻酒污。」③表示十分讚賞。如：擊節稱嘆、擊節讚賞。

【魏晉風度】 語出魯迅〈魏晉風度及文章與藥及酒之關係〉（《而已集》）。指魏晉時代的名士風度。以「竹林七賢」中阮籍、嵇康和晉宋時期詩人陶淵明為代表人物。表現在哲學思辨、人格境界、文學創作、審美追求等多個方面，具體表現有：飲酒、服藥（這裏的藥特指一種叫作五石散的礦石藥）、清談、放情山水、不務世俗、熱衷文學生活等。

【徽商】 即徽州商幫。指古徽州府〔今安徽省黃山市、宣城市績溪縣及江西婺（wù）源縣〕籍的商人或商人集團。萌於東晉，發展於唐宋，盛於明。徽商是中國著名商幫之一，鼎盛時期徽商曾經佔有全國總資產的七分之四，活動範圍極廣，足跡遠至日本、東南亞各國以及葡萄牙等地。也稱「新安商人」，俗稱「徽幫」。

【爵位】 君主國家貴族封號的等級。《禮記・禮運》：「合男女，頒爵位，必當年德。」（合：合婚；年德：年齡、德行。孔穎達注：「合男女使當其年，頒爵祿必當其德。」）

【爵祿】 爵位和俸祿。《周禮・夏官・司士》：「凡邦國，三歲則稽士任而進退其爵祿。」（稽：考核；士任：士的任職情況）明・馮夢龍《東周列國志》第五十回：「子不受爵祿，亦足以明志矣。」

【鮮卑】 古族名。起源於遼東塞外鮮卑山，東胡的一支。秦漢時，遊牧於今西拉木倫河與洮（táo）兒河之間，依附匈奴。北匈奴西遷後進入匈奴故地，勢力漸盛。漢桓帝時，其首領檀石槐建立軍政聯合體。檀死後，聯合體瓦解，附屬漢魏。魏晉南北朝時期，有慕容、乞伏、禿髮、宇文、拓跋、吐谷（yù）渾等分別在北方、西北建國。內遷的鮮卑人多從事農業生產，與漢族逐漸融合。至隋唐，鮮卑解體，不復存在。

【謙】 ①謙虛；謙遜。《尚書・大禹》：「滿招損，謙受益。」②六十四卦之一，艮下坤上。《周易・謙卦・彖傳（tuàn zhuàn）》將謙解釋為永不滿足、永不止息，認為謙不僅是一種美德，而且也是一條宇宙法則。

【謙恭】 謙虛而恭敬。《漢書・于定國傳》：「為人謙恭。」

【謙虛】 虛心，不自滿（與「驕傲」相對）。一種處事為人的美德。只有謙虛待人，戒滿戒盈，才能不斷進步。

【謙稱】 古代單數第一人稱的稱謂禮節。在言談與書信往來中，凡提到自己的時候，為表謙恭，一般避免直接用「我」等第一人稱代詞，而是用某些帶有「自我貶損」色彩的特殊詞語來代替。根據不同的身份和語境，會採用不同的稱謂。常見的有：鄙（bǐ）人、不肖（xiào）、不才、不佞（nìng）、不敏、僕、愚、卑職、在下、晚生、小子、後學、老朽、妾、奴等等。帝王諸侯的謙稱多用寡人、孤、不穀（gǔ，善）等。

【謙讓】 謙虛退讓。《史記．淮陰侯列傳》：「假令韓信學道謙讓，不伐己功，不矜其能，則庶幾哉。」(伐己功：誇耀自己的功勞；矜其能：自恃他的才能；庶幾：差不多)

【鴻雁】《漢書．蘇武傳》載有鴻雁傳書的故事。後借指書信。清．孫枝蔚〈得方爾止越中消息〉詩：「屢月無鴻雁，沿途半虎狼。」

【鴻蒙】 指宇宙形成前的混沌狀態。《莊子．在宥(yòu)》：「雲將東遊，過扶搖之枝，而適遭鴻蒙。」成玄英疏：「鴻蒙，元氣也。」(雲將：指雲之主帥；扶搖：東海神樹)

【鴻儒】 大儒；今泛指知識淵博的學者。唐．劉禹錫〈陋室銘〉：「談笑有鴻儒，往來無白丁。」

【濟世】 救世；濟助世人。《莊子．庚桑楚》：「簡髮而櫛(zhì)，數(shǔ)米而炊，竊竊乎又何足以濟世哉！」《後漢書．盧植傳》：「性剛毅有大節，常懷濟世志。」

【濟貧】 救濟貧苦的人。唐．皮日休〈金錢花〉詩：「陰陽為炭地為爐，鑄出金錢不用模。莫向人間呈顏色，不知還解濟貧無？」《三國演義》第十一回：「竺因此廣捨家財，濟貧拔苦。」

【禮】 ①本指敬神。始見於卜辭，指祭神的器物和儀式，即用器皿盛雙玉作供奉，以表示對天神和先祖的敬重。引申為表示敬意的通稱。②由風俗習慣而形成的為大家共同遵奉的儀式。如：婚禮、葬禮。③指古代社會行為準則和道德規範。漢代將禮規定為五常(仁、義、禮、智、信)之一。禮作為中國古代社會的道德規範和行為準則，對中華民族精神素質的培養起了重要作用。

【禮制】 舊時根據儒家正統思想規定的一整套有關等級、名分、道德、法令、禮節等維護社會穩定與貴族統治的制度。也指禮儀制度。

【禮法】 禮：指禮節、禮儀，是對社會秩序的構建；法：指法制、法紀，是對社會秩序的保證。二者相輔相成，合稱「禮法」。《商君書．更法》：「及至文武，各當時而立法，因事而制禮，禮法以時而定，制令各順其宜。」制定禮法對國家治理具有重要作用。

【禮治】 儒家的政治思想。主張用禮法規範和道德規範維持社會安定，要求天子、諸侯、卿、大夫、士、庶民等都安於名位，遵守禮制，不得超越本分，以使上下和諧，保持社會安定。

【禮拜】 ①古代禮節，對人施禮祝拜以表示敬意。②宗教徒向所信奉的神佛施禮以表示敬意。如：禮拜甚勤。③星期；也指星期日。如：下禮拜來上班、休禮拜。

【禮教】①禮儀教化，指維護宗法和等級制度而制定的禮法條規和道德標準。《孔子家語・賢君》:「敦禮教，遠罪疾，則民壽矣。」(敦:推崇，注重;遠:避開，遠離;罪疾:災禍;壽:長壽)②指進行禮的教育。

【禮義廉恥】禮:崇尚禮儀，要求人知禮守法，行為規矩;義:按照義的要求行事，處事公道，取捨有度;廉:廉潔，要求人廉潔不染，大節無虧;恥:知恥，要求人行己有恥，自律慎獨。是古代提倡的四種道德規範，認為是治國的四綱。北宋・歐陽修論曰:「禮義廉恥，國之四維。四維不張，國乃滅亡。」今泛指一般的道德規範。也稱「四維」。

【禮儀】禮節和儀式。如:禮儀之邦、外交禮儀。

【禮樂】禮儀和音樂。儒家十分重視禮樂的教化作用，主張興禮樂以求尊卑長幼有序、和諧共存。《禮記・樂記》:「樂統同，禮辨異。」孔穎達《疏》:「樂主和同，則遠近皆合;禮主恭敬，則貴賤有序。」

【禮器】古代貴族在祭祀、婚喪、朝聘、征伐和宴享等活動中舉行禮儀所使用的器物，指青銅器中的鼎、彝(yí)、簋(guǐ)、觚(gū)、豆、鐘、鎛(bó)等。

【禮讓】守禮謙讓。《論語・里仁》:「能以禮讓為國乎?何有?不能以禮讓為國，如禮何?」孔子説，能夠用禮讓來治理國家嗎?這有什麼困難呢?如果不能夠用禮讓來治理國家，又怎樣對待禮儀呢?指出禮儀的本質是禮讓，如果捨棄內容，只拘守禮儀的形式，是沒有意義的。

【縱橫家】戰國時期從事政治、外交活動的謀士，以縱橫捭(bǎi)闔(hé)游説諸侯著稱。主要代表人物是蘇秦、張儀。蘇秦倡導合縱(南與北合為縱)，即燕、趙、韓、魏、齊、楚東方六國縱向聯合抗秦;張儀倡導連橫(東與西連為橫)，即秦橫向聯合六國中的幾國以攻滅一國，各個擊破。縱橫家的活動對戰國時期政治、軍事格局的變化有重要影響。《戰國策》對合縱、連橫的活動和做法有較多記載(1973年長沙馬王堆出土帛書《戰國縱橫家書》與《戰國策》內容相近)。

【簡約】①節儉;簡省。《後漢書・馬援傳》:「時皇太后躬履節儉，事從簡約。」《宋書・文帝紀》:「國用增廣，資儲不給，百度尚繁，宜存簡約。」②簡略;不詳細。如:文字簡約。

【雜卦】篇名。《易傳》(即《十翼》)之一《雜卦傳》的簡稱。揭示各卦之間非覆即變的錯綜關係。東晉玄學思想家韓康伯注:「雜卦者雜糅眾卦，錯綜其義，或以同相類，或以異相明也。」

【雜家】 戰國末期至西漢初期的一個綜合學派。以博採各派思想著稱。其特點是儒墨道法等百家之道兼備貫穿，在一定程度上反映了古代「大一統」國家建立過程中的文化融合趨勢。代表著作有秦相呂不韋門客編纂的《呂氏春秋》、西漢淮南王為首編纂的《淮南子》。

【瓊林宴】 科舉制度中為新科進士舉行的宴會。始於唐，沿用至清。唐有「曲江宴」，五代後唐及宋有「聞喜宴」。宋代太平興國八年（983）改設宴於瓊林苑（在汴京城西），故稱。元代設宴於翰林院，改稱「恩榮宴」。明清兩代設宴於禮部，均稱「恩榮宴」。

【離堅白】 先秦名家公孫龍學派的著名論點。與之對立的觀點是合同異。一塊堅硬白色的石頭，按照常人一般看法可稱為一塊堅白石。但公孫龍卻認為：用眼看就不見其堅硬，只見其白色；用手摸就不覺其白色，只覺其堅硬。所以，只有白石或堅石而沒有堅白石，堅和白是分離的。這種論點具體分析了各種感官對於事物的感受方式的特殊性，認為人們感覺到的事物的各個屬性，都只能是絕對分離的獨立體。否定了事物的聯繫和統一性。

【願】 指一種待人處事的謹慎老實態度。《論語·泰伯》：「侗（tóng）而不願。」（侗：幼稚，無知；願：謹慎老實，質樸）

【籀（zhòu）文】 古漢字的一種字體。因著錄於《史籀篇》而得名。起於西周晚期，春秋戰國時期通行於秦國。與秦篆相近，但構形多重疊。今存石鼓文為其代表。也稱「籀書」「大篆」。

【類書】 中國古代一種大型工具書。輯錄各門類或某一門類的資料，並按一定的方法編排，以供查檢、徵引。其體例分專輯一類和合輯眾類兩種，後者居多。通常按義類編排，也兼用分韻、分字等方法。始於魏文帝時《皇覽》。歷代都有編纂。現存著名的有：唐代的《北堂書鈔》《藝文類聚》《初學記》，宋代的《太平御覽》《冊府元龜》，明代的《永樂大典》，清代的《古今圖書集成》《佩文韻府》等。

【蘭臺】 ①漢代宮內藏書的處所，由御史中丞掌管，因此御史臺也稱「蘭臺」。②指史官。因東漢班固曾作蘭臺令史，受詔撰史。

【獻芹】《列子·楊朱》記載：從前有個人在鄉里的豪紳前大肆吹噓芹菜如何好吃，豪紳嚐了之後，結果嘴被刺傷，肚子疼痛。後以「獻芹」作謙詞，表示自己贈送的禮物或提出的意見很不像樣。

【獻身】 ①佛家原指屈身禮敬，後演變為皈依、歸命或獻身信奉三寶。②指把全部精力甚至生命奉獻出來。

【顧名思義】 看到名稱，就能聯想到它的含義。清・李漁《閒情偶寄・治服・鞋襪》:「從來名婦人之鞋者，必曰『鳳頭』。世人顧名思義，遂以金銀製鳳，綴於鞋尖以實之。」

【鑒戒】 把往事作為教訓。《國語・楚語下》:「人之求多聞善政，以鑒戒也。」

【鑄刑鼎】 把記錄法律條文的書刻鑄在鼎上，以此作為國家經久不變的法律。春秋中期以前，法律不公開，百姓不能援引法律為自己辯護，因而貴族可以隨意處置百姓。公元前 536 年，鄭國執政的子產把所制定的刑法鑄在鼎上予以公佈。此後，晉國等也仿效。是中國法制史上具有劃時代意義的大事。也說「鑄刑書」。

【驛傳（chuán）】 古代靠驛道由專人騎馬傳遞公文的方式。驛道：專供驛馬通行和官員往來的大道。

【體驗未發】 北宋・楊時《龜山集》卷二十一:「學者當於喜怒哀樂未發之際，以心體之，則中之義自見。執而勿失，無人欲之私焉，發必中節矣。」楊時認為：於靜中「默而識之」，體驗未發之體，「執而勿失」，則自能消去個人的私欲，使各種情緒的表現都有恰當的分寸。體驗到了這一貫通始終的中體，也就體證到天地一體之仁的大公境界。

【讖（chèn）緯】 漢代流行的神學迷信。「讖」是巫師、方士製作的一種隱語或預言，作為吉凶的符驗或徵兆（有圖有字的叫「圖讖」)。「緯」對「經」而言，是方士化的儒生利用星相的變化來附會儒家經典的各種著作。讖緯起源於秦，主要流行於漢，是為古代專制統治說教的工具。除去其中的神學迷信部分，讖緯也保存了一些天文、曆法和地理等方面的科學史資料。也說「符讖」。

【讓】 禮讓；謙讓。儒家重要道德之一。《論語・泰伯》:「泰伯，其可謂至德也已矣！三以天下讓，民無得而稱焉。」孔子稱讚泰伯，說他先後三次將本來是屬於他的「周王」的位置讓給弟弟，其道德高尚得簡直無話可說。日常生活中，儒家要求人們以禮讓、謙讓的精神處理彼此的關係，逐漸成為儒家文化圈人們普遍遵守的行為準則。

【讓位】 ①讓出職位。《三國志・魏書・王朗傳》:「朗薦光祿大夫楊彪，且稱疾，讓位於彪。」②推讓座位。如：乘車時給老人和孕婦讓位。

【讓賢】 主動把職位讓給德才兼備的人。《墨子・魯問》:「今子處高爵祿，而不以讓賢也，一不祥也。」

【黌（hóng）學】 古代的學校。《後漢書・仇（qiú）覽傳》:「農事既畢。乃令子弟群居，還就黌學。」

2. 宗教

【一心不亂】佛教指心無雜念。意思是收攝眾念歸於一念，專念「阿彌陀佛」名號，念到「一心不亂」，妄盡真顯，就能往生西方淨土。是淨土宗的主要修持方法。

【一指禪】①《景德傳燈錄》卷十一載：宋代婺（wù）州金華山俱胝（zhī）和尚初住庵時，因一尼發三問而不知應答，遂立志棄庵，往諸方參尋。後逢山神告示，得遇天龍和尚。天龍以一指示之，師當下大悟。從此，凡有參學僧到，師皆豎一指以對，世稱「一指禪」。②「少林內功一指禪」的簡稱。是南少林特有的練功術，武林界十大功法之一。

【一刹（chà）那】見 95 頁「剎那」。

【一絲不掛】佛教指沒有一絲牽掛，心地清淨無染。《楞嚴經》：「一絲不掛，竿木隨身。」今用以形容人赤身裸體。

【十八層地獄】佛教指惡人死後靈魂永遠受苦的地方。認為「地獄」在「六道輪迴」中最劣最苦。今比喻極為痛苦、黑暗的境地。

【十八羅漢】佛教傳說中十八位護持正法的羅漢。唐代玄奘（zàng）譯的《法住記》中只有十六羅漢。他們受釋迦牟尼佛的囑託，不入涅槃，常住世間，受世人的供養而為眾生造福。後來民間又增添「降龍」「伏虎」，成為十八羅漢。五代張玄等始繪十八羅漢像。寺廟中多有他們的塑像。參見 107 頁「羅漢」②。

【十字街頭】本指街道橫豎交岔的地方，多為行人往來頻繁的鬧市區；也指現實社會或世間。《景德傳燈錄・洪恩禪師》：「譬如蟭蟟（jiāo liáo）蟲，在蚊子眼睛上做窠（kē），向十字街頭叫喚。」《五燈會元》卷十九：「大眾須知，悟了遇人者，向十字街頭與人相逢，卻在千峰頂上（指出世）握手；向千峰頂上相逢，卻在十字街頭握手。」

【十惡不赦】①古代指犯有「十惡」罪行者都不得赦免。②形容罪大惡極或壞到極點。

【七手八腳】《續燈錄》卷三二：「上堂七手八腳，三頭兩面，耳聽不聞，眼覷（qù）不見，苦樂逆順，打成一片。」意思是不管環境如何嘈雜，人來人往，我自耳不聞，眼不見，心中泰然。後泛指人多而手忙腳亂。

【八大金剛】佛教密宗中八位手執金剛杵護持佛法的天神。分別為：青除災金剛、闢毒金剛、黃隨求金剛、白淨水金剛、赤聲火金剛、定持災金剛、紫賢金剛、大神金剛。

【八戒】 即「八關齋戒」。見81頁。

【八苦】 佛教指八種痛苦：一、生苦，即出生時的痛苦；二、老苦，即年老體弱的痛苦。三、病苦，即患病時的痛苦；四、死苦，即臨死時的痛苦；五、愛別離苦，即與所愛分離的痛苦；六、怨憎會苦，即與仇人見面的痛苦；七、求不得苦，即所求不遂的痛苦；八、五陰（五類障蔽）熾盛苦，即五陰的作用熾盛，蓋覆真性。

【八難（nán）】 佛教指八種沒有機緣聽佛法、難以皈依佛門的情形。即：地獄、餓鬼、畜生、北俱盧洲、無想天、盲聾喑啞、世智辯聰、佛前佛後。

【八關齋戒】 關：關閉，即關閉眾生生死之門。佛教為在家修行的教徒制定的八項戒條。通常指：一、不殺生；二、不偷盜；三、不非梵行（淫欲）；四、不妄語；五、不飲酒；六、不着香花曼（用香花製成的花冠、花環），不歌舞倡伎；七、不眠坐高廣華麗牀座；八、不食非時食（過午不食）。前七項為「戒」，後一項為「齋」。齋戒時間多則幾天、幾周，少則一晝夜。此期間生活與僧人相似。也説「八齋戒」「八戒齋」「八戒」。

【刀山劍樹】 比喻十分兇險和艱難的境地。《菩薩處胎經．行定不定品》：「淫為穢惡，死入惡道，刀山劍樹，火車爐炭。」本是佛家所説的地獄中的慘苦境象之一：山上以刀為樹，樹上以劍為葉，密密麻麻。罪人穿行刀山劍樹間，須忍受剖腹剜心、割截肢解的痛苦。

【三元】 ①上元、中元、下元的合稱。道教以天官、地官、水官三神誕日配三元：上元正月十五日為天官誕日，中元七月十五日為地官誕日，下元十月十五日為水官誕日。也稱「三元日」。②科舉考試中鄉試、會試、殿試的第一名解元、會元、狀元，合稱「三元」。明代也稱殿試的前三名為「三元」，即狀元、榜眼、探花。

【三正（zhēng）】 見6頁「三統」。

【三正（zhēng）説】 見6頁「三統説」。

【三世】 指《春秋公羊傳》把魯國歷史劃分的三個階段，即所見世（孔子親見）、所聞世（孔子耳聞）、所傳聞世（前人傳述）。漢代今文經派進一步解釋為太平世、昇平世、衰亂世，目的是通過治理，變衰亂世為治世（即昇平世、太平世）。

【三世輪迴】 佛教指於前世、今生、來世之內，在六道（天道、人道、阿修羅道、地獄道、畜生道、惡鬼道）中輪迴轉生。

【三生】佛教指前生（也說「前世」）、今生（也說「現世」）、後生（也說「來世」）。

【三生有幸】三生（前生、今生、後生）都很幸運。形容幸運無比。常用作初次見面時的客套話。

【三災】佛教指世界劫難時出現的三種災害。分小大兩種：小三災為刀兵災、疾疫災、饑饉災；大三災為火災、水災、風災。

【三味】①佛教指誦經悟義的三重境界：一為「定」，誦經做到神思安定；二為「正受」，領悟經義要態度端正，恭敬虔誠；三為「等持」，學習要持之以恆。後引申為妙處、極致。②佛教指出家味、讀誦味、坐禪味。③比喻讀書的三種感受：讀經，味如稻粱；讀史，味如肴饌（zhuàn）；讀諸子百家，味如醯醢（xī hǎi，魚醬肉醬）。

【三法印】佛教指諸行無常、諸法無我、涅槃寂靜。諸行無常是說世間一切變化無常；諸法無我是說一切現象沒有獨立的實體或主宰者；涅槃寂靜是說超脫生死輪迴，進入涅槃的境界。以上三者是佛教的基本原則，猶如印鑒，故稱「三法印」。

【三界】佛教指世俗眾生存在的三種境界，即：欲界（具有食欲、淫欲的眾生所居）、色界（欲界之上，已離食、淫二欲而只享受精妙境像的眾生所居）、無色界（色界之上，為無形色眾生所居）。佛教認為三界都屬於「迷界」，只有從中解脫，進入涅槃，才是最高理想。

【三乘】乘：運載工具，這裏指方法。聲聞乘、緣覺乘、菩薩乘的合稱。比喻引導眾生度越生死得到解脫的三種方法。聲聞乘、緣覺乘是一般人達到解脫、結成佛果的方法，旨在自度；菩薩乘是「大根器」人達到解脫、結成佛果之道，旨在普度眾生。

【三清】即三清神，是道教信奉的三位最高尊神的合稱。分別是：玉清元始天尊（天寶君）、上清靈寶天尊（太上道君）和太清道德天尊（太上老君）。道教認為三清神都是「道」在不同時期的化身，分別主宰天地萬物，並代表其產生演化的進程。是《道德經》「道生一，一生二，二生三，三生萬物」思想的體現。

【三報】佛教指現報、生報、後報三種業報。

【三福】佛教指三種福業，即世福、戒福、行福。世福指孝養父母，奉事師長；戒福指持佛出世所定的戒法；行福指發菩提心，而行佛道。

【三頭六臂】佛經上所說的天神往往有種種異相。如天神哪吒，其形象是「三頭六臂擎天地」。後用來比喻神通廣大，本領超凡。

【三藏】 ①佛教經典的統稱。包括經、律、論三部分。經，總述根本教義；律，記述僧規僧戒；論，闡發經典教義。參見 287 頁「大藏經」。②稱精通經、律、論的高僧。如唐代高僧玄奘（zàng），因精通各種佛典，被譽為唐三藏。

【三寶】 ①道家把慈愛、節儉、不為天下先作為立身處世的關鍵，謂之「三寶」。《老子》六十七章：「我有三寶，持而寶之：一曰慈，二曰儉，三曰不敢為天下先。」②道教以道、經、師為「三寶」。《道教義樞》卷一：「一者道寶，二者太上經寶，三者大法師寶。」③佛教以佛（一切佛）、法（教義、教理）、僧（僧眾）為「三寶」。

【下乘】 見 83 頁「小乘」。

【大乘】 佛教派別之一。與「小乘」相對。公元 1 — 2 世紀，由佛教大眾部的一些支派發展而成，自稱能運載無量眾生從生死大河的此岸到達菩提涅槃的彼岸，成就佛果。主要流行於中國及朝鮮半島、日本、越南等地。也稱「上乘」。

【大師】 ①佛的十大尊號之一；泛稱有造詣，能化導無量眾生，能摧滅邪穢外道、聲聞弟子的高僧。後為一般僧人的尊稱。②今多指在學術、藝術等方面造詣深、名望大的人。

【大師父】 對和尚、尼姑、道士的尊稱。

【大雄】 佛教徒對佛祖釋迦牟尼的尊稱。意為能降伏魔障、無所畏懼的大勇士。中國寺院供奉佛陀的大殿稱「大雄寶殿」，即源於此。

【大雄寶殿】 佛教寺廟中供奉佛祖釋迦牟尼的大殿。

【上供】 佛教指在諸佛、祖師聖像前擺放供物、聖膳等。《敕修百丈清規》卷四：「聖僧侍者，貴有道心，齋粥二時，上供。」後泛指用物品祭祖或敬神；也比喻向有權勢的人送禮行賄。

【上乘（chéng）】 ①即大乘，佛教派別之一。參見 83 頁「大乘」。②品位高，質量好。明·李贄〈雜說〉：「雜劇院本，遊戲之上乘也。」

【小乘（chéng）】 佛教派別。以修身自利為宗旨（與「大乘」相對）。也說「下乘」。

【凡塵】 佛教、道教或神話故事中指人世間，現實世界。《警世通言》第二卷〈莊子休鼓盆成大道〉開篇〈西江月〉詞：「莫把金枷套頸，休將玉鎖纏身。清心寡欲脫凡塵，快樂風光本分。」也說「塵世」「紅塵」。

【天女散花】 佛經故事。《維摩詰經·觀眾生品》記載：維摩詰大士在丈室中說法，時丈室中有一天女。為了試探聽眾的道行(héng),她把花瓣撒下。凡是積習未盡的,花瓣着身不掉。後用「天女散花」來形容許多東西在天空中飄舞。

【天主教】基督教的舊派,與東正教、新教並稱為基督教三大教派。「天主」一詞是明末來中國的傳教士借用漢語原有詞語對所信仰之神的譯稱,其意為「至高至尊的主宰」,猶言上帝。以羅馬教皇為教會最高領袖,信奉天主和耶穌基督,尊瑪利亞為天主聖子之母。中世紀時在西歐佔統治地位,16 世紀歐洲宗教改革運動後,被稱為舊教。元代傳入中國,元滅亡後中斷。明代再一次傳入中國。中華人民共和國成立後,中國教會實行獨立自主辦教。

【天花亂墜】傳説佛説法精彩美妙,感動諸天撒下各種香花作為「供養」。《心地觀經 · 序分》詩:「六欲諸天來供養,天花亂墜遍虛空。」後用以形容言談漂亮,不切實際(含貶義)。

【天師道】對東漢張道陵所創五斗米道的尊稱。「天師」本是對得道者的尊稱,道教尊張道陵為天師,故名所創之道為「天師道」。兩晉時此道聲名漸顯,社會影響很大,一些有名的士族如王羲之、謝安等世代信奉。到南北朝時分化成南北兩派。唐宋以後逐漸合流,到元代歸併於正一道。江西龍虎山是天師道的活動中心。

【天堂】①某些宗教指善良的人死後靈魂的歸宿之處(跟「地獄」相對)。②比喻幸福美好、令人嚮往的地方。如:人間天堂。

【天台(tāi)宗】中國佛教宗派。隋代高僧智顗(yǐ)所創,因其常住浙江天台山,故名。主要以《法華經》為其教義依據,故也稱「法華宗」。唐宋時傳入日本和朝鮮半島。

【天龍八部】佛教用語。「八部」指諸天、龍神、藥叉、香神、阿修羅、金翅鳥、歌神、大蟒神等八部眾。「天龍八部」是只採用了八部中前兩部的名字來指稱。《法華經》:「天龍八部,人與非人,皆遙見龍女成佛。」

【五斗米道】早期道教重要派別之一。初名「正一盟威之道」。東漢順帝時張道陵在鶴鳴山(在今四川大邑境內)創立。以《道德經》為主要經典,改造融合巴蜀原有巫鬼信仰,主要在農民中傳播。入道者須出五斗米,故稱;又因道徒尊稱張道陵為天師,故亦稱「天師道」。張道陵死後,其子張衡、孫張魯嗣行其道。晉代以後五斗米道逐漸分化,形成南、北天師道和正一道等不同道派。

【五體投地】指行禮時雙膝、雙手和頭五部分觸地。是佛教徒最虔誠的禮節。多用於形容虔誠、佩服到了極點。

【不二法門】佛教指能直見聖道的唯

一門徑（不二：即唯一；法門，眾生超凡入聖的門戶）。今比喻獨一無二的方法、門徑。

【不可思議】〈《法華玄義》序〉：「所言妙者，妙名不可思議也。」指或為道理深妙，或為事情稀奇，不可以心思之，不可以言議之。主要用以形容諸佛菩薩覺語的境地與智慧、神通力的奧妙。今指不可想象、不可理解。

【不生不滅】佛教指常住、永生。《涅槃經》：「涅言不生，槃言不滅，不生不滅名大涅槃。」

【太平道】早期道教派別之一。東漢靈帝熹平年（172 — 178）間由張角創立。尊崇黃帝和老子，以《太平經》為主要經典，故稱。其反對剝削斂財、提倡公平的主張極受群眾歡迎，道眾一度發展到數十萬，成為東漢末年黃巾起義軍的骨幹力量。黃巾軍失敗後，太平道遂逐漸衰微。

【比丘】梵（fàn）語音譯。佛教指和尚。

【比丘尼】梵語音譯。佛教指尼姑。

【牛鬼蛇神】「牛鬼」是地獄中「牛頭鬼卒」的簡稱，名叫阿旁，牛頭人手，兩腳牛蹄，力壯排山。「蛇神」是「天龍八部」最後一部的大蟒蛇神，名叫摩呼羅迦，人身蛇頭，是佛教的護法神。最早將「牛鬼」與「蛇神」組合在一起使用的是唐朝詩人杜牧，他用「牛鬼蛇神」來形容李賀詩歌的虛幻荒誕的風格。今多用以比喻社會上各種醜惡的人或事物。

【化身】①佛或菩薩為了濟度眾生而變化出來，暫時出現在世間的形體。②指體現人、物或某些抽象觀念的具體形象。

【化緣】佛教、道教指僧尼、道士向人乞求佈施財物。佛經、道教宣稱施行佈施的人能與佛、仙結緣，故名。

【化齋】僧尼或道士、道姑向人乞討齋食。元．賈仲明《金安壽》一折：「貧道特來化齋添壽。」

【化鶴】指得道成仙。東晉．陶潛《搜神後記》卷一：「丁令威本遼東人，學道於靈虛山，後化鶴歸遼。」後多用以代稱死亡。南宋．葉適〈余知府輓詞〉：「此際靈龜往，何方化鶴回。」

【分身】《法華經．見寶塔品》：「我分身無量諸佛。」佛教認為佛菩薩具有神力，能分身十方世界示現各種樣子，普度眾生。參見 85 頁「化身」。

【六十四卦】《周易》中的八卦，兩卦相重成為六十四卦。卦名是：乾、坤、屯、蒙、需、訟、師、比、小畜、履、泰、否（pǐ）、同人、大有、謙、豫、隨、蠱、臨、觀、噬嗑（shì hé）、賁（bì）、剝、復、无妄、大畜、頤、大過、習坎、離、咸、恆、遯(dùn)、大壯、晉、明夷、家人、睽、蹇(jiǎn)、解、損、益、夬(guài)、姤(gòu)、萃、升、困、井、革、鼎、震、艮、漸、歸妹、豐、旅、巽(xùn)、兑、渙、節、中孚、小過、既濟、未濟。

【六神】①六種神祇(qí)。歷來説法不一,有指日、月、雷、風、山、澤的,有指天宗日、月、星辰和地宗岱、河、海的,有指四時、寒暑、日、月、星、水旱的等。②道教用語。指人的心、肺、腎、肝、脾、膽各有主宰神靈,稱為六神。後泛指心神。如:六神無主。

【六根】佛教指眼、耳、鼻、舌、身、意。眼是視根,耳是聽根,鼻是嗅根,舌是味根,身是觸根,意是念慮之根。

【六道輪迴】見 104 頁「輪迴」①。

【六塵】佛教用語。指眼識、耳識、鼻識、舌識、身識、意識等六識所感覺的六種境界,即色、聲、香、味、觸、法。此六境因被認為像塵埃一樣能污染人的情識,故稱。也説「六境」。

【方丈】寺院或道觀(guàn)中住持的居室。因大小一丈見方,故稱;借指寺院或道觀中的住持。

【方便】佛教用語。指以靈活方式因人施教,使之領悟佛法真義。《維摩經·法供養品》:「以方便力,為諸眾生分別解説,顯示分明。」

【方術】①指道教採藥煉丹及養身之術。東晉·葛洪《抱朴子·金丹》:「余少好方術,負步請問,不憚險遠。」②泛指天文(包括占候、星占)、醫學(包括巫醫)、神仙術、房中術、占卜、相術、遁甲、堪輿、讖緯等。《後漢書·方術列傳序》:「漢自武帝頗好方術,天下懷協道蓺(yì)之士,莫不負策抵(zhǐ)掌,順風而屆焉。」(抵掌:擊掌,表示激奮)

【心地】①佛教認為心如大地,能長萬物,能生萬法。《大日經疏》卷三:「如世人舉趾動足皆依於地,菩薩亦如是依心起行,故名此心為地。」②指人的內心世界;也指氣量、胸襟。

【心病】①佛教指妄想煩惱之類。《景德傳燈錄》卷二九:「若與空王為弟子,莫教心病最難醫。」②指心裏擔憂和牽掛的事情;也指隱痛或思想上沉重的負擔。

【打坐】僧道修煉的一種方法。即盤腿閉目而坐,摒除雜念。也指某些氣功靜坐的健身法。

【正一道】信奉《正一經》的道教派別。源自東漢張道陵的「正一盟威之道」(即五斗米道)。後張道陵被推尊為「正一天師」，所創道派稱為「天師道」。天師道教規不甚嚴格，後經分化，至元時又與符籙（lù）各派統歸正一道，與北方新興起的全真道並成為道教兩大派別。也稱「正一派」。

【正果】佛教把修行得道叫作成正果。因與外道的盲目修煉所得結果有正、邪之分，故名「正果」。

【功德】佛教指誦經念佛、為死者做法事、募捐、施捨等善行。今泛指功勞和德行。常和「無量」連用，說成「功德無量」。

【功課】佛教徒按時誦經、參禪的活動。後引申為學校開設的專門課程；也指老師給學生佈置的作業。

【本來面目】禪宗指真心、本性。《壇經・行由品》記載：佛教禪宗六世祖惠能接受衣鉢後，南行到大庾（yǔ）嶺，被惠明和尚追上。惠明聲明「我為法來，不為衣來」。惠能先讓他「屏息諸緣，勿生一念」。然後，惠能說：「不思善，不思惡，正與麼時（此時），阿那個是明（惠明）上座本來面目！」惠明當下大悟。後用以指人或事物原有的樣子。

【四大金剛】佛教指佛祖的外將，分別居於須彌山四埵（duǒ）。分別是：東方持國天王，身白色，執琵琶；南方增長天王，身青色，執寶劍；西方廣目天王，身紅色，持羂（juān）索；北方多聞天王，身綠色，執寶叉。中國寺廟山門兩旁多塑有四大金剛像。也稱「四天王」「護世四天王」。

【四大皆空】佛教把一切物質現象（色法）歸納為四種基本要素：地、水、火、風，叫作「四大」。認為四大從空而來，因而世間一切都是空虛的。後用「四大皆空」表示看破世間一切，生活無所追求。

【四法印】包括小乘的諸行無常、諸法無我、涅槃寂靜三法印和大乘的諸法實相（實際）印。參見 93 頁「法印」。

【四諦】諦：真理。佛教指苦、集、滅、道（dǎo）四種真理。苦諦指世間的苦；集諦指說明苦的原因；滅諦指苦的消滅及滅苦的方法；道諦指通往涅槃（道：通「導」）。也說「四真諦」「四聖諦」。

【外道】佛教對於佛教以外的宗教或學說的通稱。後來也稱「異端邪說」（含貶義）。

【玄教】指道教。唐・李咸用〈吳處士寄香兼勸入道〉詩：「空掛黃衣寧續壽，曾聞玄教在知常。」

【尼】梵（fàn）語音譯。「比丘尼」的簡稱。佛教指出家修行的女子，即尼姑。

【出世】①佛教指出離世間，擺脫世事的束縛與苦惱。②指出生來到人世。也說「面世」。

【出離】佛教指超出脫離三界（欲界、色界、無色界）一切苦惱。

【老道】道士的俗稱。

【地神】大地之神。古人開始是把土地當作神，直接向土地獻祭、禮拜，將酒、血等祭品灑在地上。後來壘土成堆作為地神，向「冢土」禮拜。再後地神被稱為「社」「社神」「后土」，設神位加以膜拜。歷代帝王都要「郊祀后土」，州、縣、鄉、里也立廟祭祀各級土地神。

【地煞】①星相家指主管兇殺的星。道教認為北斗叢星中有七十二個地煞星。②指兇神惡鬼，比喻惡勢力。

【地獄】①某些宗教指人死後靈魂受苦受難的地方（跟「天堂」相對）。②比喻黑暗痛苦的生活環境。

【耳根清淨】佛教語「六根清淨」的一類。佛教認為「耳根清淨」便能達到「天耳通」，遠近皆聞，能知一切眾生的語言。《圓覺淨》卷上：「聞清淨故，耳根清淨。」後泛指聽不到是是非非和嘈雜刺耳的聲音。

【在劫難逃】劫：災難。佛教指注定的災難，難以倖免。借指某些不幸的事情一定要發生，避免不了。

【有緣】佛教指與佛道有因緣關係。後泛指人與人之間的友誼、親情、愛情等「情緣」，如：有緣千里來相會。

【因果】佛教指因由與果報，即種什麼因結什麼果。《大乘止觀》五：「招果為因，克獲為果。」後泛指原因、結果及其相互關係。

【因果相續】指由因緣所生的一切法，雖然是生滅無常的，卻又是相續不斷的。因果的品類有種種差別，其因果關係固然複雜，但其間又井然有序。一類的因產生一類的果，如種瓜只能得瓜，不能得豆。因果的法則誰也改變不了。

【因果報應】佛教用來說明世界一切關係的基本理論。一切事物皆由因果法則來支配：善因必產生善果，稱為善因善果；惡因必產生惡果，稱為惡因惡果。也說「因果業報」「善惡業報」。

【因緣】①佛教指事物產生、變化和毀滅的根據和條件。③指緣分、機緣。

【伊斯蘭教】世界三大宗教之一。伊斯蘭：阿拉伯語音譯。7 世紀初阿拉伯人穆罕默德創立，信奉安拉，以《古蘭經》為經典。盛行於亞洲西部、非洲北部。唐代（7 世紀中葉）傳入中國，是中國回、維吾爾、哈薩克等少數民族信奉的宗教。中國以前也説「清真教」「回教」。

【全真道】元以後兩大道教派別之一。由金代王重陽創立。主張儒、釋、道三教合一，以「澄心定意、抱元守一、存神固氣」為「真功」，「濟貧拔苦、先人後己、與物無私」為「真行」；功行俱全，故名全真。王重陽徒弟邱處機被元太祖尊稱「神仙」，號長春真人，總領道教，全真道進入鼎盛時期。此後道教形成全真、正一兩大道派。全真道不尚符籙（lù），不事燒煉，道士出家清修。也稱「全真教」「全真派」。

【妄想】佛教指由於心之執著、虛妄顛倒而無法如實知見事物。今泛指虛妄而不切實際的想法。

【安息日】《聖經・創世記》記載：上帝用六天時間創造天地萬物，第七天完工休息。猶太教把每個星期五日落至星期六日落尊為聖日，稱安息日。這一天所有教徒都不工作，專門禮拜上帝。基督教以傳説中耶穌復活的那一天（星期日）作為安息日。

【那謨】南無（nā mó）。

【羽化】古人認為仙人能變化飛升，故稱得道成仙為羽化。後道教徒把人死婉稱為羽化。《晉書・許邁傳》：「玄（許玄）自後莫測所終，好道者皆謂之羽化矣。」

【戒刀】①僧人出行時所佩帶的刀。按戒律，只准用於裁衣、剃髮、修剪指甲，不得殺生。②兵器。《水滸傳》第三回：「直教禪杖打開危險路，戒刀殺盡不平人。」

【戒尺】①佛教戒師向僧徒説戒時的用具，由兩塊長方形小木組成。兩木一俯一仰，仰木在下稍大，用俯木敲擊發聲。②舊時塾師體罰學生用的尺形小木板。也説「戒方」。

【戒律】佛教指教徒必須遵守的一切戒規。有五戒、十戒乃至二百五十戒等。也説「戒規」。道教也有戒律。

【戒牒（dié）】僧尼出家受大戒後所領取的憑證。《釋氏稽古略》卷三：「敕（chì，封）法師辯章為三教首座。初令僧尼受戒給牒。」

【芸芸眾生】芸芸：形容眾多；眾生：一切生物。佛教指世間一切有生命的東西。後用以指眾多的普通百姓。

【佈施】佛教用語。佛教指將財物施捨給他人，叫作「財施」；講説佛法使人接受，叫作「法施」。今泛指向他人施捨財物；特指向僧侶施捨財物。

【佛】①「佛陀」的簡稱，是「智慧、覺悟」的意思。「智」有三種：第一是「一切智」，就是正確了解宇宙的本體；第二是「道種智」，指能夠正確明了宇宙萬象的智慧；第三是「一切種智」，就是對宇宙人生的真相徹底圓滿地明了。智慧「起用」就是「大覺」。「覺」也有三種：第一是自己覺悟了（即經典裏所謂的「小乘」）；第二是能夠幫助別人覺悟（即經典裏所謂的「大乘」）；第三是圓滿的覺悟。達到了「圓滿」的覺悟，在佛教稱之為「佛」。②「佛教」的簡稱。如：信佛、佛經。③小乘對釋迦牟尼的尊稱；大乘兼稱一切智覺圓滿者。④指佛經、佛號。如：燒香念佛。

【佛牙】指釋迦牟尼火化後遺留下來的牙齒。相傳釋迦牟尼圓寂之後，全身都變成細粒狀舍利，但牙齒完整無損，佛教徒奉為珍寶，予以供奉。也說「佛牙舍利」。

【佛寺】佛教的寺廟。即佛教僧侶供奉佛像、舍利（佛骨），進行宗教活動和居住的處所。

【佛光】①佛所帶來的光明。佛教認為佛的法力廣大，覺悟眾生猶如太陽破除昏暗。②佛像上方呈現的光焰。③指某些高山峰頂在有雲霧的天氣中，陽光將山頂的輪廓（包括遊人影像）投射在雲霧上的一種光學現象。

【佛曲】指佛事儀讚歌曲和講經前後吟唱的樂曲。隋唐五代時在佛教徒中較為流行。7 世紀初，在今緬甸境內的驃（piào）國贈送給中國佛曲 10 種，並派來樂工 32 人。唐代的音樂中吸收了天竺樂等佛教音樂。

【佛陀】梵（fàn）語音譯。佛教徒對其教主釋迦牟尼的尊稱。意思是「覺悟了的人」。簡稱「佛」。

【佛事】僧尼等所作誦經、祈禱、禮佛等宗教活動的統稱。

【佛門】見 90 頁「佛教」。

【佛典】佛教的經典。

【佛法】佛教的教義。佛教指佛具有的法力。

【佛祖】指佛教的創始人釋迦牟尼；也指開創佛教宗派的祖師。

【佛珠】佛教徒念佛號或經咒時用以計數的串珠。一般由一百零八顆珠子組成一串。多用香木，也有用瑪瑙、玉石等製成。也稱「念珠」或「數（shù）珠」。

【佛徒】信奉佛教的人。也稱「佛教徒」。

【佛家】①指佛教的學術流派；佛教僧侶。②諸佛之淨土。《觀無量壽經》：「當坐道場，生諸佛家。」

【佛教】與基督教、伊斯蘭教並稱為世界三大宗教之一。由古印度迦毗（pí）羅衛國（今尼泊爾境內）的悉達多·喬達摩（佛號釋迦牟尼）所創。主張依經、律、論三藏（zàng）修持戒、定、慧三學，以斷除煩惱而成佛為最終目的。佛教在世界上尤其是對東亞和南亞地區具有廣泛的影響。西漢末年傳入中國。中國主要有漢傳佛教、藏傳佛教。對中國哲學、文學、藝術和民俗影響很大。也說「佛門」。

【佛堂】專門供奉佛像及做佛事的殿堂、堂屋。

【佛塔】見 100 頁「塔」①。

【佛爺】①對佛祖釋迦牟尼的尊稱；泛指佛教修行圓滿的人。②清代對帝后或太上皇、皇太后的敬稱。清末專稱慈禧太后為老佛爺。

【佛號】佛的名號，如世尊、如來等。特指信佛者口中常念的佛號「阿彌陀佛」。

【佛像】「佛陀塑像」的簡稱。指佛祖釋迦牟尼或眾佛、菩薩的像。

【佛殿】寺院中供奉佛像的大殿。

【佛經】佛教經典。包括經（教義）、律（戒律）、論（論述或注釋），合稱三藏（zàng）。特指三藏之一的「經藏」部分。

【佛學】研究、闡述佛教的學問。

【佛龕（kān）】供奉佛像的小閣或石室。清・沈復《浮生六記》卷三〈坎坷記愁〉：「隔西首一間，設月窗，緊對佛龕，本為作佛事者齋食之地，余即設榻其中。」

【坐忘】道家的一種修養方法；也指通過這種修養方法所達到的精神境界。《莊子・大宗師》：「墮肢體，黜（chù）聰明，離形去智，同於大通（道），此謂坐忘。」通過靜坐養氣，排除一切知識與情欲雜念，對是非、成敗、禍福、死生都無動於衷，保持內心的虛靜，達到物我兩忘、精神遨遊於天地之間的完全自由狀態。與現代的打坐、氣功近似。

【坐禪】佛教指靜坐修行，凝心參究。禪：梵語「禪那」的簡稱，義為靜慮，止息妄念。明・唐寅〈感懷〉詩：「不煉金丹不坐禪，飢來吃飯倦來眠。」

【阿門】希伯來語音譯。意思是誠心所願，由古代猶太教的經文沿用而來。是基督教、猶太教等教徒祈禱結束時的常用語。也作阿們。

【阿訇（hōng）】波斯語音譯。原意是有知識的人，教師。中國伊斯蘭教稱主持清真寺教務和講授《古蘭經》的教職人員。

【阿鼻地獄】梵（fàn）語音意合譯。佛教指八大地獄中的第八獄。意為無間（jiàn）斷遭受大痛苦的地獄。佛教認為人在生前如做了壞事，死後將墮入地獄，其中犯重罪者要在阿鼻地獄永受苦難。也說「無間（jiàn）地獄」。

【阿羅漢】見 107 頁「羅漢」。

【青龍白虎】 青龍、白虎原是二十八宿（xiù）中東方七宿和西方七宿的名稱。古人認為東方七宿形狀似龍，東方屬木，色青，故曰「青龍」；西方七宿形狀似虎，西方屬金，色白，故曰「白虎」。漢晉後，青龍白虎被神化為道教的守護神，道教宮觀常將它們作為守護山門的神將。

【卦】 ①《周易》中象徵自然現象和人事變化的一套符號。以陽爻「⚊」、陰爻「⚋」相配合組成。每卦三爻，共組成八個單卦，通稱「八卦」。八卦互相搭配，又演變為六十四卦。②占卜用具，分兩半，合起來像羊角，用木頭或竹子做成。

【招魂】 ①迷信指招死者之魂。北魏·酈道元《水經注·濟水一》：「沛公起兵野戰，喪皇妣（bǐ）於黃鄉。天下平定，乃使使者以梓宮（梓木棺）招魂幽野。」②招生者之魂。唐·杜甫〈乾元中寓居同谷縣作歌〉之五：「嗚呼五歌兮歌正長，魂招不來歸故鄉。」民間有小兒病時，迷信者恐其失魂，使人於室內外或村口路旁呼之使回，叫作叫魂，大體類似。③《楚辭》篇名。

【苦行】 某些宗教的修行方法。一般實行嚴苛的自制，拒絕物質福利，用一般人難以忍受的種種痛苦來磨煉自己。

【苦行僧】 佛教用語。指用苦行的方法修行的僧人。

【苦海】 ①佛教用語。指充滿苦難、煩惱的人間。如：苦海無邊，回頭是岸。②比喻困苦的處境。如自投苦海。

【門外漢】 指不懂行的人。《五燈會元·天竺證悟禪師》：「庵曰：『尚未見路徑，何言到耶？是門外漢耳。』」

【咒】 ①僧、道、方士等自稱可以驅魔降妖的口訣。②佛教密宗的真言，意為真實不妄的言辭。

【牧師】 基督教新教大多數教派中主持宗教儀式、管理教務的神職人員。一般是專職的宗教教職人員。

【和尚】 對佛教徒師長的尊稱。也用作僧人（一般為男性僧人）的通稱。

【供養】 ①佛教指奉養。或用財物（如燈明、珍寶、飲食等），或用理法（如以信心、以修菩薩行等）。②指以供品祭祀神佛或祖先。供：前義讀 gōng，後義讀 gòng。

【舍（shè）利】 梵（fàn）語音譯。佛的遺體火化後殘留的骨燼。通常指釋迦牟尼佛的骨舍利。相傳他火化後，其舍利由八國國王分取，建塔供奉。後世供奉舍利，即源於此。也稱「舍利子」。

【金剛】 佛教指佛身邊的侍從力士。因其手執金剛杵（古印度兵器），故稱。

【金瓶掣（chè）籤】 清廷為確認藏、蒙地區藏傳佛教大活佛的轉世靈童而制定的制度。乾隆五十七年（1792），清廷為防止蒙、藏貴族操縱大活佛轉世，特頒發兩金瓶，一貯北京雍和宮，一貯拉薩大昭寺。凡蒙、藏地區大活佛轉世時，均須將所覓若干「靈童」名字署於象牙籤上，置金瓶中，在雍和宮或大昭寺由理藩院尚書或駐藏大臣監督掣定，此後遂成定制。中華人民共和國成立後，仍遵循此制。

【金童玉女】 道教指供神仙役使的童男童女。北宋·郭若虛《圖畫見聞誌·論婦人形相》:「歷觀古名士畫金童玉女及神仙星官，中有婦人形相者，貌雖端嚴，神必清古。」

【命根】 佛教指由前世之業所決定的維持今生壽命的依據。也泛指壽命。今說「命根子」，比喻關係生死成敗的事物或最受重視的晚輩。

【受戒】 ①佛教信徒通過一定儀式接受佛教戒律。信徒受戒後，才能稱為僧、尼或居士。②伊斯蘭教朝覲（jìn）時的儀節。朝覲者到聖地麥加前，按規定在一定地點沐浴、去常服、披戒衣，並遵守戒爭論、戒房事等禁戒，直到朝覲完畢。

【念佛】 指佛教徒口誦「阿彌陀佛」或「南無（nā mó）阿彌陀佛」。

【念珠】 佛教徒念佛時用於記數的環形珠串。也說「佛珠」「數珠」。

【夜叉】 梵（fàn）語音譯。佛經中形象張狂、醜陋的惡鬼。唐·窺基《法華經玄贊》卷二:「夜叉，此云勇健，飛騰空中。」故也說「飛天夜叉」。今用以比喻醜陋的惡人。

【放下屠刀，立地成佛】 原為佛教勸人改惡從善的話。後泛指作惡的人只要決心悔改，仍能變成好人。

【法力】 佛教指佛法的力量。《維摩經·佛國品》:「法王法力超群生。」今泛指神奇的力量。

【法印】 佛教用語。指判定佛法的標準。有三法印與四法印。不合於這些準則的，就不是佛法。參見 82 頁「三法印」。

【法名】 佛教用語。出家後由師父另賜的名字。表示出家或皈依成為釋迦佛的弟子。也說「法號」「戒名」。

【法事】 指和尚、道士等為超度亡魂等而舉行的儀式。

【法門】即佛所說的法。因是眾生進入佛道的門徑，故稱。今泛指做事、治學的正確途徑、方法。如：不二法門。

【法界】佛教用語。界：所依，所因。多用於指現象的本源和本質，特指成佛的原因。也說「真如」「實相」。

【法師】①佛教一種學位的稱號，指精通並能講解佛法、致力於修行的僧人。比法師高一等的有三類：精通經藏（zàng）的稱為經師，精通律藏的稱為律師，精通論藏的稱為論師。更高的是遍通經、律、論三藏的三藏法師。②對僧人或道士的尊稱。

【法術】①法家學說中「法（法律、法令）」和「術（權術、策略）」的合稱；特指法家的學術。②指方士、巫師等驅除鬼怪邪祟的本領。

【法號】見 93 頁「法名」。

【法會】佛教指講解佛法和舉行宗教儀式的集會。《法華經・隨喜功德品》：「若人於法會得聞是經典。」

【法器】佛教、道教舉行宗教儀式所用的鐘、鼓、鐃（náo）、鈸（bó）、引磬（qìng）、木魚等樂器及瓶、鉢、杖、麈（zhǔ）等器物。

【法寶】①指佛教三寶（佛、法、僧）之一的「法」，即佛教的教義、教理；也指僧人的衣鉢、錫杖等。《維摩經・佛國品》：「法寶普照，而雨〔yù，下（雨、雪等）〕甘露。」②道教神話傳說中指能施展法力，戰勝敵方的寶物；比喻有特效的工具、方法或經驗。清・李漁《蜃中樓・試術》：「蒙玉皇授我三件法寶。」

【居士】①古代稱有才德而隱居不做官的人。《禮記・玉藻》：「居士錦帶。」②在家居住而信佛的人。唐・元稹〈度門寺〉詩：「道場居士置。」③古代篤信佛教或道教的文人雅士以「居士」為號。如：青蓮居士（李白）、六一居士（歐陽修）、東坡居士（蘇軾）。

【封齋】①按照伊斯蘭教的教義，成年穆斯林在伊斯蘭教曆每年九月白天禁止飲食和房事等，稱為封齋。也說「齋戒」「把齋」。②天主教的齋戒期，教徒在封齋期內必須守齋。

【持戒】佛教指嚴守戒律而不觸犯。《法華經・譬喻品》：「持戒清潔，如淨明珠。」

【南無（nā mó）】梵（fàn）語音譯。佛教用語。多用在佛、菩薩或經典題名之前，表示對佛法的虔誠和皈依。也說「那謨」。

【面壁】佛教指面向牆壁靜坐參禪，潛心修行。《五燈會元》一：「達磨寓止嵩山少林寺，面壁而坐，終日默然，人無測之，謂之壁觀婆羅門。」後也指潛心於學業、事業。

【修行】佛教用語。指學習並實踐宗教的教義與法規。

【皈依】佛教指心身歸向、依靠。皈依「三寶」的人成為佛教徒。

【刹（chà）】梵（fàn）語音譯。指佛教的寺廟。

【刹（chà）那】梵語音譯。指極短的時間。佛經上說，一彈指之間，含有六十個刹那。也說「一刹那」。

【風水】指宅基地或墓地周圍的風向、水流等形勢。迷信認為風水的好壞可以影響家族的興衰禍福。《葬書》：「經曰：氣乘風則散，界水則止。古人聚之使不散，行之使有止，故謂之風水。」也說「堪輿」（堪：高處；輿：低處）。

【剃度】佛教指給要求出家的人剃去鬚髮使成為佛教徒。佛教認為剃髮出家是度越生死之因，故名。

【洞天】道教稱神仙居住的地方，意思是洞中別有天地。後泛指風景優美的地方。

【活佛】①喇嘛教內依轉世制度而取得地位的高級僧侶的俗稱。其中地位最高者為達賴和班禪，其次為法王，再次為一般的活佛。②中國舊小說中對高僧的尊稱。

【神人】①神仙；道家指得道的人。《史記．封禪書》：「乃益發船，令言海中神山者數千人求蓬萊神人。」②神奇非凡的人。東漢．桓譚《新論》：「天下神人五：一曰神仙，二曰隱淪，三曰使鬼物，四曰先知，五曰鑄凝。」（鑄凝：擅煉丹點金之術者）

【神仙】古代傳說和宗教中指天地萬物的創造者和主宰，或具有超人的能力、可以長生不老的人。《三國演義》第三十八回：「玄德見孔明身長八尺，面如冠玉，頭戴綸（guān）巾，身披鶴氅，飄飄然有神仙之概。」也比喻生活富足無憂、逍遙自在的人。

【神社】古代祭祀社神的場所；也指祭奠先祖的廟堂。西晉．張華《博物志》卷八：「子路與子貢過鄭之神社，社樹有鳥，子路搏鳥，社神牽攣子路。子貢說（shuì）之，乃止。」（牽攣：拉扯；說：勸說）

【神像】指神的畫像或塑像；舊時也指祖先遺像。清．曾國藩〈祭韓公祠文〉：「國藩履任之日，敬謹展謁，乃神像之旁有先師孔子之木主，儼然在焉。」

【神學】論證神的存在、本質和宗教教義、教規的一種學說。通常指對基督教信仰內容作系統研究和理論説明的宗教學科。泛指宗教學説。

【紅教】 藏傳佛教最早的教派。11—12世紀西藏僧人索穹巴（1014—1078）、卓浦巴（1074—1134）等所創。奉蓮花生為祖師，以十八部《怛（dá）特羅》為根本經典。因該派喇嘛戴紅帽，故稱。也稱「寧瑪派」。

【班禪額爾德尼】 西藏喇嘛教格魯派（黃教）中地位最高的兩大活佛之一（另一個為達賴喇嘛）。「班禪」意為「大學者」。「額爾德尼」，滿語，意為「寶」。清順治二年（1645），和碩特蒙古固始汗尊格魯派領導人物羅桑卻吉堅贊為班禪（即班禪四世，前三世是追認的），康熙五十二年（1713）清朝中央政府冊封班禪五世羅桑意希為額爾德尼，正式確定了班禪額爾德尼的地位。此後歷世班禪額爾德尼轉世，必經中央政府冊封，成為定制。

【華嚴宗】 中國佛教宗派。以唐代杜順禪師（557—640）為初祖。依《華嚴經》立名。此宗認為天下事事無礙，一切互不相礙、互相融入，以高度平等的眼光體察萬事萬物。在佛教內部調和各派思想，對外主張融合佛儒道三家。也稱「賢首宗」「法界宗」。

【真主】 伊斯蘭教所信奉的唯一的神，被認為是世界的創造者和主宰者。阿拉伯語稱安拉，漢語稱真主。

【真言】 ①指佛教經典的要言祕語。唐·白居易〈海州刺史裴君夫人李氏墓誌銘〉:「諷釋典，持真言，棲心空門。」（諷釋典：諷誦佛教經典）②借指道教祖師的經典著作。唐·張説（yuè）〈唐享太廟樂章〉:「聖謨九德，真言五千。」（聖謨九德：聖人治理天下的九種品德）③咒語。《西遊記》第二回:「他便按落雲端，念動真言，要喚本方土地問個消息。」

【真諦】 ①佛教「二諦」之一。即聖智所見的真實理性。其理遠離虛妄，永恆不變，故稱。參見1頁「二諦」。②真實的意義或道理。

【格魯派】 中國藏傳佛教宗派。因該派僧人戴黃色僧帽，俗稱黃帽派或黃教。創始人宗喀巴於1409年在拉薩發起大祈願法會，法會後，又在拉薩東北的旺古爾山建立甘丹寺，獨樹一派。宗喀巴將顯宗、密宗等各派教法調整、融合為一完整體系。此派主張僧人應嚴守戒律，並重視僧人學經，制定系統的學經制度。16世紀中，開始實行轉世制度。

【借花獻佛】《過去現在因果經》記載：釋迦牟尼佛前世為善慧仙人，覓花欲獻普光如來，遇青衣人慨然相贈，遂虔心轉獻普光如來，得以成佛，號釋迦牟尼。後用以比喻用別人的東西做人情。

【高僧】 精通佛理、德行高深的和尚。

唐．劉長卿〈寄靈一上人詩〉：「高僧本姓竺，開士舊名林。」（開士：菩薩的異名，後用作對和尚的敬稱）

【涅槃】 梵（fàn）語音譯。佛教原指經過修行，達到超脱生死、解除一切煩惱的精神境界。後也指僧人去世。也説「圓寂」。

【浮生】《莊子．刻意》：「其生若浮，其死若休。」意思是人生在世，虛浮不定。後因稱人生為「浮生」。南朝宋．鮑照〈答客〉詩：「浮生急馳電，物道險弦絲。」

【浮屠】 ①梵（fàn）語音譯。指佛陀。如：浮屠氏（佛教徒）、浮屠經（佛經）。②指佛塔。如「救人一命，勝造七級浮屠」。也作「浮圖」。

【造化】 ①自然界的創造者。也指自然。《莊子．大宗師》：「今一以天地為大爐，以造化為大冶。」唐．杜甫〈望嶽〉詩：「造化鍾神秀，陰陽割昏曉。」②創造化育。東晉．葛洪《抱朴子．對俗》：「夫陶冶造化，莫靈於人。」③運氣；福分。

【造物者】 指創造萬物的神。《莊子．大宗師》：「偉哉！夫造物者將以予為此拘拘也。」（拘拘：攣縮不伸）；唐．柳宗元〈始得西山宴遊記〉：「洋洋乎與造物者遊，而不知其所窮。」也説「造物」。

【現身説法】 佛教指佛用化身現形宣講佛法。《楞嚴經》卷六：「我與彼前，皆現其身，而為説法，令其成就。」後用「現身説法」比喻用自己的經歷作為例證，對他人進行講解或勸導。

【捨身】 ①佛教用語。佈施行為的最上乘。或捨棄身命以供養佛，如：藥王菩薩燒身供養、薩埵（duǒ）王子捨身飼虎。②指捨己身入佛寺。中國南朝梁武帝一生曾四次捨身同泰寺，群臣為贖回帝王之身，須納巨額金錢入寺庫。後指為事業不顧性命。

【教士】 基督教三級神品制中的第二級。天主教譯作司鐸〔神父（fǔ）〕，正教譯作司祭，在實行主教制的新教教派中譯作牧師。

【教友】 ①能給予教正的朋友。《孔子家語．子路初見》：「孔子曰：『人君而無諫則失正，士而無教友則失聽。』」孔子説：國君如果沒有人諫諍就會犯錯，士人如果沒有朋友教正就會犯糊塗。②信奉同一宗教的人之間的互稱；泛指宗教徒。

【教化】 儒家所倡導的一種治國安民之策。即用禮、樂等方法和手段化民成俗，使合於良善。孔子反對「不教而殺」「不戒視成」，主張對民眾「道（dǎo）之以德，齊之以禮」（《論語．為政》）。孟子、荀子都極其重視教化的作用。漢初陸賈説：「堯舜之民可比屋而封，桀紂之民可比屋而誅者，教化使然也。」(《新語．無為》)西漢．董仲舒在〈舉賢良對策〉中說：「性非教化不成」「教化立而奸邪皆止」。教化是儒家一貫的政治主張，在中國歷史上曾產生深遠影響，對現代社會也有重要借鑒價值。

【教主】①某一宗教的創始人或地位最高的人。《方廣大莊嚴經》：「隨應演說法，教化諸群生，能到於彼岸，故名為教主。」②宋朝廢后（被廢黜的皇后）入道，稱之為「教主」。如仁宗郭后稱為金庭教主，哲宗孟后稱為華陽教主。

【教民】①教育人民。《論語．子路》：「善人教民七年，亦可以即戎矣。」(即戎：去作戰)②泛指信仰宗教的人。

【教徒】信仰某一種宗教的人。如：佛教徒、基督教教徒。

【教會】基督教各派組織形式的統稱，可指基督教各派的整個組織（天主教會、東正教會、新教各宗派的教會），也可指某一個國家、地區或教堂的組織。

【執著（zhuó）】原為佛教語，指對塵世的事物追逐不捨，不能解脫。唐．白居易〈佛法堂碑〉：「凡夫無明，二乘執著。」(無明：痴愚；二乘：佛教指聲聞乘與緣覺乘)後泛指固執或堅持不懈。《水滸傳》第二十二回：「我只怕雷橫執著，不會周全人，倘或見了兄長，沒個做圓活處。」

【基督教】與佛教、伊斯蘭教並稱為世界三大宗教。信仰上帝，奉耶穌為救世主，以《舊約全書》和《新約全書》為聖經。公元 1 世紀起源於巴勒斯坦，11 世紀分裂為天主教和東正教，16 世紀又分裂為許多新教派，統稱新教。元明以來陸續傳入中國。中國所稱基督教通常專指新教。

【菩提】梵（fàn）語音譯，意為「覺」「智」「道」等。佛教指斷絕世間煩惱而達到涅槃的徹悟境界；又指覺悟的智慧或途徑。

【菩提心】大乘（chéng）佛教指強調利他的求道之心。

【菩提樹】常綠喬木，葉三角狀卵形，前端細長。原產印度。傳說佛祖釋迦牟尼經過多年修煉，後在菩提樹下靜坐了七天七夜，終於頓悟佛道成為佛陀。佛教尊為聖樹。中國廣東、海南和福建、雲南南部有栽培，多植於廟宇內。

【菩薩】①梵（fàn）語音譯。「菩提薩埵」（duǒ）的簡稱。是佛祖釋迦牟尼未成佛前的稱呼。後來指修行到了一定程度、地位僅次於佛的人。②泛指佛和某些神。如：觀音菩薩、文殊菩薩。③比喻心地仁慈、樂善好施的人。

【梵（fàn）】與古印度或佛教有關的

事物。因佛經原用梵文寫成，所以凡與佛教有關的事物都稱梵，如：梵文、梵剎。

【梵唄（fàn bài）】梵語音譯。佛教徒在宗教儀式上吟誦經文的聲音。有曲調，可用樂器伴奏。中國佛教以其傳自梵土（天竺），故稱梵唄。

【符】古代朝廷封爵、制官、派遣使節或調兵遣將時用的憑證。分為兩半，君臣或有關雙方各執一半，兩半相合，經驗證後生效。

【符籙（lù）】符和籙的合稱。「符」指書寫於黃紙或帛上的筆畫屈曲、似字非字的符號；「籙」指記錄於諸符間的天神名諱祕文，一般也書寫於黃紙或帛上。道教認為符籙是傳達天神意旨的符信，可以召神驅鬼，禳災祛病。道教中以符籙禁咒驅邪禳災為主的各派，稱符籙派。

【偈（jì）】梵（fàn）語音譯「偈陀」的簡稱。意為「頌」，即佛經中的唱詞。《晉書．鳩摩羅什傳》：「羅什從師受經，日誦千偈。」

【欲火】佛教指如火一樣的淫欲之情。《大集經》三十八：「欲火入心，猶如鬼著（zhuó）。」今泛指像火一樣旺盛的強烈欲望（多指淫欲）。

【羚羊掛角】佛教用語。《景德傳燈錄》卷十六：「我若東道西道，汝則尋言逐句；我若羚羊掛角，汝向什麼處捫摸？」指大悟之人泯絕迷執的蹤跡，猶如羚羊睡眠時，角掛樹枝，腳不觸地，完全不留痕跡。後用「羚羊掛角」比喻沒蹤跡、無掛礙的境界。

【淨土】佛教所說的極樂世界。因這地方沒有五濁（壽濁、有情濁、煩惱濁、見濁、劫濁）的污染，故稱。泛指未被污染的地方或社會領域。參見100頁「極樂世界」。

【淨土宗】中國佛教教派。因專修往生阿彌陀佛淨土法門，故稱。其始祖慧遠曾在廬山建立蓮社，提倡往生淨土，故又稱蓮宗。該宗教義簡單，主要宗旨是以修行者的念佛行為為內因，以阿彌陀佛的願力為外緣，內外相應，往生極樂淨土。該宗由於修行方法簡便，故自中唐以後廣泛流行。

【淨瓶】指佛門用來盛淨水的瓶子。隨身攜帶，用以淨手。如觀音菩薩圖像就手執此瓶。

【宿命】佛教指過去那一世的生命。佛教認為世人在過去那一世都有生命，或為天，或為人，或為餓鬼與畜生等。

【密宗】中國佛教宗派之一。源於古印度佛教中的密教。唐開元四年（716）開始在中國傳播，形成宗派。在中國只傳兩代即衰落。

【袈裟】 梵語音譯。原意為不正色。佛教指僧眾所穿的法衣。因僧衣不得用青黃赤白黑等正色，而用似黑之色，故又稱「緇衣」。其製作方法是先把布裁成小片，而後縫綴，像一塊塊的田地，故又稱福田衣。自古為佛教徒所尊重。

【參禪（chán）】 佛教禪宗的修行方法。指靜坐修行，摒除雜念，不思善惡，於靜慮中參悟佛理。

【塔】 佛塔。佛教特有的一種多層尖頂的建築物。最初用於供奉佛骨，後亦用於供奉佛像、收藏佛經或保存僧人遺體。俗稱寶塔。也說「浮屠」。指形狀似塔的建築物，如：水塔、電視塔等。

【報應】 佛教指有施必有報，有感必有應。現在所得的一切，無論禍福，都是報應。如施行放生、佈施等善業，即因種善因而感召善報；反之，施行殺生、偷盜、邪淫等惡業，即因種惡因而招來惡報。後來多指因種惡而得惡報。

【惡報】 原為佛教語，行惡者自食惡果。後泛指做壞事得到的報應（懲罰）。南朝梁·蕭衍〈斷酒肉文〉:「行十惡者受惡報，行十善者受善報。」

【惡魔】 佛教指設障阻礙佛道和一切善事的惡神。

【黃教】 藏傳佛教教派之一。15 世紀初宗喀巴所創。該派有嚴格的學經制度和寺院管理制度，重視僧人學經。僧眾嚴持戒律。因該派喇嘛戴黃帽，故稱。也稱「格魯派」。

【萬劫不復】 佛教稱世界從生成到毀滅為一劫。北宋·釋道原《景德傳燈錄》:「莫將等閒空過時光，一失人身，萬劫不復，不是小事。」「萬劫不復」指永遠不可能恢復。

【朝聖】 ①宗教徒朝拜宗教聖地。如伊斯蘭教徒朝拜麥加，天主教徒朝拜耶路撒冷。其他教徒也有類似活動。②拜謁孔廟、孔府、孔林等儒家聖地。

【棒喝（hè）】 佛教禪師在接待初入佛門者時，往往對他虛擊一棒或大喝一聲，讓他不及思索便作出反應，以此考驗其悟性。也常以棒喝並用，促人猛醒。清·李漁《比目魚·駭聚》:「這幾句話竟是當頭的棒喝，破夢的鐘聲。」後用來比喻促人醒悟的警告。

【極樂世界】 佛教指阿彌陀佛居住的地方。在那裏能夠擺脫人間的煩惱、痛苦而獲得清淨、快樂。《華嚴經》:「於煩惱大苦海中，拔濟眾生，令其出離，皆得往生阿彌陀佛極樂世界。」俗稱西天。也說「淨土」。

【悲觀】《法華經》卷七:「悲觀及慈觀，常願常瞻仰。」（悲：惻愴之意）佛教指常懷救苦救難之心而觀察眾生。今指消極、頹喪，對前途缺乏信心（跟「樂觀」相對）。

【開山】①佛教指選擇名山創建寺院。《續傳燈錄．龍翔士圭禪師》：「屢遷名剎，紹興間奉詔，開山雁蕩能仁（寺）。」②指挖開或炸開山岩。

【開山祖師】開山：在名山創立寺院。指最初在某座名山創立寺院並自成宗派的禪師。後用以比喻某一學術、技藝派別或事業的創始人。

【喇嘛】藏語音譯，意為「上師」。藏傳佛教對高僧的尊稱。也是漢族人對蒙古、青海、西藏僧人的統稱。

【喇嘛教】見 106 頁「藏傳佛教」。

【無常】①佛教認為「諸行無常（遷流變動）。」意思是世間一切事物都不是永恆存在的，過去有的，現在起了變異，現在有的，將來終歸幻滅。②迷信指勾魂的鬼；有時也用作人死亡的婉稱。如：三寸氣在千般用，一旦無常萬事休。

【無間地獄】見 91 頁「阿鼻地獄」。

【無邊】佛教認為，宇宙和生命是無邊無際的。虛空無邊，故世界無邊；世界無邊，故眾生無邊；眾生無邊，故心行差別亦復無邊。泛指沒有邊際、限度。

【善根】佛教指好的根性。參見 86 頁「六根」。

【善報】佛教指做好事後得到的好報應。《魏書．韋儁（jùn）傳》：「吾一生為善，未蒙善報。」《初刻拍案驚奇》卷二十一：「積善有善報，積惡有惡報。」

【普渡眾生】佛教認為芸芸眾生如溺海中，只有本慈悲之旨，施宏大法力，才能使其登上彼岸，得以解脫。後泛指救濟眾人。也作「普度眾生」。

【道人】對道士的尊稱。佛教傳入中原初期，也是對僧人的稱謂。南宋．葉夢得《避暑錄話》卷下：「晉宋間佛學初行，其徒猶未有僧稱，通曰道人。」

【道士】①奉守道教經典戒規及熟悉各種齋醮（jiào，僧道設壇祈禱）祭禱儀式的人。一般指道教教職人員。②佛教傳入中原初期對僧人的稱謂。唐．宗密《盂蘭盆經疏》卷下：「佛教初傳此方，呼僧為道士。」

【道行（héng）】僧道修煉的功夫；借指人的涵養、本領。《紅樓夢》第一〇一回：「這個散花菩薩根基不淺，道行非常。」

【道姑】指女道士。

【道家】中國古代哲學重要流派之一。

創始人是春秋末期的老子，戰國中期的莊子繼承和發展了老子的思想，故又稱老莊學派。主要著作有《老子》《莊子》等。道家學說認為「道」是宇宙的本原，事物互相依存、互相轉化，主張無為而治，一切順其自然。道家思想傳入民間，影響到以後道教的產生和發展。道家思想對中國的政治思想、科學技術、文化藝術等都有深刻影響。

【道教】中國本土宗教。源於古代神仙信仰和方仙之術，承襲黃老道家思想。東漢張道陵始創五斗米道，後張角創太平道，與五斗米道同為早期道教的兩大派別，成為東漢末年農民起義的旗幟。南北朝後逐漸盛行。奉老子為道祖、張道陵為天師，以《道德經》《太平經》為主要經典。道教重生貴生，祀神敬祖，以得道成仙為最終目的。主張積功累德，舉善濟人。在中國傳統文化中佔有重要地位。主要流行於漢族地區，在少數民族中也有傳播和影響，並傳播到朝鮮半島、日本、南洋一帶。近代以來傳入歐美。也稱「玄教」「仙道」。

【道場】僧人或道士誦經做法事的場所。也指僧道所做的法事。

【達賴喇嘛】西藏喇嘛教格魯派（黃教）中地位最高的兩大活佛之一（另一個為班禪額爾德尼）。達賴，蒙古語意為大海。喇嘛，古藏語意為上人或上師。明嘉靖二十五年（1546），哲蚌寺的索南嘉措正式稱活佛。明萬曆六年（1578），索南嘉措應蒙古土默特部俺答汗之請，到青海傳教，受俺答汗贈予達賴喇嘛（三世）的稱號，是為達賴名號的開端。清順治十年（1653），清廷冊封達賴喇嘛五世。從此達賴喇嘛轉世確認需經中央冊封批准，成為定制。

【瑜珈】梵（fàn）語音譯。印度教的一種修身方法。強調調整呼吸和靜坐，以消除精神緊張，達到個人靈魂（小我）和宇宙靈魂（大我）相結合的境界。

【聖地】①教徒對宗教創始人的出生地、葬地或悟道地的尊稱。如基督教、伊斯蘭教、猶太教的耶路撒冷，伊斯蘭教的麥加、麥地那。②指祖國的土地或具有重大歷史意義及紀念意義的地方。如：革命聖地。

【蓮宗】中國佛教宗派之一。以東晉慧遠為初祖。因慧遠於廬山東林寺創建白蓮社，倡導「彌陀淨土法門」，故稱。實際創宗者為唐代善導。專念「阿彌陀佛」名號，以期「往生」西方「淨土」（極樂世界）。由於修行方法簡便易行，中唐以後曾廣泛流行。也稱「淨土宗」。

【夢幻泡影】佛教比喻世間萬法的虛妄不實、生滅無常，就像氣泡影子一樣。《金剛經》：「一切有為法，如夢幻泡影，如露亦如電，應作如是觀。」

今多比喻脱離實際、容易破滅的幻想。

【禁果】猶太教、基督教《聖經》中知善惡樹所結果子的別稱。《聖經·創世記》記載：上帝將亞當、夏娃安置在伊甸園中，受魔鬼引誘偷吃了禁果，被逐出伊甸園。今多比喻不准涉及的事情。

【頓悟】佛教指無須經過煩瑣儀式和長期修習，一旦把握佛教真理，即可突然覺悟（與「漸悟」相對）。《大乘理趣六波羅蜜多經》卷一：「速疾解脱，頓悟涅槃。」

【業障】①佛教指各種障礙修行的不良行為。《俱舍論》:「一者害母，二者害父，三者害阿羅漢，四者破和合僧，五者惡心出佛身血。如是五種名為業障。」②舊時長輩嚴厲指責不肖子弟的用語。

【圓寂】即涅槃。義為圓滿一切智德，寂滅一切惑業，故稱。見 97 頁「涅槃」。

【圓夢】①迷信術數的一種。通過對夢境的解説發揮來附會、預測人事的吉凶。如《水滸傳》第六十五回：「（宋江）被晁蓋一推，撒（sǎ）然覺來，卻是南柯一夢，便叫小校請軍師圓夢。」也説「占夢」。②通過努力實現夢想。

【傳戒】①佛教指為初出家的人舉行受戒儀式，使成為正式的和尚或尼姑。②道教全真派傳受戒法的儀式。全真道士經受戒方成為合格道士。

【傳教】宣傳宗教教義，勸人信奉宗教。唐·皇甫冉〈贈普門上人〉詩:「惠力堪傳教，禪功久伏魔。」

【傳經】傳授儒家經典。唐·杜甫〈秋興〉詩之三：「匡衡抗疏功名薄，劉向傳經心事違。」（匡衡、劉向：西漢經學家）

【傳燈】佛教指傳授佛法。佛教認為，佛法能像明燈一樣照亮世界，驅除黑暗，指點迷津。唐·崔顥（hào）〈贈懷一上人〉:「傳燈遍都邑，杖錫遊王公。」

【愛河】《華嚴經》卷二十六：「隨生死流，入大愛河。」佛教認為情欲就像河海一樣能淹死人，所以用河來比喻。今多指愛情。

【獅子吼】①佛教語。比喻佛菩薩説法時震懾一切外道邪説的神威。《維摩經·佛國品》:「演法無畏，猶如師（獅）子吼。」也泛指傳經説法。②比喻妒悍的妻子發怒。北宋·蘇軾〈寄吳德仁兼簡陳季常〉詩：「龍丘居士亦可憐，談空説有夜不眠；忽聞河東獅子吼，拄杖落手心茫然。」

【解脱】佛教指脱離煩惱，無拘無礙，自由自在。泛指從困境中掙脱出來。

【解鈴還須繫鈴人】北宋．惠洪《林間集》記載：法眼和尚問眾僧：「老虎脖子上的金鈴，誰能解下來？」大家沒人能答上來。這時泰欽禪師回來了，回答說：「繫上去的人能解下來。」後用「解鈴還須繫鈴人」比喻誰惹的麻煩還得由誰去解決。

【慈悲】佛教指願給一切眾生安樂，並拔除一切眾生痛苦。今泛指仁慈而富有憐憫之心。如：慈悲為懷、慈悲心腸。

【福音】①基督教徒稱耶穌所說的話及其門徒所傳佈的教義。②泛指好消息。

【經卷】指佛教的經書。

【經幢（chuáng）】古代佛教石刻的一種。創始於唐。多作柱狀，柱身多為六角形或圓形，多刻有佛的名字或經咒、佛像等。也有用多塊石刻堆建而成的。

【聚沙成塔】《妙法蓮華經．方便品》：「乃至童子戲，聚沙為佛塔。如是諸人等，皆已成佛道。」意思是甚至於小孩子做遊戲，也能聚沙為佛塔。像這樣的各種與佛結下善緣的人都已注定將成就佛果。後用「聚沙成塔」比喻積少成多。

【緣分】佛教指人與人之間命中注定的遇合機會；泛指人與人、人與事物之間發生聯繫的機遇。

【緣起】即「諸法由因緣而起」。佛教認為一切事物或一切現象的生起，都是相對的互存關係和條件。若此有則彼有，若此生則彼生；若此無則彼無，若此滅則彼滅。世俗指事情產生的原因或因某種原因而產生。

【慧心】①佛教指能領悟佛理的心。三國魏．嵇康〈聲無哀樂論〉：「器不假妙瞽（gǔ）而良，籥（yuè）不因慧心而調。」（器：特指樂器；瞽：古代的樂官，常以目失明者為之；籥：古代的一種吹奏樂器，用竹管編排製成）②泛指聰明智慧的心。清．周亮工《書影》卷三：「此公慧心妙舌，坡公後一人而已。」（坡公：指蘇軾）

【慧根】佛教指能透徹領悟佛理的天資；借指人天賦的智慧。唐．劉禹錫〈送宗密上人歸南山草堂因詣河南尹白侍郎〉詩：「宿習修來得慧根，多聞第一卻忘言。」

【慧眼】①佛教指能認識到過去和未來的眼力。明．唐順之〈贈庵中老僧〉詩：「業淨六根成慧眼，身無一物寄茅庵。」（業：佛教指人的行為、言語、思想；六根：佛教指眼、耳、鼻、舌、身、意）泛指敏銳的眼力。清．趙翼《甌北詩話．吳梅村詩》：「此詩人慧眼，善於取題處。」

【輪迴】①佛教指眾生都要依照各自行為的善惡，在天、人、惡神、地獄、餓鬼、畜生等六道之中生死相續，像車輪旋轉一樣永不止息。也說「六道輪迴」。②泛指循環。

【隨喜】①佛教指見人做善事或離苦得樂而心生歡喜；也指遊覽寺院、拜佛吃齋、施捨財物，或見人做功德而樂意參加。②指隨同眾人一起參加娛樂活動或送禮。

【隨緣】佛教指順隨着各種因緣。今泛指順應着事物變化的情勢，聽候機緣安排；順其自然。

【闍（shé）梨】梵（fàn）語音譯詞「阿闍梨」的簡稱。指高僧。也泛指僧人。

【噶（gá）舉派】中國藏傳佛教宗派香巴噶舉和塔布噶舉的統稱。因該派僧人穿白色僧衣，俗稱白教。香巴噶舉創始人瓊波南交在後藏香地（今南木林）建立 108 寺。14 — 15 世紀之後逐漸湮沒無聞。通常指稱的噶舉派是塔布噶舉，由瑪爾巴創立。他曾多次赴印度、尼泊爾學習佛法，於 1121 年建崗布寺，形成塔布噶舉系統。

【導師】①佛教稱教化引導眾生入於佛道的高僧。特指釋迦牟尼佛世尊。②指導他人學習或撰寫論文的教師。

【機鋒】佛教禪宗用語。指問答迅捷鋭利、不落跡象、含有深意的語句。五代·文益《宗門十規論》：「期間有先唱後提，抑揚教法，頓挫機鋒，祖令當施，生殺在手。」

【機緣】佛教指眾生信受佛法的根機和施教者因緣。認為根機和因緣湊合，方成教化。《金光明最勝王經·如來壽量品》：「隨其器量，善應機緣，為彼説法，是如來行。」今泛指機會和緣分。

【醍醐（tí hú）灌頂】醍醐：從牛乳中提煉的精華，比喻佛法的最高境界。佛教弟子入門時須由本師用醍醐灌灑頭頂，象徵向受戒者灌輸智慧，使之徹悟。後也用來比喻聽了精闢高明的言論，受到極大啟發。

【曇花一現】曇花，即優曇花、優曇鉢花。開花短時即謝。據《法華文句》卷四記載：此花三千年開花一次，開時金輪王出世，乃佛之瑞應。故比喻事物難得出現；後也比喻突然顯赫一時的人或事物很快消失。

【積德】積累仁政或善行；也指積累的仁政或善行。《史記·劉敬叔孫通列傳》：「積德百年而後可興也。」

【穆斯林】阿拉伯語音譯。意為「順從者」，指順從安拉（真主）的人。伊斯蘭教徒的統稱。

【錫杖】僧侶所持的用具。杖高與眉齊，杖頭附有錫環，搖動時「錫錫」有聲。本為僧侶行路時用於驅趕毒蛇、害蟲等，或於乞食時振動錫杖，使人聞聲而知。後成為佛家法器之一。也說「聲杖」。

【諦】 佛教指真實而正確的道理；也泛指道理、意義。

【禪】 佛教指摒除雜念、靜心領會佛理的修行方式。泛指有關佛教的事物，如：禪師、禪杖等。

【禪林】 指佛教僧眾聚居的寺院。明．葉相祖詩：「薄遊吳郡，寄寓禪林。」

【禪宗】 中國佛教宗派之一。以專修「禪定」得名。相傳公元 5 世紀印度高僧達摩由天竺傳入中國。傳至第五代時分成南北兩宗。北宗神秀主張漸修，很快衰落；南宗惠能（638—713）主張頓悟，被後世尊為六世祖。由唐至宋一直是中國流傳最廣的佛教宗派。

【禪師】 對僧侶（和尚）的尊稱。唐．李範〈江寺閒書〉詩：「釣叟無機沙鳥睡，禪師入定白牛閒。」

【禪機】 悟道高僧說法授徒時，在一言一行中暗含的能讓人領悟的教義祕訣。《景德傳燈錄》卷十四記載石頭禪師與弟子問答：「問：如何是禪？師答曰：碌磚；又問曰：如何是道？師曰：木頭。」禪師故意用毫不相干的普通事物來截斷對方思路，暗示道無不在，遇事即禪。

【禪學】 佛教禪宗的學說；佛教教義。

【聲杖】 見 105 頁「錫杖」。

【藏傳佛教】 公元 7 世紀佛教傳入西藏，與西藏原有苯教融合而形成的教派。教義上大小乘兼容，而以大乘為主。主要教派有格魯派（黃教）、寧瑪派（紅教）、噶（gá）舉派（白教）、薩迦派（花教）等。後又經西藏地區傳入蒙古族聚居的地區及不丹、尼泊爾等。也稱「喇嘛教」。

【齋】 ①古人在祭祀或舉行典禮前清心寡欲、淨身潔食，以示莊敬。《莊子．人間世》：「顏回曰：『回之家貧，唯不飲酒、不茹（吃）葷者數月矣，如此則可以為齋乎？』」②信奉佛教、道教的人所吃的素食。

【齋戒】 ①古人在祭祀或舉行大典前，沐浴更衣，戒除嗜欲，整潔身心，以示敬畏和虔誠。《孟子．離婁下》：「雖有惡人，齋戒沐浴，可以祀上帝。」②伊斯蘭教奉行的一種齋戒，規定成年穆斯林在伊曆每年九月裏白天不進飲食。也稱「封齋」「把齋」。

【齋醮（jiào）】 道教一種祭禱儀式。其法是築壇設供，道士做道場，書寫表章以祈禱神靈、超度亡者。《初刻拍案驚奇》卷十七：「因念亡夫恩義，思量做些齋醮功果超度他。」

【彌陀】 即「阿彌陀佛」。見 278 頁。

【彌陀淨土】「阿彌陀淨土變」的簡稱。是表現阿彌陀佛極樂淨土相的圖像。中國畫此像始於唐代善導。近代於敦煌發現數種此圖像。日本自白鳳時代（673 — 685）以後，漸有淨土變畫作。也說「西方淨土變」「西方變相」「淨土曼陀羅」。

【彌勒】梵（fàn）語音譯。大乘佛教菩薩。從兜率天下生凡界，在龍華樹下繼承釋迦牟尼而成佛。傳說為五代時布袋和尚的化身。中國寺院中多供奉笑口常開的大肚彌勒佛像。也稱「彌勒佛」。

【轉（zhuǎn）世】①佛教指人或動物死後，靈魂按照生前的善惡表現而分別投胎，成為另一個人或動物。也説「轉生」。②藏傳佛教活佛繼承制度。活佛圓寂後，按照宗教儀軌，選定一個靈童作為活佛的轉世繼承人。

【轉（zhuàn）法輪】「輪」是古代印度一種形狀像輪子的武器。古印度傳説中，征服四方的大王叫作轉輪王，他出生時空中出現此輪，預示他無敵於天下。「法輪」即佛法之輪，比喻佛法如輪一樣。法輪出現於世將會所向無敵，一切不正確的見解都會破碎無餘，所以把説佛法叫作「轉法輪」。

【歸真】①還本來面目。東漢・班固〈東都賦〉:「遂令海內棄末而反本，背偽而歸真。」(反：通「返」) ②佛教用語。指死亡。《釋氏要覽・送終・初亡》:「釋氏謂死為涅槃、圓寂、歸真、歸寂、滅度、遷化、順世，皆一義也。」

【禱告】向神靈祝告，祈求保佑。《西遊記》第五十六回:「三藏恨恨地道：『猴頭過去，等我撮土焚香禱告。』」

【薩迦派】中國藏傳佛教宗派。薩迦，藏語意為白土。因該派主寺薩迦寺所在地土色灰白，故稱。11 世紀創立，後被噶舉派所取代。該派於 1550 年在四川德格貢欽寺設德格印經院，刊刻藏傳佛教經書、各宗派重要著述、曆法及醫藥等書 1000 餘種，對保存藏傳佛教文化起了重要作用。俗稱花教。

【勸化】佛教指宣傳教義，勸導眾生轉惡為善。泛指勸導、勸勉。

【孽海】佛教用語。業海，指由於種種惡因而使人淪溺之海。如：孽海無邊、茫茫孽海。

【孽障】指罪惡。《紅樓夢》第二十九回:「我這老冤家，是哪一輩子造下的孽障？」孽根（對兒孫或胎兒的昵稱）。《聊齋志異・農夫》:「一夕與鄰婦語，忽起曰：『腹少微痛，想孽障欲離身也。』」《儒林外史》第二十一回:「丟下這個孽障種子，還不曾取得一個孫媳婦。」

【羅漢】①梵（fàn）語音譯。釋迦牟尼的十種稱號之一。②小乘佛教指修行成功者的最高稱號。佛教寺院中常有十八羅漢或五百羅漢的塑像。也稱「阿羅漢」。

【癡心】 佛教指愚癡、煩惱的心性。今指（對某人或某事）迷戀不捨的心思。

【蘭若（rě）】 梵（fàn）語「阿蘭若」的簡稱。意思是寂靜無煩惱的地方，指佛教寺院。唐·杜甫〈謁真諦寺禪師〉詩：「蘭若山高處，煙霞嶂幾重。」

【犧牲】 古代指供祭祀用而宰殺的牲畜。《左傳·莊公十年》：「犧牲玉帛，弗敢加也，必以信。」今指為了正義而捨棄自己的生命；捨棄或損害一方的利益。

【釋】 因釋迦牟尼是佛教創始人，故佛教也稱「釋」。與儒、道同為中國傳統文化主要的思想來源。

【釋教】 佛教在中國的別稱。因由釋迦牟尼創始，故稱。

【魔】 佛教用語。「魔羅」的簡稱。是能害人性命、阻礙擾亂人們修道的惡鬼。它在欲界第六天稱王，叫作「魔王」。後泛指害人的東西或邪惡勢力。

【爐火純青】 相傳道家煉丹時，爐內初發七色火焰，待溫度達最高點，便由七色火焰變為純青色火焰，就算成功了。比喻學問、技術等達到純熟完美的境界。

【灌頂】 指在頭頂上灌灑淨水，是佛弟子進入佛門或傳承密法、繼任高僧位置時所實行的儀式。有洗掉罪惡、注入功德並使功德圓滿的意思。

【懺悔】 ①宗教徒對自己所犯下的過錯或罪行向神佛表示悔改以求寬恕。②泛指世人認識到了自己的過錯或罪行，感到痛心並願意悔改。

【鐵樹開花】 鐵樹（即蘇鐵）多年才開花一次。比喻事情罕見或極難辦成。

【鶴氅】 鳥羽製成的裘衣，用作外套。後專用作道服。《新五代史·盧程》：「程戴華陽巾，衣鶴氅，據几決事。」（華陽巾：道冠）

【靈塔】 寶塔。唐·丹丘〈蕭山祇（qí）園寺〉詩：「靈塔多年古，高僧苦行頻。」

【靈童】 ①藏傳佛教活佛圓寂後，通過占卜等儀式認定的前世活佛的轉世繼承人。②仙童。如：護法靈童。③受過十戒的沙彌。

3. 歷史

【十六國】 時代名（304—439）。西晉末年，乘各族人民紛紛起義之機，上層分子起兵建立政權，形成分裂局面。從公元304年劉淵稱王起，至439年北魏統一中國北部止，共135年。各族統治者建立的割據政權有16個：成漢、二趙（前、後）、三秦（前、後、西）、四燕（前、後、南、北）、五梁（前、後、南、北、西）、夏。史稱「十六國」。

【八王之亂】 西晉中後期司馬氏皇族八王爭奪政權的戰亂。從晉武帝死後、晉惠帝的妻子賈后殺死輔政的外戚楊駿開始，至東海王司馬越奪取大權結束，歷時16年。此期間，有同姓王多人及帝、后被殺。戰亂嚴重破壞經濟，並給各少數民族首領起兵的機會，導致西晉王朝的覆滅。此後，中國北方出現五胡十六國長期大分裂的局面。

【八旗制度】 清代滿族的軍隊組織和戶口編制。努爾哈赤於1601年創立，初建時設四旗：黃旗、白旗、紅旗、藍旗。1614年將四旗改為正黃、正白、正紅、正藍，並增設鑲黃、鑲白、鑲紅、鑲藍四旗，合稱八旗。其中正黃、正白、鑲黃稱上三旗，隸屬親軍，擔任內府侍衛。後又增建蒙古八旗和漢軍八旗。八旗官員平時管理民政，戰時任將領，旗民子弟世代當兵。

【三保太監下西洋】 明初大規模的遠洋航行。明永樂三年（1405），成祖遣太監鄭和（小字三保，「保」亦作「寶」）與副使王景弘率27800餘人，乘「寶船」62艘，從蘇州劉家港（今江蘇太倉東瀏河鎮）啟航，遠航西洋（指今文萊以西的海洋）。先後到達占城、爪哇、蘇門答臘、錫蘭等地，經印度西岸折回，1407年返國。以後又六次出洋，最遠曾達非洲東岸、紅海和伊斯蘭教聖地麥加。這些航行比哥倫布等的航行早半個世紀，船隊規模也遠超後者。南洋各地至今仍留有鄭和的遺跡。隨行人員馬歡等著有《瀛涯勝覽》《星槎（chá）勝覽》《西洋番國志》，記述途中見聞，都很有價值。參見200頁「鄭和」。

【三國】 ①時代名（220—280）。指東漢後出現的魏、蜀、吳分立的歷史時期。從公元220年曹丕稱帝始，到280年吳亡止。②長篇歷史小說《三國演義》的簡稱。

【元】 朝代名。公元1206年蒙古孛（bó，又音bèi）兒只斤·鐵木真（成吉思汗）建國。1271年忽必烈（元世祖）定國號為元，1279年滅南宋，定都燕（yān）京（後改稱大都，即今北京）。1368年被朱元璋推翻。自成吉思汗起，共歷 15 帝 163 年；自元世祖定國號起，共歷 11 帝 98 年。自 1206 年成吉思汗建國至 1368 年順帝北走塞外（稱北元），歷史上都稱元朝。至 1402 年國號始取消。

【五代十國】（907 — 960）時代名。從公元 907 年朱溫滅唐建後梁起，中原地區相繼出現了定都於開封和洛陽的後梁、後唐、後晉、後漢、後周五個朝代以及割據於西蜀、江南、嶺南和河東等地的前蜀、後蜀、吳、南唐、吳越、閩、楚、南漢、南平（荊南）、北漢十國，至趙匡胤代北周建立宋朝並於 979 年滅北漢止，史稱「五代十國」。簡稱「五代」。

【太平天國運動】清朝後期全國規模的農民起義。咸豐元年（1851）由洪秀全、楊秀清等在廣西金田村率眾起義，建號太平天國。1853 年定都天京（今南京），建立國家政權。1862 年太平軍與清政府軍及外國勢力作戰，1863 年 12 月至 1864 年 3 月蘇州、杭州失守，7 月天京陷落，標誌着太平天國運動失敗。這次運動發展到 18 個省，堅持鬥爭 14 年，嚴重地動搖了清朝統治，打擊了外國侵略者，對中國近代史產生了深遠的影響。

【屯田】古代政府利用士兵和農民、商人墾種荒地以取得軍糧和稅糧的措施。有軍屯、民屯、商屯等。始於漢代，延續到元明清。也指屯墾的土地。

【中日甲午戰爭】1894 — 1895 年日本發動的侵略中國和朝鮮的戰爭。因戰爭爆發的 1894 年為甲午年，故稱。日本首先侵佔朝鮮全境，又在黃海海戰中取得制海權，最後佔領遼東半島。雖經愛國軍民英勇抗戰，但由於清廷的腐敗，這場戰爭以中國戰敗、北洋水師全軍覆沒告終。清朝政府被迫簽訂了喪權辱國的《馬關條約》。戰爭的結果給中華民族帶來空前嚴重的民族危機，大大加深了中國社會半殖民地化的程度；日本則國力更為強大，得以躋身列強。也稱「甲午戰爭」。

【中法戰爭】1883 — 1885 年法國侵略越南和中國的戰爭。戰爭初期，法國遠東艦隊雖一度攻佔基隆，卻於滬尾（今新北市淡水區）一役被劉銘傳所部清軍擊敗；後期，臺灣及杭州灣防衛成功，廣西軍務幫辦馮子材統率各部於鎮南關（今友誼關）、諒山大敗法軍；劉永福部黑旗軍也在越南義軍配合下，於臨洮（táo）大敗法軍。最終清廷卻簽訂了屈辱的《中法新約》，使越南成了法國的殖民地，並打開了中國的西南門戶。

【中國】①原是中原華夏民族對自己所居之地的稱呼。最早出現在商代，原意是天下的中央，集中體現了華夏民族的中心意識。作為國家概念，指由華夏各民族共同組成的地域遼闊、歷史悠久的文明國家。「中華民國」「中華人民共和國」均取此義。也説「中華」。②指京師。《詩經·大雅·民勞》:「惠此中國,以綏四方。」毛傳:「中國,京師也。」③「中華人民共和國」的簡稱。

【公侯】①公爵與侯爵。東漢·班固《白虎通·爵》:「所以名之為公侯者何?公者通,公正無私之意也;侯者候也,候逆順也。」②泛指有爵位的貴族或官高位顯的人。《後漢書·朱景王杜馬等傳論》:「自茲下降,迄於孝武,宰輔五世,莫非公侯。」(孝武:指漢武帝;宰輔:輔政的大臣,一般指宰相)

【公卿】①「三公九卿」的簡稱。三公,古代中央機構中三種最高官職的合稱;九卿,中央機構中官職名的合稱。三公九卿歷代具體名稱不一,職權也有所不同。《論語·子罕》:「出則事公卿。」(事:侍奉,服侍)②泛指朝廷中的高官。明·方孝孺〈君子齋記〉:「為君子矣,雖不為公卿,無害也。」(害:妨礙)

【氏族】原始社會由血緣關係結成的基本經濟單位和社會組織。產生於舊石器時代晚期,初以女性為中心,稱母系氏族,後過渡到以男性為中心的父系氏族。氏族內部禁婚,集體佔有生產資料,集體勞動,集體消費。公共事務由選出的氏族長管理。也說「氏族公社」。

【六朝】①指「南朝六朝」:三國吳,東晉,南朝的宋、齊、梁、陳,都以建康(吳時名建業,今江蘇南京)為國都。唐·韋莊〈金陵圖〉詩:「江雨霏霏江草齊,六朝如夢鳥空啼。」②泛指南北朝時期。參見115頁「南北朝」。

【文景之治】漢文帝、漢景帝時期,重視「以德化民」,當時社會比較安定,百姓逐漸富裕起來。到景帝後期時,國家的糧倉豐滿,新穀子壓着陳穀子,一直堆到倉外;府庫裏的大量銅錢多年不用,以至於穿錢的繩子都爛了,散錢多得無法計算。史稱「文景之治」。

【戊戌變法】清朝末光緒二十四年(1898)的政治改革運動。6月11日,光緒皇帝採納康有為、梁啟超等人的主張,宣佈變法圖強。變法深入經濟、教育、軍事、政治及官僚制度等多個層面,卻遭到慈禧太后與守舊派的堅決反對,發動了戊戌政變。許多維新人士被追捕殺害,光緒帝被囚禁,維新派首領康有為和梁啟超逃亡國外。因事發於干支紀年的戊戌年,故稱。變法僅經歷了103天,故也稱「百日維新」「戊戌維新」。

【北宋】朝代名。960年宋太祖趙匡胤建立,定都開封。1127年,因金兵南侵,政權被迫南遷。這段時間,史稱北宋。

【北朝】(386—581)中國歷史上與

南朝同時代的北方王朝的總稱，其中包括北魏、東魏、西魏、北齊、北周等數個王朝。581年，北周靜帝禪讓帝位於大丞相、上柱國楊堅，隋朝建立，北朝結束。

【史】①古代官名。夏、商、周三代史官職責廣泛，替王室記事、擬定文告、主持占卜和祭祀、管理典籍等。漢代起專職掌管典籍和寫史書。《左傳・宣公二年》：「董狐，古之良史也，書法不隱。」②指歷史及記載歷史的書籍；也指中國古代圖書四部分類（經、史、子、集）中的一類。《莊子・天下》：「舊法世傳之史，尚多有之。」唐・韓愈〈柳子厚墓誌銘〉：「出入經史百子。」

【四夷】古代華夏民族對周邊民族的總稱。先秦時代，處於中原地區的華夏民族，文化發展相對先進，把周邊民族統稱為「夷」，自稱為「夏」或「華」，故有「夷夏」或「華夷」之稱。根據地域方位的不同，把處於東方的夷稱為「東夷」，西方的夷稱為「西戎」，南方的夷稱為「南蠻」，北方的夷稱為「北狄」。夷夏之間，不斷融合，夏吸收夷的優長，夷也接受夏的文明，稱為「以夏變夷」，共同創造文明。

【西周】朝代名。自公元前11世紀周文王之子周武王（姬發）滅商建立周朝始，至前771年周幽王被申侯和犬戎所殺為止，共經歷11代12王。先後以豐與鎬（hào）為都。

【西都】古都名。a）周武王都鎬（hào），至成王時別營雒（洛）邑為東都，因稱鎬京為西都。b）東漢都洛陽，因稱西漢舊都長安為西都。

【西晉】（265 — 317）朝代名。司馬炎（晉武帝）於公元265年取代曹魏政權而建，國號「晉」，定都洛陽，史稱「西晉」，與東晉合稱「兩晉」。317年為匈奴所滅，共歷4帝52年。

【西漢】（前206 — 25）朝代名。自公元前202年劉邦稱帝起，至公元9年王莽代漢止，共歷12帝。國都長安（今陝西西安西北）。與東漢合稱「兩漢」。也說「前漢」（從秦滅亡至東漢建立）。

【先秦】指秦統一全國以前的歷史時期，即從遠古起到公元前221年秦王朝建立為止的這段時間。也指春秋戰國時期。

【合縱連橫】戰國時期，秦、楚、燕、韓、趙、魏、齊七雄並峙，弱小的東方六國縱向聯合對抗強大的西方秦國，稱「合縱」；秦國橫向聯合六國中的某幾國攻滅一國，各個擊破，稱「連橫」，二者合稱「合縱連橫」。參見77頁「縱橫家」。

【安史之亂】唐代安祿山與部將史思明發動的叛亂。安是平盧、范陽、河東三鎮節度使，在天寶十四載（755）以誅奸相楊國忠為名叛亂稱帝，得到史思明的響應。叛軍攻入長安後，玄宗逃往蜀中，肅宗繼位。後安祿山被其子安慶緒殺死，史思明又殺死慶緒自稱燕帝。到代宗廣德元年（763），叛亂最終被平定。叛亂使開元、天寶年間社會經濟和安定局面遭到嚴重破壞。此後唐朝由盛而衰，進入藩鎮割據的局面。也說「天寶之亂」。

【收復臺灣】明天啟四年（1624），荷蘭殖民者侵佔臺灣。南明永曆十五年（1661）三月，鄭成功率 2 萬名兵將擊潰臺灣城荷蘭軍，圍困守敵 8 個月後發起強攻，荷蘭軍頭目被迫在投降書上簽字。至此（1662）鄭成功收復臺灣。清康熙年間鄭成功的兒子鄭經仍佔據臺灣，不歸順清政府。康熙任施琅為福建水師提督，於 1684 年 6 月統率水師兩萬多人，擊敗臺灣和澎湖守軍，招降鄭氏。清政府設官駐軍，臺灣歸清朝管轄。

【赤壁之戰】中國歷史上以弱勝強的著名戰例。東漢末年，曹操平定北方後，於建安十三年（208）率兵 20 餘萬南下，打算滅吳。孫權結好劉備，以聯軍 5 萬共同抗曹。他們利用曹軍不習水戰、驕傲輕敵等弱點，在長江赤壁（今湖北省赤壁市西北）一帶江面，以火攻擊，大破曹軍。戰後，曹操北回，孫權政權得到鞏固，劉備乘機據有荊、益二州，形成了三國鼎立的局面。

【吳楚七國之亂】西漢景帝時吳楚等七國發動的叛亂。漢初，皇帝的宗親被分封到各地為諸侯王，享有在封國內徵收賦稅、煮鹽鑄錢等特權，對中央構成威脅。景帝二年（前 155），御史大夫晁（cháo）錯上疏〈削藩策〉，得到景帝贊同，引發諸侯王的不滿。以吳王劉濞（bì）為首的七個劉姓宗室諸侯，以「清君側」為名，聯兵反叛。後被周亞夫、竇嬰平定，中央集權得到加強。

【宋】①周朝諸侯國名。在今河南東部和山東、江蘇、安徽交界處。②朝代名。a)（420 — 479）南朝第一個王朝。劉裕所建，史稱劉宋。b)（960 — 1279）趙匡胤（宋太祖）所建。都開封（今河南開封）。1126 年，金兵攻入開封，史稱此前為「北宋」。次年趙構（宋高宗）在南京（今河南商丘市南）稱帝，後建都臨安（今浙江杭州），史稱此後為「南宋」。1276 年為元所滅。兩宋共歷 16 帝 317 年。

【東周】①朝代名。從公元前 770 年周平王東遷雒邑（今河南洛陽市）到前 256 年被秦所滅，共歷 514 年。東周又可分為春秋、戰國兩個時期。②古國名。由戰國時西周分裂出來的另一小國。公元前 367 年立國，前 249 年為秦所滅。

【東都】東周指雒邑（今洛陽王城公園附近）；東漢、隋代、唐代指洛陽；

五代梁指開封。

【東晉】朝代名。西晉滅亡後，公元317年，司馬睿（ruì，晉元帝）在建康（今南京市）重建政權，史稱東晉。與西晉合稱「兩晉」。420年為劉裕所滅。共歷11帝104年。

【東漢】朝代名。從25年劉秀（即漢光武帝）稱帝起，到220年曹丕代漢止，共歷14帝196年。因國都洛陽在西漢國都長安（今西安市西北）的東面，故稱。也說「後漢」。與西漢（前漢）合稱「兩漢」。

【牧野之戰】周滅商的戰役。公元前1046年，周武王率兵車三百乘（shèng，古代一輛四匹馬拉的兵車為一乘），虎賁（bēn）勇士三千人，甲士四萬五千人，會合西南各部族東征商紂。渡黃河，抵牧野（今河南淇縣西南），與商軍決戰。商軍紛紛倒戈，紂王兵敗自焚。商朝滅亡。

【周】①朝代名。周（前1046—前256）。姬發（周武王）滅商所建，都於鎬（hào）（今西安市長安區以東）。公元前771年，申侯聯合犬戎殺周幽王。次年，周平王遷都雒邑（今河南洛陽）。史稱平王東遷以前為西周，以後為東周。東周又分春秋和戰國兩個時期。前256年為秦所滅。共歷34王791年。②北周（557—581）。南北朝朝代之一。鮮卑人宇文覺所建。③武周（690—705）。唐代武則天稱帝，曾改國號為周。史稱「武周」。④後周（951—960）。五代之一，郭威所建。

【契丹】古族名、古國名。先祖是東胡，北魏以後在今遼河一帶遊牧。唐以其地置都督府，以其首領為都督。唐末，耶律阿保機統一各部，於公元907年稱帝，國號契丹。947年改為遼。先後與五代、北宋並立，至1125年為金所滅。契丹人多與漢人、女真人融合，促進了經濟文化的發展。另有耶律大石帶人西遷，建西遼。今雲南有其後裔。

【春秋】①指歲月，有時借指年齡。《楚辭・遠遊》:「春秋忽其不淹兮，奚久留此故居。」北魏・楊衒（xuàn）之《洛陽伽（qié）藍記・永寧寺》:「皇帝晏駕，春秋十九。」②時代名。指前770—前476年，共295年。因魯國編年史《春秋》而得名。③書名。a）儒家經典之一。相傳為魯國史官左丘明編纂，後經孔子整理修訂而成。記事起於魯隱公元年（前722），終於魯哀公十四年（前481），計242年。是中國第一部編年體史書。敘事簡約，語言精煉，且多寓褒貶之意，被稱為「春秋筆法」，對後世歷史散文創作有很大影響。解釋《春秋》的有《左氏》《公羊》《穀梁》等三傳（zhuàn）。古代《春秋》經文和「三傳」傳文分列，後經、傳合併，經文在各傳之前。b）春秋戰國時諸子之書。如《晏子春秋》《呂氏春秋》等。

④古代史書的通稱。如《周之春秋》《燕之春秋》《齊之春秋》等。春秋之後的歷史書籍，也有沿用這個名稱的，如《吳越春秋》《十六國春秋》。

【春秋五霸】 春秋時期，一些強大的諸侯國為了爭奪霸權，互相征戰，爭做霸主，先後稱霸的五個諸侯是齊桓公、宋襄公、晉文公、秦穆公和楚莊王，史稱「春秋五霸」。

【南北朝】（420 — 589）時代名。從東晉滅亡到隋統一的 170 年間，中國歷史上形成的南北對峙的局面，史稱「南北朝」。南朝從 420 年劉裕代晉到 589 年陳亡，經歷宋、齊、梁、陳四朝；北朝從 439 年北魏統一北方開始，543 年北魏分裂為東魏、西魏，後來北齊代東魏，北周代西魏，581 年北周為隋所代。最後隋滅後梁和後陳，南北朝結束。

【南宋】（1127 — 1279）朝代名。1127 年宋徽宗和宋欽宗被金所俘、北宋滅亡後，徽宗第九子康王趙構在應天府（今河南商丘）繼承皇位，稱高宗，後遷都臨安（今浙江杭州），史稱南宋。至 1279 年被元所滅，共歷 7 帝 152 年。

【南朝】 ①（420 — 589）中國南北朝時期據有江南地區的宋、齊、梁、陳四朝的合稱。唐．杜牧〈江南春〉：「千里鶯啼綠映紅，水村山郭酒旗風。南朝四百八十寺，多少樓臺煙雨中。」參見 115 頁「南北朝」。②泛指位於南方的南宋、南明。《宣和遺事》後集：「金人已渡河，乃呼曰：『使南朝遣二千人守河，我輩怎生得渡哉！』」清．孔尚任〈《桃花扇》小引〉：「《桃花扇》一劇，皆南朝新事。」

【貞觀（guàn）之治】 對唐太宗貞觀年間（627 — 649）政績的美稱。唐太宗及其大臣房玄齡、杜如晦、魏徵等，常以隋亡為鑒，重視休養生息。太宗以「君似舟，民如水，水能載舟，亦能覆舟」為鑒戒，注意納諫，減輕賦役，繼續推行均田制，發展科舉制度，選拔統治人才。這一時期，人口增加，經濟得到較快恢復，史稱「貞觀之治」。

【帝王將相】 古代的皇帝、王侯和高級文武官員。

【洋務運動】 清同治、光緒年間清政府進行的與資本主義有密切聯繫的軍事、政治、經濟、文教、外交等方面的活動。標榜富國強兵，以興辦軍事工業並圍繞發展民用企業、建立新式陸海軍為主要內容，以「中體西用」為指導思想，以維護清廷統治為根本目的。當時管理外交事務的中央機關為「總理各國事務衙門」，主持者為奕訢（xīn）、文祥，各地主辦者有曾國藩、李鴻章、左宗棠、張之洞等。1860 — 1890 年間，購買槍炮軍艦，籌建南洋、北洋海軍，創辦江南製造局等軍事工業，創辦輪船招商局等工礦、交通運輸業，設立京師同文館等教育機構，派遣學生留學歐美等。所建陸海軍在中日甲午戰爭中遭到毀滅性打擊，運動宣告失敗。

【秦】①周朝諸侯國名，後為戰國七雄之一。在今陝西中部和甘肅東部。②朝代名（前 221 — 前 206），中國歷史上第一個中央集權君主專制的統一王朝。秦王嬴政所建，建都咸陽（今陝西咸陽市東）。為劉邦（漢高祖）所滅。共歷 3 世，15 年。

【夏】①朝代名（約前 21 — 前 17 世紀）。中國歷史上第一個朝代，傳說為禹的兒子啟所建，建都安邑（今山西省夏縣北）。②指華夏。《書經·舜典》:「蠻夷猾夏。」孔傳:「夏，華夏。」（猾：侵犯）

【晉】①春秋國名。公元前 11 世紀周分封的諸侯國，姬姓，由周成王弟叔虞創建，建都於唐（今山西翼城西）。晉文公改革內政，國力富強，成為霸主。公元前 4 世紀中葉由韓、趙、魏三家所分。②朝代名。a)（265 — 420）公元 265 年，司馬炎（晉武帝）代魏稱帝，國號晉，建都洛陽（今河南洛陽東），史稱「西晉」。280 年，滅吳，統一全國。316 年，被匈奴族的漢國滅亡。317 年，司馬睿（晉元帝）在南方重建晉朝，建都建康（今江蘇南京），史稱「東晉」。420 年，劉裕代晉，東晉滅亡。b)（936 — 947）五代之一。936 年石敬瑭（táng）所建，史稱「後晉」。

【唐】①西周諸侯國名，周成王封弟叔虞於唐。今山西翼城縣西有古唐城。②朝代名。a）李唐（618 — 907）。公元 618 年隋亡，李淵稱帝，國號唐，建都長安（今陝西西安）。李淵子李世民（唐太宗）統治時期國勢強盛，史稱貞觀之治。至唐玄宗開元年間，成為亞洲經濟文化中心。907 年為後梁朱溫所滅。共歷 22 帝 290 年。b）後唐（923 — 936）。五代之一，李存勖（xù）所建。建都洛陽（今河南洛陽）。c）南唐（937 — 975）。五代時十國之一，李昪（biàn）所建。

【宰相】宰：總管，主持；相：輔助，幫助。古代最高行政長官。即輔助帝王，總攬政務。又稱「宰輔」「宰衡」「丞相」「相國」。秦漢時的「三公」（大司徒、大司馬、大司空），唐宋時的中書、門下、尚書三省首長以及「參知政事」「同平（pián）章事」等頭銜，都是在履行宰相的部分或全部職責。明代廢除了「宰相」職位，將行政權力集中於皇帝一人。後設內閣逐漸成為最高行政機構，主持內閣政務的首席大學士成為事實上的宰相，稱為「首輔」。清代相沿。雍正朝設立軍機處取代內閣職權，成為事實上的宰相府，其領班軍機大臣相當於宰相。

【陳橋兵變】趙匡胤發動的取代後周、建立宋朝的兵變事件。959 年，周世宗柴榮死，八歲的周恭帝即位。趙匡胤與石守信、王審琦等結義兄弟掌握軍權。960 年正月初一，傳聞契丹將揮師南犯，趙匡胤奉命率兵北上禦敵。行至陳橋驛，趙匡義和趙普等密謀策劃，發動兵變，眾將以黃袍加在趙匡胤身上，擁立他為皇帝。隨後，回師開封，京城守將石守信、王審琦開城迎接，脅迫周恭帝禪位。趙匡胤即位後，改國號為「宋」。又稱「黃袍加身」。

【捻軍】 太平天國時期活動於北方的反清農民起義軍。初期，首領為張洛行（張樂行）、孫葵心等。後為張宗禹、賴文光等，與太平軍互有聯絡，接受其領導。極盛時期總兵力達 20 萬眾。1865 年，全殲清朝親王僧格林沁，清朝傾全力對付捻軍，最後被左宗棠、李鴻章剿滅。捻軍堅持戰鬥十六年，縱橫馳騁於皖、豫、魯、蘇、鄂、陝、晉、直（冀）八省，有力地配合了太平天國的鬥爭。

【乾隆】 ①清高宗（弘曆）的年號（1736 — 1795）。②（1711 — 1799）稱清高宗。滿族。姓愛新覺羅，名弘曆。雍正第四子，清朝入關後第四位皇帝。執政六十餘年。文治武功，功勛卓著。平定準噶（gá）爾等地叛亂，維護了多民族國家的統一；獎勵墾荒，興修水利；完成《明史》《四庫全書》等典籍的編纂。其統治時期經濟文化都得到極大發展，出現了「康乾盛世」（「康」指康熙）。但後期大興文字獄，奢華南巡，寵信和珅（shēn），貪污之風盛行，社會危機加深，清王朝從此由盛而衰。

【第二次鴉片戰爭】 英法兩國於 19 世紀中葉聯合發動的侵華戰爭。1856、1857 年，英國與法國趁中國太平天國運動之際，捏造事實，挑起爭端，在俄、美支持下，聯手進攻清朝政府。因為這場戰爭實際上是第一次鴉片戰爭的延續和擴大，故稱。戰爭中，清軍失利。1860 年英法聯軍攻陷北京，咸豐帝逃往熱河，侵略軍焚掠圓明園。清政府被迫簽訂了中英、中法《北京條約》，批准了此前簽訂的中英、中法《天津條約》。沙俄又脅迫清政府簽訂了《中俄北京條約》，割讓了烏蘇里江以東的大片領土。

【康乾之治】 指起於清聖祖〔玄燁（yè）〕康熙二十年削平三藩，至清仁宗〔顒琰（yóng yǎn）〕嘉慶元年（1681 — 1796）清王朝前期統治下的盛世，持續時間長達 115 年。在此期間，社會安定，經濟快速發展，人口迅速增長，疆域遼闊。也稱「康雍乾盛世」。

【康熙】 ①（1662 — 1722）清聖祖年號。②（1654 — 1722）清聖祖，即愛新覺羅・玄燁（yè）。以其年號稱之。生於北京，順治第三子。1661 — 1722 年在位。親政後，智擒權奸鰲（áo）拜，平定三藩叛亂，收復臺灣，驅逐盤踞黑龍江省的沙俄勢力，平定準噶爾叛亂，加強了多民族國家的統一。在位期間重視農業、水利，進行全國性土地丈量，完成《皇輿全圖》的繪製。崇尚儒學，提倡程朱理學。重文興教，開博學鴻詞科。組織編纂《全唐詩》《康熙字典》等，為「康乾之治」打下基礎。

【商】①朝代名（約前 1600 — 前 1046）。湯滅夏後所建，建都亳（bó，今河南商丘）。曾多次遷移，後來盤庚遷都到殷（今河南安陽西北小屯村），故也稱「殷」「殷商」。農業、手工業都比較發達，出現了規模較大的早期城市，為當時世界上的文明大國。傳至紂，被周武王攻滅。共傳 17 代 31 王，歷 554 年。②五音〔宮、商、角（jué）、徵（zhǐ）、羽〕之一。③古人以秋天肅殺之氣與商聲悽愴悲涼之音相配，故稱秋為商。《禮記 · 月令》：「孟秋之季，其音商。」唐 · 孟郊〈秋懷詩十六首之七〉：「商蟲哭衰運，繁響不可尋。」（商蟲：秋蟲）

【清】①指為官公正廉潔。如：清官、清廉。②朝代名（1644 — 1911）。中國歷史上第二個由少數民族建立的統一政權。其前身為後金，1636 年皇太極即位，改國號為清。1644 年李自成推翻明朝，清軍趁機入關，定都北京，逐步統一全國。國勢強盛，疆域西到新疆以西，東到海（包括臺灣），北到外興安嶺以北，南到南海諸島。1840 年後，多遭列強入侵，主權嚴重喪失，淪為半殖民地社會。1911 年，辛亥革命爆發，清朝統治瓦解，兩千多年來的帝制至此結束。從皇太極改國號為清起至宣統三年（1911）止，共歷 11 帝 276 年。

【淝水之戰】中國歷史上著名的以少勝多的戰例。公元 383 年，前秦苻堅率領 80 餘萬大軍南下，企圖一舉滅晉。東晉命謝玄領兵 8 萬迎戰。晉軍進至淝水，要求對岸秦軍稍退，以便渡河決戰。苻堅打算乘對方半渡而擊，便揮軍後退。不料大軍因多不願戰，一退而不可止。晉軍渡河追擊，秦軍敗逃，途中聽到風聲鶴唳（lì，鳴叫），也以為晉兵追來。謝玄乘勝攻佔洛陽等地，保住了東晉半壁江山。

【隋】（581 — 618）朝代名。581 年楊堅（隋文帝）代北周稱帝，國號隋，亦稱「楊隋」，都大興（今陝西西安）。589 年滅陳，統一全國。隋煬帝（楊廣）大業七年（611）起，各地農民相繼起義，大業十四年（618）煬帝被殺於江都（今江蘇揚州），隋亡。共歷 3 帝，38 年。

【隋末農民戰爭】公元七世紀初推翻隋王朝的農民大起義。由於隋煬帝昏庸腐朽，荒淫無道，導致內外交困，民不聊生，引發全國性的武裝反抗。起義隊伍多達近二十支。到隋朝大業十二年（616）形成了三支強大的起義軍，即河南的瓦崗軍，河北的竇建德軍，江淮的杜伏威軍。歷時十四年，起義軍殲滅隋軍主力，動搖了隋王朝的統治。隋朝滅亡後，以李淵為首的關隴集團建立了李唐王朝。

【貳臣】貳：二心。朝代更替之際兼仕兩朝的大臣。投降敵方並為其服務的官員被原統治集團稱為貳臣。古代社會在「忠君」思想支配下，官員以做貳臣為恥。例如宋元和明清之際，有大量前朝官員拒絕為新朝服務，他們或隱遁山林專務學術，或浪跡天涯不知所終。但也有一些人順應時變，積極投入新朝懷抱，為新興政權奔走。

【博士】①秦漢時掌管書籍文典、通曉史事的官職，後為學術上專通一經或精通一藝、從事教授生徒的官職。②古代指專精某種技藝的人。如：茶博士、酒博士、武博士等。③現代學位中最高的一級。有博士生（在讀博士研究生）、博士（已經獲得博士學位的專業人員）和榮譽博士等。

【黃巾起義】東漢末年的農民大起義。時宦官專政，橫徵暴斂，豪族地主瘋狂兼併土地，農民成群流亡。太平道首領張角發動徒眾數十萬人，於甲子年（184）起義，提出「蒼天已死，黃天當立，歲在甲子，天下大吉」的口號，起義軍用黃巾裹頭，稱為「黃巾軍」。他們焚燒官府，捕殺官吏，屢敗官軍。後在政府軍和地主武裝的聯合鎮壓下失敗。共鬥爭九個多月，動搖了東漢王朝的統治。

【焚書坑儒】秦攻滅六國統一天下後，為加強統治而製造的重大摧毀文化事件。始皇三十四年（前213），秦始皇下令：一、除《秦記》外，其他列國史記一律燒毀。二、除博士官的藏書外，民間所藏的《詩》《書》及百家語等一律焚毀。三、通令全國郡守和尉查禁以上書籍，令下三十日不燒的判五年徒刑，黥（qíng，臉上刺字）面並罰其修築長城。四、私藏禁書的滅族。五、有敢談論《詩》《書》的判處死刑；以古非今的滅族；官吏知而不舉者連坐同罪。六、禁止私學；要學習法令，以官吏為師。焚書令下達後，引起思想文化界強烈不滿，很多方士、儒生相約逃亡。始皇三十五年（前212），秦始皇派御史查究並下令把460多名方士和儒生活埋於咸陽驪山坑谷中。史稱「焚書坑儒」。焚書坑儒體現了秦始皇的暴虐，嚴重摧殘了思想文化的發展。

【開元之治】指唐玄宗（李隆基）開元年間（713—741）出現的社會安定、經濟文化繁榮昌盛的時期。其間先後由姚崇、宋璟（jǐng）、張説（yuè）、張九齡等為相，革除武周後期以來的弊政，形成了政治安定清明的局面。興修水利，發展生產，使倉廩充實，經濟十分繁榮。其時，「絲綢之路」暢通，海上航行也有發展，唐已成為亞洲經濟文化交流的中心。

【順治】①清世祖愛新覺羅·福臨的年號（1644—1661）。②（1638—1661）稱清世祖。滿族。姓愛新覺羅，名福臨。清朝入關後的第一位皇帝。6 歲即位，由叔父多爾袞（gǔn）攝政。順治元年（1644）擊敗李自成，遷都北京。14 歲開始親政。主張獎勵墾荒，發展經濟，穩定社會；尊孔讀經，提倡忠孝節義；重用漢官，推行安撫政策，緩和漢滿矛盾；澄清吏治，擢優汰劣；重視對藏蒙等少數民族的團結。24 歲病死。

【復社】明末清初江南地區自發興起的進步文化、政治集團。領袖人物為張溥、張采。明崇禎元年（1628），江蘇太倉文學家張溥與同鄉孫淳等文化界名人，聯合江南地區已有的文化社團如南社、匡社等，組成復社，提出「復古興學」「改良社會」的口號。後來逐漸由蘇南擴展到江西、福建等地，對明末清初的政治、文化和社會生活有較大影響。清兵入關後，復社成員堅持抗清鬥爭。清順治九年（1652）被清政府取締。

【湯放桀，武王伐紂】指成湯推翻夏朝而將夏桀流放和武王攻伐殷紂王的史實。就此二事，齊宣王問孟子，臣子犯上殺死君主，這合乎道德嗎？孟子答，不仁的人叫作「賊」，不義的人叫作「殘」，毀仁害義的殘賊，叫作「獨夫」。成湯、武王是把獨夫殘賊桀、紂打倒或處死了，是為民除害，並不是所謂的君主被臣下殺害了。（《孟子·梁惠王下》）

【楚漢戰爭】劉邦、項羽爭奪帝位的戰爭。自劉邦乘項羽出兵擊齊之機，攻佔關中，東進時被項羽回師擊敗，到垓（gāi）下一戰項羽被劉邦擊敗，並在烏江自殺，歷時四年，以劉邦的勝利告終。也說「楚漢之爭」。

【楚辭集注】書名。《楚辭》注本。南宋朱熹作。將《楚辭章句》刪去〈七諫〉等 4 篇，增入賈誼作品 2 篇，編為 8 卷。注釋簡明扼要，時出己見，為後世研究者所重視。附有《辨正》2 卷，評駁舊注。

【虞】①傳說中遠古朝代名，舜所建。②周朝諸侯國名，在今山西。

【稗（bài）史】通常指記載民間軼聞瑣事的史籍（稗：細微；瑣碎）。相傳古代設立稗官，採錄民間情況，以供統治者參考。如：清代潘永因《宋稗類鈔》、民初徐珂《清稗類鈔》等。有時也用來泛指「野史」，如《明季稗史彙編》等。

【雍正】①清世宗〔胤禛（yìn zhēn）〕年號（1722 — 1735）。②（1678 — 1735）稱清世宗。愛新覺羅·胤禛，康熙第四子，清朝第三位皇帝。在位時平定了青海碩特部、準格（gá）爾部貴族叛亂；設置駐藏大臣；對西南少數民族實行改土歸流（廢除土司，由流官管理）；劃定中俄中段邊界，並將青藏、蒙古地區納入版圖。設置軍機處，整頓吏治，實行攤丁入畝、改土歸流、火耗（舊時鑄錢金屬的損耗）

歸公等一系列改革政策，對康乾之治的延續起了關鍵性作用。屢興文字獄以加強思想統治。

【榜眼】明清兩代科舉殿試的第二名（第一名為狀元，第三名稱探花）。起始於宋代，初期指第二、第三名。因前三名都由皇帝欽點，在榜上畫圈，而二三名並列，好似榜中之雙眼，故稱。後專指第二名。

【漢】①朝代名。a）（前 206 — 220）公元前 206 年劉邦（即漢高祖）滅秦，被項羽封為漢王，後又戰勝項羽，於公元前 202 年稱帝，國號漢，建都長安（今陝西西安市西北），史稱「西漢」。公元 8 年王莽代漢稱帝，國號新。25 年皇族劉秀（即漢光武帝）重建漢朝，建都洛陽，史稱「東漢」。220 年，曹丕代漢稱帝，東漢滅亡。漢代共歷 27 帝，406 年。b）（947 — 950）五代之一。劉知遠所建，史稱「後漢」。②漢族。中國的主體民族。③「漢語」的簡稱。如：《漢英詞典》。

【漕運】本為水路運輸，後指歷代將所徵糧食解往京城或其他指定地點的運輸。源於秦始皇將關內糧食運往北河（今內蒙古烏加河一帶）作軍糧。明清時代東南糧食通過貫通南北的大運河運到通州、北京。也運食鹽。漕運在南北交通和物資交流上起到了重要作用。

【寡人】謙詞。意思是寡德之人。古代諸侯對臣下的自稱（唐以後，皇帝也自稱寡人）。《禮記・曲禮下》：「諸侯見天子，曰『臣某侯某』。其與民言，自稱曰『寡人』。」

【鴉片戰爭】1840 — 1842 年英國因鴉片輸出受阻而對中國發動的侵略戰爭。1838 年，道光帝鑒於煙毒泛濫、白銀外流，派湖廣總督林則徐為欽差大臣，赴廣東查禁鴉片。林於次年 6 月將繳獲所得 237 萬餘斤鴉片銷毀於虎門海灘。英國遂於 1840 年 6 月發動侵華戰爭。清廷派琦善到廣州議和，將林革職。1841 年 1 月，清廷對英宣戰，三元里數萬民眾也奮起參戰。8 月英軍先後攻陷廈門、定海、寧波等。1842 年 6 月陷吳淞，後陷鎮江，犯南京。道光帝決定議和，簽訂了喪權辱國的《南京條約》。

【戰國】時代名。因各諸侯國之間長期連年戰爭，故稱。此名出於《戰國策》。緊接於「春秋」之後，與「春秋」合稱「春秋戰國」。一般以周元王元年（前 475）至秦始皇二十六年（前 221）統一中國這一時期為「戰國時代」。

【戰國七雄】指戰國時燕、趙、韓、魏、齊、楚、秦七個比較強大的諸侯國，因爭雄稱霸，故名。《戰國策・燕策一》：「凡天下之戰國七。」

【遼】朝代名。契丹人耶律阿保機所建。初名契丹，公元 947 年改國號為遼。其疆域東至日本海黑龍江口，西北到今蒙古國中部，南以今天津海河、河北霸州、山西雁門關一線與北宋為界。與北宋、西夏鼎立。是統治中國北部的一個王朝。1125 年為金所滅。

4. 文學藝術

【七言詩】詩體名。全篇每句七字或以七字為主。起源於漢代民間歌謠，至唐代大為發展。有七言古詩、七言律詩、七言絕句等。與五言詩同為漢語古典詩歌的主要形式。三國魏曹丕〈燕歌行〉為現存較早的七言詩。

【八股文】明清時代科舉考試規定的一種文體。要求每篇文章都要由破題、承題、起講、入手、起股、中股、後股、束股八部分組成。後四個部分，其中都要有兩股排比對偶的文字，共為八股，故稱。題目主要摘自《四書》，所論內容也要根據宋代朱熹所著《四書集注》等書，作者不得隨意發揮。這種文章形式死板，內容空泛，束縛思想，至清康熙二年（1663）廢止。現多用於比喻死板、空洞的文章或講話。

【八音歌】雜體詩名。五言十六句，每隔一句冠以金、石、絲、竹、匏（páo）、土、革、木八字。因金、石等為中國古代樂器的八類，統稱「八音」，故稱。宋代黃庭堅《山谷詩外集》中有載。

【三曹】指漢魏間曹操與子曹丕、曹植。因父子三人政治上的地位和文學上的成就對當時文壇較有影響，故後人合稱「三曹」。

【三蘇】指北宋文學家蘇洵與子蘇軾、蘇轍。洵稱老蘇，軾稱大蘇，轍稱小蘇。其中蘇軾的成就最高，在詩、詞、文各方面都有重要地位。洵、轍長於書策散文。三人皆入「唐宋八大家」之列。

【下里巴人】春秋時楚國流行的民間歌曲名（與「陽春白雪」相對）。後泛指通俗或淺易的文藝作品。戰國楚・宋玉〈對楚王問〉:「客有歌於郢中者，其始曰《下里》《巴人》，國中屬（zhǔ，跟着）而和（hè，一起唱）者數千人……其為《陽春》《白雪》，國中屬而和者不過數十人。」也說「巴人下里」。參見 132 頁「陽春白雪」。

【大曆十才子】指唐大曆年間的十位詩人：盧綸、吉中孚、韓翃（hóng）、錢起、司空曙、苗發、崔峒（dòng）、耿湋（wéi）、夏侯審、李端。其共同特點是偏重詩歌形式技巧。

【山水畫】 中國畫畫科之一。以描繪山川自然景色為主體，主要有青綠、金碧、沒（mò）骨、淺絳、水墨等形式。在藝術表現上講究經營位置和表達意境。簡稱「山水」。

【山水詩】 詩歌的一種。以山水名勝為描寫對象，或表現山水的秀美壯麗，或藉山水風光抒發思想感情。山水詩在晉代已有，南朝宋代謝靈運始開此派詩風。其後最著名的山水詩人有謝朓（tiǎo）、何遜、孟浩然、王維等。

【元曲】 元雜劇和散曲的合稱。兩者都使用當時流行的北曲，出現了很多優秀的作家、作品，因此常被作為元代文學的代表，與唐詩、宋詞有着相同的文學地位。也有以元曲作為元雜劇的同義語，如《元曲選》即為元雜劇的選集。

【元雜劇】 元代用北曲演唱的戲曲形式。在宋雜劇、金院本和諸宮調基礎上，吸收多種詞曲和技藝發展而成。劇本體裁一般每本四折，每折用同一宮調的若干曲牌組成套曲，必要時另加「楔子」。始以大都（今北京）為中心，元滅宋後逐漸流行到南方，至元代後期漸趨衰落。今知有記載的元雜劇作家在 120 人左右，著名作家有關漢卿、王實甫等。現存作品有被稱為「四大悲劇」的《竇娥冤》《漢宮秋》《梧桐雨》《趙氏孤兒》；被稱為「四大愛情劇」的《西廂記》《拜月亭》《墻頭馬上》《倩女離魂》等。也說「元曲」。

【水墨畫】 中國畫中純用水墨作畫的畫體。一般認為始於唐，成於宋，盛於元，至明清仍繼續發展。以筆法為主導，充分發揮墨法的功能，取得「水暈墨章」的藝術效果。在中國畫史上佔有重要地位。

【今體詩】 見 128 頁「近體詩」。

【公安派】 明代晚期的文學流派。形成於萬曆年間，因代表人物袁宏道為公安（今屬湖北）人而得名。此流派以「性靈說」為內核，主張文學應因時而變，反對擬古蹈襲，注重有感而發、直寫胸臆。其風格清新輕逸、真率自然，語言通俗活潑，有「公安體」之稱。

【公案小說】 中國舊小說的一種。以古代社會中的冤獄訟案為題材，通過形形色色案件的審理，反映了古代官吏執法、斷案各方面情況。萌芽於魏晉，發展於唐宋，繁盛於明清。代表作品有《包公案》《施公案》等。

【丹青】 ①礦物名。丹砂（朱砂）和青雘（huò，石青）兩種顏料的合稱。一為紅色，一為青色。《管子．小稱》：「丹青在山，民知而取之。」②古代繪畫常用的顏料；借指繪畫。《晉書．顧愷之傳》:「尤善丹青，圖寫特妙。」③丹冊與青史。古代丹冊紀勛，青史記事，借指史書。南宋．文天祥〈正氣歌〉詩:「時窮節乃見（xiàn），一一垂丹青。」

【文言】以古代漢語為基礎的書面語（跟「白話」相對）。

【文苑】指文壇；文學界。唐．韋應物〈寄洪州幕府盧二十一侍御〉詩:「文苑臺中妙，冰壺幕下清。」

【文學】①指古代文獻。孔門四科（德行、言語、政事、文學）之一。②古代把用文字書寫的書籍文獻統稱文學。③用語言文字塑造形象反映社會生活，表達作者思想感情的藝術。魏晉南北朝時期，曾將文學分為韻文和散文兩大類，現代通常分為詩歌、散文、小説、戲劇、影視等體裁。也稱「語言藝術」。

【尺牘（dú）】本指古代用於書寫的長約一尺的木簡。後代指信札、書信。如《尺牘大全》（教人如何寫信的工具書）。

【古文】①上古的文字。如甲骨文、籀（zhòu）文和戰國時通行於六國的文字。也包括《説文》和曹魏時代的《三體石經》所收的古文，以及歷代出土的銅器、兵器、璽印、貨幣、陶器和近年長沙仰天湖楚墓中所發現的竹簡上的文字。②指秦漢以前的文獻典籍。《史記．太史公自序》:「年十歲，則誦古文。」③「古文經學」的簡稱，漢代經學的一個派別（與「今文經學」相對）。④文體名。原指先秦兩漢以來用文言寫成的散體文，與「六朝駢體文」相對。唐代的韓愈與宋代的歐陽修等都曾大力提倡古文，反對六朝以來的駢驪文體與文風。後世則成為用文言寫成的散體文章的通稱。

【古文運動】指唐代中期和宋朝以提倡古文、反對駢文為特點的文體改革運動。因涉及文學的思想內容，所以兼有思想運動和社會運動的性質。韓愈首倡「古文」，把六朝以來講求聲律及辭藻的駢文視為俗下文字，認為自己的散文繼承了兩漢文章的傳統。韓愈提倡古文的目的在於恢復古代的儒學道統，強調文以載道，以文明道，使改革文風與復興儒學相輔相成。「唐宋八大家」都是古文運動的中堅力量。

【古玩】可供玩賞的古代器物。元．吳萊〈陳彥理昨以漢石經見遺〉詩:「橫山先生多古玩，太學石經分我半。」

【古詩】①古代詩歌的通稱。南北朝時稱漢魏無名氏的詩為古詩。如《古詩十九首》。南朝梁．鍾嶸《詩品》卷上:「古詩，其體源出於「國風」。」②「古體詩」的簡稱。為近體詩形成以前，除楚辭以外各種詩體的通稱。每篇句數不拘。有四言、五言、六言、七言、雜言諸體。後世用五言、七言較多。不求對仗、平仄，用韻也較自由。也說「古風」。

【古籍】古代典籍；泛指古書。南朝宋·謝靈運〈鞠歌行〉：「覽古籍，信伊人。」（伊人：此人、這個人，即意中所指的人）

【北曲】①金元時北方戲曲、散曲所用各種曲調的統稱。源自唐宋歌舞大曲、諸宮調等，大多由北方民間歌曲、少數民族樂曲和中原傳統曲調（包括宮廷、寺廟、民間音樂）結合而成。聲調高亢樸實，盛行於元代。②金元時代流行於北方的戲曲（跟「南戲」相區別）。

【甲骨文】商周時期刻在龜甲獸骨上記錄占卜的文字。1899 年以來，河南安陽小屯村的殷墟遺址先後出土了十餘萬片刻有文字的甲骨，這些文字都是卜辭和與占卜有關的記事文字，為盤庚遷殷到商紂滅亡 273 年的遺物。是研究商周社會歷史的重要資料。文字結構漸由獨體趨向合體，而且出現了大批的形聲字。在可識的漢字中，甲骨文是最早的文字體系。近年在陝西扶風、岐山一帶的周原等地發現了一些西周時代的甲骨。也說「契文」「卜辭」「龜甲文字」「殷墟文字」。

【田園詩】詩歌的一種。以描寫農村景物、反映農村生活為主要題材。情調恬靜悠然，語言樸素流暢。中國古代田園詩的代表詩人有東晉的陶淵明、南宋的范成大等。

【四大傳奇】指元末明初四種著名的戲曲《荊釵記》《劉知遠白兔記》《拜月亭》《殺狗記》，合稱「荊劉拜殺」。明代稱以演唱南曲為主的長篇戲曲為傳奇，故稱。

【四大徽班】清乾隆五十五年（1790）起在北京演出的三慶、四喜、春臺、和春四個徽班的合稱。此四班演出各有所長，長期活躍於北京，對京劇的形成起過很大作用。宣統年間相繼散班。

【四言詩】詩體名。每句四字或以四字句為主。是中國古代詩歌中最早形成的詩體。春秋以前的詩歌，如《詩經》，大都為四言。漢代以後，詩體稍變。自南朝宋齊以後，四言詩漸少。

【四部】中國古代圖書分類名稱。先分為甲、乙、丙、丁部，後又重分為經、史、子、集部，均稱四部。後因分庫儲藏，也稱「四庫」。

【四書五經】儒家的主要經典。四書見 296 頁「四書」；五經見 289 頁「五經」。

【仕女】古代指官宦人家的女子；也指以古代美女為人物的仕女畫。南宋·孟元老《東京夢華錄·潘樓東街巷》：「仕女往往夜遊，吃茶於彼。」

元・湯垕《古今畫鑒・唐畫》:「張萱工仕女人物，尤長於嬰兒，不在周昉之右。」

【民間傳說】與一定的歷史人物、歷史事件、地方風物、社會習俗相關的故事。具有歷史性、可信性特徵，但並不嚴格地再現事物本身，是經過藝術加工後的歷史。題材大致來自兩個方面:一是以歷史上真人真事為素材，經藝術加工附會而成；二是由神話演變而來。可分為人物傳說、史事傳說、地方風物傳說三類。

【西夏文】記錄西夏党項族語言的文字。西夏景宗李元昊（hào）正式稱帝前的大慶元年（1036），西夏大臣野利仁榮奉命創製，三年始成。形體方整，筆畫繁冗，結構仿漢字，又有其特點。曾在西夏王朝所統轄的今寧夏、甘肅、陝西北部、內蒙古南部等地盛行了約兩個世紀。元明兩朝，仍在一些地區留傳了大約三個世紀。全部西夏文字共計 5917 字，有實際意義的字共 5857 字。

【百花齊放】指千百種花同時開放，爭奇鬥艷。清・無名氏〈《帝城花樣》自序〉:「百花齊放，皇州春色，盡屬春官矣。」今用以比喻藝術上的不同形式和風格自由地發展。

【曲（qǔ）牌】元明以來各種曲子的曲調名的統稱。如「點絳唇」「山坡羊」「天淨沙」「桂枝兒」「銀紐絲」「疊落金錢」等。每一曲牌都有一定的曲調、字數、平仄等。曲牌多來自民間，一部分由詞發展而來，故曲牌名也有與詞牌名相同的。此外，也有專供演奏的曲牌，大多只有曲調而無曲詞。俗稱牌子。

【先秦寓言】先秦諸子散文、史傳中出現的小故事。原為著作中的論證手段，但因其高度的文學性，逐漸獨立流傳，演化為寓言故事，有的還凝練為成語。如「守株待兔」「刻舟求劍」「揠苗助長」「鄭人買履」等。對後世文學產生深廣影響。

【竹枝詞】樂府《近代曲》之一。本為巴渝（今重慶市）一帶民歌。唐代詩人劉禹錫任夔（kuí）州刺史時，把當地民歌改成新詞，用於詠唱三峽風光與愛情，盛行於世。此後詩人寫「竹枝詞」的很多，也多詠當地風俗與男女戀情。形式為七言絕句，語言通俗，音調輕快，雅俗共賞。也稱「竹枝」。

【江西詩派】宋代文學流派。以黃庭堅為創始人，包括陳師道、潘大臨、晁沖之等 25 人。因多為江西人，故稱。該派詩人崇尚瘦硬風格，喜作拗（ào）體詩，要求字字有來歷，好以舊翻新，襲用前人詩意而略改其詞。到了南宋，其影響遍及整個詩壇，其餘波延及清晚期。

【志怪小說】中國古代小說形式之

一。是魏晉南北朝時期產生和流行的一種以記述神仙鬼怪為主要內容的小說，也包括漢代的同類作品。如干（gān）寶《搜神記》、葛洪《神仙傳》等。志怪小說對唐代傳奇產生了直接的影響。

【花間詞派】 晚唐、五代時流行的詞派。因後蜀趙崇祚選錄晚唐、五代18位詞人的500首詞編成的《花間集》而得名。以晚唐著名詞人溫庭筠（yún）為代表，包括西蜀的韋莊、皇甫松、李珣（xún）、牛希濟等詞人。內容多寫上層宴樂生活和閨情女態、離情別思。詞調柔靡，詞風艷麗，對後代影響較大。

【李杜】 ①指李白、杜甫。唐·韓愈〈調（tiáo）張籍〉:「李杜文章在，光焰萬丈長。」②指晚唐詩人李商隱、杜牧。稱之為「李杜」或「小李杜」。

【別集】 中國古代圖書四部分類法中集部的一個分目，指只收錄一個人的詩文而成的集子（跟「總集」相區別）。如：杜甫《杜工部集》、白居易《白氏長慶集》、蘇軾《東坡七集》等。

【言情小說】 中國古代小說的一種。以男女愛情故事為中心，通過完整的情節結構、心理刻畫、環境描寫等反映社會生活。唐傳奇〈鶯鶯傳〉〈李娃傳〉〈霍小玉傳〉是古代言情小說的代表。也說「狹邪小說」「才子佳人小說」。

【宋詞】 宋代人填寫的詞。詞起於唐代，至宋為全盛時期，小令中調之外，更增長調。在意境、形式、技巧等方面達到高峰。宋代填詞名家最多，作品也極豐富，故文學史上常與唐詩並稱，都代表一代文學之盛。

【初唐四傑】 指唐代初期詩壇上有較大影響的四位詩人，即王勃、楊炯、盧照鄰和駱賓王。

【長短句】 詞的別稱。一種詩歌體裁，起源於唐代，盛行於宋代，按譜填寫，句式長短不一。宋人詞作中，題名「長短句」的有：辛棄疾《稼軒長短句》、秦觀《淮海居士長短句》等。

【明代三大傳奇】 指明中期出現的三大傳奇劇，即梁辰魚《浣紗記》、王世貞《鳴鳳記》、李開先《寶劍記》。標誌着明傳奇已發展到一個嶄新的歷史階段，作者開始有意識地對政治、歷史和人生進行積極探索，提高了戲曲的思想水準與審美品格。

【京劇】 戲曲劇種。1790年四大徽班陸續進京演出，受漢調、崑曲、秦腔的曲調、表演方法的影響，並吸收一些民間曲調，逐漸融合、演變、發展而成。後經諸多名家改革、發展，逐步形成相當完整的藝術風格和表演體系。唱腔以西皮、二黃為主，用京胡、二胡、月琴、三弦、笛、嗩吶等管弦樂器和鼓、鑼、鐃（náo）、鈸（bó）等打擊樂器伴奏。表演上唱、念、做、打並重，多用虛擬的程式動作。傳統劇目有 1000 多個。1928 年 7 月至 1949 年 9 月稱作平劇（因北京改名北平）。

【近體詩】詩體名。唐代形成的絕句和律詩的統稱。跟古體詩相對。每首詩的句數、每句詩的字數、用韻、平仄、對仗等都有嚴格規定，但排律不限句數。也稱「今體詩」。

【建安七子】指漢末建安時期作家孔融、陳琳、王粲、徐幹（gàn）、阮瑀（yǔ）、應瑒（yáng）和劉楨七人。因其作品的題材、風格、成就相近，故稱。曹丕在《典論·論文》中曾以此並舉七人，予以讚揚。又因他們同居鄴中，故也稱「鄴中七子」。

【建安文學】指漢末建安（漢獻帝年號）年間至魏初時期以三曹（曹操、曹丕、曹植）、七子（孔融、陳琳、王粲、徐幹、阮瑀、應瑒、劉楨）和蔡琰（yǎn）等作家為代表、以建安風骨為特徵的文學。以詩歌的成就最為顯著。詩作既繼承了漢樂府民歌的特點，又表現出詩人的個性，情調慷慨，語言剛健。建安文學對後世文學有重要影響。

【建安風骨】指漢魏之際曹氏父子、建安七子等人詩文的情辭慷慨及清新剛健的風格。對後世詩文創作深有影響。劉勰（xié）的《文心雕龍》和鍾嶸（róng）的《詩品》，都反覆推崇建安時期的文風。唐代陳子昂也盛譽「漢魏風骨」，李白有「蓬萊文章建安骨」的詩句。也說「建安骨」。

【春秋筆法】古代學者認為，孔子修訂《春秋》，字寓褒貶，微言大義。後世把文筆曲折而意含褒貶的寫作手法稱為春秋筆法。

【草書】漢字字體的一種。始於漢初。特點是書寫快速，點畫與上下字之間往往牽連相通，偏旁省減或相互假借，有的筆勢連綿迴繞，章法跌宕奇詭，字形變化繁多。細分有章草、今草、狂草等。漢末的張芝，唐代的張旭、懷素都是著名的草書書法家。也說「草體」。

【南曲】①宋元明時期流行於南方的戲曲、散曲所用各種曲調的統稱（與「北曲」相對）。用韻以今江蘇、浙江一帶語音為標準，有平、上、去、入四聲。音樂上用五聲音級，聲調柔緩婉轉，主要以簫、笛伴奏。宋元南戲和明清傳奇都以南曲為主。②指用南曲演唱的各種戲曲。③南音。

【南戲】宋元時期流行於南方，用南曲演唱的戲曲形式。是中國戲曲最早的成熟形式之一，對明清兩代的戲曲影響很大。劇本今知有 200 餘種，但全本留傳的僅有《張協狀元》《拜月亭》《荊釵記》《白兔記》《殺狗記》《琵琶記》等十餘種。也說「戲文」。

【後七子】 明中葉嘉靖、隆慶年間（1522 — 1572）的文學流派。成員包括李攀龍、王世貞、謝榛、宗臣、梁有譽、徐中行和吳國倫。因在明弘治、正德年間（1488 — 1521）的李夢陽、何景明、徐禎卿、邊貢、康海、王九思和王廷相七人之後，並受其復古文學主張的影響，故稱後七子。

【風雅頌】 ①《詩經》三個組成部分。風，又稱國風，即各地民歌，共 160 篇;雅，分小雅、大雅，多為敍事詩，是西周王畿（jī）一帶的樂歌，共 105 篇；頌，分周頌、魯頌、商頌三種，為祭祀所用的樂歌，共 40 篇。②《詩經》「六義」(風、雅、頌、賦、比、興）中根據所寫內容、作用分出的三種：風用於教化；雅指政事可供後人效法，政事大的稱大雅，小的稱小雅；頌是讚美王的盛德的。參見 317 頁「詩經」。

【前七子】 明中葉弘治、正德年間（1488 — 1521）的文學流派。成員包括李夢陽、何景明、徐禎卿、邊貢、康海、王九思和王廷相。為與後來嘉靖、隆慶年間出現的李攀龍、王世貞等七子相區別，史稱「前七子」。他們反對臺閣體詩風，倡言「文必秦漢，詩必盛唐」，主張復古。

【神話】 反映古人對世界起源、自然現象和社會生活的原始理解的故事和傳説。它一定程度上表達了古人對自然力的鬥爭和對理想的追求。中國古代神話散見於《山海經》《淮南子》等古代典籍中，民間也流傳着很多口頭神話故事。

【神魔小説】 古代通俗小説中的一類。以神魔怪異為題材，參照現實生活，將零散、片段的神怪故事系統化、完整化。想象力豐富，為百姓喜聞樂見。代表作有《西遊記》《封神演義》等。也稱「神怪小説」。

【紀（jì）傳體】 史書體裁之一。以人物傳記為中心，始於司馬遷《史記》。用「本紀」記載帝王事跡，以「世家」記載王侯封國和特殊人物，用「表」統繫年代、世系及人物等，用「書」或「志」記載天文、地理、律曆、災異及典章制度的原委，用「列傳」記載人物及周邊部族和外國。歷代所修正史均用此體例。

【迴文詩】 雜體詩名。通常指可以倒讀的詩篇。有的可以反覆回環，得詩更多。多屬於文字遊戲。如:南朝齊·王融〈春遊〉:「池蓮照曉月，幔錦拂朝風。風朝拂錦幔，月曉照蓮池。」順讀、倒讀皆可成詩。再如北宋·秦觀「賞花歸去馬如飛，酒力微醒時已暮」兩句，是一首迴文兼頂針的詩，展開可得四句:「賞花歸去馬如飛，去馬如飛酒力微。酒力微醒時已暮，醒時已暮賞花歸。」

【起承轉合】「起」是開始；「承」是承接上文加以申述；「轉」是轉折，從正面或反面進一步論證；「合」是結尾照應開頭。本為舊時詩文慣用的行文方法。清・金聖嘆〈《西廂記》讀法〉:「有此許多起承轉合，便令題目透出文字。」今泛指文章寫作的一般章法。

【桐城派】清代文學流派之一。形成於康熙年間，興盛於乾隆、嘉慶年間，以安徽桐城人方苞、劉大櫆（kuí）、姚鼐（nài）相繼為領袖，故稱。該派在古文的寫作上提出義理、考據、辭章三者合一的理論。以《左傳》《史記》和唐宋八大家的古文為取法對象，內容上要求「文以載道」，語言風格上要求「雅潔」。在清代中葉有較大影響。

【格律詩】傳統詩歌體裁的一種。形式有嚴格規定，平仄、押韻有嚴格規律，如有變化，需按一定規則。中國古典格律詩常見的形式有五言、七言的律詩和絕句。詞、曲每調的字數、句式、押韻也有一定的規格，也可稱為格律詩。

【俳（pái）賦】賦體的一種。指講究對偶聲律、句尾有韻腳的駢體文。俳：對偶，對仗。如曹植《洛神賦》、陸機《文賦》等。也說「駢賦」。

【俳（pái）優】古代以演樂舞、滑稽戲為業的藝人。

【高郵二王】指清代江蘇高郵的王念孫、王引之父子。二人都精通音韻訓詁，學術成就齊名。參見 208、207 頁「王念孫」「王引之」。

【唐代古文運動】由韓愈、柳宗元等人倡導的一種文體改革運動。反對唐初駢儷（pián lì）的文風，主張文道合一，以道作為文的內容。以先秦、兩漢的散文（韓愈名之曰「古文」）代替駢文。韓愈及其追隨者大力提倡這種文體，後又得柳宗元積極支持與配合，形成了一種社會風尚，史稱「古文運動」。至宋代歐陽修等繼之，遂使古文成為文章正宗，由此開拓了散文的新天地。

【唐宋八大家】指唐、宋兩代八位散文作家，即唐代的韓愈、柳宗元和宋代的歐陽修、蘇洵、蘇軾、蘇轍、王安石、曾鞏。明茅坤選輯八人的文章，名為《唐宋八大家文鈔》，留傳頗廣，「唐宋八大家」之名遂流行開來。

【唐詩】唐代詩歌的總稱，包括古詩、律詩、絕句等。著名詩人有李白、杜甫、白居易等。唐代是中國詩歌發展史上最輝煌的時代。唐詩是中國文學史上極其寶貴的文化遺產。與宋詞、元曲並稱。

【宮調】中國古代音樂的調式。以宮、商、角（jué）、徵（zhǐ）、羽、變宮和變徵為七聲（七個音階）。以宮為主音的調式稱宮，以其他調式為主音的調式稱調，合稱宮調。

【書法】①指古代史官修史的原則、體例，包括對材料的處理、史事評論、人物褒貶等。《左傳·宣公二年》：「董狐，古之良史也，書法不隱。」②漢字的書寫技法、書寫藝術及作品；特指用毛筆寫漢字的藝術。中國書法藝術已有三千多年歷史，代代都有著名書法家，如：東晉王羲之，唐代歐陽詢、顏真卿、柳公權、懷素，宋代米芾，明代董其昌等。

【書畫】書法和繪畫的合稱。唐·杜甫〈觀薛少保書畫壁〉詩：「惜哉功名忤（wǔ），但見書畫傳。」（忤：不順）

【菊部】舊時稱戲班或戲曲界。南宋·周密《齊東野語·菊花新曲破》：「思陵朝，掖庭有菊夫人者，善歌舞，妙音律，為仙韶院之冠，宮中號為菊部頭。」（思陵：指宋高宗；掖庭：宮中妃嬪居住的地方；仙韶院：指宮中樂工、歌女所居之所）

【乾嘉學派】清朝乾隆、嘉慶年間（1736—1820）講究訓詁考據的經學派別。源於清初的顧炎武。代表人物有惠棟、戴震、錢大昕（xīn）、段玉裁、王念孫、王引之等。分為以惠棟為代表的「吳派」和以戴震為代表的「皖派」兩大支。其研究的對象上至天文地理，下至各朝規章制度、儒家經典、先秦諸子、歷史、音律及歷代注疏等，對中國兩千多年來的文獻典籍進行了大規模的總結整理，使豐富的文化遺產得以保存。他們積明清考據之大成，形成獨特的考據學派。但其治學內容有脫離社會現實的傾向，治學方法也嫌煩瑣、泥（nì）古，且有門戶之見。也稱「樸學」。

【梨園】唐玄宗時教練宮廷歌舞藝人的地方，在長安（今陝西西安）光化門外禁苑中。玄宗曾選坐堂演奏的藝人子弟三百人和宮女數百人於此學歌舞，有時親自教習，稱為「皇帝梨園子弟」。後稱戲曲界為梨園行，稱戲曲從業者為「梨園子弟」。白居易〈長恨歌〉有「梨園弟子白髮新」之句。

【崑曲】戲曲聲腔。元末崑山（今屬江蘇）一帶民間流行的南戲腔調，經加工整理，明初已有「崑山腔」之名。至嘉靖年間，又吸收海鹽、弋（yì）陽等腔和當地民間曲調再加豐富，曲調舒徐婉轉，稱「水磨調」。以鼓、板控制演唱節奏，以曲笛、三弦等為主要伴奏樂器。其唱念語音為「中州韻」。表演上注重動作優美，舞蹈性強，具有獨特風格，創造了中國古代完整的民族戲曲表演體系。明萬曆以後，逐漸流傳各地，對許多地方戲曲劇種產生深遠影響，素有「百戲之母」的雅稱。明末至清前期是崑腔的鼎盛時期，清中葉以後逐漸衰落。2001年，入選聯合國第一批「人類口述和非物質遺產代表作」名單。也說「崑腔」「崑劇」「崑山腔」。

【崑腔】 即崑曲。見 131 頁。

【祭文】 一種文體。在告祭死者或天地、山川等神祇（qí）時所誦讀的文章。有韻文和散文兩種體裁，有習用格式。主要內容為哀悼和禱祝之辭。

【竟陵派】 明代文學流派之一。因其主要代表鍾惺（xīng）、譚元春是竟陵（今湖北天門）人而得名。反對擬古，強調獨抒性靈，重視作家個人情性的流露，作品稱「竟陵體」。文風有偏於晦澀的傾向。

【陽春白雪】 春秋時楚國的歌曲名。後泛指高雅或高深的文藝作品（與「下里巴人」相對）。戰國楚·宋玉〈對楚王問〉:「客有歌於郢中者，其始曰《下里》《巴人》，國中屬（zhǔ，跟着）而和者數千人 …… 其為《陽春》《白雪》，國中屬而和者不過數十人。」參見 122 頁「下里巴人」。

【婉約詞】 詞的一種流派。這一類詞用詞婉轉，表現細膩。多寫兒女之情、離別之緒，表現手法含蓄蘊藉。代表詞人有溫庭筠、柳永、李清照、周邦彥等。

【雅舞】 中國古代用於祭祀天地、祖先及朝賀大典的舞蹈。分文舞、武舞兩大類。文舞的舞者左手執籥（yuè，狀如排簫或笛的樂器），右手秉翟（dí，用野雞尾裝飾的舞具）。武舞的舞者手執朱干（盾）、玉戚（斧）等兵器。歷代都有增刪、修訂，以歌頌本朝的文治武功。

【雅樂（yuè）】 古代帝王祭祀天地、祖先及朝賀、宴享時所用的樂舞。其音樂中正平和，歌詞典雅純正。與「俗樂」相對。歷代皇室均循例製作雅樂，以歌頌本朝功德。

【無題詩】 詩人作詩別有寄託，不願標明題旨，或無適當題目可標，便以「無題」名之，或以開頭二字或一句為題。唐代詩人李商隱此類詩較多。如:〈無題·相見時難別亦難〉〈無題·昨夜星辰昨夜風〉。

【程朱學派】 宋代儒學主要派別之一。代表人物為北宋程顥、程頤兄弟和南宋的朱熹。把孔孟的仁義禮智及君臣、父子、夫婦的倫理綱常概括為理，強調理至高無上，永遠存在，是天地萬物的本體。亦稱「程朱理學」。南宋時一度被列為偽學，明清時被提高到儒學正宗的地位。

【集部】 指中國古代圖書四部（經、史、子、集）分類中的第四大類，收歷代個人或多人的散文、詩、詞、歌、賦、散曲或詩文評論、戲曲等著作。清代《四庫全書》分為楚辭、別集、總集、詩文評、詞曲五類。

【集解】 彙集諸家對同一典籍的語言、思想的解釋，斷以己意，以助讀者理解。如晉代杜預《春秋經傳集解》。

【詠史詩】 詩體名。泛指以歷史事件或歷史人物為題材的詩。如劉禹錫〈石頭城〉、蘇軾〈念奴嬌·赤壁懷古〉、辛棄疾〈永遇樂·京口北固亭懷古〉、劉禹錫〈烏衣巷〉等。

【詠物詩】 詩體名。泛指通過描寫具體事物以抒情言志的詩。如屈原〈橘頌〉、王安石〈梅花〉、于謙〈石灰吟〉等。

【詞】 文體名，詩歌的一種。萌芽於隋唐之際，形成於唐代，盛行於宋代。句子長短不一，故也稱「長短句」。參見 133 頁「詞牌」。

【詞人】 指在詞的寫作方面有造詣、有成就的人。唐·溫庭筠〈蔡中郎墳〉詩：「今日愛才非昔日，莫拋心力作詞人。」

【詞牌】 填詞用的曲調名。詞的寫作方式有規定，必須依調填詞。最初的詞，有的按詞制調，有的依調填詞，一般根據詞的內容而定。後來主要是依調填詞，其所依之調在文字、音韻結構等方面已形成定式，稱為詞牌。如「蝶戀花」「水調歌頭」「念奴嬌」等。

【詞話】 ①評論詞作、詞人、詞派以及有關詞的本事和考訂的著述。唐圭璋輯有《詞話叢編》。②元明說唱藝術之一，有說有唱。長篇有明代諸聖鄰《大唐秦王詞話》等。③明人小說於章回中夾有詩詞的，也稱「詞話」。如《金瓶梅詞話》。

【詞譜】 輯錄各種詞調體式的書，是填詞的依據。

【敦煌變文】 見 138 頁「變文」。

【湖湘學派】 中國古代儒家學派之一。南宋著名學者胡安國與兒子胡寅、胡宏等，因不滿朝廷的黑暗政治和投降政策，由福建遷往湖南衡山，創建碧泉書院、文定書堂，潛心研究理學，並授徒講學，開創湖湘學派。主要代表人物是胡宏、張栻。胡安國的名著《春秋傳》是以義理之學研究《春秋》的代表作品，而胡宏的《知言》則闡明「性」為宇宙本體的思想。湖湘學派對後世產生深遠影響。

【鼓子詞】 ①宋代一種說唱文學。以同一詞調重複演唱多遍，或間以說白。說唱時以擊鼓為節拍。其體制或與當時的道情相類。現存鼓子詞有北宋歐陽修的〈採桑子〉、趙令畤（zhì）的〈商調·蝶戀花〉等。②一種曲藝，流行於河南開封、洛陽等地。伴奏樂器主要有三弦、琵琶、箏、檀板、八角鼓等。演唱時多是若干個曲牌連續使用。也說「大調曲子」。

【話本】 ①唐宋元說話藝人說唱故事所用的底本。敦煌卷子寫本有《韓擒虎話本》等，為唐五代作品。宋元作品留傳下來的一般可分為小說、講史書兩大類，前者如《清平山堂話本》等，後者如《全相平話五種》等。②指說唱的故事。元·汪元亨〈沉醉東風·歸田〉曲:「千古興亡費討論，總一段漁樵話本。」也指曲折離奇的事情。《警世通言·白娘子永鎮雷峰塔》:「不在姐夫姐姐面前說這話本，只得任他埋(mán)怨了一場。」

【墓誌銘】文體名。包括誌和銘兩部分。誌多用散文寫，敍述死者姓名、籍貫和生平等;銘多用韻文統括全篇，是對死者的讚揚、悼念之辭。刻在石上，埋在墓內。如著名的唐代韓愈〈柳子厚墓誌銘〉。

【碑碣(jié)】古代石碑上端呈方形者為碑，圓形者為碣。後為各種形制石碑的統稱。秦始皇刻石記功，開樹碑立碣之風。東漢以來，碑碣漸多，有頌、碑記，另有墓碑，用以記事頌德。《南史·文學傳·顏協》:「荊楚碑碣皆協所書。」清·劉獻廷《廣陽雜記》:「大修別山墓道，立碑碣。」

【傳奇】①唐宋時代的一種小說體裁。篇幅不長而情節奇異。較著名的有〈南柯太守傳〉〈會真記〉等。②明清兩代以演唱南曲為主的長篇戲曲。著名的有《牡丹亭》《長生殿》《桃花扇》等。

【愛國詞派】南宋中後期，受辛棄疾的影響，詞壇上一個繼承蘇(軾)、辛詞風，抒發愛國激情的詞派。以陳亮、劉過、劉克莊、劉辰翁為代表。

【詩言志】語出《尚書·舜典》。意思是詩歌是用來表達人的思想、感情的。這是中國古代文論家對詩的本質特徵的認識。

【詩書】①指《詩經》和《尚書》。《左傳·僖公二十七年》:「《詩》《書》，義之府也;《禮》《樂》，德之則也。」②泛指書籍。唐·杜甫〈聞官軍收河南河北〉詩:「卻看妻子愁何在?漫捲詩書喜欲狂。」

【詩話】詩歌批評與鑒賞的一種形式。古代文學理論家和批評家，採用即興、隨意的形式，對詩歌進行評論，其中蘊含着深刻的文學理論和妙趣橫生的哲學思考，也有一些關於作者及其時代的掌故、軼聞記錄，增加了詩話的可讀性。最早的詩話是南朝鍾嶸的《詩品》，北宋歐陽修的《六一詩話》使詩話形式趨於完備。宋代之後，詩話成為詩歌評鑒的常見形式。

【新樂(yuè)府】樂府詩的一類。創始於初唐，因其不沿用漢魏六朝樂府舊題，不囿(yòu)於聲律，故稱。至李白、杜甫、元結、顧況而大有發展。白居易、元稹(zhěn)等發揚了這種寫作方法，同時確定了新樂府的名稱。如:杜甫〈哀江頭〉〈兵車行〉〈麗人行〉，白居易《新樂府》五十首，元稹〈田家詞〉，張籍〈猛虎行〉等，都是新樂府的傑作。

【歌行(xíng)】古代詩歌體裁的一

種。漢魏以下的樂府詩，題名為「歌」和「行」的頗多，如〈大風歌〉〈東門行〉（行：樂曲）。二者雖名稱不同，但並無嚴格區別。後遂有「歌行」一體。大抵模擬樂府詩風格，語言通俗流暢，文辭鋪展，形式自由，五言、七言、雜言都有，富於變化。如：李白〈秋浦歌〉、杜甫〈兵車行〉。

【歌舞戲】 兼有歌唱和舞蹈的戲劇。也稱「歌舞劇」。

【歌謠】 民歌、民謠、兒歌、童謠的統稱。古代以合樂（有樂器伴奏）為歌，徒歌（無樂器伴奏）為謠，現代統稱歌謠。詞句簡練，多押韻，風格清新樸實。《漢書・藝文志》：「自孝武立樂府而採歌謠。」

【豪放詞派】 宋詞風格流派之一。題材多為邊關征伐等軍國大事，創作不拘守音律，氣象豪邁奔放，情調悲壯慷慨。其前驅是范仲淹，後以蘇軾、辛棄疾為代表，重要詞人還有岳飛、張元幹（gàn）、張孝祥、陳亮等。代表作有范仲淹〈漁家傲〉、蘇軾〈念奴嬌・赤壁懷古〉、辛棄疾〈破陣子・為陳同甫賦壯詞以寄之〉、岳飛〈滿江紅〉、陳亮〈水調歌頭・送章德茂大卿使虜〉等。

【漢賦】 漢代流行的文學體裁。分為騷賦、大賦、小賦。騷賦是模仿《楚辭》而寫的一種賦，內容上側重抒情，如賈誼〈弔屈原賦〉、司馬遷〈悲士不遇賦〉；大賦多鴻篇巨製，用主客問答的方式、富麗的辭藻，交互使用散文和韻文的形式，側重鋪敘描寫都城、宮苑、山川等壯麗事物和帝王的政治、軍事活動以及奢華的生活，篇末或寓諷刺勸諫之意，如司馬相如〈子虛賦〉〈上林賦〉；小賦則側重於詠物、抒情，篇幅短小，文辭清麗，不用問答體，通篇用韻文，如揚雄〈酒賦〉、張衡〈歸田賦〉。

【漢樂府】 指漢代的樂府詩。有郊廟歌辭、鼓吹曲辭、相和歌辭和雜曲歌辭等類。郊廟歌辭是為統治者祭祀所作的樂歌；鼓吹曲辭原是軍歌，後用於宮廷朝會、貴族出行等場合；其餘兩類包括從各地採集的民間歌謠，有的對當時民間疾苦有所反映。南朝宋郭茂倩的《樂府詩集》是保存樂府詩最完備的總集。

【漢魏風骨】 指漢魏詩歌所具有的充沛感人的思想情感和清峻、剛健的藝術風格。在中國詩歌史上，漢魏風骨具有深遠影響，如盛唐時的詩人就自覺加以學習和運用。

【賦】 ①中國古典文學的一種文體，介於韻文和散文之間，用韻，但句式類似散文。盛行於漢、魏、六朝，至唐宋仍有名作。如：〈長門賦〉〈洛神賦〉〈阿房（ē páng）宮賦〉〈赤壁賦〉。②創作（詩、詞）。如即席賦詩。

【賦比興】《詩經》「六義」（風、雅、頌、賦、比、興）中表現詩歌內容的三種方法：賦是對事物的直接陳述或鋪敘；比是比喻、類比；興是先說其他事物，然後引出所要吟詠的事物，也說「託物起興」。

【諸子百家】 先秦至漢初各種學術思想流派的總稱。諸子指各學派的代表人物，如孔子、老子、墨子、韓非子、荀子、管子等；百家指各學派，如儒家、道家、墨家、法家、名家、農家、陰陽家、縱橫家、雜家和小說家等。

【諸子散文】 指先秦到漢初各個學派代表人物的散文，反映着不同學派的政治、經濟、軍事、哲學、思想、道德、文化等傾向，各有不同的風格與特點。據《漢書・藝文志》記載，主要是儒、道、陰陽、法、名、墨、縱橫、雜、農、小說等 10 家，家內有家（如儒家 35 家、農家 9 家等），合計 189 家，4324 篇。形式多為語錄體、對話體或專題論文，為後世散文發展奠定基礎。

【諸宮調】 宋金元時期的一種說唱文學形式。唱的部分用多種宮調串接而成，其間插入一定的說白，與唱詞配合，以說唱長篇故事。而每種宮調則由若干曲牌聯成短套，套曲少則一二首，多則十多首。早期用鼓、板、笛伴奏，後多用弦樂。如《劉知遠諸宮調》《西廂記諸宮調》《天寶遺事諸宮調》（殘本）。諸宮調對元雜劇的形成有較大影響。

【調（diào）寄】 調：詞調，曲調；寄：依託。指所用詞調依據某一詞牌。常用於某詞題目之下、詞牌之前。如「調寄滿江紅」就是按照《滿江紅》這個詞牌的曲調唱。

【駢（pián）文】 文體名。起源於漢、魏，形成於南北朝。全篇以雙句（即儷句、偶句）為主，講求對偶和聲律，使用很多典故，堆砌詞藻，在表達思想內容方面受到限制。因其常用四字句、六字句間隔行文，故又稱四六文。唐代王勃的〈滕王閣序〉就是著名的駢文。

【燕樂（yàn yuè）】 古時天子及諸侯宴飲賓客時所用的音樂。「燕」，同「宴」。其名稱始見於《周禮・春官》，原本採自民間俗樂。隋唐時期在漢族及各少數民族民間音樂基礎上，吸收部分外來音樂，獲得高度發展，盛極一時。隨着民間音樂的演變，各代宮廷燕樂的形式也有所不同。也作宴樂、讌樂。

【歷史演義小說】 中國古代小說重要形式之一。由宋代的講史話本發展而來，故事內容側重於朝代興亡和政治軍事鬥爭，有的取材於正史而作不同程度的虛構，有的取材於野史傳說。如《三國志演義》《秦漢演義》《隋唐演義》等。

【壁畫】 繪在建築物的牆壁或天花板上的圖畫。中國古代壁畫由墓室壁畫、石窟寺壁畫和寺觀（guàn）壁畫三部分構成。墓室壁畫發現最早的是漢墓壁畫，內容有神話傳說、歷史故事以及表現生活場景的。石窟寺壁畫是宣傳佛教內容的，以莫高窟壁畫、敦煌壁畫等為代表。寺觀壁畫以山西永樂宮壁畫最為精彩。

【擬話本】 模擬話本形式而作的小說。多指明代作家模擬宋元話本而寫的白話短篇小說。如馮夢龍的「三言」中的一部分和凌濛初的「二拍」等。參見 133 頁「話本」①。

【聯句】 舊時作詩方式之一。由兩人或多人共作一詩，相連成篇。初無定式，有一人一句一韻、兩句一韻乃至兩句以上者，依次而下。後來習用一人出上句，續者須對成一聯，再出上句，輪流相繼。此外也有用雜言及一至九字詩形式寫成的聯句。多用於飲宴應酬。

【藏頭詩】 雜體詩的一種。有三種形式：a）作律詩時前三聯皆言所寓之景而不點破題意，直到尾聯才點明。b）將詩句頭一個字暗藏於末一字中。c）將所言之事分藏於詩句之首，如《水滸傳》六十一回吳用題盧俊義宅中詩：「蘆花叢中一扁（piān）舟，俊傑俄從此地遊。義士若能知其理，反躬逃難可無憂。」即於四句首字中暗藏「盧俊義反」四字。也說「藏頭格」。

【舊體詩】 指古典詩歌（跟「新詩」相區別）。包含兩個方面：一、指自《詩經》以來的古風、律絕、詞曲等，與「古典詩歌」意義相近；二、指新詩產生後，現代人用古典詩歌形式創作的表現現代人生活和思想感情的詩歌作品。舊體詩有古體詩和近體詩的區別：古體詩有四言、五言、六言、七言、雜言；近體詩有律詩和絕句。

【韓孟】 唐代文學家韓愈、孟郊的並稱。二人交誼很深，都崇尚古風，且多聯句之作，工力相敵，故時人和後人論詩，常以「韓孟」並舉。在文學史上，他們和賈島、盧仝、姚合等人詩風相近而被稱為「韓孟詩派」。

【韓柳】 唐代文學家韓愈、柳宗元的並稱。二人同為唐代古文運動的倡導者和代表作家，對後代散文發展有很大影響。清・吳敏樹〈與筱（xiǎo）岑論文派書〉：「唐之韓柳，承八代之衰而挽之於古，始有此名。」

【臨川四夢】 明代劇作家湯顯祖《紫釵記》《牡丹亭》《南柯記》《邯鄲記》四劇的合稱。因湯顯祖是臨川人，四劇都用夢境穿插，故稱。又因他的書齋名玉茗堂，故又稱玉茗堂四夢。參見 257 頁「湯顯祖」。

【戲】 古代指歌舞、雜技等表演，現多指戲劇。劇種有京戲、黃梅戲、皮影戲、木偶戲、馬戲等。

【戲曲】①中國傳統的舞臺藝術表演形式。是流行全國的戲劇種類的統稱。以歌唱和舞蹈為主要表現手段，包括唱、念、做、打，綜合對白、音樂、歌唱、舞蹈、武術和雜技等多種表演方式，是中國特有的傳統民族藝術。已經發展到 300 多個劇種，包括宋元南戲、元代雜劇、明清傳奇、近現代京劇和各種地方戲。中國六大戲曲劇種是京劇、豫劇、越劇、黃梅戲、評劇、粵劇。②特指戲曲的曲文或雜劇、傳奇的唱詞。

【蟲書】金文裏的一種特殊美術字體，筆畫上裝點各種飛禽走獸的形象，是春秋中後期至戰國時代盛行於吳、越、楚等南方諸國的特殊文字。也作鳥蟲書、鳥蟲篆。

【雜言詩】詩體名。古體詩的一種。最初出於漢樂府。詩句長短間（jiàn）雜，少至一字，多至十字以上。韻腳靈活，鄰近韻部可通押。常見的為三、四、五、七句相間。習慣上將其歸入七言古體詩。

【邊塞詩】詩歌類別的一種。多以描寫邊地風光、邊關戰事為題材。風格豪放壯美。唐代是邊塞詩發展的黃金時代，形成以高適、岑參（shēn）、王昌齡等為代表的邊塞詩派。《全唐詩》收錄邊塞詩 2000 多首。

【辭賦】文體名。漢代常把辭和賦統稱為辭賦。「辭」即楚辭，以屈原《離騷》為代表，偏重於抒情；「賦」始於戰國趙人荀卿的〈賦篇〉，到漢代形成一種特定的體裁，它雖繼承了「楚辭」一些形式上的特點，但較多運用散文手法，偏重於敘事，與「辭」已有不同。

【騷體】見 316 頁「楚辭」①。

【變文】唐代說唱體文學。當時有一種稱為「轉變」的說唱藝術，表演時一面向聽眾展示圖畫，一面說唱故事。其圖畫稱為「變相」，其說唱故事的底本稱為「變文」。內容大體可分講唱佛教故事和講唱世俗故事兩類。這些作品至清光緒末年才在敦煌石室中發現，是研究中國古代說唱文學和民間文學的重要資料。也稱「敦煌變文」。近人編有《敦煌變文集》。

（二）文化傳承

1. 文化遺址

【二里頭文化】 中國青銅時代中原地區的一種文化。1959 年發現於河南偃師二里頭，故稱。年代為前 21 — 前 17 世紀。出土的生產工具有石器、蚌器和木器等，反映了夏商時代的農耕經濟生產力狀況。器物中的鑄銅、製陶、琢玉、製骨等，表明當時的手工業已達到相當高的水平。遺址中發現兩座大型宮殿基址，證明已出現國家政權。

【丁村人】 中國早期智人化石。1954 年發現於山西襄汾縣丁村附近，故稱。其地質時代屬更新世晚期，文化時代屬舊石器時代中期。所發現的化石有屬於同一兒童（十二三歲）的門齒兩枚、臼齒一枚。齒的結構具原始特徵，但齒冠和齒根比北京猿人的細小。1976 年在同一地點又發現丁村人小孩兒頂骨化石一塊。其時代遲於「長陽人」，比「北京人」的牙齒有進化，其門齒具鏟形特徵，與現代蒙古人相近。這一發現，填補了北京猿人到山頂洞人之間的一段空白，對人類歷史的起源和發展的研究很有價值。

【丁村文化遺址】 舊石器時代中期文化遺存之一。位於山西襄汾縣丁村附近汾河河畔。1954 和 1976 年先後出土人的牙齒化石三枚、小孩兒的頭骨化石一塊，以及其他哺乳動物、魚類、軟體動物的化石。同時出土兩千多件石器，石器類型比較規則定型，表明其用途已有明顯分工。該遺址是研究中國舊石器時代中期文化和人類發展的極為重要的資料。

【三星堆遺址】 中國新石器時代至商周時期早期蜀文化的遺存。位於四川廣漢南興鎮三星村。年代為公元前 2800 — 前 800 年。1980 — 1989 年發掘。發現有城址、房屋與祭祀坑。祭祀坑內出土金、銅、陶、骨及象牙等質料的文物 700 餘件。其中青銅立人像、青銅人頭像、人面具、龍形器、虎形器、跪坐人像和金杖、金虎形飾、神樹等皆為國內所罕見。

【大汶（wèn）口文化】 中國新石器時代的一種文化。1959 年首次發現於山東泰安大汶口一帶，故稱。年代約始於公元前 4500 年。處於母系氏族社會向父系家長制過渡期。生產工具以磨製石器為主。陶器以灰陶最多。反映出當時以農業為主，採集和漁獵為輔的社會經濟形態。遺物中出現了類似文字的圖像符號。出土透雕十六齒骨梳，代表着中國新石器時代骨雕工藝的最高水平。

【山頂洞人】中國晚期智人化石，蒙古人種的祖先。1933 年在北平（今北京）周口店龍骨山山頂洞穴內發現，故稱。距今 18000 年前。共發現個體 8 個，伴生動物 50 種。出土有骨器、石器和裝飾品等，裝飾品中有石珠、穿孔礫石，説明當時工藝製作已相當進步。

【元謀猿人】舊石器時代晚期猿人化石。1965 年發現於雲南元謀上那蚌村（大那烏村）。年代距今約 170 萬年。是中國迄今發現的最早的猿人化石。元謀猿人已能直立，並能製造和使用石器，可能已會用火。元謀猿人化石及其文化遺物的發現，説明中國西南地區是人類起源和早期人類演化的重要地區之一。也稱「元謀直立人」「元謀人」。

【巴蜀文化】四川盆地中以重慶（巴）和成都（蜀）為代表，具有鮮明地域特色的文化體系。重慶一帶是古代巴人的活動中心，成都則是古代蜀人的活動中心。早期以「三星堆文化」為代表，被譽為長江文明的源頭。中古及其以後，產生了司馬相如、揚雄、陳子昂、李白、蘇軾等一大批文化巨匠，在許多領域，如文賦、詩詞、史學、哲學、宗教、藝術、天文、易數以及自然科學等方面，都有卓越的建樹和成就，與齊魯儒學、三晉法學、荊楚道學等文化體系一起，共同構成輝煌燦爛的華夏文明。

【石鼓文】中國現存最早的刻石文字。因其刻石外形似鼓而得名。發現於唐初，共 10 個，高約 2 尺，徑約 3 尺，分別刻有大篆四言詩一首，共 10 首，計 718 字。內容為秦國君遊獵情況。書體為秦始皇統一文字前的大篆，即籀（zhòu）文。其書法價值很高。

【石器時代】考古學指人類歷史最早的一個時代，從有人類起到青銅器出現止二三百萬年。這個時期人類使用的生產工具以石器為主。按製造石器的進步程度，一般又分為舊石器時代、中石器時代和新石器時代。

【北辛遺址】中國黃河下游新石器時代早期的文化遺址。位於山東滕州北辛村。年代為前 5400 — 前 4400 年。面積約 5 萬平方米。1978 — 1979 年發掘。發現有窖穴、甕棺墓葬和一批較有特點的陶器等遺物。陶器以泥質紅褐陶與夾砂黃褐陶為主。有釜形錐足鼎、敞口釜、小口雙耳罐、紅頂碗、鉢等典型器類。與大汶（wèn）口文化有密切關係。

【北京猿人】世界著名猿人化石。1927 年首次在北京房山周口店龍骨山洞穴內發現零散頭骨，1929 年發現完整頭蓋骨。經科學測定，年代為距今 70 萬年至 23 萬年。北京猿人群居洞穴，以採集和狩（shòu）獵為生。使用石器和骨器。已知用火。北京猿人的發現對研究人類發展史具有極重大的意義，為「從猿到人」的學說提供了有力證據，明確了人類進化的序列。20 世紀三四十年代日本侵華戰爭期間，北京猿人頭蓋骨遺失，至今查無下落。也稱「北京直立人」「北京人」。

【包山楚墓】西漢、戰國墓群。位於湖北荊門市十里鋪鎮王場村的包山崗地之上。1986 年發掘，出土器物 3000 餘件，其中最具代表性的國家一級文物有錯金銀銅尊、錯金銀銅壺、銘文銅戈等 19 件（套）。

【寺溝石窟】見 150 頁「北石窟寺」。

【西周甲骨刻辭】1977 年在陝西省岐山縣、扶風縣一帶出土西周甲骨 1.7 萬多片，其中 290 多片卜甲上有刻辭。每片刻字最多的是 30 個，內容多為祭祀、征伐、田獵、往來等。由於是在商代甲骨文出土後首次批量出現的周代甲骨，所以對研究西周歷史、文化、語言文字等都具有重要意義。

【西夏文化】1038 年，党項族首領李元昊在今寧夏地區建立西夏王朝，統治着今寧夏、甘肅、陝西北部和內蒙古西部的廣大地區，包括羌、漢、藏、回紇（hú）等民族，形成了獨特的西夏文化。部分政治制度仿宋，與宋朝經濟文化聯繫極為密切。從事農牧業生產，有自己的文字 —— 西夏文。境內僧人眾多，寺廟林立。漢文典籍廣為流傳，如《論語》《孟子》《孫子兵法》《孝經》等都被翻譯成西夏文。舞蹈、繪畫、雕塑、書法等也極具民族特色，異常燦爛輝煌。西夏文化是党項族、漢族、藏族、回紇族等多民族文化長期交融、彼此影響、相互吸收而形成的一種多來源、多層次的文化。

【仰韶文化】中國新石器時代的一種文化。1921 年首次發現於河南澠（miǎn）池仰韶村，故稱。分佈於黃河中上游，年代為公元前 5000 — 前 3000 年。生產工具以磨製的石器為主。經濟生活以農業為主，漁獵為輔，並飼養豬、狗等家畜。為母系氏族社會的繁榮時期。由於其遺物中常有彩陶，故也稱「彩陶文化」。

【汝窯】中國宋代五大著名瓷窯（汝窯、官窯、哥窯、鈞窯、定窯）之一。因窯址在河南汝州，故名。汝窯胎骨香灰色，釉色近於卵青，似玉非玉。已知留傳至今的汝窯真品僅 67 件。

【巫史文化】古代從事求神占卜等活動的人稱「巫」，掌管天文、星象、曆數、史冊的人稱「史」。這些職務最初往往由一人兼任，統稱「巫史」。中國古代的巫史，在卜筮（shì）、祭祀、書史、星曆、教育、醫藥等各方面取得了一定的成果，在政治、學術、宗教等職責範圍內，對中國數千年文明的起源和發展做出了積極的貢獻。

【良渚（zhǔ）文化】中國新石器時代的一種文化。1936 年首次發現於浙江餘杭（今杭州市餘杭區）良渚鎮，故稱。年代為公元前 3300 —前 2200 年。農耕業已進入犁耕稻作時代。手工業進一步發展，其竹編、絲織、木作工藝已很發達。玉製品達到了原始製玉的最高水平。貴族大墓與平民小墓的分野顯示出社會分化的加劇。刻畫在出土器物上的「原始文字」是中國成熟文字的前奏。最具代表性的遺物是造型規整、表面光亮的漆黑色陶器，常見的有壺、豆、盤、簋（guǐ）等。國家已將良渚遺址列入「世界文化遺產名錄」申報預備清單。

【青銅時代】以使用青銅器為標誌的人類物質文明發展階段，時間在石器時代與鐵器時代之間。青銅是銅與錫或鉛的合金，硬度高，韌度好。青銅器出現後，農業和手工業的生產力水平提高，物質生活條件也漸漸豐富。

【阜陽雙古堆漢墓】墓葬名。位於安徽阜陽市雙古堆。墓主是漢初功臣、汝陰侯夏侯嬰之子夏侯灶，故也稱「汝陰侯墓」。1977 年發掘，出土大批竹簡，包括《蒼頡篇》《詩經》《周易》等十餘種古籍，有半數以上屬古佚書，被文物考古學界譽為稀世之寶。還出土了近 300 件其他器物。出土漆器中的圭表和赤道式天文儀器，是世界上現存最早、有明確年代的天文觀測實物，早於西方一千多年，證明中國古代在天文觀測方面居於世界領先地位。這些對於認識漢代初期的經濟、科學、文化、社會生活、宗教思想及墓葬禮儀等方面具有重要的參考作用，對推進漢代考古學以及漢代歷史的研究有重要影響。

【赴湯蹈火】奔向沸水，踏入烈火。比喻奮不顧身，不避艱險。《三國演義》第六十回：「奉主之命，雖赴湯蹈火，弗敢辭也。」（湯：開水；蹈：踩，踏）

【周原遺址】先周和西周時期的重要遺址。位於陝西岐山、扶風兩縣北部岐山腳下。總面積約 15 平方公里。據文獻記載，這裏是周人發祥地，為周文王祖父古公亶父（dǎn fǔ）率眾遷居之處，是滅商以前的都城遺址。1976 年起進行發掘，發現兩處大型宗廟或宮殿建築基址，並有多處製骨、鑄銅、製玉石等手工業作坊。1997 年又發現周初的有字卜甲，總數約 200 片。多次出土西周有銘銅器，如毛公鼎、盂鼎、克鼎、大豐簋（guǐ）等。是全國重點文物保護單位。

【炎黃文化】以中華人文始祖炎帝、黃帝為代表的華夏文化。參見 142 頁「華夏文化」。

【河姆渡遺址】中國新石器時代的

重要遺址。位於浙江餘姚河姆渡村東北。1973 年發掘。遺址分四層，一、二兩層的文化面貌距今約七千年，是中國長江中下游新石器時代的早期文化，即母系氏族社會繁榮時期的文化。建築中已能成熟地使用榫（sǔn）卯接合技術，把中國使用該技術的時間由金屬時代前推了三千多年。出土有石斧、石鑿、骨耜（sì）、骨鏃（zú）等生產工具。陶器為黑陶。發現稻穀數量之多、保存之好為考古史所僅見，證實中國是水稻發源地之一，改寫了由印度引進的傳統説法。三、四層約為公元前 4800 年。該遺址的發現，證明中國人的祖先不僅在黃河流域，同時也在長江流域創造了燦爛的原始文化。

【定窯】中國宋代六大窯系之一。窯址在今河北曲陽一帶，古代屬定州，故稱。唐時已燒白瓷，至宋而盛，衰於元。除燒造白瓷外，還燒黑、醬、綠釉瓷器。器皿裝飾以刻花、畫花、印花為主。並創造覆燒技術，使瓷器產量大增。北宋後期，曾一度燒製宮廷用瓷。參見 151 頁「宋代六大窯系」。

【官窯】古代朝廷專設的瓷窯。官窯燒製的瓷器稱官窯瓷；由朝廷設定標準，統一採辦的民窯製品也可稱官窯瓷。

【草原之路】「草原絲綢之路」的簡稱。古代絲綢之路的三大幹線之一。公元前後數千年內，主要由遊牧民族在亞歐大陸北方草原地區相繼開闢的無數條交通道的總稱。參見 145 頁「絲綢之路」。

【紅山文化】中國北方地區新石器時代的一種文化。1935 年發現於遼寧赤峰（今屬內蒙古）紅山，故名。距今約六千年。生產工具有打製石器、磨製石器和細石器。陶器有細泥彩陶和帶篦紋、劃紋的粗陶。出土多種精美玉器，所出玉鈎龍稱為「中華第一龍」。業內將其與良渚（zhǔ）文化並提，稱為中國古代兩大玉文化中心。出土一批造型秀美、如真人大小乃至比真人大幾倍的陶塑人像，顯示了遠古藝術家高超的寫實能力。經濟生活以農業為主，輔以狩（shòu）獵。遺跡中有大型祭壇、女神廟、積石冢及金字塔式建築等。

【秦兵馬俑（yǒng）坑】兵馬俑：製成戰車、戰馬、士兵形狀的殉葬陶俑。秦始皇陵陪葬坑陶兵馬俑的埋葬坑。位於今陝西西安市臨潼區，是世界考古史上最偉大的發現之一，被譽為世界第八大奇跡。1987 年被列入「世界文化遺產名錄」。

【秦墓竹簡】「睡虎地秦墓竹簡」的簡稱。1975 年在湖北雲夢城關睡虎地秦墓中出土。包括有語書、編年記、為吏之道、秦律、日書等，以秦代各種法律的內容居多，共 1100 餘枚。是歷史上秦簡的首次出土，對研究中國文字、書法，秦國的政治、法律、經濟、文化、醫學、占卜等具有重要價值。也說「睡虎地秦簡」「雲夢秦簡」「秦簡」。

【馬王堆漢墓】 西漢前期的墓葬。位於湖南長沙市東郊馬王堆，故稱。1972 — 1974 年先後兩次發掘了三座墓，其年代均屬於公元前 2 世紀後半葉，為軑（dài）侯利蒼及其家屬的墓地。三墓中以 1 號墓規模最大，出土女屍保存完好。2 號墓主為利蒼，由於密封不嚴，隨葬器物殘存不多。3 號墓出土了許多帛書，有《易經》《老子》和天文、相馬、醫學等書，計 20 餘種，12 萬多字，還有三幅地圖。三座墓中出土了大量漆器、帛書、帛畫、各種樂器、竹簡、木俑（yǒng）、農畜產品和中草藥等等，為研究西漢初期的歷史，考查當時手工藝生產和科學技術的發展狀況，以及文化藝術和社會禮俗等，提供了豐富的實物資料。

【殷墟】 中國商代晚期都城遺址。位於河南安陽小屯村及其周圍，橫跨洹（huán）河南北兩岸。主要包括王陵遺址、宮殿宗廟遺址、洹北商城遺址等，總面積約 24 平方公里。商代從盤庚到帝辛（紂），在此建都達 273 年。從 1928 年開始考古發掘至今，先後發現了宮殿、作坊、陵墓等遺跡，出土了包括后母戊鼎等大量遺物。出土的甲骨卜辭共有 15 萬多片，包括單字 5000 多個，是中國迄今為止發現的最早的文字。1961 年成為全國重點文物保護單位，2006 年被聯合國列入「世界文化遺產名錄」。

【婦好墓】 墓葬名。墓主當是商王武丁諸婦（妃嬪）之一的「婦好」。距今約 3200 年。位於河南安陽小屯村西北。1976 年發掘。墓內出土各種器物 1600 多件，許多是前所未見的藝術珍品。青銅禮器的樣式很多，尤以偶方彝和三聯甗（yǎn）的造型最為奇特，堪稱商代後期銅器製作工藝的典範。各種器物，如石器、玉器等，也都有很高的工藝水平。是殷墟發掘以來唯一保存完整的王室墓葬，也是唯一能夠推定墓主的殷商墓葬，對商代後期的歷史考古研究有重要的學術價值。也說「殷墟 5 號墓」。

【雲岡石窟】 中國佛教石窟。在山西大同武周山（又名雲岡），東西綿延約 1 公里。主要石窟大約完成於北魏中期（460 — 494）。現存洞窟 53 個，其中主洞 21 個。造像 51000 餘尊。最大的高達 17 米。為全國重點文物保護單位。

【景德鎮窯】 中國著名瓷窯之一。在今江西景德鎮。始於南朝陳，五代已燒造白瓷。宋代景德年間燒造官窯器，以產影青瓷（青白瓷）著稱。到明代，景德鎮開始成為中國瓷業中心。到清代，彩釉更有改進和創造，能燒製粉彩、琺（fà）琅彩等，其中以康熙、雍正、乾隆年間燒造的最為精美，並各有特色。為中國宋代六大窯系之一。參見 151 頁「宋代六大窯系」。

【鈞窯】中國古代著名瓷窯之一。窯址在今河南禹州，古代屬鈞州，故稱。創燒於唐代，興盛於北宋。器型以碗、盤為多，但以花盆最為出色。鈞瓷利用氧化銅、鐵呈色不同的特點，燒成藍中帶紅或帶紫的色釉。紅、紫色澤如玫瑰、海棠，非常艷麗。胎骨灰白色，釉細而潤。其中佳品，底部刻有數字（從一到十的數目字，數字越小器物尺寸越大），係北宋末為宮廷而燒製。鈞瓷在宋代就享有「家財萬貫，不如鈞瓷一片」的盛譽。

【敦煌石窟】中國著名石窟。位於河西走廊西端的敦煌。包括古代隸屬敦煌境內的莫高窟、西千佛洞、榆林窟和水峽口下洞子石窟、玉門昌馬石窟等。一般指莫高窟。以精美的壁畫和塑像、收藏大量古籍古物聞名於世。列入「世界文化遺產名錄」。也說「敦煌石室」。

【曾侯乙墓】戰國時期曾侯乙的一座墓葬，呈「卜」字形，位於湖北隨州城西兩公里的擂鼓墩東團坡上。其中出土的曾侯乙編鐘是迄今發現的最完整最大的一套青銅編鐘。

【絲綢之路】古代以中國為始發點，向亞洲中西部及歐洲、非洲等地販運絲綢等物資的交通道的總稱。通常認為可分陸路絲綢之路、海上絲綢之路兩類和三大幹線：往北再往西的草原之路、一直往西的綠洲之路和往南再往西的海上之路。也說「絲路」。

【遊牧文化】指在遊牧生產的基礎上形成的特有生活方式以及思想、風俗、習慣、宗教、哲學、文學、藝術等文化要素。特指中國西北邊疆青藏高原、內蒙古大草原牧區獨具的文化形態。

【農耕文化】指以種植業為主的農業社會文明，是中國傳統文化的根基。集合儒家文化及各類宗教文化為一體，貫穿於中國傳統文化產生和發展的始終。幾千年來，中國農耕文化不僅影響着歷朝歷代中國人，而且對世界文明發展做出了重要貢獻。

【新樂（lè）遺址】中國新石器和青銅時代的遺址。位於遼寧瀋陽北陵附近。年代為公元前 5500 — 前 4800 年。1973 年發掘。包括下、中、上三種文化遺存。下層遺存最為豐富，發掘有半地穴式房址、糧食作物黍、打製的石器、飾以線紋弦紋的夾砂陶等，被獨立命名為「新樂文化」。中層有罐、壺、鉢等陶器，年代為公元前 3000 — 前 2000 年，屬偏堡（bǔ）子文化類型。上層以鼎、鬲（lì）、甗（yǎn）等三足陶器為主，石器多見直背弧刃穿孔的長條形石刀、斧、棍棒頭等，為青銅時代遺存。

【磁州窯】宋元時代北方民間瓷窯之一。窯址在今河北磁縣漳河兩岸的一些村鎮附近。古屬磁州，故稱。器形以盤、碗、罐、瓶等為主，還有瓷枕和玩具。胎質有兩種：一種較堅細，呈灰白色；另一種較鬆，呈紅褐色。釉色白中微帶黃，上有黑、褐色花紋，器內多不掛釉。在河南、山西、山東等地的民間瓷窯也有燒製，因而稱為「磁州窯系」。為中國宋代六大窯系之一。參見 151 頁「宋代六大窯系」。

【齊家文化】中國銅、石並用時代的一種文化。1924 年發現於甘肅廣河齊家坪，故稱。年代約為公元前 2000 年，屬原始公社制解體時期。生產工具以石器為主。出土有紅銅、青銅器，説明冶銅業已很發達。陶器以細泥紅陶和夾砂紅陶為主。住房為半地穴式，內牆塗有白灰面，有立柱支撐屋頂。墓葬有規模大小之分，隨葬品有多寡之別，並有人殉現象，説明當時已有貧富差別。

【齊魯文化】春秋時齊國文化和魯國文化的統稱。兩種文化在發展中逐漸有機地融合在一起，形成了以儒家思想為核心的、具有豐富歷史內涵的齊魯文化。漢武帝「罷黜百家，獨尊儒術」，使齊魯文化成為全國的主流文化。齊魯文化是中華優秀傳統文化中影響最長久、最廣泛、最深刻的地域文化之一。

【漁獵文化】指在漁獵經濟基礎上形成的生活方式以及心理、思想、風俗、習慣等文化要素。是人類原始時期主要文化之一。吉林省松原市建有查干湖漁獵文化博物館。

【龍山文化】中國新石器時代晚期的一種文化。1928 年首次發現於山東章丘龍山鎮的城子崖，故稱。分佈於黃河中下游。年代為公元前 2800 — 前 2300 年，屬父系氏族公社時期。沿海地區的龍山文化中常有薄而有光澤的黑陶，故曾被稱為「黑陶文化」。生產工具有很發達的磨製石器。陶器已開始用輪製，以灰陶為主，除平底器外，有圈足和三足的。此外，還出現了卜骨。經濟生活以農業為主，有較發達的畜牧業。

【龍山遺址】中國新石器時代晚期的文化遺址。分佈於黃河中下游。河南地區的龍山文化在前 2800 — 前 2300 年，係父系氏族公社時期。沿海地區的龍山文化也稱「黑陶文化」。參見 146 頁「龍山文化」。

【龍門石窟】位於今河南洛陽城南伊河兩岸的龍門山與香山上。從北魏到宋，前後開鑿達 400 年之久，南北長約 1 公里，現存洞窟、窟龕 2000 多處，造像 10 餘萬尊，題記 3000 多種。是中國石刻藝術、佛教藝術寶庫。它保存的實物和文字資料對研究中國古代政治、經濟、宗教、文化以及中西文化交流等都有重要參考價值。現為國家重點文物保護單位。聯合國教科文組織已將其列入「世界文化遺產名錄」。

【龍泉窯】 宋代著名瓷窯之一。窯址在今浙江龍泉大窯、金村一帶。始於北宋，至南宋而鼎盛。瓷器可分為兩種類型：一種胎質細密潔白，釉色以粉青為代表，紋飾上出現了堆塑和貼花，習稱「弟窯」(傳説宋代章生一之弟章生二主之)，一般稱龍泉窯皆指此；另一類就是「哥窯」(章生一主之)。元代龍泉窯瓷器大量運銷海外。清代中期以後衰落停產，中華人民共和國成立後又恢復生產。

【藍田猿人】 舊石器時代晚期猿人化石。地質年代屬更新世中期。距今約 115 萬年。1964 年在中國陝西藍田陳家窩和公主嶺發現。所發現的頭骨、上下頜骨和牙齒的化石，表明藍田猿人比北京猿人和爪哇猿人更為原始。還發現有舊石器時代初期的打製石器，如砍斫器、刮削器、石片和石核等。也説「藍田直立人」「藍田人」。

【鴻溝】 古運河名。戰國時期開鑿。是中國最早溝通黃河和淮河的人工河。北臨黃河，西依邙 (máng) 山，東連平原，南接嵩山，是歷代兵家必爭的古戰場。楚漢相爭時曾以鴻溝為界，東邊是楚，西邊是漢。後借指疆土的分界或明顯的界線。

【耀州窯】 宋代著名瓷窯之一。窯址在今陝西銅川市黃堡鎮一帶，古屬耀州，故稱。唐代開始燒製陶瓷，以黑瓷、白瓷為主；宋代以青瓷為主，並為宮廷燒製貢瓷。產品特點是胎質薄、釉色勻，多以花卉、動物為紋飾。是北方青瓷的代表。為宋代六大窯系之一。參見 151 頁「宋代六大窯系」。

【鐵器時代】 考古學上指青銅時代後的一個時代。這時人類已普遍製造和使用鐵製的生產工具。中國在春秋戰國時期，中原地區已普遍使用鐵器。

2. 名勝古跡

【十大文化名樓】 湖北武漢黃鶴樓、江西南昌滕王閣、山西永濟鸛雀樓、江蘇南京閱江樓、四川綿陽越王樓、江西九江潯陽樓、山東聊城光嶽樓、貴州貴陽甲秀樓、陝西西安鼓樓、江蘇南京鼓樓。

【九大名關】 中國九大著名的關隘。

分別指：北京昌平區境內的居庸關，河北省秦皇島市內的山海關、易縣紫荊嶺紫荊關、山西省平定縣娘子關，繁峙縣平型關、代縣雁門關，河南省信陽武勝關，甘肅省嘉峪關和廣西壯族自治區憑祥市友誼關。

【三清山】 道教名山。位於江西省玉山縣和德興市交界處。因玉京、玉虛、玉華三峰巍峨奇偉，宛如道教玉清、上清、太清三位尊神踞坐群峰之巔，故名。相傳東晉著名道家葛洪曾來此修道煉丹。風景優美，古跡有三清宮等，為全國重點風景名勝區，並列入「世界文化遺產名錄」。也稱「少華山」。

【大成殿】 孔廟（文廟）內祭祀孔子的正殿。源於《孟子・萬章下》「孔子之謂集大成也」。殿正中神龕內有孔子身着冠服端坐的塑像。兩旁為「四配」：顏回、曾參、孔伋（jí）、孟軻（kē）；兩廂為「十二哲」：閔損（閔子騫）、冉耕（冉伯牛）、端木賜（子貢）、子路（仲由）、卜商（子夏）、有若（子有）、冉雍（仲弓）、宰予（子我）、冉求（冉有）、言偃（子游）、顓孫師（子張）、朱熹。曲阜孔廟大成殿雄偉壯麗，是中國三大古代建築之一。

【大相國寺】 見 153 頁「相國寺」。

【天一閣】 中國現存最早的私家藏書樓。位於浙江寧波市區。明朝中期兵部右侍郎范欽主持建造。原藏書 7 萬餘卷，今尚存 13000 餘卷。全國重點文物保護單位。也是亞洲現有最古老的圖書館和世界上最早的三大家族圖書館之一。

【天后宮】 見 155 頁「媽祖廟」。

【天壇】 明清兩代帝王祭祀皇天、祈求五穀豐登的場所。在今北京市東城區。始建於明永樂十八年（1420），清乾隆、光緒時曾重修、改建，佔地約 273 萬平方米。主建築有圜（yuán）丘、皇穹宇、祈年殿等。壇墻南方北圓，象徵天圓地方。是中國現存的精美古建築群之一。已列入「世界文化遺產名錄」。

【少（shào）林寺】 中國佛教寺院，禪宗祖庭。位於河南登封縣西北少室山北麓五乳峰下。建於北魏孝文帝太和十九年（495）。孝昌三年（527），古印度高僧菩提達摩來寺傳授佛教禪法，面壁九年，傳法慧可。唐以後僧人常習武藝，以少林派拳術著稱。寺內多唐宋以來石刻、壁畫、金屬鑄器等珍貴文物。寺西塔林有歷代主持和尚墓塔 230 多座。西北有宋代創修的初祖庵，庵後有達摩洞。

【日壇】 明清兩代帝王祭祀太陽神的處所，古都北京五壇（天壇、地壇、日壇、月壇、先農壇）之一。位於今北京朝陽門外東南日壇北路。始建於明嘉靖九年（1530）。壇西向，白石砌成一層方臺，壇面明代為紅琉璃，以象徵太陽。清代改為方磚墁砌，四周有矮圍墻，乾隆七年（1742）改建於壇西北角。後古建築大部分被毀，文物被盜。1951 年北京市政府將其擴建，開闢為公園。

【月壇】明清兩代帝王祭祀夜明神（月亮）和諸星宿（xiù）神祇（qí）的地方。北京五壇之一。原名「夕月壇」，建於明嘉靖九年（1530）。

【文昌宮】祭祀文昌帝君的宮觀。文昌在中國古代神話裏是主宰功名利祿的神，也稱「文曲星」「文星」。舊時為讀書人所崇拜，多往宮觀中許願。宮觀裏的文昌形象雍容慧雅，騎着白驢，有兩個童僕陪伴。墻壁上還粉飾着獨佔鰲頭、蟾宮折桂等種種吉祥圖案，營造出一派金榜題名的美好意境。

【文淵閣】清代宮廷專門收藏《四庫全書》的藏書閣之一。乾隆四十年（1775）建，在北京故宮內。當年，乾隆皇帝命人手抄了七部《四庫全書》，下令分別藏於全國各地。先抄好的四部，分貯於紫禁城文淵閣（現存臺北故宮博物院）、遼寧瀋陽文溯閣、圓明園文源閣、河北承德文津閣，這就是所謂的「北四閣」。後抄好的三部，分貯揚州文匯閣、鎮江文宗閣和杭州文瀾閣，這就是所謂的「南三閣」。

【文廟】見 149 頁「孔廟」。

【孔林】孔子及其後裔的墓地。位於山東曲阜城北。歷經擴充修建，佔地達三千畝，林內樹木五萬多株，歷代頌揚孔子的碑碣多達數千通。

【孔府】孔子後世嫡孫長（zhǎng）支（舊時同胞兄弟中，長子繁衍的後代）居住的地方。位於山東曲阜城裏孔廟東鄰。宋寶元年間建立，明嘉靖年間重修。是中國古代官衙與住宅相結合的一組古建築群。府內存有大量珍貴文物和明清以來文書檔案近萬卷。舊稱「衍聖公府」。

【孔廟】祭祀孔子的祠廟。漢代以後歷代帝王多崇奉儒學，敕令在京城和各州縣建孔廟。現存的以孔子故里（山東曲阜）的孔廟為最早、最大。孔子逝世的次年，即魯哀公十七年（前 478），以孔子故宅立廟。東漢永興元年（153）正式成為國家所立祠廟。歷代疊加增修，至明中葉擴至現規模。位於今曲阜城裏中部偏西，佔地約 10 萬平方米，殿堂 466 間。主建築有金元兩代的碑亭，明代建造的奎文閣和清代重修的大成殿。大成殿前的杏壇，傳為孔子講學處。是一組具有東方建築色彩，規模宏大、氣勢雄偉的古代建築群，也是一座集中國古代建築雕刻、繪畫、書法等藝術於一體的大型綜合博物館。也稱「文廟」。

【甘丹寺】藏傳佛教格魯派的第一座寺院。與哲蚌寺、色拉寺合稱拉薩三大寺。位於拉薩東達孜縣旺古爾山。

明永樂七年(1409)興建。全寺共分夏孜、絳孜兩所經學院。重樓複殿,至為壯觀。寺內保存有明清兩代許多珍貴文物,宗喀巴的靈塔也建於寺內。

【布達拉宮】音意合譯。西藏乃至世界最大佛寺。位於西藏拉薩西北馬布爾日山上。相傳公元 7 世紀時,吐蕃(bō)贊普松贊干布始建,後屢有修築。至清順治二年(1645),達賴五世受清朝冊封,重修並擴建後,始具今日規模。原為達賴喇嘛居住之處。內有宮殿、正廳、靈塔、佛殿、經堂、平臺和庭院等。依山壘築,共 13 層。外觀氣勢雄偉,體現了漢藏文化融合的建築風格。宮內藏有大量珍貴的文物,並與大昭寺、羅布林卡一起列入《世界遺產名錄》。也稱「普陀宮」。

【北石窟寺】佛教石窟。位於甘肅慶陽市西峰區附近。在寺溝川(涇水)之蒲、茹二支流交會處的東岸(與「南石窟寺」相對)。為北魏永平二年(509)由涇州刺史奚康生所開建,後經西魏、北周、隋、唐各代鑿窟造像而成。今存窟龕近三百個,大小造像兩千餘尊。另有許多石刻、墨書題字與碑刻等。也說「寺溝石窟」。

【北寺塔】佛塔。在江蘇吳縣的北寺(報恩寺)之內。共十一級。始建於三國時期,南宋時毀於兵火,其後重建。現存的北寺塔為八角九層的大塔,高 80 米,直徑 7 米多。塔的內部磚築部分為南宋初年所建,外部木造部分係光緒二十六年(1900)補修。塔後的石製大同塔及吳王記功畫像碑為元至正年間(1341 — 1367)張士誠重修報恩寺時所作。

【四大文明古國】世界四大文明古國是:中國、古印度、古埃及、古巴比倫。

【四大古鎮】一般指佛山鎮(廣東)、景德鎮(江西)、漢口鎮(湖北)、朱仙鎮(河南)。這四個城鎮都具有悠久的歷史和燦爛的文化,分別代表了地域的特色和一定歷史時期的風貌,對研究歷史城鎮人口、風俗、文化具有重要的意義。

【白馬寺】中國營建的第一座寺院。位於河南洛陽市東郊。建於東漢永平十一年(68)。據傳因明帝遣使去天竺(印度的古稱)求法,有白馬馱經而來,故稱。後屢毀屢建。明嘉靖三十五年(1556)重修。主要建築有天王殿、大佛殿、大雄殿等。寺內保存了大量元代夾紵(zhù)乾漆造像,彌足珍貴。

【白鹿洞書院】中國著名書院之一。位於江西九江廬山五老峰南麓的後屏山之陽,樓閣庭園傍山而建,參天古木掩映。南唐升元年間(937 — 942)始闢為書館,為中國四大書院(白鹿洞書院、嶽麓書院、應天府書院、嵩陽書院)之首。

【地理圖】 原圖作者黃裳（cháng），大約繪製於南宋紹熙元年（1190）。南宋淳祐七年（1247）任兩浙西路提點刑獄公事的王致遠，在蘇州將該圖刻在石碑上。碑寬 104 厘米，長 220 厘米，無碑額。現存江蘇省蘇州市碑刻博物館（文廟）。圖中很多地區接近今天測繪地圖的水平，反映了七百多年前中國繪製地圖的技術水平，具有很高的歷史價值。

【地獄圖】 見 151 頁「地獄變」。

【地獄變】 佛教為勸善懲惡所繪的地獄圖像。中國自唐代即盛行此種繪圖。吳道子於唐開元二十四年（736）在景公寺壁上繪出地獄圖像時，令京都觀眾皆驚懼而不吃肉，長安、洛陽的屠夫為此而改行。當時各大寺院墻壁上多繪有這種圖像。也說「地獄變相」「地獄圖」。

【地獄變相】 見 151 頁「地獄變」。

【地壇】 中國現存最大的祭地之壇，北京五壇（天壇、地壇、日壇、月壇、先農壇）中的第二大壇。位於北京市東城區安定門外。始建於明代嘉靖九年（1530），是明清兩朝帝王祭地的場所。現存的主要建築有方澤壇、皇祇（qí）室、宰牲亭、齋宮、神庫等。

【先農壇】 明清帝王祭祀先農神（傳說中最先教民耕種的人）的建築。位於永定門內（今北京市西城區）。始建於明永樂四年至十八年（1406－1420）。現存建築有先農神壇、觀耕臺、神倉、慶成宮、太歲殿等。為全國重點文物保護單位。

【宋代六大窯系】 北宋時定窯、鈞窯、磁州窯、耀州窯、龍泉窯和景德鎮窯的合稱。宋瓷一改唐代華貴富麗之風，向沉靜素雅、蘊藉雋永的風格演進，成為中國製瓷業發展史上的高峰。

【佈施】 佛教用語。佛教指將財物施捨給他人，叫作「財施」；講說佛法使人接受，叫作「法施」。今泛指向他人施捨財物；特指向僧侶施捨財物。

【武當山】 道教名山。位於湖北省西北部。主峰天柱峰（在丹江市境內），海拔 1612 米；峰頂建有金殿，俗稱「金頂」，以銅鑄鎏（liú）金著稱。相傳東漢陰長生、唐代呂洞賓、明代張三丰等曾修煉於此。宮觀眾多，尤以紫霄宮、太和宮等著名，是國家重點風景名勝區，也是武當派拳術發源地。武當山古建築群為世界文化遺產之一。

【青城山】 道教名山。位於四川省都江堰市西南。因山形如城郭而得名。道教稱「第五洞天」。相傳東漢張道陵曾修道於此。有五代時的道士杜光庭讀書臺等道教遺跡、古常道觀等宮觀，風景幽美。也稱「天谷山」。

【長城】中國古代軍事防禦建築。始建於春秋戰國時期。秦始皇統一中國後，連接秦、趙、燕北面的城牆加以增築，長度已達一萬里。後歷代多次增建或整修。現在的長城一般指明代的長城，西起甘肅省嘉峪關，中經寧夏、陝西、山西、內蒙古、北京、天津，東至河北山海關，全長6700公里。另，國家文物局2012年發佈，分佈於全國15個省區的長城總長度為21196.18公里。也說「萬里長城」。

【茅山】道教名山。原名句（gōu）曲山。位於江蘇省西南部，地跨句（jù）容、金壇、溧水、溧陽等市縣境。道教稱「第一福地，第八洞天」。相傳西漢茅盈、茅固、茅衷兄弟三人在此修道成仙，號「三茅真君」，因名三茅山，簡稱「茅山」。為道教茅山派發源地。南朝陶弘景等道士曾於此修道。有唐碑、元碣等古跡。

【東方洞】見153頁「南石窟寺」。

【東林寺】佛教寺院。淨土宗（蓮宗）發源地。位於江西廬山西北麓。東晉太元六年（381），慧遠於此建寺講學。宋元豐年間，神宗敕令改稱「東林太平興國禪院」。揚州高僧鑒真東渡日本前，曾來此寺，後與本寺僧人智恩同渡日本講經。寺前有虎溪，相傳慧遠志心修行，送客不過虎溪橋。寺東之羅漢松相傳為慧遠所栽植。

【明十三陵】明代自成祖到思宗十三個皇帝的陵墓。坐落在北京昌平天壽山南麓，周圍群山環抱，中部為平原，陵前有小河曲折蜿蜒。其中長陵（成祖）規模最大，定陵（神宗）地下宮殿對遊客開放。列入「世界文化遺產名錄」。

【金山寺】中國佛教寺院。位於江蘇鎮江市西北金山上。建於東晉元帝時期。殿宇樓臺，依山而建。寺內有楞伽臺、觀音閣、慈壽塔、留雲亭、法海洞等。戲曲《白蛇傳》裏有「水漫金山寺」的故事。

【京杭運河】世界上最長的古代運河，中國古代的三項偉大工程（長城、京杭運河、坎兒井）之一。春秋時代吳國為征伐齊國而開鑿。隋代通過都城洛陽連接涿郡，貫通海河、黃河、淮河、長江、錢塘江五大水系。元代棄洛陽取直，自餘杭（今浙江杭州）直通北京，全長約1797公里。至今已有2500多年的歷史。

【法門寺】中國佛教寺院。位於陝西扶風之北的崇正鎮。始建於東漢末年桓靈年間，有「關中塔廟始祖」之稱。北朝魏、周以前稱「阿育王寺」，唐高祖時改名「法門寺」，成為皇家寺廟。因安置釋迦牟尼佛指骨舍利而成為佛教聖地。

【宗廟】①古代帝王、諸侯或大夫、士祭祀祖先的處所。《中庸》：「宗廟之禮，所以祀乎其先也。」也稱「祖廟」。②王室或國家政權的代稱。《漢書．霍光傳》：「伊尹相殷，廢太甲以安宗廟。」

【故宮】 ①泛指舊王朝遺存的宮殿。②特指北京故宮。舊稱紫禁城，是明清兩代的皇宮，在北京市中心。始建於明永樂年間，由大小不同的數十個院落組成，房屋 9 千多間，佔地 72 萬平方米，四周有 10 多米高的城墻和 50 多米寬的護城河。主要建築有外朝（處理朝政之所）的太和、中和、保和三殿，內廷的乾清、交泰、坤寧三宮等。是中國現存規模最大、最完整的古建築群，集中體現了中國古代建築藝術的優秀傳統和獨特風格。現為故宮博物院。列入「世界文化遺產名錄」。

【南石窟寺】 中國佛教石窟。位於甘肅涇川城南 20 公里處山壁上。與「北石窟寺」同為北魏涇川刺史奚康生所建。該窟連綿約 288 米，內雕佛像多被盜，殘留者已不及原有的十分之一。現僅存的一窟，內有 7 佛、10 脅侍菩薩、交腳菩薩。窟外崖壁上有小龕 10 餘個，均係北魏、中晚唐所開鑿。也說「東方洞」。參見 150 頁「北石窟寺」。

【相國寺】 中國佛教寺院。位於河南省開封市中心。北齊天保六年（555）建，名建國寺，後毀。唐代重建，改名大相國寺，習稱相國寺。今寺為乾隆時重建。主要建築有牌樓、天王殿、大雄寶殿、八角殿、藏經樓等。八角殿琉璃瓦頂，內有木雕千手千眼觀音像，高約 7 米，造型生動。

【衍聖公府】 見 149 頁「孔府」。

【恆山】 五嶽之一，為五嶽中的北嶽。在山西省東北部。主峰玄武峰，在渾源縣東南，海拔 2016 米，氣勢雄偉。有懸空寺、虎風口、會仙府等古跡名勝。

【祠堂】 供奉、祭祀祖先或先賢的建築。唐．杜甫〈蜀相〉詩：「丞相祠堂何處尋，錦官城外柏森森。」

【泰山】 ①五嶽中之東嶽。在山東省中部濟南、泰安之間。主峰玉皇頂在泰安市北，海拔 1532.7 米。山峰突兀峻拔，雄偉壯麗；名勝古跡眾多，有經石峪、黑龍潭、碧霞祠、日觀峰等。為世界自然與文化雙重遺產，並列入「世界遺產名錄」。也說「岱宗」「岱山」。②古人把泰山看作最高的山，故常用來比喻極敬仰的人或極重大的事。如：有眼不識泰山、責任重於泰山。③岳父的別稱。

【泰山刻石】 秦丞相李斯等為歌頌秦始皇統一天下的功績而刻的石碑。四面環刻，前三面是秦始皇時刻，第四面是秦二世所刻的詔書和從臣姓名。刻石為小篆體，字形工整，筆畫圓健，傳均為李斯所書。今僅存殘石約

10 字。保存於山東泰安岱廟。傳世有明代無錫人安國舊藏北宋時全石拓本，有 165 字及 53 字本。也說「封泰山碑」。

【華（huà）山】 五嶽之一，五嶽中的西嶽。在陝西省東部，屬秦嶺東段。因遠望像花，故名華山。主峰太華山，在華（huà）陰市南，海拔 2154.9 米。以峻秀奇險著稱，名勝多散佈於登山磴道旁。為道教名山。宋道士陳摶（tuán）曾於此隱居數十載，著書傳道。

【華北四寶】 指華北地區的趙州石拱橋、滄州鐵獅子、定州開元寺塔、正定隆興寺菩薩像。俗語有「滄州獅子定州塔，正定菩薩趙州橋」之說。

【桑耶寺】 中國佛教寺院。位於西藏札囊縣雅魯藏布江北岸。8 世紀後半期由赤松德贊〔吐蕃（tǔ bō）王朝第 37 任統治者〕親自主持奠基修建。主殿為金頂三層樓閣，內部結構分別具有藏、漢和印度三種建築式樣和雕塑風格，因此也稱「三樣寺」。主殿內有塑像 78 尊、佛教畫圖 14 幅。

【梵剎（chà）】 梵語音譯。原指「佛國」「佛土」，後轉指佛教寺院，即佛教僧侶供奉佛像、舍利（佛骨），舉行宗教活動和居住的處所。唐·王維〈贊佛文〉：「在微塵中，見億佛剎。」

【國清寺】 中國佛教寺院。天台（tāi）宗的發源地。位於浙江天台城北天台山麓。隋開皇十八年（598）晉王楊廣承智顗（yǐ）大師遺願建成。隋大業元年（605）煬帝賜國清寺額。現有殿宇 14 座，房屋 600 餘間。大雄寶殿中有明代銅鑄釋迦牟尼坐像，重 13 噸。殿左右列元代楠木雕製的十八羅漢。寺內有一株中國現存最古老的「隋梅」。

【庵】 ①舊時稱圓頂的草屋。如：茅庵、結草為庵。②寺廟（多指專供尼姑住的）。如：尼姑庵、庵堂。

【清真寺】 伊斯蘭教徒舉行宗教儀式、傳授宗教知識等的寺院。也稱「禮拜寺」。

【淨土圖】 見 154 頁「淨土變相」。

【淨土變】 見 154 頁「淨土變相」。

【淨土變相】 佛教用語。變相，敷演佛經內容而繪成的具體圖像。描繪淨土世界（即極樂世界）景象的圖像或雕刻，稱為「淨土變相」（與「地獄變相」相對）。可分為盧舍那淨土變相、靈山淨土變相、藥師淨土變相、彌勒淨土變相等。流傳最廣的淨土變相為阿彌陀佛的西方淨土變相。中國從隋唐時即盛行，傳說唐代善導曾自繪西方變相 300 幅。今敦煌有遺存淨土變相 20 餘種。也說「淨土變」「淨土圖」。

【終南山】道教名山。在陝西省西安市南。秦嶺山峰之一，主峰海拔 2604 米。相傳道教主流派全真道創始人王重陽，北五祖中的漢鍾離、呂洞賓等曾修道於此。有南山湫（qiū）、金華洞、日月岩等名勝古跡。也稱「太一山」。

【紫陽書院】著名書院之一。位於安徽歙（shè）縣。始建於南宋淳祐六年（1246），初建在徽州府城南門外紫陽山麓，理宗皇帝御題「紫陽書院」匾額。紫陽書院祭祀朱熹，以宣揚朱熹理學思想為主旨（徽州為朱熹祖籍）。後徽州紫陽書院地址屢有變遷，建築屢遭毀棄。歷史上，以「紫陽」命名的書院還有蘇州紫陽書院、杭州紫陽書院、廣州紫陽書院等。

【開成石經】唐代的十二經刻石。始刻於唐文宗大和七年（833），完成於開成二年（837），故名。石立於長安務本坊國子監（jiàn）太學。有《周易》《尚書》《毛詩》《周禮》《儀禮》《禮記》《春秋左氏傳》《公羊傳》《穀梁傳》《孝經》《論語》《爾雅》等十二種儒家經典。另附五經文字、九經字樣等，共 227 石。字體為正書，標題為隸書。是研究中國經書歷史的重要資料。今存西安碑林博物館。又稱唐石經。

【普陀宮】見 150 頁「布達拉宮」。

【道觀（guàn）】道教的宮觀（guàn）廟宇。如白雲觀、玄妙觀等。

【聖廟】孔廟的尊稱。清．阮元《小滄浪（láng）筆談》卷一：「至聖廟，春夏秋冬以四孟上丁為祭，衍聖公主之。」（孟：孟月；丁：丁日）

【雷峰塔】佛塔。位於浙江省杭州市西湖南夕照山上。五代吳越王錢俶（chù）時建。內藏石刻《華嚴經》《陀羅尼經》等珍貴文物。塔於 1924 年傾塌。今已重建。

【雍和宮】中國藏傳佛教寺院。在北京安定門內。清康熙三十三年（1694）建，為雍正即位前的府第。雍正三年（1725）改王府為行宮，始稱雍和宮。殿宇為黃瓦紅墻，與皇宮一樣規格。乾隆九年（1744）改為喇嘛廟，是清朝中後期全國規格最高的一座藏傳佛教寺廟。主要建築有天王殿、雍和宮大殿、法輪殿、萬佛閣。有宗喀巴銅像、高 26 米的彌勒菩薩木製像。

【媽祖廟】奉祀媽祖的廟宇。主要分佈在中國的東南部福建省和廣東省，以及港澳臺等地。以福建莆田湄洲島媽祖廟為祖廟，天津天后宮、臺灣北港朝天宮為地區性祖廟。農曆三月二十三日媽祖誕辰日有祭祀活動。

【碧雲寺】一組佈局緊湊、保存完好的園林式寺廟，坐落在北京市海淀區香山公園北側，始建於元至順二年（1331），明清兩代幾次擴建。寺院坐西朝東，依山勢而建造，層層殿堂呈階梯式佈局。山門前的一對石獅、山門內的哼哈二將、殿中的泥質彩塑以及彌勒佛殿山墻上的壁塑，皆為明代藝術珍品；金剛寶座塔，羅漢堂為清乾隆十二年（1747）修建。寺內有孫中山衣冠冢。

【趙州橋】 河北省趙縣城南洨（xiáo）河上的一座石拱橋。修建於隋開皇大業年間（581—618），由隋代名師李春創建。橋單孔，全長64.40米，橋面寬約10米，跨徑37.20米，拱圈矢高7.23米。大拱左右肩上各有兩個小拱，美觀、實用、科學，極盡精巧。在世界橋梁史上，其設計與工藝為石拱橋的典範，是世界上最早的一座敞肩石拱橋。也稱「安濟橋」。

【榮寶齋】 出版機構，店鋪名。清康熙十一年（1672）在北京創建，初名「松竹齋」，1894年（光緒二十年）改名「榮寶齋」。主要從事木版水印業務，並經營古今字畫和文房四寶。複製的古今名畫酷肖傳神，富有華夏特色。

【鞏義石窟寺】 中國佛教石窟。位於今河南鞏義市，面臨洛水，背對邙（máng）山，在砂岩石的斷崖上開鑿而成。創建於北魏孝文帝時。現存5窟7743尊佛像和數十篇碑刻題記。其中以「帝后禮佛圖」造像最為精美。在各窟內均築有大方柱。

【嶗山】 道教名山。在山東省青島市嶗山區境，東臨嶗山灣。最高峰嶗峰，俗稱嶗頂，海拔1132.7米。有上清宮、下清宮、太平宮、華樓宮等古跡名勝。景色雄奇靈秀，氣候宜人，為避暑和遊覽勝地。古作勞山。

【鄭國渠】 古代關中平原的大型人工灌溉渠道。戰國末年，秦王嬴（yíng）政採納韓國水利家鄭國的建議興建，約十年後完工。位於今陝西涇陽縣西北25公里的涇河北岸。它西引涇水東注洛水，長達300餘里（灌溉面積號稱4萬頃），使關中平原成為沃土。至唐代與白渠混合，因主要發展白渠而漸廢。

【衡山】 五嶽之一，為五嶽中的南嶽。在湖南省衡陽等境內。有七十二峰，以祝融、天柱、芙蓉、紫蓋、石廩五峰為最著名，有「五嶽獨秀」之稱。歷代帝王多到此巡視或祭祀。也是佛教聖地，有南嶽廟、祝聖寺等廟宇。也稱「岣嶁（gǒu lǒu）山」。

【龍虎山】 中國道教四大名山之一。在江西省貴溪市西南，由龍、虎二山組成，故名。東漢張道陵修道於此，其子孫世代在此居住。道教稱「第三十二福地」，是道教正一道發源地。

【龍華塔】 佛塔。位於上海龍華寺前。建於北宋太平興國二年（977）。寺雖數度被毀，而塔幸未波及。明清兩代，先後大修。磚木結構，七層八角，高40餘米，頂有露盤、寶瓶等組成的剎杆，飛檐曲欄，雄偉壯觀。

【嶽麓書院】宋代四大書院之一。在湖南長沙嶽麓山。宋開寶九年（976）潭州太守朱洞創建。宋乾道元年（1165）理學家張栻（shì）主持教事，三年（1168）理學家朱熹在此講學，學生雲集至千人。明清兩代成為傳播儒學的中心。

【鍾山書院】清代江蘇省城書院。位於上元縣城（今南京市太平南路）。清雍正元年（1723）兩江總督查（zhā）弼納倡建，選省內士子在其中延師教訓。有大門、講堂、齋舍等主要建築百餘間，規模較大。世宗御賜「敦崇實學」額。歷任山長有盧文弨（chāo）、錢大昕（xīn）、姚鼐（nài）、繆（miào）荃孫等。清末改為江南高等學堂。

【薩迦寺】中國佛教寺院。薩迦北寺和薩迦南寺的統稱。藏傳佛教薩迦派主寺。先是薩迦派創始人昆·貢卻傑布於 1073 年在後藏仲曲河北岸山上建「白宮」，即薩迦北寺。元世祖至元六年（1269），薩迦本欽·釋迦桑布仿吉熱寺式樣，建薩迦南寺。南寺有藏經庫，其中有一萬多部經書是用金、銀、朱砂汁和墨汁精工寫成的珍品。全寺共有佛教經藏四萬多卷，包括一部分貝葉經和壁畫、畫卷。今北寺已毀，僅存南寺。

【靈隱寺】中國佛教寺院。位於浙江杭州西湖靈隱山麓。東晉咸和元年（326），印度沙門慧理至此建寺，名曰靈隱。該寺自創建以來，歷 1600 餘年，曾十四度遭毀，今日所見為近世重建。大雄寶殿前面兩座八角九層石塔、天王殿前兩座石經幢（chuáng），皆五代吳越國時的建築。寺前飛來峰崖壁及石洞內外有五代及宋、元的石刻佛像 338 尊，其中以元代造像最多。

3. 創造發明

【八大菜系】中國漢族不同地區菜肴的烹調在理論、方法、風味、品種等方面，長期以來所形成的八個著名的獨特體系：魯菜、川菜、蘇菜、粵菜、閩菜、浙菜、湘菜、徽菜。

【干將（gān jiāng）】古代人名，後轉為寶劍名。據《吳越春秋·闔閭內傳》《搜神記》記載：相傳楚王命干將、莫邪（yē）夫婦鑄造寶劍，三年成雌雄二劍，雄名「干將」，雌名「莫邪」。干將自知因造劍遲緩觸怒楚王，獻劍後必被處死，故只獻雌劍，不獻雄劍，將雄劍留給兒子，希望為他復仇。後其子終於殺死暴君。

【木版浮水印】 中國傳統的刻版印刷方法之一。以水墨及顏料在木刻版上刷印，用以複製書畫作品。唐宋時期流行單色刷印，至明末發展為彩色套印。分勾描、刻版、刷印三道工序。也說「木刻水印」。

【五禽戲】 相傳為漢末名醫華陀首創的一種健身操。模仿虎、鹿、熊、猿、鳥五種動物的動作和姿態，以進行肢體活動。也說「五禽嬉」。

【日晷（guǐ）】 古代一種測時儀器。由晷盤和晷針構成。晷：日影。晷盤是一個有刻度的圓盤，盤面跟赤道面平行，中央裝一根與盤面垂直的晷針。針影隨太陽運轉而移動，在晷盤上的不同位置顯示不同的時刻。也說「日規」。

【毛公鼎】 西周晚期青銅器。直耳，半球腹，矮短的獸蹄形足，口沿飾環帶狀的重環紋。高 53.8 厘米，重 34.7 千克。清道光末年出土於陝西岐山。有銘文 497 字，記述周宣王誥誡和褒賞其臣下毛公事。為現存銘文最長的青銅器。現藏臺北故宮博物院。

【古琴】 撥弦樂器。有七根弦。據説周代已有，定型於漢代，魏晉以後跟現代大致相同。音色古樸典雅，富有韻味。其低音區音色低沉、蒼勁（jìng），中音區淳厚、純淨，高音區清細、明亮，凡音則有晶瑩剔透之感。一般平置於案上彈奏。演奏手法繁複，常用來獨奏或與洞簫合奏。也說「七弦琴」。

【四大發明】 指由中國古代發明的紙、印刷術、指南針和火藥。是中國對世界文明的四大貢獻。

【司南】 中國古代發明的辨別方向的儀器。用天然磁鐵礦石琢成勺形，放在一個光滑的刻着方位的盤上。是現代指南針的雛形。東漢．王充《論衡．是應》：「司南之杓（sháo，同『勺』），投之於地，其柢（dǐ，根）指南。」

【耒耜（lěi sì）】 古代耕地翻土的農具，類似後代的犁。《周易．繫辭下》：「神農氏作，斫木為耜，揉木為耒。」（作：興起；斫：砍；耜：直接作用於土壤的鏟狀部件；揉：使彎曲；耒：扶持耜的木柄）

【后母戊鼎】 商代晚期青銅器。長方形，四足，通高 133 厘米，器口長 79.2 厘米，重達 875 千克。1939 年於河南安陽武官村出土。是至今世界上發現的最大的青銅器。因鼎腹內鑄有銘文「后母戊」（以往誤釋為「司母戊」）三字而得名。是商王文丁為祭祀其母后戊而作。鼎造型龐大雄渾，紋飾精美細膩，是古代科技與藝術、雕塑與繪畫的完美結合，是中國青銅器文化中的瑰寶。

【羌笛】 中國古老的單簧氣鳴樂器，流行於川北羌族地區，已有 2000 多年歷史。兩管數孔（以前五孔，現在多為六孔），用當地節長身細的油竹製成，雙管並排，管上端裝竹製吹嘴。吹嘴正面削平，切開一薄片作為簧片。

【指南車】 中國古代用來指示方向的一種車狀機械裝置。它與指南針利用地磁效應不同，不用磁性，而是利用齒輪傳動系統和離合裝置，根據車輪的轉動，由車上木人指示方向。相傳黃帝曾用指南車與蚩尤作戰。東漢張衡、三國魏馬均、南朝祖沖之皆有造指南車之事。也稱「司南車」。

【茶】 世界三大無酒精飲品（茶、可可、咖啡）之一，由常綠灌木茶樹的嫩葉加工而成。有綠茶、紅茶、白茶、黃茶、黑茶之分。中國飲茶已有數千年歷史。約在 17 世紀初，中國茶葉傳入歐洲，開始風靡於宮廷和上層社會，並很快在民間流行。歐洲人認識中國，最早是從接觸茶葉和瓷器開始的。也說「茗」。

【胡笳（jiā）】 即「笳」，因出自塞北、西域一帶「胡地」，故名「胡笳」。一種簧、管一體的吹奏樂器。原始的胡笳是將蘆葦葉捲成雙簧片形狀或圓錐管形狀，首端壓扁為簧片。後管身或改為蘆葦稈，或木製，開有三孔。唐代還盛行以羊骨或羊角為管，管身無孔，流行於塞北及河西走廊一帶。

【胡琴】 弦鳴樂器。西北遊牧民族部分弦樂器傳入中原後的泛稱。宋元以後指琴弓用馬尾毛作弦的拉弦樂器，由琴筒、琴桿、琴弦、轉動軸、琴弓組成。琴弓係馬尾夾於兩弦間拉奏出聲。如二胡、京胡、板胡等。

【活字印刷】 中國古代四大發明之一。宋代發明家畢昇發明。其法是：在膠泥片上刻字，一字一印，用火燒硬後，便成活字。把膠泥活字按韻分類放在木格子裏，貼上紙條標明以便檢字。排字時，把需要的活字揀出來排進帶框的鐵板上，再用一塊平板把字面壓平，製成版型。印刷時，在版型上刷上墨，覆上紙，加一定的壓力即可。世稱「活字版印刷術」。畢昇的發明是印刷術上的一次偉大的技術革命，為人類文化做出了重大貢獻。他的發明比歐洲早四百多年。參見 239 頁「畢昇」。

【宣紙】 安徽涇縣出產的一種高級紙張，主要用於書法和國畫。因涇縣唐代歸宣州（今安徽宣城市），故稱。宣紙起於唐代，歷代相沿。由於易於保存、經久不脆不褪色等特點，故有「紙壽千年」之譽。南唐後主李煜（yù）親自監製的「澄心堂」紙，就是宣紙中的珍品。宣紙除了題詩作畫外，還是書寫外交照會、保存高級檔案和史料的最佳用紙。中國留傳至今的大量古籍珍本、名家書畫墨跡，大都使用宣紙，依然如初。19 世紀在巴拿馬國際紙張比賽會上獲得金牌。2009 年 9 月 30 日，宣紙獲聯合國教科文組織肯定，列入「世界文化遺產名錄」。

【華表】上古時用來表示王者納諫或指示道路的木柱。後演變成設在宮殿、陵墓、城垣或橋梁等大型建築物前具有裝飾作用的大石柱（設在陵墓前的又名「墓表」）。柱身多雕刻有龍鳳等圖案，上部橫插着雲形雕花石板，頂端為石獸。北京天安門前後的兩對，雕刻精美，是華表中傑出的代表作。

【莫邪（yē）】古代人名，後為寶劍名。據唐．陸廣微《吳地記．匠門》記載：吳王闔（hé）閭命干將（gān jiāng）鑄劍，鐵汁化不出。干將妻莫邪問計，干將説：從前先師歐冶子鑄劍時，曾以女人配爐神，即鑄成。莫邪聞言就投身爐中，鐵汁出，鑄成二劍。雄劍叫「干將」，雌劍叫「莫邪」。參見 157 頁「干將」。

【候風地動儀】古代測報地震的儀器。東漢科學家張衡發明，製成於東漢陽嘉元年（132）。用精銅鑄造，形如酒樽，樽內立一銅柱，柱周圍有八條滑道，樽外裝有八條龍伸向八個方向，龍口各含一銅丸，龍頭下各置一張口向上的銅蟾蜍（chán chú）。一旦發生地震，銅柱傾倒，觸發震源方向龍口，銅丸落入蟾蜍口中，發出響亮的聲音，使人知曉並判明地震的方向。一次西向龍吐丸，洛陽並無震感，幾日後甘肅來報發生地震，時人才服其妙。

【唐三彩】原指唐代陶器和陶俑上的黃、綠、藍等顏色的彩釉，現多借指有這種彩釉的陶器工藝品。

【唐卡】藏語音譯。即卷軸畫。藏族繪畫的一種形式。內容主要是佛的傳記、各種佛像、教史、各派祖師像等。多數是在布、綢或紙面上繪製，再用彩緞裝裱而成。是佛教徒隨時供奉、對照修行的必需物品。一般藏族家庭也懸掛。

【紙鳶（yuān）】鳥狀的風箏。泛指風箏。相傳源於春秋時期，「墨子為木鷂（yào），三年而成，飛一日而敗」。南北朝時，風箏曾用於傳遞信息。隋唐時由於造紙業發達，民間開始用紙來裱糊風箏。宋時放風箏已成為人們喜愛的戶外活動。宋代張擇端的《清明上河圖》和蘇漢臣的《百子圖》裏都有放風箏的生動畫面。

【國畫】具有悠久歷史和優良傳統的中國民族繪畫。約可分為人物、山水、花卉、鳥、獸、蟲、魚等畫科；有工筆、寫意、勾勒、設色、水墨等技法形式。取景佈局視野開闊，不拘泥（nì）於焦點透視。有壁畫、屏幛、卷軸、冊頁、扇面等畫幅形式，並以特有的裝裱工藝裝潢畫幅。強調「外師造化，中得心源」，要求「意在筆先，畫盡意在」，做到以形寫神，形神兼備。同詩文、書法、篆刻相互影響，自然融合，形成了顯著的藝術特徵。工具有特製的筆、墨、硯、紙和絹。在世界美術領域中自成體系。也稱「中國畫」。

【都江堰】 戰國時期大型水利設施，公元前 250 年蜀郡太守李冰父子組織修建。位於四川成都都江堰城西，坐落在成都平原西部的岷江上，由魚嘴、飛沙堰、寶瓶口三大部分組成。兩千多年來一直發揮着防洪灌溉的作用，使成都平原從水旱交加變成沃野千里的天府之國。

【雲錦】 傳統工藝絲織品。始於南北朝，盛於明清，至今已有 1580 年歷史。因錦紋瑰麗，色澤燦爛，狀如天上雲彩，故名。其重要特徵是大量用金（圓金、扁金）做裝飾，用色豐富自由，紋飾醒目。其品種主要有庫緞、庫錦、妝花三類。現代只有南京生產，也稱「南京雲錦」。與蘇州宋錦、四川蜀錦一起，被譽為中國的三大名錦。為三大名錦之首。現仍以老式提花木機織造，保持着傳統的特色和獨特的技藝。

【景泰藍】 中國特種工藝品。用銅胎製成，以藍釉最為出色，至明景泰年間（1450 — 1456）廣為流行，故稱。製作工序分打胎、掐絲、點藍、燒藍、磨光、鍍金等，其中最複雜細緻的是掐絲和點藍工藝。品種有瓶、碗、盤、罐、煙具、臺燈、文具、獎杯等。

【景德鎮瓷器】 指產於江西景德鎮窯的瓷器。以生活用瓷和陳設用瓷為主，品種齊全，瓷質優良，造型輕巧，裝飾多樣，素有「白如玉，明如鏡，薄如紙，聲如磬」之譽。有青花、釉裏紅、古彩、粉彩、鬥彩、新彩、釉下五彩、青花玲瓏等，尤以青花、粉彩產品為大宗。產品馳名世界。參見 144 頁「景德鎮窯」。

【湖筆】 浙江湖州出產的毛筆。與徽墨、宣紙、端硯並稱為「文房四寶」。最早產地在吳興縣善璉（liǎn）鎮。相傳秦始皇的大將蒙恬改良過毛筆。當地有筆祖蒙恬廟。據《湖州府志》載：善璉湖筆的成名，與元代大書畫家湖州人趙孟頫（fǔ）有密切關係。他「日書萬字」，十分重視製筆技藝。他要人製筆，一管不如意，即令拆裂重製。當地人選用上等山羊毛，經過浸、拔、併、梳、連、合等近百道工序精心製作，具有毫細出鋒，毛純耐用的優點。所以當地有「毛穎之技甲天下」之説。也説「湖穎」。

【渾天儀】 古代演示天體運轉的儀器，類似現代的天球儀。最早東漢張衡設計製造了利用水力推動自動運轉的大型渾天儀。現今存世最早的渾天儀是明朝正統七年（1442）製造的，陳列在南京紫金山天文臺。也稱「渾儀」。

【鼎】①古代炊器，多為圓腹三足兩耳，用於煮、盛食物。②象徵王位或政權。相傳夏禹鑄九鼎，歷商至周，都作為傳國的重器。

【號角】①古時軍中傳達命令的管樂器；後泛指喇叭一類的吹奏樂器。②指號角聲。如：聲聲號角、陣陣號角。

【蜀錦】中國傳統絲織品。產於四川，故名。起源於戰國時期，西漢時品種已很多。現代以染色熟絲織成，質地堅韌，色彩艷麗，圖案繁多。與南京的雲錦、蘇州的宋錦、廣西的壯錦並稱為中國四大名錦。蜀錦織造技藝列入第一批國家級非物質文化遺產名錄。也稱「蜀江錦」。

【楊柳青木版年畫】中國北方一種民間木版年畫，因產於天津楊柳青，故稱。產生於明代崇禎年間，繼承了宋、元繪畫的傳統，吸收了明代木刻版畫、工藝美術、戲劇舞臺的形式，採用木版套印和手工彩繪相結合的方法，題材多神話、戲曲故事及美女、胖娃娃，給人以活潑可愛、吉祥喜慶之感。現代又進行了革新和發展。2006 年已列入第一批國家級非物質文化遺產名錄。

【舞人紋織錦】戰國織錦。1982 年出土於湖北江陵馬山 1 號戰國中晚期楚墓。兩舞人相對一組，頭着冠，身着長袍繫腰帶，雙手甩長袖過頭。這是迄今發現的最早表現音樂舞蹈的織錦圖案。

【銅版】用銅鑄成或用銅板刻成的印版。早在後晉天福年間（936 — 943），已用銅版印刷「九經」。11 世紀初，北宋曾以銅版印紙幣等。

【銅壺滴漏】中國古代一種計時儀器。銅壺盛水，用滴漏後水面的變化來測定時刻。中國早在周代已用漏壺測定時刻。南唐．馮延巳〈壽山曲〉詞：「銅壺滴漏初盡，高閣雞鳴半空。」也說「銅壺刻漏」。

【端硯】產自廣東肇慶的硯臺。肇慶古稱端州，故名。最早產於唐代武德年間（618 — 626）。以石質堅實、潤滑、細膩馳名於世，有研墨不滯、發墨快，研出的墨汁細滑、書寫流暢不損毫等特點。製作工序有採石、製璞、雕刻、磨光、配盒等，工藝講究。2006 年 5 月 20 日，經國務院批准，端硯製作技藝列入第一批國家級非物質文化遺產名錄。

【旗袍】近現代華人女子穿的一種長袍。起源於滿族旗人婦女所穿的袍子，後融入西式剪裁工藝並加以改進。辛亥革命後漢族婦女也開始穿，進而流行至全國。一般樣式為直領，右開大襟，緊腰身，衣長至膝下，兩側開衩。

【漏壺】 中國古代一種計時器具。分兩種：(1) 單壺。只有一個儲水壺，水壓變化大，計時精度低。(2) 複壺。為兩個以上的儲水壺。著名的元延祐年間（1314 — 1320）漏壺，由四個銅壺自上而下互相疊置而成。上面三壺底部有小孔，最下一壺內裝一直立浮標，浮標隨水的注入而提升，由此可知時辰。中國自周代起已使用漏壺測定時刻。

【璇璣（xuán jī）圖】 見 163 頁「織錦迴文」。

【編鐘】 中國古代打擊樂器，由多個懸掛的大小不同的鐘組成，每套件數不等，多為 3 — 16 件。1978 年在湖北隨縣出土的戰國時期曾侯乙編鐘是迄今所見規模最大的一套，由 64 件鐘和一件鎛（bó，似鐘而口平）組成，總重逾 2.5 噸。分三層懸掛，上層掛鈕鐘，中下層掛甬（yǒng）鐘，每個鐘都能發雙音。用木槌敲擊演奏。

【璣衡撫辰儀】 天文儀器名。璣衡：儀器；撫：順，指測量；辰：星辰，天體。清代銅鑄，重 5 噸，高 3 米多。乾隆九年（1744）製成。乾隆帝親自命名。用來觀測天象，測定天體位置。以設計精巧、製作精美、具有華夏特色著稱。現存北京古代天文儀器陳列館。

【戰國帛書】 戰國時期在絲帛上寫的字。1942 年出土於長沙楚墓，1945 年流入美國。帛書長 47 厘米，寬 38.7 厘米。有墨書文字 900 餘字，皆楚國文字。四周繪有神人像 12 個，四角有植物枝葉圖像。楚帛書不僅是中國古代藝術中的珍品，也是世界藝術史上的瑰寶。

【戰國帛畫】 戰國時期在絲帛上作的畫。湖南長沙出土的隨葬「銘旌」《美女龍鳳圖》和《人物御龍圖》，即是這個時期代表性的帛畫。兩幅帛畫人物形象富有神采，線條輕重剛柔合宜，運筆瀟灑自如，具有送死者靈魂升天的含意，表達了楚文化中簡樸的道家思想，體現了中國人物繪畫的民族傳統風格。

【徽墨】 徽州府歙（shè）州（今安徽省黃山市歙縣）所產的墨。五代時即很有名，宋代後，歙、黟（yī）、休寧、績溪等地所產墨質量並佳。今黃山市績溪縣、屯溪區、歙縣為製造中心，所產墨仍稱徽墨。成品具有色澤黑潤、入紙不暈、馨香濃郁、防蛀等特點。「文房四寶」之一，深受書畫家喜愛。

【織錦迴文】 用五色絲線織成的迴文詩。《晉書 · 列女傳 · 竇滔妻蘇氏》記載：竇滔為秦州刺史，被徙流沙，其妻蘇氏（名蕙，字若蘭，善詩文）想念他，將自己作的迴文詩，織錦為迴文旋圖以贈，共 840 字。也說「璇璣圖」。

【蹴鞠(cù jū)】蹴:腳踢;鞠:皮製的球。踢球。中國古代體育活動項目。春秋時期,在齊國都城臨淄興起蹴鞠活動,漢代作為軍隊訓練士兵、考察評估兵將體能的方式之一,唐宋時流行於民間並達到頂峰,至清代中期逐漸消失。

【蠟版】①中國古代用蜂蠟混合松香塗在木板上刻印的一種印版。宋紹聖元年(1094)已用於印製狀元捷報。②用鐵筆在蠟紙上刻畫而成或用打字機在打字蠟紙上打成的油印底版。

4. 時令習俗

【二十四節氣】中國農曆根據太陽在黃道(即地球繞太陽公轉的軌道)上的位置,將一年劃分為 24 個時段,每一個時段及其起始點稱為一個節氣。即:立春、雨水、驚蟄、春分、清明、穀雨,立夏、小滿、芒種、夏至、小暑、大暑,立秋、處(chǔ)暑、白露、秋分、寒露、霜降,立冬、小雪、大雪、冬至、小寒、大寒。這些節氣能表明氣候變化和農事季節。

【七夕】節日名。指農曆七月初七日的晚上。神話傳説牛郎織女每年要在這個時候於天河鵲橋相會。民間習俗婦女於此夜在庭院中進行乞巧活動。參見 165 頁「乞巧」。

【人日】指農曆正月初七日。傳説女媧初創世,在造出了雞、狗、猪、牛、馬等動物後,在第七天造出了人,所以這一天是人類的生日,稱為人日。初為單一的占卜活動,漢魏以後發展為節慶。唐代以後更重視這個節日,每至人日,皇帝賜群臣「人勝」(剪綵或鏤金箔做的人形物),貼在屏風上或戴在頭髮上;又登高大宴群臣。文人則在人日寫懷友之詩。今有的地方人日下午有吃長麵(俗稱拉魂麵)的習俗,寓意把過年的玩心收回來,準備春耕生產。也稱「人勝節」「人慶節」「人口日」「人七日」。

【下元節】中國古代節日之一,在農曆十月十五日。道教認為這一天是「水官大帝」禹的生日,禹會下凡人間為民解厄除難。《太清玉冊》卷七:「下元水官下降,檢察善惡事。」這一天人們會準備香燭祭品拜祀水官大帝,以求平安。也説「消災日」「下元水官節」。

【上元節】 中國傳統節日。時間在農曆正月十五日。道教稱這一天為天官誕日，也是天官下降賜福之日。是春節後的第一個重要節日。這一天的夜晚為上元夜，也叫元宵，故上元節也稱「元宵節」。上元節有觀燈的習俗，故也稱「燈節」。

【乞巧】 民間風俗。婦女於農曆七月初七夜在庭院中向織女星乞求智巧。南朝梁．宗懍（lǐn）《荊楚歲時記》：「七月七日為牽牛織女聚會之夜。是夕，人家婦女結綵縷，穿七孔針，或以金銀鍮（tōu）石為針，陳瓜果於庭中以乞巧。」（鍮石：黃銅）

【元宵節】 見 165 頁「上元節」。

【中元節】 中國傳統節日。在農曆七月十五日。道教稱這一天為地官生日。道觀做齋醮（jiào）道場超度亡魂。佛教這一天做盂蘭盆會。民間有在這一天祭祀祖先和亡故親人的習俗。也稱「鬼節」。

【中秋節】 中國傳統節日，在每年農曆八月十五日。民間有家人團聚、賞月、吃月餅的習俗。南宋．吳自牧《夢粱錄．中秋》：「八月十五日中秋節，此日三秋恰半，故謂之中秋。」除流行於漢族地區外，也流行於壯、布依、朝鮮等少數民族地區。韓國、越南等國家也有此節，但內容稍有不同。也說「中秋」「團圓節」。

【火葬】 處理死者遺體的一種方法。用火焚化屍體，骨灰裝入容器保存或埋葬，或者撒在地上、水裏。這種喪葬方式來自佛教。《涅槃經》下：「爾時如來，以大悲力，從心胸中，火踴棺外，漸漸荼毗，經於七日。」（踴：跳躍；荼毗：火化）後形成一種喪葬方式。南宋．洪邁《容齋隨筆．續筆》卷十三：「民俗火葬，自釋氏火化之說起，於是死而焚屍者所在皆然。」也說「火化」。

【四時八節】「四時」指春、夏、秋、冬；「八節」指立春、春分、立夏、夏至、立秋、秋分、立冬、冬至。唐．杜甫〈狂歌行贈四兄〉詩：「四時八節還拘禮，女拜弟妻男拜弟。」

【名諱】 書面或口頭對尊顯者名字的避諱禮節。《禮記．曲禮上》：「入境問禁，入國問俗，入門問諱。」常見的有「家諱」與「國諱」兩種。家諱即在社會生活中，儘量迴避自己父母的名字，同時也盡可能不提及他人父母的名字。如詩人杜甫，因其父名閒，故杜詩中不曾用一個「閒」字。甚至李賀父名晉肅，「晉」與「進」同音，他連進士都不能去考。國諱就是普天下臣民都必須遵循的名諱，主要避諱皇帝本人及其父祖的名字，有些朝代還要諱及皇帝及皇后的謚號、廟號甚至生肖等。如清代康熙皇帝名「玄燁」，為了避諱，把「玄武門」改成「神武門」，把《道德經》中「玄之又玄」改寫成「元之又元」等。書寫時也有採用「缺筆」的方法以避諱皇帝或其他重要人物的名字。如清朝刻印的古籍中，「玄」字少最後一點，「丘」字缺第二個豎，就是為了避康熙玄燁和聖人孔丘的名諱而故意缺筆的。

【花朝（zhāo）】百花的生日，賞花遊覽的節日。在農曆二月十五日（一說在二月初二）。「花朝」來源甚早，至唐宋形成節日。南宋・吳自牧《夢粱錄》：「仲春十五日為花朝節。」也說「花神節」。

【束髮】古代男孩成童（一般認為年十五歲為成童）時束髮為髻（jì）。後作為成童的代稱。《禮記・保傅》：「束髮而就大學，學大藝焉，履大節焉。」

【辰】①地支的第五位。參見24頁「地支」。②辰時。中國傳統計時法指上午7—9點這一段時間。

【社日】古時祭祀土神的日子。一般在立春、立秋後第五個戊（wù）日。間或有四時致祭者。這一天有停止一切勞作的習俗。唐・張籍〈吳楚歌〉：「今朝社日停針線，起向朱櫻樹下行。」

【盂蘭盆會】盂蘭盆，梵（fàn）語音譯，意譯是「救倒懸」。據《盂蘭盆經》記載：佛弟子目連，見其母死後墮入地獄，受極大痛苦，問佛如何搭救。佛讓他於每年七月十五日，以百種供物供養十方僧眾，方能救母，因而起此法會。後成為一種習俗，其間除施齋供僧外，寺院還舉辦誦經、水陸道場、放焰口、放燈等宗教活動。

【放水燈】道教習俗。於農曆七月十五日中元節夜，將做成荷花狀的燈燃起，然後放到河或湖裏任其漂浮，以超度亡魂或祈求好運。

【春節】中國民間一年中最隆重的傳統節日。時間在農曆正月初一及其以後的幾天。節日活動一般從除夕一直延續到正月十五元宵節。屆時家家清潔盛裝，合家團聚，吃團圓飯，拜謁尊長，親友互訪拜年。並有貼春聯、放爆竹等活動。韓國、朝鮮、日本、越南等國因受中國影響也有此俗，節慶活動大體相同，但各具特色。美洲、歐洲、大洋洲等地凡有華人、華僑聚居處，皆有過春節的習俗。

【拜禮】古代表示恭敬客氣的基本禮儀之一。在重要節日或場合面見長輩、老師、官員、學者等大人物或同輩時，須按一定規矩行拜禮。分跪拜和揖拜兩種形式。跪拜就是下跪磕頭，表示恭敬。揖拜就是抱拳作揖，表示客氣。跪拜的姿勢有稽（qǐ）首、頓首等分別，跪拜的次數有再拜、三拜、八拜、九拜等分別。揖拜即合掌禮，又稱「合十」，即雙手掌心相對，五指合攏，用於不適合跪拜的場合或對平輩人的尊敬與客氣。今仍在一定範圍內使用。

【重陽節】 漢族傳統節日。指農曆九月九日。九為陽數，故九月九日為重陽。這天有登高遠眺、插茱萸、飲菊花酒等活動。重陽節在戰國時期就已形成，唐代正式定為民間的節日。

【冠（guān）蓋】 ①官吏的冠服和車輛（蓋：車上的篷蓋，借指車輛）。《史記・魏公子列傳》：「平原君使者冠蓋相屬（zhǔ）。」（相屬：相連）②借指官吏。唐・杜甫〈夢李白〉詩：「冠蓋滿京華，斯人獨憔悴。」

【除夕】 傳統重大節日之一。指農曆一年最後一天即春節前的晚上。因常在臘月三十或二十九，故又稱年三十。一年中最後一天叫「歲除」，當天晚上叫「除夕」。含有舊歲到夕而除，明日即另換新歲的意思。人們往往通宵不眠，叫守歲。北宋・蘇軾有〈守歲〉詩：「兒童強不睡，相守夜歡嘩。」除夕這一天，人們換上喜慶的新衣，貼門神、貼春聯、貼年畫、掛燈籠、燃放鞭炮、祭天地、祭祖。據《呂氏春秋・季冬記》記載，古人在新年的前一天用擊鼓的方法來驅逐「疫癧之鬼」，這就是「除夕」節令的由來。參見 166 頁「春節」。

【芻（chú）狗】 古代祭祀時用草紮成的狗。《老子》五章：「天地不仁，以萬物為芻狗；聖人不仁，以百姓為芻狗。」《莊子・天運》：「夫芻狗之未陳也（陳：獻上祭祀），盛以篋（qiè）衍，巾以文繡（用華麗的繡巾蓋着），尸祝齊（齋）戒以將之（巫師吃素潔身來迎送它）；及其已陳也，行者踐其首脊，蘇者取而爨（cuàn）之而已。」（篋衍：方形竹箱；蘇者：拾取柴草的人；爨：點火做飯）後用來比喻微賤無用的東西。

【浴佛節】 紀念佛教創始人釋迦牟尼誕生的節日。中國東漢時僅在寺院舉行，到魏晉南北朝時流傳至民間。時間在史籍中有不同記載。蒙古族、藏族地區於農曆四月十五日（月圓日）舉行；漢族地區南北朝時多在農曆四月八日舉行。後北方改在農曆十二月初八日（臘八節），南方則仍為四月八日，相沿至今。

【掃墓】 為墓地打掃、培土並祭奠。現也指在烈士墓或烈士紀念碑前舉行紀念活動。如：清明掃墓。

【祭灶】 祭祀灶神。民間習俗，在農曆臘月二十三或二十四日。南宋・范成大〈祭灶詞〉詩：「古傳臘月二十四，灶君朝天欲言事。」也說「祀灶」。

【清明節】 中國民間傳統節日。時間在每年農曆三月內，公曆四月五日前後。源於二十四節氣的「清明」。民間有踏青、掃墓的習俗。除漢族地區外，也流行於壯、苗、朝鮮等少數民族地區。

【婚禮】 結婚的儀式。是一種宗教儀式或法律公證儀式，其意義在於獲取社會的承認和祝福，防止重婚。中國古代是儒教婚禮。《禮記·昏義》：「昏禮者，將合二姓之好，上以事宗廟，而下以繼後世也，故君子重之。」（昏：後作「婚」）各個時代或各地區、各民族結婚的儀式不盡相同，其目的都是幫助新婚夫婦適應新的社會角色和要求，承擔社會責任。

【復活節】基督教徒的重要節日之一。為紀念耶穌基督復活的節日，定在每年春分月圓之後第一個星期日。基督徒認為，復活節象徵重生與希望。

【寒食】節令名。在清明前一日或二日。民俗從這天起禁火、吃冷飯，直到清明才重新生火。相傳介之推（春秋時晉文公賢臣）因拒絕封賞而抱木焚死，晉文公為悼念他，遂定此日禁火寒食。也說「寒食節」。

【寒食節】見168頁「寒食」。

【聖誕】①古代皇帝或皇太后的生日。清·昭槤（lián）《嘯亭雜錄·內務府定制》：「凡遇列聖、列后諸聖誕、忌辰及元宵、清明、中元、霜降、歲除等日，於後殿行禮，神位前設有鐙酒脯果實焉。」②指神、仙、佛的生日。③特指孔子的生日。④特指耶穌的生日。

【節葬】《墨子》篇名。分上中下三篇。宣揚儉辦喪事、反對儒家厚葬的主張。

【端午節】中國民間傳統節日，在農曆五月初五。最初是祛病防疫的節日，後因屈原在這一天自投汨（mì）羅江而死，便成了紀念屈原的傳統節日。過節時有吃粽子、賽龍舟、喝雄黃酒等習俗。也說「端午」「端陽」「五月節」。

【燈節】見165頁「上元節」。

【賽龍舟】民間端午節的一項活動，主要流行於中國南方以及東南亞華人社區。它最早是古越族人祭水神或龍神的一種祭祀活動，起源可追溯至原始社會末期。現已被列入國家級非物質文化遺產名錄。

【臘八】農曆十二月（臘月）初八日。相傳這天是釋迦牟尼修煉成功的日子，佛寺煮粥供佛；民間在這一天有喝臘八粥的習俗。也說「臘日」。

【臘八粥】臘八這天，用米、豆等穀物和棗、栗子、蓮子等乾果煮成的粥。佛教認為，釋迦牟尼在這一天修煉成功，佛寺在這天煮粥供佛；民間也相沿成習。

【臘日】見168頁「臘八」。

5. 傳説故事

【八仙過海】 傳説中鐵拐李、漢鍾離等八個神仙各用法術過海的故事。後用「八仙過海，各顯其能（或『各顯神通』）」比喻各自施展不同的本領，顯示自己的才能。

【三過家門而不入】《史記．夏本紀》記載：禹奉舜帝命治水，「居外十三年，過家門不敢入」。大禹為了治水，曾三次路過家門都沒進去。禹這種捨小家為大家的精神，受到民眾的讚揚，也為舜所重視。後世用「三過家門而不入」的典故，以倡導公而忘私的奉獻精神。

【大禹治水】 傳説遠古時期，黃河流域經常發生洪災。禹受命治水，改堵為疏，把洪水引入疏通的河道、湖泊或窪地，從而平息了水患。禹不畏艱苦，身先士卒，治水十三年，三過家門而不入的故事至今為人傳頌。參見189頁「禹」。

【井中撈月】 佛教寓言故事。《僧衹（qí）律》記載：過去伽尸國波羅奈城有五百隻獮猴玩耍，來到一井邊。獮猴王見井水中有一月亮（影子），於是對同伴説：「月今日死，落在井中，我們應把它撈出來，以免世間長夜黑暗。」結果失敗。佛陀以此故事曉喻那些自以為是，分不清是非虛實，害己害人的糊塗人。今用以比喻白費氣力，勞而無功；也指希望落空。

【六月飛霜】 相傳戰國時鄒衍盡忠於燕惠王，惠王聽信讒言而將其下獄。鄒衍在獄中仰天而哭，時值炎夏，天忽然降霜。後遂被借指作冤獄。元代關漢卿《竇娥冤》中也有「六月雪」類似情節。

【目連救母】 佛經故事。源於《佛説盂蘭盆經》。據傳佛門弟子目連之母因不敬神明而死後被打入地獄，備受折磨；目連為解救母親遍遊地獄，終於重逢，同升仙界。此故事在民間流傳甚廣，唐宋以來的變文、雜劇、傳奇中均有同類題材的作品，近世的不少地方戲中也多有此類劇目。參見166頁「盂蘭盆會」。

【目無全牛】《莊子．養生主》中説：一個廚工初學宰牛時，看到的是整個的牛，幾年後已熟知牛的結構，宰牛時只專注於骨肉間隙，就不見完全的牛了。後用「目無全牛」形容技藝非常純熟精湛。參見172頁「庖丁解牛」。

【老牛舐（shì）犢】 老牛舐舔小牛。比喻父母疼愛孩子。《後漢書．楊彪傳》：「後子修（楊修）為曹操所殺。操見彪問曰：『公何瘦之甚？』對曰：『愧無日磾（mì dī）先見之明，猶懷

老牛舐犢之愛。』操為之改容。」(日磾，即金日磾，為莊重朝儀，怒殺行為不檢的愛子)

【老馬識途】《韓非子．說林上》記載：春秋初期政治家管仲跟隨齊桓公征伐孤竹國，春往秋返，迷惑失道。管仲讓老馬走在前面，於是找到了歸路。比喻閱歷多的人富有經驗，熟悉情況，能為先導。

【百里負米】二十四孝故事之一。孔子的弟子子路（仲由）早年家貧，常以藜藿（lí huò 野菜）充飢。為了保證父母能吃上米飯，他要去百里之外買米背回家奉養雙親，無論酷暑嚴寒從未間斷。父母去世後，他做了官有了俸祿，卻常常慨嘆說：「即使我想吃着野菜，再去為父母背米，可哪裏還有機會呢？」

【夸父追日】《山海經．海外北經》中說：一個叫夸父的人跟太陽賽跑，口渴而死。後用「夸父追日」形容意志堅定，決心很大；也形容不自量力。也說「夸父逐日」。

【曲突徙薪】突：煙囪；薪：柴草。《漢書．霍光傳》記載：有一家人家爐灶的煙囪是直的，旁邊還堆積着很多柴草。一位客人勸主人把煙囪改成彎曲的，把柴草搬走，不然的話，會引起火災。主人聽了不以為然。不久，果然因此失火。後來用「曲突徙薪」比喻事先做好防範工作，避免災禍發生。

【行傭供母】二十四孝故事之一。江革，東漢時齊國臨淄（今山東臨淄）人，少年喪父，侍奉母親極為孝順。戰亂中，江革背着母親逃難，幾次遇到匪盜，江革哭告老母年邁，殺了我無人奉養。賊人念其孝順，不忍殺他。後來，他遷居江蘇下邳（pī），因貧窮常年赤腳做僱工供養母親。明帝時被推舉為孝廉，章帝時被推舉為賢良方正，任五官中郎將。

【扼虎救父】二十四孝故事之一。楊香，晉朝人。十四歲時隨父親到田間割稻，忽然跑來一隻猛虎，把他父親撲倒叼走。楊香手無寸鐵，為救父親，全然不顧自己的安危，急忙跳上前，用盡全身氣力扼住猛虎的咽喉，硬是從虎口中奪回父親的生命，被稱為神勇孝郎。

【孝感動天】二十四孝故事之一。傳說舜的父母和弟弟對他很不好，甚至想害死他。但舜始終對父母恭敬有加，對弟弟也一如既往關愛體貼。他的孝行感動了天地，上天派大象替他耕地，派鳳凰幫他播種。帝堯聽說舜有孝德，經過考察選定舜做他的繼承人。舜成為中國歷史上最偉大的聖王之一。

【坐懷不亂】春秋時魯國人柳下惠夜宿城門，遇一無家女子，怕她凍傷，就讓她坐到自己懷裏，並用衣服裹住，一夜都沒有淫亂行為（《荀子．大略》《詩經．小雅．巷伯》毛傳）。

後用「坐懷不亂」形容男子在兩性關係上品格高尚。

【邯鄲夢】見 174 頁「黃粱夢」。

【邯鄲學步】《莊子．秋水》中說：戰國時有個燕國人到了趙國都城邯鄲，看到那裏的人走路姿勢很美，就學習起來，結果不但沒學好，反而連自己原來的走法都忘掉了，只好爬着回去。後用「邯鄲學步」比喻盲目地模仿別人不成，反把自己原有的長處也失去了。

【卧冰求鯉】二十四孝故事之一。東漢末年賢者王祥，生母早喪，繼母朱氏多次在他父親面前說他的壞話，使他失去父愛，但他對二老依然孝敬如初。父母患病，他衣不解帶侍候。病中的繼母想吃鮮活鯉魚，時值天寒地凍，王祥解開衣服卧在冰上，想化冰捉魚。此時冰忽然自行融化，躍出兩條鯉魚。繼母食後病癒。王祥隱居二十餘年，後從溫縣（今河南）縣令做到大司農、司空、太尉。

【卧薪嚐膽】《史記．越王句踐世家》記載：春秋時，越國被吳國打敗，越王句踐成了俘虜。為了報仇，他每日睡在柴草上，飯前、睡前都要嚐食苦膽來激勵自己。經過長期準備，越國終於強盛起來，打敗了吳國。後用「卧薪嚐膽」表示刻苦自勵，發憤圖強。北宋．蘇軾〈擬孫權答曹操書〉：「僕受遺（命）以來，卧薪嚐膽，悼日月之逾邁，而嘆功名之不立。」

【歧路亡羊】《列子．說符》中說：楊子的鄰居跑掉了一隻羊，於是帶人去追趕。楊子說：「丟了一隻羊罷了，為什麼要這麼多人去找尋呢？」鄰人說：「有許多分岔的道路。」不久，他們回來了。楊子問：「找到羊了嗎？」鄰人說：「跑了。分岔路上又有分岔路，我不知道羊逃到哪一條路上去了。」列子以此設喻，指出真理只有一個，可是理解卻多有分歧，所以很難達到目的。後多比喻情況紛繁複雜，如果不能掌握正確方向，就難免誤入歧途或一無所獲。

【明鏡高懸】東晉．葛洪《西京雜記》卷三記載：咸陽宮有一方鏡，能照見人體內病之所在和宮人有無邪心，秦始皇因常用以照宮人。後用「明鏡高懸」比喻執法嚴明，判案公正。也說「秦鏡高懸」。

【金針度人】度：傳授。比喻把技藝的祕訣傳授給別人。傳說唐人鄭侃的女兒彩娘在七夕祭織女時，夢見織女給她一根金針，從此，她的刺繡更加精巧。清．袁枚《隨園詩話》卷七：「陸放翁曰：『文章切忌參死句。』黃山谷曰：『文章切忌隨人後。』皆金針度人語。」（參：考索驗證；死：死板）

【乳姑不怠】二十四孝故事之一。唐代崔山南的曾祖母長孫夫人年事已高，牙齒脱落，咀嚼困難。祖母唐夫人十分孝順，每天用自己的乳汁餵養婆婆。長孫夫人病重時，將全家大小召集在一起說：「我無以報答新婦（指唐夫人）之恩，但願新婦的子孫媳婦也像她孝敬我那樣孝敬她。」後來崔山南做了高官，果如長孫夫人所囑，夫妻都十分孝敬祖母唐夫人。

【庖（páo）丁解牛】《莊子·養生主》中說：庖丁（名叫丁的廚師）為梁惠王宰牛，手接觸的地方，肩膀依靠的地方，腳踩的地方，嘩嘩作響，進刀時響聲更大，沒有不合音律的。後用「庖丁解牛」比喻技藝高超純熟，做事得心應手、運用自如。

【盲人摸象】《涅槃經》記載：幾個盲人摸象，摸到耳朵的說大象像簸箕，摸到腿的說大象像柱子，摸到腹部的說大象像一堵牆，摸到尾巴的說大象像條蛇。原意是說由於各人所處角度不同，往往對同一事實給以不同的解釋。後比喻人只憑對事物的片面了解便妄加推斷。

【刻木事親】二十四孝故事之一。丁蘭，相傳為東漢時河內（今河南沁陽）人，幼年父母雙亡。由於思念父母養育之恩心切，於是將父母木雕成像，事之如生：凡事均和木像商量；每日三餐敬過雙親後方才食用；出門前和歸家後一定向父母稟告，從不懈怠。時間久了，他的妻子對木像開始不恭敬，用針刺木像的手指，居然刺出血來。丁蘭到家見木像垂泪，得知實情後，將妻子休棄。

【拾葚（shèn）異器】二十四孝故事之一。漢代蔡順少年喪父，事母甚孝。當時正值王莽之亂，又遇饑荒，柴米奇貴，蔡順只得天天撿拾桑葚充飢。他把紅色和黑色的桑葚分開裝在兩個簍子裏，黑色的熟透了供老母食用，紅色的酸澀留給自己吃。

【負荊請罪】《史記·廉頗藺相如列傳》記載：戰國時趙國的藺相如因功位居大將廉頗之上，廉頗不服，處處跟藺相如過不去。藺相如為了國家的利益，一直忍讓。廉頗知錯後十分慚愧，就背着荊杖（荊：荊條，古代用作荊杖），去向藺相如陪罪，請求責罰。後用「負荊請罪」表示誠懇地賠禮道歉。

【韋編三絕】孔子讀《周易》的典故。古代用竹簡寫書，用牛皮條把竹簡編聯起來叫「韋編」。「三」指多次。說孔子晚年非常喜歡讀《周易》，以至將「韋編」翻斷多次。後用「韋編三絕」形容讀書勤奮刻苦。

【馬革裹屍】用馬皮把屍體裹起來。指軍人英勇作戰，戰死沙場。《後漢書·馬援傳》：「男兒要當死於邊野，以馬革裹屍還葬耳，何能卧牀上在兒女子手中邪（yé）！」

【華胥國】傳說中的國名。《列子·黃帝》中說：黃帝白天睡着了，做夢來到了幾千萬里外的華胥氏國。這裏「國無帥長」「民無嗜欲」，一切順其自然。黃帝神遊醒來，怡然自得。後用「華胥國」或「華胥」指理想的、安樂和平之境;也用作「夢境」的代稱。

【莊周夢蝶】《莊子・齊物論》載：過去莊周夢見自己變成蝴蝶，而且是一隻很生動的蝴蝶，感到多麼愉快和愜意啊！不知道自己是莊周。突然間醒過來，驚惶不定之間，方知原來是我莊周。這是莊周夢中變成蝴蝶呢，還是蝴蝶夢見自己變成莊周呢？莊周與蝴蝶那必定是有區別的。這就叫作物、我的交合與變化。這則故事提出人不可能確切區分真實與虛幻、生死物化的觀點，意蘊深刻，給人留下了想象空間。後多用作做夢或人生虛幻的典故。也説「莊周化蝶」「夢蝶」。

【哭竹生筍】二十四孝故事之一。孟宗，字恭武，三國時吳國江夏（今湖北鄂州市）人。少年時父亡，母親年老病重，醫生囑用鮮竹筍煎湯飲。時值嚴冬，哪有鮮筍？孟宗無計可施，獨自一人跑到竹林裏，扶竹大哭。少頃，他忽然聽到地裂聲，只見地上長出數莖嫩筍。孟宗喜極，採回做湯，母親服後果然病癒。後來他官至司空。

【殷有三仁】《論語・微子》:「微子去之，箕子為之奴，比干（gān）諫而死。孔子曰:『殷有三仁焉。』」孔子稱讚微子、箕子、比干為殷商時代的三個仁人。微子，名啟，是殷紂王的同母兄弟；箕子，名胥餘，曾任殷代的太師，他和比干均是殷紂王的叔父。殷紂王是歷史上有名的暴君。微子勸説無效，就逃到民間隱藏起來。比干也去勸説，被紂王剖心殺害。箕子為了躲避災禍，假裝癲狂，扮成奴隸，還是遭到囚禁。

【恣（zì）蚊飽血】二十四孝故事之一。吳猛為晉朝濮陽（今屬河南）人，家裏貧窮，沒有蚊帳，蚊蟲叮咬使父親不能夠安睡。吳猛在夜裏總是赤身坐在父親牀前，任由蚊蟲叮咬自己而不驅趕，擔心蚊子離開自己去叮咬父親。

【扇枕溫衾（qīn）】二十四孝故事之一。黃香，東漢江夏安陸（今湖北雲夢）人，九歲喪母，事父極孝。酷夏入睡時先為父親扇涼枕席；寒冬時先用身體為父親焐（wù）被窩兒。時有「天下無雙，江夏黃香」之譽。曾任魏郡（今屬河北）太守。魏郡遭受水災，黃香用自己的俸祿賑濟災民。

【棄官尋母】二十四孝故事之一。宋代朱壽昌七歲時，生母因遭嫡（dí）母忌妒而改嫁他人，一去五十年。朱日夜想念，音信不通。後來朱入朝做官，曾刺血書寫《金剛經》，發行四方打探生母消息。得到線索後，毅然棄官到陝西尋找。終於找到了母親及其子女數人。這時母親已經七十多歲了，朱也年過半百。他把母親和弟妹接回故鄉贍養撫育。宋神宗得知此事後，下旨召朱官復原職，蘇東坡、王安石也都寫詩讚揚。

【麻姑獻壽】 麻姑，中國古代神話中的女仙。葛洪《神仙傳》說她是建昌人，修道於牟（mù）州東南姑餘山。相傳三月三日西王母壽辰，麻姑在絳珠河畔以靈芝釀酒，為王母祝壽。故舊時祝女壽者多送麻姑像，稱「麻姑獻壽」。

【鹿乳奉親】 二十四孝故事之一。郯（tán）子，春秋時人。父母年老，患眼疾，需飲鹿乳療治。他便披鹿皮進入深山，鑽進鹿群中擠取鹿乳，供奉雙親。一次取鹿乳時，在獵人張弓搭箭的危急時刻，郯子掀起鹿皮現身，將冒險取鹿乳為雙親醫病的實情相告，他的奇特孝行才傳揚開來。

【望洋興嘆】《莊子．秋水》中說：黃河水神因漲大水而沾沾自喜，自以為了不起。等到順流東下，看到無邊無際的大海，才感到慚愧，「望洋向若（海神）而嘆」（望洋：聯綿詞，仰視的樣子）。意謂看到人家的宏大而感到自己的渺小。現多用於指因力量不足或條件達不到而感嘆無可奈何。也說「望洋而嘆」。

【終南捷徑】《新唐書．盧藏用傳》記載：唐代盧藏用舉進士後，就隱居於終南山中，因而出了名，後做了大官。他的朋友司馬承禎說，隱居終南山是「仕宦之捷徑耳」。後因以「終南捷徑」比喻謀求官職或名利的最便捷的門路。也比喻達到目的的便捷途徑。

【揠（yà）苗助長】 揠：拔，特指將植物的頂梢往上拔。比喻不顧事物發展規律，強求速成，結果弄巧成拙，事與願違。《孟子．公孫丑上》：「宋人有憫其苗之不長而揠之者，芒芒然歸，謂其人曰：『今日病矣，予助苗長矣！』其子趨而往視之，苗則槁矣。」也說「拔苗助長」。

【越俎（zǔ）代庖（páo）】《莊子．逍遙遊》中說：即使廚師（庖）不做飯，掌管祭祀的人也不能放下祭器（俎）去代替廚師做飯。後用「越俎代庖」比喻越權辦事或包辦代替。也說「代庖」「庖代」。

【煮豆燃萁】 南朝宋．劉義慶《世說新語．文學》：「文帝（曹丕）嘗令東阿王（曹植）七步中作詩，不成者行大法。應聲便為詩曰：『煮豆持作羹，漉菽（lù shū）以為汁。萁在釜下然（燃），豆在釜中泣。本自同根生，相煎何太急！』帝深有慚色。」後以「煮豆燃萁」比喻骨肉相殘。

【黃粱夢】 黃粱：黃小米。唐．沈既濟〈枕中記〉中說：一個姓盧的讀書人，一天在旅店睡覺，睡夢中享盡榮華富貴。待夢醒來，旅店為客人準備的小米飯還沒有煮熟。後用「黃粱夢」比喻虛幻的夢想或根本不能實現的願望。南宋・范成大〈邯鄲道〉詩：「困來也作黃粱夢，不夢封侯夢石湖。」也說「邯鄲夢」。

【朝三暮四】《莊子・齊物論》記載：有一個養猴子的老者給猴子橡實吃，開始說給它們早上三個晚上四個，猴子們都十分惱怒；於是改口說早上四個晚上三個，猴子們都非常高興。本指用變名目而不變實質的方法使人上當。後多用以指變化多端或反覆無常。

【嗟（jiē）來之食】《禮記・檀弓下》記載：春秋時齊國發生嚴重饑荒，有人在路上施捨食物，對一位饑民說：「嗟來，食！」這位饑民說：「我就是不吃『嗟來之食』，才到這個地步的！」（嗟來：呼喚聲，猶言「喂，過來」）後用「嗟來之食」指帶有侮辱性的施捨。《後漢書・列女傳・樂羊子妻》：「羊子嘗行路，得遺金一餅，還以與妻。妻曰：『妾聞志士不飲盜泉之水，廉者不食嗟來之食，況拾遺求利，以污其行乎！』」

【程門立雪】《宋史・楊時傳》記載：楊時與游酢（zuò）去拜謁理學家程頤，程正閉目養神，二人侍立於旁，不敢驚動。待程醒來，門外積雪已有一尺來厚。後用「程門立雪」形容恭敬求教，尊師重道。

【甯（nìng）戚飯牛】飯牛：餵牛。《楚辭・離騷》：「甯戚之謳歌兮，齊桓聞以該輔。」相傳春秋時衛人甯戚在齊國東門外飼牛，等到齊桓公出城門時，扣牛角而唱歌。桓公聽後於驚異中發現了甯戚，知是賢人，即授以顯職客卿（主管賓客之禮的官員）。後常用為賢才求用的典故。

【筆頭生花】唐・馮贄《雲仙雜記》卷十：「李太白少夢筆頭生花，後天才贍逸，名聞天下。」形容才思敏捷，文筆優美。也「說筆生花」「筆花」。

【湧泉躍鯉】二十四孝故事之一。姜詩，東漢時四川廣漢人，妻龐氏，夫妻孝順。其家距長江六七里之遙，龐氏常到江邊取婆婆喜歡喝的長江水。婆婆愛吃魚，夫妻就常做魚給她吃。婆婆不願一人獨享，他們就請來鄰居老婆婆陪她吃。一次因大風，龐氏取水晚歸。姜詩懷疑她有意怠慢母親，便將她逐出家門。龐氏寄居鄰家，晝夜辛勤紡織，將積蓄託人送回家中孝敬婆婆。其後，婆婆得知龐氏被逐實情，令姜詩將其請回。相傳龐氏回家這天，院中忽然噴湧出泉水，味同長江之水，還有兩條鯉魚從泉中躍出。且日後天天如此。從此，龐氏便不必遠去江邊了。

【畫龍點睛】唐・張彥遠《歷代名畫記・張僧繇（yóu）》：「武帝（梁武帝蕭衍）崇飾佛寺，多命僧繇畫之……金陵安樂寺四白龍不點睛，每云：『點睛即飛去。』人以為妄誕，固請點之。須臾，雷電破壁，兩龍乘雲騰去上天，二龍未點者見在。」後用「畫龍點睛」比喻作文或講話於關鍵處用一二警句點明要旨，使更精闢有力。明．張鼐（nài）〈讀卓吾老子書述〉：「夫一古人之書耳，有根本者下筆鑒定，則為畫龍點睛；無根本者妄意標指，則為刻舟求劍。」

【遊刃有餘】《莊子．養生主》記載：有個廚工肢解牛的技術非常熟練，刀刃在牛骨縫隙之間自由移動，毫無阻礙。後用「遊刃有餘」比喻做事從容而熟練，輕而易舉。參見 172 頁「庖丁解牛」。

【頑石點頭】佛教故事。相傳道生法師曾在虎丘山聚石為徒，講《涅槃經》，講得群石皆為點頭。後世遂有「生公說法，頑石點頭」之語。本指佛法講說精闢，連沒有生命的石頭都被打動了。今用以比喻道理講得透徹，頑固的人也會被說服。

【愚公移山】《列子．湯問》中說：有個名叫愚公的老人，下決心要鏟平門前擋路的太行、王屋兩座大山，不顧鄰居智叟的譏笑，每天帶領兒子們挖山不止。他深信只要一代一代堅持不懈地挖下去，總有一天會把山鏟平。後用「愚公移山」比喻做事不畏艱辛，有堅忍不拔的毅力。

【滌親溺（niào）器】二十四孝故事之一。黃庭堅，北宋分寧（今江西修水）人，著名詩人、書法家。雖身居高位，侍奉母親卻竭盡孝誠，親力親為。他每天必親自為母親洗滌尿盆，從不讓傭人和家人動手。

【滄海桑田】東晉．葛洪《神仙傳》中說，麻姑（女仙名）看見東海三次變為桑田。後用以比喻世事變化巨大。

【聞雷泣墓】二十四孝故事之一。魏晉時人王裒（póu），博學多能，奉親至孝。其母在世時怕雷，死後埋葬在山林中。每當風雨天氣，聽到雷聲，他就跑到母親墳前，跪拜安慰母親說：「裒兒在這裏，母親不要害怕。」傳說王裒的孝心感動了玉皇大帝，特賜免雹牌一面，所以王裒院附近很少發生雹災。

【聞雞起舞】《晉書．祖逖（tì）傳》記載：東晉時期將領祖逖年輕時就很有抱負，每次和好友劉琨談論時局，常常互相勉勵，半夜一聽到雞叫就披衣起牀拔劍練武。後以「聞雞起舞」形容有志之士奮發自勵。

【精衞填海】《山海經．北山經》中說：上古炎帝之幼女在東海被淹死，靈魂化為精衞（神鳥），天天銜西山的樹枝和小石頭投入東海，誓將東海填平。後以「精衞填海」比喻有報仇雪恨的決心；也比喻不畏艱難，奮鬥不懈。清．黃培（jì）〈短歌行〉：「精衞填海，愚公移山，為之在人，成之在天。」

【蝸角之爭】語出《莊子．則陽篇》。

比喻因細小的事情或蠅頭微利而引起爭鬥。簡稱「蝸爭」。參見 178 頁「觸蠻」。

【賣身葬父】二十四孝故事之一。董永，相傳為東漢時千乘（shèng）（今山東高青高城鎮北）人，少年喪母，因避戰亂遷居安陸（今屬湖北）。其後父親去世，貧窮潦倒的董永賣身至一富家為奴，以換取葬父費用。上工路上，於槐陰下遇一女子，自言無家可歸，要嫁與董永為妻。二人結為夫妻後，女子要以一月為期，織成三百匹錦緞，為董永贖身。董永贖身後返家途至槐陰，女子告訴董永，自己是天帝之女，奉命助董永還債，言畢凌空而去。湖北孝感因此得名。

【劉海戲蟾】民間傳說。少年劉海上山打柴，看見路旁一隻三足蟾蜍受傷，便為之包紮傷口。後來蟾變成了美麗的姑娘與劉海成婚生子，妻子能口吐金錢和元寶。此故事遂成為吉祥、旺財的象徵。民間多用於年畫、剪紙、枕套被罩等工藝品中。一説「劉海戲蟾」由劉海蟾演繹而來。劉海蟾實有其人，號海蟾子，是五代時的道士，全真道北五祖之一。

【談經奪席】《後漢書．戴憑傳》記載：東漢光武帝劉秀喜歡「談經」，一日，令談經的群臣百官互相詰難，凡在經義上辯駁失敗者，就將座位讓給辯勝者。侍中戴憑連續取勝，一連奪了五十餘個席位。後指見解高明，以雄辯的口才壓倒眾人。也說「奪席談經」。

【磨杵成針】南宋．祝穆《方輿勝覽．磨針溪》中說：相傳唐代詩人李白曾在彭山象耳山中讀書，學業未成便下山而去，經過一條小溪，見一老婦要將一根鐵棒磨成細針，深有感悟，於是返回山中，完成學業。後用「磨杵成針」比喻只要有毅力和恆心，再難的事也能做成。

【親嚐湯藥】二十四孝故事之一。漢文帝劉恆以仁孝聞於天下，侍奉母親從不懈怠。母親卧病三年，他常常目不交睫，衣不解帶；湯藥必親口嚐過後，才放心地讓老人服下。文帝在位 24 年，重德治，興禮儀，發展生產，社會穩定，與景帝執政時期合稱「文景之治」。

【戲綵娛親】二十四孝故事之一。老萊子（春秋時楚國隱士，為躲避戰亂，自耕於蒙山南麓）孝順父母，盡揀美味供奉雙親，面對雙親一直和顏悅色。因己獨身，為解二老寂寞，70 歲時尚不言老，常穿五色綵衣，手拿撥浪鼓如孩子般戲耍，以博父母開懷。一次擔水不慎摔倒受傷，為怕父母受驚擔憂，遂就勢躺倒在地上學兒童哭鬧，逗得二老大笑。

【舉案齊眉】《後漢書．梁鴻傳》記載：孟光敬重丈夫梁鴻的為人，給丈夫送飯時，總是把端飯的木盤子高高舉到跟眉毛一般齊的位置上，以示尊敬。後以「舉案齊眉」形容夫妻恩愛，相互敬重。

【蟠桃會】 神話中西王母在瑤池設的品嚐蟠桃（神話中的仙桃）的宴會。後成為每年農曆正月十六日（有的為三月三日）祭祀西王母的民間節日。小說《西遊記》對蟠桃會盛況有詳細描述。也說「蟠桃盛會」。

【蘆衣順母】 二十四孝故事之一。孔子的弟子閔損生母早死，父親娶了後妻，又生兩子。繼母對他很不好。冬天，給他穿用蘆花絮的棉衣。後來父親發現，決定要休妻。閔損跪求父親饒恕繼母，說：「母在一子單，母去三子寒（母親在只是我一人受冷，休了母親三個孩子都要捱凍）。」父親被感動，就依了他。繼母後來誠心悔過，待他如親子。

【懷橘遺（wèi）親】 二十四孝故事之一。陸績六歲時，隨父親陸康到九江謁見袁術，袁術拿出橘子招待，陸績往懷裏藏了兩個。臨行拜別時，橘子滾落地上。袁術訕笑道：「陸郎來我家做客，走的時候還要懷藏主人的橘子嗎？」陸績回答說：「我想拿回去給母親嚐嚐。」袁術見他小小年紀就懂得孝順母親，十分驚奇而讚嘆。陸績成年後成為著名學者。

【懸梁刺股】《太平御覽》卷 363 引《漢書》記載：孫敬讀書時為防止困倦睡着，將頭髮（古人蓄長髮）懸吊在屋梁上。《戰國策·秦策一》記載：蘇秦讀書發困想睡覺時，就拿錐子刺自己的大腿。清·李漁《比目魚·贈行》：「我懸梁刺股年復年，把銅雀（硯）磨穿。」後用「懸梁刺股」形容發奮刻苦學習。

【觸蠻】《莊子·則陽篇》中有一則寓言：觸和蠻是蝸牛左右角上的兩個小國，常為爭搶地盤而打仗，死以數萬計。後指因爭細微私利而興師動眾。也說「蠻觸」。

【齧（niè）指痛心】 二十四孝故事之一。孔子弟子曾參少時家貧，常進山打柴。一天，家中來了客人，母親一時不知所措，便咬自己的手指。正在打柴的曾參忽然覺得心痛，意識到可能是母親在呼喚自己，便背柴迅速返回家中。曾參以禮接待了客人，母親十分高興。

【鷸（yù）蚌相爭，漁翁得利】《戰國策·燕策二》中說：蚌張開殼曬太陽，鷸去啄它的肉，被蚌殼夾住了嘴。雙方相持不下，後來被漁人乘機捉住。比喻雙方相爭，都不退讓，使第三者從中得到好處。

【蠻觸】 見 178 頁「觸蠻」。

（三）人物

1. 政治人物

【卜式】 西漢河南（今河南洛陽市東）人。以經營畜牧致富。曾多次以家財捐助朝廷，武帝時封為中郎，以鼓勵其他富商大賈（gǔ）向其效法。後封關內侯，官至御史大夫。因反對鹽鐵專賣，被貶為太子太傅。

【于謙】（1398—1457）明代大臣。字廷益，謚忠肅。浙江錢塘（今杭州）人。永樂進士。任監察御史，河南、山西巡撫。曾平反冤獄，賑濟災荒。正統十四年（1449）「土木之變」後擢升為兵部尚書，擁立景帝，反對南遷。調集重兵，在北京城外擊退瓦剌（lá）軍。景泰八年（1457）被誣謀立襄王之子而被殺。葬於杭州。後人譽為「西湖三傑」之一。傳世詩篇有〈詠石灰〉等。有《于忠肅集》。

【子產】（？—前522）春秋時鄭國執政（官職名）。名僑，字子產、子美。鄭穆公之孫，又稱公孫僑。在任期間實行改革，整頓田地疆界和溝洫，發展農業生產。創立按「丘」徵「賦」制度（丘：田地的區劃），將「刑書」（法律條文）鑄在鼎上公佈，不毀鄉校，以聽取「國人」意見。這些改革給鄭國帶來了新氣象。

【王安石】（1021—1086）北宋政治家、文學家、思想家。字介甫，撫州臨川（今江西撫州）人。1058年向仁宗上萬言書，主張變法，未用。後為神宗採納，任宰相，推行均輸、青苗、農田水利、市易、方田均稅、保甲等新法，史稱「王安石變法」。因遭強力反對，被罷相，後封荊國公，世稱「荊公」。詩文成就很高，為「唐宋八大家」之一。

【王莽】（前45—23）新王朝建立者。字巨君，魏郡元城（今河北大名東）人。西漢元帝皇后王政君之侄，以外戚掌握政權。成帝時封新都侯。公元5年，毒死平帝，自稱假（代理）皇帝。公元8年稱帝，改國號為新。推行新政，多次改變幣制，造成經濟混亂；多次更改官制，政令苛細，賦役繁重。公元17年，爆發農民大起義。23年，綠林軍攻入長安，死於亂軍之中。

【王翦】 戰國末秦將。頻陽（今陝西富平東北）人。憑藉善戰被秦王嬴政所重用。先後攻破趙國、燕國，攻滅楚國，為統一六國立下大功。封武成侯。與白起、李牧、廉頗並列為戰國四大名將。

【五霸】 春秋時期五個勢力強大的諸侯國的國君，包括齊桓公、晉文公、秦穆公、宋襄公、楚莊王。也説「五伯」。

【公孫弘】（前 200 — 前 121）西漢菑川（郡治今山東壽光南）薛人。字季。年輕時曾為獄吏。四十多歲時開始撰寫《春秋公羊傳》。主張設五經博士，置弟子員。因熟習文法吏治，被武帝任為丞相，封平津侯。

【公孫衍】 縱橫學派的代表人物之一。戰國時期魏國陰晉（今陝西省華陰市東）人。主張諸國合縱抗秦。

【公孫龍】（約前 320 — 前 250）戰國時期的名家代表人物、哲學家。趙國人，做過平原君的門客，反對諸侯間的兼併戰爭。以善辯著稱，與惠施分別代表當時名家的兩個主要學派。他強調「名」要有確定的內容，強調個別與一般的區別，承認個別包含一般、一般僅存在於個別之中，但又有過分強調差別性、忽略同一性的傾向。如他的「白馬非馬」論就體現了這些合理性與局限性。著作有《公孫龍子》。

【文天祥】（1236 — 1283）南宋大臣、文學家。字履善、宋瑞，號文山。吉州廬陵（今江西吉安）人。20 歲中狀元。官至右丞相。元兵南下，兵敗被俘，堅貞不屈，從容就義。獄中所作〈正氣歌〉充滿愛國激情。詩句「人生自古誰無死，留取丹心照汗青」尤被後世傳誦。遺著有《文山先生全集》。

【文成公主】（625 — 680）唐太宗時宗室女。西藏尊稱甲木薩（藏語中「甲」的意思是「漢」，「木」是「女」，「薩」為神仙）。貞觀十五年（641）與吐蕃（bō，今西藏等地）領袖松贊干布結婚。婚後，漢族的碾磨、陶器、紙、酒等製作工藝與曆算、醫藥知識逐漸傳入吐蕃。拉薩小昭寺據傳為她所建。今西藏多處廟宇有她的塑像或讚美她的繪圖故事。

【方孝孺】（1357 — 1402）明代政治家、文學家、思想家。字希直、希古，人稱正學先生。浙江寧海人。曾任侍講學士、《太祖實錄》總裁。燕王朱棣發動「靖難之役」兵入京師（今江蘇南京）後，因不肯為其草擬登基詔書而遇害，並被誅滅十族（宗親九族及學生），牽連被殺達八百七十餘人。成為中國歷史上唯一一個被「誅十族」的人。明末被追謚為「文正」。著有《遜志齋集》。

【左光斗】（1575 — 1625）明代直臣。字遺直，一字共之，號浮丘。安慶桐城（今屬安徽）人。萬曆三十五年（1607）進士，授中書舍人。後升浙江道監察御史、左僉（qiān）都御史。熹宗朝大宦官魏忠賢亂政，支持楊漣（lián）上書彈劾魏忠賢，又親劾魏三十二斬罪，遭誣被捕下獄，受盡酷刑折磨，死於獄中。著有《左忠毅公集》。

【左宗棠】（1812—1885）清末洋務派和湘軍首領。字季高，湖南湘陰人。道光舉人。著名的封疆大吏。先後總攬浙江、陝甘、新疆、福建等地軍政要務。曾先後參與鎮壓太平軍、西捻軍及西北回民軍。平定新疆叛亂，收復迪化（今烏魯木齊）、和闐（tián）（今和田）等地，阻遏了俄、英勢力對新疆的入侵。曾創辦福州船政局和蘭州機器織呢局等新式企業。中法戰爭時督辦福建軍務。有《左文襄公全集》，今輯有《左宗棠全集》。

【申子】①申不害的尊稱。②書名。戰國申不害著。原有六篇，今僅存〈大體〉一篇（唐代魏徵《群書治要》輯錄）。

【申不害】（約前385—前337）戰國時期的思想家，法家主要代表人物之一。鄭國京（今河南滎陽東南）人。韓滅鄭後，韓昭侯任他為相，實行變法，使韓「國治兵強」。注重治國之「術」，認為君主要經常監督臣下，考核其是否稱職，據此予以獎懲，使之盡忠於職守。著有《申子》，多已散失，今僅存一篇。尊稱申子。

【田單】戰國時齊將。臨淄（今山東淄博市臨淄區）人，齊國君遠房宗親。初任齊都臨淄的市掾（yuàn，管理市場的小官）。齊國危亡之際，堅守即墨。齊襄王五年（前279），他用反間計誘使燕惠王以騎劫換下名將樂（yuè）毅，以火牛陣擊破燕軍，收復七十餘城，因功被齊襄王升為相國，封安平君。

【史可法】（1601—1645）明末大臣。字憲之，祥符（今河南開封）人。崇禎進士。官至南京兵部尚書。崇禎死後，他在南京擁立福王建立南明政權，入閣參政，加東閣大學士。清兵南下，出守揚州。拒絕清主將多爾袞的誘降，堅守孤城。城破後不屈被殺。死後，揚州百姓在城外梅花嶺築衣冠冢以紀念。有《史忠正公集》。

【包拯】（999—1062）古代清官的典型。字希仁，北宋廬州府合肥（今屬安徽）人。28歲中進士，做過地方官，後任天章閣待制、龍圖閣直學士，官至樞密副使。以剛正不阿、斷案明敏、執法嚴峻著稱。主政開封府時，不畏權貴，不徇私情，清正廉潔，有「關節不到，有閻羅包老」的讚譽。死後追贈禮部尚書，謚孝肅。著有《包孝肅奏議》。民間多尊稱「包公」「包青天」。也稱「包待制」「包龍圖」。

【主父偃】（？—前126）複姓主父。西漢臨淄（今山東淄博市淄博區北）人。初到長安上書，即被武帝召見，從郎中到中大夫，一年之中升遷四次。提出使諸侯王多分封子弟為侯以削弱諸侯王勢力的主張。武帝聽其言，下達推恩令，從此諸侯王國封地越來越小，名存實亡。後為齊相，因事而被誅滅九族。《漢書．藝文志》縱橫家有《主父偃》28篇，已散佚，有清代馬國翰輯本。

【司馬炎】（236—290）即晉武帝。晉代開國皇帝。字安世，河內溫縣（今河南省焦作市溫縣）人。司馬懿（yì）之孫，司馬昭之子。襲父爵晉王，後逼迫魏元帝曹奐（huàn）禪位，國號晉，建都洛陽。279年滅吳，統一全國。建國後採取多種措施發展生產。太康元年（280），頒行戶調式，包括占田制、戶調制和品官占田蔭客制。一度出現繁榮景象，史稱「太康之治」。晚年奢侈腐化，怠惰政事，社會矛盾尖銳。他死後全國即陷入分裂混戰狀態。

【司馬懿（yì）】（179—251）三國魏大臣，西晉政權奠基人。字仲達，河內溫縣（今河南焦作市溫縣）人。多謀善變，是輔佐魏國四代的重臣。官至大將軍、太尉、太傅，多次征伐有功，曾兩次成功對抗諸葛亮北伐和遠征平定遼東。後期成為掌控魏國朝政的權臣。249年，殺魏帝託孤輔臣曹爽專政。死後，其子司馬師、司馬昭相繼專政，最終由其孫司馬炎代魏稱帝，建立晉朝。追尊為高祖宣皇帝。

【司馬穰苴（ráng jū）】春秋時期齊國大夫。姓田，名穰苴。齊景公時任司馬，故稱司馬穰苴。深通兵法。齊國遭晉、燕侵犯時受薦出任將軍，率軍擊退入侵者，收復失地。善於用兵，治軍嚴明，體恤士卒，深受將士擁戴。戰國中期齊威王命人整理兵法時，把司馬穰苴兵法附入，稱《司馬穰苴兵法》，簡稱《司馬法》。

【西門豹】戰國時魏國人。西門氏，名豹。魏文侯時，任鄴（今河北臨漳西南）令。他破除當地「河伯娶婦」的陋習，主持開鑿12條水渠，引漳水灌溉，改良土壤，發展農業生產。今臨漳縣修有「西門豹祠」。

【西湖三傑】指埋葬在西湖邊的南宋岳飛、明代于謙和南明張蒼水三位民族英雄。

【百里奚】（約前700—前621）複姓百里，名奚，字子明，春秋時楚國宛（今河南南陽市）人。秦穆公時賢臣，著名的政治家、思想家。也稱「百里子」「百里」「百里氏」。

【成吉思汗（hán）】（1162—1227）即元太祖。名鐵木真。古代蒙古首領、軍事家、政治家。12世紀末至13世紀初，先後統一蒙古諸部，1206年稱成吉思汗（蒙語「海洋」或「強大」），建立蒙古汗國。後大舉攻金，直到黃河北岸。1219年第一次西征，佔領中亞大片土地，分封給長子朮赤、次子察合台、三子窩闊台。1227年滅西夏，病死在六盤山。元朝建立後，被追尊為元太祖。

其陵墓在今內蒙古自治區鄂爾多斯市郊。

【朱元璋】（1328—1398）即明太祖。明王朝的建立者。1368—1398年在位。濠州鍾離（今安徽鳳陽東北）人。少時家貧，曾在皇覺寺為僧。1352年參加紅巾軍反元，韓林兒稱帝時任左副元帥。1356年攻下集慶（今南京），廢苛政，興屯田，接受朱升「高築墻、廣積糧、緩稱王」的建議，擴充軍力。後擊敗陳友諒，殺死韓林兒，消滅張士誠，揮師北上。1368年稱帝，國號明，年號洪武，以應天（今南京）為國都。同年攻克大都（今北京），滅元，統一全國。他殺戮功臣，抑制豪強，加強皇權；採取多項措施恢復生產，使經濟、文化得到發展。也稱「朱洪武」。

【朱棣（dì）】（1360—1424）明成祖。太祖第四子。明代皇帝，年號永樂，1402—1424年在位。初封燕（yān）王，鎮守北平，建文四年（1402）奪取帝位。永樂七年（1409）派兵將管轄今黑龍江、精奇里江、烏蘇里江、松花江流域和庫頁島等地。十九年（1421）遷都北京。解除藩王兵權，鞏固中央政權。屢次出兵，打擊蒙古貴族勢力，鞏固北部邊防。重用宦官，設置東廠（特務機構），開宦官干政之始。派鄭和出使南洋，促進了中外經濟、文化交流。命解縉等編撰《永樂大典》，保存了大量古代文化典籍。

【朱買臣】（？—前115）西漢吳縣（今江蘇蘇州）人，字翁子。家貧，以賣柴為生。後赴長安上書，解讀《春秋》《楚辭》，因符合武帝心意被任為中大夫。曾任會（kuài）稽太守、主爵都尉、丞相長史等。後因涉案被誅。

【伊尹】商初賢臣。名伊，尹是他的官職。一說名摯，有莘（shēn，今山東莘縣）人。因為善於烹飪被湯看中，輔佐成湯王推翻夏桀暴政，建立商朝，並在建國後協助成湯推行一系列保民、尊民措施。歷佐商朝五代君主，為商朝強盛立下汗馬功勞。是中國歷史上的賢能相國，也是中華廚祖。

【汲黯（àn）】（？—前112）西漢濮陽（今屬河南）人，字長孺。曾任東海太守、主爵都尉。崇黃老之術，常直言進諫，曾批評武帝「內多欲而外施仁義」。因主張與匈奴和親而遭武帝疏遠。後為淮陽太守，在任十年去世。

【李世民】見191頁「唐太宗」。

【李自成】（1606—1645）明末農民起義領袖。號闖王。陝西米脂雙泉里人。農民出身。作戰勇猛有膽略。針對當時中原災荒嚴重、階級矛盾尖銳，提出「均田免賦」，深受歡迎。時有「迎闖王，不納糧」的歌謠。經十年苦戰，部隊發展到百萬之眾，連戰皆捷。1643年攻佔西安，次年建立大順政權，攻克北京，推翻明王朝。因滋生驕傲情緒，喪失警惕，在明將吳三桂勾引清軍的攻擊下，退出北京，兵敗南下，1645 年在湖北九宮山被殺害。

【李悝（kuī）】（前 455 — 前 395）戰國法家。魏國人。任魏文侯相，主持變法。經濟上推行「盡地力」和「善平糴（dí）」的政策，鼓勵農民精耕細作，增加產量；注意平抑糧價，以防災荒。政治上實行法治，廢除維護貴族特權的世卿世祿制度，獎勵有功於國家的人，使魏國成為戰國初期強國之一。他彙集當時各國法律編成《法經》，是中國古代第一部比較完整的法典。其「重農」與「法治」結合的思想對商鞅、韓非影響極大。

【李隆基】見 191 頁「唐玄宗」。

【李斯】（？ — 前 208）秦代政治家。字通古，楚國上蔡（今河南上蔡）人。初為郡小吏，後從荀子學儒習法。公元前 237 年入秦，初為呂不韋舍人，後被任為客卿。秦王下令驅逐六國客卿，他上〈諫逐客書〉諫阻，被秦王採納。秦統一天下後，被任為丞相，主張廢封建，定郡縣，行禁書令，統一文字。後為趙高陷害，被腰斬於咸陽。工書法，傳說泰山、琅邪等處刻石均為其所書。著有《倉頡（jié）篇》（已佚）。

【李淵】（566 — 635）即唐高祖。字叔德，隴西成紀（今甘肅靜寧西南）人。出身於北周貴族家庭，七歲襲封唐國公。乘隋末天下大亂之機起兵太原，攻佔長安。義寧二年（618），李淵接受隋恭帝的禪讓稱帝，建立唐朝，定都長安。武德九年（626）玄武門之變後，禪位於次子李世民，退作太上皇。

【李靖】（571 — 649）隋末唐初軍事家。本名藥師，京兆三原（今陝西三原東北）人。隋末任馬邑郡丞。曾問道於隋代大儒王通，王通認為「靖也惠而斷」。後歸順李唐，戰功顯赫。太宗時任兵部尚書、尚書右僕射（yè）等職，封衛國公。著有《李衛公兵法》，原書不存，《通典》中存有部分內容。

【李鴻章】（1823 — 1901）晚清大臣，洋務派和淮軍首領。字少荃，安徽合肥人。道光進士。1853 年起，參與並主持鎮壓太平軍、捻軍。1870 年任直隸總督兼北洋大臣，掌管清朝外交、軍事、經濟大權。1895 年因甲午戰敗卸總督任。1860 年起，創辦近代軍事工業，興辦洋務事業，創建北洋海軍。代表清廷與列強先後簽訂了《煙臺條約》《中法新約》《馬關條約》《中俄密約》《辛丑條約》。與曾國藩、左宗棠、張之洞並稱「晚清四大名臣」。今輯有《李鴻章全集》。

【呂不韋】（前 292 — 前 235）戰國末衛國濮陽（今河南省安陽市滑縣）人。大商人出身，在秦莊襄王、秦始皇兩朝擔任相國，專斷朝政。執政時曾攻取周、趙、衛地，為秦王政兼併六國打下基礎。主持編纂《呂氏春秋》，匯合了先秦各派學説，「兼儒墨，合名法」，史稱「雜家」。秦王親政後，被免相，令出居河南封地。不久，復命其舉家遷蜀，憂懼自殺。

【吳廣】（？— 前 208）字叔，秦國陽夏（jiǎ，今河南太康）人。與陳勝同為秦末農民起義領袖。秦二世元年（前 209）七月，於大澤鄉（今安徽宿縣東南）發動戍卒起義，提出「大楚興，陳勝王（wàng，稱王）」的口號。陳勝自立為將軍，以吳廣為都尉，用已被賜死的秦始皇長子扶蘇和楚將項燕的名義號召群眾反秦。次年，吳廣在攻打滎（xíng）陽時，被同為起義軍將領的田臧所殺。

【狄仁傑】（630 — 700）唐朝大臣。字懷英，并（bīng）州太原（今山西太原）人。歷任大理丞、侍御史等要職，以不畏權貴、執法公正著稱。691 年，任宰相。697 年出任河北道行軍元帥、安撫大使，抵禦突厥，地方得以安寧。入京為內使，向武則天犯顏直諫，勸止立大佛像，所薦姚崇等數十人，皆一代名臣。

【宋璟】（663 — 737）唐代大臣。字廣平，邢州南和（今屬河北）人。博學多才，擅長文學。弱冠中進士，為武則天所重，任御史中丞。睿宗時為相，革除前弊，選拔人才。後遭貶。開元四年（716）繼姚崇為相。主張寬賦税，減刑罰，用人唯賢，百官稱職。在任 52 年，勵精圖治，與姚崇並稱「姚宋」。對「開元之治」的建成起了重要作用。

【努爾哈赤】（1559 — 1626）後金（清的前身）的創立者。滿族。愛新覺羅氏。先世為明朝武官。1583 年，以祖、父遺甲十三副起兵，後統一各部，創建八旗，創製滿文。被明朝廷封為龍虎將軍。1616 年建國，號後金。1618 年起兵反明。1625 年遷都瀋陽。次年攻寧遠（今遼寧興城）時被袁崇煥擊敗受傷，不久病死。對滿族初期發展做出重要貢獻，清朝建立後追尊為太祖。

【武則天】（624 — 705）唐高宗皇后，武周皇帝。名曌（zhào），并（bīng）州文水（今山西文水縣東）人。初為唐太宗才人，高宗時為皇后，參預朝政，尊號為天后，與高宗李治並稱二聖。公元 690 年自稱神聖皇帝，改國號為周，史稱「武周」。她開創殿試、自薦制度，重用狄仁傑、姚崇、宋璟（jǐng）等，勸農桑，薄賦税。但用酷吏、興大獄，後期豪奢、專斷，弊政漸多。705 年病重，宰相張柬之發動兵變，迫其退位。不久病逝，與高宗合葬乾陵，留無字碑。玄宗時謚為「則天皇后」。

【范仲淹】（989 — 1052）北宋政治家、文學家、軍事家。字希文，吳縣

（今江蘇蘇州）人。童年喪父，因母親改嫁長山（今山東鄒平）朱氏，遂改名朱説（yuè）。大中祥符進士。官至參知政事（相當於副宰相）。曾出任陝西經略副使，為鞏固西北邊防卓有貢獻。為官清廉，直言敢諫，仕途坎坷，多次遭貶。政治上積極主張革新。詩、文、詞均有名篇傳世。詞風悲壯雄健，開豪放詞派先聲。〈岳陽樓記〉中「先天下之憂而憂，後天下之樂而樂」，是傳誦千古的名句。有《范文正公集》。

【范雎（jū）】（？—前255）戰國時秦相。字叔，魏國芮城（今山西芮城）人。初為須賈門客，入秦後，以遠交近攻、加強王權游説（shuì）秦昭王成功，官拜相位，封應侯。秦趙長平之戰，范雎用反間（jiàn）計使趙國以趙括代廉頗為將，造成趙軍慘敗。後范雎失寵，辭歸封地。

【林則徐】（1785—1850）清末政治家。字少穆、元撫。福建侯（hòu）官（今福州市）人。嘉慶進士。1838年12月（道光十八年）受命為欽差大臣，前往廣東查禁鴉片。次年3月到廣州，責令英、美鴉片商人繳出鴉片118噸，在虎門海灘當眾銷毀。1840年任兩廣總督。第一次鴉片戰爭爆發前後，由於在外交路線和應對策略上與朝廷存有分歧，被革職充軍新疆。後又被起用為陝西巡撫，不久被擢升為雲貴總督。其後因病辭職回籍。1849年再次受任為欽差大臣，前往廣西與太平天國農民武裝作戰，翌年病逝於廣東普寧。有《林文忠公政書》等，今輯為《林則徐集》。

【松贊干布】（約617—650）唐時吐蕃（bō）贊普（君長）。先後兼併今西藏諸部，定都邏些（今拉薩），建立奴隸制政權，發展生產，創文字，立法律，制定官制、軍制等。唐貞觀十五年（641），與唐文成公主聯姻，引進唐朝先進的生產技術，開展經濟文化交流。貞觀二十三年（649），被唐封為駙馬都尉、西海郡王、賨（cóng）王。

【岳飛】（1103—1142）南宋抗金名將。字鵬舉，相州湯陰（今河南湯陰縣）人。北宋末年投軍，隨宗澤守衛開封，任統制。所部軍紀嚴明，英勇善戰，稱「岳家軍」。一生與金軍交戰數百次，令敵喪膽。後遭秦檜陷害，屈死獄中。孝宗時，追謚武穆，以禮改葬於杭州西湖棲霞嶺下，立祠廟（即今岳王廟）以供奉。寧宗時，追封鄂王。所作〈滿江紅〉悲壯激昂，千百年來激勵過無數愛國志士，是愛國主義詩詞中的千古絕唱。有《岳武穆遺文》。

【金日磾（mì dī）】（前134—前86）西漢大臣。字翁叔。本名日，原為匈奴休屠王的太子。武帝時，年僅14歲隨昆邪（yé）王歸漢。後升馬監、侍中、駙馬都尉、光祿大夫，賜姓金，以功拜車騎將軍。昭帝即位，與霍光、上官桀、桑弘羊同受武帝遺詔輔政。遺詔封秺（dú）侯，官至太子太傅，死後其子孫世受封侯。

【周公】西周初重要政治人物。姬姓，名旦。文王之子，武王之弟。因采邑在周（今山西岐山北），故稱「周公」。曾助武王滅商。武王死，因成王年幼而攝政。東征平叛，分封諸侯，營建東都於雒（luò）邑（在今河南洛陽），制禮作樂，建立典章制度，主張「明德慎罰」。其言論見於《尚書》的〈大誥〉〈康誥〉〈多士〉〈無逸〉〈立政〉等篇。

【周文王】商末周族領袖。姬姓，名昌，商紂王時為西伯。曾被紂王囚禁於羑（yǒu）里（今河南湯陰北）。統治期間，使虞、芮兩國歸附，攻滅黎（今山西長治市西南）、邗（hán，今河南沁陽西北）、崇（今河南嵩縣北）等國，建豐邑（今西安市長安區灃河以西）為國都，為武王滅商奠定了基礎。傳《周易》為其所演。在位五十年。周武王姬發滅商建周後，追尊為文王。

【周武王】（？—前1043）西周王朝的建立者。姬姓，名發，文王之子。公元前1046—前1043年在位（從滅商之年起算）。繼承文王遺志，於公元前1046年聯合諸部落攻商。牧野（今河南淇縣西南）之戰大勝，滅商。建立西周王朝。定都鎬（今西安市長安區灃河以東），分封諸侯。

【周亞夫】（？—前143）西漢名將。沛縣（今屬江蘇）人。周勃之子。治軍有方，曾駐軍細柳（今陝西咸陽西南）。文帝來巡，見軍容嚴整，深為嘉許。景帝時任太尉，平定吳楚七國之亂，升遷為丞相。後因功高遭忌，下獄絕食死。

【周勃】（？—前169）西漢初大臣。沛縣（今屬江蘇）人。秦末隨劉邦起兵，屢建戰功，拜為將軍，封絳（jiàng）侯。繼因討平韓信等叛亂有功，呂后時升為太尉。劉邦死後，呂后專權，周勃雖為太尉，兵權卻為呂祿掌握。呂后死，周勃與陳平等合謀智奪呂祿軍權，一舉誅滅呂氏諸王，擁立文帝，任右丞相。

【周瑜】（175—210）三國東吳名將。字公瑾，廬江舒縣（今安徽省廬江縣西南）人。21歲起隨孫策平定江東，創建孫吳政權。後孫策遇刺身亡，孫權繼任，周瑜與長史張昭共輔國政。建安十三年（208），曹操大軍南下，周瑜與劉備聯合，於赤壁大敗曹軍，並進克江陵。建安十四年（209），拜偏將軍領南郡太守。後病逝於巴丘（今湖南岳陽），年僅三十六歲。精音樂，當時有「曲有誤，周郎顧」之語。

【忽必烈】（1215—1294）即元世祖，元代皇帝。蒙古族人。1260—1294年在位。1251年，長兄蒙哥繼大汗（hán）位，忽必烈受封為王。

1252年奉命征討大理。1260年長兄去世，即汗位，建元中統，開始按中國傳統的王朝年號紀年。1271年，改「大蒙古」國號為「元」，1272年遷都大都（今北京）。後舉兵南下，1276年滅南宋。在位期間加強對邊疆的控制，注重農業，興修水利，經濟得以恢復和發展，統一的多民族國家得以鞏固和加強。

【炎帝】傳説中遠古姜姓的部族首領。「炎黃子孫」中的「炎」指的就是炎帝。炎帝號烈山氏，一作厲山氏。原居姜水（今岐水）流域，後向東發展到中原地區。曾與黃帝在阪泉（今河北涿鹿東南）大戰三次，被擊敗，後又聯合黃帝擊殺蚩尤。一説炎帝即神農氏（「三皇」之一）。

【宗喀巴】（1357—1419）藏傳佛教格魯派創始人。青海湟（huáng）中人。出身於佛教家庭。7歲正式出家受戒。16歲前往西藏深造。他系統研習各派要籍，進行宗教改革，嚴密寺院組織，創立法會，講經説法，形成格魯派。藏傳佛教信徒多崇奉他為教主。因僧眾都戴黃色僧帽，故被稱為黃帽派，俗稱「黃教」。明永樂十三年（1415）派弟子晉京朝謁，加強西藏與中央的聯繫。著作多達160餘種。

【宗澤】（1060—1128）南宋抗金名將。字汝霖，婺（wù）州義烏（今屬浙江）人。靖康元年（1126）主政磁州，募勇抗金。時康王趙構奉旨赴金求和，被他留下。開元帥府，自任副元帥，南下救援東京（今河南開封）。在任東京留守期間，修城儲糧，召集義軍，任用岳飛為將，屢敗金兵。曾二十多次上書高宗，力主還都東京，並制定了收復方略，均未被採納。憂憤成疾，臨終猶三呼「過河」。有《宗忠簡公集》。

【房玄齡】（579—648）唐初大臣。齊州臨淄（今山東淄博市臨淄區）人。18歲舉進士，授羽騎尉。官至宰相，長期綜理朝政。與魏徵、杜如晦等同為唐太宗輔政重臣，為「貞觀之治」做出了貢獻。

【荊軻】（？—前227）戰國時期著名刺客。衞國朝（zhāo）歌（在今河南淇縣）人。為人慷慨俠義。秦國滅趙後，兵指燕國，太子丹派他入秦行刺秦王。臨行前，燕太子丹、高漸離等在易水邊為他送行，他唱出了「風蕭蕭兮易水寒，壯士一去兮不復還」的悲歌。秦王在咸陽宮召見，他藉獻督亢地圖之機，取出藏在圖中的匕首刺向秦王，不中，被殺。也稱「荊卿」「慶軻」。

【胡宗憲】（1512—1565）明朝大臣。字汝貞，徽州府績溪（今安徽績溪）人。嘉靖進士。1555年任浙江巡撫、總督，在任八年，全力抗倭，誘殺通倭的內奸，取得了平倭全勝。其間重用名將戚繼光等，常親臨督戰，置生死於度外。因結交權奸，後被彈劾為嚴嵩一黨，入獄後自殺。萬曆初御賜歸葬故里天馬山。著有《籌海圖集》等。

【耶律楚材】（1190 — 1244）元代政治家。字晉卿，號玉泉。契丹族。遼皇族之後。精通漢語，學識淵博。官至中書令。主張以儒治國，尊孔重教。為元朝的建立奠定基礎，為中原文化與草原文化、漢族蒙族的融合做出積極貢獻。善詩文，著有《湛然居士集》。

【柳下跖（zhí）】原名展雄，姬姓，展氏，又名柳展雄，是當時魯國賢臣柳下惠（柳下季）之弟，為魯孝公的兒子公子展的後裔，因以展為姓。係春秋戰國之際奴隸起義領袖。「跖」一作「蹠」。古籍中被誣為「盜跖」「桀跖」。

【禹】姓姒（sì），名文命。史稱大禹、夏禹，為夏后氏首領、夏朝開國君王。是與堯、舜齊名的賢聖帝王。傳頌他治理洪水，有「三過家門而不入」，公而忘私，鞠躬盡瘁的美德。他劃定中國國土為九州，並鑄造九鼎作為象徵。禹死後，帝位由自己的兒子啟繼承，改變了「公天下」的傳統，開啟了中國「家天下」的歷史。啟建立中國歷史上第一個國家，即夏朝。禹死後安葬於會稽山上（今浙江紹興市南），今存禹廟、禹陵、禹祠。

【洪秀全】（1814 — 1864）太平天國農民運動領袖。廣東花縣人。1843 年創「拜上帝會」。1851 年 1 月在廣西金田村起義，4 月建號太平天國，自封天王。1864 年死於天京（今南京）圍城中。參見 110 頁「太平天國運動」。

【祖逖（tì）】（266 — 321）東晉名將。字士稚，范陽遒（qiú）縣（今河北淶水）人。西晉末年，率親朋黨友避亂於江淮。公元 313 年，奉命率部渡江北伐，誓復中原。所部紀律嚴明，民眾響應，數年間收復黃河以南大片失地。但朝廷內部不和，不支持其繼續北伐，乃至憂憤而死。

【秦始皇】（前 259 — 前 210）即嬴政。戰國時秦國國君，秦王朝的建立者。秦莊襄王之子，13 歲時即秦王位，22 歲時開始親政。先後滅掉韓、趙、魏、楚、燕、齊六國，完成統一大業，建立了中國歷史上第一個中央集權國家。實行郡縣制，全國設 36 郡，郡下設縣。統一法律，統一文字，統一度量衡。北擊匈奴，修築長城，有助於中原的安定與經濟的發展。焚書坑儒，嚴刑苛法，租役繁重，連年用兵，民怨沸騰，去世不久就爆發了農民大起義。他認為自己勝過三皇五帝，故號為皇帝；又因第一個使用皇帝稱號，故稱始皇帝。

【馬援】（前 14 — 49）東漢初將領。字文淵，扶風茂陵（今陝西省興平市竇馬村）人。起初在新莽朝做官，後依附軍閥隗囂（wéi xiāo），終歸劉秀，多有戰功。東漢初，雖已年邁，但仍主動請纓，擊破先零（lián）羌，南征交趾，公元 41 年為伏波將軍，封新息侯。曾以「男兒要當死於邊野，以馬革裹屍還葬耳」自誓，出征匈奴、烏桓。後於討伐五溪蠻時染病去世。

【軒轅】 即黃帝，居軒轅之丘，因以為名，又為號。《史記・五帝本紀》：「黃帝者，少典之子，姓公孫，名軒轅。」或以為姬姓。也稱「軒轅氏」。參見 280 頁「黃帝」。

【夏完淳】（1631 — 1647）南明抗清將領、詩人。字存古。松江華亭（今上海市松江）人。14 歲從父允彝及師陳子龍參加抗清活動，矢志忠義，崇尚氣節。允彝兵敗自殺後，與陳子龍等受魯王封，參謀太湖義軍軍事，又遭兵敗，仍為抗清而奔走，被捕不屈，就義於南京，年僅 17 歲。所作詩賦，抒發抱負，悲歌慷慨。有《南冠草》《續倖存錄》《別雲間》等。

【夏禹】 見 189 頁「禹」。

【晁錯】（前 200 — 前 154）西漢政治家、思想家。潁川（今河南禹州）人。官至御史大夫。其思想兼採儒法，援儒入法。他堅持重本抑末政策，提出納粟受爵、募民充實塞下、積極備禦匈奴貴族攻掠，以及逐步削奪諸侯王國的封地等主張，為景帝採納。不久，因吳楚等七國以誅晁錯為名，舉兵叛亂，遭袁盎等誣陷，被殺。所著政論有〈論募民徙塞下書〉〈論貴粟疏〉等，議論犀利，分析深刻，對後世政論文的發展有一定影響。

【晏子】 晏嬰的尊稱。

【晏嬰】（？ — 前 500）春秋時期齊國大夫。姓晏，名嬰，字平仲。夷維（今山東高密）人。他重視農業生產，提倡種桑養蠶；認為國家盛衰決定於民心向背，主張誅不避貴，賞不遺賤，反對重賦重刑；主張與鄰國和睦，反對侵伐；反對占卜、占夢等迷信活動，提出自然現象不干人事等無神論思想。《左傳》和《晏子春秋》對他的思想和言行多有記述。今存《晏子春秋》是後人依託並採綴晏嬰言行而成。尊稱晏子。

【徐達】（1332 — 1385）明初名將。字天德，濠州（今安徽鳳陽東北）人。農民出身。元末，參加朱元璋義軍，以智勇聞名，為大將軍，攻滅勁敵張士誠部。1368 年，攻克元大都（今北京），繼續出擊元殘餘勢力。朱元璋稱帝後，任右丞相，封魏國公。死後追封中山王。

【翁同龢（hé）】（1830 — 1904）清末維新派。字聲甫，號叔平。江蘇常熟人。咸豐狀元。光緒帝師傅。兩度任軍機大臣，1895 年起兼任總理衙門大臣。在中法、中英戰爭中主戰，反對求和。支持光緒帝親政，變法圖強。戊戌變法失敗後，被革職，交地方嚴加管束。今有《翁同龢日記》。

【唐太宗】（599 — 649）即李世民。唐代皇帝。李淵次子。曾隨其父起兵滅隋。626 年發動「玄武門之變」，得為太子，旋繼帝位。在位期間（627 — 649）輕傜薄賦，疏緩刑罰，任賢納諫，尊崇儒學，社會安定，經濟復蘇，史稱「貞觀之治」（貞觀為其年號）。軍事上擊敗東突厥，平定吐谷（yù）渾、高昌，置安西都護府，奠定唐代版圖，促進了中原與西域的經濟文化交流。以文成公主遠嫁吐蕃（bō）贊普松贊干布，加強了漢、藏兩族的聯繫，促進了藏族經濟文化的發展。著作有《帝範》等。

【唐玄宗】（685 — 762）即李隆基。唐朝在位時間最長的皇帝（712 — 756）。在位前期任用姚崇、宋璟（jǐng）、張説（yuè）、張九齡為相，整頓武周後期弊政，寬平賦役，倡導節儉，經濟發展，社會強盛，史稱「開元之治」（開元是其年號）。後期任用李林甫、楊國忠等奸臣，政治腐敗，又好聲色，寵愛楊貴妃，奢侈荒淫，怠慢朝政，以致釀成「安史之亂」，使唐朝走向中衰之路。主張「以孝治天下」，曾兩度御注《孝經》。《十三經注疏》中的《孝經注》是唯一一部由皇帝作注的儒家經典。也稱「唐明皇」。

【唐堯】見 196 頁「堯」。

【孫武】春秋末期兵家，古代軍事理論奠基者。字長卿，齊國人，孫臏的先祖。被吳王闔閭（hé lǘ）任命為將軍，潛心研究兵法，改革圖強，提出「攻其無備，出其不意」「知彼知己，百戰不殆」「不戰而屈人之兵，善之善者也」等觀點，揭示了指導戰爭勝利的規律。所著《孫子兵法》有「兵學聖典」之譽，在國內外有巨大影響。後世尊稱為孫子（zǐ）、兵聖。

【孫臏（bìn）】戰國時期兵家。齊國阿（今山東陽谷東北）人，孫武的後代。因受過臏刑（剔去膝蓋骨），故稱孫臏。被齊威王任為軍師，取得了對魏國桂陵、馬陵兩大戰役的勝利。善於運用避實就虛、攻其必救的原則，創造了「圍魏救趙」戰法，常為古今兵家效法。著作有《孫臏兵法》，總結了戰國中期以前的戰爭經驗，繼承發展了《孫子兵法》的軍事思想，是寶貴的軍事理論遺產。後世亦尊稱為孫子（zǐ）。

【孫權】（182 — 252）三國時吳國的建立者。字仲謀，吳郡富春（今浙江富陽）人。東漢末，繼承父孫堅和兄孫策的基業，據有江東六郡。建安十三年（208），與劉備聯合於赤壁打敗曹操軍隊，後在吳蜀夷陵之戰中又大敗劉備，於公元 229 年稱帝。採取了一系列休養生息、發展生產的措施，促進了江南經濟的發展。他又多次派人出海，加強與夷洲（今臺灣）的聯繫。

【桑弘羊】（前152—前80）西漢官員。洛陽（今屬河南）人。歷漢武帝、昭帝兩朝，官至御史大夫。先後推行鹽鐵酒官營，設置均輸、平準機構控制商品，組織數十萬人屯田戍邊，抵禦匈奴。以上措施實施後，政府財政收入增加，國力強盛。後因事牽連被殺。其思想言論主要保存在《鹽鐵論》中。

【郭子儀】（697—781）唐代大將。華（huà）州鄭縣（今陝西渭南華州區）人。早年以武舉入仕。安史之亂爆發後，任朔方節度使，出兵河北，擊敗史思明，擁立肅宗。後任關內副元帥，主持平叛，收復長安、洛陽。封汾陽郡王。代宗時，吐蕃（bō）、回紇（hé）再度聯兵內侵，郭子儀在涇陽單騎說退回紇，並率軍擊潰吐蕃。德宗時被尊為「尚父」。

【陳化成】（1776—1842）字業章，福建同安縣（今屬廈門市）人。出身行伍，鴉片戰爭爆發時任福建水師提督，後改任江南提督。1842年英軍進犯吳淞口時，反對兩江總督牛鑒的求和主張，與英艦力戰，英勇殉國。

【陳平】（？—前178）西漢初大臣。陽武（今河南原陽）人。陳勝起義時，他先投魏王咎，後從項羽。歸劉邦後，多次獻計，促成項羽領導集團的分裂、韓信的背楚歸漢。後被封為曲逆侯。呂氏專權時不理國事。呂后死，與周勃定計誅殺諸呂，迎立文帝，任丞相。

【陳勝】（？—前208）秦末農民起義領袖。字涉，陽城（今河南登封東南）人。僱農出身。秦末實行苛政，民不聊生。前209年，被徵屯戍漁陽（今北京密雲西南），遇雨誤期當斬，與吳廣於蘄（qí）縣大澤鄉（今安徽宿州市東南劉村集）率同行戍卒九百人揭竿起義。隊伍很快擴大到數萬人，在陳縣（今河南淮陽）建立「張楚」政權，被推為王。後攻秦失利，陳縣被秦軍圍攻，戰敗，被殺。

【曹參（shēn，又音cān）】（？—前190）西漢初大臣。字敬伯，泗水沛（今江蘇沛縣）人。秦二世元年（前209），隨從劉邦在沛縣起兵反秦，屢建戰功。任齊相九年，清靜無為，與民休息。漢惠帝時官至丞相，主政期間完全遵循蕭何當年制度，有「蕭規曹隨」之譽。

【曹操】（155—220）三國時政治家、軍事家、詩人。字孟德，小名阿瞞。沛國譙（qiáo）縣〔今安徽亳（bó）州〕人。受封為魏王。建安元年（196），迎漢獻帝都許（今河南許昌縣東），從此用獻帝名義先後削平軍閥割據勢力，降服北邊烏桓等部落，統一了北方。實行了一系列恢復生產、安定社會秩序的政策，為曹魏政權的建立奠定了基礎。後被追尊為武帝。其思想以法家思想為主線，間有儒家、墨家思想傾向。精於兵法，有《孫子略解》《兵書接要》等；善詩歌，有〈蒿里行〉〈觀滄海〉〈龜雖壽〉等。著作有《曹操集》。

【戚繼光】（1528—1587）明代抗倭（wō）名將、軍事家。字元敬，號南塘。山東登州（今山東蓬萊）人。出身將門之家。率領「戚家軍」在東南沿海奮戰倭寇，終解倭患。隆慶二年（1568）調鎮薊州，升任左都督。後南調廣東，不久辭官罷歸。著有《紀效新書》《練兵實紀》《止止堂集》。

【康有為】（1858—1927）中國近代維新派領袖、政治家、思想家、教育家、書法家。原名祖詒，字廣廈，號長素，又號更生。廣東南海丹灶（今屬佛山市南海區）人。清光緒進士。光緒十四年（1888），第一次上書清帝，建議變法圖強。1895年《馬關條約》簽訂時，聯合赴京會試的舉人1300餘名上書要求拒簽和約，遷都抗戰。在京組織強學會，主張變法維新。1898年在北京成立保國會，受到光緒帝召見，促成百日維新。維新失敗後，逃亡國外，其間考察歐美各國政治、經濟、文化、風情，聞見豐富，學貫中西。政治思想傾向於保守、改良，反對激進流血革命。主張君主立憲，既保留儒家文化傳統，又借鑒英、日等國的憲治經驗，實現國家的富強與文明。晚年成為保皇派代表，受到革命者的批判。著有《新學偽經考》《孔子改制考》《戊戌奏稿》《大同書》《康南海先生詩集》等。今輯有《康有為全集》等。

【商湯】見198頁「湯」。

【商鞅】（約前390—前338）戰國中期的政治家。衛國人。複姓公孫，名鞅，也叫衛鞅。公元前356年，輔助秦孝公實行變法。廢除井田制，准許土地買賣；獎勵耕織與墾荒；廢除貴族世襲特權，按軍功大小授予爵位。因戰功受封於商（今陝西商州東南），故稱商君、商鞅。秦孝公死後，遭舊貴族誣害，車裂而死。著有《商君書》。

【梁武帝】（464—549）即蕭衍，南北朝時期梁朝政權的建立者。502—549年在位。字叔達，蘭陵（今江蘇省武進西北）人。曾任南朝齊雍州刺史，乘齊內亂奪取帝位。重用士族，大興佛教，曾多次捨身同泰寺。549年，在內亂中因困厄而死。長於文學，精音律，善書法。明人輯有《梁武帝御製集》。

【梁紅玉】（1102—1135）南宋女將。韓世忠之妻。原籍安徽池州。建炎三年（1129）曾一夜奔馳數百里召韓世忠平定反叛，被封為安國夫人。建炎四年（1130）協助韓世忠指揮作戰，親自擊鼓助威，將入侵的金軍阻擊在長江南岸達48天之久。紹興五年(1135)隨夫出鎮楚州。韓世忠、梁紅玉去世後,宋孝宗令樹碑立祠紀念。夫婦合葬於蘇州靈岩山下。

【梁啟超】(1876—1929)近代維新派領袖、政治家、思想家、學者。字卓如,號任公,又號飲冰室主人。廣東新會人。康有為的學生。師生二人於清末同倡變法維新,人稱「康梁」。戊戌變法失敗後,亡命日本。辛亥革命後,以立憲黨為基礎組成進步黨,出任袁世凱政府司法總長。1916年策動蔡鍔反袁,又與段祺瑞合作,出任財政總長。早期在政治上主張君主立憲,堅守儒家傳統。辛亥前後,接受共和。五四時期,反對「打倒孔家店」的口號。晚年專以著述講學為務。著述涉及政治、經濟、哲學、歷史、語言、宗教及文化藝術、文字音韻等。筆鋒鋭利,融貫中西,在清末民初的思想界文化界有重要影響。是清華國學研究院四大導師之一。1929年逝世,葬於北京西山植物園。著有《飲冰室文集》等。今有《梁啟超全集》。

【寇準】(961—1023)北宋政治家、詩人。字平仲,華(huà)州下邽(guī,今陝西渭南)人。太平興國五年(980)進士,曾兩度入相。皇祐四年(1052),宋仁宗詔撰神道碑,謚忠愍(mǐn),復爵萊國公。故後人多稱寇忠愍或寇萊公。善詩能文,七絕尤有韻味。有《寇忠愍詩集》三卷傳世。

【張九齡】(673或678—740)唐代大臣、詩人。字子壽,韶州曲江(今廣東省韶關市西南)人。唐中宗進士。官至相位。以吏部考試評級公允著稱。直言敢諫,選賢任能,不徇私舞弊,不向惡勢力低頭,為「開元之治」做出了積極貢獻。公元736年,為李林甫所誣陷,罷相。著作有《曲江集》。

【張三丰】明代道士,武當派祖師。也作「三峰」。名全一。遼寧懿州(今遼寧阜新東北)人。龜形鶴背,大耳圓目,鬚髯如戟,讀書過目成誦,寒暑只有一衲一蓑,終生浪遊,曾幽棲於武當山。主張「福自我求,命自我造」。明英宗封為通微顯化真人。後人輯有《張三丰先生全集》。

【張之洞】(1837—1909)晚清大臣,洋務派首領。字孝達,直隸南皮(今屬河北)人。同治進士。1883年任兩廣總督,用馮子材擊敗法軍。後調任湖廣、兩江總督,軍機大臣。積極推行洋務運動,主張「中學為體,西學為用」,先後設廣東水陸師學堂,創槍炮廠,開礦務局,辦織造局。反對戊戌變法。與曾國藩、李鴻章、左宗棠並稱晚清「四大名臣」。死後謚文襄。有《張文襄公全集》。今輯有《張之洞全集》。

【張角】(?—184)東漢末太平道的創立者,黃巾起義首領。鉅鹿(今河北平鄉西南)人。尊奉黃老之道和《太平經》，以符水咒法為人治病。創立太平道，自稱「大賢良師」，與其弟張寶、張梁藉治病在河北一帶傳道，祕密組織、發展道徒數十萬人。公元184年起義，以「蒼天（指漢）已死，黃天（張角自謂）當立」為口號號召徒眾。所部以頭纏黃巾為標誌，稱「黃巾軍」。

【張良】（約前250—前189）西漢初大臣。字子房，潁川城父（今河南襄城西南）人。其祖、父相繼為韓國五世相。韓被秦滅，他為報仇刺殺秦始皇，沒能成功。相傳逃亡中遇黃石公，得《太公兵法》。後為劉邦重要謀士。曾幫助劉邦平安度過鴻門宴，得免殺身之禍。提出聚集三王（韓信、英布、彭越）、決戰霸王的策略，被劉邦採納，殲滅楚軍。劉邦稱帝，被封為留侯。與韓信、蕭何並稱為「漢初三傑」。

【張居正】（1525—1582）明代政治家。字叔大，湖廣江陵（今湖北省荊州市）人。嘉靖進士。官至吏部尚書。萬歷時，代高拱為相。時神宗年幼，軍政大事均由張主裁。任相10年，厲行改革。推行考成法，考核各級官吏，提高行政效率。清丈田地，使全國土地比弘治時多三百萬頃。推行「一條鞭法」，裁汰冗員，減少開支。用潘季馴治理黃淮，用戚繼光等名將練兵，均卓有成效。但他深惡講學，以聖旨盡毀書院。常以帝師身份訓誡皇帝。去世後被彈劾抄家，至天啟二年（1622）恢復名譽。有《張文忠公全集》。

【張湯】（？—前115）西漢杜陵（今陝西西安東南）人。精通律令，被田蚡（fén）薦為侍御史。因治理淮南、處置衡山謀反事，受到武帝的賞識。任廷尉、御史大夫等職。支持鹽鐵專賣政策，建議鑄造白金和五銖錢，主持制定「告緡（mín）令」〔獎勵告發逃避資產稅、打擊富商大賈（gǔ）的法令〕。以執法嚴苛著稱。後為朱買臣等排陷自殺。曾與趙禹共同制定律令，撰有《越宮律》，已佚。

【張煌言】（1620—1664）南明大臣、詩人。字玄著，號蒼水。鄞（yín）縣（今浙江寧波）人。崇禎舉人，官至兵部尚書。南京陷落後，堅持抗清鬥爭將近20年。後被俘不屈，從容就義於杭州。今西湖附近有其墓。後人譽為「西湖三傑」之一。著有《張蒼水集》，詩文樸實悲壯，充滿憂國憂民的愛國情懷。

【張說（yuè）】（667—731）唐大臣。字道濟、說（yuè）之。洛陽（今屬河南）人。曾任節度使、中書令等職。封燕（yān）國公。主張「文治」。擅長文辭，朝廷重要文件多出其手。也能寫詩。著有《張燕公集》（一作《張說之文集》）30卷。

【張儀】（？—前309）戰國時期縱橫家、外交家和謀略家。魏國安邑

（今山西萬榮）人，魏國貴族後裔。首創連橫的外交策略，游説（shuì）入秦，主張以「橫」破「縱」，被秦惠王封為相。後出使游説各諸侯國，使各國紛紛由合縱抗秦轉變為連橫親秦，為秦攻滅六國立下汗馬功勞。秦惠王死後，出逃魏國，並出任魏相，一年後去世。

【張魯】（？—216）字公祺，東漢末沛國豐（今江蘇豐縣）人。張道陵之孫，五斗米道的第三代天師。曾任益州牧劉焉的督義司馬，率眾攻取漢中，稱「師君」，繼續傳播五斗米道。實行政教合一，以教中頭領「祭酒」管理地方政務，並在各地設立「義舍」，置「義米」「義肉」，行旅之人自行取食。教民誠信，主張輕刑。雄據漢中近三十年，後投降曹操，官拜鎮南將軍，封閬（làng）中侯，遷還中原。死後葬於鄴城東。

【張騫（qiān）】（？—前114）字子文，漢中城固（今陝西城固東）人。初為郎官，後封博望侯。兩次出使西域，把漢朝的絲織品帶到西域，把西域的葡萄、苜蓿（mù xu）等帶回中土，加強了中原和西域的聯繫，開闢了中國通往西方的「絲綢之路」。

【隋文帝】（541—604）即楊堅。隋朝的創建者。公元581年伐北周稱帝，建立隋朝，年號開皇。開皇九年（589）滅陳，結束南北朝分立局面，統一全國。在位時，行均田制，削弱豪強，致府庫充盈，人口大增。但縱容土地兼併，不悦儒術，迷信佛教，晚年用法嚴峻，使社會矛盾加劇。604年被太子廣（煬帝）殺死。在位23年。

【隋煬帝】（569—618）即楊廣。隋代皇帝。隋文帝（楊堅）次子。604年殺父即位。在位期間開掘運河，修築長城，開闢馳道，整頓戶籍，興辦學校，確立科舉取士制。但好大喜功，嚴重破壞了社會生產，又多次對外發動戰爭，使人民不堪重負。至611年，各地農民起義，豪族也乘機起兵。後在江都（今江蘇揚州）被禁軍將領宇文化及縊殺。

【堯】 中國古代「三皇五帝」的「五帝」之一。名放勛，古唐國（今山西臨汾堯都區）人，13歲輔佐兄摯，封於陶地，15歲改封於唐地，故號陶唐氏。史稱唐堯。堯執政時命羲氏、和氏測定推求曆法，制定四時成歲，為百姓頒授農耕時令。測定出了春分、夏至、秋分、冬至。設置諫言之鼓，讓天下百姓暢所欲言；立誹謗之木（華表的雛形），讓天下百姓批評他的過錯。堯德高望重，關心人民疾苦，能團結族人，使邦族之間團結如一家，和睦相處。堯為人簡樸廉潔，吃粗米飯，喝野菜湯，得到人民的愛戴，被後世稱為聖人。死後由舜繼位，史稱「禪讓」。

【堯舜】 堯和舜。傳説中上古的聖明君主；後泛指聖人。

【項羽】（前 232 — 前 202）秦末農民起義軍領袖。名籍，字羽。下相（今江蘇宿遷市西南）人。楚將項燕之後。少有大志。秦二世元年（前 209），從叔父項梁在吳（今江蘇蘇州）起義。秦亡後，自立為西楚霸王，並大封諸侯王。楚漢戰爭中，為劉邦擊敗。最後從垓（gāi）下（今安徽固鎮東北，沱河南岸）突圍到烏江（今安徽和縣東北），自殺。

【黃香】東漢官員。字文疆，江夏安陸（今湖北雲夢）人。以孝著稱。少博學經典，能寫一手好文章。時有「天下無雙，江夏黃香」的稱譽。和帝時任尚書令，執掌中樞，備受寵遇。殤帝時，任魏郡太守，時遭水災，以自己的俸祿賑濟災民。後因事免官，卒於家。著有〈九宮賦〉〈天子冠頌〉等。

【黃巢】（？— 884）唐末農民起義首領。曹州冤句（qú）（今山東曹縣西北）人。私鹽販出身。乾符二年（875），率眾響應王仙芝起義。王仙芝戰死後，被推為領袖，稱衝天大將軍。率軍先後攻克洛陽、長安（今陝西西安），放任士兵燒殺搶掠，長安街頭出現「內庫燒為錦繡灰，天街踏盡公卿骨」的恐怖景象。一度建立大齊政權，很快覆滅，他在敗退途中被自己人所殺。能詩，其〈題菊花〉等較為有名。

【黃遵憲】（1848 — 1905）清末外交家、詩人。字公度，號人境廬主人。廣東嘉應（今梅州）人。光緒初舉人。歷任駐日、英、美等國外交官近二十年，直接接受了資本主義思想的影響，積極主張變法維新。創「新派詩」，主張「我手寫吾口」，表現「古人未有之物、未闢之境」，內容多寫國內外重大歷史事件和新事物，形式也較多變化，語言趨於通俗明暢，但仍遵舊體格調，被梁啟超稱為「能熔鑄新理想以入舊風格者」。著有《人境廬詩草》《日本雜事詩》《日本國志》等。

【黃霸】（？— 前 51）西漢大臣。字次公，淮陽陽夏（jiǎ）（今河南太康）人。少習律令。宣帝時任揚州刺史、潁川太守。為政內嚴外寬，勸農種地養蠶，力推對民教化，地方治理為當時第一。其後相繼升任御史大夫、丞相等職，封建成侯。後世將他與龔遂作為「循吏」（奉職守法的官吏）的代表，並稱「龔黃」。

【董仲舒】（前 179 — 前 104）西漢哲學家，今文經學大師。廣川（今河北景縣）人。漢景帝時為博士。漢武帝舉賢良文學之士，他對策建議：「諸不在六藝之科、孔子之術者，皆絕其道，勿使並進。」為武帝所採納，設置五經博士，罷黜百家，定儒術於一尊，開此後兩千多年古代社會以儒家學說為正統的先聲。其學說以儒家思想為主，兼採陰陽、道、墨、名、法各家，建立天人感應的神學體系，為君權神授制造理論。還提出「三綱五常」的倫理和把人性分為上、中、下三品的論點。教育上，主張以教化為「堤防」，立太學，設庠（xiáng）序。著作有《春秋繁露》及《董子文集》。

【舜】 傳説中父系氏族社會後期部落聯盟領袖。姚姓，名重（chóng）華，號有虞氏，史稱「虞舜」。上古「三皇五帝」中的五帝之一。受堯的「禪讓」而稱帝於天下，其國號為「有虞」。舜道德高尚，為人忠厚仁慈，對父母極盡孝道，《二十四孝》中的「孝感動天」就是講的舜孝順父母的故事。舜獲得帝位後，秉承堯的治國理念，堅持德治，任人唯賢，創造了華夏民族史上繼帝堯之後的又一個太平盛世。舜在晚年仿效堯的風範，選擇並培養了德才兼備的禹，把帝位禪讓給他。後世稱舜為聖人。

【馮子材】（1818 — 1903）晚清將領。字南幹，廣東欽州（今屬廣西）人。行伍出身。因鎮壓太平軍有功，官至廣西提督。三次應越南約請出關抗法，授貴州提督。後退職。中法戰爭爆發後，年已七十餘的馮子材，在軍民的大力支持下，大敗法軍於鎮南關。

【曾國藩】（1811 — 1872）晚清大臣，洋務派和湘軍首領。號滌生，湖南湘鄉人。道光進士。歷任兩江總督、直隸總督、武英殿大學士。組建湘軍，鎮壓太平天國運動。與李鴻章創辦上海江南機器製造總局等近代軍事工業，奏請派遣學生留學歐美。主張修身律己，以德求官，以忠謀政，勤儉廉勞，不可為官自傲。在處理天津教案中對外妥協，懲辦民眾，受輿論譴責。與李鴻章、左宗棠、張之洞並稱「晚清四大名臣」。死後謚文正。有《曾文正公全集》。今輯有《曾國藩全集》。

【湯】（？ — 約前 1588）商朝開國君主。中國歷史上與堯、舜、禹齊名的聖人，史稱商湯。子姓，名履，又名天乙。夏桀無道，湯舉兵討伐，遂得天下，定都亳（bó，今河南商丘或偃師，或山東曹縣）。湯建國後，吸取夏朝滅亡的教訓，要求其臣屬「有功於民，勤力乃事」，否則就要「大罰殛（jí，殺死）汝」。對那些亡了國的夏民，則仍保留「夏社」，並封其後人，給予出路。湯注意「以寬治民」，在他統治期間，階級矛盾較為緩和，國力日益強盛。也稱「武湯」「成湯」。

【蒙（méng）恬】（？ — 前 210）秦名將。先世本齊（今山東省蒙陰縣）人。祖父、父親都是秦國名將。秦統一後，他統兵 30 萬北擊匈奴，攻取河南（今內蒙古河套一帶）之地，並築長城，匈奴不敢進犯。秦始皇死後，丞相李斯與奸宦中車府令趙高忌蒙恬威望，合謀篡改遺詔，賜其死，乃自殺。傳説他改良過毛筆。

【楊業】（？—986）北宋初名將。麟州（今陝西神木西北）人。善於騎射，以驍勇聞名。起初追隨北漢劉崇，任建雄軍節度使，屢立戰功，號稱「無敵」。北漢投宋後，宋太宗以其「老於邊事」，拜為代州刺史兼三交駐泊兵馬部署。曾在雁門關大破契丹兵。986年，隨軍北伐，率軍收復雲、應、寰、朔四州。後遭遇契丹大軍，被包圍於陳家谷（今山西朔州南），孤軍苦戰，傷重被俘，絕食三日而死。其事跡廣為流傳，並演繹為「楊家將」故事。也稱「楊繼業」。

【虞】①傳説中遠古朝代名，舜所建。②周朝諸侯國名，在今山西。

【微子】①周代宋國的始祖。子姓，名啟，一作開（為避漢景帝劉啟之諱）。殷紂王胞兄。原封於微（今山西潞城東北）。數次勸諫紂王，而未被採納，遂出走。周武王滅殷後投奔西周。周公相成王攻滅紂王之子武庚後，封他於商故都商丘（今河南商丘南）地區，國號宋。其弟微仲相傳為孔子的遠祖。②篇名。《論語》第十八篇，據「微子去之，箕子為之奴，比干諫而死」句首「微子」二字而定名。

【廉頗】（前327—前243）戰國末期趙國名將。山西太原人。與白起、王翦（jiǎn）、李牧並稱「戰國四大名將」。作為趙國的軍事領袖，為趙國的崛起成為戰國七雄之一立下赫赫戰功。趙惠文王時，他居功自傲，曾一度看不起上卿藺相如，後被藺相如的寬闊胸懷所感動，幡然醒悟而「負荊請罪」，傳為美談。晚年賦閒，趙王派出使者考察。使者謊稱他「一飯三遺矢」（吃一頓飯多次上廁所）。趙王未加重用。後前往楚國為將，並無功績。去世後葬於壽春（今安徽壽縣西南）。

【趙匡胤（yìn）】（927—976）即宋太祖。宋王朝的建立者。公元960—976年在位。涿州（今屬河北）人。公元960年發動陳橋兵變，奪取後周政權建宋。攻滅割據一方的後蜀、南唐諸國，改變軍事管理制度，加強中央集權統治，興修水利，發展經濟。其重文輕武、偏重防內的方針，是宋朝形成「積貧積弱」局面的重要原因之一。

【趙充國】（前137—前52）西漢大將。字翁孫，隴西上邽（guī，今甘肅天水）人。熟悉匈奴和羌族的情況。武帝、昭帝時，領兵反擊匈奴侵擾，英勇善戰，屢立戰功，任後將軍。宣帝即位，封營平侯。後與羌人作戰，屯田西北，促進了當地農業生產的發展。

【趙武靈王】（？—前295）戰國時趙國國君。名雍，謚號武靈。突出業績是進行「胡服騎射」的改革，使趙國得以強盛。晚年傳位於子趙惠文王，後在內亂中被困而死。參見42頁「胡服騎射」。

【趙廣漢】（？—前65）字子都，西漢涿郡蠡（lǐ）吾（今河北博野西南）人。少為郡吏、州從事。宣帝時任潁川太守，誅殺當地豪強原氏、褚氏等。升任京兆尹，執法不避權貴。因以結怨丞相魏相，被蕭望之彈劾「摧辱大臣」，下獄被殺。

【管仲】（？—前645）春秋初期政治家。名夷吾，字仲，潁（yǐng）上人。由鮑叔牙推薦，被齊桓公任命為卿。協助齊桓公進行一系列改革，使齊國國力大增；並協助齊桓公以「尊王攘夷」為號召，成為春秋時期的第一個霸主。尊稱管子、敬仲。

【僧格林沁】（1811—1865）清末將領。蒙古族。科爾沁左翼後旗（今屬內蒙古）人。1825年襲封郡王。曾率騎兵防堵太平軍北伐有功，封親王。1859年在大沽口炮臺擊敗英法艦隊，是第二次鴉片戰爭中中國唯一的一次勝仗。1861年後在魯、豫、皖等地與捻軍作戰。1865年在曹州（今山東菏澤）被捻軍圍殲。

【漢武帝】（前156—前87）西漢皇帝。名劉徹。前141—前87年在位。其間「罷黜百家，獨尊儒術」，以儒家思想為統治思想；頒行「推恩令」，削弱割據勢力；鼓勵發展農業生產，打擊富商大賈；派張騫兩次出使西域，發展經濟文化交流；任用衛青、霍去病為將，打擊匈奴貴族，保障了北方的安寧和經濟文化的發展。由於舉行封禪，祀神求仙，揮霍無度，徭役繁重，引發多地農民起義。晚年承認自己的過失，思富養民，政權轉危為安。

【鄭成功】（1624—1662）明清之際收復臺灣的名將。本名森，又名福松，字大木；御賜朱姓，改名成功。福建泉州南安人。清軍攻入江南後，長期堅持抗清鬥爭。1661年驅逐荷蘭侵略軍，光復臺灣，為保衛神聖領土與主權做出了歷史性貢獻。臺灣民間至今保留有多處祭祀廟宇。

【鄭和】（1371—1433）明代航海家。回族。本姓馬，名文和，小字三保，御賜鄭姓。內官監太監。雲南昆陽州（今屬昆明市晉寧）人。永樂三年（1405）率艦隊通使西洋，兩年而返。以後又屢次航海，28年間曾七下西洋，到達三十多個國家和地區，為中國與亞非各國的往來和海上絲綢之路的創建做出了重要貢獻。其遠航規模、技術、成果等代表着當時世界最先進水平。參見109頁「三保太監下西洋」。

【鄧析】（前545—前501）春秋末期法家先驅、名家。鄭國人，做過鄭國大夫。基本思想傾向是「不法先王，不是（贊同）禮義」。不滿意子產所鑄刑鼎，自己編了一部刑書，寫在竹簡上，稱為「竹刑」，並以此講學，向眾人傳授法律知識和訴訟方法。他還提出「循名責實」「按實定名」，強調「名」要保持其規定性，還提出一套辯説之術，對後代的惠施、公孫龍等有很大影響。《漢書・藝文志》輯錄《鄧析》2 篇，已失傳，今存《鄧析子》是後人託名所作。

【樂（yuè）毅】戰國時燕（yān）國大將。中山國靈壽（今河北平山東北）人。燕昭王二十八年（前 284），以上將軍身份率五國聯軍擊破齊國，因功封於昌國（今山東淄博市東南），號昌國君。燕惠王即位，中齊反間計，他被迫出奔趙國，被封於觀津（今河北武邑東南），號望諸君。後死於趙國。

【盤庚】商代國君。名旬。湯第九世孫。即位後，為擺脱國勢衰落的困境，於公元前 1300 年將國都從奄（今山東曲阜）遷至殷（今河南安陽西北小屯村），使商復興，史稱「殷商」。《尚書・盤庚》三篇即是他在遷殷前後對臣民的訓誥。也作般庚。

【劉永福】（1837 — 1917）清末將領。字淵亭，廣東欽州（今屬廣西）人。曾參加廣西天地會起義。太平軍失敗後，在滇桂邊境組織黑旗軍，駐越南。1873、1883 年兩度應越南約請，幫助抗法，擊斃法將，取得勝利。在中法戰爭中大敗法軍，由政府收編，任廣東南澳鎮總兵。後幫辦臺灣防務，聯合義軍，共同抗禦日本侵略。因孤立無援，退回廈門。辛亥革命後被推為廣東民團團長，不久辭職。

【劉邦】（前 256 或前 247 — 前 195）西漢王朝的建立者，前 202 — 前 195 年在位。字季，沛縣（今屬江蘇）人。前 209 年起兵響應陳涉起義，稱沛公。前 206 年攻佔咸陽，約法三章，推翻秦王朝。隨後與項羽展開長達五年的戰爭，前 202 年戰勝項羽，即皇帝位，定都長安（今陝西西安）。實行中央集權制，注重發展農業生產。死後，尊為高皇帝。

【劉秀】（前 5 — 57）東漢王朝的建立者，公元 25 — 57 年在位。字文叔，南陽蔡陽（今湖北棗陽西南）人。新莽時加入綠（lù）林起義軍，公元 23 年取得昆陽之戰的巨大勝利後到河北活動，以恢復漢家制度為號召，力量迅速壯大。公元 25 年稱帝，定都洛陽。隨後逐漸削平各地割據勢力，統一全國。在位期間，減輕賦税，興修水利，精簡官吏，生產有所恢復和發展。死後尊為光武帝。

【劉伯溫】（1311 — 1375）明初大臣、思想家、軍事家、政治家、文學家。名基，以字行。青田縣南田鄉（今浙江省文成縣）人。元末進士。曾著《郁離子》揭露元末暴政。1360 年起，為朱元璋出謀畫策，參贊軍機。輔佐朱元璋完成帝業，並盡力保持國家的安定，以神機妙算著稱於世，被後人比作張良、諸葛亮。明初任御史中丞兼太史令，封誠意伯。後被權相胡惟庸所害。武宗正德九年（1514）追贈太師，謚號文成。善文章，與宋濂、高啟並稱「明初詩文三大家」。著有《誠意伯劉先生文集》。

【劉劭】三國時魏學者。字孔才，廣平邯鄲（今河北邯鄲）人。官至散騎常侍。正始中執經講學，賜爵關內侯。在《人物志》一書中對評論人物才性的原則和標準進行了比較廣泛深入的研究，提出一些頗有價值的觀點。其著作多亡佚，今僅見《人物志》〈趙都賦〉〈上都官考課疏〉（收入《全三國文》）。

【劉基】見201頁「劉伯溫」。

【劉備】（161—223）三國時期蜀漢的建立者。字玄德，涿郡涿縣（今河北省涿州）人。東漢皇族後代。早年顛沛流離，投靠過多個諸侯，也曾參與鎮壓黃巾起義。後與孫權聯盟擊敗曹操，趁勢奪取荊州，進而取益州。公元221年，在成都稱帝，建立蜀漢政權，與魏、吳形成三足鼎立之勢。公元223年，在伐吳的夷陵之戰中大敗，病逝於白帝城。

【劉墉（yōng）】（1719—1804）清代政治家、書法家。號石庵、日觀峰道人等。山東省諸城逄（páng）戈莊（今屬高密）人。清乾隆、嘉慶兩朝重臣，曾任吏部尚書、體仁閣大學士，奉公守法，清正廉潔，直言敢諫。工小楷，傳世書法作品以行書為多，喜用濃墨，故被稱為「濃墨宰相」。

【諸葛亮】（181—234）三國蜀政治家、軍事家。字孔明，琅邪陽都（今山東沂南南）人。東漢末，隱居鄧縣隆中（今湖北襄陽），時稱「卧龍」。被劉備三顧茅廬所請，輔佐劉備建立蜀漢政權。後又輔助幼主劉禪（shàn）。曾採取聯吳抗曹策略取得赤壁之戰勝利。又用兵西南，六出祁山，擴大了蜀漢版圖，形成與魏、吳三足鼎立的局面。主張儒法並舉、德刑兼施治理蜀漢。當政期間，勵精圖治，賞罰嚴明，推行屯田政策，並改善和西南各族的關係，有利於當地經濟、文化的發展。著有〈出師表〉〈隆中對〉〈便宜十六策〉等，後人輯為《諸葛亮集》。

【蕭何】（？—前193）西漢初大臣。沛縣（今屬江蘇）人。曾為秦沛縣吏。秦末輔佐劉邦起義。義軍入咸陽，他約法三章，並將秦政府的律令圖書全部收存，以此掌握全國的山川險要、郡縣戶口和社會情況。楚漢戰爭前夕，力薦韓信為帥。戰時以丞相身份留守關中，為前線輸送士卒糧餉，保證作戰之需。劉邦稱帝後，被封為酇（zàn）侯，位居眾臣之首。主持制定律令制度，設計助呂后殺淮陰侯韓信。撰《九章律》，已佚。

【隨何】西漢初人。曾任謁者（掌賓贊受事、傳達之職）。在楚漢戰爭中，勸說淮南王英布歸漢。劉邦曾將儒生貶為「腐儒」，對這種輕侮儒生的行為，隨何據理力爭，終使劉邦承認失語。後為護軍中尉。

【霍去病】（前 140 — 前 117）西漢名將。河東平陽（今山西臨汾西南）人，名將衛青之甥，官至驃騎將軍、大司馬，封冠軍侯。在與匈奴作戰中，用兵靈活，勇猛果斷，善於長途奔襲。先後六次出擊，最後把匈奴驅逐到漠北，解除了漢王朝北方多年的威脅。23 歲因病去世。

【霍光】（？ — 前 68）西漢大臣。字子孟，河東平陽（今山西臨汾市西南）人。霍去病異母弟。先後輔佐武帝、昭帝、宣帝執政。宣帝在位二十年，他積極建言減輕稅賦、徭役，致力於發展生產。其子孫女婿皆為大官，顯赫一時。死後，因其妻謀害許皇后事發，被誅九族。

【衛青】（？ — 前 106）西漢名將。字仲卿，河東平陽（今山西臨汾市西南）人。本平陽公主家奴，以衛皇后胞弟身份為漢武帝重用，官至大將軍，封長平侯。西漢初年，匈奴不斷侵擾漢朝北方諸郡。元朔二年（前 127），率軍大敗匈奴，實際控制河套地區。元狩四年（前 119），又與霍去病分兵出擊匈奴。前後七次出兵，解除了匈奴對漢王朝的威脅。

【韓世忠】（1089 — 1151）南宋初名將。字良臣，延安（今陝西省綏德縣）人。出身貧寒，18 歲應募從軍。英勇善戰，胸懷韜略，在抗擊西夏和金的戰爭中立下功勛，也參加過平定農民起義和地方叛亂。為官正派，反對與金人議和，不肯依附奸相秦檜，為岳飛遭陷害而鳴不平。後自請解職，閉門謝客。死後被追贈為太師，又追封蘄（qí）王。

【韓延壽】（？ — 前 57）字長公，西漢杜陵（今陝西西安東南）人。少為郡文學。經霍光力薦任諫大夫。後任潁川太守、東郡太守。崇尚禮義，追求古代教化，尊重長者，體恤民情，訴訟大減，所治之地成為當時天下最好的州郡。後遭人構陷，被宣帝所殺。

【韓安國】（？ — 127）字長孺，西漢梁國成安（今河南汝州東南）人，後遷至睢陽（今河南商丘南）。曾為梁孝王中大夫，吳楚七國之亂時，因擊退吳兵而著名。武帝時，任御史大夫，後為衛尉。在抗擊匈奴時任材官將軍，屯兵漁陽，兵敗後不久病死。

【韓信】（約前 231 — 前 196）西漢軍事家。淮陰（江蘇省原淮陰縣，今淮陰區）人。與蕭何、張良並列為漢初三傑。早年家貧。秦末投項羽，不得重用。蕭何薦於劉邦，拜為大將軍。在楚漢戰爭中，發揮了卓越的軍事才能，平定諸侯，消滅項羽，屢建戰功，受封齊王。漢朝建立後，因被誣謀反處死，並夷其三族。

【鍾繇（yóu）】（151 — 230）三國魏大臣、書法家。字元常，潁川長社

(今河南長葛)人。東漢末任黃門侍郎。曹操為相時，鎮守關中，注意恢復生產。曹氏代漢後，累遷太傅，人稱「鍾太傅」。工書法，博採眾長，兼善各體，尤精隸、楷。與東晉書法家王羲之並稱「鍾王」。南朝庾(yǔ)肩吾將其書法列為「上品之上」，唐張懷瓘(guàn)在《書斷》中則評為「神品」。真跡不傳。現存法帖疑為後人臨摹。

【謝玄】(343—388)東晉名將。字幼度，陳郡陽夏(jiǎ，今河南太康)人。謝安之侄。早年為大司馬桓溫部將。公元377年為抵禦前秦襲擾，謝安薦為主將。383年，在淝水之戰中，任前鋒都督，用計使秦軍後撤致亂，乘勢猛攻，取得以少勝多的戰果，乘勝收復今河南、山東、陝西南部等地區。

【謝安】(320—385)東晉大臣。字安石，陳郡陽夏(jiǎ，今河南太康)人。早年隱居於會稽郡山陰縣東山，四十多歲始出仕。簡文帝時，曾與王坦之挫敗桓溫篡位意圖。孝武帝時任宰相。公元383年，前秦大軍南下，他指揮弟謝石、侄謝玄統兵抵禦，取得淝水之戰的勝利，打敗號稱百萬的前秦軍隊。後被司馬道子排擠，出鎮廣陵，不久病逝。處事公允明斷，能顧全大局。

【魏孝文帝】(467—499)北魏王朝的第六位皇帝。原名拓跋宏，改漢姓後名元宏。執政後遷都洛陽，使鮮卑人穿漢服、說漢語、改漢姓，鼓勵貴族與漢族通婚，對各族人民的融合和發展，起了積極作用。

【魏相】(？—前59)西漢大臣。字若翁，濟陰定陶(今山東定陶西北)人，後遷平陵(今陝西咸陽市西北)。在茂陵令任上，舉賢良。在河南太守任上，抑制豪強勢力。宣帝即位後，歷任大司農、御史大夫、丞相，封高平侯。主張整頓吏治，考核實績，多被宣帝採納。

【魏徵】(580—643)唐初政治家。字玄成，鉅鹿(今屬河北)人，後移居相州(今河南內黃西)。少孤貧好學，有大志。唐太宗時任諫議大夫，後為相，前後陳諫二百餘事。曾諫言「兼聽則明，偏信則暗」「水能載舟，亦能覆舟」「居安思危，戒奢以儉」等，是歷史上最負盛名的諫臣。其言論見於《貞觀政要》。有《魏鄭公文集》三卷。

【聶士成】(1836—1900)清末將領。字功亭，安徽合肥人。自小行俠仗義，後投身軍旅，1868年升提督。中法戰爭中，渡海守臺灣，屢挫法軍。甲午戰爭中，駐屯朝鮮牙山，抗擊日軍。後在遼東戰役中擊斃日將富田三造。八國聯軍進犯中國時，率部抗擊，戰死於天津八里臺。清廷追贈他為太子少保，謚忠節。今天津市建有聶士成銅像，供人瞻仰紀念。著有《東征日記》。

【顓頊（zhuān xū）】傳說中的遠古時代帝王名，三皇五帝的「五帝」之一。也稱「高陽」。

【藺相如】戰國時趙國上卿（相當於宰相）。趙惠文王時，得「和氏璧」，秦昭王謊稱願以十五城交換。他奉命攜璧入秦，當廷力爭，堅持先割城再交璧，終於完璧歸趙。趙惠文王二十年（前 279），隨趙王到澠（miǎn）池（今河南澠池西）與秦王相會，以其忠勇智慧，使趙王免受屈辱，因功任為上卿。

【蘇武】（？—前 60）西漢大臣。字子卿，杜陵（今陝西西安東南）人。武帝時出使匈奴，單于強迫他投降，不屈服，被流放北海（今貝加爾湖）牧羊十九年，仍持漢節，表現了頑強的毅力和不屈的氣節。昭帝時，匈奴與漢和親，被遣歸漢。卒年八十有餘。

【蘇秦】（？—前 284）戰國時著名的縱橫家。字季子，洛陽（今河南洛陽市東）人。兵家鬼谷子的弟子，游說秦王連橫不成，回家以「錐刺股」的精神苦讀，用合縱術游說趙王成功，執掌六國相印，使秦 15 年不敢出函谷關。曾在齊國為燕國從事反間活動，敗露後被車裂而死。馬王堆漢墓出土帛書《戰國縱橫家書》保存有蘇秦的書信和游說（shuì）辭十六章。

【關天培】（1781—1841）晚清將領。字仲因，江蘇淮安府山陽縣（今江蘇淮安市淮安區）人。行伍出身，在任廣東水師提督期間，支持林則徐虎門銷煙。在道光二十一年（1841）抗擊英軍對虎門要塞總攻中，沉着指揮，死守陣地，終因眾寡懸殊，援軍未至，壯烈殉國。被追謚為忠節，加封振威將軍。著有《籌海初集》。

【顧祖禹】（1631—1692）明末清初歷史地理學家。字景範，江蘇無錫常熟人，後徙居無錫東之宛溪。少承家學，熟諳經史。明亡後，隱居著書。撰成《讀史方輿紀要》。是研究歷史地理的重要名著。

【酈食其（lì yì jī）】（？—前 203）秦末陳留高陽鄉（今河南杞縣西南）人。本為里監門。劉邦起義軍至高陽時，自稱「高陽酒徒」求見，獻計取陳留，封廣野君。楚漢戰爭中，說（shuì）齊王田廣歸漢，然因韓信襲齊，齊王以為被出賣，將其烹死。

【龔遂】（？—前 62）西漢循吏（奉職守法的官吏）。字少卿，山陽南平陽（今山東鄒城）人。曾為昌邑王劉賀郎中令，敢諫諍。宣帝時出任渤海太守，遇渤海及其附近各郡饑荒，他果斷開倉借糧，並採取歸田於民、獎勵農桑的政策，使獄訟減少，地方歸治。後世將他與黃霸作為「循吏」的代表，並稱「龔黃」。

2. 文化科技人物

【一行（xíng）】（673 或 683 — 727）唐代僧人、天文學家。本姓張，名遂，鉅鹿（今河北鉅鹿北）人。21 歲出家，為佛教密宗之祖。參與善無畏譯場，助譯《大日經》。精通天文曆法。與梁令瓚共同製成渾天銅儀，又製成黃道游儀，用以重新測定 150 餘顆恒星的位置。發起在全國 12 個地點進行天文觀測，並根據測量，計算出相當於子午線一度的長度。訂定《大衍曆》，其體例格式為歷代編曆者所沿用。

【卜商】見 206 頁「子夏」。

【八大山人】見 216 頁「朱耷」。

【大小戴】指西漢今文經學家戴德與其侄戴聖。戴德傳（zhuàn）《禮》85 篇，稱《大戴禮》；戴聖傳《禮》49 篇，稱《小戴禮》。

【上官婉兒】（664 — 710）唐代女詩人。陝州陝縣（今屬河南）人。因祖父上官儀（唐詩人）獲罪被殺，隨母配入內廷。十四歲起即為武則天掌管文誥，有「巾幗（guó）宰相」之名。中宗時，封為昭容。曾建議擴大書館，增設學士，代朝廷品評詞臣詩文。公元 710 年，臨淄王李隆基起兵發動政變，與韋后同時被殺。《全唐詩》收其遺詩 32 首。

【子有】見 214 頁「冉有」。

【子我】見 242 頁「宰我」。

【子思】（前 483 — 前 402）戰國初哲學家。姓孔，名伋（jí）。孔子之孫。相傳為曾子的學生。他把儒家的道德觀念「誠」説成是世界的本原，以「中庸」為其學説的核心。在儒學傳承中，他上承曾子，下啟孟子，被尊為「述聖」。子思和孟子都注重內心省察的修養方法，提出「性善」和「誠」，史稱「思孟學派」。《中庸》相傳是他的著作。

【子貢】（前 520 — ？）孔子弟子。複姓端木，名賜，字子貢。春秋末衛國人。思路敏捷，善於辭令。《論語》中記述孔子與弟子答問，以他為最多。善經商。曾「鬻（yù）財於曹、魯之間」（鬻：經商），「家累千金」。並仕於魯、衛，游説於齊、吳、越、晉，與諸侯「分庭抗禮」。曾成功促吳伐齊救魯。

【子夏】（前 507 — ？）孔子弟子。卜姓，名商，字子夏。春秋末晉國溫（今河南溫縣西南）人，一説衛國人。孔子去世後曾到魏國講學。治學上崇尚「博學而篤志，切問而近思」，倡導「仕而優則學，學而優則仕」（《論語・子張》）。主張國君要學習《春秋》，以歷史為鑒，防止臣下篡權。提出「死生有命，富貴在天」(《論語．顏淵》)。相傳《詩經》《春秋》等是由他傳授下來的。

【子張】(前 503 — ？) 孔子弟子。複姓顓 (zhuān) 孫，名師，字子張。春秋末陳國陽城 (今河南淮陽) 人。提出「士見危致命，見得思義」的倫理觀點，並主張「君子尊賢而容眾，嘉善而矜不能」(《論語．子張》)。其後學形成「子張之儒」，為儒家八派之首。

【子淵】見 271 頁「顏回」。

【子游】(前 506 — ？) 孔子弟子。姓言，名偃 (yǎn)，字子游。春秋末吳國人。與子夏、子張並為孔門晚期著名弟子。擅長文學。曾任武城宰，注重禮樂教化，治內贊同孔子「君子學道則愛人，小人學道則易使」的觀點。

【子皙 (xī)】見 256 頁「曾皙」。

【子路】(前 542 — 前 480) 孔子弟子。姓仲，名由，字子路，一字季路。春秋末魯國卞 (今山東泗水東南) 人。出身貧賤。性耿直好勇。傳説曾治蒲三年，政績顯著，孔子「三稱其善」(《韓詩外傳》卷六)。孟子讚其聞過則喜的態度 (《孟子．公孫丑上》)。後在貴族內訌中被殺。

【子遲】見 263 頁「樊遲」。

【子輿】①見 231 頁「孟子」①。②見 256 頁「曾子」。

【王士禛 (zhēn)】(1634 — 1711) 清文學家。字子真，號漁洋山人，新城 (今山東桓臺) 人。官至刑部尚書。主盟康熙詩壇數十年。論詩創「神韻説」。其詩風由早年清麗轉為蒼勁。尤工七絕。詞與古文也很出名。著有《漁洋山人精華錄》《漁洋詩話》《池北偶談》等。

【王之渙】(688 — 742) 唐代詩人。字季凌，晉陽 (今山西太原市西南) 人。擅寫邊塞風光，意境雄渾，多被製曲傳唱，名重一時。傳世之作僅 6 首，其中〈涼州詞〉〈登鸛雀樓〉為千古佳作。

【王夫之】(1619 — 1692) 明清之際思想家。字而農，號薑齋。晚年居衡陽石船山，亦稱「船山先生」。衡陽 (今屬湖南) 人。明亡，舉義兵抗清，失敗，隱伏深山 40 年，潛心研究，勤苦著述，學術成就很大。對天文、地理、曆法、數學都有研究，尤精於經史、文學。與黃宗羲、顧炎武並稱為 17 世紀三大思想家。其著作經後人編為《船山遺書》。

【王引之】(1766 — 1834) 清訓詁學家。字伯申，號曼卿，王念孫之子。江蘇高郵人。嘉慶進士。官至工部尚書。幼受庭訓，發展其父學說，以小學名世。所著《經義述聞》32 卷，是研究古書中音韻訓詁、勘訂訛誤的名著；《經傳釋詞》10 卷，是研究古文虛詞的重要著作。奉旨撰《字典考證》，矯正《康熙字典》錯誤兩千多處。

【王世貞】（1526 — 1590）明文學家、史學家。字符美，號弇（yǎn）州山人。太倉（今屬江蘇）人。官至南京刑部尚書。與李攀龍同為「後七子」首領，共主文壇二十餘年。其持論承李夢陽等，主張文必秦漢，詩必盛唐。著述宏富。著有《弇州山人四部稿》《藝苑卮（zhī）言》等。

【王廷相】（1474 — 1544）明代哲學家、政治家。字子衡，號浚川。儀封（今河南蘭考）人。明朝文壇「前七子」之一。官至兵部尚書、都察院左都御史。在哲學上是宋明和明清之際承先啟後的人物。在政治上疾惡如仇，大膽揭露嚴嵩、張瓚等人專權誤國和貪腐罪行。是明代儒者敢於同權宦鬥爭的代表人物之一。著作宏富，主要有《王氏家藏集》（包括《雅述》《答天問》〈答薛君採論性書〉〈橫渠理氣辯〉等）《近海集》《吳中集》等。

【王充】（27 — 約 97）東漢哲學家。字仲任，會稽上虞（今屬浙江）人。年少時到京城太學學習，拜班彪為師。做過小官，罷職後專心著述。畢生反對宗教神祕主義，重視理性思維的作用，強調人性可以改變，在社會歷史觀上存在機械的命定論，在美學上主張美與真的統一，將藝術的目的歸結為「勸善懲惡」。認為論文要通俗，有內容，反對崇古。其代表作品《論衡》是一部不朽的無神論著作。

【王艮（gèn）】（1483 — 1541）明代心學家。字汝止，號心齋。泰州安豐場（今江蘇東臺安豐）人，人稱王泰州。師從王陽明，初名銀，王陽明替他改名為艮。創立傳承陽明心學的泰州學派。提出「百姓日用即為道」的觀點，倡導口傳心授，使「愚夫愚婦」明白易懂。弟子遍及農夫、樵夫、陶匠、灶夫等社會下層人士。其著作《心齋王先生全集》《王心齋先生遺集》，為後人纂輯。

【王昌齡】（？ — 約 756）唐代詩人。字少伯，京兆長安（今陝西西安）人。開元進士。曾任江寧丞。開元、天寶年間，詩名甚盛，有「詩家夫子王江寧」之稱。尤擅長七絕，多寫邊塞軍旅生活，氣勢雄渾，格調高昂。〈從軍行〉七首、〈出塞〉二首皆有名。其宮詞善寫女性幽怨之情，也為世所稱。後人輯有《王昌齡集》。

【王念孫】（1744 — 1832）清代音韻訓詁學家。字懷祖，號石臞（qú）。江蘇高郵人。乾隆進士。精於文字、聲音、訓詁。著《廣雅疏證》，對漢魏以前的古訓詳加考證，以形、音、義互相推求，把傳統語言學推進到代語言學的邊緣。撰《讀書雜志》《古韻譜》等，闡明古義，每有創見。精熟水利，著有《河源紀略》。

【王勃】（649—676）唐代文學家。字子安，絳州龍門（今山西河津）人。與楊炯、盧照鄰、駱賓王以文辭齊名，並稱「初唐四傑」。其詩長於五律，偏於描寫個人經歷，多思鄉懷人、酬贈往還之作，風格較為清新流麗。其文多為駢（pián）體，重辭采而有氣勢，以〈秋日登洪府滕王閣餞別序〉（習稱〈滕王閣序〉）最為有名。

【王禹偁（chēng）】（954—1001）北宋文學家。字符之，濟州鉅野（今山東省鉅野縣）人。太平興國進士。任右拾遺、左司諫。敢於直言，屢受貶謫。宋真宗即位，主修《太祖實錄》，直書史事，貶知黃州，後又遷蘄（qí）州病死。反對文風華靡，提倡樸素平易。文學韓、柳，詩崇杜、白，多反映社會現實，風格清新。散文〈待漏院記〉〈黃州新建小竹樓記〉廣為傳誦。著有《小畜集》等。

【王通】（584—617）隋代哲學家、教育家，河汾學派的創始人。字仲淹，門人私謚文中子。河東龍門（今山西河津）人。曾上《太平策》，不見用，退居河、汾之間，授徒自給。有弟子千餘人，時稱「河汾門下」。主張儒、釋、道三教合一，但其基本點仍是儒學。提出「夫天者，統元氣焉」，認為天是元氣組成的自然之天，同時又相信有「天神」存在。把治亂、窮達、吉凶歸結為命，但又認為這些都是由人自召的。門人纂集、記錄其言行而成《中說》一書，也稱《文中子》。

【王冕】（1287—1359）元代畫家、詩人。字符章，浙江諸暨人。初為牧童，科舉不第，薦官不就，歸隱賣畫為生。以畫梅著稱，尤工墨梅。所畫花密枝虯，生意盎然，亦善竹石。能刻印，創用花乳石刻印章。存世作品有《三君子圖》《墨梅圖》。詩多同情人民苦難，語言質樸自然。有《竹齋詩集》3 卷，續集 2 卷。

【王國維】（1877—1927）清末民初學者。字靜安，一字伯隅，號觀堂。浙江海寧人。清秀才。早年留學日本。1907 年起，任學部圖書局編譯，從事中國戲曲史和詞曲的研究，著有《靜安文集》《曲錄》《宋元戲曲考》《人間詞話》等。後在上海倉聖明智大學、清華研究院執教，研究中國古代史、古文字學、音韻學，尤致力於甲骨文、金文、漢晉簡牘的考釋，提出著名的「二重證據法」。1927 年在北京頤和園投水自盡。生平著作 62 種，收入《王國維遺書》的有 42 種。以《觀堂集林》最為著名。

【王陽明】（1472—1529）明哲學家、教育家。名守仁，字伯安。餘姚（今屬浙江）人。曾築室故鄉陽明洞中，故世稱「陽明先生」。官至兵部尚書。初習程朱理學，後轉習並發展了陸九淵心學。他的「知行合一」和「知行並進」說，旨在反對宋儒程頤等「知先行後」以及各種割裂知行關係的說法。其學說以「反傳統」的姿態出現，世將其與孔子、孟子、朱熹並提，遠傳至日本、朝鮮半島以及東南亞，影響很大。著作由門人輯成《王文成公全書》。

【王弼】（226 — 249）三國魏哲學家。魏晉玄學的主要代表之一。字輔嗣，魏山陽（今河南焦作）人。曾任尚書郎。十餘歲即負盛名，通辯能言。少時便好儒、道，為《周易》《老子》注釋。將老子的「有生於無」的宇宙生成論演為「以無為本」的本體論。並從本末、體用、動靜、一多等關係上來論證。以道釋儒，「援老入儒」，調和儒、道。指出儒、道都奉順自然，推崇孔聖的高尚志節「不為世俗所移易也」。其著《周易注》偏重哲理，掃除漢代經學煩瑣之風。其他著述有《周易略例》《老子指略》《老子注》《論語釋疑》等。

【王蒙】（1308 — 1385）元代畫家。字叔明，湖州（今浙江吳興）人。趙孟頫外孫。山水畫受趙影響，師法董源、巨然，集諸家之長自創風格。作品以繁密見勝，重巒疊嶂，長松茂樹，氣勢充沛，景象蒼茫。兼攻人物、墨竹，書法擅行楷。與黃公望、吳鎮、倪瓚合稱「元四家」。存世作品有《青卞隱居圖》《夏山高隱圖》《丹山瀛海圖》等。

【王實甫】（1260 — 1316）元代雜劇作家。大都（今北京）人。所作雜劇今知有 14 種。劇作大多以青年男女追求愛情幸福為題材。其作品風格秀美，詞采旖旎（yǐ nǐ，柔和美好），情思委婉，尤以《西廂記》最為出色。

【王維】（701 — 761）唐代詩人、畫家。字摩詰，太原祁（今山西祁縣）人。官至尚書右丞，世稱王右丞。中年後居藍田輞（wǎng）川，亦官亦隱。前期寫過一些邊塞詩，以山水詩最為著名。與孟浩然齊名，並稱「王孟」。精繪畫。蘇軾稱讚他「詩中有畫，畫中有詩」。《雪溪圖》《伏生授經圖》相傳為其所作。著有《王右丞集》。

【王褒】 西漢辭賦家。字子淵，蜀資中（今四川資陽）人。宣帝時為諫議大夫。以辭賦著稱，所撰〈洞簫賦〉為中國最早的專門描寫樂器與音樂之作。原集已散佚，明人輯有《王諫議集》。

【王羲之】（321 — 379）東晉書法家。字逸少，琅邪臨沂（今屬山東）人。官至右軍將軍，世稱王右軍。辭官後居會稽山陰（今浙江紹興）。曾宴集蘭亭，寫下著名的《蘭亭集序》。工書法，其書備精諸體，尤擅正楷、行書，遒美多變，為歷代學書者所推崇，尊為「書聖」。代表作《蘭亭序》

被譽為「天下第一行書」。在書法史上，與其子王獻之合稱「二王」。

【王獻之】（344 — 386）東晉書法家。字子敬，琅邪臨沂（今屬山東）人。生於會稽山陰（今浙江紹興），王羲之第七子。官至中書令，人稱「王大令」。工書，兼精諸體，尤以行草擅名。其書英俊豪邁，極有氣勢。與其父王羲之並稱「二王」。存世墨跡有行書《鴨頭丸帖》、小楷《十三行》。

【元白】唐代詩人元稹（zhěn）、白居易的並稱。二人為好友，詩作常相酬唱，文學主張亦相近，同是當時提倡「新樂府」的主要人物。《新唐書·白居易傳》：「居易於文章精切，然最工詩……初與元稹酬詠，故號元白。」

【元曲四大家】指元代四位著名雜劇作家，即關漢卿、馬致遠、鄭光祖、白樸。也稱「關馬鄭白」。

【元好問】（1190 — 1257）金代文學家。字裕之，號遺山。秀容〔今山西忻（xīn）州〕人。興定進士。官至行尚書省左司員外郎。金亡不仕。學識淵博，善詩文詞曲。其詩沉鬱悲涼，多傷時感事之作；其詞清雋，兼有豪放、婉約風格，為金代詞壇第一人；散曲用俗為雅，具有開創性。被尊為「北方文雄」「一代文宗」。今存詩1361首、詞380餘首、散曲9首。著作有《遺山集》。

【元稹（zhěn）】（779 — 831）唐代詩人。字微之，河南（今河南洛陽）人。短期官居相位。與白居易共同倡導「新樂府」，世稱「元白」。名句「曾經滄海難為水，除卻巫山不是雲」即出自他的〈離思五首〉。著有傳奇〈鶯鶯傳〉，為《西廂記》故事所取材。有《元氏長慶集》。

【尤侗（tóng）】（1618 — 1704）清文學家、戲曲家。字同人、展成，號悔庵、西堂等。長洲（今江蘇蘇州）人。授翰林院檢討。參與修撰《明史》。擅詩詞及駢（pián）文。作有傳奇《鈞天樂》、雜劇《讀離騷》等。另有詩文集《鶴棲堂文集》等。大部分作品收入《西堂全集》。

【公冶長】①孔子的弟子。複姓公冶，名長（也作萇），字子長（又作子芝、子之）。春秋末齊國（一説魯國）人。相傳他通鳥語。②《論語》篇名。內容大都論古今人物賢否（pǐ）得失。

【文子】①戰國時人。相傳是老子的弟子，約與孔子同時。弘揚黃老，被道家尊奉為祖師，尊稱為太乙玄師。著有《文子》。②書名。文子著。以老子「道」的思想為宗，糅雜名、法、儒、墨諸家思想。唐玄宗時詔號為《通玄真經》，列為道教經典之一。

【亢（gēng）倉子】①戰國時人。老子的弟子。道教奉為祖師，尊稱為洞靈真人。也稱「亢桑子」「庚桑子」。

②書名。舊題周代庚桑楚撰。該書雜採《老子》《莊子》《列子》《商君書》《說苑》等書內容，基本思想則屬道家。唐玄宗時詔號為《洞靈真經》，列為道教經典之一。也說《亢桑子》。

【方以智】（1611 — 1671）明清之際思想家、科學家。字密之，號曼公、藥地。安徽桐城人。崇禎進士。曾任翰林院檢討。清兵下廣東，退隱出家。反對宋明理學，主張中西結合，儒釋道三教歸一。著作有《通雅》《物理小識（zhì）》《東西均》《藥地炮莊》等。

【方苞】（1668 — 1749）清代散文家，桐城派散文創始人。字靈皋，晚年號望溪。祖籍安徽省安慶府桐城縣（今桐城市）人。官至禮部右侍郎。著有《方望溪先生全集》。與姚鼐（nài）、劉大櫆（kuí）合稱桐城三祖。

【方東樹】（1772 — 1851）清代文學家、學者。字植之，號歇庵、冷齋，晚號儀衛老人。安徽桐城人。治經史，尊朱熹，著《漢學商兌》，以攻漢學之失。師事姚鼐，為文一本其師，撰《昭昧詹言》闡發桐城派宗旨，為桐城派作家。以授徒為業，先後講學於江寧、阜陽、六（lù）安、池陽、粵東、宿松、祁門等地書院。以一介寒儒，關心民生、國事。主要著作有《儀衛軒詩文集》《書林揚觶（zhì）》《大意尊聞》《待定錄》《未能錄》等。

【尹文子】①（約前 360 — 前 280）即尹文。戰國時齊國人。與宋鈃（jiān）齊名，同遊稷下。善名辨，認為「接萬物以別宥（yòu）為始」（《莊子・天下》），即認識事物首先要破除成見。提倡「無為」「寡為」，主張消除爭鬥、止息用兵。其學說為公孫龍所稱道。②書名。尹文著。原本不存，今本上、下兩篇，為後人襲錄、增刪尹文殘文而成。認為「萬事皆歸於一，百度皆準於法」「道不足以治，則用法；法不足以治，則用術；術不足以治，則用權；權不足以治，則用勢」。其說與黃老刑名之學相近。

【孔子】（前 551 — 前 479）名丘，字仲尼，春秋時魯國陬（zōu）邑（今山東曲阜東南）人。中國古代偉大的思想家、教育家、政治家，儒家創始人。早年家境貧寒，做過多種卑賤的工作。十五歲立志學習，先後問學於郯（tán）子、師襄、老子等人，並整理《春秋》《詩經》等古籍，以博學多才聞名於世。曾任魯國司空、大司寇等職。首創面向所有人的「私學」，提出「有教無類」，面授弟子多達三千餘人；在教學方法上倡導因材施教、啟發式、學思結合、學以致用等。創立儒家學說，言論見於《論語》《易傳》《禮記》等書。其學說以「仁」為核心。「仁」即「愛人」，「己所不欲，勿施於人」「己欲達而達人」，進而「泛愛眾」，達到「天人合一」，認為這是解決人類一切社會問題的鎖鑰。在政治上提出「天下為公」的社會理想，提倡德治和教化，對民眾既「富之」又「教之」，反對苛政和刑殺。在道德修養上指出「道不遠人」，每個人通過努力都能成為君子，進而成為聖人，主張以「忠、孝、禮、義、信」調整各種關係，使社會趨於和諧;當社會群體都是君子、諸國由聖人執政時，就會實現世界大同。在思維方式上提倡「中庸之道」，克服極端傾向，避免過與不及。其思想已成為中國傳統文化的主流，歷代尊為「至聖先師」，當今尊為「永遠的人類偉人」，受到全世界的廣泛尊崇。聯合國以其生日 9 月 28 日為世界教師節。

【孔伋】見 206 頁「子思」。

【孔安國】西漢經學家。字子國。孔子十二世孫。武帝時任諫大夫，為博士。傳曾得孔壁中所藏古文《尚書》，但為後來學者所疑。傳另有《尚書孔氏傳》，清人定為偽作。

【孔尚任】（1648 — 1718）清代戲曲作家。字聘之、季重，號東塘、岸堂、雲亭山人。山東曲阜人。孔子 64 世孫。初隱居石門山中，康熙帝南巡至曲阜時，被召講經，破格授國子監（jiàn）博士，累遷戶部主事、員外郎等職。經十餘年時間，於康熙三十八年（1699）寫成傳奇劇本《桃花扇》。當時與《長生殿》作者洪昇有「南洪北孔」之稱。戲曲作品還有同顧彩合寫的傳奇《小忽雷》。另有詩文集《湖海集》《岸堂集》《長留集》等。

【孔廣森】（1752 — 1786）清經學家、音韻學家、數學家。字眾仲，一字撝（huī）約，號顨（xùn）軒。山東曲阜人。少時從學戴震。官至翰林院檢討。能作篆、隸書，尤工駢體文，為清代駢文八大家之一。撰《春秋公羊通義》，試圖闡述《春秋》「微言大義」，提出了不同於何休的見解。撰《詩聲類》，分古韻為十八部，首提「陰陽對轉」之説，主張東、冬分部，對古韻學有所發明。另有《大戴禮記補注》《後學卮（zhī）言》及《少廣正負術》等。其著作均收入《顨軒孔氏遺書》。

【孔穎達】（574 — 648）唐代經學家。字沖遠。冀州衡水（今屬河北）人。出身北朝官宦人家，曾從當時名儒劉焯（chāo）問學，以精通「五經」稱於世，對南北朝經學之「南學」「北學」均有頗深造詣。入唐後，被李世民聘為秦王府文學館學士，成為李世民智囊團中重要人物，是著名的「十八學士」之一。任國子祭酒等職。奉唐太宗命主編《五經正義》，融合南北經學家的見解，形成唐代義疏派。唐代用其書作為科舉取士的標準。

【孔鯉】（前 532 — 前 482）孔子的兒子，字伯魚。《史記．孔子世家》：「孔子生鯉，字伯魚。伯魚年五十，先孔子死。伯魚生伋，字子思。」

【左丘明】春秋時史學家。魯國人。與孔子同時，或謂稍早於孔子。雙目失明，曾任魯太史，或為講誦歷史的史官。相傳是《左傳》《國語》的作者。

【田駢（pián）】戰國時哲學家。齊國人。早年學黃老之道，後為彭蒙的學生。與彭蒙等同遊稷下。曾以道術游説齊王。主張「貴齊」（強調事物的均齊、同一），認為「萬物皆有所可，皆有所不可」，要求人們放棄是非的考慮，隨順事物的變化。其「齊是非」「齊萬物」的思想與莊子的「齊物論」是一致的。也稱「陳駢」。

【冉有】（前 522 — 前 489）孔子弟子。姓冉，名求，字子有。春秋末魯國人。曾為魯國貴族季氏家臣。長於政事，為孔子學生中最有政治才幹的人之一。但因積極為季氏聚斂財富和替季氏攻伐顓臾（zhuān yú）辯解而受到孔子的嚴厲批評。

【冉伯牛】（前 544 — ？）孔子弟子。姓冉，名耕，字伯牛。春秋末魯國人。以德行著稱。他是孔子弟子中四個德行突出的人（顏淵、閔損、冉伯牛、仲弓）之一。

【冉雍】（前 522 — ？）孔子弟子。姓冉，名雍，字仲弓。春秋末魯國人。他主張為政應「居敬而行簡」，抓大體而不煩瑣，得到孔子首肯。是孔子弟子中四個德行突出的人（顏淵、閔損、冉伯牛、仲弓）之一。

【四大美人】一般指西施、貂蟬、王昭君、楊玉環（楊貴妃）。與之相關的典故有：西施浣紗、貂蟬拜月、昭君出塞、貴妃醉酒等。

【白居易】（772 — 846）唐代詩人。字樂天，號香山居士。祖籍太原（今山西太原），後遷居下邽（guī）（今陝西渭南）。貞元進士，歷任江州司馬、杭州刺史、刑部尚書等職。積極倡導新樂府運動，主張「文章合為時而著，歌詩合為事而作」，反對「嘲風雪，弄花草」而別無寄託的作品。詩作多反映民生疾苦，語言通俗。與元稹齊名，世稱「元白」。今存詩約 3000 首，其中〈長恨歌〉〈賣炭翁〉〈琵琶行〉後世廣為流傳。有《白氏長慶集》。

【白樸】（1226 — 1306）元代戲曲家。字仁甫、太素，號蘭谷先生。隩（ào）州（今山西河曲）人。所作雜劇 16 種，今存《墻頭馬上》《梧桐雨》《東墻記》3 種。與關漢卿、馬致遠、鄭光祖並稱為「元曲四大家」。

【包世臣】（1775 — 1855）清代學者、書法家、書法理論家。字慎伯，號倦翁，安徽涇縣人。人稱安吳先生。曾任江西新喻（今新餘）知縣。學識淵博，喜兵家言。治經濟學。有經世之才，關心世事民生，注重調查研究，對農政、漕運、鹽政、貨幣、鴉片，以及鴉片戰爭後外國商品的侵入對中國自然經濟的破壞等問題，均有論述。著有《安吳四種》。

【玄奘（zàng）】（602 — 664）唐代佛經翻譯家、旅行家，唯識宗創始人之一。俗姓陳，名禕（huī）。洛州緱（gōu）氏（今河南偃師緱氏鎮）人。13 歲出家，後遍訪名師，精通經論。唐太宗貞觀三年（629）西赴天竺（印度）受學、講經。於貞觀十九年（645）回到長安。歷 17 載，行 5 萬里，足跡遍於西域、印度等 130 多個國家和地區，留下一部不朽的遊記 ——《大唐西域記》。譯出經論 75 部 1335 卷，編譯《成唯識論》。對中國佛學的發展和中印文化交流做出重大貢獻。他的取經事跡在民間廣為流傳，元代有吳昌齡的雜劇《唐三藏西天取經》，明代有吳承恩的長篇小説《西遊記》等。也稱「唐僧」。

【司馬光】（1019 — 1086）北宋大臣、史學家。字君實，號迂叟，陝州夏縣涑水（今屬山西）人，世稱涑水先生。少聰穎多智。官至相位。公元 1066 年撰成戰國至秦《通志》8 卷，作為君主統治之鑒，得到英宗重視，命設局續修，歷時 19 年成書，宋神宗賜名《資治通鑒》。反對王安石新政，任尚書左僕射（yè）兼門下侍郎後，即廢新法，罷黜新黨，恢復舊制。為相 8 個月病死，追封溫國公，謚文正。著有《稽古錄》《涑水紀聞》《司馬文公集》等。

【司馬相如】（約前 179 — 前 118）西漢辭賦家。字長卿，蜀郡成都（今屬四川）人。所作〈子虛賦〉為武帝賞識，得召見，又作〈上林賦〉，拜為郎。曾奉使西南，後為孝文園令。其賦大都用極其鋪張的手法，描寫帝王苑囿（yòu）之盛、田獵之壯觀，詞藻瑰麗，氣韻排宕，於篇末則寄寓諷諫。為漢代大賦的代表作家，影響較大。

【司馬耕】孔子弟子。複姓司馬，名耕，字子牛。春秋末宋國人。其兄司馬桓魋（tuí）作亂於宋，失敗後逃亡。他不贊成且未參與其兄作亂，但也被迫先後奔衛、齊、吳等國。

【司馬遷】（約前 145 或前 135 — ？）西漢史學家、文學家。字子長，夏陽（今陝西韓城南）人。早年遍遊南北，考察風俗，採集傳説。元封三年（前 108）繼父職，任太史令。後因為李陵軍敗降匈奴事辯解，獲罪下獄，受腐刑。出獄後任中書令。以刑後餘生完成《太史公書》，後稱《史記》，為中國第一部紀傳體通史。參見 215 頁「史記」。

【司馬談】（？ — 前 110）西漢史學家、思想家。夏陽（今陝西韓城南）人。司馬遷之父。官至太史令（掌管天文觀測和推算節氣曆法的長官）。所著〈論六家之要指〉，總結當時流行的陰陽、儒、墨、名、法、道等先秦各派學説，推崇漢初黃老之學，認為道家最能綜合各派所長，提出「形神離則死，死者不可復生，離者不可復反」的論點（《史記·太史公自序》）。根據《國語》《世本》《戰國策》《楚漢春秋》等書，撰寫史籍。死後由其子司馬遷續寫成《史記》。

【召（shào）信臣】（？—前31）西漢水利專家。字翁卿，九江壽春（今安徽壽縣）人。元帝時任南陽太守。曾利用水泉，開通溝渠，並築堤閘數十處，其中以鉗盧陂最為著名。灌溉農田三萬多頃，並訂立灌溉用水制度。郡內百姓殷富，戶口倍增，時人尊稱「召父（shào fǔ）」。

【老子】①春秋時思想家、哲學家，道家學派的創始人。一般認為即老聃（dān），姓李，名耳，字伯陽。楚國苦縣（今河南鹿邑東）人。做過周朝掌管文物典籍的史官。孔子曾向他問禮。後退隱，著《老子》。主張「道生萬物」「順應天道」「清靜無為」。老子的學說對中國哲學的發展有很大影響，後世很多學者都從不同角度吸取了他的思想。道教則奉他為教主，把他神化為「太上老君」。②書名。道家的主要經典，一般認為是老聃所著。西漢河上公作《老子章句》，分《道經》《德經》兩部分，共81章，約5000字，闡釋了老子「道法自然」「無為而治」的思想，被奉為道教的主要經典，以之為信仰的依據。也說《道德經》《老子五千文》。

【列子】①列禦寇的尊稱。戰國時鄭國人。學術思想接近黃老，屬道家。唐天寶元年（742），被尊封為「沖虛真人」。也作圄（yǔ）寇、圉（yǔ）寇。②書名。列禦寇（列子）著。原本《列子》不存，今本八篇，可能係晉人作品。內容多為民間故事、寓言和神話傳說。其思想大致與老、莊同，又多與佛經相參合。為道教的經典之一。也稱《沖虛真經》。

【列禦寇】見216頁「列子」①。

【朱耷（dā）】（1626—1705）清初畫家。江西南昌人。明末皇族後裔。別號八大山人、雪个等。明亡後一度為僧，又當道士，主持南昌青雲譜道院。佯狂嗜酒，工書，善畫山水、花鳥、竹木，筆致縱恣，誇張奇特。署款八大山人，連綴似「哭之」「笑之」字樣，寄寓亡國之痛。存世作品有《水木清華圖》等。

【朱熹（xī）】（1130—1200）南宋哲學家、教育家。字元晦，號晦庵，別稱紫陽。祖籍徽州婺（wù）源（今屬江西），生於南劍州龍溪（今屬福建）。官至煥章閣待制兼侍講。在哲學上繼承發展了二程的理氣學說，集理學之大成，建立了完整的儒家理學體系，世稱程朱學派。其理學思想在明清時被提到儒學的正宗地位。日本在江戶時代「朱子學」也頗盛行。從事教育50餘年，倡導啟發式。著有《四書章句集注》《周易本義》《詩集傳》《楚辭集注》等。後人編纂有《朱子語類》《晦庵先生朱文公文集》等。

【朱駿聲】（1788—1858）清代文字訓詁學家。字豐芑（qǐ），號允倩，江蘇吳縣（今蘇州）人。道光時任黟（yī）縣訓導。撰《説文通訓定聲》，闡明轉注、假借之旨，對《説文》和訓詁研究頗多貢獻。另著有《傳經堂文集》等。

【朱彝尊】（1629—1709）清代文學家、學者。字錫鬯（chàng），號竹垞（chá），又號金風亭長，晚號小長蘆釣魚師。秀水（今浙江嘉興）人。以布衣授翰林院檢討，入直南書房，與修《明史》，僅二年而罷歸。通經史，擅詩詞、古文，長於考據。詞推崇姜夔（kuí），標舉清空醇雅，開創浙西詞派；詩宗唐而求變，工整雅健，與王世禎齊名，時稱「南朱北王」。著述頗豐，有《經義考》100 卷、《日下舊聞》42 卷、《曝書亭集》80 卷等。編有《詞綜》36 卷、《明詩綜》100 卷等。

【伏生】西漢經學家。今文《尚書》的最早傳授者。名勝，字子賤。「生」即「先生」之省稱。濟南（郡治今山東章丘）人。秦時為博士。秦始皇焚書，伏生將《尚書》藏在牆壁中。漢惠帝時求其書，唯存二十八篇，教授於齊魯之間。文帝時，命晁錯向他學《尚書》。今本今文《尚書》二十八篇，即由他傳存。相傳作有《尚書大傳》，疑是其弟子張生、歐陽生或後來的博士們雜錄所聞而成。

【仲弓】見 214 頁「冉雍」。

【仲由】見 207 頁「子路」。

【向秀】（約 227—272）魏晉之際哲學家、文學家。字子期。河內懷縣（今河南武陟西南）人。「竹林七賢」之一。本隱居不出，在司馬氏的高壓下，不得不應召到洛陽踏入仕途。官至黃門侍郎、散騎常侍。崇尚老莊道學，對玄學的盛行起了推動作用。著有〈思舊賦〉〈難嵇叔夜養生論〉。曾作《莊子隱解》，已佚。參見 26 頁「竹林七賢」。

【全祖望】（1705—1755）清代史學家、文學家。字紹衣，號謝山，浙江鄞（yín）縣（今寧波市鄞州區）人。曾為翰林院庶吉士，不久辭官回家。主講蕺（jí）山書院、端溪書院，讀書著述終老。治經主張「薈萃百家之言」，論學則注重人品，重視「踐履」。學術上推崇黃宗羲，研治宋末和南明史事，並留心鄉土文獻。潛心續修黃宗羲《宋元學案》。主要著作有《鮚（jié）埼（qí）亭集》《經史問答》《漢書地理志稽疑》《古今通史年表》等，另外又七校《水經注》，三箋《困學紀聞》。

【米芾（fú）】（1052—1108）北宋書畫家。初名黻（fú），字元章，號襄陽漫士、海嶽外史等。世居太原

（今屬山西），遷襄陽（今湖北襄樊市襄陽區），人稱「米襄陽」。後定居潤州（今江蘇鎮江）。徽宗召為書畫學博士，曾官禮部員外郎，人稱米南宮。因舉止「癲狂」，人稱米癲。能詩文，擅書畫，精鑒別。書畫自成一家，擅水墨山水，人稱「米氏雲山」「米點山水」。平生於書法用功最深，成就最大，是「宋四書家」（蘇軾、黃庭堅、米芾、蔡襄）之一。其書體瀟灑奔放，又嚴於法度。少時苦學顏、柳、歐、褚等唐楷，後潛心魏晉，連書齋也取名為「寶晉齋」。今傳王獻之墨跡《中秋帖》，據說是他的臨本，精妙至極。其書法影響深遠，學者甚眾，一直延續至今。書論有《書史》《海嶽名言》《寶章待訪錄》《評字帖》等。傳世墨跡主要有《苕（tiáo）溪詩卷》《蜀素帖》《方圓庵記》《天馬賦》等。

【米拉日巴】（1040 — 1123）藏傳佛教噶（gá）舉派早期代表人物。生於貢塘（今西藏吉隆以北）。幼時喪父，成年後拜噶舉派始祖瑪爾巴為師，矢志習受密法，注重實際修持，以苦修著稱。一生為傳教遍遊西藏各地，門徒眾多。常以歌唱方式教授門徒，後由其弟子收藏整理成《米拉日巴道歌集》，在藏族中廣為流傳，對藏族詩歌發展有一定影響。

【江永】（1681 — 1762）清代經學家、音韻學家。字慎修，婺（wù）源（今屬江西）人。所著《禮經綱目》，仿朱熹《儀禮經傳通解》體例，博考群經，補朱熹之不足。精於音理，注重審音，撰《古韻標準》，論聲韻分平上去三聲為十三部，入聲八部，糾正顧炎武之疏。其學以考據見長，為皖派經學研究創始人。另著有《音學闡微》《四聲切韻表》《近思錄集解》《鄉黨圖考》《律呂闡微》《春秋地理考實》等。

【江藩】（1761 — 1830）清代經學家。字子屏，號鄭堂，晚年自號節甫老人，江蘇甘泉（今揚州）人。惠棟再傳弟子。所著《國朝漢學師承記》和《國朝宋學淵源記》，把經學分為漢學和宋學，崇漢抑宋，不脫門戶之見，但仍不失為清代漢學諸家樹碑立傳之作。對目錄學多所論述，認為「目錄之學，讀書入門之學也」。所撰《國朝經師經義目錄》，為治經學的門徑。另著有《周易述補》《爾雅小箋》《樂縣考》〔樂縣（yuè xuán）：樂器懸掛的位置〕等。

【阮元】（1764 — 1849）清代經學家、文字學家。字伯元，號芸臺，江蘇儀徵人。官至體仁閣大學士。提倡樸學，主編《經籍籑（zuǎn）詁》，校刻《十三經注疏》，彙刻《皇清經解》等。兼治金石、天文、曆算、地理之學。文字訓詁方面，以聲音貫通文字，提出「探語源，求本字，明通假，辨誼（yì，通『義』）詁」的方法；認為文字訓詁是理解聖人之道的門徑，強調訓詁考據的重要性。認為考據、義理、辭章三者密不可分。論文重文筆之辨，提倡駢（pián）偶，對桐城派古文的形式不滿。其主要著作均收入《揅（yán）經室集》。

【阮瑀（yǔ）】（約165—212）漢末文學家。字元瑜，陳留尉氏（今屬河南）人。為曹操司空軍謀祭酒。善作書檄（xí），又能詩，為「建安七子」之一。作品留存很少。〈駕出北郭門行〉較有名。明人輯有《阮元瑜集》。

【阮籍】（210—263）三國魏文學家、思想家。字嗣宗，陳留尉氏（今屬河南）人。阮瑀（yǔ）之子。曾為步兵校尉，世稱阮步兵。與嵇康齊名，為「竹林七賢」之一。蔑視禮教，於政事則至為謹慎，在當時複雜的政治鬥爭中，常用醉酒的辦法保全自己。長於五言詩，多表現人生的孤獨與苦悶，情調鬱暗而富於哲理性，對社會現實亦多有譏刺。後人輯有《阮嗣宗集》。

【坎曼爾】唐代回紇（hé）族詩人。所作〈憶學字〉詩：「古來漢人為吾師，為人學字不倦疲。」「李杜詩壇我欣賞，迄今皆通習為之。」真實地反映了唐代各族之間相互學習和友好往來的情況。

【花蕊夫人】五代十國時期女詩人。姓徐，或說姓費。青城（今四川都江堰市東南）人。幼能文，長於宮詞。成為後蜀皇帝孟昶（chǎng）的貴妃後，賜號花蕊夫人。孟昶降宋後，得宋太祖寵。其宮詞描寫的生活場景極為豐富，用語以濃艷為主，但也偶有清新樸實之作。世傳《花蕊夫人宮詞》100多篇，其中確實為她所作的90多首。

【杜延年】（？—前52）西漢大臣。字幼公，南陽杜衍（今河南南陽）人。通曉法律。麒麟閣十一功臣之一。原為大將軍霍光屬吏，有忠節之名，因此升任太僕、右曹、給（jǐ）事中。為人安和、寬厚，善於處理政務，長期主管朝政，出即陪奉皇帝車駕，居九卿位十餘年。

【杜如晦】（585—630）唐初大臣。字克明，京兆杜陵（今陝西西安）人。隋末，助李世民討平群雄。後與房玄齡一起參與策劃玄武門事變，除掉李世民的競爭對手，使李世民得承帝位。杜房二人為左右宰相，共掌朝政，為「貞觀之治」奠定了基礎。時有「如晦善於斷，玄齡長於謀」之譽。

【杜甫】（712—770）唐代詩人。字子美，自號少陵野老。河南鞏縣（今鞏義西南）人。歷官左拾遺、檢校工部員外郎等，世稱「杜拾遺」「杜工部」。其詩繼承和發展了《詩經》以來注重反映社會現實的文學傳統，揭示唐代社會由開元、天寶盛世轉向分裂衰微的歷史過程，在一定程度上表達了人民的願望，故有「詩史」之稱。風格沉鬱頓挫，語言凝練。聲律精密、考究、規範。與李白齊名，世稱「李杜」。宋以後被尊為「詩聖」，對歷代詩歌創作產生巨大影響。廣為流傳的佳作有「三吏」（〈新安吏〉〈石壕吏〉〈潼關吏〉）「三別」（〈新婚別〉〈無家別〉〈垂老別〉），以及〈兵車行〉〈茅屋為秋風所破歌〉〈聞官軍收河南河北〉〈春望〉等。有《杜工部集》。

【杜佑】（735 — 812）唐代官員、史學家。字君卿，京兆萬年（今陝西西安）人。歷任節度使、檢校司徒同平章事等職。封岐國公。任淮南節度使期間，修整雷陂（在今江蘇揚州市北）以廣灌溉，闢海濱荒地為良田，積米至 50 萬斛。用 30 多年時間撰寫《通典》200 卷，為中國第一部記述典章制度的通史。

【杜牧】（803 — 853）唐代文學家。字牧之，京兆萬年（今陝西西安）人。大（tài）和進士。歷官監察御史、州刺史等。居長安城南樊川別墅，故後世稱杜樊川。其詩、賦、古文皆佳，而以詩歌成就最高。其詩有反映現實的傷時之作，有藉古諷今的詠史之作，有清新俊逸的寫景之作。古、近體皆工，尤長於七律和七絕。在晚唐詩壇上，與李商隱齊名，並稱「小李杜」。有《樊川文集》。

【杜預】（222 — 285）西晉將領、學者。字符凱，京兆杜陵（今陝西西安）人。官至鎮南大將軍，滅吳戰爭的統帥之一。多謀略，被譽為「杜武庫」。博學，參與制定《晉律》，著有《春秋左氏經傳集解》《春秋釋例》《春秋長曆》等。《春秋左氏經傳集解》在同類典籍中留傳最早，後被收入《十三經注疏》。

【李白】（701 — 762）唐代詩人。字太白，號青蓮居士，自稱祖籍隴西成紀（今甘肅靜寧西南）人。幼時隨父遷居綿州昌隆（今四川綿陽江油市）青蓮鄉。少年即顯露才華，吟詩作賦，博學多才。天寶初，曾供奉翰林。天寶三載（744），在洛陽與杜甫結交。詩風雄奇豪放，想象豐富，語言流暢自然，音律和諧多變。是最具個性特色和浪漫主義精神的詩人。與杜甫齊名，世稱「李杜」。存世詩文千餘篇，其中〈蜀道難〉〈夢遊天姥（mǔ）吟留別〉〈早發白帝城〉〈望廬山瀑布〉〈靜夜思〉〈贈汪倫〉〈將（qiāng）進酒〉等詩，皆為人傳誦。有《李太白集》。

【李光地】（1642 — 1718）字晉卿，號厚庵，別號榕村，福建安溪人。官至吏部尚書、文淵閣學士等。是清廷尊朱（熹）的有力推動者，參與主持編寫《朱子全書》《性理精義》《周易折中》等。為學重在由虛返實，提出自己為學的三大綱領：「一曰存實心，二曰明實理，三曰行實事」。著有《周易通論》《尚書解義》《古樂經傳》《中庸章段》《論語雜記》《孟子雜記》《朱子禮纂》《榕村文集》等。

【李延年】（？—前 87）漢代音樂家。中山（今河北定州）人。樂工世家出身，善歌且善創新聲。武帝時，在樂府中任協律都尉。為《郊祀歌》十九章配樂，又仿西域的《摩訶（hē）兜勒》曲，作《新聲二十八解》，用於軍中，稱「橫吹曲」。

【李冰】戰國時期的水利工程專家。秦昭王時任蜀郡守。與其子徵發民工在岷江流域興建許多水利工程，其中以都江堰最為著名。這些工程為川西平原成為天府之國打下堅實的基礎。後世在都江堰修有二王廟以紀念李冰父子。參見 161 頁「都江堰」。

【李汝珍】（約 1763—約 1830）清代小說家。字松石，號松石道人，直隸大興（今屬北京市）人。博學多才，精通文學、音韻、圍棋等。著有《李氏音鑒》《受子譜》等。其最著名的作品是《鏡花緣》。

【李牧】（？—前 229）戰國末期趙國大將。長期防守趙國北部邊界，甚得軍心，曾先後擊敗東胡、林胡、匈奴。趙王遷三年（前 233），率軍禦秦，在肥〔今河北槁（gǎo）城市西南〕大敗秦軍，因功封武安君。後因趙王中秦反間計，被殺。

【李時珍】（1518—1593）明代醫藥物學家。字東璧，號瀕湖。蘄州（今湖北蘄春）人。世代行醫，繼承家學，致力於藥物和脉學研究，重視臨牀實踐與革新。參考歷代有關醫藥及其學術書籍八百餘種，結合自身經驗和調查研究，歷時 27 年編成《本草綱目》一書，對藥物學發展做出巨大貢獻，是中國古代藥物學的總結性巨著。著有《瀕湖脉學》《奇經八脉考》留傳於世。

【李純甫】（1177—1223）金代文學家。弘州襄陰（今河北陽原）人。曾任尚書左司都事、京兆府判官。工於散文，文風雄奇簡古。屢上疏論時事。主張佛教、道教、儒教三教合一。晚年自訂其文，凡論性理及有關佛老的文章編為「內稿」，其餘如碑誌詩賦等則為「外稿」。著有《鳴道集解》《金剛經別解》《楞嚴外解》等。

【李商隱】（約 813—約 858）晚唐詩人。字義山，號玉溪生。懷州河內（今河南省沁陽）人。開成進士。曾任祕書郎、東川節度使判官等職。擅長律、絕，富於文采，構思精密，情致婉曲，然用典太多，失之隱晦。與杜牧並稱「小李杜」，又與溫庭筠並稱「溫李」。有《李義山詩集》，文集已佚。後人輯有《樊南文集》《樊南文集補編》。

【李清照】（1084—約 1151）南宋女詞人。號易安居士、漱玉。齊州章丘（今山東章丘西北）人。父李格非為當時著名學者，夫趙明誠為金石考據家。早期生活優裕，與夫共同致力於金石書畫的搜集整理。金兵入中原後，流寓南方。其夫病逝後，境遇孤苦。其作品，後期多慨嘆身世，情調感傷，詞風轉為哀怨悽苦。善用白描手法，語言清麗。有《易安居士文集》《易安詞》，已佚。後人有《漱玉詞》輯本。今人王仲聞有《李清照集校注》。

【李紱（fú）】（1673—1750）清代理學家、文學家。字巨來，號穆堂。江西臨川（今撫州）人。康熙進士。歷任侍講學士、內閣學士等職，為官「愛才如命，以識一賢拔一士為生平大欲之所存」。治陸王學派理學，力圖調和朱陸「尊德性」與「道問學」之說。被梁啟超譽為「陸王派之最後一人」。著有《穆堂初稿》《穆堂別稿》《陸子學譜》《朱子晚年全論》《陽明學錄》《春秋一是》等。

【李賀】（790—816）唐代詩人。字長吉，河南福昌（今河南宜陽西）人。唐皇室遠支，因避家諱，被迫不得應進士科考（參見 165 頁「名諱」）。長於樂府，多表現政治上不得意的悲憤，對宦官專權、藩鎮割據的現實也有所揭露、諷刺。又因多病早衰，生活困頓，對世事滄桑、生死榮枯感觸尤多。善於運用神話傳説，創造出新奇瑰麗的詩境，獨樹一幟。世稱「鬼才」。因長期抑鬱感傷，於 27 歲去世。有《昌谷集》。

【李塨（gōng）】（1659—1732）清初著名學者。字剛主，號恕谷。河北蠡縣人。少受學於顏元。學術上主張理氣不分，「理在事中」，注重實際，倡導親身習行踐履，認為「不行不可謂真知」，但又説「知固在行先」。認為「以天下之農，分天下之田」就能使「四民上下之食皆足」，主張「貴布粟，賤淫技，抑商賈」。著有《小學稽業》《大學辨業》《聖經學規傳》《學禮錄》《學樂錄》《田賦考辨》《周易傳注》《論語傳注》《李塨後集》等，均收入《恕谷文集》。

【李夢陽】（1473—1530）明代文學家。字獻吉，慶陽（今屬甘肅）人。任戶部郎中等職時，因觸怒權貴、宦官，幾度入獄。晚年受寧王謀反案牽連，削籍。詩文標榜復古，創作強調真情，重視格調，肯定「真詩乃在民間」。詩文主張學習漢魏盛唐。為「前七子」之首，又與何景明等人號稱「十才子」。著有《空同集》。

【李煜（yù）】（937—978）五代詞人。字重光，號鍾隱、蓮峰居士。彭城（今江蘇徐州）人。南唐最後一位國君，史稱李後主。藝術才華非凡，書法、繪畫、音律、詩文均有一定造詣，尤以詞的成就最高，善以白描抒情，情感真切，被譽為「千古詞帝」。詞作〈虞美人·春花秋月何時了〉〈相見歡·獨上西樓〉等廣為流傳。後人把他及其父李璟（jǐng）的詞合刊為《南唐二主詞》。

【李漁】（1611—1680）明末清初

文學家、戲曲家。字笠鴻、謫凡，號笠翁。浙江金華蘭溪人。明末中過秀才，入清絕意仕途，從事著述和指導戲劇演出，時人譽稱為「李十郎」。後遷居金陵（今南京），以所居「芥子園」開設書鋪，編刻圖籍。工詩文，尤以戲曲、小說名世。有詩文集《笠翁一家言》，戲曲集《笠翁十種曲》，小說集《十二樓》《無聲戲》等。另有雜著《閒情偶寄》，其中《詞曲部》和《演習部》專論戲曲創作和演出，為古典戲曲理論的重要文獻。後人刊為《李笠翁曲話》行世。今人輯有《李漁全集》。

【李綱】（1083 — 1140）宋代大臣。字伯紀，號梁溪先生。邵武（今屬福建）人。政和進士。官至太常少卿。靖康元年（1126）金兵入侵汴京時，團結軍民，擊退金兵。但不久即被投降派所排斥。宋高宗即位初，一度為相，曾力圖革新內政，僅 75 天即遭罷免。多次上疏，陳訴抗金大計，均未被採納。寫有不少愛國詩文。著有《梁溪先生文集》《靖康傳信錄》《梁溪詞》。

【李翺】（772 — 836）唐代哲學家、散文家。字習之，隴西成紀（今甘肅靜寧西南）人。貞元進士。官至山南東道節度使。謚文。曾從韓愈學古文，文學主張基本同於韓愈。文風平易，《來南錄》為今存最早的日記體作品之一。崇尚儒學，但對佛學並不一概反對。所撰《復性書》糅合儒、佛兩家之說，認為人性天生為善。提出用「正思」消滅「邪情」，達到「復性」為聖人。其主張對宋代理學頗有影響。著作有《李文公集》。

【李龜年】唐代著名樂工。善於歌唱作曲，和李彭年、李鶴年兄弟創作的〈渭川曲〉特別受到唐玄宗的賞識。安史之亂後，流落江南，每逢良辰美景，就為人歌唱數曲，聽者莫不感動落泪。

【李贄（zhì）】（1527 — 1602）明代思想家、文學家。字宏甫，號卓吾，別號溫陵居士、百泉居士。泉州晉江（今福建泉州）人。回族。歷任國子監（jiàn）博士、姚安知府，後棄官講學。晚年被誣下獄自刎而死。他批判重農抑商，倡導功利價值，符合明中後期商品經濟的發展要求。在文學方面，反對復古模擬，主張創作必須抒發己見，並重視小說戲曲在文學上的地位。曾評點《水滸傳》。著有《焚書》《續焚書》《藏書》等。

【李顒（yóng）】（1627 — 1705）明清之際哲學家。字中孚，號二曲。陝西盩厔（zhōu zhì，今周至）人。學者尊為二曲先生。早年家貧，刻苦自學，遍讀經史諸子及釋道之書。講學江南，弟子甚眾。屢拒清廷徵召。以耕讀授徒終老。與孫奇逢、黃宗羲並稱明末三大儒。為學雖以陸（九淵）王（守仁）為宗，但並不排斥程（程頤、程顥）朱（熹）之學。強調「道不虛談，學貴實效」和「為學貴在有悔」，由悔過自新達於救世濟時。著有《悔過自新説》《四書反身錄》《盩厔答問》《司牧寶鑒》《匡時要務》等，後收入《二曲集》。

【李攀龍】（1514—1570）明代文學家。字于鱗，號滄溟。歷城（即今山東濟南）人。他繼前七子（明弘治、正德年間的李夢陽、何景明、徐禎卿、邊貢、康海、王九思和王廷相七人）之後倡導文學復古運動，為後七子（李攀龍、王世貞、謝榛、宗臣、梁有譽、徐中行和吳國倫）的領袖人物，影響及於清初。

【李寶嘉】（1867—1906）晚清小説家。又名寶凱，字伯元，別號南亭亭長，筆名遊戲主人等。江蘇常州人。是個多產的作家，著有《庚子國變彈詞》《官場現形記》《文明小史》等十多種書。其中《官場現形記》是晚清譴責小説的代表作。

【呂大臨】（1040—1092）北宋學者、金石學家。京兆藍田（今屬陝西）人。曾任太學博士、祕書省正字。自少師從張載，後向二程問學，與謝良佐、游酢、楊時並稱「程門四大弟子」。史書稱他「通六經，尤邃於《禮》」。著有《禮記解》《易掌句》《論語解》《孟子解》等。還著有《考古圖》，為中國最早而較有系統的古器物圖錄。

【呂祖謙】（1137—1181）南宋哲學家、文學家。字伯恭。學者稱東萊先生。卒謚成。婺（wù）州（今浙江金華）人。曾任著作郎兼國史院編修、實錄院檢討、祕書省正字等。與朱熹、張栻（shì）並稱「東南三賢」。學術上自成一派，人稱「呂學」「婺學」或「金華學派」。著有《東萊左氏博議》《春秋左氏傳説》《呂氏家塾讀書記》，另有《東萊集》《東萊書説》等。

【吳中四傑】元末明初吳中（江蘇蘇州）詩人高啟、楊基、張羽、徐賁的合稱。四人由元入明，詩多懷舊感時之作，抒發故國之思和遺民之痛。

【吳沃堯】（1866—1910）清末小説家。號繭人、趼（jiǎn）人。廣東南海佛山鎮（今佛山市）人。就學佛山書院。曾為《采風報》《奇新報》《寓言報》主筆。1906年主編《月月小説》。雖主張恢復舊道德，但傾向維新改良。力圖以小説揭露並影響社會，是晚晴譴責小説作家的代表。以《二十年目睹之怪現狀》最為著名。今輯有《吳趼人全集》。

【吳承恩】（約1500—約1582）明代文學家。字汝忠，號射陽山人。山陽（今江蘇淮安）人。嘉靖貢生，曾任長興縣丞。晚年絕意仕進，專心著述。詩文清雅流麗，有《射陽先生存稿》傳世。所著《西遊記》是中國古代長篇小説四大名著之一。

【吳起】（？ — 前 381）戰國時兵家人物之一。衛國左氏（今山東定陶西）人。善用兵。初任魯將，繼任魏將，屢建戰功。魏文侯死，遭陷害，逃楚，佐楚悼王變法，強迫舊貴族赴邊墾荒，裁減冗員，整頓機構，使楚國逐漸富強。楚悼王死，被舊貴族殺害，變法失敗。

【吳偉業】（1609 — 1672）明末清初詩人。字駿公，號梅村。江蘇太倉人。明崇禎進士。入清後，官至國子祭酒。工詩文，精書畫，善詞曲，尤長於七言歌行，人稱「梅村體」。因經離亂，詩風由華麗轉為蒼涼。著有《梅村家藏稿》、傳奇《秣陵春》、雜劇《臨春閣》《通天台》等。今輯有《吳梅村全集》。

【吳敬梓】（1701 — 1754）清代小說家。字敏軒，號粒民。安徽全椒人。早年生活豪縱，後家業衰落，移居江寧。乾隆初薦舉博學鴻詞，託病不赴，窮困以終。工詩詞、散文，所著《儒林外史》是中國古代長篇小說中的名著。

【吳道子】（約 680 — 約 759）唐代畫家。陽翟（dí，今河南禹州）人。玄宗時曾在宮廷作畫。擅畫佛道人物，雄峻、生動而有立體感。所畫衣褶有飄飄然之狀，人稱「吳帶當風」。在長安、洛陽寺觀作佛道壁畫 300 餘幅，對後代的宗教人物畫和雕塑都有很大影響。他畫塑兼工，被後世奉為「畫聖」。存世《送子天王圖》為宋摹本。

【吳澄】（1249 — 1333）元代經學家、哲學家。字幼清，號草廬。撫州崇仁（今屬江西）人。歷任江西儒學副提舉、國子監（jiàn）丞、國子司業、翰林學士、經筵講官等。繼承了宋儒對性理、心性的精微辨析，大大發揮了程朱的心性理論，力圖扭轉時人對心學的偏見。一生大半時間以教書授徒為業。主要著作有《五經纂言》《草廬吳文正公全集》。

【岑參（cén shēn）】（約 715 — 770）唐代詩人。江陵（今湖北荊州市荊州區）人。天寶進士。安史之亂後官至嘉州刺史，世稱岑嘉州。其詩與高適齊名，並稱「高岑」。長於七言歌行。因長期在西域從軍，對邊塞和軍旅生活有深刻體驗，善於描繪異域風光和戰場景象。其詩氣勢豪邁，慷慨悲壯。〈白雪歌送武判官歸京〉〈輪臺歌奉送封大夫出師西征〉為其代表作。有《岑嘉州詩集》。

【利瑪竇】（1552 — 1610）天主教耶穌會傳教士。字西泰。意大利人。萬曆十年（1582）奉派來中國。初在廣東肇慶傳教。後任在華耶穌會會長。二十九年（1601）到北京，進呈自鳴鐘和《坤輿萬國全圖》等，並與士大夫交往。主張將孔孟之道和宗法敬祖思想同天主教相融合。研讀四書五經，並作拉丁文注釋。也向中國介紹西方的一些自然科學知識。著譯有《幾何原本》(與徐光啟合譯)《天學實義》等。

【何晏】(?—249)三國魏哲學家。魏晉清談的主要人物之一。字平叔,南陽宛縣(今河南南陽)人。漢大將軍何進之孫。少以才秀知名。娶魏公主。曹爽執政時,為散騎侍郎,官至侍中尚書。後為司馬懿(yì)所殺。和夏侯玄、王弼等倡導玄學,競事清談,開一時風氣。善談《周易》《老子》,並集解《論語》。以玄學觀點解釋孔子思想。以道釋儒,「援老入儒」,調和儒道。著有《論語集解》《道德論》〈無名論〉〈無為論〉等。

【何紹基】(1799—1873)晚清詩人、書法家。字子貞,號東洲,別號東洲居士。湖南道州(今道縣)人。道光十六年(1836)進士。書法初學顏真卿,後融漢魏而自成一家,尤長草書。著作有《惜道味齋經説》《東洲草堂詩文鈔》《説文段注駁正》等。

【伯牙】春秋時音樂家。姓伯,名牙(也作「雅」)。楚國郢(yǐng,今湖北監利)人。曾任晉國上大夫。相傳他創作了《水仙操》,演奏過琴曲《高山流水》。《荀子·勸學》有「伯牙鼓琴,而六馬仰秣」的記載,用馬仰頭聽其琴聲竟忘了吃草,讚其琴藝高超。據傳楚國鍾子期最懂伯牙的音樂,稱為千古知音。鍾子期死後,伯牙不再鼓琴,成為音樂史上的美談。

【伯樂(lè)】指春秋時秦國人,善於相(xiàng)馬。後指有眼力,善於發現、選拔、使用出色人才的人。唐·韓愈〈雜説〉:「世有伯樂,然後有千里馬。千里馬常有,而伯樂不常有。」

【言偃】見207頁「子游」。

【辛棄疾】(1140—1207)南宋詞人。字幼安,號稼軒。歷城(今山東濟南)人。21歲參加抗金義軍,歷任安撫使等職。一生堅決主張抗金。曾長期落職閒居於江西上饒、鉛(yán)山一帶。詞風豪放,多抒發壯志難酬的悲憤,對當時執政者的屈辱求和頗多指責。與蘇軾並稱為「蘇辛」。有《稼軒長短句》。今人輯有《辛稼軒詩文鈔存》。

【汪中】(1745—1794)清代哲學家、文學家、史學家。字容甫,江蘇江都人。少孤貧好學,由寡母啟蒙。後依書商為傭,始有博覽經史百家的機會。34歲為拔貢,後絕意仕進。秉性耿直,疾惡如仇,不囿(yòu)於時俗,諷喻權貴,對傳統禮教敢立新論,被當世視為狂徒。工駢(pián)文,能詩,尤精史學,博考先秦圖書,研究先秦學制興廢。尤以治諸子著稱,推崇墨學,認為儒墨兩家無正統與異端之分。為墨子、荀子翻案,提出「私奔不禁」「女子許二嫁」等主張。著有《廣陵通典》《述學》內外篇、《尚書考異》《大戴禮記正誤》《春秋述義》《容甫先生遺詩》《荀子通傳》等。

【沈周】（1427 — 1509）明代畫家。號石田，長洲（今江蘇蘇州）人。不應科舉，專事繪畫與詩文創作。擅山水，兼工花卉、鳥獸，也畫人物。與文徵明、唐寅、仇（qiú）英並稱「明四家」。傳世作品有《廬山高圖》《秋林話舊圖》《滄州趣圖》。書法亦有名。著有《石田集》《客座新聞》等。

【沈括】（1031 — 1095）北宋科學家、政治家。字存中，杭州錢塘（今浙江杭州）人。嘉祐進士。居官多年。晚年居潤州夢溪園（今江蘇鎮江東），舉平生見聞，撰《夢溪筆談》30 卷（包括《補筆談》《續筆談》）。內容涉及天文、數學、物理、化學、生物等各個門類學科，總結了中國古代特別是北宋時期的科學成就，是一部筆記體百科式著作。又精研藥用植物與醫學，著《良方》10 卷。一生著述近 40 種，傳世的尚有《長興集》。

【宋玉】戰國楚辭賦家。曾事頃襄王。《史記·屈原賈生列傳》説他和唐勒、景差「皆好辭而以賦見稱；然皆祖屈原之從容辭令，終莫敢直諫」。作品以《九辯》最為著名，篇中敍述他在政治上不得志的悲傷，流露出抑鬱不滿的情緒。

【宋鈃（jiān）】戰國時宋國宋城（今河南省商丘睢陽區）人。與尹文同遊稷下，並齊名，是宋尹學派創始人及代表人物。其説接近黃老之學，認為認識事物首先要破除成見，提出「情欲寡」「見侮不辱」，主張「禁攻寢兵」，是戰國時道家學派的前驅者之一，受到莊子的尊敬。也稱「宋榮」「宋榮子」。

【宋翔鳳】（1776 — 1860）清代經學家。字于庭，江蘇長洲（今吳縣）人。治西漢今文經學。是常州學派的代表人物之一。認為《論語》與《春秋》相通，其中包含着孔子的微言大義。喜附會，牽合陰陽，以言「聖王大義」。其《過庭錄》是其考據學方面的代表作。著作還有《論語鄭注》《孟子趙注補正》《小爾雅訓纂》等。均編入《浮溪精舍叢書》。

【宋濂】（1310 — 1381）明初文學家、史學家。字景濂，浙江浦江人。元末不仕。至正二年（1360）與劉基等同受朱元璋禮聘，尊為先生。是方孝孺的老師。主修《元史》。官至學士承旨知制誥。與高啟、劉基並稱明初詩文三大家。為人熟知的作品有〈送東陽馬生序〉〈朱元璋奉天討元北伐檄文〉等。有《宋學士先生文集》。

【宋應星】（1587 — ？）明代科學家。字長庚，江西奉新人。萬曆舉人。崇禎十七年（1644）棄官回鄉，後曾仕南明，約死於清順治年間。注重實學，著有《天工開物》一書，為中國古代科學技術名著。其他著作有《野議》《論氣》《談天》《思憐詩》等。

【邱處機】（1148—1227）金、元時道士，道教全真派主要代表人物。字通密，號長春子，登州棲霞（今屬山東）人。拜王重陽（全真派創始人）為師。重陽死後，他潛修於龍門山（今陝西寶雞境內），形成傳承全真道的主要派別龍門派。主張清心寡欲，敬天愛民。被元太祖成吉思汗（hán）推尊為「神仙」，封爵「大宗師」，總領道教。世號長春真人。著有《攝生消息論》《大丹直指》《磻（pán）溪集》等。北京白雲觀有其遺骨埋葬處。

【邵雍】（1011—1077）北宋哲學家。字堯夫，自號安樂先生，後人稱百源先生。祖居范陽（今河北涿州），幼隨父遷共城（今河南輝縣），後定居洛陽。屢授官不赴。理學象數學派的創立者。其象數之學也稱「先天學」，認為萬物皆由「太極」即「道」演化而成。著作有《皇極經世》《伊川擊壤集》等。

【范成大】（1126—1193）南宋詩人。字致能，號石湖居士，吳縣（今江蘇蘇州）人。紹興進士。官至參知政事。晚年退居家鄉石湖。其詩取唐宋諸名家之長，自成一家。其田園詩獨創一格，頗有影響。與尤袤（mào）、楊萬里、陸游齊名，號稱「中興四大家」，亦稱「南宋四大家」。著有《石湖居士詩集》《石湖詞》《桂海虞衡志》《吳船錄》《攬轡（pèi）錄》《吳郡志》等。

【范縝（zhěn）】（450—約510）南朝齊梁時期哲學家。字子真，南鄉舞陰（今河南泌陽西北）人。初為寧蠻縣主簿，升遷為尚書殿中郎。後被召為中書郎。他著有〈神滅論〉一文，指出：「神即形也，形即神也。是以形存則神存，形謝則神滅也。」

【林紓（shū）】（1852—1924）清末民初文學家、翻譯家。字琴南，號畏廬，福建閩縣（今福州）人。光緒舉人。以授業、著述、繪畫為業。曾參加維新變法，後以遺老自居，反對新文化運動。以譯著名世。不識西文，只依別人口述，用古文翻譯歐美小說170餘種。文筆典雅流暢。以《巴黎茶花女遺事》《黑奴籲天錄》《伊索寓言》等最為著名。另著有《畏廬文集》《畏廬詩存》及小說《金陵秋》、傳奇《杜鵑啼》等。

【林慎思】（844—880）晚唐學者。字虔中，自號伸蒙子。長樂（今屬福建）人。咸通十年（865）進士。曾任尚書水部郎中等職。中試前撰有《續孟子》《伸蒙子》二書，寄託其復興儒學、興邦經國之志。

【枚乘（shèng）】（？—前140）西漢辭賦家。字叔，淮陰（今江蘇淮陰）人。做過吳王劉濞（bì）、梁王劉武的文學侍從。先諫阻吳王起兵，後勸諫吳王罷兵，吳王都不聽。「七國之亂」後顯名。他的賦〈七發〉標誌着漢代散體大賦的正式形成。

【東方朔】 西漢文學家。本姓張，字曼倩，平原郡厭次縣（今山東省德州市陵縣）人。漢武帝徵集四方士人，他上書自薦，拜為郎，後任常侍郎、太中大夫等職。他詼諧多智，常在武帝前談笑取樂。雖言政治得失、強國之計，但被皇帝當作俳（pái）優之言，不予採用。著述有〈答客難〉〈非有先生論〉等名篇。明代張溥（pǔ）彙編為《東方太中集》。

【叔孫通】 西漢初薛縣（今山東滕州南）人。曾為秦博士。初隨項羽反秦，楚漢戰爭中歸劉邦，號稷嗣君。漢朝建立初期，他説服劉邦善待儒生，並與儒生共立朝儀。各諸侯及群臣第一次按照禮儀參拜皇帝完畢，劉邦説「我今天才知道當皇帝的尊貴」。漢朝禮儀制度都由他主持修訂。

【季路】 見 207 頁「子路」。

【兒（ní）寬】（？—前 103）西漢千乘（shèng）（今山東高青東北）人。治《尚書》，為孔安國弟子。在擔任左內史的數年間，諫言漢武帝發展農業，減緩刑罰，並主持六輔渠（鄭國渠上流的六條小渠）的修建工程。其後任御史大夫時，與司馬遷等共同制定「太初曆」。《漢書・藝文志》儒家部分有《兒寬》九篇，今佚。有清代馬國翰《玉函山房輯佚書》輯本。

【金尼閣】（1577—1628）天主教耶穌會傳教士。法國人。明萬曆三十八年（1610）來中國。在南京學習漢語。初在杭州、開封，繼在山西、陝西一帶傳教。在華期間，曾將多部中國文化經典譯成西文傳播到歐洲，又將歐洲大量重要科技文化書籍帶入中國。所翻譯的《伊索寓言》影響很大。著有《西儒耳目資》《耶穌會在華開教史》等。也作「金尼各」。

【金聖嘆】（1608—1661）明末清初文學批評家。名人瑞，吳縣（今江蘇蘇州）人。入清後，絕意仕進，以「哭廟案」（百多名秀才聚吳縣孔廟哭廟，發泄對縣令的不滿）被殺。素有才名，博通經史，也研究佛道及小説詞曲。工詩文，喜品評，稱《離騷》《莊子》《史記》、杜詩、《水滸》《西廂記》為「六才子書」。以批點後二書著名。有《金聖嘆全集》。

【金履祥】（1232—1303）元代學者。字吉父，號次農。蘭溪（今屬浙江）人。金華朱學的主要代表人物，王柏弟子。入元，隱居不仕，專事著書。治學特點是「融會四書，貫穿六經」，繼承了程朱「理一分殊」的觀點，首次提出了「知而能之，知行合一」的命題。著有《資治通鑒前編》《大學章句疏義》《論語孟子集注考證》《尚書表注》及《仁山集》。

【周邦彥】（1056—1121）北宋詞人。字美成，號清真居士，錢塘（今浙江省杭州市）人。徽宗時為徽猷（yóu）閣待制，提舉大晟（shèng）

府(最高音樂機關)。精通音律,曾創作不少新詞調。詞作多寫閨情、羈旅,也有詠物之作,為婉約派詞人的代表之一。格律嚴謹,語言典雅,長調善鋪排。為後來格律派詞人所宗。舊時詞論稱他為「詞家之冠」或「詞中老杜」。能詩賦。作品今存《片玉集》。

【周敦頤】(1017—1073)宋代哲學家。字茂叔。人稱濂溪先生。道州營道(今湖南省道縣)人。曾任大理寺丞、國子博士。繼承《易傳》《中庸》和道家思想,依託陳摶的〈無極圖〉,提出「無極而太極」的宇宙生成論。他還提出理、氣、性、命等概念,成為宋明理學的基本範疇。他本人也成為理學創始人之一。著有《通書》〈太極圖說〉等,後人編為《周子全書》。

【周德清】(1277—1365)元代音韻學家。字日湛,號挺齋。江西高安人。工樂府,善音律,兼長北曲。他根據當時的元大都(今北京)的語音系統撰成《中原音韻》,為北音韻書的創始之作,也是中國最早的一部曲韻著作。參見 291 頁「中原音韻」。

【河間獻王】(?—前 130)即劉德。西漢景帝之子。景帝二年(前 155)立為河間(今河北獻縣)王,謚號獻,故稱河間獻王。好儒學,史稱「修學好古,實事求是」。多羅致山東儒生。相傳得古文先秦舊書《周官》《尚書》《禮》《禮記》《孟子》《老子》等,並立《毛詩》《左氏春秋》博士。

【宓(fú)子賤】(前 521—?)孔子弟子。姓宓,名不齊,字子賤。以德行著稱。孔子稱讚他為「君子」。曾為單父(shàn fǔ,今山東單縣)宰。《呂氏春秋》《史記》等均有其政績記載。與漆雕開(孔子弟子)等認為人性有善有惡。清馬國翰輯有《宓子》一卷。

【郎世寧】(1688—1766)意大利畫家。清康熙五十四年(1715)作為天主教耶穌會的修道士來到中國,被清廷徵召為內廷供奉。歷康、雍、乾三朝,在中國從事繪畫五十多年,曾參加圓明園西洋樓的設計工作。代表作品有《聚瑞圖》《嵩獻英芝圖》《百駿圖》《弘曆及后妃像》《平定西域戰圖》等。

【屈原】(約前 340—約前 278)戰國楚詩人。名平,字原。楚國丹陽〔今湖北秭(zǐ)歸縣〕人。初輔佐懷王,做過左徒、三閭大夫。學識淵博,主張修明法度,舉賢授能,聯齊抗秦。後遭讒害而去職。頃襄王時被放逐,長期流浪沅湘流域。後楚為秦兵所破,他深感政治理想無法實現,遂投汨羅江而死。通曉諸子百家之學,崇尚古聖先王,言仁義、講民本、頌德政、推法度。一生自始至終都以祖國的興亡為念,是中國文學史上第一個偉大的愛國詩人。作品有《離騷》《九歌》《九章》《天問》〈遠遊〉

〈卜居〉〈漁父（fǔ）〉等。其作品是中國詩歌積極浪漫主義的源頭，也是中國傳統文化的源頭之一。

【孟子】①（約前 372 — 前 289）戰國時思想家、政治家、教育家，儒家學派的代表人物。名軻（kē），字子輿，魯國鄒邑（今山東鄒城東南）人。繼承並發展了孔子的思想，與孔子合稱為「孔孟」。後世尊稱為「亞聖」。政治上主張仁政，提出「民為貴，社稷次之，君為輕」的民本思想；學説上推崇孔子，反對楊朱、墨翟（dí）。遊歷於齊、宋、滕、魏、魯等國，向諸侯國君宣傳孔子的政治學説和倫理道德觀，得不到積極的響應，最後無功而返，退而講學，並和學生一起「序《詩》《書》，述仲尼（即孔子）之意，作《孟子》七篇」。②書名。儒家經典之一。為孟子與其弟子合著，屬篇幅較長的語錄體。內容豐富，涉及政治、哲學、經濟、倫理、教育、文藝等多個方面，影響深遠，是探尋孟子思想和儒家思想的重要依據。與《論語》《大學》《中庸》合稱「四書」。

【孟浩然】（689 — 740）唐詩人。襄州襄陽（今湖北襄樊市襄陽區）人。早年隱居鹿門山，曾遊歷東南各地。詩與王維齊名，並稱「王孟」。其詩長於寫景，多反映隱逸生活，風格清淡幽遠。其五言古詩〈春曉〉至今膾炙人口。著有《孟浩然集》。

【荀況】見 306 頁「荀子」①。

【胡宏】（1106 — 1162）南宋理學家。字仁仲，號五峰，學者稱五峰先生。建寧崇安（今福建武夷山市）人。南宋經學家胡安國的季子，二程的再傳弟子。張栻（shì）曾從之問學。以秦檜當國，終身不仕。執掌碧泉書院，聚徒講學。晚年過着「鋤罷歸來又讀書」的生活。胡宏畢生傾注於繼承先儒，開啟後學，成為「紹興諸儒」之冠。朱熹、張栻、呂祖謙皆其後學。著有《知言》《五峰集》《皇王大紀》等。

【胡瑗（yuàn）】（993 — 1059）北宋初學者、教育家。泰州海陵（今江蘇泰州市）人。曾任國子監（jiàn）直講、太子中允、侍講，官至太常博士。在蘇州、湖州講學達二十餘年。和孫復、石介提倡「以仁義禮樂為學」，並稱「宋初三先生」。胡瑗教學重經義傳習和致用。著有《周易口義》等。

【南宮适（kuò）】孔子弟子。又為孔子侄女婿。複姓南宮，名适，字子容，也稱「南容」。春秋末魯國貴族三桓中孟氏的後裔。崇尚道德，處事謹慎。對歷史變遷、人物盛衰有深刻的思考與獨特的識見。孔子讚譽他為「君子」「尚德」。

【南懷仁】（1623 — 1688）天主教耶穌會傳教士。比利時人。順治十六年（1659）在陝西傳教。次年到北京與湯若望一起修訂曆法。康熙年間掌欽天監，製造天文儀器。後任太常寺卿、通奉大夫。三藩之亂時，奉命監鑄大炮。後任工部右侍郎。1675—1678 年沙俄派使臣來中國時，曾任清政府譯員。卒於北京。著有《教要序論》《康熙永年曆法》等。

【柳下惠】（前 720—前 621）展氏，名獲，字子禽，一字季，春秋時魯國柳下邑（今山東新泰柳里）人。魯孝公的兒子公子展的後裔。「惠」是他的謚號。擔任過魯國大夫，後來退隱，成為「逸民」。被認為是遵守中國傳統道德的典範，他「坐懷不亂」的故事廣為傳頌。《孟子》中說「柳下惠，聖之和者也」，所以他有「和聖」之稱。柳下惠還是中國柳姓的始祖。其墓在山東新泰柳里村北。也稱「柳下季」。

【柳公權】（778—865）唐代書法家。字誠懸，京兆華（huà）原（今陝西銅川耀州區）人。官至太子少師。楷書四大家之一。以正楷著稱。書法初學王羲之，後學顏真卿、歐陽詢，形成了以骨力勁媚見長的柳體，後世讚為「顏筋柳骨」。代表作有《玄祕塔碑》《神策軍碑》等。

【柳永】（約 987—約 1053）北宋詞人。字耆卿，排行七，崇安（今福建武夷山市）人。官屯田員外郎，世稱柳七、柳屯田。為人放蕩不羈，終生潦倒。所作詞多描寫遊宴和歌伎，抒發羈旅行役之情，情景交融，語言通俗，音律諧婉，廣為傳唱。時有「凡有井水處，便有人歌柳詞」之說。對宋詞發展很有影響。以〈雨霖鈴〉〈望海潮〉〈八聲甘州〉等最為著名。著有《樂章集》。

【柳宗元】（773—819）唐代文學家、思想家。字子厚。河東解（xiè）州（今山西運城）人，世稱「柳河東」。貞元進士，授校書郎。後任柳州刺史，故又稱「柳柳州」。與韓愈共同倡導古文運動，並稱「韓柳」，「唐宋八大家」之一。散文峭拔矯健，說理透徹。〈捕蛇者說〉揭露社會矛盾，批判時政，尖銳有力。山水遊記有〈永州八記〉等，文筆峻潔明麗，寫景狀物，多有寄託。工詩，風格清峭。政論散文以〈封建論〉為最著名。哲學上有重要論著〈天說〉〈天對〉等，認為「元氣」是物質的客觀存在，不贊同當時流行的「因果報應」思想。著有《柳河東集》。

【段玉裁】（1735—1815）清代文字訓詁（gǔ）學家、經學家。字若膺，號懋堂，江蘇金壇人。任四川巫山縣（今屬重慶）知縣。為學師從戴震。著《六書音韻表》，把古韻分為 6 類 17 部，比顧炎武、江永更為精密，「支」「脂」「之」三部分立，是其創見，在古韻學上是一部劃時代的著作。治文字學，著《說文解字注》，訓釋音義及引申假借義，考證其訛誤甚為準確。與同時代的桂馥、王筠、朱駿聲並稱為《說文》四大家。另有《古文尚書撰異》《詩經小學》《周禮漢讀考》《儀禮漢讀考》《毛詩故訓傳定本》《經韻樓集》等。

【皇侃】（488 — 545）南朝梁經學家。吳郡（治今江蘇蘇州市）人。曾任國子助教、員外散騎侍郎。師從五經博士、太常丞賀瑒（yáng）。尤精《三禮》《孝經》《論語》。撰有《論語義疏》，但多以老莊玄學解經，其説與漢儒説經相去甚遠。書收入《古經解彙函》。另撰《禮記講疏》《禮記義疏》《孝經義疏》，均佚，清代馬國翰《玉函山房輯佚書》中有輯本。也作皇侃（kǎn）。

【鬼谷子】 ①道家、兵家、縱橫家。姓名傳説不一，隱於鬼谷，因以自號。戰國楚人。長於持身養性和縱橫捭闔（bǎi hé）之術。相傳兵家孫臏（bìn）、龐涓，縱橫家蘇秦、張儀皆其弟子。著有《鬼谷子》《本經陰符七術》。也稱「鬼谷先生」「玄微子」。②書名。舊題鬼谷子著，實係後人偽託。3 卷。有南朝梁陶弘景注本。講述種種智謀權術，涉及內政、外交、征伐、公關等領域，崇尚順應時勢、知權善變，有「智慧禁果，曠世奇書」之譽。

【俞樾】（1821 — 1907）清代學者。字蔭甫，浙江德清人。道光進士，曾任翰林院編修、河南學政。後被御史曹登庸劾奏「試題割裂經義」，罷官居蘇州，潛心學術研究。治學以經學為主，旁及諸子學、史學、訓詁學，乃至戲曲、詩詞、小説、書法等。當時海內及日本、朝鮮等國向他求學者甚眾。著作總稱《春在堂全書》。

【帝嚳（kù）】 傳説中遠古時代的一個帝王，「三皇五帝」中五帝之一。

【施耐庵】 元末明初小説家。名子安，錢塘（今浙江杭州）人。元至順進士。因與當道不合，棄官閉門著書。博古通今，才華橫溢。撰長篇小説《忠義水滸傳》一百卷。參見 291 頁「水滸傳」。

【姜夔（kuí）】（約 1155 — 1209）南宋詞人、音樂家。號白石道人，饒州鄱（pó）陽（今屬江西）人。一生未仕。往來鄂蘇皖浙，與詩友交遊，卒於杭州。精通音律，作詞喜自創新調，音節諧美，內容多寫景詠物、記述交遊。代表作〈揚州慢〉感時傷事，情調低沉。有詞集《白石道人歌曲》《白石道人詩集》等。

【洪昇】（1645 — 1704）清代戲曲作家。字昉（fǎng）思，號稗（bài）畦、南屏樵者。浙江錢塘（今杭州）人。歷時 10 年，三易其稿，寫成傳奇《長生殿》。與孔尚任有「南洪北孔」之稱。所作其他傳奇，均已不存。雜劇今存《四嬋娟》一種。亦工詩詞，著有《稗畦集》《嘯月樓集》《昉思詞》等。

【洪适（kuò）】（1117 — 1184）南

宋金石學家。字景伯，自號盤洲老人。鄱（pó）陽（今屬江西）人。工文辭。與弟洪遵、洪邁均以文學著稱，並稱「三洪」。好收藏金石拓（tà）本，並據以證史傳訛誤，考核頗精，與歐陽修、趙明誠並稱為宋代金石三大家。著有《隸釋》《隸續》《盤洲集》等。

【洪亮吉】（1746 — 1809）清學者、文學家。字君直，一字稚存，號北江，晚號更生，江蘇胡陽（今常州）人。是清代樸學、經學、史學、輿地學的重要學者。關注人口問題，認識到人口增長速度超過物質資料的生產速度必然會引起社會危機，並且提出解決問題的辦法。工詩詞，詩風雄放，詞風俊爽。著有《春秋左傳詁》《洪北江詩文集》《比雅》等。

【扁鵲】（前 407 — 前 310）戰國時醫學家。姓秦，名越人，渤海郡鄚（mào）（今河北任丘）人。有豐富的醫療實踐經驗，反對用巫術治病。他遍遊各地行醫，擅長婦科、兒科、五官科等，常根據行醫所在地的病種需要而「隨俗為變」，在望診、脉診方面尤其突出。《史記》《戰國策》載有他的傳記和病案。現存中醫典籍《難經》相傳為他所撰。

【祖沖之】（429 — 500）南北朝時科學家。字文遠，祖籍范陽郡遒（qiú）縣（今河北淶水）。宋、齊時曾任縣令、長水校尉。以數學、天文學和機械製造成就著稱。推算出圓周率的值在 3.1415926 與 3.1415927 之間，並提出其密率 355/113，均領先於世界約千年。研製的《大明曆》是當時最精密的曆法。設計製造過水碓（duì）磨、指南車、千里船、定時器等。著作多已散佚。今僅存《述異記》，為後人輯本。

【神秀】（約 605 — 706）唐代僧人，禪宗北宗創始人。俗姓李，開封尉氏（今屬河南）人。少年出家，在禪宗五祖弘忍門下，命為上座。弘忍卒後，神秀赴荊州當陽（今屬湖北）玉泉山傳授佛法，歷受唐武后、中宗、睿宗的優禮。因在北方倡導漸悟法門，稱為禪宗北宗。

【祝允明】（1460 — 1526）明書法家、文學家。字希哲，號枝山，長洲（今江蘇蘇州）人。詩文縱橫捭闔（bǎi hé），包蘊古今。尤工書法，其狂草、小楷享譽海內。與唐寅、文徵明、徐禎卿齊名，號稱「吳中四才子」。有《懷星堂集》及雜記《猥談》等。

【韋玄成】（？ — 前 36）西漢大臣，經學家。字少翁，魯國鄒（今山東鄒縣）人。少好學謙恭，尤敬貧賤。曾以明經擢為諫議大夫，先後出任淮陽中尉、太子太傅、御史大夫等職。宣帝時，曾受詔與當朝重臣蕭望之至石渠閣，評議儒生對「五經」的議論，並闡發詩意，得到皇帝的賞識。其父韋賢死，他佯狂將世襲爵位讓於兄。朝廷敬其氣節，拜為河南太守。後為丞相。鄒魯一帶稱讚說：「遺黃金滿籯（yíng），不如教子一經。」

【姚崇】（651 — 721）唐朝大臣。字元之，陝州硤（xiá）石（今河南三門峽陝州區）人。文武雙全，歷仕武周、中宗、睿宗、玄宗四朝，三次拜相。主張禁止宦官貴戚干政，停建佛寺道觀，獎勵群臣進諫等。期間，山東蝗災大起，力主撲滅焚埋，減輕了災情。政績卓著，為開元之治打下基礎。與房玄齡、杜如晦、宋璟（jǐng）並稱唐朝四大賢相。

【姚鼐（nài）】（1732 — 1815）清代文學家、學者。字姬傳（chuán）、夢谷，室號惜抱軒。安徽桐城人。曾任四庫纂修官，主講多處書院數十年。主張文章要義理、考據、辭章統一，為桐城派散文的集大成者。編有《古文辭類纂》，著有《惜抱軒全集》等。散文〈登泰山記〉是代表作之一。

【紀（jǐ）昀（yún）】（1724 — 1805）清代學者、文學家。字曉嵐、春帆，號石雲、觀弈道人。獻縣（今屬河北）人。乾隆進士。官至禮部尚書、協辦大學士。謚文達。學問博深而通達，曾以總纂官主撰《四庫全書》和《四庫全書總目提要》。工詩文，亦能作小說。著有《紀文達公遺集》《閱微草堂筆記》等。

【紀曉嵐】見 235 頁「紀昀」。

【蚩（chī）尤】古代傳說中的部落首領。其活動年代大致與華夏族首領炎帝和黃帝同時。曾與黃帝大戰於涿鹿（今河北涿鹿東南），失敗被殺。又傳是苗族的遠祖。

【秦九韶】（約 1208 — 約 1261）南宋數學家。字道古，生於普州安嶽（今屬四川）。多才多藝，精通星象、音律、算術、詩詞、弓劍、營造等。於淳祐七年（1247）撰成《數書九章》18 卷。大衍總數術（即一次同餘方程組解法）和正負開方術（即高次方程數值解法），是他的兩項最突出的貢獻，代表着當時中國數學的先進水平。

【秦觀】（1049 — 1100）北宋詞人。字少游，號淮海居士，高郵（今屬江蘇）人。為官累遭貶謫。工詩詞。詞多寫男女情愛，也頗有感傷身世之作，風格委婉含蓄，清麗雅淡。為蘇軾所欣賞，是「蘇門四學士」〔黃庭堅、秦觀、晁（cháo）補之、張耒（lěi）〕之一。有《淮海集》《淮海居士長短句》。

【班固】（32 — 92）東漢史學家、文學家。字孟堅，扶風安陵（今陝西咸陽東北）人。曾續寫其父班彪所著《史記後傳》。後奉詔修撰《漢書》，歷時 20 餘年完成，開創了斷代史的編纂體例。明帝時拜為蘭臺令史；章帝時遷為玄武司馬；和帝時大將軍竇憲出征匈奴，以為中護軍，行中郎將事，後因故下獄而死。擅長寫賦，有〈兩都賦〉等。後人輯有《班蘭臺集》。

【班昭】（約 49 — 約 120）東漢史學家。一名姬，字惠班，扶風安陵（今陝西咸陽東北）人。史學家班彪之女、班固和班超之妹。博學高才，早寡。兄班固著《漢書》未竟，八表及《天文志》遺稿散亂，班昭繼承遺志，與馬續共同完成。和帝時，常出入宮廷，擔任后妃的教師。從夫姓被稱為「曹大家」（家：古讀 gū）。善賦頌，作〈東征賦〉〈女誡〉等。

【班彪】（3 — 54）東漢史學家。字叔皮，扶風安陵（今陝西咸陽東北）人。出身貴族儒學之家，博學多才。東漢初，舉茂才，專門致力於史學著述。因《史記》所記止於漢武帝太初年間，與其所處時代相距 150 餘年，多所闕漏，於是收集史料，寫成《後傳》65 篇。其子班固承接，修成《漢書》，其女班昭等又續班固所未完成的部分。所作辭賦論著，今存有〈王命論〉〈覽海賦〉〈北征賦〉等。

【班婕妤】（前 48 — 2）西漢女辭賦家，漢成帝的嬪妃。祖籍樓煩（今山西寧武）。初為少使，立為婕妤。她的作品很多，但現存僅〈自悼賦〉〈搗素賦〉和五言詩〈怨歌行〉（亦稱〈團扇歌〉）三篇。

【班超】（32 — 102）東漢名將。字仲升，扶風安陵（今陝西咸陽東北）人。史學家班彪之子，班固之弟。素有大志，不甘於讀書弄墨，於是投筆從戎。隨大將軍竇固出擊北匈奴，到奉命出使、鎮守西域，30 多年裏，鞏固了漢朝在西域的地位，增進了與當地民族的友誼與交往，為保障絲綢之路的暢通和西域各族的安定，促進民族融合，做出了巨大貢獻。

【馬可・波羅】（1254 — 1324）13 世紀世界著名的旅行家，意大利人。17 歲時跟隨父親和叔叔，途經中東，歷時四年多到達元朝上都（今內蒙古多倫縣西北）。得元世祖忽必烈信任，出使各地。通曉漢語和蒙古語，仕元 17 年，遊歷幾乎遍於中國。他返回威尼斯後，在戰爭中被俘，於監獄中口述的《馬可・波羅遊記》記述了他在中國的見聞，激起了歐洲人對東方的嚮往。1299 年獲釋，返威尼斯。

【馬致遠】（約 1251 — 約 1321）元代戲曲作家、散曲家。號東籬，一說字千里。大都（今北京）人。曾任江浙行省官吏。其戲曲創作以格調飄灑脫俗、語言典雅清麗著稱。與關漢卿、鄭光祖、白樸並稱「元曲四大家」。其散曲亦受稱譽，被尊為「曲狀元」。所作雜劇今知有 15 種，存《漢宮秋》《薦福碑》《岳陽樓》《任風子》《陳摶（tuán）高卧》《青衫泪》，以及同別人合寫的《黃粱夢》共七種。《漢宮秋》最為著名。散曲有輯本《東籬樂府》。

【馬遠】（約 1140 — 約 1225）南宋畫家。字遙父，號欽山，原籍河中（今山西永濟），居於錢塘（今浙江杭州）。出身繪畫世家，光宗、寧宗兩朝任畫院待詔。擅畫山水、人物、花鳥，喜作邊角小景，世稱「馬一角」。「南宋四家」（李唐、劉松年、馬遠、夏圭）之一。傳世作品有《踏歌圖》《水圖》《梅石溪鳧圖》《西園雅集圖》《山徑春行圖》等。

【馬融】（79 — 166）東漢經學家、文學家。字季長，扶風茂陵（今陝西興平東北）人。一生注書甚多，曾注《孝經》《論語》《詩經》《周易》《三禮》《尚書》《列女傳》《老子》《淮南子》《離騷》等。長於古文經學，設帳授徒，門徒常達千人。盧植、鄭玄等都是他的門徒。著作已佚。

【馬禮遜】（1782 — 1834）基督教新教第一個來中國的傳教士。英國人。1807 年 9 月抵達廣州，在英國東印度公司廣東商館任職 25 年，兼行醫術。曾任英國特使等官員的中文祕書兼譯員。1808 — 1823 年間，陸續把基督教《聖經》譯成漢文出版。還編輯出版《華英字典》。

【袁宏道】（1568 — 1610）明代文學家。字中郎，公安（今屬湖北）人。官至吏部郎中。與兄宗道、弟中道並稱「三袁」，俱有才名。為公安派創始人和主將。主張「代有升降，而法不相沿，各極其變，各窮其趣」。重視小說、戲曲和民歌的地位，在當時很有影響。作品率真自然，別具一格，尤以小品文最著名。有《袁中郎全集》。

【袁枚】（1716 — 1798）清代文學家。字子才，號簡齋、隨園，亦稱隨園老人。浙江錢塘（今杭州）人。乾隆進士。曾在多地任知縣。辭官後僑居江寧，築園林於小倉山。強調「性情之外本無詩」，對於程朱理學和儒家「詩教」多所抨擊。詩以新穎靈巧見長而獨具個性。與趙翼、蔣士銓並稱「乾隆三大家」。又善文，駢（pián）散皆工。亦能作小說。著作宏富，有《小倉山房集》《隨園詩話》《子不語》等。今人輯有《袁枚全集》。

【華（huà）佗】（？ — 208）漢末醫學家。字元化，沛國譙〔今安徽亳（bó）州〕人。醫術全面，尤擅長外科。發明用「麻沸散」成功施行全身麻醉手術，在中外醫學史上均屬首創，反映了公元 2 世紀時中國醫學在麻醉方法和外科手術方面已有相當成就。創「五禽戲」，作為鍛煉方式來防病健身，增強體質。後因不從曹操徵召被殺。所著醫書已佚。

【莊子】①（約前 368 — 前 286）戰國時哲學家。名周，宋國蒙（今河南商丘市東北）人。做過蒙漆園吏，繼承並發展了老子自然、無為的學說，認為「道」是「自本自根」「無所不在」的，強調事物的自生自化。主張「物我為一」，安時處順，逍遙自得。是老子之後先秦道家學派的重要代表人物。後代把他與老子並稱為「老莊」，其學說被學界尊為老莊哲學。著作有《莊子》。②書名。道家主要經典之一，莊子及其後學著。《莊子》承老子之學，窮究道奧，探天人之微，推重人的精神修養之道。美學上提出「天地有大美而不言」「美者自美」等卓見。為文汪洋恣肆，想象豐富，並多採用寓言形式。在哲學、文學上都有很高價值，影響深遠。名篇有〈逍遙遊〉〈齊物論〉等。也稱《南華經》。

【莊存與】（1719 — 1788）清代經學家，常州學派的開創者。字方耕，號養恬，江蘇常州人。官至禮部左侍郎。通「六經」，提倡今文經，尤長於《春秋公羊傳》，探求其中「微言大義」，取法致用。所撰《春秋正辭》是常州學派第一部著作。著作均收入《味經齋遺書》。

【桓譚】（約前 20 — 56）東漢哲學家、經學家。字君山，沛國相〔今安徽濉（suī）溪西北〕）人。官至議郎給（jǐ）事中。通樂律，善鼓琴，博學多才，遍習五經。因堅決反對讖（chèn）緯神學，被光武帝視為「非聖無法」，幾遭處斬。提出「以燭火喻形神」的有名論點，斷言精神不能離開人的形體而獨立存在，正如燭光不能離開蠟燭而存在。指出人「生之有長，長之有老，老之有死，若四時之代謝矣」，否認神仙長生。對後來無神論思想的發展有較大影響。著述有《新論》29 篇，已佚。現傳《新論·形神》一篇，收入《弘明集》內。清人嚴可均輯本《全漢文》較完備。

【夏侯建】西漢經學家。字長卿。東平（今屬山東）人。官至太子少府。師從夏侯勝和歐陽高學習今文《尚書》。宣帝時立為博士，時稱「小夏侯」。著作均佚。清代陳喬樅（cōng）輯有《尚書歐陽夏侯遺說考》，收入《皇清經解續編》。

【夏侯勝】西漢經學家。字長公。東平（今屬山東）人。官長信少府、太子太傅。從夏侯始昌學習今文《尚書》，又從歐陽高問學，時稱「大夏侯」。宣帝時被立為博士。以陰陽災異推論時政得失。著作已佚。清代陳喬樅（cōng）輯有《尚書歐陽夏侯遺說考》，收入《皇清經解續編》。

【原憲】（約前 515 — ？）孔子弟子。姓原，名憲，字子思，也稱「原思」「仲憲」。春秋末魯國人。以安貧樂道著稱。曾當過孔子的家宰，俸粟（俸祿）九百斛（舊時量具），他推辭不受。遵循孔子關於「國家有道，應做官得祿。如國家無道，也做官得祿，就是恥辱」的教誨，終身不仕。孔子去世後，隱居於衞國，過着「不厭糟糠，匿於窮巷」的貧困生活。後世被謚為「原伯」「任城侯」。

【畢昇】（？—約 1051）宋代活字版印刷術發明家。英山（今湖北黃岡一帶）人。宋慶曆年間（1041—1048）首創。活字版印刷術是中國古代四大發明之一。這一發明比歐洲早約 400 年。

【晏殊】（991—1055）北宋詞人。字同叔，撫州臨川（今屬江西）人。官至集賢殿大學士、樞密使。謚元獻。能詩善詞，尤擅小令，語言婉麗，為婉約派詞人的代表。名句「無可奈何花落去，似曾相識燕歸來」廣為傳誦。與歐陽修並稱「晏歐」。現存《珠玉詞》。

【師曠】春秋時晉國樂師。字子野。目盲，善彈琴，精於辨音。據傳晉平公鑄了一口大鐘，眾樂工都認為鐘聲合乎音律，只有師曠不以為然，後經審度，果不合音律。

【徐光啟】（1562—1633）明代科學家。字子先，號玄扈。松江府上海縣（今屬上海市）人。官至禮部尚書兼文淵閣大學士。較早把西方先進的科學技術介紹到中國。在數學、天文學、農學上有卓越貢獻。與傳教士利瑪竇合作翻譯希臘數學名著《幾何原本》，首創「幾何」和一整套名詞術語，如「平行線」「三角形」「對角」「鋭角」等，沿用至今。匯通中西曆法，編成《崇禎曆書》，精確程度超過以往。用數十年心血編著成《農政全書》，被稱為農業上的百科全書。

【徐渭】（1521—1593）明代文學家、書畫家。字文長，號青藤道士，山陰（今浙江紹興）人。曾作浙閩總督胡宗憲幕僚，策劃組織抗倭。詩文強調獨創，著有《徐文長全集》等。長於行草書法，擅畫花鳥。自稱書第一，詩二，文三，畫四。對戲劇也有貢獻。

【徐鉉（xuàn）】（917—992）五代宋初文字學家。字鼎臣，揚州廣陵（今江蘇揚州）人。徐鍇兄，世稱大徐。官至散騎常侍。精通文字學，與句中正等校訂《説文解字》，新補 19 字於正文中，又將不為《説文》所載的 402 字附於正文後，世稱「大徐本説文」。著有《徐公文集》。參與編纂《文苑英華》。

【徐福】秦代方士。字君房，齊地琅邪（今山東膠南琅邪臺西北）人。博學多才，通曉醫學、天文、航海等知識，且同情百姓，樂於助人，在沿海一帶民眾中名望頗高。相傳是鬼谷子的關門弟子。《史記·秦始皇本紀》記載：始皇帝二十八年（前 219），徐福上奏説海上有蓬萊、方丈、瀛州三仙山。始皇帝派他帶童男女數千人，乘樓船入海尋覓，一去不返。公元 7 世紀後，日本文獻中出現關於徐福的事跡，尊他為司農耕、醫藥之神。

【徐霞客】（1587—1641）明代地理學家、旅行家。名弘祖，字振之，號霞客。南直隸江陰（今江蘇江陰市）

人。一生不仕，專意旅遊。歷時 30 餘年，走遍大半個中國（16 省）。其觀察所得，按日記載，死後由季夢良等整理成《徐霞客遊記》。版本有 10 卷、12 卷、20 卷等數種，重要的如清初楊名時手抄本 12 卷、近人丁文江注 20 卷等。該書是一部全靠實地勘察寫出的地理文獻，十分珍貴，是世界上最早對喀斯特地貌進行考察研究的著作。記錄近 30 年徐氏所經中國大地的地理、水文、地質、植物、風俗等，開創中國地理學新方向。亦是文筆生動的散文集。

【徐鍇（kǎi）】（921 — 975）宋初文字學家。字楚金，揚州廣陵（今江蘇揚州）人。徐鉉（xuàn）之弟，世稱小徐。官至內史舍人。精通文字學，著有《說文解字繫傳》40 卷，是《說文》成書後第一個完整的注本，世稱「小徐本說文」。另著有《說文解字韻譜》5 卷。

【徐繼畬（yú）】（1795 — 1873）地理學家。字健男，號松龕（kān），山西五臺人。在粵為官時，多與外國人接觸，受美國傳教士雅裨理影響，了解世界歷史地理知識，撰成《瀛寰志略》。客觀真實地介紹世界各國的真實情況，對西方民主制度和科學技術發展的情況作了介紹，分析了歐洲富強的原因。對後世中國士大夫學習世界地理知識，產生深遠影響。其生平著作大都收入《松龕先生全集》。

【淩廷堪】（1755 — 1809）清經學家、音韻學家。字次仲，安徽歙（shè）縣人。六歲而孤，弱冠之年方始讀書。曾任安徽寧國（今宣城）教授，主講紫陽、敬亭書院，迄於終老。為學推崇江永、戴震，重考據，研究《禮經》用力最勤，著《禮經釋例》。批評宋明理學離禮空論性道，主張以禮制欲，禮為回歸本性之道。潛心《樂經》，著《燕樂考源》。另著有《校禮堂文集》《元遺山年譜》等。

【淩濛初】（1580 — 1644）明代文學家、戲曲家。字玄房，號初成，別號即空觀主人。烏程（今浙江湖州）人。官至徐州通判。早年工詩文，後致力於小說、戲曲創作，尤以短篇小說集「二拍」（《初刻拍案驚奇》《二刻拍案驚奇》）聞名於世，後人多以之與「三言」並舉。又撰雜劇九種、傳奇三種。今存雜劇《莽擇配》《虬髯翁》《北紅拂》三種。另著有《譚曲雜札》，編有《南音三籟》等。

【高則誠】（約 1301 — 約 1370）元末明初戲曲作家。名明，號則誠、菜根道人，人稱東嘉先生。瑞安（今屬浙江）人。元至正五年（1345）進士。曾任處州錄事、浙東閫（kǔn）幕都事等職。後解官寓居，致力創作。歷時三年，寫成南戲《琵琶記》，有元末劇壇奇葩（pā）之稱。另有詩文集《柔克齋集》。

【高適】（約 700 — 765）唐代詩

人。字達夫，渤海蓨（tiáo，今河北景縣）人。早年曾為哥舒翰（兵馬副元帥）書記。經歷「安史之亂」後，歷任淮南、西川節度使，終散騎常侍。封渤海縣侯。世稱「高渤海」。熟悉邊塞景況和軍事生活，以邊塞詩著名。代表作有〈燕歌行〉。風格與岑參（shēn）相近，與之並稱「高岑（cén）」。有《高常侍詩集》。

【高漸離】 荊軻的好友。戰國末燕（yān）人，擅長擊筑（古代一種擊弦樂器）。荊軻刺秦王行前，他擊筑悲歌相送。後荊軻失敗被殺，他以擊筑混入宮廷樂隊。秦始皇發覺，命人熏瞎了他的眼睛，讓他擊筑。他把鉛塊放進筑中，在靠近秦始皇時舉筑撲擊，不中（zhòng），被殺。

【高濂】（約 1527 — 約 1603）明代戲曲作家。字深甫，號瑞南，錢塘（今浙江杭州）人。工於音律。所作傳奇今存有《玉簪記》《節孝記》二種。散曲今存有小令 16 首，套數 16 套。另有詩文集《雅尚齋詩草》《芳芷樓詞》和雜著《遵生八箋》等。

【高鶚】（約 1738 — 1815）《紅樓夢》後四十回作者。字蘭墅、雲士，別號紅樓外史。乾隆六十年（1795）進士。為官謹操守、勤政事。熟諳經史，工於八股文，通曉詩詞、小說、戲曲、繪畫、金石等。

【唐寅】（1470 — 1523）明代畫家、文學家。字伯虎，一字子畏，號六如居士等。吳縣（今江蘇蘇州）人。擅山水，並工人物、花鳥，筆墨秀潤峭利，景物清雋生動，工筆、寫意俱佳。與沈周、文徵明、仇（qiú）英並稱「明四家」。兼善書法，工詩文。與祝允明、文徵明、徐禎卿並稱「吳中四才子」。有《六如居士全集》。

【唐甄】（1630 — 1704）清初思想家。初名大陶，字鑄萬，號圃亭，四川達州人。曾任知縣，不久去職，顛沛流離，以著述終老。積三十年著成《潛書》，分上下兩篇。上篇談學術，重在闡發「盡性」與「事功」相互統一的心性之學，大體不出王（守仁）學系統；下篇論政治，旨在講求實治實功、抑尊富民的治世之術。抨擊君主專制制度，指出「自秦以來，凡為帝王者皆賊也」，還對「忠孝仁義」等進行了批判。經濟上主張「富民」，認為「為治者不以富民為功，而欲幸致太平，是適燕而馬首南指者也」（《潛書．考功》）。著作另有《圃亭集》等，已失傳。

【容閎（hóng）】（1828 — 1912）原名光照，字達萌，號純甫，廣東香山縣南屏村（今珠海市南屏鎮）人。1854 年耶魯學院畢業，是第一個畢業於美國的中國留學生。他促成上海江南機器製造局的設立；組織了第一批官費赴美留學幼童；還曾參與戊戌變法，支持辛亥革命。著有《西學東漸記》。

【宰予】 見 242 頁「宰我」。

【宰我】（前 522 — 前 456）孔子弟子。姓宰，名予，字子我。思想活躍，善於思索，以擅長言語著稱，為孔門中唯一對孔子禮學説提出異議者。主張改革「三年之喪」舊制，認為「君子三年不為禮，禮必壞」（《論語・陽貨》）。曾為臨菑（zī）大夫。後世被謚為「齊侯」「臨菑公」「齊公」。也稱「宰予」。

【孫子（zǐ）】 ①孫臏尊稱。參見 191 頁「孫臏」。②孫武尊稱。參見 191 頁「孫武」。③《孫子（zǐ）兵法》的簡稱。

【孫奇逢】（1584 — 1675）明清之際學者。字啟泰，一字鍾元，世稱夏峰先生。直隸容城（今屬河北）人。與李顒（yóng）、黃宗羲齊名，並稱明末清初三大儒。明亡後，因故園被清軍圈佔，舉家南遷至河南輝縣夏峰村，從此隱居不仕。為學「以慎獨為宗，以體認天理為要，以日用倫常為實際」。初宗陸九淵、王守仁，晚慕朱熹理學，終成兩派的調和論者。提倡不拘門戶，重深造自得。在明史研究中著有《取節錄》《乙丙記事》《甲申大難錄》，詳細記述了明清之際反對閹黨、農民起義和抗清鬥爭等重大歷史事件。另有《四書近旨》《讀易大旨》《理學宗傳》《夏峰先生集》等。

【孫星衍】（1753 — 1818）清代經學家。字淵如，又字季仇，江蘇陽湖（今常州）人。歷官翰林院編修、刑部主事、山東督糧道。曾主講杭州詁經精舍和江寧鍾山書院。平生治經史、文字、音韻之學，旁及諸子百家，精於金石碑版，工篆隸書，尤精校勘。勤於著述，擅詩文，深受時人推崇。積 30 年之功，著成《尚書今古文注疏》，標誌着清代古文經學達到高峰，也使他成為乾嘉學派的領軍人物之一。另有《周易集解》《寰宇訪碑錄》等 25 種，刻有《平津館叢書》《岱南閣叢書》。

【孫思邈】（581 — 682）唐代醫學家。京兆華（huà）原（今陝西銅川）人。自少研究醫學，兼通佛典。收集方劑近萬帖，著《千金藥方》《千金翼方》，是中國最早的臨牀百科全書。

【孫復】（992 — 1057）北宋學者。晉州平陽（今山西臨汾）人。曾任祕書省校書郎、國子監（jiàn）直講，官至殿中丞。因曾隱居泰山，世稱泰山先生。和胡瑗（yuàn）、石介提倡「以仁義禮樂為學」，並稱「宋初三先生」。以繼承儒家道統自居。注經注重探尋本義，不為傳注所惑，開宋代以義理解經的風氣。著有《春秋尊王發微》等。

【納蘭性德】（1655 — 1685）清代詞人。原名成德，字容若，號楞伽山人。滿洲正黃旗人。大學士明珠長子。康熙進士。官至一等侍衞。善騎射，好讀書，曾從徐乾學受經學，並廣泛搜集整理諸家經解文獻。一生以詞名世，尤長於小令，多感傷情調，風格近於李後主。王國維《人間詞話》稱其「北宋以來，一人而已」。亦工詩，頗得盛唐風格。有《通志堂集》《納蘭詞》等。

【郭守敬】（1231 — 1316）元代天文學家、水利學家。字若思，順德邢臺（今屬河北）人。曾任都水監、太史令、昭文館大學士等職。編訂《授時曆》，通行 360 多年，是當時世界上最先進的一種曆法。創造和改進了簡儀、仰儀、景符和窺璣等觀測天象的儀器。主持自大都至通州的運河工程，挖修河渠。著有《推步》《立成》《儀象法式》《上中下三曆注式》《修曆源流》等。國際天文學會將月球背面的一座環形山命名為「郭守敬環形山」，將小行星 2012 命名為「郭守敬小行星」。

【郭忠恕】（？ — 977）五代宋初畫家、文字學家。字恕先、國寶，洛陽（今屬河南）人。官至國子監（jiàn）主簿。擅山水，尤精宮室屋木，有「一時之絕」的讚語，其作品被列為「神品」。存世作品有《雪霽江行圖》。精文字學，著《佩觿（xī）》3 卷，對辨別一般形音義相近的字有參考價值。輯錄戰國古文字成《汗簡》7 卷，是古文字考釋和漢字形體史研究的重要參考依據。

【郭象】（？ — 321）西晉時期玄學家。字子玄，河南洛陽人。官至黃門侍郎、太傅主簿。好老莊，善清談，反對「有」生於「無」的觀點，倡導「獨化論」，認為天地間一切事物都是獨自生成變化的，萬物沒有一個統一的根據。在名教與自然的關係上，認為名教與人的本性是和諧的，人有各種各樣的能力。有哪樣能力的人就做哪一種事業，這樣的安排既是出乎自然，也合乎人的本性。著有《莊子注》。

【郭嵩燾】（1818 — 1891）清末外交官。字伯琛，號筠（yún）仙，湖南湘陰城西人。1847 年進士。1863 年任廣東巡撫，1875 年任總理衙門大臣，次年首任出使英國大臣，兼任駐法國大臣。主張學習西方科技，興辦鐵路，開採礦產，整頓內務，以圖富強，遭到守舊派的激烈反對。著作有《養知書屋遺集》等，今存有《郭嵩燾奏稿》《郭嵩燾日記》等。

【陸世儀】（1611 — 1672）明清之際學者。字道威，號剛齋，又號桴（fú）亭，江蘇太倉人。明亡，隱居不仕。先後講學東林、毗陵等書院，倡導經世之學，遠近歸之。為學尊朱熹，但不立門戶，志存經世。提出「論性善離不得氣質」的觀點。其學以「居敬窮理」為本，鼓勵青年「體用兼備，文武兼資」。著有《思辨錄》《論學酬答》《性善圖說》等。

【陸羽】(733—約804)唐代學者。字鴻漸,自稱桑苧翁,又號東岡子。復州竟陵(今湖北天門)人。性詼諧,閉門著書,不願為官。一度曾為伶工。與女詩人李季蘭、僧皎然友好。以嗜茶著名,對茶道有精深研究,撰有《茶經》,被後人尊為「茶聖」。

【陸法言】(562—?)隋代音韻學家。魏郡臨漳(今河北臨漳)人。官承奉郎。與顏之推、薛道衡、蕭該、劉臻等八人討論各地方言的差別和各家音韻的得失,由陸法言根據討論意見編成《切(qiè)韻》。自此,唐宋韻書多以此為藍本而編撰。該書是中國歷史上極為重要的一部韻書,是研究漢語語音史的寶貴資料。

【陸修靜】(406—477)南朝宋道士。字元德。吳興(今浙江湖州)人。三國吳丞相陸凱的後代。為早期《道藏(zàng)》的編輯者,也是南朝道教齋戒與儀範的創製者。早年棄家修道,遍歷名山勝地。大明五年(461)來廬山,構築精廬居處修道,是為太虛觀。自此,以太虛觀為大本營,研經傳道授徒長達7年之久。主張儒、佛、道三教合流,為廬山道教的發展和影響的擴大做出了極大的貢獻。

【陸游】(1125—1210)南宋詩人。字務觀,號放翁。越州山陰(今浙江紹興)人。官至寶謨閣待制。生逢北宋滅亡之際,南宋與金處於常年戰爭狀態,具有強烈的愛國情懷,主張堅決抗戰,卻屢遭排擠打擊,鬱鬱不得志。晚年退居家鄉,但收復中原的信念始終不渝。一生創作詩歌很多,今存9000多首,內容極為豐富。風格雄渾豪放,表現出渴望恢復國家統一的強烈愛國熱情。〈關山月〉〈書憤〉〈農家嘆〉〈示兒〉等篇均為世所傳誦。詩與尤袤(mào)、楊萬里、范成大齊名,稱「中興四大家」,亦作「南宋四大家」。亦工詞。著有《劍南詩稿》《渭南文集》《南唐書》《老學庵筆記》等。

【陸賈(gǔ)】(約前240—前170)西漢政論家、辭賦家。楚人。佐劉邦建漢,官至太中大夫。力倡儒學,改變了劉邦「馬上得之,安事詩書」的觀點,指出:「居馬上得之,寧可以馬上治之乎?」(《史記·陸賈列傳》)意思是武力可以奪取政權,卻不能僅憑它來維持政權。推崇儒學,提出「行仁義」,「法先聖」,並輔以黃老「無為而治」的思想,融合道家、法家思想而歸於儒家「仁義」觀。對漢初政治產生一定影響。著有《新語》等。

【陸德明】(約550—630)隋唐經學家、訓詁學家。名元朗,以字行。蘇州吳縣(今江蘇蘇州)人。隋煬帝時擢祕書學士,遷國子助教。唐太宗時遷國子博士。南朝陳至德初(583),採集漢魏六朝音切凡230餘家,兼採諸儒訓詁,考證各本異同,撰《經典釋文》共30卷。該書是研究中國文字、音韻及經籍版本、經學源流等的重要參考書。

【陸機】（261 — 303）西晉文學家、書法家。字士衡，吳郡吳縣（今江蘇蘇州）人。東吳丞相陸遜之孫。曾任西晉平原內史等職，世稱陸平原。與其弟陸雲合稱「二陸」，又與顧榮、陸雲並稱「洛陽三俊」。他留傳下來的詩共 105 首、賦 27 篇，著名的有《文賦》；他書寫的《平復帖》是最早的名人書法真跡，為九大鎮國之寶〔太陽神鳥金飾、西周利簋（guǐ）、秦石鼓文、西漢《孫子兵法》竹簡、《平復帖》、五牛圖、真珠舍利寶幢（chuáng）、定窯孩兒枕、瀆山大玉海〕之一。

【陸贄】（754 — 805）唐大臣。字敬輿。吳郡嘉興（今屬浙江）人。大曆八年（773）進士，中博學宏詞科。德宗即位，召充翰林學士。貞元八年（792）出任宰相，指陳弊政，揭露兩税法各種積弊，提出補救之法，均未能推行。因被裴延齡所讒，兩年後罷相，次年被貶為忠州（今重慶忠縣）別駕。後卒於任所，謚宣。著有《陸宣公翰苑集》。

【陳子昂】（659 — 700）唐代文學家。字伯玉，梓州射洪（今屬四川）人。以上書論政，被武則天封為右拾遺，敢於陳述時弊。曾隨軍擊契丹。後解職還鄉，被誣入獄，憂憤而死。其詩具漢魏風骨，反對柔靡之風。代表作〈感遇〉等詩，指斥時弊，風格高峻，是唐代詩歌革新的先驅，對唐詩發展很有影響。為文也反對浮艷，重視散體。有《陳伯玉集》。

【陳廷敬】（1638 — 1712）清代官員、學者。原名敬，字子端，號説岩，晚號午亭山人。澤州（今山西陽城縣皇城村）人。順治進士。官至文淵閣大學士。工詩文，詩宗杜甫。康熙四十九年（1710），奉詔與張玉書一起主持編纂《康熙字典》。次年張玉書病逝，獨任總裁官。著有《午亭文編》等。

【陳苑】（1256 — 1330）元代學者。字立大。世稱靜明先生。江西上饒人。元朝心學的主要代表人物。一生隱居講學，不求聞達。以究明本心為宗旨，提倡陸九淵心學，使陸學為越來越多的人知曉。與趙偕創立「靜明寶峰學派」。門生甚多，其中祝蕃、李存、舒衍、吳謙號稱「江東四先生」。

【陳亮】（1143 — 1194）南宋思想家、文學家。字同甫，學者稱龍川先生。婺州永康（今屬浙江）人。科舉屢遭不利，晚年被光宗點為狀元，授予官職，卻未及到任於次年卒。生前力主抗金，議論恢復大計，卻多次入獄。其學説被稱為永康之學。著述由其子陳沆（hàng）編為《龍川文集》40 卷。另有《龍川詞》行世，詞作以豪放著稱。

【陳洪綬】（1599—1652）明末清初書畫家、詩人。字章侯，號老蓮，別號小淨名。浙江諸暨市楓橋鎮陳家村人。崇禎年間一度為宮廷作畫，明亡入雲門寺為僧，後還俗以賣畫為生。工詩善書，以畫見長，其名作《九歌》《水滸葉子》《博古葉子》《西廂記》等有版刻傳世。

【陳摶（tuán）】（？—989）五代宋初道士，哲學家。字圖南，自號扶搖子，賜號希夷先生。道教徒稱其為「老祖」。亳（bó）州真源（今河南鹿邑）人。後唐時舉進士不第，隱居武當山，服氣辟穀20餘年。後移居華山。著有〈無極圖〉〈先天圖〉《指玄篇》等。認為萬物一體，只有超絕萬物的「一大理法」存在。其學說後經周敦頤、邵雍推演，成為宋代理學的組成部分。

【陳壽】（233—297）西晉史學家。字承祚（zuò），安漢（今四川南充市）人。少好學，師事譙周。歷任著作郎、治書侍御史。晉滅吳後，他搜集三國時官私著作，著成《三國志》。以三國並列，創造了史書編纂的新例。另著有《古國志》《益部耆（qí）舊傳》，編有《蜀相諸葛亮集》等。

【陶弘景】（456—536）南朝齊梁時道教思想家、醫藥家。字通明，自號華陽隱居，人稱「山中宰相」。丹陽秣陵（今江蘇南京）人。曾隱居茅山，搜集整理道經，創立茅山派。其思想源出老莊哲學和葛洪的神仙道教，並雜有儒家和佛家觀點，主張三教合流。工書法。對曆算、地理、醫藥均有較深研究。著有《本草經集注》《陶隱居集》等。

【陶淵明】（365—427）東晉詩人。一名潛，字元亮。潯陽柴桑（今江西九江西南）人。曾任彭澤令等，後去職歸隱，絕意仕途。長於詩文辭賦。詩多描寫田園風光及其在農村生活的情景，往往隱寓着他對污濁官場的厭惡和不願同流合污的精神，以及對太平社會的嚮往。語言質樸自然，而又頗為精煉。散文〈桃花源記〉，辭賦〈歸去來兮辭〉〈閒情賦〉都很有名。有《陶淵明集》。

【梅文鼎】（1633—1721）清初數學家、天文學家。字定九，號勿庵，宣城（今屬安徽）人。清代曆算第一名家。數學上介紹中國古代和西方算法，並有補充和發展。天文學上主要介紹《崇禎曆書》的部分內容和解釋《大統曆》（即《授時曆》）。著述收入《梅氏叢書輯要》。對清代數學和天文學影響較大。

【梅堯臣】（1002—1060）北宋詩人。字聖俞，宣州宣城（今屬安徽）人。宣城古稱宛陵，故世稱宛陵先生。因歐陽修推薦，曾為國子監（jiàn）直講，後遷尚書都官員外郎，故世稱梅直講、梅都官。曾參與編撰《新唐書》，並為《孫子兵法》作注。

論詩注重政治內容，對靡麗文風不滿。著有《宛陵先生文集》。

【梅賾（zé）】字仲真，東晉汝南（今湖北武昌）人。曾任豫章內史。獻偽《古文尚書》及偽《尚書孔氏傳》，東晉君臣信以為真，立為學官。唐代孔穎達編《五經正義》，把偽《古文尚書》和《今文尚書》合併，且用偽《尚書孔氏傳》為疏解之據。宋代吳棫（yù）、朱熹，元代趙孟頫（fǔ）、吳澄，明代梅鷟（zhuó）等，均加懷疑或批駁。直到清代閻若璩（qú）作《古文尚書疏證》、惠棟作《古文尚書考》，才完全證明梅賾所獻為偽書。此後即為定論。也作枚頤。

【曹丕】（187 — 226）即魏文帝，三國時魏國的建立者、文學家。字子桓，沛國譙〔qiáo，今安徽亳（bó）州〕人。曹操的次子。220 年受禪登基，以魏代漢，結束了漢朝四百多年統治。在位期間，平定邊患，國力增強，版圖擴大，強化對西域的管轄。愛好文學，於詩、賦、文學理論皆有成就，尤擅五言詩。其〈燕歌行〉是文人七言詩中最早的佳作。《典論 · 論文》是其重要的文學批評著作。與其父曹操、弟曹植並稱「三曹」。今輯有《魏文帝集》二卷。

【曹雪芹】（約 1715 — 約 1763）清代小說家。名霑（zhān），字夢阮，號雪芹、芹圃、芹溪。祖上漢人，為滿洲正白旗「包衣（奴僕，康熙僕從）」。生於南京，早年經歷了一段古代貴族家庭的奢華生活，後家道衰落。晚年困居北京西郊，貧病而卒。為人性情放達，嗜酒健談。工詩善畫。以 10 年時間從事《石頭記》（即《紅樓夢》）的創作，先後增刪 5 次，僅寫至第八十回便「泪盡而逝」。該書成為中國古典長篇小說中成就最高的寫實主義作品。參見 308 頁「紅樓夢」。

【曹植】（192 — 232）三國魏詩人。字子建，沛國譙〔今安徽亳（bó）州〕人。曹操子，曹丕弟。封陳王，謚思，故世稱陳思王。天資聰敏，富於才學。曹丕、曹睿（ruì）相繼為帝後，他受到猜忌和迫害，多次被貶爵徙封，很不得志，41 歲即抑鬱而亡。作〈辯道論〉贊同無神論思想。詩歌多為五言，善用比興手法，語言精煉，辭采華茂，對五言詩的發展有顯著影響。「本自同根生，相煎何太急」就是出自他的名篇〈七步詩〉。也善辭賦、散文，〈洛神賦〉尤著名。宋人輯有《曹子建集》。

【許行】戰國末期農家學派的主要代表人物。楚國人。晚年曾到滕國游說（shuì）並定居講學。許行自己穿粗布衣，以打草鞋、織席維持生活，主張君民「並耕而食，饔（yōng）飧（sūn）而治」，實行「市價不二」，希望建立人人參加以農業為主的社會勞動、人人自食其力、沒有剝削者和被剝削者的公平社會。農家學派反對不勞而獲，雖有一定積極意義，但因其否定社會分工的合理性，與社會發展方向相背離，故其學説終難實行。

【許慎】（約 58 — 約 147）東漢經學家、文字學家。字叔重，汝南召陵〔今屬河南郾（yǎn）城〕人。曾任太尉南閣祭酒、五經博士等職。博通經籍，有「五經無雙許叔重」之譽。積 20 年之力，撰成中國第一部系統分析字形和考究字源的專著《説文解字》，為後代研究文字及編纂字書最重要的根據，對後世研究古代漢字的形音義和文字發展史的貢獻極大。

【許衡】（1209 — 1281）宋元之際理學家。字仲平，號魯齋。河內（今河南焦作）人。曾任元京兆提學、國子祭酒、集賢大學士。在元世祖為親王時，於關中大興學校；世祖即位後，與劉秉忠等定朝儀官制；為元朝統治者策劃「立國規模」；主持元初國學，以儒家六藝為國學內容，對漢、蒙文化交流和融合起過一定作用；受詔與郭守敬修訂「授時曆」。思想上繼承朱熹的理學體系，注重經世致用。著有《魯齋遺書》等。

【許謙】（1270 — 1337）元代學者。字益之，號白雲山人。婺州金華（今屬浙江）人。金華朱學的主要代表人物，受業於金履祥。入元不仕，教授弟子，潛心研經著書。通貫經傳，對天文地理、典章制度、食貨、刑法、文字、音韻等都有研究，旁及釋、老之言。在理學上，主要繼承了朱熹的觀點。在名物訓詁方面取得很大成績。著有《讀四書叢説》《讀書叢説》《詩集傳名物鈔》《白雲文集》。

【庾（yǔ）信】（513 — 581）北周文學家。字子山，南陽新野（今屬河南）人。初仕梁，後仕北周，官至開府儀同三司，故也稱「庾開府」。擅長詩賦，早期多為宮廷酬唱，注重形式；晚期風格雄渾，反映動亂的社會現實。亦為駢（pián）文大家，講究對仗、用典，代表作有〈哀江南賦〉。是南北朝文學的集大成者，杜甫讚為「清新庾開府」。後人輯有《庾子山集》。

【章炳麟】（1869 — 1936）中國民主革命家、思想家、學者。號太炎，浙江餘姚（今杭州市餘杭區）人。早年參加辛亥革命前期活動，主編《民報》等，與改良派論戰。1913 年參加討袁被囚禁，後袁死被釋。1917 年任護法軍政府祕書長。1924 年脱離國民黨。1935 年在蘇州設章氏國學會授業。晚年贊助抗日救亡。在文學、歷史學、語言學等方面都有精深研究。有《章太炎全集》。

【章學誠】（1738 — 1801）清代史學家、思想家。字實齋，會稽（今浙江紹興）人。官國子監（jiàn）典籍。畢生精力用於講學、著述和編修方志。治史注重思想學問的淵源流變，所著《文史通義》為史學理論名著。

把治經引向治史，使學術思想從經學舊傳統中解脱出來。論文注重內容，反對擬古和形式主義。其學説至清末始受重視。1922 年有《章氏遺書》行世。

【淳于髡（kūn）】 戰國時稷下學派學者。齊國人。姓淳于，因曾受髡刑（截去頭髮），故稱。博學強記，巧言善辯。齊威王在稷下招攬學者，被任為大夫。多次諷諫齊威王與相國鄒忌，推動內政改革。楚國攻齊，他説服趙王給以精兵革車救援，楚國因此退兵。

【梁丘賀】 西漢今文易學「梁丘學」的開創者。字長翁，琅邪諸（今山東諸城西南）人。從太中大夫京房那裏學得《易經》精髓，後又與施仇、孟喜一起，向田何的再傳弟子田王孫學習《易經》。歷任大中大夫、給（jǐ）事中、少府。宣帝時被立為博士。其著作僅存清代馬國翰《玉函山房輯佚書》中，輯有《周易梁丘氏章句》一卷。

【梁辰魚】（1520 — 1580）明代戲曲家。字伯龍，號少白、仇池外史。江蘇崑山人。首創利用崑腔來演唱戲曲。晚年創作了以崑腔演唱的傳奇《浣（huàn）紗記》，對崑腔的發展和傳播有相當影響。著有雜劇《紅線女》和散曲集《江東白苧（zhù）》等。

【梁鴻】〈五噫歌〉作者，成語「舉案齊眉」的主人翁。字伯鸞，扶風平陵（今陝西咸陽）人。少孤，受業太學，學畢，就在上林苑放猪。曾誤遺火燒毀他人房屋，乃賠之以猪，並做工抵償，非常勤勞。鄰人發現他是一位賢德之人。

【寇謙之】（365 — 448）北朝道士。字輔真。少奉五斗米道，後從成公興於嵩山修道。曾任北魏國師。主張唯賢是授，儒道兼修，同時又引佛入道，宣揚六道輪迴，並制定樂章誦誡新法，大大推動了南北朝時期道教的發展，被稱為道教史上的改革家。著有《雲中音誦新科之誡》《錄圖真經》。

【張可久】（1280 — 約 1352）元代散曲家。亦名久可，字伯遠，號小山。慶元路（今浙江寧波）人。能詩詞，尤以散曲知名於世。現存作品 800 餘首，為元人之冠。題材多為自然風光、歸隱生活，也有反映民生艱難、社會污濁者。著作有《小山樂府》《張小山小令》。

【張芝】（？ — 約 192）東漢書法家。字伯英，敦煌酒泉（今甘肅酒泉）人。擅長草書中的章草，將當時字字區別、筆畫分離的草法，改為上下牽連的新寫法，從而創造了行筆自然，剛柔相濟、疏密相宜的「今草」。被後世尊稱為「草聖」。

【張仲景】（約 150 — 219）東漢末醫學家。名機，南陽郡（今河南南陽）人。相傳曾任長沙太守，被推尊為「醫聖」。著有《傷寒論》10 卷、《金匱（guì，同「櫃」）要略》3 卷，後世奉為中醫必備經典。其所總結的辨證論治成為中醫必須遵循的基本原則，奠定了中醫在世界醫林的重要地位。

【張旭】唐代書法家。字伯高、季明。吳郡（今江蘇蘇州）人。曾任金吾長史，故也稱「張長史」。以草書著稱，開連綿草（即狂草）之先河，史稱「草聖」。據説經常酒醉後號呼奔走，揮灑潑墨，故人稱「張顛」。

【張安世】（？—前 62）西漢大臣。字子陵，杜陵（今陝西西安東南）人。張湯之子。家童七百，從事手工業生產，家財富實，超過霍光。昭帝時，任右將軍、光祿勛，封富平侯。昭帝死，與大將軍霍光共同策立宣帝，為大司馬。

【張孝祥】（1132—1169）南宋詞人。字安國，別號于湖居士。歷陽烏江（今安徽和縣東北）人。紹興二十四年（1154）廷試，高宗（趙構）親定為進士第一。曾上書為岳飛鳴冤。宋孝宗時，官至荊南、湖北安撫使。其詞作多感懷時事，風格豪邁，常自比蘇軾。曾在建康留守席上賦〈六州歌頭〉，強烈要求收復中原，慷慨激昂，使抗金名將張浚為之感動罷席。1169 年夏病死於蕪湖，葬南京江浦老山。有《于湖居士文集》40 卷、《于湖詞》1 卷傳世。《全宋詞》輯錄其詞 223 首。

【張岱】（1597—1679）明末清初文學家。字宗子，山陰（今浙江紹興）人。寓居杭州。出生書香門第，明亡後不仕，入山著書以終。擅長小品散文，著有《琅嬛（huán）文集》《張子文批》《陶庵夢憶》《西湖夢尋》等。撰史書《石匱集》，寫明崇禎至南明事，今僅存《石匱書後集》。

【張禹】（？—前 5）西漢經學家。字子文，河內軹（zhǐ，今河南濟源市東南）人。經學博士。元帝時，教太子《論語》。成帝時任丞相，封安昌侯。專治《論語》，兼治《易經》。改編今文本《論語》，並將《齊論》《魯論》合為一書，史稱《張侯論》。

【張栻（shì）】（1133—1180）南宋學者，理學家。字敬夫、樂齋，號南軒。宋名臣張浚之子。漢州綿竹（今屬四川）人。曾任吏部侍郎兼侍講、右文殿修撰。與朱熹、呂祖謙並稱「東南三賢」。在為政方面表現出以儒學為本的思想特色和施政策略，力主抗金，指斥時弊。每到一地任官，關心百姓疾苦，打擊地方奸惡，大興學校，講學論道，注意用儒家的倫理道德和保民淑世的思想移風易俗。著作有《論語解》10 卷，《孟子説》7 卷，《南軒易説》3 卷，三書彙刻成《南軒全集》。

【張惠言】（1761 — 1802）清代學者、文學家。初名一鳴，字皋文，號茗柯，江蘇武進（今江蘇常州）人。官至翰林院編修。通經學，尤精《周易》《儀禮》。著《周易虞氏義》9 卷、《儀禮圖》6 卷、《墨子經解說》2 卷。工文與詞，是常州詞派的開創者。兼善篆書。著作還有《茗柯文編》《茗柯詞》等。其主要著作均收入《張皋文箋易詮全集》和《受經堂彙稿》中。

【張道陵】（34 — 156）東漢末五斗米道創始人。原名張陵，字輔漢，沛國豐（今江蘇豐縣）人。曾任江州令。晚年入鶴鳴山（今四川大邑境內）修道。作道書《老子想爾注》闡釋教義，以「道」為最高信仰，並用符水咒法為人治病，創立道派，名「正一盟威之道」，為道教定型化之始。入教者須交五斗米，故一般稱五斗米道。後道徒推尊為天師。

【張載】（1020 — 1077）北宋哲學家。鳳翔郿（méi）縣（今陝西眉縣）人。曾任崇文院校書等職。著有《正蒙》等書。提出「太虛即氣」的學說，肯定「氣」是不生不滅的物質，批判佛、道關於「空」「無」的觀點。承認認識來自外界事物，但主張「德性之知，不萌於見聞」。在人性學說上提出「天地之性」和「氣質之性」的對立命題。其思想對宋明理學影響很大。

【張僧繇（yóu）】南朝梁畫家。吳（今蘇州）人。天監中為武陵王國侍郎，掌管宮廷畫事。官至右軍將軍、吳興太守。長於寫真，並擅人物畫及宗教畫。武帝崇佛，多命他作佛寺壁畫。兼工畫龍，至今流傳他畫的龍一點睛即破壁飛去的神話。後人把他和唐代吳道子的畫法並稱為「疏體」，對後世的影響很大。今有唐人梁令瓚臨摹的《五星二十八宿（xiù）真形圖》傳世。

【張養浩】（1270 — 1329）元代文學家。字希孟，號雲莊。濟南（今屬山東）人。歷任監察御史、禮部尚書、中書省參議，因上疏觸怒英宗，遂辭官歸隱。後獲起用，病卒於任所。詩文自成一家，多寫田園隱退生活，與元明善、曹元用齊名，稱為「三俊」。散曲以豪放著稱。有政論集《三事忠告》、詩文集《歸田類稿》、散曲集《雲莊休居自適小樂府》。

【張履祥】（1611 — 1674）清初思想家。字考夫，號念芝，浙江桐鄉人。因世居楊園村，學者尊為楊園先生。初拜晚明大儒劉宗周為師，明亡，絕意仕進，以著述授徒為業。信奉王（守仁）學，由劉宗周的「慎獨」「誠意」轉向朱熹的「格物窮理」。其學說以「仁」為本，以中庸為歸，窮理居敬，知行並進。重視農業經濟，所著《補農書》，詳述江南農業技術及經營方法。著有《言行見聞錄》《願學記》《近古錄》《經正錄》《備忘錄》等，後收入《楊園先生全集》。

【張衡】(78 — 139)東漢科學家、文學家。字平子。南陽西鄂(今河南南陽石橋鎮)人。兩度擔任掌管天文曆法的太史令。精通天文、數學、物理、機械等，創製了世界上第一臺監測預報地震的候風地動儀。製造有指南車、計里鼓車和飛行數里的木鳥。定出圓周率 $\pi = 3.1622$。著有《靈憲》《渾儀圖注》《算罔論》等。文學著作有〈二京賦〉〈歸田賦〉等。聯合國天文組織為表彰其貢獻，將月球背面的一座山、太陽系中的一顆小行星均以張衡命名。

【張籍】(約 767 — 約 830)唐代詩人。字文昌，吳郡(今江蘇蘇州)人。曾任太常寺太祝、水部員外郎、國子司業，故世稱「張水部」或「張司業」。長於樂府，詩作能反映社會矛盾與民生疾苦，甚受白居易推崇。與王建齊名，並稱「張王」。有《張司業集》。

【貫休】(832 — 912)五代前蜀畫家、詩人。俗姓姜，字德隱。婺州蘭溪(今屬浙江)人。七歲出家，一生遊歷。入西蜀後，受蜀主王建禮遇，賜號「禪月大師」。詩風清新。工書，世稱「姜體」；善畫，所作水墨羅漢及釋迦弟子諸像，多粗眉大眼，豐頰高鼻，神態逼真。存世《十六羅漢圖》有「輝映古今」之譽。有《禪月集》。

【揚州八怪】清乾隆年間揚州的八位書畫家的合稱。通常指汪士慎、金農、黃慎、高翔、李鱓(shàn)、鄭燮(xiè)、李方膺、羅聘。由於他們的書畫風格打破傳統，標新立異，故稱。也說「揚州畫派」「揚州八家」。

【揚雄】(前 53 — 前 18)西漢文學家、哲學家、語言學家。字子雲，蜀郡成都(今屬四川)人。好學苦讀，長於辭賦，著有〈甘泉賦〉〈長楊賦〉〈羽獵賦〉等。仿《論語》作《法言》，仿《易經》作《太玄》。提出以「玄」作為宇宙萬物根源的學說。著《方言》敍述西漢時期各地方言，是研究中國古代語言的重要資料。又續《倉頡篇》編成《訓纂篇》。也作「楊雄」。

【彭蒙】戰國時哲學家。齊國人。田駢(pián)的老師，曾遊學稷下。與莊子的思想相近，主張等同看待宇宙萬物與是非榮辱，因循自然，不置可否。

【黃公望】(1269 — 1354)元代畫家，全真教道士。字子久，號一峰、大癡道人。常熟(今屬江蘇)人。擅畫山水，得趙孟頫(fǔ)指授，自成一家。與吳鎮、倪瓚、王蒙合稱「元四家」。擅書能詩。撰有《寫山水訣》，為山水畫創作經驗之談。存世作品有《富春山居圖》《九峰雪霽圖》等。

【黃宗羲】(1610 — 1695)明清之際思想家、史學家。字太沖，號南雷，又號梨洲，浙江餘姚人。早年問學劉宗周。明亡後屢拒清廷徵召。學問極為廣博，對天文、算術、樂律及釋道之書無不研究。哲學上反對「理在氣先」的觀點，認為「理」並不是客觀存在的物質實體，而是「氣」的運動規律。儒學上調停程（頤、顥）朱（熹）和陸（九淵）王（守仁），改造心學，倡導經學與史結合，經史治學與經世致用結合，堪稱一代宗師。政治上反對君主專制，主張改革土地、賦稅制度，反對農本工商末的觀點。著述多至 50 餘種，300 餘卷，主要有《宋儒學案》《明儒學案》《明夷待訪錄》《南雷文案》等。後人編有《黃梨洲文集》。

【黃庭堅】（1045 — 1105）北宋詩人、書法家。字魯直，號山谷道人、涪（fú）翁。洪州分寧（今江西修水）人。治平進士。官至著作佐郎。為「蘇門四學士」之一。詩與蘇軾齊名，世稱「蘇黃」。詩詞俱有成就，開創「江西詩派」。書法以行、草見長，自成風格，為「宋四家」之一。雖官居高位，聲名顯赫，但在父母面前恪盡孝道，是著名的孝子。「二十四孝」中「滌親溺（niào）器」說的就是他的故事。有詩文集《山谷精華錄》、詞集《山谷琴趣外篇》（又名《山谷詞》）。書跡有《華嚴疏》《松風閣詩》等。

【黃道婆】宋末元初著名棉紡織家。松江府烏泥涇鎮（今上海市徐匯區華涇鎮）人。出身貧苦，少年時流落崖州（今海南島），向黎族學習製棉和織崖州被的方法。重返故鄉後，教人製棉，推廣軋棉機、彈棉弓、紡車、織機等工具和織造技術，使當時棉紡業呈現空前的盛況。也稱「黃婆」「黃母」。

【葉適】（1150 — 1223）南宋哲學家。字正則，人稱水心先生。溫州永嘉（今浙江溫州）人。先後任武昌節度判官、太學正、太常博士兼實錄院檢討、知建康府兼沿江制置使等職。是永嘉事功之學的重要代表之一。對儒學道統歷史、道德性命及其與現實社會之間關係的系統闡述，從理論上深化了事功之學。主要著作有《水心文集》29 卷、《水心別集》16 集、《習學記言》50 卷。

【萬章】孟子得意弟子之一。一生追隨孟子，為孟子所喜愛。《孟子》七篇中有「萬章章句」共十八章，萬章的名字在《孟子》中反覆出現。孟子晚年，經常同萬章談論經書。《孟子》一書，萬章多有貢獻。

【萬斯大】（1633 — 1683）清代經學家。字充宗，因患足疾而晚號跛翁，學者稱褐夫先生。浙江鄞（yín）縣（今寧波市鄞州區）人。平生剛毅自守，見有不可者則義形於色。師從黃宗羲，不事科舉。研習諸經，長於《春秋》、「三禮」。治《禮》不拘漢宋，不盲從；懷疑《周禮》非周公所作，而係後人偽託。其《宗法》八篇，黃宗羲盛讚「為冠絕古今必傳之作」。

撰《學禮質疑》《周官辨非》《儀禮商》《禮記偶箋》《學春秋隨筆》，合稱「經學五書」。

【葛洪】（約 281 — 341）東晉道教理論家、醫學家、煉丹術家。字稚川，自號抱朴子。丹陽句容（今屬江蘇）人。曾在羅浮山煉丹著書，積年而卒。把道教思想提煉改造得更系統，強調道儒結合，修道要以忠孝仁信為本。其著作記載了當時流行的煉丹方法，保存了中國早期醫學典籍和民間方劑，其中有治療天花、恙蟲病的世界最早的記載。著作有《抱朴子》《肘後備急方》《神仙傳》等。

【董其昌】（1555 — 1636）明代書畫家。字玄宰，號思白、香光居士。松江華亭（今上海閔行區馬橋）人。萬曆十七年（1589）進士，授翰林院編修，官至南京禮部尚書。擅畫山水，用墨明潔雋朗，設色古樸典雅。對明末清初畫壇影響甚大。書法集古之大成又自成一格。清代康熙、乾隆皇帝都以董書為宗法，倍加推崇偏愛。存世作品有《岩居圖》《秋興八景圖》《晝錦堂圖》等，刻有《戲鴻堂帖》。

【董西廂】 見 298 頁「西廂記諸宮調」。

【惠子】①惠施的尊稱。②書名。惠施的著作，今已失傳。

【惠施】（約前 370 — 約前 310）戰國時期名家代表人物、哲學家。宋國人，主要活動在魏國，曾任魏相。知識淵博，以善辯著稱，與公孫龍分別代表當時名家的兩個主要學派。他認為一切事物的差別、對立都是相對的，指出「萬物畢同畢異」，體現了同中有異、異中有同的思想。但他過分誇大事物之間的「同」，忽視事物之間的「異」，也忽視事物的相對穩定性。著作《惠子》，今已失傳。其思想、言論及生平事跡散見於《莊子》《荀子》《韓非子》《呂氏春秋》等書。尊稱惠子。

【惠能】（638 — 713）唐代僧人，中國佛教禪宗南宗創始人。俗姓盧，生於南海新州（今屬廣東）。24 歲時（661）投於五祖弘忍門下作「行者」。密受佛法，並受付法衣。儀鳳二年（677）到韶州（今廣東韶關市）曹溪寶林寺弘揚禪學，成為禪宗的正系。因在南方倡導頓悟法門，稱為南宗，被推為禪宗六祖。其説教在死後由弟子彙編成書，稱為《六祖壇經》。也作「慧能」。

【惠棟】（1697 — 1758）清初經學家，吳派經學奠基人。字定宇，號松崖。江蘇吳縣人。治學以漢學為宗，以昌明漢學為己任，以為治經「古訓不可改也，經師不可廢也」。以古為是，強調述而不作。尤精於漢代《易》學。著有《周易述》《易漢學》《易例》《九經古義》等。

【閔損】（前 536 — ？）孔子弟子。姓閔，名損，字子騫。春秋末魯國人。是孔子弟子中四個德行突出的人物（顏淵、閔損、冉伯牛、仲弓）之一，曾因「孝」而受到孔子的讚揚。相傳他少年喪母，雖受繼母虐待而不怨恨，並對繼母恪盡孝道。

【智者大師】（538 — 597）南朝陳、隋時高僧，天台宗創始人。俗姓陳，名顗（yǐ），字德安。祖籍潁川（今河南許昌）。18 歲投湘州果願寺出家。曾從慧曠、慧師等高僧學習禪法。應陳後主詔請在金陵講經説法，應隋晉王楊廣之請，為其授菩薩戒。受「智者」之號。楊廣按其遺願在天台（tāi）山建國清寺。著有《法華玄義》《法華文句》等。

【嵇（jī）康】（223 — 262）三國魏文學家、思想家。字叔夜，譙郡銍〔zhì，今安徽濉（suī）溪〕人。官中散大夫，世稱嵇中散。崇尚老莊，講求養生服食之道。為「竹林七賢」之一，與阮籍齊名。在詩文、書法、繪畫、音樂、醫學等領域內，均表現出卓越才華。哲學上肯定萬物都是稟受元氣而生，主張回歸自然。以反對禮教、狂放不羈的性格展現，表達對腐朽恐怖的現實政治的厭惡和逃避，39 歲時被司馬昭殺害。詩風清峻，長於四言。善操琴，以彈奏《廣陵散》著名。著有《嵇中散集》。

【程頤】（1033 — 1107）。北宋哲學家、教育家。洛陽（今屬河南）人。曾任祕書省校書郎。哲學上注重內心的道德修養，強調「不假聞見」的德性之知。論證道心與人心、天理與人欲的對立，指出「滅私欲則天理明矣」。與兄程顥（hào）同為北宋理學奠基者，世稱「二程」。學説後來為南宋朱熹繼承和發展，世稱「程朱學派」。著作有《周易程氏傳》等。後人把他與程顥的著作合編為《二程全書》。

【傅山】（1607 — 1684）明清之際書法家、醫學家、學者。初名鼎臣，字青竹，後改字青主，別字公它。山西陽曲人。博通經史諸子和佛道之學，兼工詩文、書畫、金石，又精醫學。公開自稱「異端」，用佛學釋《莊子》，用訓詁詮注《墨子》和《公孫龍子》，時有新義，其目的在於把六經和諸子平列，提倡「經子不分」，打破儒家正統之見，開清代研究諸子之風。與顧炎武、黃宗羲、李顒（yóng）、顏元一起被梁啟超稱為「清初六大師」。主要著作有《霜紅龕（kān）集》《荀子評注》《傅青主女科》《傅青主男科》（後兩部為後人所輯）。

【焦竑（hóng）】（1540 — 1620）明代經學家。字弱侯，號漪園，又號淡園。祖籍山東日照。寓居南京。萬曆十七年（1589）考中狀元，授翰林院修撰、皇長子侍讀等職。他博覽群書，治學嚴謹，著述宏富，承接與發展了晚明「泰州學派」的思想革新運動，打破「聖人至上」的觀念，倡導「人皆可以為堯舜」「人皆可為聖人」，具有重視普通人價值與權利的進步意義，對後世的維新改良運動影響很大。著有《易荃》《禹貢解》《遜國忠臣錄》《淡園集》《淡園續集》《支談》《焦弱侯問答》《老子翼》《莊子翼》《國史經籍志》《中原文獻》等。

【焦循】（1763 — 1820）清代哲學家、數學家、戲曲理論家。字理堂，一字里堂，江蘇江都人。購一樓名「雕菰（gū）樓」，讀書著述其中。博聞強記，於經史、曆算、聲韻、訓詁之學都有研究，尤精《周易》《論語》《孟子》三書。在方法論上，主張「證之以實，運之以虛」，學求其是，貴在匯通。重視地方戲曲的研究。著有《理學堂算記》《雕菰樓易學三書》《孟子正義》《論語通解》《劇說》《雕菰樓集》等。

【馮夢龍】（1574 — 1646）明文學家、戲曲家。字猶龍，長洲（今江蘇蘇州）人。做過知縣。工詩文。主要致力於小說、戲曲和其他通俗文學的研究、整理與創作。主要作品有「三言」（《喻世明言》《醒世恆言》《警世通言》）、《新平妖傳》和《新列國志》等。

【曾子】（前 505 — 前 436）孔子弟子。姓曾，名參（shēn），字子輿。春秋末魯國南武城（原屬山東費縣，現屬平邑縣）人。以孝著稱。提倡「父母愛之，喜而不忘；父母惡（wù）之，懼而無咎」（《尸子》）。信奉「慎終（慎重地為父母治喪），追遠（虔誠地追念祖先），民德歸厚矣」。倡導「吾日三省吾身」（《論語．學而》）。認為「忠恕」是孔子「一以貫之」的思想。主張「君子思不出其位」。認為士人君子因為肩負着傳承仁義道德的使命，任重道遠，所以必須具備剛勇弘毅的品格（《論語．泰伯》）。相傳他為思孟學派的鼻祖，著有《大學》。在孔子以後的儒經傳授上有重要地位。後世被尊為「宗聖」。

【曾參（shēn）】見 256 頁「曾子」。

【曾晳（xī）】孔子弟子。姓曾，名點〔又作「蒧（diǎn）」〕，字子晳，亦稱曾晳。曾子（參）之父。性格狂放。對其子十分嚴苛，見其有過，「引杖擊之」（《韓詩外傳》卷八）。他對自己一貫持自信、樂觀的態度，得到孔子的讚許。後世被謚為「宿伯」「須昌侯」。

【曾鞏】（1019 — 1083）北宋文學家。字子固，世稱南豐先生。建昌南豐（今屬江西）人。嘉祐進士。官至中書舍人。宋代新古文運動的骨幹，以散文成就最高。為「唐宋八大家」之一。文章講求章法，簡約平易，敍事說理自然流暢。著有《元豐類稿》。

【曾點】見 256 頁「曾晳」。

【湯若望】（1591 — 1666）明末天主教耶穌會傳教士。德意志人。明萬曆四十八年（1620）到澳門，後到北京學習漢語，繼往西安傳教。崇禎三年（1630）回北京，與他人一起修訂曆法，編成《崇禎曆書》。明亡，投歸清朝，任欽天監監正，累官至太常寺少卿、光祿寺大夫等。順治賜金建北京南堂。康熙三年（1664）被誣以圖謀顛覆罪與南懷仁等入獄。次年釋放，移居廣東，後又返京。著有《主教緣起》〈古今交食考〉等。

【湯顯祖】（1550 — 1616）明代戲曲作家、文學家。字義仍，號海若、清遠道人。臨川（今江西撫州）人。萬曆進士。官至禮部主事，終以不附權貴而免官。思想上崇尚真性情，反對假道學。在戲曲創作上主張「言情」，反對拘泥（nì）於格律。作品頌揚人性真情，對禮教和當時黑暗政治有所暴露和抨擊。著有傳奇《還魂記》（即《牡丹亭》）《紫釵記》《南柯記》和《邯鄲記》，合稱「臨川四夢」或「玉茗堂四夢」。詩文有《紅泉逸草》《玉茗堂集》等。明清兩代有些戲曲家模擬其文詞風格，被稱為臨川派或玉茗堂派。

【寒山】 唐代詩僧。早年四方雲遊，後長期隱居台（tāi）州始豐（今浙江天台）寒岩，自號「寒山子」。好吟詩唱偈（jì），得一篇一句，則題於山石竹木之上。內容多表現佛家的出世思想和山林隱逸之趣，對世態人情亦有譏刺。詩風幽冷，別具境界。語言通俗詼諧。著有《寒山子詩集》。

【鄒衍】（約前 305 — 前 240）「鄒」也作「騶」。戰國末哲學家，陰陽家的代表人物。齊國人。稷下學士，歷遊魏、趙、燕等國，受到諸侯「尊禮」。提出「五德終始」說，認為王朝興替、社會變動是「五行之德」轉移循環的結果，成為其後讖（chèn）緯學說的源頭之一。因其語「閎（hóng）大不經」，時人稱為「談天衍」。著作皆不存。

【蒲松齡】（1640 — 1715）清代文學家。字留仙、劍臣，號柳泉居士。室名聊齋，世稱聊齋先生。淄川（今山東淄博市淄川區）人。屢試不第，長期在家鄉做塾師。工詩文，善作俚曲。尤以集畢生精力寫成的《聊齋志異》成就最高，是中國文言短篇小說的經典之作。今人輯有《蒲松齡全集》。

【楊朱】（約前 395 — 前 335）戰國時哲學家。戰國初魏國人。反對墨家的「兼愛」和儒家的倫理思想，主張「輕物重生」「重己」和「全性葆真，不以物累形」。孟子抨擊他的「為我」，說他「拔一毛而利天下不為也」。後世道教吸收了他的「重生重己」思想。其史料散見於《孟子》《莊子》《韓非子》等書中。也稱「楊子」「陽子居」。

【楊修】(175—219)漢末文學家。字德祖，弘農華(huà)陰(今陝西華陰東南)人。好學能文，才思敏捷，任丞相曹操主簿。曹操之子曹植視為心腹，交往甚密。後曹植失寵，曹操因其多智，又是袁術之甥，怕有後患，遂藉故將其殺害。著述多已失傳，今存作品七篇。

【楊時】(1053—1135)北宋末哲學家。字中立，謚文靖。學者稱龜山先生。南劍州將樂(jiāng lè，今屬福建)人。曾任右諫議大夫、工部侍郎、龍圖閣直學士。二程(程顥、程頤)的弟子，與謝良佐、呂大臨、游酢並稱「程門四大弟子」；又與羅從彥、李侗(tóng)並稱「南劍三先生」。提出「合內外之道」，認為「至道」「天理」只能從內心體驗。著作有《龜山文集》。

【楊衒(xuàn)之】北魏散文家。北平(今河北滿城北)人。曾任期城郡太守。佛教徒。精通群經佛典，文筆清秀。代表作《洛陽伽(qié)藍記》記述了佛寺園林的盛衰興廢，對當時豪門貴族、僧侶地主的豪奢淫逸，寓有譏評之意。

【楊萬里】(1127—1206)南宋詩人。字廷秀，號誠齋。吉州吉水(今屬江西)人。官至祕書監。主張抗金。詩歌以構思精巧、語言通俗明暢而自成一家，時稱「楊誠齋體」。一生作詩二萬多首。如「接天蓮葉無窮碧，映日荷花別樣紅」「小荷才露尖尖角，早有蜻蜓立上頭」都是其代表性名句。與尤袤(mào)、范成大、陸游齊名，稱為「中興四大家」或「南宋四大家」。著有《誠齋集》。

【楊輝】(約1238—約1298)。南宋數學家。字謙光，錢塘(今杭州)人。1261年撰《詳解九章算法》12卷。後又撰《乘除通變本末》3卷、《田畝比類乘除捷法》2卷、《續古摘奇算法》2卷，此三種合稱《楊輝算法》。他在二階等差級數求和、總結民間籌算乘除捷算法、縱橫圖知識以及數學教育方面有突出貢獻。與秦九韶、李冶、朱世傑並稱「宋元數學四大家」。

【楊繼盛】(1516—1555)字仲芳，號椒山，直隸容城(今河北容城縣)人。明代著名反腐鬥士。嘉靖二十六年(1547)進士。任兵部員外郎。嘉靖三十二年(1553)，上書彈劾內閣首輔(相當於宰相)嚴嵩，被嚴嵩假傳聖旨投入死囚牢。在獄中遭受了非人折磨。1555年被嚴嵩下令處死，棄屍於市。今北京宣武門外達智橋胡同有「楊椒山祠」。

【賈思勰(xié)】南北朝北魏農學家。齊郡益都(今山東壽光南)人。曾任北魏高陽郡太守。具有廣泛的農事知識。他以搜集到的文獻資料，訪問老農和觀察、試驗所得，寫成《齊民要術》一書，對研究黃河中下游地區北魏和北魏以前農業生產的經驗和技術有重要的參考價值。

【賈島】（779—843）唐代詩人。字浪仙，范陽（今河北涿州）人。出身寒微，家境貧困，曾出家為僧，法名無本，後還俗。屢舉進士不第。曾任長江主簿，世稱賈長江。其詩喜寫荒涼枯寂之境，頗多寒苦之辭。以五律見長，注重詞句錘煉，刻苦求工。「推敲」的典故即由他斟酌詩句「僧推月下門」或「僧敲月下門」而來。與孟郊齊名，向有「郊寒島瘦」之評。

【賈逵】（30—101）東漢經學家。字景伯，扶風平陵（今陝西咸陽西北）人。任侍中及左中郎將等職。治古文經學，兼通《穀梁春秋》，並教授《大夏侯尚書》。章帝時在北宮白虎觀（guàn）、南宮雲臺講授《古文尚書》《左氏傳》，提高了古文經學的地位。精通天文學，提出曆法運算中應按黃道來計量日、月的運動，並指出月球的運動是不等速的。著有《春秋左氏傳》《國語解詁》等，已佚。清代馬國翰《玉函山房輯佚書》、黃奭（shì）《漢學堂叢書》都有輯本。

【賈誼（yì）】（前200—前168）西漢政論家、文學家。洛陽（今屬河南）人。時稱賈生。博學能文。為梁懷王太傅。曾多次上疏，批評時政。建議削弱諸侯王勢力，鞏固中央集權。主張重農抑商。作〈弔屈原賦〉〈鵩（fú）鳥賦〉以自喻。所著政論有〈陳政事疏〉〈過秦論〉等，議論深刻，分析透徹，對後世政論文的發展有重要影響。有《賈誼集》行世。

【虞允文】（1110—1174）南宋大臣。字彬父，隆州仁壽（今屬四川）人，紹興進士。公元1160年使金，見其大舉運糧造船，歸請加強防禦。次年，以參謀軍事犒師采石（今安徽當塗境內），適逢主將罷職，三軍無主，而金主完顏亮正要渡江南侵，便自告奮勇，毅然督戰，大破金軍。1162年，任川陝宣諭使，與吳璘共謀進取，收復陝西數處州郡。後朝議主和，他極力反對無效。公元1169年為相，任用胡銓、王十朋等名臣。在任病死。

【虞世南】（558—638）初唐書法家、文學家。字伯施，越州餘姚（今屬浙江）人。其書法繼承二王（王羲之、王獻之）傳統，與歐陽詢、褚遂良、薛稷合稱「初唐四大家」。正書碑刻有《孔子廟堂碑》。所編的《北堂書鈔》被譽為唐代四大類書之一，是中國現存最早的類書之一。唐太宗稱他德行、忠直、博學、文詞、書翰為五絕。原有詩文集30卷，已佚。民國張壽鏞輯《虞祕監集》4卷，收入《四明叢書》。

【睢（suī）景臣】元代劇作家、散曲家。字景賢，揚州（今屬江蘇）人。鍾嗣成《錄鬼簿》稱他「心性聰明，酷嗜音律」。所撰套曲〈高祖還鄉〉

「製作新奇」，出人之上。所撰雜劇皆失傳。

【鳩摩羅什】（344 — 413）後秦僧人。譯經家。意譯童壽。父鳩摩羅炎出身天竺望族，後來龜茲（qiū cí），生羅什。7 歲隨母出家。後秦弘始三年（401）到長安，在逍遙園翻譯經典，前後所譯經論計 380 餘卷，後秦弘始十五年（413）圓寂於長安。

【溫庭筠（yún）】（？ — 866）唐代詩人、詞人。字飛卿，太原（今山西太原市西南）人。仕途不得意，官止國子助教。其詩辭藻華麗，多寫個人遭際，於時政也有所反映。其詞多寫閨情，風格穠艷，多收入《花間集》，與韋莊並稱「溫韋」。詩與李商隱齊名，並稱「溫李」。後人輯有《溫庭筠詩集》《金奩集》。

【慎到】（約前 395 — 前 315）戰國時哲學家。趙國人。曾在稷下學宮講學，時稱稷下先生。《莊子．天下》將他與彭蒙、田駢（pián）並列。學宗黃老，雜有道家與法家思想，主張君主應「無為而治天下」，要「抱法處勢」。《漢書．藝文志》著錄《慎子》42 篇，現存 7 篇。

【褚遂良】（596 — 659）唐代官員、書法家。初唐書法四大家（薛稷、褚遂良、歐陽詢、虞世南）之一。字登善，陽翟（dí，今河南禹州）人。博學多才，通文史，工書法。傳世墨跡有《孟法師碑》《雁塔聖教序》等。

【蓮花生】印度僧人。俗名「白馬穹乃」。8 世紀印度烏仗那（今巴基斯坦境內）地方人。出家後學印度佛教密宗，並於 8 世紀後半期把該宗傳入西藏，成為西藏密宗「寧瑪派」（即俗稱「紅教」）的開山祖師。藏傳佛教尊稱他為洛本仁波且（軌範師寶）、古如仁波天（師尊寶）。也稱「烏金大士」。

【趙秉文】（1159 — 1232）金學者、書法家。字周臣。磁州滏（fǔ）陽（今河北磁縣）人。歷任戶部主事、翰林侍講學士、禮部尚書。擅長詩文，其散文所表現的思想以周程理學為主。著述甚豐，有《易叢說》10 卷，《中庸說》《揚子發微》《太玄箋贊》《文中子類說》《南華略釋》《列子補注》各 1 卷，《資暇錄》15 卷。生平文章收入《滏水集》。

【趙孟頫（fǔ）】（1254 — 1322）元代書畫家。字子昂，號松雪道人。湖州（今浙江湖州）人。宋宗室。封魏國公。博學多才，能詩善文，特別是書法和繪畫成就最高，開創了元代新畫風。尤精行書和小楷，書風遒俊秀逸，結體嚴整、筆法圓熟，世稱「趙體」。與顏真卿、柳公權、歐陽詢並稱為「楷書四大家」。傳世書跡有《四體千字文》《洛神賦》《赤壁賦》《道德經》等。存世畫作有《重江疊嶂圖》《秋郊飲（yìn）馬圖》等。其篆印以「圓朱文」著稱。著有《尚書注》《松雪齋文集》等。

【趙禹】（？—約前 100）西漢司法官。斄（lí，今陝西武功西）人。武帝時歷任太中大夫、廷尉等職，治獄甚嚴。曾與張湯共同制定律條，法多嚴苛。撰有《朝律》6 篇。

【趙偕】（？—1364）元代學者。字子水。學者稱寶峰先生。浙東慈谿（今屬浙江）人。南宋陸九淵心學的主要代表人物。是宋宗室後裔，隱居講道山中。強調靜坐澄觀，將心學的「吾心即是宇宙」發揮到極致。與陳苑創立「靜明寶峰學派」。門生甚眾，擴大了陸學的影響。著有《趙寶峰先生文集》。

【趙翼】（1727—1814）清代學者。字雲崧、耘崧，號甌北、三半老人。陽湖（今江蘇武進）人。乾隆進士，曾任翰林院編修。主講過安定書院。工詩善文，尤長於史學。論詩主張獨創，反對模擬。著有《廿（niàn）二史劄記》《陔（gāi）餘叢考》《甌北詩話》《甌北詩鈔》等。

【蔡文姬】（約 177—約 249）東漢女詩人。名琰（yǎn），字文姬。陳留圉（yǔ，今河南杞縣西南）人。文學家蔡邕（yōng）之女。博學多才，通音律。夫亡，值戰亂被虜，歸匈奴左賢王十二年。曹操以蔡邕無後，贖回，嫁董祀。作〈悲憤詩〉五言及騷體各一首，寫自己的悲慘遭遇，並反映當時人民所經受的戰亂之苦。著名的《胡笳（jiā）十八拍》相傳為其所作。

【蔡倫】（約 62—121）東漢造紙術發明家。字敬仲，桂陽〔今湖南郴（chēn）州〕人。被封龍亭侯。發明用樹皮、麻頭、破布、舊漁網等為原料造紙，時稱「蔡侯紙」。從此，輕便的紙張取代了笨重的簡牘和昂貴的絹帛，有力地推動了文化的發展。造紙術是中國古代四大發明之一。

【蔡邕（yōng）】（133—192）東漢文學家、書法家。字伯喈，陳留郡圉（yǔ，今河南省杞縣西南）人。喜藏書，通經史，善辭賦，精通音律，書法精於篆、隸。因官至左中郎將，後人稱他為「蔡中郎」。曾參與續寫《東觀漢記》，參與刻印熹平石經（東漢熹平年間儒學經典刻石）。

【蔣士銓】（1725—1785）清代戲曲作家、文學家。字心餘，江西鉛（yán）山人。乾隆進士，曾任翰林院編修。作有雜劇、傳奇 16 種，均存。其詩詞同袁枚、趙翼並稱「江右三大家」。著有《忠雅堂詩集》《忠雅堂文集》《南北雜曲》。

【裴頠（wěi）】（267—300）西晉哲學家。字逸民，河東聞喜（今屬山西）人。曾任散騎常侍，國子祭酒兼右軍將軍、尚書左僕射。反對王弼、何晏的「貴無論」，提出「崇有論」。

參見 312 頁「崇有論」。

【裴松之】（372 — 451）南朝宋史學家。字世期，河東聞喜（今屬山西）人。曾任國子博士、永嘉太守等職。奉命注《三國志》。他博採群書 140 餘種，開創注史新例；注文豐富，超過原書數倍，保存了大量古代史籍的佚文。與其子裴駰（yīn）、曾孫裴子野合稱史學「三裴」。

【裴駰（yīn）】（約 430 — ？）南朝宋史學家。字龍駒，河東聞喜（今屬山西聞喜縣）人。出身學術世家。著有《（史記）集解》80 卷，為最早的《史記》注本，與唐代司馬貞《（史記）索隱》、張守節《（史記）正義》合稱「史記三家注」。與其父裴松之、孫裴子野合稱史學「三裴」。

【僧肇】（？ — 414）東晉、後秦時僧人。俗姓張，京兆（今陝西西安）人。擅長般若（bō rě）學。曾在姑臧（今甘肅武威）和長安參加鳩摩羅什譯場，從事譯經，評定經論。又發揮「性空」學說，人稱「解空第一」。著有《肇論》《維摩詰經注》等。

【端木賜】見 206 頁「子貢」。

【鄭玄】（127 — 200）東漢經學家。字康成。北海高密（今山東高密）人。受業於張恭祖、馬融等。建安三年（198）被徵為大司農，世稱鄭大司農。治學以古文經說為主，兼採今文經說，為漢代經學的集大成者。經他整理、注釋的古書很多，有《周禮注》《儀禮注》《禮記注》《毛詩箋》等。

【鄭光祖】元代戲曲家。字德輝，平陽襄陵（今山西襄汾西北）人。早年習儒為業，後補授杭州路吏。為人方直，不善交往。所作雜劇可考者 18 種，留傳至今的有 8 種，其中《倩女離魂》是其代表作。詞曲優美，甚得曲家稱賞。與關漢卿、馬致遠、白樸齊名，合稱為「元曲四大家」。還寫過散曲，清新流暢，婉轉嫵媚。

【鄭板橋】（1693 — 1765）清代文學家、書畫家。名燮（xiè），字克柔，號板橋。江蘇興化人。乾隆進士。歷任多地知縣。畫作以松竹花草為主，以畫竹成就最為突出。書法雜糅隸、行、楷三體，自成一體。詩作反映現實，憂國憂民。如「衙齋卧聽瀟瀟雨，疑是民間疾苦聲」，廣為傳誦。為「揚州八怪」之一。著有《板橋全集》。參見 252 頁「揚州八怪」。

【鄭國】戰國末期的水利工程專家。被韓王派到秦國，向秦王建議修渠。秦王應允後，由鄭國主持，在涇、渭、洛三水之間開渠。渠長 300 多里，關中約 4 萬頃田地得到灌溉，成為沃野。秦始皇統一六國之後，把這條渠命名為「鄭國渠」。參見 156 頁「鄭國渠」。

【鄧石如】（1743 — 1805）清代篆

刻家、書法家。名琰（yǎn），字石如，因避嘉慶帝諱，以字為名，更字頑伯，號完白山人。安徽懷寧人。工真草篆隸四體書法，其篆書被譽為神品。作品有《完白山人篆刻偶存》。

【慧遠】①（334—416）淨土宗始祖。東晉人，俗姓賈，出生於雁門樓煩（今山西寧武）世代書香之家。21歲時隨從道安法師修行。後居廬山東林寺，廣收弟子，鑿池種蓮。與劉遺民等僧俗123人創立蓮社。在佛教界有着很大影響。著有《沙門不敬王者論》〈明報應論〉等。②（523—592）北周、隋初高僧。周武帝滅齊，命令廢除佛教。當時沒有一個僧人敢説話。只有慧遠向皇帝抗議：「陛下今恃王力，破滅三寶，是邪見人，阿鼻地獄不簡貴賤，陛下何得不怖？」後北周靜帝恢復佛法，住講少林等寺。隋初，敕「大德」，四方投學者700餘人。著有《大乘義章》《大涅槃經義記》等。

【樊遲】（前515—？）孔子弟子。姓樊，名須，字子遲，亦稱樊須。春秋末魯國人。好學廣問，且敢於連續追問，直至通達。《論語》記其三問「仁」，兩問「知」，一問「崇德（提高道德）、修慝（tè 去惡為善）、辨惑」；一請學「稼」「圃」。樊遲有勇武精神，作戰勇敢。後世被謚為「樊伯」「益都侯」。

【歐陽建】（？—300）西晉哲學家。字堅石。西晉渤海南皮（今河北南皮）人。歷任尚書郎、馮翊（今陝西大荔）太守。著有《言盡意論》，認為客觀世界是離開人的概念和語言而獨立存在的。

【歐陽修】（1007—1072）北宋文學家、史學家。字永叔，號醉翁、六一居士。吉州吉水（今屬江西）人。官至樞密副使、參知政事。謚文忠。主張文章應「明道」「致用」，對宋初以來靡麗、險怪的文風表示不滿，是北宋古文運動的領袖。散文説理暢達，抒情委婉，為「唐宋八大家」之一。詩頗受李白、韓愈影響，重氣勢而能流暢自然，與梅堯臣並稱「歐梅」。其詞婉麗，承襲晚唐餘風，與晏殊並稱「晏歐」。曾與宋祁合修《新唐書》，並獨撰《新五代史》。收集金石文字，編為《集古錄》，對宋代金石學頗有影響。又撰《六一詩話》，為最早以「詩話」名書的著作。有《歐陽文忠公文集》。

【歐陽詢】（557—641）唐代書法家。字信本，潭州臨湘（今湖南長沙）人。官至弘文館學士。工書法，學二王（王羲之、王獻之），於平正中見險怪，自成一體，人稱「歐體」，對後世影響很大。與虞世南、褚遂良、薛稷並稱為「唐初四大書家」。碑刻有正書《九成宮醴泉銘》《化度寺碑》《虞恭公碑》《皇甫誕碑》及隸書《房彥謙碑》等。行書墨跡有《夢奠帖》《張翰帖》《卜商帖》等。編有《藝文類聚》100 卷。

【墨子】①（約前 468 — 前 376）春秋、戰國之際思想家、政治家，墨家學派的創始人。姓墨，名翟（dí）。本為宋國人，後長期住在魯國。主張「兼愛」「非攻」，反對「天命」和「愛有差等」之説，反對戰爭攻伐；提出「尚賢」「尚同」的政治主張，認為「官無常貴，民無終賤」，反對親親尊尊；提出「非樂（yuè）」「節用」「節葬」，反對繁飾禮樂和奢侈享樂。弟子很多，以「行天下之利，除天下之害」為教育目的。他的學説當時影響很大，與儒家並稱「顯學」。②書名。墨家學派著作總彙，由墨子弟子及再傳弟子彙集而成。《漢書．藝文志》著錄《墨子》71 篇，現存 53 篇。其中〈兼愛〉〈非攻〉〈公輸〉等篇，代表了墨子的主要思想和政治主張。〈經〉（上、下）、〈經説〉（上、下）及〈大取〉〈小取〉等 6 篇，是後期墨家的哲學和科學著作，有不少自然科學知識。全書內容廣博，涉及政治、軍事、哲學、倫理等，是研究墨子及其後學的重要史料。通行注本有清代孫詒讓《墨子閒（jiàn）詁》等。也稱《墨辯》《墨經》。

【墨翟（dí）】見 264 頁「墨子」①。

【魯班】（約前 507 — 前 444）中國古代建築工匠。複姓公輸，名班，也稱「公輸盤」「公輸般」「班輸」，尊稱「公輸子」。東周魯地（今山東省滕州市）人。曾創造攻城的雲梯和多種木工工具。他的名字和故事，兩千多年來廣為流傳。中國的土木工匠尊之為祖師。

【劉大櫆（kuí）】（1698 — 1779）清散文家。字才甫，又字耕南，號海峰，安徽桐城人。師承方苞，下傳姚鼐（nài），承上啟下。「方劉姚」，後世稱為桐城派三祖。為文強調「義理、書卷、經濟」，要求文章「神氣」「音節」「字句」協調統一，開姚鼐等論學主「義理、考據、詞章」三者統一之先河。所作古文雄肆醇正。亦工詩，師法唐人而自成一體。著有《海峰先生文集》《海峰先生詩集》《論文偶記》，編《古文約選》《歷朝詩約選》，纂修《歙（shè）縣志》等。

【劉因】（1249 — 1293）元代理學學者、哲學家。一名駰，字夢吉，號靜修。雄州容城（今屬河北）人。元世祖詔徵為承德郎、右贊善大夫，未幾即辭歸。對經學頗有研究，著有《四書集義精要》，是對朱熹有關四書詮釋的精選，曾由官方刊刻頒發全國學校。與許衡並稱元代北方兩大儒，被認為是「元之所藉以立國者」。好以詩言志，著有《靜修文集》，詩作有鮮明的道學色彩。

【劉向】（約前 77 — 前 6）西漢經學家、目錄學家、文學家。本名更生，字子政，沛（今江蘇沛縣）人。精研《春秋穀梁傳》及《左氏傳》。曾任諫大夫、宗正、中壘校尉等。屢次上書彈劾宦官、外戚專權。曾校閱群書，撰為《別錄》，為中國目錄學之祖。另編有《楚辭》。所作辭賦三十三篇，今唯存《九嘆》為完篇。明人輯有《劉中壘集》。著有《洪範五行傳》《新序》《說苑》《列女傳》等。《五經通義》已佚，清代馬國翰《玉函山房輯佚書》中輯存一卷。

【劉安】（前 179 — 前 122）西漢思想家、文學家。沛郡豐（今江蘇豐縣）人。劉邦之孫，世襲為淮南王。好讀書，善文辭，才思敏捷。主持編寫《淮南子》。其內容以法家的自然天道觀為中心，綜合先秦道、法、陰陽等各家思想，主張「無為而治」，提出「苟利於民，不必泥（nì）古」的觀點，屬雜家。後以謀反事發自殺。

【劉知幾（jī）】（661 — 721）唐代史學家。字子玄，彭城（今江蘇徐州）人。歷經高宗、武后、中宗、玄宗諸朝，曾任著作郎、太子左庶子、左散騎常侍等職。生平專攻史學，通覽各史，又屢任修史之職。認為史家須兼備史才、史學、史識三長，尤重史識。對著史強調直筆，提倡「不掩惡，不屬善」，「愛而知其醜，憎而知其善」。所著《史通》是中國第一部史學評論專著。

【劉禹錫】（772 — 842）唐代文學家。字夢得，洛陽（今屬河南）人。貞元進士。授監察御史，參加王叔文集團，反對宦官和藩鎮割據勢力。失敗後，貶為朗州司馬。後因裴度力薦，任太子賓客，加檢校禮部尚書，世稱「劉賓客」。詩文蘊含革新、奮發上進的精神，是中唐詩壇上獨樹一幟的重要詩人，被稱為「詩豪」。散文如〈陋室銘〉簡潔雋永，別具一格。哲學上著有〈天論〉。是唐代卓有成就的儒學傳承者。著有《劉夢得文集》。

【劉晏】（718 — 780）唐代理財家。字士安，曹州南華（今山東菏澤西北）人。歷任玄宗、肅宗、代宗、德宗四朝要職，主持唐廷財政二十年，被譽為「廣軍國之用，未嘗有搜求苛斂於民」。任上疏浚汴（biàn）水，用分段轉運方法，歲運江淮糧食數十萬石，以解決關中食用。整頓鹽法，平抑鹽價。又實行常平法，做到「天下無甚貴賤而物常平」。一生為官清廉。晚年遭楊炎誣陷而死。家中所抄財物唯書兩車、米麥數石而已。

【劉逢祿】（1776 — 1829）清經學家，常州學派奠基人之一。字申受，號申甫，別號思誤居士，江蘇常州人。少從學外公莊存與及舅莊述祖。為學務通大義，不專辭章。治經尊《春秋》，把《春秋》作為治五經的鑰匙。《春秋》三傳尤重《公羊》，撰《春秋公羊經何氏示例》《公羊春秋何氏解詁》，以何休《公羊解詁》為主，創通條例，發揮今文「微言」。認為《左傳》是史書，主張把《左傳》與《春秋》分開，認為兩書「離之則雙美，合之則兩傷」。另著有《左氏春秋考證》《論語述何》《劉禮部集》等。

【劉焯（zhuō）】（544—608）隋經學家、天文學家。字士元，信都（今河北冀州）人。精通天文，曾作《皇極曆》。在曆法中首次提出太陽視運動的不均勻性，創立用三次差內插法來計算日月視運動速度，為中國曆法史上的重大突破。另著有《尚書劉氏義疏》等。

【劉塤（xūn）】（1240—1319）宋元之際學者。江西南豐人。遭逢宋元易代，隱居不仕，但晚年卻二度出任學事。元初陸九淵心學的代表人物。竭力為陸九淵心學爭取正統地位。著書甚豐，然多亡佚，今存《水雲村泯稿》《隱居通議》等。

【劉歆（xīn）】（？—23）西漢末經學家、目錄學家、天文學家。劉向之子。字子駿，後改名秀，字穎叔。沛（今江蘇沛縣）人。曾任黃門郎，繼父職任中壘校尉。繼父業，總校群書，撰成中國歷史上第一部圖書分類目錄《七略》。王莽執政時，任國師，後謀誅王莽，事泄自殺。著《三統曆譜》，造圓柱形的標準量器。根據量器的銘文計算，所用圓周率為 3.1547，世稱「劉歆率」。明人輯有《劉子駿集》。

【劉勰（xié）】（約 465—約 532）南朝梁文學理論批評家。字彥和。東莞（guǎn）莒（jǔ）縣（今屬山東）人。世居京口（今江蘇鎮江）。家貧好學，終身不娶，精通佛教經論。梁武帝時，任東宮通事舍人，深為蕭統（昭明太子）所重。晚年出家為僧，改名慧地。南齊末年，歷時五年寫成《文心雕龍》50 篇，是中國古代文學理論名著。

【劉徽】（約 225—295）魏晉時期的數學家，中國傳統數學理論的奠基者。山東鄒平縣人。他思想敏捷，方法靈活，主張用邏輯推理的方式來論證數學命題。為數學刻苦探求一生。著有《九章算術注》《海島算經》，是中國寶貴的數學遺產。

【劉鶚】（1857—1909）清末小說家。字鐵雲，號老殘，別署「洪都百煉生」。江蘇丹徒（今鎮江市）人。官候補知府，旋棄官經商。對數學、醫學、水利、金石文字等都有研究。後以私售倉粟罪罰戍新疆，病死。著有《老殘遊記》，被稱為晚清四大譴責小說之一。亦能詩，著有《鐵雲詩存》。喜收藏金石甲骨，編有《鐵雲藏龜》《鐵雲藏印》等書。前者是甲骨文出土後第一部著錄甲骨文字的書，在甲骨學史上佔有重要地位。

【薛濤】（約 768—832）唐代女詩人。字洪度，長安（今陝西西安）人。為樂伎。能詩，時稱女校書。自己製作深紅色小箋用來寫詩，後人仿製，稱「薛濤箋」。脫樂籍後終身未嫁。

居成都浣花溪，今成都望江樓公園有薛濤墓。存詩 90 餘首，多傷感之作。構思新巧，曲折動人。

【蕭衍】即「梁武帝」。見 193 頁。

【蕭望之】（？—前 47）西漢大臣、經學家。字長倩，蕭何的六世孫。東海蘭陵（今山東蒼山蘭陵鎮）人，後遷至杜陵（今陝西西安東南）。為宣帝、元帝所倚重的大臣。甘露三年（前 51），主持石渠閣會議，評議儒生對「五經」同異的意見。主治《齊詩》，兼學諸經，是漢代《魯論語》的知名傳人。元帝即位，以帝師尊之。後遭宦官弘恭、石顯構陷，被迫自殺。

【蕭統】（501—531）南朝梁文學家。字德施，蘭陵（今江蘇常州市西北）人。武帝長子。武帝天監元年（502）立為太子，未及即位而卒，謚昭明，世稱「昭明太子」。信佛能文，曾召集文學之士編輯《文選》（即《昭明文選》）30 卷，對後世文學有很大影響。

【閻立本】（？—673）唐代畫家。雍州萬年（今陝西省臨潼）人。歷任將作大臣、代工部尚書、右相、中書令。父兄皆以畫擅名。精於肖（xiào）像，講求形似。代表作有唐太宗畫像及《凌煙閣功臣二十四人圖》《步輦圖》《歷代帝王像》等。

【閻若璩（qú）】（1636—1704）明末清初經學家。字百詩，號潛邱。祖籍太原，五世祖居江蘇淮安。其學術思想主漢學不主宋學，長於考據，主張對古書要大膽懷疑，但考據要力求精確。是清代漢學研究的先導，考據學的奠基者之一。沉潛三十餘年，作《尚書古文疏證》和《尚書孔氏傳》，確證《古文尚書》出於偽作，使《古文尚書》公案得以定讞（yàn）。另著有《毛朱詩說》《四書釋地》《潛邱劄（zhá）記》《孟子生卒年月考》《困學紀聞注》等。

【衛夫人】（272—349）東晉女書法家。名鑠（shuò），字茂猗（yī），河東安邑（今山西夏縣北）人。衛氏家族世代工書，衛鑠夫李矩亦善隸書。衛夫人師承鍾繇（yóu），妙傳其法。王羲之少時曾從其學書。著有《筆陣圖》。唐・杜甫〈丹青引贈曹將軍霸〉詩：「學書初學衛夫人，但恨無過王右軍。」

【錢大昕（xīn）】（1728—1804）清代學者。字曉徵，號辛楣、竹汀居士，晚號潛揅（yán）老人。江蘇嘉定（今屬上海）人。乾隆進士。曾參與撰修《續文獻通考》等。先後主講鍾山、婁東、紫陽等書院。治學涉獵廣泛，於音韻訓詁尤多創見，證明古無輕唇、重唇和舌頭、舌上音的分別。於史學以校勘考訂見長，對宋、金、遼、元四史用功尤深。反對夫死婦守節的傳統觀念，對傳統婚姻觀提出挑戰。撰有《廿（niàn）二史考異》，另有著作《十駕齋養新錄》《潛揅堂文集》等。

【鮑照】（約 414 — 466）中國南朝文學家。字明遠，祖籍東海（今山東郯城西南，轄今江蘇北部）。居建康（今南京）。曾任秣（mò）陵令、中書舍人等職，後為臨海王劉子頊（xū）前軍參軍。長於樂府，尤擅七言歌行。著有《鮑參軍集》。他的樂府〈擬行路難〉以及〈蕪城賦〉〈登大雷岸與妹書〉等較為著名。對唐代詩人李白、岑參等頗有影響。

【薩都剌（lá）】（約 1307 — 約 1359 後）元代文學家。字天錫，號直齋。以回紇（hú）人徙居雁門（今山西代縣）。官至南臺侍御史。詩詞描寫細膩，富於生活實感。後人推崇其為「有元一代詞人之冠」。兼善楷書、繪畫。今存《嚴陵釣臺圖》《梅雀》等畫。後人輯有《雁門集》《天錫詞》等。

【戴聖】西漢經學家。字次君，梁（今河南商丘南）人。宣帝時為九江太守，後為博士，參加「石渠閣議」。與叔父戴德同學《禮》於後蒼。世稱「小戴」。創今文《禮》「小戴學」。編選古代有關禮儀的論述，作《小戴禮記》49 篇，即今本《禮記》。

【戴震】（1724 — 1777）清代思想家、語言文字學家。字東原，安徽休寧人。曾任《四庫全書》纂修官。博聞強記，對天文、數學、歷史、地理等均有深刻研究。精通古音，創古音九類二十五部之説及陰、陽、入對轉理論。尤精名物訓詁，從訓詁探討義理。對經學、語言學有重要貢獻。在哲學上認為世界是由「氣」的變化而來，而「氣化流行，生生不息」，就是「道」或「理」。反對理學家「去人欲，存天理」的説教。著有《原善》《原象》《孟子字義疏證》《聲韻考》《聲類表》《方言疏證》等。後人編有《戴氏遺書》。

【戴德】西漢經學家。字延君，梁（今河南商丘南）人。今文禮學「大戴學」的開創者。宣帝時曾任博士、郡守、州牧及信都王劉囂（áo）太傅。與侄子戴聖同學《禮》於後蒼。世稱「大戴」。選輯古代有關禮儀的論述，編成《大戴禮記》85 篇，今存 39 篇。

【戴憑】東漢大臣，經學家。字次仲，汝南平輿（今屬河南）人。16 歲時，郡守舉為明經，任郎中。因替太尉蔣遵辨冤，遭光武帝申斥，自繫獄中，後赦出。光武帝曾令群臣中能説經者互相詰難，以優勝進席。他憑議論恢宏，擊敗所有對手，連奪五十餘席，遂升為侍中。因此有「解經不窮戴侍中」之説。

【韓非】（約前 280 — 前 233）戰國末期哲學家，法家學派主要代表人物。韓國貴族出身，與李斯同為荀子的弟子。曾建議韓王變法圖強，不被採納。著〈孤憤〉〈五蠹（dù）〉〈說難（shuì nán）〉等，受到秦王嬴政重視，被邀出使秦國。不久被李斯等陷害而死。他主張實行重賞、重罪、重農、重戰的政策，主張「君無為，法無不為」。他提出的「法不阿貴」，「刑過不避大臣，賞善不遺匹夫」，是對法治思想的重大貢獻。著有《韓非子》，系統闡述法、術、勢相結合的法治理論。尊稱韓非子。

【韓孟】 唐代文學家韓愈、孟郊的並稱。二人交誼很深，都崇尚古風，且多聯句之作，工力相敵，故時人和後人論詩，常以「韓孟」並舉。在文學史上，他們和賈島、盧同、姚合等人詩風相近而被稱為「韓孟詩派」。

【韓柳】 唐代文學家韓愈、柳宗元的並稱。二人同為唐代古文運動的倡導者和代表作家，對後代散文發展有很大影響。清·吳敏樹〈與筱（xiǎo）岑論文派書〉:「唐之韓柳，承八代之衰而挽之於古，始有此名。」

【韓愈】（768 — 824）唐代文學家、哲學家。字退之，自謂郡望昌黎，世稱韓昌黎。河南河陽（今河南孟州）人。貞元進士。官至吏部侍郎。卒謚文，世稱韓文公。以繼承儒學道統為己任，政治上反對藩鎮割據，思想上尊儒排佛。提倡散體，反對六朝以來的駢偶文風，與柳宗元同為古文運動的倡導者，並稱「韓柳」。散文氣勢雄健，被列為「唐宋八大家」之首。蘇軾讚揚他「文起八代之衰，而道濟天下之溺」。詩風新奇雄偉，與孟郊齊名，並稱「韓孟」。著有《昌黎先生集》。

【韓嬰】 西漢今文詩學「韓詩學」的開創者。燕（今屬北京）人。文帝時任博士。景帝時為常山王劉舜太傅。武帝時，與董仲舒辯論，不為所屈。治《詩經》，兼治《周易》。著述有《韓詩內傳》《韓詩外傳》。南宋以後僅存《外傳》。

【轅固生】 西漢經學家。姓轅，名固，「生」為「先生」的省稱。齊（今山東臨淄市）人。景帝時為博士，後為清河王太傅。今文詩學「齊詩學」的開創者。與道家黃生辯論湯、武革命。又與竇太后辯論儒、道兩家優劣，貶《老子》為「家人言」，險遭殺身之禍。並同指導當時政治的黃老、刑名之學爭論，以提高儒家的政治地位。著有《齊后氏故》《齊后氏傳》，已佚。清代馬國翰《玉函山房輯佚書》中輯有《齊詩傳》二卷。

【魏源】（1794 — 1857）清末思想家、史學家、文學家。原名遠達，字默深。湖南邵陽人。道光進士。官至高郵知州。與龔自珍同屬主張「通經致用」的今文經學派。鴉片戰爭時，曾參與浙江抗英戰役。受林則徐之託，編成《海國圖志》。主張變法圖強，學習西方先進科技，加強海防，抵禦侵略。強調「變古愈盡，便民愈甚」。主張「知」從「行」中來，抨擊理學家的「心性迂談」。詩文風格遒勁。今輯有《魏源全集》。

【鍾嶸（róng）】南朝梁文學批評家。字仲偉，潁川長社（今河南長葛）人。齊時官至司徒行參軍。入梁，歷任衡陽王、晉安王記室。所撰《詩品》為詩歌批評專著。

【謝良佐】（1050 — 1103）北宋哲學家。字顯道。上蔡（今屬河南）人。二程弟子，與楊時、呂大臨、游酢並稱「程門四大弟子」。開陸九淵心學先聲。著有《論語解》，另有《上蔡語錄》三卷傳世。

【謝朓（tiǎo）】（464 — 499）南朝齊詩人。字玄暉，陳郡陽夏（jiǎ，今河南太康）人。與「大謝」謝靈運同族，世稱「小謝」。曾任宣城太守，終尚書吏部郎，又稱謝宣城、謝吏部。曾與沈約等共創「永明體」，他成就最高。今存詩 200 餘首，多描寫自然景物，亦或直抒懷抱，詩風清新秀麗，時有佳句。為李白等後代詩人所推崇。著有《謝宣城集》。

【謝靈運】（385 — 433）南朝宋詩人。陳郡陽夏（jiǎ）（今河南太康）人。晉時襲封康樂公，世稱謝康樂。入宋，曾任侍中等職。其詩多寫江南山水名勝，語言精麗，開文學史上山水詩一派。明人輯有《謝康樂集》。

【應（yīng）劭】（約 153 — 196）東漢學者。字仲遠，汝南南頓（今河南項城市西）人。少年時專心好學，博覽多聞。獻帝時，曾任泰山太守。致力著述。所著《漢官儀》有今輯本；《風俗通義》30 卷，有今注本；另有《漢書集解音義》。

【顓（zhuān）孫師】見 207 頁「子張」。

【顓頊（zhuān xū）】傳說中的遠古時代帝王名，三皇五帝的「五帝」之一。也稱「高陽」。

【顏之推】（531 — 約 595）北齊文學家、教育家。字介，琅邪臨沂（今山東臨沂）人。官至黃門侍郎。閱歷豐富，博覽群書，長於語言文字學，善於用儒家傳統思想進行家教。著有《顏氏家訓》。

【顏元】（1635 — 1704）清初學者、教育家。字易知，號習齋，博野（今屬河北）人。一生以行醫、講學為業。主講南漳書院，厘定規則，設文事、經史、武備、藝能諸科。其辦學計劃和教學實踐，開啟了中國古代書院教育轉向近代實學教育的先河。早年為學，入於程（頤、顥）朱（熹）、陸（九淵）王（守仁）之間。晚年始批判朱學。在學術上與學生李塨（gōng）倡導注重實學，反對讀死書的學風，世稱顏李學派。主張元氣論，強調「行」在認識中的作用。著有《四存編》《四書正誤》《朱子語類評》《習齋記餘》等。

【顏回】（前 521 — 前 490）孔子最得意的弟子。姓顏，名回，字子淵。春秋末魯國人。家境貧寒，居陋巷，簞（dān）食瓢飲而不改其樂。他好學不倦，善於思索。在弟子中，孔子獨讚其「好學」。他「不遷怒，不貳過」（《論語．雍也》。不遷怒，不貳過：有怒氣不向別人身上發泄，不會犯同樣的過失）等品德，深受孔子以及後儒的讚揚。不幸早卒，孔子非常悲痛。後世尊其為「復聖」。曲阜建有復聖廟。也稱「顏淵」。

【顏柳】指唐代書法家顏真卿、柳公權。兩人字體以筋骨擅長，故後人常以顏、柳並稱，且有「顏筋柳骨」之譽。參見 271 頁「顏真卿」、232 頁「柳公權」。

【顏真卿】（708 — 784）唐代大臣、書法家。字清臣，京兆萬年（今陝西西安）人，祖籍琅邪臨沂（今山東臨沂）。「安史之亂」中，在平原郡守任上毅然抗敵，立下汗馬功勞。官至吏部尚書、太子太師，封魯郡公，人稱「顏魯公」。德宗時李希烈叛亂，受派遣親赴敵營曉以大義，終遭縊殺。其書法正楷端莊雄偉，氣勢開張；行書遒勁（jìng）鬱勃，世稱「顏體」，與柳公權並稱「顏柳」。碑刻有《多寶塔碑》《麻姑仙壇記》《顏家廟碑》等。書跡有《祭侄文稿》《自書告身》等。後人輯有《顏魯公文集》。

【顏師古】（581 — 645）隋唐經學家、訓詁學家。名籀（zhòu），字師古，以字行。祖籍琅邪臨沂（今屬山東），後遷居京兆萬年（今西安市）。官至中書侍郎。遵循祖訓，博覽群書，學問通博，擅訓詁、聲韻、校勘之學。著有《漢書注》《急就章注》《匡謬（miù）正俗》等。

【禰（mí）衡】（173 — 198）漢末文學家。字正平，平原郡般縣（今山東樂陵西南）人。少有才辯，長於筆札。與孔融交好。孔融推薦給曹操，他稱狂病不往。曹操徵召為鼓史，想要羞辱他，卻被他當眾羞辱。曹操把他遣送給劉表，劉表又把他送給江夏太守黃祖，最後被黃祖殺害。所著〈鸚鵡賦〉為詠物小賦中優秀之作。

【蘇洵】（1009 — 1066）北宋散文家。「唐宋八大家」之一。字明允。眉州眉山（今屬四川）人。與其子蘇軾、蘇轍合稱「三蘇」。少年任俠，學業不進，27 歲發奮為學，大器晚成。曾任祕書省校書郎、霸州文安縣主簿。為文雄拔簡古，平實中見鋒芒。其〈辨奸論〉一文，指斥王安石必以奸誤國。有《嘉祐集》。

【蘇軾】（1037 — 1101）北宋文學家、書畫家。「唐宋八大家」之一。字子瞻，號東坡居士。眉州眉山（今屬四川）人，為蘇洵長子。神宗時曾任祠部員外郎，因反對王安石變法，被連貶數州。哲宗時，官至禮部尚書，後又貶謫惠州、儋（dān）州，病死於常州。詩、詞、文、書、畫均有名。為文雄渾奔放，詩亦清新豪健，善用誇張、比喻，獨具風格。詞開豪放一派，對後世很有影響，〈念奴嬌·赤壁懷古〉〈水調歌頭·丙辰中秋〉等廣為傳誦。詩文有《東坡七集》等，詞集有《東坡樂府》；傳世書跡有《答謝民師論文帖》等，畫跡有《竹石圖》等。

【蘇轍】（1039 — 1112）北宋散文家。「唐宋八大家」之一。字子由，號潁濱遺老。眉州眉山（今屬四川）人，為蘇洵次子。嘉祐進士。官尚書右丞、門下侍郎。工古文，所作秀潔從容，流暢有韻致，與其兄蘇軾齊名，世稱「小蘇」。有《欒城集》。

【關尹子】①關尹的尊稱。《莊子·天下》把他和老聃（dān）並列。主張做人要「其動若水，其靜若鏡，其應若響」，基本思想和老聃一致。道教尊為「無上真人」「文始先生」。②書名。相傳為關尹著。道教奉為經典，稱《文始真經》。

【關漢卿】（約 1220 — 1300）元代戲曲作家。號已齋叟，大都（今北京）人。一生不求仕進，專心致力於戲曲創作，為元雜劇的奠基者，元曲四大家之首。所作雜劇 60 餘部，現存 10 多部。主要作品有《竇娥冤》《救風塵》《望江亭》《拜月亭》《魯齋郎》《單刀會》《調風月》等。《竇娥冤》被列為中國十大悲劇之一，早在 100 多年前就被翻譯介紹到許多國家。另存有小令 50 餘首、套曲 10 餘套，被譽為「曲聖」。在世界文學藝術史上，享有「東方莎士比亞」的稱譽。1958 年被世界和平理事會提名為「世界十大文化名人」之一。

【嚴羽】南宋文學批評家。字儀卿、丹丘，號滄浪逋（bū）客，人稱「嚴滄浪」。邵武（今福建邵武）人。與同族嚴參、嚴仁齊名，世稱「三嚴」。一生未曾出仕，大半隱居家鄉。最重要的成就在於詩歌理論，著有《滄浪詩話》。有詩集《滄浪吟卷》（或名《滄浪吟》《滄浪集》）二卷，共收古、近體詩 273 首。參見 18 頁「滄浪詩話」。

【嚴彭祖】西漢今文春秋學「嚴氏學」的開創者。字公子，東海下邳（pī，今江蘇睢寧）人。曾任河南太守、東郡太守、太子太傅等職。與顏安樂一起向眭（suī）孟學習《春秋公羊傳》。宣帝時立為博士。著述已佚。清代馬國翰《玉函山房輯佚書》中輯有《公羊嚴氏春秋》和《春秋公羊嚴氏記》。

【嚴復】（1854 — 1921）近代啟蒙思想家、翻譯家。字幾道。福建侯（hòu）官（今福州市）人。留學英國海軍學校。1889 年任北洋水師學堂總教習。主張維新變法。譯《天演論》，對當時思想界有很大影響。主辦《國聞報》，協辦通藝學堂。譯著有《原富》《群學肄言》《法意》《穆勒名學》等，傳播西方政治經濟思想和邏輯學。首倡「信、達、雅」的翻譯標準，沿用至今。辛亥革命後，思想趨於保守。著譯編為《侯官嚴氏叢刊》《嚴譯名著叢刊》。

【羅貫中】（約 1330 — 約 1400）元末明初文學家。名本，號湖海散人。山西太原人。工曲，善為通俗小說，除所撰長篇小說《三國志通俗演義》（簡稱《三國演義》）外，還有《隋唐兩朝志傳》《三遂平妖傳》《殘唐五代史演義》《南北史通俗演義》《說唐》《粉妝樓》等書。一說也參與編撰《水滸傳》。

【譚嗣同】（1865 — 1898）中國維新派政治家、思想家。字復生，號壯飛。湖南瀏陽人。中日甲午戰爭後，在瀏陽倡立學社，吸收新學知識。1897 年協助湖南巡撫陳寶箴等設立時務學堂，籌辦內河輪船、開礦、修鐵路等。次年又倡設南學會，辦《湘報》，宣傳變法。1898 年 8 月入京，參與「戊戌變法」。變法失敗，被捕下獄，與林旭、楊銳、劉光第、楊深秀、康廣仁等同時遇害，史稱「戊戌六君子」。他從「日新」思想出發，抨擊古代等級制度及綱常名教，提出「革去故，鼎取新」，認為「上權太重，民權盡失」，具有衝決君主專制羅網的鬥爭精神。能詩，詩作富有愛國精神，風格雄健。今輯有《譚嗣同全集》。

【懷素】（737 — 799）唐代書法家。僧人。字藏真，俗姓錢，長沙（今屬湖南）人。草書領一代風騷，尤以「狂草」著稱。好飲酒，酒後盡興揮灑而皆有法度。前人評其狂草繼承張旭而有所發展，謂「以狂繼顛」，並稱「顛張狂素」，對後世影響很大。存世書跡有《自敍帖》《苦筍帖》《小草千字文》《論書帖》等。

【顧炎武】（1613 — 1682）明清之際思想家、學者。原名絳，字清忠，明亡後改名炎武。江蘇崑山人。因故居旁有亭林湖，學界尊稱亭林先生。治學廣博，於國家典制、郡邑掌故、天文儀象、河漕兵農及經史百家、音韻訓詁等都有研究。晚年治經有一套縝密的方法，表現在注重從歷史角度和音韻、文字角度研究，注重廣求證據和貴能求通，開清代樸學風氣之先，為清代古韻學的開山之祖，對後來考據學中的皖派、吳派都有重要影響。哲學上贊成張載「太虛、氣、萬物」相統一的學說，反對空談「心、理、性、命」，提倡「經世致用」的實際學問，並提出「博學於文」和「行己有恥」的古訓。政治上要求君主分權而治。主要著作有《日知錄》《天下郡國利病書》《肇域志》《音學五書》《韻補正》《顧亭林詩文集》等。

【顧野王】（519 — 581）南朝梁陳

間訓詁學家。字希馮。吳郡（今江蘇蘇州）人。初仕梁，為太學博士，陳時官至光祿卿。精通經史、天文、地理、文字音義等。悉心搜羅和考證古今文字的形體和訓詁，所撰字書《玉篇》是文字學的重要著作。另著有《輿地志》《符瑞圖》《顧氏譜傳》《分野樞要》等。參見 294 頁「玉篇」。

【顧愷（kǎi）之】（約 345 — 409）東晉畫家。字長康，晉陵無錫（今屬江蘇）人。官至通直散騎常侍。多才藝，工詩賦書法，尤精繪畫，有「才絕、畫絕、癡絕」之稱。多畫人物肖像及神仙、佛像、禽獸、山水等。其畫筆跡綿密如春蠶吐絲，後人將其與陸探微並稱「顧陸」。著有〈論畫〉〈魏晉勝流畫贊〉〈畫雲臺山記〉等，在中國繪畫史上佔有重要地位。

【鑒真】（687 — 763）唐代僧人。俗姓淳于，揚州江陽縣（今江蘇揚州）人。14 歲時由智滿收為沙彌，居大雲寺。天寶年間受日本佛教界聘請去日傳戒。曾先後五次率眾東渡，但均失敗；天寶十二載（753）第六次東渡，終於到達日本。遂在奈良東大寺築壇傳授戒法。759 年建唐招提寺，傳佈律宗。從此日本開始有正式的律學傳承。

【龔（gōng）自珍】（1792 — 1841）清代思想家、文學家。一名鞏祚，字璱（sè）人，號定盦（ān）。浙江仁和（今杭州）人。道光進士。官禮部主事。為嘉慶、道光年間今文經學派重要人物。主張道、學、治三者不可分割。強調革除弊政。所作詩文，提倡「更法」「改圖」，對晚清思想界有相當影響。文章詩詞，自成一家，稱為「龔派」。代表作有〈病梅館記〉〈己亥雜詩〉等。有《定盦文集》《龔自珍全集》。

【酈（lì）道元】（約 470 — 527）北魏地理學家、散文家。字善長，范陽涿縣（今河北涿州）人。因《水經》過於簡略，決定為《水經》作注。親自到野外考察，足跡遍及長城以南、秦嶺以東的中原大地，積累了大量的實踐經驗和地理資料，又參考古代許多史地著述，終於寫成名垂青史的《水經注》。不僅開創了中國古代「寫實地理學」的歷史，而且在世界地理學發展史上也佔有重要的地位，不愧為中世紀最偉大的世界級地理學家。參見 291 頁「水經注」。

3. 神、佛、仙

【二郎神】民間傳說中的神。所指不一。《朱子語類》以為指秦蜀郡太守李冰的次子；《封神演義》等小說中稱其名為楊戩（jiǎn），住灌口，疑從李冰次子故事演化而來。

【八仙】傳說中道教的八個神仙，即鐵拐李、漢鍾離、呂洞賓、張果老、韓湘子、曹國舅、藍采和、何仙姑。八仙故事已見於唐、宋、元人記載，元雜劇中也有他們的形象，但姓名尚不固定。至明代吳元泰《東遊記》裏，始確定為以上八人。民間傳說、戲曲等中有許多關於他們的故事，以「八仙慶壽」「八仙過海」的故事流傳最廣。

【八思巴】（1239 — 1280）西藏喇嘛教學僧，薩迦派第五代祖師。15歲為元世祖忽必烈授戒。入蒙古後，忽必烈崇為國師，管理全國佛教及藏族地區事務。又受命創製蒙古文字，遂以西藏文字為基礎而制定「八思巴文」，帝賜以「大寶法王」的稱號。至元十三年（1276）返藏，自任薩迦寺第一代法王。著述凡 30 餘種，以《薩迦五祖全集》傳世。也稱「帕克思巴」「發思八」。

【九天玄女】古代神話傳說中的女神。後為道教所信奉。相傳人頭鳥身，為聖母元君弟子、黃帝之師，曾助黃帝大敗蚩尤。也稱「玄女」「九天玄女娘娘」。

【三皇五帝】傳說中的中國古代帝王。三皇通常指伏羲（xī）、燧（suì）人、神農；五帝通常指黃帝、顓頊（zhuān xū）、帝嚳（kù）、唐堯、虞舜。《周禮．春官．外史》：「外史掌書外令，掌四方之志，掌三皇五帝之書。」

【土地神】掌管、守護某個地方的神。道教神系中地位最低的神，但在民間影響很大，流傳很廣。幾乎有漢族人群居住的地方就有供奉土地神的小廟。源於古代的「社神」崇拜。傳統文化中，祭祀土地神即祭祀大地，且多有祈福、保平安、保農業收成之意。也稱「土地爺」「福德正神」。

【女媧（wā）】中國古代神話中人類的始祖。傳說人類是她和其兄伏羲相婚而生，後來他們禁止兄妹通婚，制定婚禮。反映了原始時代由血緣婚到族外婚的進步。又傳說她曾用黃土造人，並煉五彩石補天，斬鱉足充當天柱，燒蘆葦灰堵洪水，殺死猛獸，使人民安居。也稱「女媧氏」。

【天地人】古代信奉的三元神，即天神、地祇（qí）、人鬼。天神以上帝為尊，下列諸天官；地祇以后土或社稷為尊，下列山川林澤四方百物之神；

人鬼以始祖為尊，下列祖宗聖賢之靈。

【天后】見 280 頁「媽祖」。

【元始天尊】道教神名。全稱「玉清元始天尊」。為三清尊神之首，居天界最高的「玉清」仙境。與靈寶天尊、道德天尊並稱三洞教主。道教宮觀多有供奉。造像持寶珠，象徵混沌未分之「洪元」世紀。也稱「天寶君」。

【五天帝】古代傳説中東方青帝、南方赤帝、中央黃帝、西方白帝、北方黑帝的合稱。

【太上老君】道教對教祖老子的尊稱。《老子內傳》：「太上老君，姓李名耳，字伯陽，一名重耳；生而白首，故號老子；耳有三漏，又號老聃（dān）。」後來道教書籍多冠其名以示學有所宗，如《太上老君太素經》《太上老君內丹經》等。道教以每年農曆二月十五日為太上老君聖誕日。也稱「道德天尊」「老君」。

【文昌帝君】見 279 頁「梓潼帝君」。

【文殊菩薩】中國佛教四大菩薩之一。為釋迦牟尼佛的左脅侍。專司智慧。多乘獅子，象徵威猛。中國山西五臺山為其説法道場。也稱「妙德菩薩」「吉祥菩薩」。

【玉皇】道教祀奉的地位最高、職權最大的天神。相傳其總管天下一切禍福。每年農曆正月初九為玉皇聖誕日。也稱「玉皇大帝」「玉帝」。

【四大菩薩】指文殊、普賢、觀音、地藏四尊菩薩。

【白帝】①中國古代神話中五天帝之一的西方之神。②城名，在四川奉節東瞿塘峽口北岸。西漢末年，公孫述割據四川，見紫陽城一口井中常有白色煙霧升騰，形似白龍，故自稱白帝，將城名改為白帝城。歷代著名詩人李白、杜甫、白居易等都曾登白帝城樓，留下大量詩篇。故白帝城又有「詩城」之美譽。

【刑天】神話人物。因與天帝爭權，失敗後被砍頭，葬於常羊山。他並不屈服，以兩乳為目，以肚臍為口，依然不斷地揮舞着盾牌和板斧，表示要抗爭到底。（《山海經・海外西經》）也作「形天」。

【吉祥菩薩】見 276 頁「文殊菩薩」。

【老君】見 276 頁「太上老君」。

【地藏王菩薩】見 276 頁「地藏菩薩」。

【地藏（zàng）菩薩】中國佛教「四大菩薩」之一。傳説他受佛的囑託，在釋迦佛已經入滅而彌勒佛尚未降生的這段時期度化眾生。他曾發下大誓願：「地獄不空，誓不成佛。」民間有地藏王主幽冥的説法。中國安徽九華山為其說法的道場。也稱「地藏王菩薩」。

【共工】 傳說中的人物。《淮南子》記載：共工與顓頊（zhuān xū）爭奪帝位沒有成功，發怒而頭觸不周山，撞斷了支撐天的柱子和牽引大地的繩子。又與高辛氏爭為帝，結果大敗。《韓非子》記載：共工曾諫堯「孰以天下傳之匹夫」，被誅。

【西王母】 中國古代神話中的女神，後為道教所信奉。她以不同的面貌或身份出現在《山海經》《穆天子傳》等古代文獻中。後代小說、戲曲裏被稱為「瑤池金母」，每逢蟠桃熟時大開壽宴，各路神仙都來為她上壽。民間因此將其當作長生不老的象徵。也稱「王母」「王母娘娘」。

【西方三聖】 指阿彌陀佛、觀世音菩薩、大勢至菩薩三位聖者。

【如來】 釋迦牟尼的十種稱號之一。釋迦牟尼常用於自稱。一般也可用如來佛稱釋迦牟尼。《金剛經》：「如來者，無所從來，也無所去，故名如來。」

【后羿（yì）】 傳說夏代東夷族有窮氏部落首領。名羿。善射箭。曾推翻夏代統治，奪得太康的君位。因喜狩（shòu）獵、不理民事而被殺死。又傳說堯時十日並出，植物枯死，猛獸、大鳥、長蛇為害，他射去九日，射殺猛獸、大鳥、長蛇，為民除害，天下始得太平。也稱「夏羿」「夷羿」「大羿」。

【有巢氏】 傳說中在樹上構木為巢而居的創始者。《莊子・盜跖（zhí）》：「且吾聞之，古者禽獸多而人少，於是民皆巢居以避之。晝拾橡栗，暮棲木上，故命之曰有巢氏之民。」

【伏羲】 古代傳說中的三皇之一。相傳其始畫八卦，又教民結網、漁獵畜牧。也稱「宓（fú）羲」「庖犧」。

【巫山神女】 相傳為赤帝之女，名瑤姬，未嫁而卒，葬於巫山之陽。楚懷王遊高唐，夢中與她相會，她自稱「巫山之女」，辭別時說「旦為朝雲，暮為行雨；朝朝暮暮，陽臺之下。」（宋玉〈高唐賦〉）。後人附會，為她立像，稱為「巫山神女」。後常用「巫山神女」比喻美女，也成為男女歡好的典故。

【呂洞賓】（798—？）傳說中的八仙之一。唐末道士。名岩，字洞賓，號純陽子，自稱回道人。相傳為京兆（今陝西西安）人。兩次舉進士不第，浪跡江湖，遇漢鍾離授以丹訣。傳說曾在江淮斬蛟、岳陽弄鶴、客店醉酒。道教全真道尊為北五祖之一，稱為「呂祖」。

【何仙姑】 傳說八仙中唯一的女性。相傳是唐代廣州增城何姓少女，家住雲母溪，日往山中採果奉母，行動如飛，因食雲母粉而成仙。或説本為宋永州道姑，能測知吉凶，名聞遐邇。金元時八仙傳説中有徐神翁而無何仙姑，元以後始以其取代。民間形象中何仙姑常手持荷花。

【灶君】道教和民間信仰的灶神。供奉於灶頭，被認為能掌管一家禍福。民俗農曆臘月二十三或二十四日為「送灶日」，也説「辭灶日」，以紙馬、飴糖等送其上天；除夕夜或元日晨迎回，謂之「迎灶日」。民間灶君像兩旁往往貼有「上天言好事，下界保吉祥」的對聯。也稱「灶神」「灶王爺」。

【社稷】社：土地神；稷：五穀之神。社與稷並祭，合稱「社稷」。古代中央政府和各諸侯國君，在都城建有社稷壇，按規定進行祭祀。據《周禮·考工記》載，社稷壇位於王宮之右，與王宮之左的祖廟相對，稱為「左祖右社」(北京中山公園原為社稷壇，位於紫禁城右，勞動人民文化宮原為皇家祖廟，居左，與古制合)。古時用作國家的代稱。

【阿彌陀佛】大乘佛教佛名。為西方極樂世界的教主，與觀音菩薩、大勢至菩薩合稱「西方三聖」。後世所謂念佛，多指誦念阿彌陀佛名號。也説「無量光佛」「無量壽佛」。

【妙德菩薩】見276頁「文殊菩薩」。

【東嶽大帝】道教所奉泰山神。傳説泰山神掌管人間生死。古代皇帝多來泰山祭祀。舊時各地多有東嶽廟，每年農曆三月二十八日舉行祭祀。

【金剛】佛教指佛身邊的侍從力士。因其手執金剛杵（古印度兵器），故稱。

【城隍】古代神話所傳守護城池的神。道教尊奉為護國保邦之神。古代稱有水環護的城塹為「池」，無水環護的城塹為「隍」。城隍據説由《周禮》蜡祭八神之一的水庸衍化而來。舊時各府州縣均建有「城隍廟」以祭城隍，內中多供奉有功於當地的名臣英雄。

【姜子牙】即呂尚。西周開國大臣。姜姓，呂氏，名望，字尚父（fǔ）。史稱太公望，俗稱姜太公、姜子牙。因輔佐周武王滅紂有功，官至太師。封於齊，為齊國始祖。

【神農】中國古代傳説中的三皇之一，農業和醫藥的發明者。相傳他教人製造農具、從事耕作，並親嚐百草，用草藥給人治病。一説炎帝即神農。《淮南子·主術訓》：「昔者，神農之治天下也，神不馳於胸中，智不出於四域，懷其仁誠之心，甘雨時降，五穀蕃植。」參見275頁「三皇五帝」。

【飛天】指空中飛舞的天神。多見於佛教壁畫或石刻之中。

【財神】民間信仰中掌管錢財利市的神。本為道教所信奉的神，即正一玄壇真君趙公明，俗稱趙公元帥。後傳說他能保病禳（ráng）災，買賣得利，而被尊為財神。民間又有文武財神之説：文財神為比干（gān）、范蠡（lǐ），武財神為趙公明、關羽。

【皋陶（gāo yáo）】偃姓，傳説是黃帝的長子少昊（玄囂）的後裔，東夷部落的首領。舜帝和夏朝初期的一位賢臣，被舜任命為掌管刑法的「理官」。他公正執法，不徇私情，以正直聞名天下，為舜帝的太平盛世做出了貢獻。也作「皋繇」。

【倉頡（jié）】相傳為漢字創造者。曾為黃帝史官。《荀子．解蔽》：「好書者眾矣，而倉頡獨傳世者壹也。」可能是古代整理文字的主要人物。「倉頡造字」的傳説流佈甚廣。《淮南子．本經訓》：「昔者倉頡作書而天雨〔yù，下（雨、雪）〕粟，鬼夜哭。」今陝西白水縣有倉頡廟。也作「蒼頡」。

【娥皇女英】人名。相傳是唐堯的兩個女兒，同嫁虞舜為妃。後舜南巡，死於蒼梧。兩人趕至南方，投水死於湘江。傳説「瀟湘竹」上的斑痕即是她們哭舜的泪水染成。有説屈原《九歌》中的湘夫人，就是她們倆人。

【菩提達摩】（？—536）南北朝高僧，禪宗創始人。相傳為南印度人。通曉大小乘佛法。於梁普通八年（527）泛海到達廣州。梁武帝遣使請至金陵（今江蘇南京），後寓於嵩山少林寺，九年面壁而坐，世稱「壁觀婆羅門」。後遇高僧慧可，授以《楞伽經》及其心法，遂使禪宗得以流傳。簡稱「達摩」或「達磨」。

【菩薩】①梵（fàn）語音譯。「菩提薩埵」（duǒ）的簡稱。是佛祖釋迦牟尼未成佛前的稱呼。後來指修行到了一定程度、地位僅次於佛的人。②泛指佛和某些神。如：觀音菩薩、文殊菩薩。③比喻心地仁慈、樂善好施的人。

【梓（zǐ）潼帝君】道教所奉掌管人間功名祿位之神。姓張，名亞子，居蜀中梓潼北七曲山（今四川）。仕晉戰死，後人立廟紀念。傳説玉帝命梓潼掌管文昌府和人間祿籍。元時加封為文昌帝君，成為主宰天下文教之神。

【救世菩薩】見 283 頁「觀世音菩薩」。

【曹國舅】傳説中的八仙之一。相傳名友，宋代人。本為國舅，因其弟仗勢作惡，恐受牽累，遂散財濟貧，入山修道。後由漢鍾離、呂洞賓引入仙班。事見《東遊記》。民間八仙形象中曹國舅不作道士打扮，而是身着官服，腰繫玉帶，手持玉版。

【張果老】傳説中八仙之一。八仙中年齡最長者。相傳久隱中條山，往來汾晉間。常倒騎白驢，日行數萬里，休息時即將驢折疊藏於巾箱中。唐玄宗遣使迎入京師，表演法術受賞，賜號通玄先生。手中常持簡版，後世視其為道情（一種說唱藝術）的祖師。也稱「張果」。

【彭祖】 傳說中的人物。姓籛（jiān），名鏗（kēng）。善養生，會導引之術。據說為顓頊（zhuān xū）玄孫，活到七八百歲，因封於彭，故稱彭祖。民間多以其為長壽的象徵。

【黃帝】 傳說中國中原各族的共同祖先。「三皇五帝」的「五帝」之一。姬姓，號軒轅氏、有熊氏。少典之子。相傳他率領各部落先後打敗炎帝、蚩尤，並征服東夷、九黎族，被擁戴為部落聯盟領袖，成為中國遠古時代華夏的共主。黃帝以土為德，土色黃，故稱。傳說養蠶、播百穀、造舟車、制音律、創醫學等很多發明創造都始於黃帝時期，故被尊為中華人文初祖。又被戰國時黃老學派推崇為始祖。今所謂「炎黃子孫」之「炎黃」，即指炎帝和黃帝。

【無量光佛】 見 278 頁「阿彌陀佛」。

【無量壽佛】 見 278 頁「阿彌陀佛」。

【普賢菩薩】 中國佛教四大菩薩之一。為釋迦牟尼的右脅侍，專司「理」德。多乘白象。其形象身呈白色，戴五佛寶冠，左手以拇指、食指執蓮花；右手臂伸開仰掌。相傳四川峨眉山為其顯靈說法的道場。又稱「遍吉菩薩」。

【湘妃】 相傳為舜的二位妃子娥皇、女英。舜南巡死於蒼梧之野。二妃聞訊前往，一路痛哭，尋之不得，投入湘江殉情，遂為湘水之神。

【遍吉菩薩】 見 280 頁「普賢菩薩」。

【媽祖】 傳說中掌管海上航運的女神。相傳為宋代福建莆（pú）田湄洲島人，姓林，名默。8 歲從師，10 歲信佛，13 歲習法術。宋雍熙四年（987）盛裝登山石「升天」為神。當地居民立廟奉祀，稱「媽祖廟」。湄洲島媽祖廟、天津天后宮、臺灣北港朝天宮為三大祖廟。宋元明清歷代皆有褒封。每年農曆三月二十三日為媽祖誕辰日。俗稱媽祖婆。也稱「天妃」「天后」。

【道德天尊】「太清道德天尊」的簡稱，道教三清尊神之一。即被尊為太上老君的老子。居天界「太清」仙境。與元始天尊、靈寶天尊並稱為三洞教主。道教宮觀多有供奉，造像持扇或如意，象徵萬物化生之「太初」世紀。也稱「太上老君」。

【趙公元帥】 道教所信奉的財神。相傳姓趙，名朗，字公明。秦時得道於終南山，被道教尊為正一玄壇元帥，故也稱「趙玄壇」。其像頭戴鐵冠，黑面濃鬚，執鐵鞭，騎黑虎，故也稱「黑虎玄壇」。傳說能驅雷役電，除瘟禳（ráng）災，主持公道，求財如意。

【漢鍾離】 傳說中的八仙之一。相傳複姓鍾離，名權，號正陽子。因為原型為東漢大將，故又被稱漢鍾離。受鐵拐李的點化，上山學道。下山後飛龍斬虎、點金濟眾。最後與兄簡同日升天，化度呂洞賓而去。事見《東遊記》。其傳說始於五代、宋初。元代全真道奉為「正陽祖師」，為北五祖之一。

【嫦娥】 中國古代神話人物。后羿之妻，非常美貌，因偷食后羿自西王母處求得的不死藥而成仙奔月。道教尊嫦娥為月神，又稱太陰星君。本作姮（héng）娥，因西漢時避漢文帝劉恆的諱而改稱嫦娥。也作「常娥」。

【嫘（léi）祖】 傳說中黃帝的妻子，她發明了養蠶。

【盤古】 中國神話中開天闢地的人。也稱「盤古氏」。道教尊稱為「太上盤古氏玉清元始天尊」。

【龍王】 ①佛經裏王者形象。傳說釋迦牟尼誕生時，有難陀、跋難陀二龍王為其灌沐。《海龍王經》說，佛在靈鷲（jiù）山說法時，海龍王率眾來聽法，生歡喜心，禮請佛至海底龍宮坐大殿之獅子座說法。②中國神話傳說中統帥水族、掌管興雲佈雨的神。

【羲和】 ①傳說中掌管天文曆法的官吏。a）《尚書·堯典》記載：「羲」是羲氏的羲仲、羲叔，「和」是和氏的和仲、和叔，羲和是兩氏四人的合稱。他們被堯派往東西南北四地，觀星象，定季節，制定曆法。b）《尚書·胤征》記載：羲和是夏代仲康時人，因酒醉失職，沒能預報日食，仲康命人征討治罪。c）古書《世本》記載：羲和是黃帝時人，受命「占日」（觀察太陽運行，以制定曆法）。②神話人物。a）給太陽駕車的神。b）太陽的母親。《山海經·大荒南經》記載：在東南海的外面，有個女子名叫羲和，是帝俊的妻子，生了十個太陽。

【藍采和】 傳說中的八仙之一。常穿破藍衫，一足着靴，一足跣（xiǎn）露，手持大拍板，行乞鬧市，乘醉而歌，周遊天下。後在濠梁（今安徽鳳陽）酒樓聞空中有笙簫之音，乘雲升仙而去。元雜劇說他是一個伶人，真姓名叫許堅。

【燧（suì）人氏】 中國古代傳說中的三皇之一，鑽木取火的發明者。相傳他教民熟食，反映了原始時代由自然取火到人工取火，由生食到熟食的進步情況。參見 275 頁「三皇五帝」。

【韓湘子】 傳說中的八仙之一。本為唐代韓愈侄十二郎（老成）子，名湘，字北渚。長慶進士，曾官大理丞。韓愈貶潮陽，至藍關時曾贈湘詩，有「雲橫秦嶺家何在，雪擁藍關馬不前」之句。傳說中韓湘子拜呂洞賓為師得道成仙事即由此附會而來。民間形象中，他擅長吹笛子，道教音樂《天花引》據傳為其所作。

【鍾馗（kuí）】 民間傳說中驅妖逐邪之神。北宋·沈括《夢溪筆談·雜志》記載：唐明皇病中夢見未中武舉的鍾馗滅除妖孽，醒後病癒，於是詔畫師吳道子畫成圖像以祛邪驅祟。後此俗傳佈民間。一說由「終葵」〔即「椎（chuí 同『槌』）」〕演化而來。古代民俗以椎驅鬼，六朝人認為終葵可以驅鬼辟邪，遂附會為人。今多用來指敢於同邪惡勢力作鬥爭的人物。

【濟公】（1148 — 1209）南宋高僧。俗名李修緣，天台（tāi）縣永寧村人。初在杭州靈隱寺出家，後住淨慈寺。不受戒律拘束，嗜好酒肉，舉止似癡若狂。懂醫術，為百姓治癒不少疑難雜症。是一位學問淵博、行善積德的高僧，被列為禪宗第五十祖。撰有《鐫峰語錄》《淨慈寺志》等。清代郭小亭將濟公濟困扶危、嘲弄官府的故事寫成長篇小說《濟公活佛傳》。

【彌勒】 梵（fàn）語音譯。大乘佛教菩薩。從兜率天下生凡界，在龍華樹下繼承釋迦牟尼而成佛。傳說為五代時布袋和尚的化身。中國寺院中多供奉笑口常開的大肚彌勒佛像。也稱「彌勒佛」。

【瞽（gǔ）叟】 舜的父親。嬀（guī）姓，因雙目失明，故稱。其人性頑劣，與後妻和後妻所生的兒子串通一氣，必欲置舜於死地。但舜卻從不怨恨，一如既往孝順父母，對弟弟友善。舜的善行終於感動了瞽叟，使他再也不懷害舜之心了。也作「瞽瞍」。

【雙成】 神話中西王母的侍女，掌管蟠桃園。姓董。善吹笙，通音律。唐·白居易〈長恨歌〉：「金闕西廂叩玉扃（jiōng），轉教小玉報雙成。」後借指美女。

【鯀（gǔn）】 傳說中中國上古原始部落的首領。顓頊（zhuān xū）之子，禹之父，建國於崇，號重伯。奉堯命治水，採用築堤防水方法，九年而未成，被舜處死於羽山。

【關聖帝君】 道教祀奉的重要護法神，由三國蜀漢名將關羽衍化而來。關羽集忠、孝、節、義於一身，去世後逐漸被神化，歷代朝廷多有褒封，推崇為與「文聖」孔子齊名的「武聖」。民間還把他視為財神供奉。相傳農曆五月十二日是其聖誕。也稱「關帝」「關老爺」。

【釋迦牟尼】（約前 565 — 前 485）佛教創始人。姓喬達摩，名悉達多，古印度釋迦族人，是北印度迦毗（pí）羅衛國（在今尼泊爾境內）淨飯王之子。29 歲時出家修行，後「悟道成佛」。釋迦牟尼是佛教徒對他的尊稱，意思是釋迦族的聖人。

【鐵拐李】 傳說中的八仙之一。相傳姓李，名玄。曾遇太上老君得道。神遊時因其肉身誤為徒弟火化，遊魂無所依歸，便附一餓死者的屍體而起。敞着懷，瘸着腿，蓬首垢面，拄一根鐵杖，故稱鐵拐李。民間傳說他為道教藥神，背上的大葫蘆裏裝着神奇的丹藥。也稱「李鐵拐」。

【觀世音菩薩】 以慈悲救濟眾生為本願的菩薩。中國佛教四大菩薩之一。與大勢至菩薩、阿彌陀佛並稱「西方三聖」。凡遇難眾生誦念其名號，菩薩即時觀其音聲前往拯救，故稱。觀世音菩薩的形象頗多變化，而以二臂的正觀音為其本形。中國浙江普陀山為其說法的道場。簡稱「觀音菩薩」。也稱「救世菩薩」。

【靈寶天尊】 道教三清尊神之一。全稱「上清靈寶天尊」。居天界「上清」仙境，與元始天尊、道德天尊並稱為三洞教主。道教宮觀多有供奉，其塑像居左位，手抱一圖，象徵陰陽初判之「混元」世紀。也稱「太上道君」。參見 82 頁「三清」。

（四）名篇、名著

【一切經音義】書名。佛經工具書。「一切經」即「大藏（zàng）經」。有兩個版本：a）唐朝僧人玄應撰，25卷。解釋佛經音義，詳注反切。也稱《玄應音義》。b）唐朝僧人慧琳撰，100卷。博引古代韻書、字書以釋佛經的音義，並錄玄應、慧苑各家音義。也稱「慧琳音義」「大藏音義」。

【二十二子】叢書名。清末浙江書局編纂刊行。輯錄周、秦、兩漢諸子中具代表性著作22種。所據版本多為明代精刻本或清代學者校訂本，如華亭張氏《老子》、顧氏世德堂《莊子》、吳郡趙氏《管子》等。後經翻印，改名《子書二十二種》。

【二十五史】中國古代稱25部紀傳體史書。1936年，上海開明書店以武英殿本二十四史為基礎，增印清末民初史學家柯劭忞（mín）所撰《新元史》，稱為「二十五史」。或不增《新元史》，增趙爾巽（xùn）等所撰《清史稿》，也稱為「二十五史」。

【二十六史】指中國古代26部紀傳體史書。包括《史記》《漢書》《後漢書》《三國志》《晉書》《宋書》《南齊書》《梁書》《陳書》《魏書》《北齊書》《周書》《隋書》《南史》《北史》《舊唐書》《新唐書》《舊五代史》《新五代史》《宋史》《遼史》《金史》《元史》《新元史》《明史》《清史稿》。

【二十四史】中國古代稱24部紀傳體史書。包括《史記》《漢書》《後漢書》《三國志》《晉書》《宋書》《南齊書》《梁書》《陳書》《魏書》《北齊書》《周書》《隋書》《南史》《北史》《舊唐書》《新唐書》《舊五代史》《新五代史》《宋史》《遼史》《金史》《元史》《明史》。

【二十四詩品】書名。詩論。唐代司空圖撰。主要論述詩歌風格，分雄渾、沖淡、纖穠、沉着等24目，各用四言韻語12句描摹其特徵。論詩文而品評風格，較前代曹丕、陸機、劉勰（xié）等區分更為細密。簡稱《詩品》。

【二十年目睹之怪現狀】長篇小說。清末吳趼（jiǎn）人作。108回。晚清四大譴責小說之一。全書以主人公「九死一生」所見所聞為線索，着重描寫官場、商場和「洋場」的怪現狀，多側面地暴露了晚清政治的黑暗和社會的醜惡，反映了民眾的覺醒和要求變革的願望，在思想上表現出改良主義傾向。文筆較為生動。

【十三經】指儒家的十三種經典著作。它們是：《周易》《尚書》《詩經》《周禮》《儀禮》《禮記》《春秋左氏傳》《春秋公羊傳》《春秋穀梁傳》《論語》《孝經》《爾雅》《孟子》。

【十三經注疏】 十三部儒家經典的注疏（注疏：注解和解釋注解的文字的合稱）。416 卷。十三經的每部經都有專人注疏，如《周易》用三國魏王弼注、唐代孔穎達正義。南宋後開始合刊，清代阮元據宋本重刊。

【十通】《通典》等十部典志書的總稱。其中《通典》《通志》《文獻通考》稱「三通」，清乾隆時加入官修的《續通典》《清通典》《續通志》《清通志》《續文獻通考》《清文獻通考》六書，合稱「九通」。1935 年加入劉錦藻撰的《清續文獻通考》，遂成「十通」。內中以《文獻通考》價值最大。

【十駕齋養新錄】 書名。清代錢大昕（xīn）著。23 卷。體例略同顧炎武《日知錄》，內容包括經學、小學、史學、地理、金石、詞章、官職、姓氏、典籍、術數、儒術等諸多領域。本書認為古無輕唇音、無舌上音等，對漢語音韻學研究有重大貢獻。

【十翼】 見 303 頁「易傳」①。

【人間詞話】 書名。文學批評著作。清末民初王國維撰。全書以西洋美學的新眼光評論中國古代文學，以「境界」説為核心，論斷詩詞的演變，評價詞人的得失、作品的優劣。既集中國古典美學和文學理論之大成，又開中國現代美學和文學理論之先河，是晚清以來最有影響的文學批評著作之一。

【九章算術】 書名。中國古代著名的數學著作。作者已不可考。成書約在東漢前期，現今留傳的是三國魏時劉徽所作的注本。分方田、粟米、衰分、少廣、商功、均輸、盈不足、方程、勾股等九章。其中分數理論、線性方程組解法、正負數加減法則、解勾股形方法等都是具有世界意義的成就。也稱《九章算經》。

【九經古義】 書名。清代惠棟著。16 卷。解釋《周易》《尚書》《毛詩》《周禮》《儀禮》《禮記》《左傳》《公羊傳》《穀梁傳》《論語》等九經的經義。作者解釋《左傳》經義的《左傳補注》別本單行。此書以漢儒訓詁為宗，搜採舊文，互相參證，原原本本，可謂精核。以詳博見長，但個別處有拘執古義之嫌。

【九歌】《楚辭》篇名。一般認為是屈原根據民間祭神樂歌改作或加工而成。計有：〈東皇太一〉〈雲中君〉〈湘君〉〈湘夫人〉〈大司命〉〈少司命〉〈東君〉〈河伯〉〈山鬼〉〈國殤〉〈禮魂〉。除〈國殤〉一篇為悼念和讚頌為楚國而戰死的將士外，其他篇章多描寫神靈間眷戀，表現出對純潔愛情的讚頌、對幸福生活的嚮往，充滿了濃厚的浪漫色彩。

【三字經】書名。中國古代兒童啟蒙課本。相傳為宋代王應麟著。三言韻語，短而精，便於記誦。內容包括歷史、天文、地理、道德和生活常識以及一些民間傳說等。

【三希堂法帖（tiè）】書法拓（tà）本名。《三希堂石渠寶笈法帖》的簡稱。乾隆十二年（1747）清高宗命吏部尚書梁詩正等將內府所藏魏、晉至明代法書，擇其精要，鐫刻石碑500餘通（今藏北京北海公園內）。拓本共分32冊。因帖中收有被乾隆帝視為三件稀世墨寶的東晉王羲之的《快雪時晴帖》、王獻之的《中秋帖》和王珣（xún）的《伯遠帖》，而珍藏這三件稀世珍寶的地方又被稱為三希堂，故稱《三希堂法帖》。

【三言二拍】明末五種話本集及擬話本集的總稱。「三言」指《喻世明言》（也稱《古今小說》）《警世通言》和《醒世恆言》，明代馮夢龍纂輯，共收話本小說120篇。「二拍」指《初刻拍案驚奇》和《二刻拍案驚奇》，明人凌濛初編著，共80篇，內有一篇重複，一篇雜劇，實錄擬話本小說78篇。後有抱甕老人從諸集中選錄40篇，刻以單行，題名《今古奇觀》。

【三倉】書名。字書。秦代李斯《倉頡（jié）篇》、趙高《爰（yuán）歷篇》、胡母敬《博學篇》的合稱。漢時也合稱《倉頡篇》。西漢時揚雄所撰《訓纂篇》、東漢賈魴（fáng）所撰《滂喜篇》，加上《倉頡篇》（包括《爰歷篇》《博學篇》）也合稱「三倉」。大抵四字為句，兩句一韻，便於誦讀，用以教學童識字。今皆不傳。也說「三蒼」。

【三國志】書名。二十五史之一。西晉陳壽撰。65卷。為紀傳體三國史，分魏、蜀、吳三志。初始三志各自獨立，到北宋咸平六年（1003）三書合為一書。因敘事較為簡略，南朝宋代裴松之為之作注，多出本文數倍，保存的史料更加豐富。

【三國志通俗演義】見286頁「三國演義」。

【三國演義】書名。全名《三國志通俗演義》。中國古代四大名著之一，也是中國古代歷史演義小說的經典之作。元末明初羅貫中著。全書着重描寫了公元3世紀，以曹操、劉備、孫權為首的魏、蜀、吳三個政治軍事集團之間的矛盾和鬥爭，塑造了四百多個人物，尤以諸葛亮、曹操、劉備、關羽等人最為人們耳熟能詳。小說既以史實為依據，又不完全囿（yòu）於史實，達到了歷史真實與藝術真實的完美統一。

【三傳（zhuàn）】「傳」是解釋經書的文字；「三傳」指《春秋左傳》《春秋公羊傳》《春秋穀梁傳》，分別是左氏、公羊氏、穀梁氏三家對《春秋》做出的解釋。也稱「《春秋》三傳」。

【才德論】篇名。北宋史學家司馬光著。把人的「智愚勇怯」稱為才，歸於天賦自然，認為「四者有常分而不可移」；把「善惡逆順」稱為德，歸於後天人為，可以通過後天努力來改變。對於才和德的關係，強調以德為主。選人才，不一定要選德才兼備的人，而是讓有德者控制駕馭有才者。

【大風歌】古歌名。漢高祖劉邦平黥（qíng）布回師時，過沛縣，邀集故人飲酒。酒酣時劉邦擊筑，同時唱了這首歌。歌詞為：「大風起兮雲飛揚，威加海內兮歸故鄉，安得猛士兮守四方。」反映了劉邦希望四海統一、國家安寧的情懷。後人題為〈大風歌〉。

【大唐西域記】書名。唐玄奘述，辯機撰文。12 卷。書中記述了貞觀元年至十九年（627 — 645）玄奘西行所親歷 110 個與得之傳聞的 28 個城邦、地區、國家的概況。是研究中古時期中亞和南亞諸國的歷史、地理、宗教、文化及中西交通的珍貴資料，也是研究佛教史學、佛教遺跡的重要文獻。簡稱《西域記》。

【大唐開元禮】書名。唐玄宗敕撰，150 卷。開元中，唐玄宗採納張説（yuè）的建議，取前朝禮書，折中異同，形成本朝禮儀規制。由徐堅等創始，蕭嵩等完成，開元二十年（732）頒行。明確分為吉、賓、嘉、軍、凶五禮。為中國現存中古禮儀制度的代表作。杜佑採其一部分載入《通典》，《唐書．禮志》也多取材於此書。

【大學】《禮記》中的一篇。儒家經典之一。傳為曾子作。南宋朱熹將《大學》與《論語》《孟子》《中庸》合稱「四書」。

【大戴禮記】書名。秦漢以前各種禮儀論著的彙集。相傳為西漢戴德纂輯。今存 39 篇，對研究中國古代社會狀況、文物制度和儒家學説等有重要參考價值。有北周．盧辯注、清．孔廣森《大戴禮記補注》。較好的注本為近人王聘珍所撰《大戴禮記解詁》。也説《大戴禮》《大戴記》。

【大藏（zàng）經】書名。佛教典籍。內容包括「經」（釋迦牟尼在世時的説教以及後來增入的少數佛教徒阿羅漢或菩薩的説教）、「律」（釋迦牟尼為信徒制定必須遵守的儀軌規則）、「論」（關於佛教教理的闡述或解釋）。其編纂始於南北朝，時稱「眾經」或「一切經」，隋以後稱「大藏經」。按文字不同可分為漢文、藏文、蒙文、滿文等七大系統。最早的版本是北宋刻本。簡稱《藏經》。

【小山樂府】散曲集。元代張可久（字小山）作，6 卷。近人任訥據《張小山北曲聯樂府》重編。包括前集《今樂府》、後集《蘇堤漁唱》、續集《吳鹽》、別集《新樂府》及外集、補集各一卷。收小令 750 首，套數 8 套。

【小雅】《詩經》的一部分，共有 74 篇。「小雅」中一部分詩歌與「國風」類似，其中最突出的是關於戰爭和勞役的作品。

【山海經】 書名。古代神話、地理著作。作者不詳，大約成書於戰國時代和西漢初期。內容多怪異，保存了不少古代神話傳説和史地資料。如：夸父追日、精衛填海、女媧（wā）補天、共工怒觸不周山等。

【千字文】 書名。中國古代的啟蒙讀本。南朝梁周興嗣撰。選取王羲之書法中 1000 個不同的字，編為四言韻語，講述有關自然、社會、歷史、倫理、教育等方面的常識。有多種續編和改編本，如宋代《敍古千文》《稽古千文》，明代《廣易千文》《正字千文》，清代《訓蒙千字文》《續千字文》等。與《三字經》《百家姓》合稱「三百千」，在中國及漢字文化圈很有影響。

【千金要方】 醫書名。唐孫思邈撰。30 卷。「人命至重，有貴千金」，故書名冠以「千金」。廣輯前代各家方書及民間驗方，合方論 5300 餘首，敍述婦、兒、內、外各科疾病的診斷、預防與主治方藥、食物營養、針灸等。又於永淳元年（682）撰寫續編，稱《千金翼方》，在原書基礎上有所增補，並收載了張仲景《傷寒論》內容，保存了唐代以前的不少醫學文獻資料。也説《備急千金要方》。

【千金翼方】 見 288 頁「千金要方」。

【千家詩】 書名。詩集。有《新鐫五言千家詩》與《重訂千家詩》兩種。前者為明清之際王相選注，後者題謝枋（fāng）得選、王相注。此兩種《千家詩》各分絕句、律詩兩部分，大都為唐宋人作品。

【天工開物】 書名。明代宋應星著。較全面系統地記述中國古代農業和手工業的生產技術及經驗，並附有大量插圖。分三編：上編包括穀類和棉麻栽培、養蠶、繅（sāo）絲、染料、食品加工、製鹽、製糖等；中編包括製造磚瓦、陶瓷、鋼鐵器具，建造舟車，採煉石灰、煤炭、硫磺以及榨油、造紙等；下編包括五金開採及冶煉，兵器、火藥、顏料製造等。具有重要的科學價值，被譽為中國 17 世紀的工藝百科全書，反映了明末社會經濟的生產狀況。

【天論】 ①《荀子》篇名。荀子思想代表作。指出天體有運行規律，不受人為影響。也有星墜、日月食等反常現象，不必畏懼。批判了鬼神迷信，提出了「制天命而用之」（掌握並利用自然規律）的人定勝天思想。②著作名。唐劉禹錫的哲學代表作。分上、中、下三篇。補充和發展了柳宗元〈天説〉中的思想，論述「天命」迷信產生的社會、認識根源，指出「天」也是有形的物質，有自身的規律。收入《劉夢得文集》。

【廿（niàn）二史考異】書名。清錢大昕（xīn）著。100 卷。所考二十二史不包括《舊五代史》和《明史》。該書對二十二史中的史料，典章制度，地理沿革以及遼、金國語，蒙古世系進行了考訂。不僅用正史中的材料互校，還廣採雜史、方志、詩文、筆記、碑傳參校。校勘精詳，為當時史學界的重要著作。

【木蘭詩】樂府〈鼓角橫吹曲〉名。北朝民歌。長達 300 餘字。內容寫少女木蘭代父從軍、得勝歸來的故事，塑造了一位堅強勇敢的女英雄形象。語言明朗剛健，具有北方民歌的特色。也說〈木蘭辭〉。

【木蘭辭】見 289 頁「木蘭詩」。

【五經】五部儒家經典著作。包括《詩》《書》《禮》《易》《春秋》。漢武帝時朝廷將這五部書宣佈為儒家經典，始稱「五經」。它保存了豐富的古代歷史資料，是古代社會的儒學教科書。

【五經正義】書名。唐代頒佈的官書。孔穎達等奉唐太宗命編訂，用於科舉取士。180 卷。《詩》用西漢毛公傳、東漢鄭玄箋，《書》用偽孔安國傳，《禮》用鄭玄注，《易》用三國魏王弼注，《左傳》用西晉杜預注。

【太上感應篇】書名。道教勸善書。成書年代及作者不詳。全書 1200 多字，始於「禍福無門，惟人自召」，終於「諸惡莫作，眾善奉行」。要旨在勸善戒惡，也存有天人感應、因果報應等成分。簡稱《感應篇》。

【太平御覽】類書名。宋太宗命李昉（fǎng）等輯。1000 卷。初名《太平總類》，後因宋太宗按日閱覽，改題《太平御覽》。以天、地、人、事、物為序，分 55 門，引書多至 1690 種。搜羅浩博，古籍佚文賴以考見。簡稱《御覽》。

【太平經】書名。道教最早的經籍。「太平」是「極大公平」之意。非一人一時所作，多已散佚。明《正統道藏（zàng）》收錄殘存《太平經》57 卷。該書內容龐雜，以陰陽五行解釋治國之道，主張散財濟貧、自食其力，反對不勞而獲。對張道陵的五斗米道和張角的太平道等曾產生過一定影響。是研究道教歷史和東漢晚期社會生活的重要資料。

【太平廣記】書名。小說總集。北宋李昉（fǎng）等編輯。因書成於宋太宗太平興國年間，故稱。500 卷。按性質分 92 大類。採錄自漢至宋初的小說、筆記、稗史等 475 種，保存了大量的古小說資料。其中引用的書，有很多已經散佚、殘缺或被後人竄改，賴此書得以考見。

【太平寰宇記】書名。北宋地理總志。樂（yuè）史撰。200 卷。取太平興國年號首二字為書名。該書雜取山經地志，始於東京，終於「四夷」。府、州排列，以當時所分十三道為準，除因襲《元和郡縣志》門類外，又增加了風俗、人物、姓氏、土產、四夷等門。後編撰總志多沿用此體例。

【太和正音譜】 書名。戲曲論著。明代朱權著。2 卷 8 章。共評論元明雜劇、散曲作家 187 人，獨推馬致遠為首位。對元代和明初雜劇作家作品補遺，並列「知音善歌者」36 人，有史料價值。對音韻格律的論述尤有價值。是現存最早的北雜劇曲譜，甚為珍貴。

【太極圖】 中國古代說明宇宙現象的圖像。因宇宙無限大，故稱太極。有兩種：一種是以圓形的圖像表示陰陽對立面的統一體，圓形外周附以八卦方位，道教常用作標誌。另一種為宋代周敦頤據《周易 · 繫辭上》「易有太極，是生兩儀。兩儀生四象，四象生八卦。八卦定吉凶，吉凶生大業」諸語，取道家象數之說而畫的，代表宋代理學對世界形成和萬物終始的一種看法。

【太極圖說】 著作名。北宋周敦頤著，是其對所繪太極圖的說明。全文僅 250 餘字。兼採《易傳》的說法和道家思想，提出一個以「太極」為中心的世界創成說。後朱熹作《太極圖說解》加以發揮，遂成為程朱理學的理論基礎。

【切韻】 書名。隋代陸法言撰。5 卷。為唐宋韻書之祖。分 193 韻，收字 11500 個。初為私家著述，到唐代成為官定韻書，是唐宋以來詩文用韻標準，也是研究中古語音的主要根據之一。

【日下舊聞】 書名。清代地理著作。清代朱彝尊撰。42 卷。日下，指京師。記載上自遠古、下至明末北京的掌故史跡。內容分星土、世紀、形勝、宮室、京畿（jī）、風俗、物產等 13 門。徵引前人著作，逐條排比。採輯淵博，記載詳備。其子朱昆田撰《補遺》，清高宗又命大臣增續，別成《日下舊聞考》。

【日知錄】 書名。讀書札記。明清之際顧炎武著。32 卷。按經義、吏治、財賦、史地、兵事、藝文等分類編入。以「明道」「救世」為宗旨，全面反映了著者的政治學術思想。「天下興亡，匹夫有責」就出自此書。

【中和論】 著作名。北宋司馬光著。中和是司馬光思想的根基，其核心觀點是「中和為養生作樂之本」。當喜怒哀樂未發之時則存於心中，已發之後則制之心中。「和」是「中」的自然結果，因此說「中、和一物」。司馬光的中和思想，既肯定了喜怒哀樂未發之時應當靜中涵養持中的工夫，又強調了喜怒哀樂已發之後以中制情的作用。

【中華大字典】書名。字書。陸費逵、歐陽溥（pǔ）存主編。1915 年出版。收單字 48000 餘，按部首編排，用反切和直音注音，分條解釋字義，引例注明篇名。並收籀（zhòu）、古、俗、訛等字體，一一辨明。較《康熙字典》詳備。

【中原音韻】書名。韻書。元代周德清撰。分前後二卷，前卷是韻譜，後卷是附論。根據元代北曲用韻，分 19 部。首倡「平分陰陽，入派三聲」之說。韻部簡化，改變《切韻》以來韻書的體例。後來北曲作家作曲、演員唱曲，正音咬字，多以此書為依據。是研究近代北方話語音的重要資料。

【中說】書名。隋代王通的門人纂集、記錄其言行而成的一部語錄體著作。分為王道、天地、事君等十卷。以氣、形、識分別作為天、地、人的特點，提出「三教可一」的思想，試圖從理論上調和儒、釋、道「三教」。也稱《文中子》。

【內經】醫書。《黃帝內經》的簡稱。現分為《素問》《靈樞》兩書。是現存較早的重要醫學經典。成書年代約在先秦至西漢間。總結了中國古代的醫學理論和經驗，奠定了中醫學的理論基礎。

【內省（xǐng）】內心反省自己的言行和思想，檢查有無過失。《論語．顏淵》：「內省不疚，夫何憂何懼？」（省：反省，省察，自我檢討；疚：愧疚，慚愧，羞愧）

【水經注】書名。中國古代地理名著。北魏酈道元著。40 卷。名為注釋《水經》，實則以《水經》為綱，作了比原書文字多 20 倍的補充和擴展。記載大小水道 1252 條，一一窮源竟委，詳細記述了所經地區山陵、原隰（xí，低地）、城邑、關津等地理情況，建置沿革和有關歷史事件、人物，甚至神話傳說。引用書籍多至 437 種，還記錄了不少漢魏間的碑刻。文筆絢麗，具有較高的文學價值。

【水滸傳】書名。長篇小說。一般認為是元末明初施耐庵撰。書中描寫北宋末年以宋江為首的 108 位好漢被逼起義，聚義梁山的故事，塑造了李逵、武松、林沖、魯智深、宋江等一大批英雄形象。語言精煉，情節生動引人。是中國古典長篇小說四大名著之一。簡稱《水滸》，也說《忠義水滸傳》。

【今文尚書】書名。儒家經典《尚書》傳本之一。據傳《尚書》由孔子編定，原有百篇，秦焚書後，至西漢初僅有原秦博士伏生所傳二十八篇，用漢時通行文字隸書抄寫，故名。清代孫星衍《尚書今古文疏證》，對《今文尚書》二十八篇的注解較為完備。

【今古奇觀】①古今奇怪而少見的事。②書名。擬話本選集，姑蘇抱甕老人選編。共 40 篇，其中選自「三言」者 29 篇，選自「二拍」者 11 篇。

【公孫龍子】書名。戰國公孫龍著。今僅存六篇。主要闡述了概念的內涵和外延、事物的共性和個性所具有的內在矛盾，是研究公孫龍哲學觀點和邏輯思想的重要資料，在中國古代邏輯思想史上有重要地位。也稱《守白論》。

【六祖大師法寶壇經】見 292 頁「六祖壇經」。

【六祖壇經】中國佛教禪宗典籍。禪宗六祖惠能講說，弟子法海集錄。根據「自性本自清淨」立說，宣揚「明心見性」「頓悟成佛」的基本思想。簡稱《壇經》。也稱《六祖大師法寶壇經》。

【六韜】書名。古代兵書。舊題周·呂望（姜太公）撰，實為偽託。約成於戰國時期。今存六卷，共六十篇。該書論述了政治、經濟與戰爭的關係，提出「同天下之利者得天下，擅（shàn，獨攬）天下之利者失天下」，認為從事戰爭要有雄厚的經濟基礎，主張大力發展「大農」「大工」「大商」。該書記述了當時的參謀機構、保障機構的組織和人員職責，步、車、騎各兵種的戰法和協同戰術，以及間諜和祕密通信等。在世界軍事史上有一定地位。

【文心雕龍】書名。南朝梁·劉勰撰。10 卷，50 篇。文心，寫文章的用意；雕龍，指像刻鏤龍紋一樣精細闡述。全書對文學的體裁、性質、創作、批評等一系列重要理論問題進行了系統深入的探討。主張綜合地看待時代、社會、政治等對文學的影響，辯證地看待內容與形式的關係，強調文質並重。是中國最早的文學理論和文學批評巨著，有劃時代意義。

【文史通義】書名。史學論著。清代學者章學誠撰。8 卷，分內篇 5 卷，外篇 3 卷。其主旨以「考索」與「義理」並重，反對無目的的考索與空談義理。與劉知幾的《史通》被視作中國古代史學理論的雙璧。

【文苑英華】詩文集。宋代李昉（fǎng）、扈蒙、徐鉉（xuàn）、宋白、蘇易簡等奉旨編纂。一千卷。「宋四大書」之一。輯集南朝至唐代詩文近兩萬餘篇，保存了大量詩文，為以後《古詩紀》《全唐詩》《全唐文》等的編纂提供了素材。近人傅增湘有《文苑英華校記》。

【文海】西夏文字書。著者不詳，成書約在 12 世紀。1909 年在中國黑水城遺址（今內蒙古額濟納旗）出土。原書有平聲、上聲、雜類三部分。出土為殘刻本，109 頁，3000 多字條。體例兼有《説文解字》和《廣韻》的特點，是研究西夏語言、文字的重要文獻。書中有很多關於西夏經濟、政治和社會生活、文化等方面的資料，也是研究西夏社會歷史的重要參考書。

【文選】詩文集。南朝梁蕭統（昭明太子）編選，世稱《昭明文選》。選錄自先秦至梁 130 位知名作家和少數佚名作者的詩文辭賦，共 700 餘篇。其選文在表現形式上要求辭藻華美、聲律和諧，顯示出齊梁時代已注意到文學與其他類型著作的區分。為現存最早的詩文選集，是研究梁以前文學的重要參考資料。

【文獻通考】書名。宋元之際馬端臨著。348 卷。記載從上古到宋寧宗時的典章制度沿革。門類較杜佑《通典》詳細，計有田賦、錢幣、戶口、學校、郊社、宗廟、帝系、象緯、輿地等 24 門，不少為《宋史》諸志所無。

【方言】①書名。《輶（yóu）軒使者絕代語釋別國方言》的簡稱。西漢揚雄撰。漢語方言學的開山之作。今本 13 卷。體例仿照《爾雅》，類集古今各地同義詞語，大都注明通用範圍。材料的來源主要是直接的調查。在中國方言學史上有「懸諸日月而不刊」的美譽，在世界方言學史上也佔有重要地位。②一種語言在演變過程中形成的地域分支，跟標準語有區別，如漢語中的閩語、粵語、吳語、客家話等。

【尹文子】①（約前 360 — 前 280）即尹文。戰國時齊國人。與宋銒（jiān）齊名，同遊稷下。善名辨，認為「接萬物以別宥（yòu）為始」（《莊子·天下》），即認識事物首先要破除成見。提倡「無為」「寡為」，主張消除爭鬥、止息用兵。其學說為公孫龍所稱道。②書名。尹文著。原本不存，今本上、下兩篇，為後人襲錄、增刪尹文殘文而成。認為「萬事皆歸於一，百度皆準於法」「道不足以治，則用法；法不足以治，則用術；術不足以治，則用權；權不足以治，則用勢」。其說與黃老刑名之學相近。

【孔子世家】《史記》篇名。中國最早的系統的孔子傳記。作者司馬遷博採經傳諸子，主要根據《論語》《左傳》《國語》《禮記》等書所記述的有關孔子的言行事跡撰輯成篇（《史記》卷四十七）。

【孔子家語】書名。是一部記錄孔子及孔門弟子思想言行的著作。原書失傳。今傳本 10 卷 44 篇，係三國魏王肅收集整理。雜取《論語》《左傳》《國語》《荀子》《大戴禮》《禮記》《説苑》等書中有關古代婚姻、喪祭、郊禘（dì）、廟祧（tiāo）等制度綜合成篇。對於研究孔子和孔門弟子及古代儒家思想有重要參考價值。清代孫志祖有《家語疏證》。也説《孔氏家語》。簡稱《家語》。

【孔雀東南飛】見 295 頁「古詩為焦仲卿妻作」。

【玉海】類書名。南宋王應麟輯錄。200 卷。分天文、地理、詔令、郊祀、官制等 21 門，每門再分子目，總共 241 小類。徵引廣博，載有許多後代史志失傳的材料。書名取精粹如玉、浩瀚似海之意。為宋代四大類書之一。

【玉篇】書名。中國第一部楷體字典。南朝梁陳間顧野王撰。30 卷。體例仿《說文解字》，部目稍有增刪，分 542 部。原本《玉篇》收 16917 字，全用楷體，字形有異體的附在後面。每字下先注反切，再引群經訓詁，解說頗詳，並附按語。唐上元元年（674），孫強對《玉篇》加以修訂，字數有所增加，世稱《增加玉篇》；宋大中祥符六年（1013），陳彭年等又予重修，改稱《大廣益會玉篇》。今本《玉篇》比較通行的是宋本，收 22726 字。

【正統論】篇名。北宋政治家、文學家歐陽修著。其宗旨在於延續和發揮孔子作《春秋》的精神，正名以定分，求情而責實，別是非，明善惡。

【世說新語】書名。筆記小說集。原名《世說》。南朝宋劉義慶撰。主要描述漢末至東晉士大夫的言談、逸事。語言精煉，韻味雋永。對後代筆記文學頗有影響。梁劉孝標為之作注，引書四百餘家，頗有資料價值。也說《世說新書》。

【古今圖書集成】類書名。清康熙間陳夢雷等原輯，後蔣廷錫等奉雍正命重輯。全書一萬卷，目錄 40 卷。分 6 編 32 典 6109 部。成書後以銅活字印行。是現存規模最大、資料最繁富的類書。

【古文尚書】書名。儒家經典《尚書》傳本之一。傳漢武帝時為魯恭王劉餘從孔子故宅壁中發現。較《今文尚書》多十六篇，因用秦漢以前的古文書寫，故稱。今僅存篇目。今傳本《十三經注疏》中的《古文尚書》為東晉梅賾（zé）所獻。清代學者考定為偽書，與漢《古文尚書》不同。但此本六朝以後歷代相傳，為儒者所遵用，亦為研究儒學史、經學史的重要資料。也稱《逸書》。

【古微堂集】書名。清代魏源著。十卷，分內外兩集，內集為《默觚（gū）》三卷，外集為序、記、議論等七卷。有光緒四年（1878）淮南書局刻本。1975 年中華書局出版《魏源集》，分上下兩冊。

【古詩十九首】組詩名。最早見於南朝梁蕭統所編的《文選》，題名《古詩十九首》，後世遂看成一個整體。大約創作於東漢末年，多出自文人手筆。吸取了漢樂府民歌的豐富營養，長於抒情，情景交融；善於運用比興手法，言近旨遠，語短情長；語言樸素自然，但又異常精煉，耐人尋味。是五言詩已經達到成熟階段的標誌，後人有「千古五言之祖」的盛讚。

【古詩為焦仲卿妻作】 長篇敍事詩。最初見於南朝陳徐陵編的《玉臺新詠》。產生於東漢建安末年，後在民間流傳，不斷得到加工、潤色。全詩 350 多句，1700 多字。內容寫漢末廬江（今安徽廬江西南）小吏焦仲卿和妻劉蘭芝，因受家長威權壓迫而致死的婚姻悲劇。語言樸實，形象鮮明。代表了漢樂府民歌的最高藝術成就，在中國古代文學史上有重要地位。也稱〈孔雀東南飛〉。

【古論語】 書名。即漢代古文《論語》。《漢書・藝文志》著錄：「《論語》古二十一篇。」班固自注說：「出孔壁中，有兩〈子張〉。」《隋書・經籍志》以為古文《論語》與古文《尚書》同出。較現行《論語》多〈從政〉一篇（由〈堯曰〉篇中分出）。《古論語》早不傳，清代馬國翰《玉函山房輯佚書》中有輯佚六卷。也稱「古論」。

【古韻標準】 古音學的重要著作。清代江永著，四卷。參考陳第《毛詩古音考》、顧炎武《音學五書》而作。分平、上、去聲各十三部，入聲八部。每部之首先列韻目。每字下各為之注，而每部末又為之總論。

【古蘭經】 古蘭：阿拉伯語音譯，意為「誦讀」或「讀物」。《古蘭經》為伊斯蘭教最高、最根本的經典。共 114 章，30 卷。其主要內容為：穆罕默德在傳教期間同阿拉伯半島多神教徒和猶太教徒的鬥爭，伊斯蘭教的神學思想、宗教修功、道德規範和社會主張，以及古代先知故事和其他人物傳說等。中國自明清開始節譯經文，20 世紀 30 年代出現通譯本。也稱《天經》《天方國經》《寶命真經》。

【本草綱目】 書名。中國藥物學集大成之作。明代李時珍著。52 卷，近 200 萬字。分 16 部 60 類，載藥 1892 種、藥方 11000 餘個，並附藥圖 1100 餘幅。對每種藥物進行釋名、集解、正誤、修治、氣味、主治、發明等項的剖析與總結，內容極為豐富。在中外醫藥學、植物學等諸多領域都有巨大影響。

【左傳（zhuàn）】 儒家經典之一。傳為春秋時左丘明撰。多用事實解釋《春秋》。書中保存了大量古代史料，文字優美，記事詳明，是中國古代一部史學和文學名著。該書每與《春秋》合刊，作為《十三經》之一。也稱《春秋左氏傳》《左氏春秋》。參見 114 頁「春秋」③。

【北堂書鈔】 類書名。唐代虞世南纂輯，共 160 卷。該書摘錄群書名言雋語，分類編排，共 852 類，可供書生作文參考選用。

【史記】 書名。中國第一部紀傳體通史。原名《太史公書》。西漢司馬遷撰。130 篇，有 12 本紀、10 表、8 書、30 世家、70 列傳。記載了從黃帝至漢武帝太初四年（前 101）約

3000年的歷史。作者參考了眾多典籍，並進行實地調查，嚴格篩選相關資料。文字生動，敘事形象，被譽為「史家之絕唱，無韻之離騷」。對紀傳體史書影響深遠，歷代正史都採用這種體裁撰寫。記述人物語言生動，形象鮮明，在文學史上也有很高地位。

【史通】 書名。史學論著。唐代劉知幾著。20卷49篇。成書於公元710年。內篇36篇，論述史籍源流、體例與編撰方法；外篇13篇，論述史官建制沿革及前人修史的得失。認為史家必須兼具「史才」「史學」「史識」三長，尤重「史識」。主張史家「不隱惡，不虛美」，良史「以實錄直書為貴」。

【冊府元龜】 類書名。北宋王欽若、楊億等輯錄。1000卷，分31部1104門。以史籍為主，間取經、子，將上古至五代君臣的事跡，分門順序排列。引文多整章整節，因而保存了一些稀有或失傳的史料，對宋以前史籍的輯佚和校勘工作較有價值。冊府，指國家藏書之地;元龜，大龜，古代用以占卜軍國大事。以此為書名，意在為當世或後世帝王提供治國借鑒。

【四庫全書】 叢書名。簡稱《四庫》。清乾隆三十八年（1773）開館纂修，紀曉嵐等為總纂官，歷時十餘年完成。共收書3460餘種，79300餘卷，36000冊，約8億字，基本上包括了中國古代所有圖書，故稱「全書」。分經、史、子、集四部，故稱「四庫」。全書共繕寫7部，分藏文淵（位於北京紫禁城）、文源（北京圓明園）、文津（承德）、文溯（瀋陽）、文匯（揚州）、文宗（鎮江）、文瀾（杭州）七閣。其中文淵閣本現藏臺灣，文溯閣本藏於蘭州，文津閣本藏於北京國家圖書館，文瀾閣本藏於杭州，文源閣本毀於第二次鴉片戰爭，文匯閣本和文宗閣本毀於太平天國戰火。

【四部備要】 叢書名。中華書局輯。計336種，所選均為研究古籍的常用著作，並多採用經清代學者整理校注的底本。1936年由中華書局排印出版。

【四部叢刊】 叢書名。張元濟輯。共三編。初編350種，續編81種，三編73種。輯印於20世紀二三十年代。選擇宋元以來舊刻本、精刻本或抄本、校本、手稿本加以影印，對保存和考訂古籍影響甚巨，並開現代影印古籍風氣之先。

【四書】 儒家經典。《大學》《中庸》《論語》《孟子》的合稱。《論語》是孔子等人的語錄，《大學》《中庸》是《禮記》中的兩篇，《孟子》為諸子書。南宋淳熙年間（1174—1189）朱熹撰《四書章句集注》，至紹熙元年（1190）在漳州刻印，遂正式有「四書」之名。元代以後，「四書」及朱熹注成為科舉考試的初級標準書，極大地影響了中國古代社會後期的思想意識和文化教育。

【四書集注】 書名。《四書章句集注》的簡稱。南宋朱熹編注。包括《大學章句》一卷，《中庸章句》一卷，《論語集注》十卷，《孟子集注》七卷。「四書」之名從此正式確定。注釋中多發揮理學家的思想觀點。明清統治者提倡理學，定為必讀注本。

【四遊記】 書名。明代四部長篇小説的合集。包括吳元泰的《東遊記》、余象斗的《南遊記》《北遊記》、楊志和的《西遊記》。此四種書，成書先後不同，語言風格也不同。也説《四遊記合傳》《四遊合傳》《四遊傳》。

【白虎通義】 書名。東漢時代今文經學與古文經學並行而多有爭議，朝廷比較重視今文經學，但今文經學解説雜亂煩瑣。為了統一各家學説，漢章帝建初四年（79）在白虎觀（guàn）召開會議，由太常、大夫、博士、諸儒陳述見解，講議五經異同，漢章帝親自裁決其經義奏議。會議的成果由班固寫成《白虎通義》一書，作為欽定的經典刊佈於世，是今文經學研究的集萃。也稱《白虎通德論》。簡稱《白虎通》。

【永樂大典】 類書名。明·解（xiè）縉等輯。初名《文獻大成》，後廣收各類圖書七八千種，輯成 22877 卷，凡例、目錄 60 卷，定名《永樂大典》。始輯於永樂元年（1403），成於六年。全書按韻目分列單字，按單字依次輯入相關聯的文史記載。嘉靖、隆慶間，又依永樂時所繕正本另摹副本一份。正本約毀於明亡之際，副本至清咸豐時也漸散失。1960 年中華書局據歷年徵集所得，影印出版 730 卷；1986 年再次影印，增至 797 卷。

【司馬法】 中國古代兵書。「武經七書」之一。《漢書·藝文志》收錄 155 篇，今存 5 篇。輯存春秋以前的軍事制度和軍事思想，在國內外有較大影響。也稱「司馬穰苴（ráng jū）兵法」。

【老子想爾注】 書名。道教經書。東漢末張道陵著（一説為張道陵之孫張魯著）。以早期「五斗米道」思想對《老子》注解，是早期道教信徒奉道守誡的經典。該書認為「道」是最高神靈太上老君，即「一」，「一散形為氣，聚形為太上老君」，使《老子》帶上了濃厚的宗教色彩。

【老殘遊記】 書名。晚清四大譴責小説之一。20 回。清代劉鶚著。以江湖醫生老殘遊歷山東各地的活動和見聞，揭露晚清社會黑暗、惡吏橫行、民不聊生的現狀。文筆生動傳神，語言富於表現力。問世後風靡海內外，被聯合國教科文組織認定為世界文學名著。

【地藏菩薩本願經】 佛教經典之一。2 卷。本經敘說地藏菩薩的本願功德及本生之誓，強調讀誦此經可消滅無量之罪業。共分如來贊嘆品、地獄名號品、利益存亡品等十三品。簡稱《地藏本願經》。

【西昇經】 道教經書。全稱《老子西昇經》。相傳老子西遊至函谷關，關令尹喜記錄其談論言旨而成此經。該經援引老子哲學以闡發宗教義理，主張去欲入無，「靜心守一」「我命在我，不屬天地」。是魏晉之際北方道教的重要典籍。

【西京雜記】 筆記小說集。6 卷，主要寫西漢的雜史。也有許多遺聞軼事，雜有怪誕傳說。西京：西漢的都城長安。作者疑為葛洪。

【西廂記】 雜劇劇本。全稱《崔鶯鶯待月西廂記》。元代王實甫作。寫書生張珙（gǒng）在普救寺遇見崔相國的女兒鶯鶯，兩人發生愛情，在侍女紅娘的協助下，終於衝破禮教約束而結合。故事源於唐代元稹（zhěn）傳奇小說〈鶯鶯傳〉。劇本突出了崔、張之間的純潔愛情，並豐富了人物性格和情節，文詞優美生動，對戲曲文學的發展影響深遠。明清以來，戲曲、曲藝改編演出甚多，其中以明代李日華《南西廂記》較著名。自 19 世紀末開始，《西廂記》就被譯成拉丁文、英文等多種文字在各國出現，已成為世界文學寶庫中的一顆明珠。

【西廂記諸宮調】 諸宮調作品名。金代董解元作。取材於唐．元稹（zhěn）〈鶯鶯傳〉，但在情節上有較大的改動和創造，突出了鶯鶯、張生、紅娘同老夫人之間的矛盾，使其成了一個反對古代禮教、追求婚姻自由、充滿樂觀進取精神的愛情故事。情節曲折，描寫細緻，語言優美，對王實甫《西廂記》很有影響。也說《董西廂》《弦索西廂》《西廂搊（chōu）彈詞》。參見 136 頁「諸宮調」。

【西遊記】 ①長篇小說。明代吳承恩撰。20 卷，100 回。依據民間流傳的唐僧取經故事和有關話本、雜劇，經過再創作而成。成功塑造了孫悟空、猪八戒、沙和尚、牛魔王、鐵扇公主等一系列兼具人性、神性和動物性特徵的藝術形象，顯示出作者超乎尋常的虛構和想象能力。是中國古代神魔小說的經典之作。②雜劇劇本。元末明初楊訥（nè）作。寫民間傳說的唐僧取經故事，6 本 24 折。與後來的小說《西遊記》情節略有不同。

【百句譬喻集經】 見 298 頁「百喻經」。

【百喻經】 佛經書名。《百句譬喻經》的簡稱。2 卷。古印度僧伽斯那著。該經係集錄有關善惡罪福報應的譬喻故事而成，以寓言形式，用 100 個（今存 98 個）事例來說明佛教的基本教義。內容包括：愚人食鹽喻、婦女欲更求子喻、入海取沉水喻等。是一部佛教通俗說教的文學作品。

【列仙傳】書名。舊題西漢劉向撰，宋以後學者多疑為漢魏間文士偽託。記錄赤松子等神仙故事，共 70 則。此書開神仙傳説專著的先河，是道教神仙信仰的重要典籍，對研究神話傳説和道教發展史有重要價值。

【朱子全書】書名。南宋朱熹著作的分類彙編。清代李光地等奉命編纂，66 卷。在原有朱熹文集、語錄的基礎上，經過整理刪節，以類排比而成。編成後，以「御纂」名義頒行全國。

【全宋詞】中國近百年來重要的古籍整理成果之一。主編唐圭璋在綜合諸家輯刻的基礎上，廣泛搜採，歷時八年，共計輯兩宋詞人 1330 餘家，詞作約 20000 首，引用書目達 530 餘種。本書收錄齊備，考訂也比較精審，改正了不少前人的謬誤之處，為研究宋詞的重要參考書。1965 年中華書局出版。

【全宋詞補輯】《全宋詞》新版問世後，今人孔凡禮又從明抄本《詩淵》及其他書中輯錄遺佚，編為《全宋詞補輯》，收錄作家 140 餘人（其中 41 人已見《全宋詞》），詞作 430 餘首。1981 年由中華書局出版。

【全金元詞】總集名。今人唐圭璋編。是綜合金元詞人作品的專書。體例依照《全宋詞》，共錄金元兩代詞 282 家，7293 首。1979 年中華書局出版。

【全唐詩】總集名。清代彭定求等奉敕編纂。因康熙為書作序，故又稱《欽定全唐詩》。共收唐五代詩歌 49403 首、殘句 1000 餘條，作者 2837 人，大致按時代前後排列，並加小傳。間（jiàn）有校注，考訂字句異同及篇章互見情況。是研究唐詩的重要參考書。

【全清詞鈔】總集名。今人葉恭綽（chuò）編。40 卷，共選錄了 3196 人，詞 8260 多首，是收錄清詞最多的集子。始於 1929 年，至 1952 年完成。有 1975 年香港中華書局初版本，1982 年中華書局本。

【芥子園畫傳】即《芥子園畫譜》。中國畫技法圖譜。清代沈心友和王概、王蓍（shī）、王臬（niè）三兄弟編繪。畫譜系統地介紹了中國畫的基本技法，淺顯明了，宜於初學者習用。許多成名的藝術家都是靠它啟蒙的。

【呂氏春秋】書名。戰國末秦相呂不韋集合門客共同編寫，雜家代表著作。全書二十六卷，內分十二紀、八覽、六論，共 160 篇。內容以儒、道思想為主，兼及名、法、墨、農及陰陽家言。匯合先秦各派學説，為當時秦國統一天下、治理國家提供思想武器。具有鮮明的政治意義和較高的文學價值，對後世產生較大影響。它的出現，標誌着戰國時代百家爭鳴的局面已經結束，綜合、統一的思想開始形成。也稱《呂覽》。

【呂氏鄉約鄉儀】 篇名。北宋學者呂大鈞訂立的鄉約鄉儀。鄉約鄉儀：適用於本地的規約、禮儀。《宋史·呂大防傳》:「(呂氏)嘗為《鄉約》曰：『凡同約者，德業相勸，過失相規，禮俗相交，患難相恤。』」呂大鈞訂立的鄉儀，對鄉里生活的諸多方面都制訂了具體明確的規範，每個人都能找到符合自己身份的行為方式和表達方式。這使儒家的仁愛原則得到落實，起到敦厚風俗的作用。

【呂覽】 見299頁「呂氏春秋」。

【吳子兵法】 兵書名。《武經七書》之一。吳起與魏文侯、魏武侯論兵的輯錄。七篇。該書充分肯定制止暴行、挽救危局的正義戰爭，主張「以治為勝」，以禮義廉恥教育將士，對擊強、擊弱、谷戰、水戰、遭遇戰等不同情況提出了具體的不同打法。曾與《孫子兵法》齊名，合稱「孫吳兵法」。現有日、英、法、俄等多種譯本留傳。也稱《吳子》《吳起兵法》。

【吳起兵法】 見300頁「吳子兵法」。

【吳越春秋】 史書。東漢趙曄撰。12卷，今存10卷。記敘春秋時期吳國自太伯至夫差、越國從無餘至句踐的史實。補充了不少民間傳説，具有史料價值。

【牡丹亭】 傳奇劇本。《牡丹亭還魂記》的簡稱。明代湯顯祖作。寫於萬曆二十六年(1598)。劇情為南安府太守杜寶獨生女杜麗娘偕侍女春香遊園遣悶，夢中和一書生幽會，醒後感傷致死。三年後嶺南書生柳夢梅赴南安遊學，於花園中拾得麗娘臨終前的自畫像，深為愛慕，日夜呼喚，麗娘感而復生，兩人結為夫婦。頌揚了天然自發的人性和愛情。人物心理刻畫細膩，構思奇幻，被譽為中國戲劇史上傑出的愛情悲喜劇。對當時和後世影響很大，多有改編本。也説《還魂記》。

【快雪堂帖】 彙刻叢帖名。清代馮銓摹集，劉光暘(yì，字雨若)刻，共五卷。所收法書，自魏晉至元，因首列王羲之《快雪時晴帖》，故稱。

【宋元學案】 書名。清代黃宗羲、黃百家和全祖望合編。100卷。黃宗羲完成《明儒學案》後，續修此書，僅得17卷；其子黃百家續修，也沒能完成；全祖望又用10年之力續修，稿成而死。該書將宋元兩代學術思想，按不同學派加以系統總結。共列學案91個。每案先列師友弟子，以明學術淵源，次述生平著作、思想，末附逸事及後人評論。是研究宋元學術思想和黃宗羲晚年思想的重要參考書。

【近名】 文章名。北宋政治家、文學家范仲淹著。指出近名的積極的社會功能，反對道家強調避名、遠名的論調。人愛惜好名譽和畏懼壞名聲，才會對人的行為產生約束作用，使人做好事而不做壞事；人不愛名了，雖然有刑法，也難以阻止人做壞事。

【邯鄲記】傳奇劇本。明代湯顯祖作。取材於唐代沈既濟傳奇小說〈枕中記〉。盧生在夢中經歷了宦海沉浮，最終榮登相位，享盡榮華，但一覺醒來，方知是夢。劇本藉盧生等形象抨擊了當時社會的腐朽，表達了一種人生如夢的觀念。

【阿房（ē páng）宮賦】篇名。唐代杜牧作。賦體散文。阿房宮是秦代壯麗的宮殿，秦亡即被焚毀。杜牧有感於秦帝濫用民力、驕奢亡國的教訓，遂作此賦以警示當朝統治者。作者在〈上知己文章啟〉中曾敘及此篇寫作緣起：「寶曆（唐敬宗年號）大起宮室，廣聲色，故作〈阿房宮賦〉。」全文氣勢磅礴，詞采華麗，駢散結合，鋪排得當，是歷代傳誦的傑作。

【武經七書】叢書名。宋代官方頒行的中國第一套軍事教科書。宋代朱服等彙纂。包括《孫子兵法》《吳子兵法》《司馬法》《六韜》《尉繚子》《三略》《李衛公問對》七部兵書，是從三百多部古代兵書中精選出來的。該書的頒行促進了中國古代軍事學術的發展，對中國和世界軍事學術史都產生了重大影響。

【長生殿】①傳奇劇本。清代洪昇作。以安史之亂為背景，描寫唐玄宗與楊貴妃的愛情悲劇。在戲曲發展史上，對崑劇等劇種有一定影響。②唐代華清宮殿名。唐·白居易〈長恨歌〉詩：「七月七日長生殿，夜半無人私語時。」

【長春真人西遊記】書名。元代李志常撰。1220 年，李曾隨侍其師長春真人邱處機赴西域拜謁成吉思汗（hán），往返四年。歸後就途中經歷所見及所受禮遇冊封等，撰成此書。該書為研究 13 世紀中亞史地、宗教、習俗和中西交通提供了重要資料。有英、俄、法等多種外文譯本。

【抱朴子】①書名。東晉葛洪著。分內外篇。內篇 20 篇，談神仙方藥、鬼怪變化、養生延年、禳（ráng）邪卻禍之事，對道教理論有一定的發展。外篇 50 篇，評論人間得失，臧否（pǐ）世事，反映作者內神仙而外儒術的根本立場。此外，內篇中有關用礦物煉丹藥、煉金銀和用植物治療疾病的記載，對化學和製藥業的發展有一定貢獻。②葛洪的號。

【枕中記】傳奇小說。唐代沈既濟著。寫士人盧生在邯鄲客店遇道士呂翁授枕入睡，時店主正蒸着黃米飯；盧生夢中享盡榮華富貴，醒來發現黃米飯還沒蒸熟，因有所悟。作品諷刺追求功名利祿之人。後「黃粱夢」「邯鄲夢」「一枕黃粱」等語即由此出。元代馬致遠《黃粱夢》、明代湯顯祖《邯鄲記》皆取材於此。

【東周列國志】 長篇歷史章回小説。23 卷，108 回。明末馮夢龍在余邵魚《春秋列國志傳》基礎上改編為《新列國志》。清代乾隆年間，蔡元放繼續修訂並加評語，定名為《東周列國志》。敍述春秋戰國時代五百多年間列國征戰興亡的歷史故事。取材於史書，但也增入虛構情節，用淺近文言寫成。

【東京夢華錄】 筆記體散記。宋代孟元老著。內容多是宋徽宗崇寧到宣和年間（1102 — 1125）北宋都城東京開封的情況，記寫了外城、內城、河道、橋梁、皇宮、官署的位置，描繪了上至王公貴族，下至平民百姓的日常生活情景，城內的街巷坊市、店鋪酒樓，朝廷朝會、郊祭大典，當時的民風習俗、時令節日，飲食起居、歌舞百戲等等，幾乎無所不包。是研究北宋都市社會生活、經濟文化的一部重要的歷史文獻。

【尚書】 ①書名。原稱《書》，也稱《書經》。儒家經典之一。「尚」即「上」，漢人因其為上代之書，故名。為上古歷史文獻和部分追述古代事跡著作的彙編。相傳為孔子編定。事實上有些篇如〈堯典〉〈皋陶（gāo yáo）謨〉〈禹貢〉〈洪範〉等是後來儒家補充進去的。西漢初存二十八篇，即《今文尚書》。另有相傳漢武帝時在孔子宅壁中發現的《古文尚書》和東晉梅賾（zé）所獻的偽《古文尚書》兩種。現通行的《尚書》，就是《今文尚書》與偽《古文尚書》的合編。《尚書》中保存商周特別是西周初期的一些重要史料。②古代官名，掌管文書奏章。始置於戰國，後各朝皆有設置。明清兩代是政府各部最高長官。

【尚書古今文注疏】 書名。是一部《尚書》注釋文獻彙編。清代孫星衍撰，30 卷。遍採漢魏隋唐舊注，兼取清代學者王鳴盛、江聲、段玉裁等的研究成果，自己作疏，使《尚書》今古文注疏趨於完善。是清代《尚書》注解中較完備的一種。收入《皇清經解》。

【尚書集注音疏】 書名。清代江聲撰。14 卷。在閻若璩（qú）《尚書古文疏證》、惠棟《古文尚書考》基礎上，搜集漢儒經説，不取偽古文及孔傳。漢儒不備的，則旁考他書，探究故訓，有集注和音注兩部分。其中辨《泰誓》最為詳核。本書在刊正經文、疏明古注方面超過閻、惠二氏。收入《皇清經解》。

【明夷待訪錄】 書名。明末清初黃宗羲所寫的一部批判君主專制、呼喚民主政體的著作，被譽為中國的「人權宣言」。「明夷」是《周易》中的一卦，其爻辭意為有智慧的人處在患難地位；「待訪」即等待後代明君採納。該書認為皇帝是「天下之大害者」，中國所有的黑暗與朽敗都與君主制相闢；主張「無君」，即廢除皇帝制度，選賢任能，尊重民權，實行孔孟「天下為公」的理想。該書受到清政府查禁，直至清末才重見天日，受到康有為、梁啟超、譚嗣同等維新派的珍視，影響了清末的戊戌變法運動和辛亥革命。

【明儒學案】 書名。明清之際黃宗羲著。62 卷。共收明代學者 200 多人，先列小傳，後載語錄，對每位學者的經歷、思想學術淵源都有介紹，還選錄原著進行分析評價。該書集理學編纂史之大成，體例嚴整，自成一家，是名符其實的「為學作史」。在儒學史編纂領域佔有重要地位。

【易林】 書名。西漢焦贛（字延壽）撰。16 卷。以每一卦演為 64 卦，共 4096 卦。各繫占卜文辭，以四言韻語占驗吉凶，類似後代神廟裏的籤詩。也稱《焦氏易林》。

【易傳（zhuàn）】 ①指《易大傳》。儒家學者對《周易》所作的各種解釋。共 10 篇。內容豐富，如提出了「一陰一陽之謂道」和「窮則變，變則通」的命題等。也稱《十翼》。②指歷代解釋《周易》的著作。《漢書．儒林傳》：「洛陽周王孫、丁寬、齊服生，皆著《易傳》數篇。」

【易義】 篇名。北宋范仲淹著。全文分為上經、下經兩部分，主要解釋《周易》64 卦中的 27 卦。通過分析內外卦的關係來把握卦爻辭的內涵；在具體的解析中着眼於內外卦的象徵意義，內卦象徵德，外卦象徵位；通過卦與卦的對比來解《易》。其獨特的解《易》方法對後世的影響頗大。

【典論．論文】 篇名。三國魏曹丕著。《典論》5 卷，今已亡佚，僅存〈論文〉一篇。該文重視文學作品的地位、作用與特點，反對「各以所長，相輕所短」，主張「詩賦欲麗」，認為「文以氣為主」，強調文章是「經國之大業，不朽之盛事」。是中國文學史上第一篇宏觀性、方向性的文學理論專論，對後來的文學創作與文學理論產生了深遠而巨大的影響。

【兒女英雄傳】 長篇章回小說。清代文康作。寫俠女何玉鳳（即十三妹）救下安驥與村女張金鳳並撮合二人成婚；後何亦嫁安。讚揚了為民除害、助人為樂的俠義精神。該書運用流暢的北京口語描寫情節，刻畫人物，生動細膩，結構也較縝密，對後世武俠小說有一定影響。也稱《金玉緣》《俠女奇緣》。

【佩文韻府】 書名。分韻編排的辭書。清代張玉書等編。康熙時刊行。「佩文」為清帝書齋名。此書是將《韻府群玉》《五車韻瑞》兩書合起來加以增補而成，資料較為豐富。正集 444 卷，拾遺 112 卷，分 106 韻。

【金石錄】 書名。中國最早的金石目錄和研究專著之一，宋代趙明誠及其妻李清照編著。共 30 卷，著錄上古三代至隋唐五代鐘鼎彝器的銘文款識（zhì）和碑銘墓誌等石刻文字。考訂詳實，評論獨具卓識。

【金剛經】書名。佛教經書。全稱《金剛般若（bō rě）波羅蜜經》。因用金剛比喻般若（智慧），故稱。經文主要說明般若的實際在於不着事相（無相），情無所寄（無住）。禪宗的南宗即以此經為重要典據。

【金瓶梅詞話】長篇小說。明刻本謂「蘭陵笑笑生作」。100 回。作者藉《水滸傳》中西門慶、潘金蓮的故事演化成長篇巨製，是中國第一部以家庭日常生活為素材的人情小說經典作品。小說以西門慶和他的家庭生活為中心線索，把觸角延伸到商貿、官場等社會層面，描繪了一幅豐富生動的城市生活的風俗畫。小說善於刻畫人物，描摹人情世態頗為細緻，表現了熟練的語言技巧，為後世人情小說的發展奠定了基礎。由於書中存在大量性行為描寫，曾被視為「淫書」而遭禁。也稱《金瓶梅》。

【朋黨論】文章名。北宋歐陽修作。文章認為：小人貪圖祿利，暫時為朋，是假朋友，因而小人無朋；而君子守道義、行忠信、惜名節，修身則同道而相益，事國則同心而共濟，始終如一，是真朋友。國家若能退小人之偽朋，用君子之真朋，那麼天下就可以治理了。

【周易】書名。儒家重要經典之一。「易」有變易（窮究事理變化）、簡易（執簡馭繁）、不易（永恆不變）三義，相傳為周人所作，故名。包括《經》和《傳》兩部分。《經》主要是 64 卦和 384 爻，作為占卜之用。《傳》包括解釋卦辭、爻辭的文辭共 10 篇。《周易》通過八卦的形式，推測自然和社會的變化。被譽為「群經之首，大道之源」，是中國傳統思想文化中的瑰寶，對中國文化有深遠影響。簡稱《易》。

【周易外傳】書名。明清之際王夫之著。七卷。前四卷論卦，五、六兩卷論《繫辭》，末卷論《說卦》《序卦》《雜卦》，藉論述《周易》來抒發政治抱負，表述政治主張，討論哲學理論。如提出「天下惟器而已矣」「無其器則無其道」等命題。

【周易參同契】書名。道教早期煉丹專書。東漢魏伯陽著。三卷。魏氏是道教祖師、煉丹理論家。全書藉用乾、坤、坎、離、水、火等法象，以明煉丹修仙之術。大旨是參同「周易」「黃老」「爐火」三家理法而會歸於一，能「妙契大道」，故名。被視為「萬古經丹之祖」。簡稱《參同契》。

【周易程氏傳】書名。也稱《程氏易傳》《伊川易傳》。北宋程頤著。是程氏闡釋周易的專著。書中批評了象數派，闡明了自己的義理思想，繼王弼《周易注》之後，將義理派推向了新的高峰。從元代開始被定為科舉必讀書，社會影響巨大。

【周髀（bì）算經】 書名。算經十書之一。原名《周髀》。2 卷。是長期積累編纂而成的數理天文學著作。西漢或更早時期成書。主要以數學方法闡明當時的蓋天説和四分曆法，使用的分數運算，開平方與勾股定理，在中國都屬最早應用。其「類以合類」的思想，是當時數學的總結，也規範了後來中國傳統數學的特點。

【法華經】《妙法蓮華經》的簡稱。佛教經典。7 卷。因用蓮花比喻佛所説教法清淨微妙，故稱。經文旨在説明，釋迦牟尼説法的目的，是使眾生都能得到和佛一樣的智慧，即人人都能成佛。又強調唯有《法華經》才是「一乘」（使眾生成佛的唯一途徑）的方法。

【法經】 書名。中國第一部比較系統的法典。戰國魏李悝（kuī）編纂。約於周威烈王十九年（前 407）編成。分〈盜法〉〈賊法〉〈囚（網）法〉〈捕法〉〈雜法〉〈具法〉六篇。是對當時各諸侯國法律的綜合，為後來秦漢法律所繼承。其立法精神、法種及法律條例等成為後世法律體系的基礎。

【河圖洛書】 中國遠古的兩幅神祕圖案。傳説伏羲時，有龍馬從黃河出現，背負「河圖」；有神龜從洛水（今河南省洛河）出現，背負「洛書」。伏羲據此畫成八卦，成為後來《周易》的來源。

【孟子正義】 書名。清代焦循著。30 卷。以生理論性，批判了理學家的性善説，認為「飲食男女，人之大欲存焉」。討論了道德的產生和起源，認為道德並非先驗主觀，而是人類發展需要的產物，既不是上天賜予，也不是聖人的發明。本書以東漢趙岐注為主，吸收清代學者考訂訓釋的成果，是清代《孟子》注解中最為詳備的一種。

【孟子字義疏證】 書名。清代戴震著。三卷。依從考據訓詁闡發孟子學説，解釋「理」「天道」「性」「才」「道」「仁義禮智」「誠」等哲學範疇的基本意義，認為「理」只是事物的「分理」「文理」「條理」，不能離開事物獨立存在，得出「理在情中」「理在欲中」的結論。特別對「天理」和「人欲」的關係剖析細緻入微，指出宋儒的「絕人欲」就是「絕天理」，反對「宋以來儒學之言」。

【春江花月夜】 樂府吳聲歌曲名。相傳為南朝陳後主（陳叔寶）所作，原詞已佚失。今存曲詞為隋煬帝（楊廣）及唐代張若虛、溫庭筠、張子容等擬題之作，收於《樂府詩集》。

【春秋三傳（zhuàn）】《春秋左氏

傳》《春秋公羊傳》《春秋穀梁傳》的合稱。唐代同被列入儒家經典「十二經」，宋代同被列入「十三經」。簡稱「三傳」。

【春秋左傳詁】 書名。清代洪亮吉著，20 卷。前 4 卷詁解春秋經文，後 16 卷訓釋左丘明傳文。本書矯正了西晉杜預《春秋左氏經傳集解》望文生訓之弊，從而探究漢儒古訓，故名。訓詁以東漢賈（逵）、許（慎）、鄭（眾）、服（虔）為主，地理以東漢應（yīng）劭等為主，並參考漢唐石經、唐陸德明《經典釋文》等，以校正俗字。是治經重要參考書。

【春秋繁露】 書名。西漢董仲舒著。共 17 卷。其中說《春秋》的 16 篇，論政治制度及政治原理的 20 篇，講天道陰陽五行的 32 篇。推崇公羊學，闡發「春秋大一統」思想，綜合儒家思想和五行學說，建立「天人感應」的思想體系，其中包括「三綱」「五常」「三統」「性三品」等說。推崇孔子思想，對儒學的發展有很大貢獻。注本有清代凌曙的《春秋繁露注》及蘇輿的《春秋繁露義證》。

【垓（gāi）下歌】 詩歌篇名，項羽作。項羽被漢軍困於垓下（今安徽靈璧南），兵少糧盡，自知敗局已定，於帳中夜飲時的慷慨悲歌。歌詞為：「力拔山兮氣蓋世，時不利兮騅（zhuī）不逝，騅不逝兮可奈何！虞兮虞兮奈若何！」唱出了蓋世英雄窮途末路的悲慨。

【草字彙】 字書。清代石梁（字竪庵，浙江諸暨人）編。該書搜集漢章帝以下 87 家草書，逐字摹寫，依偏旁分屬各部。為近代研究漢字草體的重要資料。

【茶經】 書名。唐代陸羽撰。成書於至德、乾元（756 — 760）前後。全書 3 卷，分為 10 篇。論述了茶的性狀、品質、產地、採製、烹飲方法及用具等，是最早、最完整、最全面介紹茶的專著。

【荀子】 ①（約前 313 — 前 238）荀況的尊稱。戰國末期思想家、教育家。姓荀，名況，時人尊而號為卿。漢人避宣帝諱，稱為孫卿。趙國人。遊學齊國，三次出任稷下學宮祭酒（主持）。後到楚國，被楚相春申君委任為蘭陵（今山東蒼山西南蘭陵鎮）令。晚年教學著書，韓非、李斯都是他的弟子。政治上主張禮法兼治，王霸並用。經濟上提出強本節用，開源節流。批評孟子的「性善論」，提出「性惡論」。反對天命論，闡發人定勝天的觀點。著有《荀子》。②書名。荀子及其弟子著。共 32 篇。其中〈天論〉闡述自然觀，〈解蔽〉闡述認識論，〈正名〉闡述邏輯思想，〈性惡〉〈禮論〉〈王制〉等篇闡述倫理政治思想，〈非十二子〉是對先秦諸子批判性的評論，〈成相〉以民間文學形式表述了為君、治國之道。〈賦篇〉包括五篇短賦，是一種散文形式的賦體，在文學史上有一定地位。

【南華經】 見 237 頁「莊子」②。

【貞觀（guàn）政要】 書名。唐代吳兢撰。共 10 卷 40 篇。成書於玄宗開元十四年（726）。分類編輯唐太宗與魏徵、房玄齡、杜如晦等大臣的問答和大臣的諍（zhèng）諫、奏議，以及政治上實施的措施等。

【昭君出塞】 雜劇名。明陳與郊著。寫西漢王朝採取和親睦鄰政策，把宮女王昭君遠嫁匈奴呼韓邪（yé）單于（chán yú）的故事。劇中描寫王昭君出塞時以哀怨為主調的複雜心情。崑劇以及一些地方戲劇上演的《昭君出塞》，多據以改編。

【昭明文選】 見 293 頁「文選」。

【思問錄】 文章名。明末王夫之著。分內外兩篇。內篇以探討哲學問題為主。提出「目所不見，非無色也，耳所不聞，非無聲也」等論點；對「動」「靜」原理有所發揮，肯定自然和人類都是進化的。外篇涉及許多科學問題，包括陰陽、五行、曆數、醫學等。收入《船山遺書》。

【皇朝經世文編】 書名。清代賀長齡、魏源等編，凡 120 卷。選輯清初至道光以前的官方文書、論著、奏疏、書札而成。分學術、治體、吏政、戶政、禮政、兵政、刑政、工政八部分。成書於 1826 年（道光六年），次年刊行。其後續書爭出，其中盛康《皇朝經世文續編》、葛士濬《皇朝經世文續編》、陳忠倚《皇朝經世文三編》以及《皇朝經世文新編》《皇朝經世文統編》影響較大。

【後漢書】 書名。紀傳體東漢史，南朝宋代范曄撰。與《史記》《漢書》《三國志》合稱「前四史」。書中分 10 紀、80 列傳和 8 志，記載了從光武帝劉秀起至漢獻帝的 195 年歷史。上承《漢書》敍事以類相從的體例，新創「黨錮」「宦者」「文苑」「獨行」「逸民」「方術」「列女」等 7 種新的類傳，為後世大多數紀傳體史書承襲。

【音學五書】 研究漢語上古音的著作。明清之際顧炎武著。凡五種：a)《音論》，分上、中、下三卷，共 15 篇，論述古音及古音學上的重大問題，集中闡述作者對古音學的基本看法，是《音學五書》的總綱。b)《詩本音》，詳細考察《詩經》押韻字的古音，凡他認為古今讀音不同的字，都指出這個字古音應當在古韻的哪一部。c)《易音》，專講《易經》用韻。d)《唐韻正》，名為改正唐宋韻書，實為《詩本音》的詳細注解。e)《古音表》，變更《唐韻》次序，分古音為十部。其中論斷雖未精當，但能離析《唐韻》以求古音，奠定了清代古音學的基礎。

【帝京景物略】 書名。明代北京地方志。明劉侗、于奕正合撰。8 卷，列 129 目。記載北京園林寺觀、名勝古跡、山川橋堤以及人物故事等，簡潔優雅，集歷史、地理、文化、文學於一書。後來同類著作多借鑒此書。

【洪武正韻】 韻書。明代樂韶鳳、宋濂等奉詔撰。16 卷。此書文字義訓，根據毛晃父子《增修互注禮部韻略》；分韻歸字，則近於周德清《中原音韻》。平、上、去三聲各 22 韻，入聲 10 韻，共 76 韻。為曲韻南派的創始著作，對研究元明時官話實際讀音有較高的價值。在朝鮮影響很大。

【洛陽伽（qié）藍記】 書名。北魏楊衒（xuán）之撰。5 卷。追敍北魏舊都洛陽伽藍（佛寺）的興隆景象，對其規模建制、興廢沿革，以及相關的園林市井、人文景觀、百工雜技、傳聞掌故等都詳加記載，保存了戰亂前後豐富的佛寺文化、社會文化資料。敍述簡潔傳神，有「與酈道元《水經注》隨肩」之譽。

【神仙傳】 書名。東晉葛洪著。據其自序，因劉向所撰《列仙傳》「殊甚簡略」，便廣取群籍所載及當世所傳神仙故事，撰成此書。是道教神仙信仰的重要書籍之一。

【神農本草經】 書名。原書已佚，今存為後人輯佚本，為秦漢時人託名「神農」所作。是中國現存較早的藥物學重要文獻。全書分三卷，載藥 365 種，敍述藥物性味、功能等，將藥物分上、中、下三品：無毒的為上品，稱君；毒性小的為中品，稱臣；毒性大的為下品，稱佐使。但所列藥物毒性並不完全準確。

【神滅論】 文章名。南朝齊梁時范縝著。主張精神依存於形體，「形存則神存，形謝則神滅」；批評魏晉時期盛行的宗教佛學思想。代表中國古代無神論的最高水平，在中國思想史上具有重要地位。參見 228 頁「范縝」。

【紅樓夢】 書名。古典長篇小說。原名《石頭記》。清代曹雪芹著。一百二十回（後四十回係高鶚續）。全書以賈寶玉與林黛玉、薛寶釵的愛情悲劇為中心線索，描寫了賈、史、王、薛四大家族由盛而衰，揭露了古代貴族的荒淫腐敗、君主專制制度的腐朽沒落，也描寫了人性被壓抑的痛苦以及要求人性解放而進行的掙扎和反抗，生動塑造了賈寶玉、林黛玉、王熙鳳、薛寶釵、尤三姐、晴雯等具有鮮明個性的藝術形象。作品規模宏大，結構嚴密，具有高度的思想性和卓越的藝術成就，是中國古代長篇小說的巔峰之作。

【素問】《內經》的一部分。是彙集名家醫論，着重論述基礎理論的中醫著作。全書闡述陰陽、藏象、經絡、病因、病機、診法、治則等醫學原理，其中不少論述至今仍指導着臨牀實踐，是中醫學重要典籍。參見 314 頁「黃帝內經」。

【馬氏文通】 書名。初名《文通》。語法書。清代馬建忠撰。十卷。前六卷 1898 年出版，後四卷 1900 年出版。分正名、實字、虛字、句讀（dòu）四部分。主要從先秦典籍及韓愈文中選出例句，參考拉丁語法，創建古代漢語語法系統，為中國第一部較全面系統的古漢語語法專著。有章錫琛（chēn）校注本，呂叔湘、王海棻（fēn）《馬氏文通讀本》。

【桃花扇】 傳奇劇本。清代孔尚任著。寫明代才子侯方域與秦淮歌妓李香君的愛情故事，藉以揭露南明王朝政治的腐敗，揭示明朝衰亡的原因，寄寓作者的興亡之感。

【格薩爾王傳】 藏族長篇英雄史詩。產生於 11 世紀，120 多部，100 多萬行，2000 多萬字。是目前所知世界上最長的史詩。主要寫雄獅國王格薩爾率領軍隊輾轉征戰、抵禦侵略，除暴安良、改善民生的非凡事跡。結構宏偉，氣勢磅礴，具有鮮明的藏族風格與特色，有東方荷馬史詩之讚譽。主要流傳在藏族、蒙古族、土族等地區。

【校讎（chóu）通義】 書名。目錄學著作。清代章學誠著。3 卷。繼承和發展西漢劉向、劉歆（xīn）目錄學思想，對宋代鄭樵的學說有所辨正和發展，在理論和方法上有許多創見。認為「辨章學術，考鏡源流」為研究目錄學的宗旨，提出「互著」（即一書可分為兩類者，採用參照法）、「別裁」（即對一書中的重要篇章進行分析著錄，著錄時對於同書異名者要詳加考核，注明緣由）及索引的方法。是中國古典目錄學理論集大成之作。

【夏小正（zhēng）】 書名。原為《大戴禮記》的第四十七篇。中國最早的物候專著。出自先秦。內載動植物物候現象 68 條、氣象現象 7 條、農事和畜牧 11 條。除二月和十二月外，每月均有定季節的星象。

【晏子春秋】 書名。後人依託並採綴晏嬰言行而成，有內外篇共 8 卷。反映了晏子的政治主張與治國思想。其中反映他無神論思想的篇章多具有幽默詼諧趣味。1972 年山東臨沂銀雀山西漢墓中出土的《晏子》竹簡與今本《晏子春秋》內容大體一致。

【徐霞客遊記】 書名。地理學著作。明徐弘祖（號霞客）著。按日記述 1613 — 1639 年間旅行觀察所得，對地理、水文、地質、植物等現象，均作詳細記錄，開中國地理學界系統觀察、描述自然的新方向。對西南邊區地理，提供不少稀有資料。有關石灰岩地貌的記述，早於歐洲人一個多世紀。文筆生動，記述精詳，也是很好的文學作品。

【高山流水】①《列子·湯問》記載：俞伯牙善彈琴，鍾子期能聽懂他的琴音時而像巍巍高山，時而像蕩蕩流水。鍾子期死後，俞伯牙認為再沒人能聽懂他的琴音，就把琴毀掉，終生不再彈琴。後用「高山流水」比喻知音難遇或知音相賞。《大宋宣和遺事》前集：「説破興亡多少事，高山流水有知音。」②琴曲名。現存傳譜初見於《神奇祕譜》，其題解稱：「《高山流水》…… 本只一曲，至唐分為兩曲；不分段數，至宋分《高山》為四段、《流水》為八段。」

【唐六典】書名。書成於開元年間，題李隆基撰、李林甫等注，實出於張九齡等人之手，李林甫修訂後呈於朝廷。共 30 卷。記述唐代前期的官制，以三師、三公、三省、九寺、五監、十二衞等為目，列述其職司、官佐、品秩。也總結了《周禮》六官之制自古至唐的沿革變化。對元、明、清「會典」產生一定影響。

【唐律疏議】書名。原名《律疏》，是對《永徽律》（高宗永徽年間由長孫無忌等奉敕編定）的全文解釋。它集中唐以前的法典加以發揮解説，剖析疑義，同時對《永徽律》以外的律文規定得不夠完備、周密之處進行補充。在形式上，於律條之後附上注疏，首創「疏在律後，律以疏存」的法典模式。它既是唐律的主要組成部分，又是中國古代傑出的法學著作。也稱《永徽律疏》。

【唐傳奇】唐代的文言短篇小説。內容多寫奇聞異事，故名「傳奇」。代表作有〈枕中記〉〈霍小玉傳〉〈李娃傳〉〈長恨歌傳〉等。唐傳奇對後世戲曲以及講唱文學等有較大影響，是後世戲曲、小説汲取題材進行再創作的寶庫之一。於晚唐時期開始衰落。也説「唐代傳奇」。

【唐會要】書名。北宋初王溥（pǔ）撰。100 卷。記述唐代各項典章制度的沿革變遷。內容體例與《通典》相近，就「禮法刑政沿革」方面的史料而言，唐天寶以前以《通典》為最早，唐天寶以後以此書為最早、最系統。

【唐詩三百首】詩歌集。清代蘅（héng）塘退士〔孫洙（zhū）〕編。六卷（或作八卷）。實選 310 首。分體編排，大多為唐詩中淺顯通俗、膾炙人口的名篇。世語有「熟讀唐詩三百首，不會作詩也會吟」。可見其影響之廣。

【海國圖志】書名。清末魏源編著。100 卷。記述世界各國的地理、歷史、政治、經濟、軍事、科技，乃至宗教、文化、教育、風土等各種信息。包括地圖 75 幅，西洋技藝圖式 57 頁，地球天文合論圖式 7 幅。內容豐富，體例完備，圖式精美。是中國近代史上第一部全面系統介紹世界歷史地理的著作。書中主張學習西方的科學技術，對當時和後來的思想界有很大影響，對日本的明治維新也有一定影響。

【家範】①治家的規範、法度。《舊唐書．崔珙（gǒng）傳》：「仁義五常，自成家法。」②書名。北宋司馬光著。全書自〈治家〉至〈乳母〉共十九篇，闡述了古代家庭的倫理關係、治家原則，以及修身養性和為人處世之道。書中引用了治家修身格言，收集治家有方的實例和典範，為研究古代家庭教育的指導思想及具體方式、方法提供了重要材料。

【容齋隨筆】書名。筆記體。南宋洪邁撰。74 卷。分「隨筆」「續筆」「三筆」「四筆」「五筆」五集。內容廣泛，對經史百家、典章制度、詩文典故、軼聞異説等都有考訂或評定。立説精確審慎，頗多創見，為歷代學者所重。

【書品】書名。中國古代書法品評著作。南朝梁庾肩吾著。記載漢至梁書法家 120 人，分上、中、下三等，每等又分上中下，各附短評。唐代李嗣真援其例著《後書品》（一作《書後品》）。都保存了古代書法藝術史料。

【通史】連貫記述多個時代或王朝史實的史書（與「斷代史」相區別）。如《史記》《通典》《資治通鑒》《通志》等。近代以來，有一國範圍的通史（如《中國通史》），有世界範圍的通史（如《世界通史》），也有各種專門學科的通史（如《中國醫學通史》）。

【通考】指彙集考核典制的書。如馬端臨的《文獻通考》、徐乾學的《讀禮通考》、秦蕙田的《五禮通考》等。《文獻通考》也簡稱《通考》。

【通志】書名。南宋鄭樵撰。200 卷。為司馬遷《史記》之後紀傳體通史的代表。分本紀、年譜、略、世家、列傳。二十略中的氏族、六書、七音、都邑、昆蟲草木五略，為舊史所無，是全書精華。與《通典》《文獻通考》合稱「三通」。

【通典】書名。唐代杜佑撰。200 卷。記載歷代典章制度的沿革，上起傳説中的唐堯虞舜，下迄唐肅宗、代宗，以唐代尤詳。分食貨、選舉、職官、禮、樂、兵、刑、州郡、邊防九門，每門又分若干子目。該書從禮儀制度考察社會生活，酌古通今，開創出一個認識社會結構的全新編纂體系，以至於有「三通」「九通」「十通」的典志系列出現。

【通雅】訓詁書。明代方以智撰。52 卷。取材於先秦諸子、史籍、方志、小説等，考證古音古義，論及方言俗語。引書都注明出處，體例謹嚴，可供研究古漢語、探討詞源參考。

【通鑒】見 317 頁「資治通鑒」。

【通鑒紀事本末】書名。南宋袁樞撰。42 卷。根據《資治通鑒》總括為 239 事，一事一篇。始於「三家分晉」，終於「世宗征淮南」。按照年代順序，抄錄成篇，頗便閱讀。為中國

第一部「一書備諸事之本末」的紀事本末體歷史著述。

【**梧桐雨**】雜劇。全稱《唐明皇秋夜梧桐雨》。元代白樸作。取材於唐代陳鴻〈長恨歌傳〉，劇名取自白居易〈長恨歌〉「秋雨梧桐葉落時」詩句。內容寫唐明皇李隆基與楊貴妃故事。其情節是：安祿山反，明皇倉皇逃出長安赴蜀。至馬嵬驛，大軍不前，兵諫明皇誅楊國忠兄妹。後明皇返長安，朝夕思念楊貴妃。一夕，夢中相見，卻為梧桐雨聲驚醒，倍添惆悵。全劇結構層次井然，詩意濃厚。

【**曹娥碑**】原為東漢荊州刺史度尚為孝女曹娥所立之碑。上刻誄（lěi）辭，褒揚孝道。碑石早已不存。現通行的小楷本，前人或以為晉無名氏書寫，或以為南朝後期人書寫，或以為王羲之書寫。今傳絹本墨跡，眉端與左右及行間有唐懷素、韓愈名款並題字。書法古淡秀潤。另一本刻入《越州石氏帖》內。另有北宋碑刻，蔡卞行書。今存浙江上虞。

【**敕勒歌**】樂府雜歌篇名。北朝民歌。歌詞是：「敕勒川，陰山下，天似穹廬，籠蓋四野。天蒼蒼，野茫茫，風吹草低見（xiàn）牛羊。」描繪了北方草原蒼茫遼闊的景象。

【**盛世危言**】書名。清代鄭觀應著。在《救世揭要》《易言》二書基礎上寫成。作者針對甲午戰敗、朝野悲觀迷茫的現狀，鼓吹仿效西方，富國強兵，以拯危局。內容包括經濟、文化、軍事、政治等方面，影響很大。

【**盛明雜劇**】雜劇劇本集。明代沈泰編。分初集、二集兩集。每集各收明代人所作雜劇劇本 30 種，共 60 種。其中包括較著名的徐渭《四聲猿》、康海《中山狼》、陳與郊《昭君出塞》、孟稱舜《桃花人面》等。大部分作品出於嘉靖以後。

【**國語**】書名。中國第一部國別體史書。傳為春秋時魯國史官左丘明著。21 卷。分別記述周、魯、齊、晉、鄭、楚、吳、越八國史事。上起於周穆王征犬戎（約前 976），下止於韓、趙、魏滅智伯（前 453），共 500 多年。所記史實比《左傳》長 200 多年，可相互參證，故有《春秋外傳》之稱。以記言為主。語言謹嚴精煉，對唐宋古文創作影響很大。

【**崇有論**】篇名。晉代裴頠（wěi）撰。認為道不是虛無，而是形象彰明的「有（存在）」。「無」不能生「有」，而「有」卻是萬物之理的載體。「崇有」才合乎天地大德，「貴無」並非老莊的本意。《晉書》卷三十五《裴頠傳》、嚴可均《全晉文》均收此文。

【**過秦論**】篇名。西漢賈誼政論散文的代表作。該文從各個方面分析秦王朝的過失，故名。旨在總結秦速亡的歷史教訓，以作為漢王朝建立制度、鞏固統治的借鑒。善用排比誇張手法，效果強烈，極富感染力。

【偽古文尚書】書名。儒家經典《尚書》傳本之一。東晉時梅賾（zé）所獻。25篇。與偽《孔安國尚書傳》（又稱《尚書孔氏傳》）同時出現。南朝齊姚方興又加上〈舜典〉「孔傳」一篇，另加經文28字。現在通行的《十三經注疏》本《尚書》，就是《今文尚書》與偽《古文尚書》的合編。學術界已公認它為偽書。

【船山遺書】書名。明清之際王夫之（世稱船山先生）著。共358卷。其中經部155卷，史部77卷，子部54卷，集部72卷，另附《王船山叢書校勘記》2卷。歷代有諸多不同版本，1982年嶽麓書社在舊《船山遺書》的基礎上，重新精校編印了《王船山全書》。

【康熙字典】字書。清代張玉書、陳廷敬等奉詔編纂。康熙五十五年（1716）印行。42卷。是一部具有深遠影響的漢字辭書，為漢字研究的重要參考文獻之一。該書在明代《字彙》《正字通》基礎上增訂而成。末附《補遺》，收冷僻字；又列《備考》，收有音無義或音義全無之字。共收47035字，分為12集214部。是收錄漢字最多最全的古代字典。但該書在切音、釋義方面標準不一，疏漏和錯誤較多。道光間王引之訂正重刊，改正引用書籍字句訛誤者2588條並撰《字典考證》附後。近人王力作《康熙字典音讀訂誤》，訂正5200餘字音讀注釋之誤。

【商君書】書名。戰國中期商鞅及其後學的著作彙編。今存24篇。記載了商鞅在政治、經濟、軍事、哲學、法學、倫理學等方面的思想及其變法活動和主張，主張從法律上保護土地私有制，建立中央集權的君主制國家。也稱「商君」「商子」。

【清明上河圖】中國名畫。北宋張擇端作。絹本長卷。水墨淡設色。全圖以北宋京城汴河為構圖中心，栩栩如生地展示清明時節各階層的生活情態。開卷處為汴梁近郊的景致；中段描繪漕船泊航於汴河，行人往來於拱橋；卷末表現市區街衢（qú）店肆。畫中人物超過550個，不同類型的舟車各20餘，市肆民居不可勝數。規模宏大，場面壯觀，構圖嚴謹，筆墨古雅，具有重要的歷史價值和藝術價值。藏北京故宮博物院。

【淮南子】書名。西漢淮南王劉安及其門客著。以道家思想為主，糅合了儒、法、陰陽五行等各家思想，一般認為是雜家著作。對戰國至漢初道家思想進行了系統的梳理，對自然科學有重要影響。保存了不少神話故事（如「嫦娥奔月」「女媧補天」「后羿射日」等）以及自然科學史、醫學等資料。也稱《淮南鴻烈》。

【淮南鴻烈】 見313頁「淮南子」。

【梁山伯與祝英臺】 戲曲傳統劇目。取材於民間傳說。故事梗概是祝英臺女扮男裝與梁山伯同窗共讀三年，感情深厚。祝回家前，向梁託言為妹作媒，囑其早日至祝家迎娶。後祝父將英臺另許馬家，英臺抗婚不從。山伯至，二人殉情而死，化作一對蝴蝶。不少劇種都有此劇目。明代曾有同一題材的傳奇《同窗記》。也稱「雙蝴蝶」。

【尉繚子】 兵書名。「武經七書」之一。戰國時期尉繚（梁惠王時人）撰。5卷24篇。內容廣泛，對戰爭性質、戰爭與政治經濟的關係、作戰原則、用兵原則、取勝之道以及軍隊訓練、指揮、編制、紀律、獎懲等都有論述，對後世有較大影響。1972年山東臨沂銀雀山西漢墓出土《尉繚子》殘簡六篇，與今本相應篇目內容大體相同，否定了傳統《尉繚子》是偽書的說法。

【博物志】 志怪小說集，內容多取材於古籍，西晉張華著。共十卷。其中一至六卷雜記山川地理知識，歷史人物傳說，奇異的草木魚蟲、飛禽走獸，怪誕不經的神仙方技等；七至十卷敘述各種神話傳說、人物逸事等。其中記載的八月有人浮槎至天河見織女的傳聞是牛郎織女神話故事的原型。

【黃庭經】 書名。道教上清派主要經書之一。有《上清黃庭內景經》和《下清黃庭內景經》。主要講道教養生修煉的原理。因有晉代大書法家王羲之的寫本而著名於世。世傳王羲之「寫經換鵝」典故（《演繁露．換鵝是黃庭經》）即指此經。

【黃帝內經】 醫書名。託名軒轅黃帝作。分《靈樞》《素問》兩部分。一般認為成書於春秋戰國時期。總結了遠古至先秦的醫學成就，是研究人的生理學、病理學、診斷學、治療原則和藥物學的醫學經典著作。在理論上建立了中醫學的「陰陽五行學說」「脉象學說」「藏（臟）象學說」等。被列為中國傳統醫學四大經典著作（《黃帝內經》《難（nàn）經》《傷寒雜病論》《神農本草經》）之一。簡稱《內經》。

【董西廂】 見298頁「西廂記諸宮調」。

【焚書】 ①燒毀圖書；特指秦始皇燒毀圖書的事件。②書名。明代李贄著，包括「書答」「雜述」「讀史」「詩歌」幾部分，多方面反映了作者的政治、哲學等方面的思想。另有李贄門人編輯刻印的《續焚書》。

【雲笈（jí）七籤】 書名。道教典籍。北宋張君房編。122卷。雲笈，指道教藏書的書箱；七籤，指道教經書共有三洞（洞真、洞玄、洞神）、四輔（太玄、太平、太清、正一）七部。該書是編者在完成《大宋天宮寶藏（zàng）》的基礎上，又擇其精要輯錄而成的。不僅集北宋以前《道藏（zàng）》主要內容之大成，而且保留了不少原書已失傳的經籍片段和人物傳記，是研究道教的重要資料。

【紫釵記】傳奇劇本。明代湯顯祖著。取材於唐傳奇小說〈霍小玉傳〉。以紫釵為線索，寫唐代李益與霍小玉的愛情故事。讚頌霍小玉對愛情的堅貞，鞭撻豪門權貴的自私狡詐。據其舊作〈紫簫記〉重寫而成。

【圍爐詩話】詩話著作。清代吳喬撰。6卷。通過對唐、宋、元、明歷代詩歌的評論，提倡「比興」，反對宋人的淺直無味；強調「有意」，反對明七子的「唯崇聲色」，主張詩須有境有情，「詩之中須有人在」。今輯入《清詩話續編》本。

【集韻】韻書。宋代丁度等奉詔對《廣韻》進行修訂。10卷，收錄53525字，比《廣韻》增一倍餘。韻部仍分206韻，而韻目名稱和次序稍有更動。內容注重文字形體和訓詁，為研究文字訓詁和宋代語音的重要資料。清代方成珪編《集韻考正》，對書中的訛誤多有訂正。

【詞源】書名。詞學專著。南宋張炎撰。二卷。上卷詳述詞律兼及作曲唱曲方法，末附〈謳曲旨要〉一篇，對各種體裁的詞曲提出了發音吐字的要求。下卷論詞的創作，提倡「雅正」，有過於強調形式的傾向。

【敦煌詞】唐、五代詞的彙編。發現於甘肅敦煌莫高窟藏經洞，故稱。共230首。寫作時代在8—10世紀之間。少數是可考知作者姓名的文人詞，大多數是無名氏詞或民間詞。內容廣泛，形式多樣。對研究詞的起源和發展具有重要意義。也說「敦煌曲子詞」。

【道德經】見216頁「老子」②。

【道藏（zàng）】書名。道教經典總彙。道教經書的彙集始於六朝，唐宋後開始彙輯成「藏」並刊印。明代先後彙輯、刊印《正統道藏》和《萬曆續道藏》。1923—1926年，上海商務印書館借用北京白雲觀所存明刊《道藏》加以影印，為現今通行本。其中除道教經書外，還有涉及醫學、化學、生物、體育、養生、天文、地理等學科的論著，內容十分豐富。2004年華夏出版社以明版《道藏》為底本，吸收其他道教經書與近代道教研究成果，編纂出版了《中華道藏》。

【搜神後記】書名。志怪小說集。10卷。性質與《搜神記》相近。題為東晉陶潛撰。書中所寫的人神、人鬼的愛情故事（如〈白水素女〉等）和不怕鬼的故事（如〈宋定伯捉鬼〉等）頗具特色。

【搜神記】書名。志怪小說集。東晉干寶撰。原本已散佚，今本 20 卷係從《法苑珠林》《太平御覽》等書輯錄而成。所記多為神怪靈異故事，其中保存了一些民間傳説。

【聖經】①聖賢所著的書，指儒家經典。②基督教的經典。包括《舊約全書》《新約全書》。③猶太教經典。包括《律法書》《先知書》《聖錄》等。

【夢溪筆談】書名。北宋沈括著。30 卷，包括《補筆談》《續筆談》。內容涉及天文、數學、物理、化學、生物等各個學科，總結了中國古代特別是北宋時期的科學成就，是一部筆記體百科全書式著作。

【楚漢春秋】書名。西漢陸賈著，屬於雜史，共 9 卷。記事從劉邦、項羽起，至漢文帝初期止。司馬遷的《史記》曾採擷此書內容。唐以後散佚，清人有輯錄，但數量不多，史料價值有限。內容主要有：出兵擊齊之機，攻佔關中，東進時被項羽回師擊敗，到垓（gāi）下一戰項羽被劉邦擊敗，並在烏江自殺，歷時四年，以劉邦的勝利告終。

【楚辭】①指戰國時期楚國以屈原作品為代表的具有濃厚楚地色彩的一種新體詩。後世稱這種文體為「楚辭體」；屈原作品中以《離騷》最著名，故又稱「騷體」。②文集名。西漢劉向編輯。全書以屈原、宋玉的作品為主，加上漢代的賈誼、東方朔、王褒等人的作品，共收辭賦 17 篇。

【楚辭章句】書名。《楚辭》注本。東漢王逸作。西漢劉向所編《楚辭》，本為 16 篇，王逸增入己作〈九思〉一篇，編為 17 卷。書中對屈原生平和各篇作者的考訂以及文意的解説，雖有不夠周密之處，但訓釋文字多有依據，且保存了若干古説，是《楚辭》最早的完整注本。

【楚辭集注】書名。《楚辭》注本。南宋朱熹作。將《楚辭章句》刪去〈七諫〉等 4 篇，增入賈誼作品 2 篇，編為 8 卷。注釋簡明扼要，時出己見，為後世研究者所重視。附有《辨正》2 卷，評駁舊注。

【楞嚴經】佛教經書。《大佛頂如來密因修證了義諸菩薩萬行首楞嚴經》的簡稱。佛教主要經典之一。10 卷。內容豐富，幾乎包括大乘佛教所有重要理論。勸誡眾生逐次修行，達到「方盡妙覺，成無上道」。也稱《中印度那爛陀大道場經》。

【農政全書】書名。明代重要的農業科學巨著。徐光啟撰，由陳子龍等整理編定。成書於明朝萬曆年間，明崇禎十二年（1639）刊行。書中既輯錄了大量農業科技資料，也貫穿著作者治國治民的農政思想。

【農桑輯要】書名。元代司農司編纂的官修農書。7 卷。成書於至元十年

(1273)。多輯自《氾(fán)勝之書》《四民月令》《齊民要術》，以及北宋末、元初的多種農書。分別論述各種作物的栽培及家畜、家禽、魚、蠶、蜂的飼養。其中對栽桑、養蠶論述甚詳，對栽培棉花、苧麻尤其提倡。是研究元代種植業、養殖業等的重要參考資料。

【傷寒論】 書名。《傷寒雜病論》的傷寒部分。東漢張仲景著。是一部闡述外感熱病治療規律的專著，對後世醫學發展起着巨大作用。

【詩品】 ①書名。詩論著作。南朝梁鍾嶸撰。原名《詩評》。是中國文學史上第一部詩歌批評專著。通過對前代五言詩及作者、品第優劣的劃分，強調詩歌創作的風骨、詞采、詩味，並論及流變發展。反對形式主義，對後代詩評和詩歌創作有一定影響。②《二十四詩品》的簡稱。唐代司空圖撰。以道家、玄學家的自然淡遠為目標，將詩歌風格分作雄渾、沉着等24種美學境界，逐一歸納其特點，是中國詩評史上的重要著作。

【詩經】 書名。中國最早的詩歌總集。原稱《詩》，漢代列為儒家經典之一，故稱《詩經》。編成於春秋時代，共305篇。分為風、雅、頌三大類，其中風有十五國風，雅有大雅、小雅，頌有周頌、魯頌、商頌。形式以四言為主，運用賦、比、興手法。代表了春秋中葉以前詩歌創作的最高成就，是中國現實主義詩歌的源頭，對中國兩千多年來的文學和文化的發展有深廣的影響。

【資治通鑒】 書名。編年體通史。北宋司馬光撰。全書共294卷，另有《考異》《目錄》各30卷。歷時19年完成。記載了從戰國到五代共1362年的史實，從中總結出許多經驗教訓供執政者借鑒。宋神宗認為此書「鑒於往事，有資於治道」(鑒：鑒察，審辨；有資：有助)，故定名為《資治通鑒》。簡稱《通鑒》。

【新語】 書名。西漢陸賈(gǔ)著。奉高祖之命撰，論述秦漢的得失、古今成敗的原由，劉邦稱之為「新語」。認為朝代更替「非天所為」，提出建國「必得之於民」，主張實行與民休息的「無為」政治。

【滄浪(láng)詩話】 書名。南宋嚴羽〔號滄浪逋(bū)客〕撰。一卷。提出較有系統的詩歌理論，標榜盛唐，主張詩有別裁、別趣之說，重視詩歌的藝術特點，批評了當時以文字、才學、議論為詩的弊病。又以禪喻詩，強調「妙悟」，對明清的詩歌評論影響頗大。

【福音書】 基督教《聖經·新約全書》中《馬太福音》《馬可福音》《路加福音》和《約翰福音》四福音書的統稱。內容是講述耶穌降生、成人及生平事跡和言行的故事。基督教認為，這些書是給受苦受難的人「報告好消息」的，故稱。

【經典釋文】 書名。見 154 頁「陸德明」。

【經傳釋詞】 書名。清代王引之著。共 10 卷。以訓詁的方法遍搜《九經》《三傳》以及周秦兩漢書中虛字 160 個，考訂其淵源流變，闡釋其意義、用途。是研究訓詁語法的重要參考書。

【經義考】 書名。是考證歷代經籍存佚的著作。清代朱彝尊著。300 卷。該書以諸經分類，於每一書下首列作者、卷數，然後考述該書存、佚、闕、未見各情形，並一一詳載序跋及諸家評論。若有己見者，則以按語形式附於卷末。全書搜羅廣博，考證嚴謹，是研究古代經學派別和版本目錄的重要參考書。

【經義述聞】 書名。清代王引之著。共 32 卷。依據其父王念孫《爾雅疏證》的研究成果，以及平時趨庭所聞而撰成。將《周易》《尚書》《毛詩》《周禮》《儀禮》《大戴禮記》《禮記》《國語》《左傳》《公羊傳》《穀梁傳》諸書，審定句讀（dòu）、訛字、衍文、脱簡，訓釋大都述其父説。是研究古書音韻訓詁、勘訂訛誤的重要著作。

【經學五書】 書名。全稱《萬氏經學五書》。是清代萬斯大《學禮質疑》《周官辨非》《禮記偶箋》《儀禮商》《學春秋隨筆》五部經學著作的合稱。其説不拘漢宋諸儒舊説，多正前人之誤。全書或詰（jié）駁前賢成説，或考辨古禮根源，或條列禮經節目，或詰難（nàn）諸經抵牾（wǔ），推求原始，自陳己見，是理學研究史上的重要著作之一。

【經籍籑（zuǎn）詁】 書名。清代阮元主編，由臧鏞堂為總纂，幾十人共同編輯而成。按平水韻分韻編次，一韻一卷。一字異音者，按韻分入各部，並因不同字義分別注釋，廣搜唐以前古籍正文和注解中的訓詁。所收為單字，但注釋中也收雙音詞，兼具字典和詞書兩種功用。全書體例謹嚴，材料豐富，是研究古漢語的重要工具書。

【趙氏孤兒】 雜劇名。元代紀君祥撰。敍述春秋時晉國賢人程嬰與公孫杵臼堅守正義、忍辱負重、不惜犧牲生命，保護了忠臣趙盾的後代孤兒，使免遭殺害。最終邪惡被誅，忠良取勝。京劇、秦腔等也有同題材劇目上演。

【爾雅】 書名。十三經之一。爾：同「邇」，接近；雅：正確。由漢初學者纂集增補而成，是中國古代最早解釋詞義的詞典。該書旨在為使用語詞提供標準和規範。今本 19 篇。前 3 篇解釋語文性詞語，其餘各篇解釋百科性詞語。是考證詞義和古代名物的重要資料。

【管子】①管仲的尊稱。②書名。戰國時齊國「稷下學宮」的學者託名管仲所著。24 卷，86 篇，今僅存 76 篇。內容廣博精深，包含儒、道、法、農、兵、陰陽等多家觀點，涉及天文、曆法、地理、經濟等多個方面，對當時和後世都有很大影響。清代戴望《管子校正》和今人郭沫若《管子集校》等是較通行的校注本。

【銅人腧（shù）穴針灸圖經】宋代針灸學醫書。王惟一撰。3 卷。考訂了經絡循行徑路和腧穴部位，詳述腧穴的主治疾病和療法；並鑄成銅人模型，刻示經絡、腧穴位置；又繪製十二經圖，敍述了 11 世紀以前的針灸經絡學説。該書刊行後，又刻石留傳。現存宋代殘石 5 塊，於 1965 — 1971 年陸續在北京出土。

【説文通訓定聲】書名。清代朱駿聲著。18 卷。是一部按古韻改編《説文解字》的書。全書根據《説文》9000 多字，又增附 7000 多字，從中分析形聲聲符 1137 個，以諧聲聲符為綱，再依古韻分別歸屬 18 部。同從一聲符孳（zī）衍的字都連綴在一起，秩然有序。每字之下，先釋《説文》本訓，引群書古注為證，即所謂「説文」；次陳述字的引申義和因文字假借而產生的假借義，即所謂「通訓」；最後舉出上古韻文中的用韻來證明古音。凡同韻相押的叫作古韻，鄰韻相押的叫作轉韻。闡明字音，即所謂「定聲」。這三部分中主要是「通訓」，對研究詞義發展有極大幫助。

【説文解字】書名。字書。東漢許慎撰。14 卷。收字 9353 個，重（chóng）文〔指古文、籀（zhòu）文〕1163 個。按文字形體及偏旁構造，分列 540 部，首創部首排檢法。依據「六書」（象形、指事、會意、形聲、轉注、假借）原則解説文字。每字下的解釋，一般先説字義，再説形體構造，不少字在解形之後，還注明音讀或援引例證。是中國第一部系統分析字形、考究字源、解説字義、辨識聲讀的字書，也是世界上最古的字書之一。簡稱《説文》。

【説文解字注】書名。清代段玉裁著。30 卷。該書比勘二徐〔徐鉉（xuàn）、徐鍇（kǎi）〕本，勘正傳寫和刊刻的錯誤；闡明《説文》著作體例並徵引經傳古籍，解釋許説，推求許説所本；於許説之外説明字義的引申和變遷，指明字有古今，義也有古今。闡發音與義間的關係及諧聲聲符音義相通之理。為清人治《説文》的重要著作之一。簡稱《説文注》。

【説文解字義證】書名。清代桂馥著。50 卷。該書多取《説文》説解，與諸經之義相疏證，前後各説，相互補正。對於歷代用字實例搜羅完備，且按時代排列，幾乎是一部「漢字字用史」。為清代治《説文》的代表作之一。

【說文釋例】 書名。清代王筠（yún）著。20卷。是一部發展了段玉裁《說文解字注》「通例」說、專門探討《說文》體例和文字學規律的著作。除分析《說文》的條例、體制外，還列出對《說文》的諸種疑問。各卷後附有「補正」，常用金石古文補正說文的形體和說解。

【說卦】《易傳》（即《十翼》）篇名。解釋八卦性質和象徵。把事物的運動、變化和剛健等性質看成是陽性勢力（乾、天、君、父、夫等）的體現，把靜止、安定、柔順等性質看作是陰性勢力（坤、地、臣、母、婦等）的體現。並論證了「聖人作易」的宗旨在於「窮理盡性以至於命」（徹底推究事物的道理，透徹了解人類的天性乃至使命），為後世理學家論述道德性命的理論基礎。

【說苑】 書名。西漢劉向著。20卷。按類記述春秋戰國至漢代的遺聞軼事，每類之前列總說，事後加按語。其中以記述諸子言行為主，多有關於治國安民、家國興亡的哲理格言。主要體現了儒家的哲學思想、政治理想以及倫理觀念。也稱《新苑》。

【齊民要術】 書名。北魏賈思勰（xié）撰。10卷。分別論述糧食作物、蔬菜、果樹、竹木的栽培，家畜、家禽的飼養，農產品加工和副業等，比較系統地總結了黃河中下游地區豐富的農業生產經驗，顯示出當時中國農業生產水平已達到相當高度，是中國完整保存至今最早的一部農書，在中國和世界農學史上均佔有重要地位。達爾文寫《物種起源》時曾參考此書。

【齊論語】 書名。漢代今文《論語》之一。二十二篇。較《魯論語》多〈問王〉〈知道〉兩篇。皇侃〈《論語義疏》序〉引劉向《別錄》:「齊人所學，謂之《齊論》。」是現行《論語》的來源之一。

【漢學師承記】 書名。原名《國朝漢學師承記》。清代江藩著，8卷。闡述清代漢學家法流派，涉及清代學術變故、學者交遊、經義考訂及歷代學術流變等。所列人物，除首載閻若璩、胡渭，末附黃宗羲、顧炎武外，主要是乾嘉學派著名學者，即吳派、皖派的師承傳記及其與東漢古文經學派的淵源關係；至於常州學派的主要人物如莊存與、劉逢祿等則未列專傳。全書計列專傳40家，附傳16家，共輯56家，是研究清代學術史的重要著作。

【滿江紅】 詞牌名。雙調九十三字。岳飛作的「怒髮衝冠」一首，最為有名。全詞豪情澎湃，大氣磅礴，令人振奮鼓舞，充分表達了中華健兒有我無敵、捨身報國、殺敵立功的英雄氣概和凌雲壯志。

【廣雅】 書名。訓詁學著作。三國魏張揖（字稚讓）撰。該書為增廣《爾雅》而作，故稱。隋代避煬帝楊廣諱，改名《博雅》，後復用原名。全書篇目、順序、體例及釋詞方式全依《爾雅》，收字 18150 個，釋詞 2342 條。是研究漢魏以前詞彙和訓詁的重要著作。清王念孫有《廣雅疏證》。

【廣雅疏證】書名。清代王念孫著。20 卷。是一部系統整理、闡述《廣雅》的著作，也是作者藉《廣雅》闡述音韻、訓詁之學識的集大成著作。博搜漢以前古訓，由古音以求古義，頗多創見。對《廣雅》旁考諸書，頗多訂正，甚為精詳。

【廣藝舟雙楫】書名。清末康有為著。六卷。卷一、卷二講書體源流，卷三、卷四評論碑品，卷五、卷六講用筆技巧、學術經驗和各種書體寫作要求。是康氏碑學理論的集大成之作。其中明確提出「變」的思想，以「變」求得事物的進步。該書主旨在提倡碑版，尤其注重魏碑而批判帖學及唐代結構嚴整的書風，對晚清碑學書法與理論研討具有深遠影響。也説《書鏡》。

【廣韻】《大宋重修廣韻》的簡稱。中國宋代官修的一部韻書。宋代陳彭年等奉詔編撰。5 卷，收字 26000 餘，按平上去入四聲和 206 韻編排，為增廣《切韻》而作，故稱。除增字加注外，部目也略有增訂。是研究漢語語音史的重要資料，研究中古語音也大都以此為重要根據，是漢語音韻學的一部重要著作。

【墳典】《三墳》《五典》的簡稱，傳説中中國最早的古書。泛稱古代典籍。

【穀梁傳】書名。儒家今文經學的重要經典之一。起於魯隱公元年（前 722），終於魯哀公十四年（前 481）。相傳為戰國時魯人穀梁赤及其弟子所撰。是研究秦漢間和漢初儒家思想的重要資料。有晉代范寧《春秋穀梁傳集解》、唐代楊士勛《春秋穀梁傳疏》、清代鍾文烝《穀梁補注》。也説《春秋穀梁傳》《穀梁春秋》。

【閱微草堂筆記】筆記小説集。清代紀昀（紀曉嵐）作。24 卷。包括「灤陽消夏錄」「如是我聞」「槐西雜志」「姑妄聽之」「灤陽續錄」等。主要記述花妖狐精、鬼怪神異故事，間雜考辨，對宋儒之苛察有所諷刺。

【墨經】見 264 頁「墨子」②。

【墨辯】見 264 頁「墨子」②。

【樂（yuè）府詩集】詩歌總集。北宋郭茂倩編。100 卷。分郊廟歌辭、舞曲歌辭、新樂府辭等 12 類。輯錄了先秦至唐五代民歌民謠及文人作品 5000 多首，其中有著名的〈陌上桑〉〈孔雀東南飛〉等。每類每曲都有詳備的源流考訂。

【魯春秋】 書名。先秦時魯國編年史。魯太史所記。約在秦代焚書時亡佚。據《左傳·昭公二年》記載，《魯春秋》記事起於周公。在儒家經典《春秋》當中，較系統地保存了《魯春秋》內用以敍述春秋歷史的大量史料。

【魯論（lún）語】 書名。漢代今文《論語》之一。皇侃〈《論語義疏》序〉引劉向《別錄》:「魯人所學，謂之《魯論》。」二十篇。篇次與今本《論語》相同。是現行《論語》的來源之一。也稱《魯論》。

【論六家之要指】 書名。西漢司馬談著。書中首次提出先秦漢初學術上的六個主要派別，即陰陽、儒、墨、名、法、道六家，並分述各家思想特徵及優劣長短，尤崇道家。認為各家之長皆集於道家之學。而對儒家則頗有微詞。文存《史記·太史公自序》。

【論貴粟疏】 篇名。西漢晁錯寫給漢文帝的奏疏。粟：穀子，泛指糧食；貴粟：要高度重視糧食。大意是説商賈（gǔ）窮奢極欲，兼併農人，致使百姓生活貧困，顛沛流離，長此以往，必將危及漢王朝的政權。因而建議，國家制定法令:凡獻糧與政府者，得以拜爵、除罪。這樣就可以取得主足用、民賦少、勸農功的效益。此即貴粟重農之道。奏疏比較客觀地反映了當時社會的經濟情況，對發展農業生產起到了推動作用。也説「重農貴粟疏」。

【論（lún）語】 書名。儒學重要經典之一。主要記載孔子及其弟子的言行。論：編纂整理。主要由孔子的弟子及其再傳弟子陸續編定，約成書於戰國初期。全書約 15000 字，分 20 篇。集中反映以孔子為代表的儒家思想。主要包括以「仁」為核心的政治主張，以「克己復禮」為特點的禮治原則，以無過無不及為準則的「中庸之道」，以君子、聖人為範式且以忠恕恭寬信敏惠等為內容的高尚人格標準。是一部社會治理、人生規劃的教科書。所以古代有「半部論語治天下」的説法。南宋後在大眾中得到普及與傳播，在世界上也有廣泛影響。比較重要的注本：宋代邢昺（bǐng）《論語注疏》、宋代朱熹《論語集注》、清代劉寶楠《論語正義》、今人楊伯峻《論語譯注》。

【論衡】 書名。東漢王充著。全書 30 卷，85 篇，現存 84 篇。認為天是自然之天，不具有任何道德意義和目的；認識的源泉是感覺經驗，而且要接受事實的驗證。並論述了人與自然、精神與肉體的關係，提出天道自然無為的觀點，批判天人感應和讖（chèn）緯迷信。被歷代統治者斥為異端邪説。今人劉盼遂《論衡集解》可供研究參考。參見 208 頁「王充」。

【潛書】 書名。清代唐甄（zhēn）著。97 篇。原名《衡書》。該書「曰衡者，志在權衡天下也。後以連蹇不遇，更名潛書」（王聞遠〈西蜀唐圃亭先生行略〉）。在哲學上着力宣揚孟子的「性」論，認為「性」就是仁義禮智，就是人性；但主要傾向是對古代君主專制的批判。大膽提出「凡君主皆賊」和「亂天下者皆君」的觀點，提出「天地之道故平」的平等原則；揭露了古代等級社會的不平等，發出了「不平以傾天下」的警告，表達了明末清初的民主思想。

【潛揅（yán）堂文集】書名。清代錢大昕（xīn）著。70卷。其中論經史、小學、金石的著作，考證翔實，剖析精微。認為治學應以漢學為宗，但反對把漢學絕對化，明確提出治學應實事求是的主張。

【緯書】與「經書」相對。因漢武帝獨尊儒術，經書的地位大為提高，混合神學附會經義的緯書應運而生。有《詩經》《尚書》《禮記》《易經》《春秋》《樂經》和《孝經》七經的緯書，總稱「七緯」。又有《論語讖（chèn）》及《河圖》《洛書》等，合稱「讖緯」。也指漢代一切講術數占驗之書。西漢末，緯書逐漸流行；東漢稱緯為「內學」。其中記錄了一部分天文、曆法和地理知識，也保存有很多神話傳說。原書因隋煬帝禁毀失傳。清代馬國翰《玉函山房輯佚書》和黃奭（shì）《漢學堂叢書》、趙在翰《七緯》等均有輯錄。近出《緯書集成》較完備。

【隨園詩話】書名。詩論。清代袁枚（號隨園）撰。26卷（正集16卷，補遺10卷）。標舉性靈説，反對模擬矯飾。認為「凡詩之傳者，都是性靈，不關堆垛」。並由此出發，縱論古今詩人詩作，對神韻説、格調説、肌理説等都提出了批評，還採錄和肯定了一些不滿禮教與程朱理學的詩篇。

【醒世姻緣傳】長篇小説。著作年代不詳。作者題為西周生。全書100回，前23回描寫前世姻緣，23回以後重點寫今世姻緣。小説以人生業果、冤仇相報的兩世姻緣故事為線索，對明末清初腐敗的官場和淺薄的世風作了鞭辟入裏的解剖，是一部傑出的中國古代世情小説。

【歷代名畫記】中國第一部繪畫通史。唐代張彥遠著。全書十卷，可分三部分：繪畫歷史發展評述與繪畫理論；繪畫鑒識與收藏；370餘名畫家傳記。在中國繪畫史中，具有承先啟後的意義。

【歷代詩話】詩話叢書。清代何文煥輯。共收詩話27種，包括南朝梁代鍾嶸《詩品》、宋代歐陽修《六一詩話》、嚴羽《滄浪（láng）詩話》等。

【戰國策】書名。戰國時游説之士的策謀和言論的彙編。初有《國策》《國事》《短長》《事語》《長書》《修書》等名稱和本子。西漢末劉向編訂為33篇。長沙馬王堆出土的西漢帛書《戰國縱橫家書》，與本書內容相似。

【穆天子傳】帶有虛構成分的傳記作品，西晉初期從汲郡戰國時魏王墓中發現的先秦古書（《汲冢書》）之一。作者不詳。共六卷。前五卷記周穆王駕八駿馬西征故事；後一卷記盛姬之死及喪葬故事。其中記述周穆王與西王母宴會酬答及盛姬之死部分較有小説意味。

【儒林外史】書名。長篇小説。清代吳敬梓著。56 回。全書以寫實手法對利欲熏心之徒予以無情的揭露，對當時吏治腐敗、科舉弊端、禮教虛偽等進行了深刻的批判和嘲諷。白話的運用純熟自如，人物性格的刻畫深入細膩，尤其是高超的諷刺手法，使其成為中國古典諷刺文學的傑作。

【龍龕手鏡】字書。遼代釋行均（字廣濟，俗姓于，幽州人）撰。宋刻本因避諱改「鏡」為「鑒」。全書收錄漢字 26430 餘個，按所立 242 部首歸部。部首及隸屬各部首的單字，按平、上、去、入的次序排列。該書重在辨正字形，收有大量異體。釋義簡約，注音用直音或反切。字形的辨正，對校讀古籍尤有參考價值。所收單字，也是考究漢字形體演變的歷史資料。

【藏書】①指圖書館或私人等收藏的圖書。②書名。明代李贄著，主要取材於歷代正史，係歷史人物評傳。全書分為《世紀》和《列傳》兩部分，《世紀》講述的是朝代的更替以及帝王個人的活動，每篇都標有名目以示褒貶；《列傳》則分為《大臣傳》《名臣傳》《儒臣傳》《武臣傳》《賊臣傳》《親臣傳》《近臣傳》《外臣傳》等八類。兩部分共記載了從戰國到元代八百多名歷史人物。

【韓非子】①韓非的尊稱。②書名。後人據韓非的遺著整理而成，是集先秦法家學説大成的代表作。55 篇，20 卷。書中提出了「法」「術」「勢」相結合的法治理論。重要文章有〈孤憤〉〈解老〉〈喻老〉〈難勢〉〈問田〉〈定法〉〈五蠹〉〈顯學〉等篇。其中不少寓言故事具有很高的文學價值。有清代王先慎《韓非子集解》和今人梁啟雄《韓非子淺釋》等注解本。

【韓詩外傳】書名。西漢韓嬰撰。今本 10 卷。書中雜述古事古語，每條皆徵引《詩經》中的句子，與古事相印證，而非闡述《詩經》的本義。是研究西漢今文詩學的重要資料之一。

【禮記】書名。儒家經典之一，秦漢以前各種禮儀論著的選集。相傳為西漢戴聖編。有〈曲禮〉〈檀弓〉〈王制〉〈月令〉〈禮運〉〈學記〉〈樂記〉〈中庸〉〈大學〉等 49 篇。大多為孔子弟子及再傳弟子等所記。是研究中國古代社會情況、儒家學説及文物制度的參考書。注疏本有東漢鄭玄《禮記注》，唐代孔穎達《禮記正義》，清代朱彬《禮記訓纂》、孫希旦《禮記集解》等。也稱《小戴記》《小戴禮記》。

【**禮經**】書名。即《儀禮》，見 70 頁。

【**禮經釋例**】書名。清代淩廷堪著。《儀禮》文古義奧，自古以難讀著稱。該書獨闢蹊徑，着力爬梳，鈎稽蘊涵於《禮經》的禮儀通例，分為通例、飲食、賓客、射例、變例、祭例、器例、雜例等八類。每類之下各有細目，共 246 例，幾乎覆蓋《儀禮》17 篇的所有儀節。使《禮經》不再難讀。

【**藝文類聚**】類書。唐代歐陽詢等輯。100 卷。採集古籍 1400 餘種，分門別類，摘錄彙編，分歲時、治政、產業等 48 部。其中徵引的古代典籍，現多散佚，賴此書保存了不少珍貴資料。與《北堂書鈔》《初學記》《白氏六帖》合稱「唐代四大類書」。

【**藝舟雙楫**】書名。清代包世臣著，6 卷。論文 4 卷，論書 2 卷。論文多評論古文作法，也錄所作書序、碑傳等;論書首述學習書法的經驗、心得，《歷下筆談》和《論書絕句》則論漢代以來的用筆源流。在論書方面，本書上承阮元〈南北書派論〉〈北碑南帖論〉，下啟康有為尊碑卑唐的主張，其核心思想是尊碑。具體表現在：一是對碑學技法的探索和追求，二是表現在對碑版書法形式美的闡述上。其書法理論的立足和方法均與前人有所不同，使碑學進一步理論化，對改變清代書法風氣具有重要影響。

【**顏氏家訓**】書名。北齊顏之推著。成書於隋朝。2 卷 20 篇。以《論語》《孝經》等儒家經典為據，強調父慈子孝、兄友弟恭、夫義婦順等道德倫理規範，以及維繫此規範的家教、家法。是研究魏晉南北朝時期社會思潮的重要著作之一。

【**雜卦**】篇名。《易傳》（即《十翼》）之一《雜卦傳》的簡稱。揭示各卦之間非覆即變的錯綜關係。東晉玄學思想家韓康伯注：「雜卦者雜糅眾卦，錯綜其義，或以同相類，或以異相明也。」

【**離騷**】《楚辭》篇名。戰國楚屈原作。「離騷」舊解為遭憂，也有解作離愁的；近人或解釋為牢騷。全篇以自述身世、遭遇、心志為中心，表達了要求革新政治的願望，以及堅持理想、雖逢災厄也絕不與邪惡勢力同流合污的鬥爭精神和至死不渝的愛國熱情。詩中運用香草、美人的比興手法，大量的神話傳說和豐富的想象，使它成為一首充滿激情的現實主義與浪漫主義相結合的藝術傑作。是中國古代最早的長篇抒情詩，對後世文學有深遠影響。

【**勸學**】《荀子》的首篇。「勸學」即鼓勵學習。全篇以「學不可以已」為中心，論述了學習的重要性、內容、步驟、途徑等，體現了荀子的教育理念和哲學思想。「青取之於藍，而青於藍」「不積跬（kuǐ）步，無以至千里」「鍥（qiè）而不捨，金石可鏤（lòu）」

等名言都出自該篇。

【勸學篇】 書名。清代張之洞著。24篇。1898年出版。闡述「舊學為體，新學為用」，是集中反映洋務派思想的論著。曾經清政府頒行全國。英文本取名《中國唯一的希望》。

【孽海花】 書名。長篇小說。清末曾樸著。以狀元金雯青、妓女傅彩雲的經歷為主要線索，真實地描寫了晚清三十年間的歷史變遷，對當時的官場腐敗、科場鬧劇、士林麻木都有所諷刺。語言生動，結構完整，被稱為晚清四大譴責小說之一。

【類篇】 字書。宋代王洙（zhū）、司馬光等奉詔纂修。分544部，共收31000餘字，其中「重（chóng）音」21000餘字。該書是直接承接《說文解字》和《玉篇》的一部字書。《集韻》遺漏的字儘量收入，體例比較嚴謹。每字下先列反切，後出訓解；如果字有異音異義（重音），則分別舉出，可與《集韻》相印證。且書中收有唐宋之間所產生的字，為研究漢字發展和訓釋字義的重要參考資料。

【釋藏（zàng）】 佛教經典的總彙。由經藏、律藏、論藏三部分組成，包括漢譯佛經和中國的一些佛教著作。

【寶劍記】 傳奇劇本。明代李開先著。取材於《水滸傳》。寫林沖遭高俅陷害被逼上梁山，後帶領梁山英雄攻打京城，朝廷迫不得已將高俅父子送梁山軍前處死，梁山好漢接受招安為朝廷效力。劇本鞭撻了古代專制社會上層統治者的醜惡腐朽，歌頌了林沖的反抗精神。其中《夜奔》一齣，寫得極為精彩，後世被改編為京劇、崑曲，成為保留劇目，長演不衰。

【竇娥冤】 雜劇《感天動地竇娥冤》的簡稱。元代關漢卿著。寫下層婦女竇娥受流氓迫害誣告並被錯斬的悲劇故事，塑造了竇娥這個善良正直、富於反抗精神的婦女形象，深刻揭露了元代社會的腐朽黑暗。

【鐵雲藏龜】 書名。清代劉鶚（字鐵雲）編。為著錄甲骨文字的第一部書。編者從其所藏的5000餘片中選印1058片。此後就其舊藏編印為書的有羅振玉《鐵雲藏龜之餘》、葉玉森《鐵雲藏龜拾遺》、李旦丘《鐵雲藏龜零拾》各一卷。

【鶯鶯傳】 傳奇小說。唐代元稹作。講述的是士子張生與大家閨秀崔鶯鶯的愛情悲劇故事，有一定反禮教的進步意義。後人據此編成著名的雜劇《西廂記》。也說《會真記》。

【讀通鑒論】 書名。清代學者王夫之閱讀《資治通鑒》的筆記。30卷，卷末另附《敍論》4篇。根據《資治通鑒》所載史事，系統地評述自秦至五代的歷史，分析成敗興亡，探求歷史發展規律，總結出哲理性的結論：「勢之順者，即理之當然者矣」和「理因乎勢」「理勢合一」。主張「變」要因時制宜，反對「泥（nì）古過高而菲薄方今」，反對用「刑名威力」之術，認為應推行寬簡之政。對後來思想界產生重大影響。

【鹽鐵論】 書名。西漢桓寬編著。10 卷 60 篇。是記錄整理「鹽鐵會議」的政論性散文集。始元六年（前81），漢昭帝召集民間人士和政府官員 60 多人就鹽鐵官營等一系列國家政策進行討論，會上發生激烈爭辯，內容涉及政治、經濟、軍事、文化等各個方面。桓寬根據當時的記錄和他人回憶，將各方觀點整理編纂，撰成《鹽鐵論》。為研究當時的社會生產、階級關係、思想衝突、文化習俗等提供了豐富的史料。

【靈樞】 書名。古稱《九卷》《九靈》，為《內經》的一部分。書中論述了經絡、腧穴（shù xué）的分佈，臟腑的生理、病機，營、衛、氣、血的運行，針刺手法的運用等，是中國現存最早的對針灸（jiǔ）論述較多的醫學經典著作。也稱《針經》。參見 314 頁「黃帝內經」。

【讖（chèn）緯】 漢代流行的神學迷信。「讖」是巫師、方士製作的一種隱語或預言，作為吉凶的符驗或徵兆（有圖有字的叫「圖讖」）。「緯」對「經」而言，是方士化的儒生利用星相的變化來附會儒家經典的各種著作。讖緯起源於秦，主要流行於漢，是為古代專制統治說教的工具。除去其中的神學迷信部分，讖緯也保存了一些天文、曆法和地理等方面的科學史資料。也說「符讖」。

（五）格言、警句

【一人傳虛，萬人傳實】指本無其事，因傳説者多，大家就信以為真。《五燈會元·臨濟玄禪師法嗣》:「僧問:『多子塔前，共談何事？』師曰:『一人傳虛，萬人傳實。』」

【一日被蛇咬，十年怕井繩】《續傳燈錄》卷二十九:「一度着蛇咬，怕見斷井索。」後演變成「一日被蛇咬，十年怕井繩」。指吃過一次虧以後，便長時間地疑神疑鬼。

【一手獨拍，雖疾無聲】語出《韓非子·功名》。疾:迅速，快。一隻手單獨地拍打，即使再快也沒有聲響。後用以比喻僅憑一個人或單方面的力量難以辦成事。

【一心可以興邦】南宋·朱熹《論語集注》卷七《子路第十三》:「仲弓曰:『焉知賢才而舉之？』子曰:『舉爾所知，爾所不知，人其捨諸。』便見仲弓與聖人用心之大小。推此義，則一心可以興邦，一心可以喪邦，只在公私之間爾。」這段話的意思是懷有私心可以導致亡國，出於公心可以使國家興盛，這只是公與私之間的一念之差而已。

【一心為公】全心全意為公眾或集體着想。

【一尺之棰，日取其半，萬世不竭】語出《莊子·雜篇·天下》。棰:也作「捶」，短木棍。一尺長的短木棍，每天截掉一半，世世代代也截不完。

【一年之計，莫如樹穀；十年之計，莫如樹木；終身之計，莫如樹人】語出《管子·權修》。計:謀劃，打算；莫如:不如；樹:種植，培養。謀劃一年的事情，沒有比種莊稼更重要的；謀劃十年的事情，沒有比栽種樹木更重要的；謀劃一生的事情，沒有比培養人才更重要的。強調了培養人才的重要性。

【一知半解】形容所知不全，了解不深。南宋·嚴羽《滄浪詩話·詩辨》:「悟有淺深，有分限之悟，有透徹之悟，有但得一知半解之悟。」

【一動不如一靜】語出《貴耳集》。宋孝宗遊覽天竺及靈隱寺，有僧人相隨，見飛來峰問:「既飛來，如何不飛去？」僧人回答:「一動不如一靜。」指活動不如靜處（chǔ），以息心定意為好；也指多一事不如少一事。

【一張一弛】《禮記·雜記下》:「一張一弛，文武之道也。」（張:綳緊弓弦；弛:放鬆弓弦）意思是治理國家如同綳緊或放鬆弓弦，要嚴寬結合。今多比喻工作、生活要合理安排，有緊有鬆，有勞有逸。

【一廂情願】一廂：單方面。佛教故事。《百喻經》記載：一個愚人愛上了公主，公主根本不認識他。他不顧這一事實，只是想和公主結婚，害上了單相思。後以「一廂情願」指單從自己的主觀願望出發，不考慮對方是否同意或客觀條件是否允許。

【一勤天下無難事】民間諺語。指人只要勤奮，天下就沒有難辦的事情。

【一塵不染】佛教指「六根清淨」。佛家稱聲、色、香、味、觸、法為「六塵」，稱眼、耳、鼻、舌、身、意為「六根」，認為「六塵」產生於「六根」，「六根」清淨了，自然就一塵不染了。後用以形容環境、器物等潔淨；不貪不佔，為人、為官清廉。

【一諾千金】《史記・季布欒布列傳》：「得黃金百，不如得季布一諾。」意思是得到百斤黃金，不如得到季布的一個承諾。後用「一諾千金」形容說話算數，信實可靠。

【二者不可得兼】《孟子・告子上》：「魚，我所欲也，熊掌，亦我所欲也，二者不可得兼，捨魚而取熊掌者也。生亦我所欲也，義亦我所欲也，二者不可得兼，捨生而取義者也。」在魚和熊掌間決定取捨，放棄魚而取熊掌，因為熊掌的價值比魚高。在生死和仁義間決定取捨，棄生而取義，因為義比生命價值更高。

【十年樹木，百年樹人】語出《管子・權修》。說明培養人才是百年大計；也形容培養人才很不容易。參見328頁「終身之計，莫如樹人」。

【人之命在天，國之命在禮】語出《荀子・強國》。天：自然，泛指客觀規律；禮：指禮制。人的命運決定於自然規律，國家的命運決定於禮制的實行。是荀子重視禮制思想的體現。

【人不知而不慍（yùn）】語出《論語・學而》。慍：怒，怨恨。意思是人不了解我，甚至誤會我，我不怨恨、不惱怒。

【人心向背】向：歸向；背：背離。指人民群眾的擁護或反對。清・王夫之《讀通鑒論・東晉元帝一》：「即此而人心向背之幾（jī）可知矣。」（幾：跡象，先兆）

【人而無信，不知其可也】語出《論語・為政》。意思是一個人如果失去信用，不知道他怎麼能行得通。

【人到無求品自高】清・陳伯崖自撰對聯：「事能知足心常愜（qiè），人到無求品自高。」意思是一個人如果能淡泊名利、無欲無求，他的品德自然就變得高尚。

【人皆有不忍人之心】語出《孟子．公孫丑上》。指每個人都有憐憫體恤別人的心性。這是孟子「性善論」的理論基礎。

【人無遠慮，必有近憂】語出《論語．衛靈公》。意思是人無深謀遠慮，一定很快就有憂患。

【人無禮則不生，事無禮則不成，國家無禮則不寧】語出《荀子．修身》。做人不守禮就無法生存，做事不守禮就無法成功，國家不守禮就不得安寧。體現了儒家對禮法的推崇。

【人無禮義則亂，不知禮義則悖（bèi）】語出《荀子．性惡》。禮義：禮法道義；悖：不合常理。意思是人沒有禮法道義，社會就要動盪不安；人不懂得禮法道義，說話做事就不合常理。強調禮法道義的重要性。

【人與天調（tiáo），然後天地之美生】語出《管子．五行》。天地：天和地，泛指自然界和社會。人與自然協調了，自然界和社會的美好事物就產生出來。揭示了人與自然密切相關，人必須注意保護自然的道理。

【入門問諱】語出《禮記．曲禮上》。意思是到別人家裏拜訪，先要了解人家的忌諱，以免觸犯。

【入國問禁】語出《禮記．曲禮上》。是說進入別國，先要問清那裏的禁令，以免觸犯。

【入鄉隨俗】指到什麼地方，就要遵從什麼地方的風俗習慣；也比喻能適應環境。

【入境問俗】語出《禮記．曲禮上》。是說進入別國或一個新的地方，先要問清那裏的風俗，以免無意中觸犯。

【三人行必有我師】《論語．述而》：「三人行，必有我師焉，擇其善者而從之，其不善者而改之。」孔子認為多人一起同行共事，其中一定會有值得我學習請教的老師。我擇取他們中的優點學習，用他們中的缺點來對照自己，加以改進。體現了孔子「學無定師」、謙遜好學的精神。

【三思而行】《論語．公冶長》：「季文子三思而後行。」意思是再三考慮，然後再做。後用「三思而行」指謹慎行事。《水滸傳》第六十七回：「林沖諫道：『兄長，人心難忖，三思而行。』」

【三軍可奪帥，匹夫不可奪其志】《論語．子罕》：「三軍可奪帥也，匹夫不可奪志也。」三軍的主帥可以被俘虜，被勸降，一個真正的男人卻不可以強迫他改變志向。今多指一個人要有堅定的信念和高尚的情操。

【士雖有學，而行為本焉】語出《墨子．修身》。士：同「仕」，指做官的人；行：行為，品行。意思是做官的人雖然有學問，但必須以品行為根本。強調做官首先是做人，必須有良好的品行。

【工欲善其事，必先利其器】 語出《論語．衛靈公》。工匠想做好他的活兒，一定要先把工具打造好、置辦齊。

【下學而上達】 語出《論語．憲問》。意思是學習禮樂仁義、人情事理，進而認識自然的法則。

【寸土必爭】 一丁點土地（多指國土）也必須盡力爭奪。形容對敵鬥爭毫不退讓。《新唐書．李光弼傳》：「兩軍相敵，尺寸地必爭。」

【寸草春暉】 唐．孟郊〈遊子吟〉：「誰言寸草心，報得三春暉。」意思是小草難以報答春天陽光的恩惠。後用以比喻兒女報答不盡父母的養育之恩。

【大千世界】 佛教認為，以須彌山為中心，在同一日月照耀下的四大洲及其中的七山八海，稱為一個世界。積一千個世界，為「小千世界」；積一千個「小千世界」，為「中千世界」；積一千個「中千世界」，即為「大千世界」。全稱「三千大千世界」。《五燈會元》卷一：「遍觀三千大千世界，覓普賢不可得見。」後用來指廣闊無邊的自然界和人類社會。

【大公無私】 指一切為國家或公眾利益着想而沒有私心。《管子．形勢解》：「雨之所墮，不避大小強弱，風雨至公而無私。」也指辦事公正，不徇私情。

【大巧在所不為，大智在所不慮】 語出《荀子．天論》。大巧：技藝非常純熟、精巧，這裏指最能幹的人。最能幹的人在於他不去做不能做、不該做的事，最聰明的人在於他不去考慮不能考慮、不該考慮的事。

【大巧若拙】 《老子》四十五章：「大直若屈（彎曲），大巧若拙，大辯若訥（nè，說話遲鈍，不善言談）。」（大巧：技藝非常純熟、精巧，這裏指技藝非常純熟、精巧的人）真正靈巧優美的東西應是順乎自然、不作任何修飾的，這是老子崇尚自然、無為而無不為哲學思想的體現。後用「大巧若拙」指真正靈巧聰明的人不顯露和炫耀自己，表面上好像很笨拙。

【大邦者下流】 語出《老子》六十一章。意思是大國要像居於江河下游那樣，擁有容納百川的胸懷；只有具有謙虛、低調的態度，才能產生浩大的包容心。

【大孝終身慕父母】 大孝的人會終身都愛慕父母。《孟子．萬章上》：「大孝終身慕父母。五十而慕者，予於大舜見之矣。」

【大廈之成，非一木之材也；大海之

闊，非一流之歸也】語出明．馮夢龍《東周列國志》。流：江河中的流水，這裏指江河。高大的樓房能夠建成，不是僅靠一棵樹的木材；大海所以遼闊，不是一條河流注入形成的。比喻眾人的力量、集體的力量才是巨大的。

【大義凜然】胸懷大義、一身正氣，威嚴不可侵犯的樣子。形容為了正義事業堅強不屈，令人敬畏。北宋．蘇轍〈賀致政曾太傅啟〉：「付青簡以遺事，追赤松而並遊，大節凜然，四方仰止。」（青簡：青史；赤松：赤松子，神仙）明．鄭仲夔（kuí）《耳新．正氣》：「不惟侍御精忠貫日，夫人亦且大義凜然，一門正氣乃爾。」

【大慈大悲】佛教稱愛一切眾生為大慈，拯救一切受苦受難的人為大悲。《法華經》：「大慈大悲，常無懈倦。」今泛指極富慈善同情之心，多用來稱頌別人心腸慈善。

【大徹大悟】佛教指徹底覺悟，完全達到「不生不滅」的境界。今泛指徹底醒悟。

【大學之道】大學的根本。《禮記．大學》：「大學之道，在明明德，在親（xīn）民，在止於至善。」（明：前一個「明」是「使彰明」的意思；明德：光明正大的品德；親民：即新民，使人棄舊圖新、去惡從善）意思是大學的宗旨在於弘揚光明正大的品德，在於使人棄舊圖新，在於使人達到最完善的境界。

【大鵬之動，非一羽之輕也；騏驥之速，非一足之力也】語出《潛夫論．釋難》。大鵬衝天飛翔，不是靠一根羽毛的輕盈；駿馬急速奔跑，不是靠一隻腳的力量。比喻成就大的事業要靠集體的力量。

【上下同欲者勝】語出《孫子兵法．謀攻》。軍事上指將帥、士兵有共同的目標，才能取得戰爭的勝利。今常指領導和群眾同心同德才能使事業成功。

【上天無路，入地無門】《續燈錄》卷十一：「進前即觸途成滯，退後即噎（yē）氣填胸，直得上天無路，入地無門。」原指參禪過程中所遇到的進退無路、左右為難的困境。後形容走投無路，陷入絕境。

【上兵伐謀】指用兵打仗最高境界是用謀略戰勝對方。《孫子兵法．謀攻》：「上兵伐謀，其次伐交，其次伐兵，其下攻城；攻城之法為不得已。」上：等級或質量高的；伐：攻打；交：這裏指外交。

【上善若水】《老子》八章：「上善若水。水善利萬物而不爭，處眾人之所惡（wù），故幾於道。」（上善：至善；惡：厭惡；幾：接近）意思是最高的善像水那樣。水善於幫助萬物而不與萬物相爭，停留在眾人所不喜歡的地方，所以接近於道。今多指默默奉獻，寬厚包容，不計個人榮辱得失的崇高精神境界。

【小不忍則亂大謀】語出《論語・衛靈公》。意思是小事情不忍耐就會毀壞大謀略。泛指凡事要顧全大局，不可因小失大。

【千里之行，始於足下】語出《老子》六十四章。意思是一千里路的行程，必須從邁出腳下的第一步開始。揭示了實現遠大目標要從眼前的小事情做起的道理。

【千里之堤，毀於蟻穴】《韓非子・喻老》：「千丈之堤，以螻蟻之穴潰。」是說千里長堤常因小小的螞蟻洞而潰決。比喻小毛病不消除會釀成大禍或造成大損失。

【千淘萬漉（lù）雖辛苦，吹盡狂沙始到金】語出唐・劉禹錫〈浪淘沙〉詞之九。意思是淘金要千遍萬遍地過濾，雖然辛苦，但只有淘盡了泥沙，才會露出閃亮的黃金。原指被讒言所害的人，終有一天會真相大白，洗清罪名。後也比喻做學問要精心篩選，去其糟粕，取其精華。

【千磨萬擊還堅勁，任爾東南西北風】語出清・鄭燮〈竹石〉詩。意思是任憑風雨擊打磨礪，竹子依然保持堅勁本色。比喻人意志堅強，立場堅定。

【凡人之生也，必以平正】語出《管子・內業》。人活在世上，一定要憑着平和中正來安身立命。

【凡人之患，蔽於一曲而暗於大理】語出《荀子・解蔽》。患：弊病；曲：局部，部分；暗：這裏指糊塗。人的弊病是容易被局部現象所蒙蔽，而不懂得大道理。

【凡將舉事，令必先出】語出《管子・立政》。舉事：辦大事；令：法令。凡是要辦大事，必須先制定、頒佈相關法令。

【凡賞罰之必者，勸禁也】語出《韓非子・六反》。必：堅決；勸：鼓勵。賞罰堅決，是為了鼓勵立功和禁止犯罪。

【己所不欲，勿施於人】語出《論語・顏淵》。欲：想要，希望；施：給予，指強行施加。意思是自己不願意、不喜歡的事情，不要強加給別人。此語被稱為人類共同倫理的普遍法則。

【己欲立而立人，己欲達而達人】語出《論語・雍也》。仁者自己事事要站得住，同時也要使別人事事也站得住；自己事事要行得通，同時也要事事使別人也行得通。即凡事能夠換位思考，設身處地為別人着想，推己及人。

【王顧左右而言他】《孟子．梁惠王下》：「孟子謂齊宣王曰：『王之臣，有託其妻子於其友而之楚遊者。比其反也，則凍餒（něi）其妻子，則如之何？』王曰：『棄之。』曰：『士師不能治士，則如之何？』王曰：『已之。』曰：『四境之內不治，則如之何？』王顧左右而言他。」（顧：看）齊王左右看看，把話題扯到別的地方去。孟子的話題由如何對待失信的朋友開始，引導齊宣王談到官吏失職應該革職，按此邏輯，當國家治理出現嚴重問題時，君王應該引咎辭位。這牽涉齊宣王自身的核心利益，所以他採取迴避態度，左右張望，扯別的話題。儒家有「公天下」的思想，認為君王如果道德才能不足，應該主動下臺，「選賢與（jǔ，通『舉』）能」，讓聖人君子來治理國家。這種主張因為與所有統治者的利益相衝突，所以不可能實行。

【天下之大事必作於細】語出《韓非子．喻老》。作：興起，發生。意思是天下的災難禍患等重大事情，都是由細微小事引起發生的。指小毛病不消除，將會釀成大禍或造成大損失。

【天下為公】本指君位不為一家之私有。《禮記．禮運》：「大道之行也，天下為公，選賢與（jǔ，通「舉」）能，講信修睦。」（大道：儒家最高的政治理想；最高的治世原則）意思是大道施行的時代，天下是公有的，每個人都有一份平等的政治權利，選舉賢德和有才能之人來治理國家，人們講求信用，彼此和睦相處。後也指一種美好的、權利平等的社會政治理想。

【天下從事者，不可以無法儀】《墨子．法儀》：「天下從事者，不可以無法儀；無法儀而事能成者，無有也。」是說世上做任何事情，都不能沒有一定的法度禮儀，沒有法度禮儀就做不成事。強調了法制的重要，要依法辦事。

【天下萬事，不可備能】語出《尹文子．大道》。備：齊全，完備。普天之下的事情千千萬萬，不可能一個人什麼都會。揭示了一個人的能力有限、不能包打天下的道理。

【天下興亡，匹夫有責】清．顧炎武《日知錄．正始》：「保天下者，匹夫之賤，與有責焉耳矣。」是說微賤的普通百姓也有保衛天下的職責。後用「天下興亡，匹夫有責」指國家的興盛和衰亡，每一個普通人都有責任。也說「國家興亡，匹夫有責」。

【天不為一物枉其時，明君聖人亦不為一人枉其法】語出《管子．白心》。枉：違背，歪曲；時：時令，季節。上天不會因某一物的需要而違背它的節令，明君聖人也不會因某一人的需要而違背國家的法度。

【天不變，道亦不變】語出《漢書．董仲舒傳》。天，指創造自然界萬物的最高主宰或天意；道，指古代王朝賴以生存的大道理，要點是三綱五常。意思是上天是永恆不變的，體現天意的道也是永恆不變的。董仲舒以此論證君主制的合理性和穩定性，後來則成為束縛人們的精神枷鎖。

【天外有天】諺云：「天外有天，人外有人。」指達到一個較高的境界之後還有更高的境界。多表示學習、技藝、本領等的提高永無止境；也比喻能人之外還有能人。告誡人不要驕傲自滿。

【天有不測風雲】天氣有難以預測的風雲變化。比喻人常會遇到意想不到的事情（多指災禍）。元·無名氏《合同文字》第四折：「天有不測風雲，人有旦夕禍福。那小廝恰才無病，怎生下在牢裏便有病？」

【天行有常，不為堯存，不為桀亡】語出《荀子·天論》。大自然的運行有其自身規律，這個規律不因為堯的聖明或桀的暴虐而改變。常用於指自然規律不受人為因素影響或不以人的意志為轉移。

【天行健，君子以自強不息】語出《周易·乾卦·象》。天的運行剛強勁健，君子應像天一樣，自我激勵，剛毅堅定，奮發圖強，永不停息。清華大學校訓「自強不息，厚德載物」即出於此。參見374頁「厚德載物」。

【天馬行空】神馬騰空飛行。比喻才華橫溢，不受拘束。清·昭槤（lián）《嘯亭雜錄·山舟書法》：「惟公兼數人之長，出入蘇米（蘇東坡、米芾），筆力縱橫，渾如天馬行空。」

【天時不如地利，地利不如人和】《孟子·公孫丑下》：「孟子曰：『天時不如地利，地利不如人和。』」孟子是說有利的時機和氣候不如有利的地理位置，有利的地理位置不如人的齊心協力。在「天時」「地利」「人和」這三種因素中，「人和」是最重要的。民心向背是決定事業成敗的關鍵。

【天視自我民視，天聽自我民聽】語出《尚書·泰誓中》。自：從，由。意思是上天所看到的來自我們百姓所看到的，上天所聽到的來自我們百姓所聽到的。指執政者應當按人民的意願辦事，所提出的方針政策應當是人民意志的體現。

【天將降大任於斯人】《孟子·告子下》：「天將降大任於斯人也，必先苦其心志，勞其筋骨，餓其體膚，空乏其身，行拂亂其所為，所以動心忍性，曾益其所不能。」孟子是說，上天將要把重大使命交給舜、傅說等這樣的人，一定要先使他的內心痛苦，筋骨勞累，體膚餓瘦，身受貧困之苦，用種種挫折去阻礙、干擾他的事業，通過這些來讓他內心警覺，以不斷增長才幹，使他的人格逐漸堅定、完善起來。孟子在這裏告訴我們一個生於憂患、逆境造人才的道理。

【天道助弱】《老子》七十七章：「天之道損有餘而補不足。」認為自然的法則是裁多餘的、補不足的，扶弱以抑強。道教汲取老子這一觀點並加以改造，提出「天道助弱」(《太平經》)，宣揚同情弱者、扶弱抑強、賞善懲惡的思想。

【天經地義】《左傳．昭公二十五年》：「夫禮，天之經也，地之義也。」後用「天經地義」表示天地間本當如此、不可更改的道理。西晉．潘岳〈世祖武皇帝誄(lěi)〉：「永言孝思，天經地義。」

【天網恢恢，疏而不失】語出《老子》七十三章。恢恢：廣大。意思是天道如大網，雖網眼稀疏卻無有漏失，不會放過任何罪惡。後常用以表示作惡者終究逃不脱森嚴的法網。也説「天網恢恢，疏而不漏」。

【天網恢恢，疏而不漏】見336頁「天網恢恢，疏而不失」。

【夫刑者，所以禁邪也；而賞者，所以助禁也】語出《商君書．算地》。刑罰是用來禁止邪惡的工具，而獎賞是用來輔助制止邪惡的工具。

【夫唯不爭，故天下莫能與之爭】語出《老子》二十二章。意思是只有淡泊地不與人相爭，世界上才沒有人能和他相爭。此為老子「柔弱勝剛強」和「不爭」哲學思想的體現。今多用以表示謙虛處世、低調做人。

【木受繩則直，金就礪則利】語出《荀子．勸學》。繩：木工打直線用的墨線；金：指刀劍等金屬器物；礪：磨刀石。木料經過繩墨打量校正，才能取直；刀劍經過磨刀石磨礪，才能鋒利。比喻人只有接受規範的教育，經過不斷磨礪，才能培養出好的品行。

【五十步笑百步】語出《孟子．梁惠王上》。是説在戰場上做逃兵，逃跑五十步的嘲笑逃跑一百步的。自己有同樣的毛病，只是程度上輕一些，卻譏笑批評別人。後以「五十步笑百步」形容缺乏自知之明、不作自我批評的人。

【不入虎穴，焉得虎子】不進入老虎的洞穴，怎能捉住小老虎呢？比喻不親歷艱險、勇往直前，便不能獲得成功。《後漢書．班超傳》：「不入虎穴，不得虎子。當今之計，獨有因夜以火攻虜(匈奴)使，彼不知我多少，必大震怖，可殄(tiǎn，滅)盡也。」

【不以言舉人，不以人廢言】語出《論語．衞靈公》。不因某人的話説得好聽就舉薦他、提拔他，也不因某人犯有錯誤就廢棄他説過的正確的話。

【不以規矩(jǔ)，不成方圓】《孟子．離婁上》：「離婁之明、公輸子之巧，不以規矩，不能成方圓；師曠之聰，不以六律，不能正五音；堯舜之道，不以仁政，不能平治天下。」規：畫圓的工具。矩：曲尺，畫方的工具。規和矩是木工必用的工具，引申為規則、法度。木工若離開規矩，就做不成方形或圓形的器物。比喻人若不守法紀，不按規律辦事，就不能成就事業；社會若無法度、規範，就無法維持和諧穩定。

【不在其位，不謀其政】語出《論語．泰伯》。不在那個職位上，就不考慮任職者應該考慮的事。指該做的事要做到位，不該做的事不越位去做。

【不作無補之功，不為無益之事】語出《管子．禁藏》。不興建沒有補益的工程，不做沒有益處的事情。

【不忮（zhì）不求，何用不臧】語出《詩經．邶風．雄雉》（忮：忌妒，妒害；臧：善，好）。意思是不忌妒，不貪求，做什麼還會做不好？

【不知其子視其友，不知其君視其左右】語出《荀子．性惡》。不了解兒子，看看與兒子交往的朋友就知道了；不了解君王，看看君王身邊的臣僚就知道了。揭示了「近朱者赤，近墨者黑」的道理。

【不受虛言】東漢．荀悅《申鑒．俗嫌》：「在上者不受虛言，不聽浮術，不採華名，不興偽事。」意思是在上位的人不聽不真實的話。

【不屈不撓】《漢書．敘傳下》：「樂昌篤實，不橈不詘。」（橈：náo，古通「撓」；詘：qū，古通「屈」）後用「不屈不撓」形容意志堅強，在敵人或困難面前不屈服。

【不封不樹】指墓葬既沒有封土堆，也不植樹作標誌。這是西周墓葬的習俗。墳丘墓出現於春秋晚期，到戰國時代才普及開來。

【不看僧面看佛面】不看僧人的情面，也要看佛祖的情面。指看在一方（往往是更高的或有勢的）的份上，而原諒與之有關係的另一方的過錯或給予照顧。《西遊記》：「沙僧近前跪下道：『古人云不看僧面看佛面，兄長既是到此，萬望救他一救。』」

【不為已甚】不做太過分的事情。《孟子．離婁下》：「仲尼（孔子）不為已甚者。」（為：做；已甚：過分）今多指對人的責備或處罰要適可而止。

【不時而勝，不義而得，未為福也】《管子．問》：「夫兵事者危物也，不時而勝，不義而得，未為福也。」（物：事情；不時：臨時，這裏指僥倖）打仗是危險的事情，僥倖取勝，不合乎道義地獲取，都不是福氣。指做任何事情都不能有僥倖或投機心理。

【不患人之不己知，患不知人也】語出《論語．學而》。不必擔心別人不了解自己，該擔心的是自己不了解別人。別人不了解自己，這沒什麼可擔憂的；但自己不了解別人，就不知其是非邪正，不能親近君子、遠離小人，這才是值得擔憂的。

【不患位不尊，患德不崇】東漢·張衡〈應閒〉:「君子不患位之不尊，而患德之不崇。」意思是君子不擔心職位不高，就怕自己的品行不完善。

【不患寡而患不均】語出《論語·季氏》。意思是不擔心貧窮而擔心貧富不均。表現出孔子對貧富懸殊、失去社會安定和公平的擔憂。

【不善人在則亂，善人在則治】語出《管子·小稱》。在：擔任，這裏指當政。心地不好的人當政，就社會混亂；心地好的人當政，就太平安定。

【不登高山，不知天之高也；不臨深溪，不知地之厚也】語出《荀子·勸學》。意思是不登上高山，不知道天有多高；不走近峽谷，不知道地有多厚。指需要學習的東西太多了，勸誡人們學習應該抱有謙虛的態度。

【不義而富且貴，於我如浮雲】語出《論語·述而》。用不正當的手段得來的富貴，對於我就像浮雲一樣不被看重。

【不遷怒，不貳過】意思是有怒氣不向別人身上發泄，不把對甲的怒氣發泄到乙身上；不犯同樣的過失。《論語·雍也》:「有顏回者好學，不遷怒，不貳過。」

【不憤不啟，不悱（fěi）不發】語出《論語·述而》。憤：心裏想求通而未能做到；悱：想説卻不知道怎麼説。孔子説，教學生，不到他努力想弄明白而未能明白的時候，不要去開導他；不到他想説卻又説不出來的時候，不要去啟發他。意思是對學生應嚴格要求，先讓學生積極思考，再進行適時啟發。

【不戰而屈人之兵】《孫子兵法·謀攻》:「百戰百勝，非善之善者也；不戰而屈人之兵，善之善者也。」(善：高明；屈：使屈服）不用交戰廝殺而迫使對方屈服。這是孫武注重謀略、用軟實力取得勝利的戰略指導思想的體現。

【不積跬（kuǐ）步，無以至千里；不積小流，無以成江海】語出《荀子·勸學》。沒有小步的積累，就不可能走完千里路途；不匯集細小的河流，就不能形成江海（跬：一隻腳邁出的距離，古稱半步）。常用於比喻做事要腳踏實地，不斷積累，才能最終達到目的。

【不學問，無正義】語出《荀子·儒效》。不學習和鑽研，就不會有公道正直。強調學習的重要性，是荀子「勸學」思想的體現。

【不學禮，無以立】語出《論語·季氏》。指一個人如果不學禮法，不懂規矩，沒有待人處事的基本修養，那就不可能在社會上站穩腳跟，也就沒有成功可言。也説「不知禮，無以立」。

【不黨父母，不偏富貴，不嬖（bì）顏色】《墨子·尚賢》：「古者聖王甚尊，尚賢而任使能，不黨父母，不偏富貴，不嬖顏色。」（黨：偏袒；嬖：寵愛；顏色：姿色，借指美女）古代聖君在選拔賢能時，不偏袒自己的父母，不偏護有錢有勢的人，不偏寵美女。

【切磋琢磨】《詩經·衛風·淇奧（yù）》：「有匪君子，如切如磋，如琢如磨。」切、磋、琢、磨，本指把骨、象牙、玉、石加工製成精美的器物。後用「切磋琢磨」比喻大家在一起對學問、道德、技術等反覆研討推敲，共同提高。

【日月逝矣，歲不我與】語出《論語·陽貨》。逝：逝去，消逝；與：給，留給，等待。時光很快會消逝，機會不會總等待我們。指人生要珍惜時間，抓住機遇。參見398頁「歲不我與」。

【日極則仄（zè），月滿則虧】語出《管子·白心》。仄：傾斜；虧：欠缺，不足。太陽升到最高點時就要偏斜；月亮到了最圓時就要虧缺。揭示了事物發展到一定程度，就會向相反的方向轉化的道理。

【中西合璧】把中國和西方的特色完美地結合起來。清·曾樸《孽海花》第二十二回：「那館房屋的建築法，是中西合璧的五幢兩層樓。」

【中流砥柱】砥柱，原為屹立於黃河急流中的砥柱山（在今河南三門峽東）。後用「中流砥柱」比喻在艱險、危難的局面中起支柱作用的人或力量。南宋·劉仙倫〈賀新郎·壽王侍郎簡卿〉詞：「緩急朝廷需公出，更作中流砥柱。」

【內省（xǐng）】內心反省自己的言行和思想，檢查有無過失。《論語·顏淵》：「內省不疚，夫何憂何懼？」（省：反省，省察，自我檢討；疚：愧疚，慚愧，羞愧）

【水至清則無魚】語出《大戴禮記·子張問入官》。意思是水過於清純，魚就無法生存。比喻對人要求不可過高；也表示對人或事物不可求全責備。也説「水清無魚」。

【水到渠成】水流過處自然成渠。比喻條件成熟了，事情自然成功。《景德傳燈錄》卷十二記載：僧問仰州南塔光湧禪師：「文殊是七佛師，文殊有師否？」師曰：「遇緣即有。」又問：「如何是妙用一句？」師曰：「水到渠成。」

【水乳交融】 水同乳汁互相融合。比喻關係十分融洽或結合得十分緊密。《老殘遊記》第十九回：「（許亮）幾日工夫，同吳二攪得水乳交融。」

【水則載舟，水則覆舟】《荀子·王制》：「君者，舟也；庶人者，水也。水則載舟，水則覆舟。」意思是君主像船，百姓像水。水能承載船，也能使船沉沒。揭示了民心向背決定當政者或政權生死存亡的道理。也說「水能載舟，亦能覆舟」。

【水滴石穿】 指水不斷地往石頭上滴，能把石頭滴穿。比喻只要有堅強的毅力，持之以恆，再難的事情也能做成。南宋·羅大經《鶴林玉露》卷十：「一日一錢，千日一千，繩鋸木斷，水滴石穿。」也說「滴水穿石」。

【水漲船高】 南宋·圓悟《碧岩錄》第二十九則：「水長（zhǎng）船高，泥多佛大。」意為修福、修慧的功力越深厚，則悟境越高，成就越大。後用「水漲船高」比喻事物隨着基礎的增高而增高。

【仁人用，國日明】 語出《荀子·議兵》。用：任用。仁德之人得以任用，國家就會日益昌明興盛。

【仁至義盡】《禮記·郊特牲》：「蜡之祭，仁之至、義之盡也。」原意為對諸神進行蜡祭作為報答，是做到了仁義的極限。後指對人的愛護、幫助或寬恕已達到最大的限度。

【仁者必敬人】 語出《荀子·臣道》。道德品行好的人必定尊重別人。

【仁者見仁，智者見智】《周易·繫辭上》：「仁者見之謂之仁，智者見之謂之智。」仁德的人見了它說它是仁，明智的人見了它說它是智。指對同一事物，不同的人會有不同的見解。也作見仁見智。

【仁者無敵】 語出《孟子·梁惠王上》。施行仁政的君王，必然贏得民眾的擁戴，是無人可敵的。儒家認為，國家要想強大，推行仁政是最為可行的辦法。

【仁者愛人】 儒家認為，仁的本質就是愛人。仁愛是孔孟思想的核心。《論語·顏淵》：「樊遲問仁。子曰：『愛人。』」《孟子·離婁下》：「君子所以異於人者，以其存心也。君子以仁存心，以禮存心。仁者愛人，有禮者敬人。」

【仁者愛人，義者循理】 語出《荀子·議兵》。是說品德高尚的人懂得愛護別人，行正義的人會遵循一定的道理。

【仁則榮，不仁則辱】 語出《孟子·公孫丑上》。意思是仁就會得到榮耀，不仁就會遭受責辱。

【仁義德行，常安之術也】《荀子．榮辱》：「仁義德行，常安之術也，然而未必不危也。」意思是奉行仁義道德是通常能夠得到安全的辦法，然而未必就不會遇到危險〔告誡人們要提防（dī fang）品格低下的人〕。

【化干戈為玉帛】語出《淮南子．原道訓》。化：使變化。把兵器變為玉器和絲帛。比喻把戰爭變為和平，變爭鬥為友好。

【反求諸身】儒家一種重要的修身方法，指通過反省來檢查自己的思想和言行是否符合道德標準。《中庸》第十四章：「子曰：『射有似乎君子，失諸正鵠（zhēng gǔ），反求諸其身。』」（正鵠：「正」和「鵠」都是鳥名，古人在用布做的箭靶子中心畫上正的圖案，在用皮革做的靶子中心畫上鵠的圖案，故以「正鵠」作為靶子中心的代稱）孔子說射箭的道理與君子做人的道理相似，如果箭沒有射中靶心，就應回過頭來從自己身上尋找原因。也說「反求諸己」。

【反身而誠，樂莫大焉】《孟子．盡心上》：「萬物皆備於我矣。反身而誠，樂莫大焉；強恕而行，求仁莫近焉。」孟子說，反躬自問誠實無欺，便是最大的快樂。〔反身：反省（xǐng）自身〕

【反省（xǐng）】檢查自己的思想行為，剖析存在的缺點與錯誤。

【反者道之動】循環往復的運動變化，是道的運動。《老子》四十章：「反者道之動，弱者道之用。」（反：同「返」，循環往復）

【反躬自問】反回身來問問自己。指從思想和言行上作自我檢查。

【父母在，不遠遊】《論語．里仁》：「父母在，不遠遊；遊必有方。」孔子說，父母在世，不離家遠行；如果要外出，也必須有確定的去處並告訴父母，免得二老牽掛。

【父為子隱，子為父隱】《論語．子路》：「父為子隱，子為父隱，直在其中矣。」孔子說父親替兒子隱瞞，兒子替父親隱瞞，正直就在這裏面了。法制基於人性，親情則是人的本性之一。如果法制有違人性，就有失健全，故孔子提出父子之間要互相替對方隱瞞。

【公生明，偏生暗】語出《荀子．不苟》。明：清明，修明；暗：黑暗，這裏指政治黑暗。公正能使政治清明，偏袒徇私就會使政治黑暗。

【公生明，廉生威】語出明．郭允禮〈官箴〉。意思是處事公平公正，才能明辨是非；為官清正廉潔，才能形成威力，讓人信服。

【公而忘私】語出西漢．賈誼〈治安策〉。指為了公事而不顧個人私利。

【公私不可不明，法禁不可不審】語出《韓非子‧飾邪》。公與私必須分辨清楚，刑法和禁令必須慎重制定。

【勿以惡（è）小而為之，勿以善小而不為】語出《三國志‧蜀書‧先主傳》。意思是不要以為是小的壞事就去做，不要以為是小的善事就不做。

【句踐棲山中，國人能致死】明‧顧炎武〈秋山〉詩：「句踐棲山中，國人能致死。嘆息思古人，存亡自今始。」指越王句踐臥薪嚐膽，棲居會稽山中，越國的百姓情願以死相效。

【文死諫，武死戰】文官應敢於以死向君王諫言，武將應有戰死沙場為國捐軀的決心。為了國家、為了正義應不惜以身殉職。這是儒家宣揚的忠君報國的道德規範。

【文武之道】《禮記‧雜記下》：「孔子曰：『一張一弛，文武之道也。』」（文：指周文王；武：指周武王）意思是有時緊張，有時放鬆，有勞有逸，寬嚴相濟，是周文王、周武王治理國家的策略。

【文過飾非】《論語‧子張》：「子夏曰：『小人之過也必文。』」意思是小人有了過錯必作掩飾。後指用各種藉口來掩飾自己的過失和錯誤。

【文質彬彬】《論語‧雍也》：「質勝文則野，文勝質則史。文質彬彬，然後君子。」孔子說樸實多於文采則未免粗野，文采多於樸實則未免虛浮。文采和樸實配合得當，這才是君子。後用「文質彬彬」形容人舉止文雅，有禮貌。

【火燒眉毛】比喻情勢非常緊急。《五燈會元》卷十六記載：僧問：「如何是急切一句？」山法泉禪師答：「火燒眉毛。」

【心心相印】佛教指傳授佛法不用語言，只須心與心互相印證。唐‧裴休集《黃檗（bò）山斷際禪師傳心法要》卷一：「自如來付法迦葉以來，以心印心，心心不異。」後用「心心相印」指彼此心意一致。

【心外無物】一種儒家心學哲學觀點。明代哲學家王陽明在繼承南宋著名學者陸九淵的「宇宙即是吾心，吾心即是宇宙」哲學思想的基礎上，提出「心外無物、心外無事、心外無理」的心學思想。認為要了解宇宙的奧祕，達到對事物真相的認識，只須返視探求自己的心性良知即可。人的本心與客觀的外物實為同體，物不能離開心而存在，心也不能離開物而存在。客觀的事物沒有被心知覺，就處於虛寂的狀態。如深山中的花朵，在未被人看見時，其與人心同歸於沉寂；待到被人看見，其顏色、形狀才明白起來。

【心領神會】內心深刻地領會。元‧

吳海〈送傅德謙還臨川序〉：「讀書有得，冥然感於中，心領神會，端坐若失。」

【尺蚓穿堤】小小的蚯蚓能穿透大堤。比喻小事故可以釀成大禍患。北齊·劉晝《劉子新論·慎隙》：「尺蚓穿堤，能漂一邑；寸煙匯穴，致毀千室。」

【尺短寸長】《楚辭·卜居》：「尺有所短，寸有所長。」意思是尺比寸長，用於更長處則顯得短；寸比尺短，用於更短處卻顯得長。比喻每個人或事物各有其長處或短處。也說「尺有所短，寸有所長」。

【弔民伐罪】安撫受苦受難的民眾，討伐罪惡的統治者。三國魏·曹睿（ruì）〈棹（zhào）歌行〉詩：「將抗旄與鉞（yuè），耀威於彼方。伐罪與弔民，清我東南疆。」（抗：舉起；弔：撫慰）

【引而不發】《孟子·盡心上》：「引而不發，躍如也。」意思是拉開弓，箭卻不射出去，只做出躍躍欲試的樣子。後用「引而不發」比喻做好準備，待機行事；也比喻善於引導或控制。

【引為鑒戒】把過去的教訓作為鑒戒，用來警示自己。《官場現形記》第十八回：「近來七八年，歷任巡撫都引以為戒，不敢委他事情。」

【以人為本】唐·吳兢《貞觀政要·擇官第七》：「治天下者以人為本。欲令百姓安樂，唯在刺史、縣令。」指把保護百姓、維護百姓利益作為根本。

【以天下之心慮則無不知也】語出《管子·九守》。根據全天下人的心思考慮問題，沒有不知道的道理。

【以文會友，以友輔仁】《論語·顏淵》：「曾子曰：『君子以文會友，以友輔仁。』」意思是君子用文章學問來會聚朋友，用結交益友來促進仁德的培養。這是儒家以禮樂文章之講習來會聚朋友的主張。

【以刑去刑，國治；以刑致刑，國亂】語出《商君書·去強》。意思是用刑罰消除更多的刑罰，國家就能大治；用刑罰引發更多的刑罰，國家就動盪、混亂。

【以孝治天下】用孝道治理天下。西晉·李密〈陳情表〉：「伏惟聖朝以孝治天下。」司馬氏集團通過陰謀和屠殺，代魏稱帝，建立了西晉政權。為了鞏固統治，提出以孝治理天下。並希望以孝著稱的前三國蜀國官員李密出來做官，以服民心。

【以身許國】把生命獻給國家。《晉書·周札傳》：「既悟其奸萌，札與臣等便以身許國，死而後已。」（奸萌：奸邪的苗頭）

【以直報怨，以德報德】見 344 頁「以德報怨」。

【以往知來，以見（xiàn）知隱】《墨子·非攻中》:「古者有語：謀而不得，則以往知來，以見知隱。謀若此可得而知矣。」（見：同「現」，顯現）如果謀慮不到，就根據過去推知未來，根據明顯的事推知隱微的事。這樣謀慮，則所謀必得。闡述了重視經驗和透過表象認識本質的謀慮之道。

【以法為教】語出《韓非子·五蠹》。用法律法規作為對民眾教育的教材。

【以法數治民則安】語出《管子·形勢解》。法數：法律、策略。用適當的法律和策略來治理民眾就能安定。這是管子法家思想的體現。

【以逸待勞】用自己的安閒等待對方疲勞。《孫子兵法·軍爭》:「故善用兵者，避其鋭氣 …… 以近待遠，以佚待勞。」（佚：同「逸」，安閒）指作戰時先採取守勢，養精蓄鋭，等敵方疲憊時再出擊取勝。

【以德服人】依靠道德力量使人心歸服。儒家提倡德治，認為用刑罰制約百姓，民眾雖會免於犯罪，但沒有羞恥心；用道德引導民眾，用禮教規範民眾，民眾知恥且能自覺歸正（《論語·為政》）。孟子提倡仁政，強調執政者要「以德服人」，不要靠武力征服民眾（《孟子·公孫丑上》）。

【以德報怨】《論語·憲問》:「或曰：『以德報怨，何如？』子曰：『何以報德？以直報怨，以德報德。』」（直：正直）意思是用正直回報怨恨，以恩德回報恩德。這裏説的直，也就是公平正直。用公平正直的做法來回報怨恨。

【以覺言仁】指北宋學者謝良佐以心靈醒覺解説仁的思想。謝良佐認為：仁是宇宙間不息的生意，體現在人的身上，就是人心的知痛知癢的感通知覺。「非禮勿視，非禮勿聽，非禮勿言，非禮勿動」和「動容貌，正顏色，出辭氣」，強調的都是心靈的醒覺。敬畏是心靈醒覺的前提，也是求仁的切實功夫。

【未雨綢繆（móu）】《詩經·豳（bīn）風·鴟鴞（chī xiāo）》:「迨（dài）天之未陰雨，徹彼桑土，綢繆牖（yǒu）戶。」（綢繆：修補；牖：窗）指鴟鴞在還沒下雨時就擼取桑樹根皮修補鳥巢。比喻事先做好準備工作。

【打成一片】佛教指消弭心境、人我、理事、苦樂等差別和對立，融通無礙。《五燈會元·育王德光禪師》:「耳聽不聞，眼覷不見，苦樂逆順，打成一片。」意思是把各種感情和遭遇看作一回事。今指彼此融為一體，形容關係密切，感情融洽。

【巧言令色，鮮矣仁】《論語·陽貨》:「巧言令色，鮮矣仁！」（巧：好；令：

善，美）孔子認為花言巧語，裝出和顏悅色的樣子，這種人仁德就很少了。表明儒家注重人的實際行動，特別強調人應當言行一致，力戒空談浮言，心口不一。

【巧言亂德】語出《論語·衞靈公》。指花言巧語敗壞道德。

【巧詐不如拙誠】語出《韓非子·說林上》。奸巧偽詐不如樸拙誠懇。常用於指做人應老實，不要虛偽。

【正大光明】見 351 頁「光明正大」。

【功崇惟志，業廣惟勤】語出《尚書·周書》。崇：崇高；惟：由於，因為；廣：廣大。意思是取得偉大的功業，是由於有偉大的志向；完成偉大的功業，在於辛勤不懈地工作。

【功德圓滿】①佛教用語。指法會、善事完滿結束。唐·陳集原〈龍檻道場銘〉：「更於道場之南造釋迦尊像一座，遂得不日而成，功德圓滿。」②泛指事情圓滿結束。

【去民患，除腹疾】語出北宋·蘇轍〈上皇帝書〉。意思是去掉老百姓的禍患，如同除去自己的心病一樣。

【去奢省費】去除奢侈浪費，節省開支。《資治通鑒·唐紀八》記載：唐太宗與群臣論止盜，有人主張實行重法，唐太宗說：「朕當去奢省費，輕徭薄賦，選用廉吏，使民衣食有餘，則自不為盜，安用重法邪（yé）！」

【古道熱腸】指待人真誠熱情。清·鄒弢（tāo）《三借廬筆談·佘成之》：「同邑佘成之，楊蓉裳（cháng）先生宅相也，古道熱腸，頗有任俠氣。」（宅相：指外甥）

【可歌可泣】可：值得；泣：哭泣流泪。值得歌頌並使人感動流泪。指悲壯的事跡非常令人感動。清·趙翼《甌北詩話·白香山詩》：「蓋其得名在〈長恨歌〉一篇。其事本易傳。以易傳之事，為絕妙之詞，有聲有情，可歌可泣。」

【石可破不可奪堅】《呂氏春秋·誠廉》：「石可破也，而不可奪堅；丹可磨也，而不可奪赤。」意思是石頭再怎麼破碎，依然是堅硬的；丹砂無論怎麼磨損，依舊是紅色的。比喻面對複雜局勢和各色誘惑，都能經受考驗，保持固有本色。

【平易近人】《史記·魯周公世家》：「平易近民，民必歸之。」後用「平易近人」形容態度謙和可親，使人容易接近。

【旦夕禍福】旦：白天；夕：晚上；禍福：偏指災難。隨時都可能遇到災難。多用於「天有不測風雲，人有旦夕禍福」之語。

【四海之內皆兄弟】《論語·顏淵》：「子夏曰：『……君子敬而無失，恭而有禮，四海之內皆兄弟也。』」意思是君子做事認真而沒有差失，對人恭敬而合於禮，那麼天下之人都是兄弟了。後常用此語表示無論到何處都有人願意親近你，幫助你。

【四海為家】《漢書·高帝紀》：「天子以四海為家。」原指帝王統治全國。今多用「四海為家」指無論到哪裏都能安心生活和工作。表示志在四方，不留戀家鄉或安樂窩。

【四維不張，國乃滅亡】語出《管子·牧民》。四維：指禮、義、廉、恥；維：綱紀；張：增強，擴大。意思是如果禮、義、廉、恥這四項基本綱紀不予增強，那麼國家就會滅亡。

【四體不勤，五穀不分】《論語·微子》：「子路問曰：『子見夫子乎？』丈人曰：『四體不勤，五穀不分。孰為夫子？』」(四體：四肢；五穀：指稻、麥、黍、菽、稷）原為丈人批評子路，後泛指人不參加體力勞動，分不清農作物。

【生老病死】佛教認為出生、衰老、得病、死亡是人生所必須經歷的四種痛苦。《百喻經·治禿喻》：「世間之人，亦復如是。為生老病死之所侵惱，欲求長生不死之處。」後泛指人的生育、養老、醫療、殯葬等。

【生死與共】無論生和死都在一起。形容情誼深厚或關係密切。

【生於憂患，死於安樂】語出《孟子·告子下》。在憂患中生存，在安樂中衰亡。表現了儒家基於社會責任感和歷史使命感的憂患意識，給後世提出了「居安思危」的警示。

【失之東隅（yú），收之桑榆】東隅：太陽升起的東方，指早晨；桑榆：日落時太陽照在桑樹和榆樹的梢上，指傍晚。早晨失去的東西，傍晚還可以撿回來。比喻一個時期裏的損失或失誤，以後還能得到挽回或補償。《後漢書·馮異傳》：「始雖垂翅回溪，終能奮翼黽（miǎn，同『澠』）池，可謂失之東隅，收之桑榆。」

【仕而優則學，學而優則仕】《論語·子張》：「子夏曰：『仕而優則學，學而優則仕。』」（優：多，有餘力）意思是做官做好了而有餘力就去學習，學習學好了而有餘力就去做官。後多用「學而優則仕」指學習好了，便可以做官。

【仗義執言】主持正義，講公道話。《警世通言》卷十二：「此人姓范名汝為，仗義執言，救民水火。」

【仗義疏財】講義氣，輕錢財。指拿出錢財來幫助別人。《水滸傳》第三十七回：「多聽的江湖上來往的人說兄長清德，仗義疏財。」

【仙風道骨】本為道教語，指神仙或得道者的神采、氣質。唐·李白〈大鵬賦序〉:「予昔於江陵見天台（tāi）司馬子微，謂予有仙風道骨，可與神遊八極之表。」今多用來形容超凡脫俗的風度、氣質。

【他山攻錯】《詩經·小雅·鶴鳴》:「它山之石，可以為錯。」又:「它山之石，可以攻玉。」（它，同「他」；錯：打磨玉石的粗磨石；攻：琢磨）意思是別的山上的石頭可以用來打磨這個山上的玉石。後用「他山攻錯」比喻取人之長，補己之短；也比喻藉助別人的批評和幫助來改正自己的缺點和錯誤。也說「攻錯」。

【令出法隨】語出清·林則徐〈奉旨前往廣東查辦海口事件傳牌稿〉。令：法律，法令；出：宣佈；法隨：具體執行的辦法緊隨其後。指法令一經宣佈，立即嚴格執行。多用於佈告。也說「言出法隨」。

【令行禁止】語出《管子·立政》。命令做的就立即執行，禁止做的就馬上停止。指嚴格執行法令。

【用賞者貴誠，用刑者貴必】語出《管子·九守》。貴:以……為貴;必:堅決。行賞貴在信實，處刑貴在堅決。

【犯而不校（jiào）】語出《論語·泰伯》。指不與觸犯自己的人計較的寬容氣度。

【外之物格，則內之知致】語出元·吳澄《吳文正公集》卷二。宋元之際學者吳澄認為:「格」指「實悟」，即「覺」;「外之物格」強調認識活動（格物）的直接對象就是外在之物。「知」是一種運用心智的高級思維形式，是德性之知；包括反之於心和履至於身這些環節。格物與致知是一個過程，格物就是致知的途徑。格物的最終目的，是要獲得德性之知，從而使人的行為完全合乎道德規範。

【主不可以怒而興師，將不可以慍（yùn）而致戰】語出《孫子兵法·火攻》。慍：惱怒。國君不能因一時惱怒而興師打仗，將帥不能因一時惱怒而挑起戰事。指戰爭是國家大事，不能意氣用事，要根據大局和整體利益來決定。

【立身行事】即「立身處世」，見347頁。

【立身處世】立身：處世和做人；處世：在社會上活動，與人往來相處。指做人和在社會上待人接物的種種活動。晉·無名氏〈《沙彌十戒法並威儀》序〉:「夫乾坤覆載，以人為貴；立身處世，以禮儀為本。」也說「立身行事」。

【半部論語治天下】南宋·羅大經《鶴林玉露》卷七記載：宋太宗趙光義聽說宰相趙普讀的書只有《論語》，問他為什麼讀書這麼少。趙普說:「臣平生所知，誠不出此。昔以其半輔太祖（趙匡胤）定天下，今欲以其半輔陛下致太平。」後多用「半部論語治天下」來強調儒家經典對於治國理政的重要作用。也比喻不用全力就可以把事情辦好。

【半路出家】指成年後才出家當和尚或尼姑。後比喻不是科班出身，後來改行。

【民生在勤，勤則不匱（kuì）】語出《左傳·宣公十二年》。匱：缺乏，不足。意思是人民的生計在於勤勞，只要勤勞就不會缺衣少食。

【民必得其所欲，然後聽上】語出《管子·五輔》。意思是民眾正當的欲望必須得到滿足，此後他們才能夠聽從君王。指執政者要想得到群眾的擁護，一定要解決民眾最關心的問題，滿足其合理要求。

【民為邦本】《尚書·五子之歌》:「民為邦本，本固邦寧。」(邦：國家）意思是百姓是國家的根本、基礎；只有老百姓富足了，過得舒坦了，才有國家的太平穩定，長治久安。

【民貴君輕】《孟子·盡心下》:「孟子曰:『民為貴，社稷次之，君為輕。』」在人民、國家、君主三者中，人民是基礎，是根本，最為重要，其次才是國家，君主(最高統治者)是最輕的。這是孟子仁政學說的核心。

【民無信不立】語出《論語·顏淵》。是說如果老百姓對執政者不信任，那麼國家就存在不下去。

【出入相友，守望相助】出門也好，在家也好，大家都和睦、友好地相處，防守盜賊也互相幫助。《孟子·滕文公上》:「出入相友，守望相助，疾病相扶持，則百姓親睦。」

【出奇制勝】《孫子兵法·兵勢》:「凡戰者，以正合，以奇勝。」(正：指常規打法；合：交鋒；奇：指特殊打法）軍事上指出人意料地用奇兵或奇計打敗對方。後用「出奇制勝」指採用出人意料的方法取勝。

【出於其類，拔乎其萃】《孟子·公孫丑上》:「聖人之於民，亦類也。出於其類，拔乎其萃，自生民以來，未有盛於孔子也。」(出：超過；類：同類；拔：超出；萃：草叢生的樣子，引申為同類聚集）聖人的品德才華遠超一般人。簡稱「出類拔萃」。

【皮之不存，毛將焉附】《左傳·僖公十四年》:「皮之不存，毛將安傅？」意思是皮都沒有了，毛還依附在什麼地方？比喻事物失掉了賴以生存的基礎，自身也就不能存在。

【刑不能去奸而賞不能止過者，必亂】語出《商君書·開塞》。奸：邪惡；過：過錯，罪過。用刑罰不能消除邪惡，用賞賜不能遏止罪過，這樣的國家必定動盪不安。

【刑過不避大臣，賞善不遺匹夫】語出《韓非子．有度》。懲罰罪過，不避開高官（對高官的罪過也要懲處）；獎賞善行善事，不漏掉平民百姓（對平民百姓的好事善行也要獎賞）。

【刑無等級】《商君書．賞刑》：「所謂壹刑者，刑無等級。自卿相、將軍以至大夫、庶人，有不從王令、犯國禁、亂上制者，罪死不赦。」（壹：統一，一致；等級：這裏指人們的社會地位）指刑罰對高低貴賤各種社會地位的罪犯都是一樣的，絕無等級之別。宣示法律面前人人平等的思想。

【刑稱（chèn）罪則治，不稱（chèn）罪則亂】語出《荀子．正論》。稱：符合，適合。刑罰與罪行相當，社會就安定；刑罰與罪行不相當，社會就動盪不安。

【吉人天相（xiàng）】吉人：善良的人；相：幫助，保佑。善良的人會得到上天的保佑。多用作遇事故逢凶化吉的安慰語。明．屠隆《彩毫記．展叟單騎》：「夫人且自寬解，吉人天相，老爺必有個脱禍的日子。」清．沈復《浮生六記．坎坷記愁》：「幸遇曹老，絕處逢生，亦可謂吉人天相。」

【老吾老，以及人之老；幼吾幼，以及人之幼】語出《孟子．梁惠王上》。及：推廣到。敬愛自己家的老人，也應推己及人敬愛別人家的老人；愛護自己家的孩子，也應推己及人愛護別人家的孩子。這是儒家「泛愛人」的思想表現。

【老驥伏櫪】三國魏．曹操〈龜雖壽〉詩：「老驥伏櫪，志在千里。烈士暮年，壯心不已。」（老驥：年老的駿馬，比喻年老而壯志猶存之士；伏櫪：馬伏在槽邊，比喻壯志未酬，蟄居待時；烈士：有志於建立功業的人；暮年：晚年）比喻有志之士雖年老而仍懷雄心壯志。

【耳提面命】《詩經．大雅．抑》：「匪面命之，言提其耳。」（匪：不僅；言：助詞）不僅當面教導，而且提其耳朵叮嚀（多用於對晚輩）。形容對人教誨殷切。

【耳聞不如目見】西漢．劉向《説苑．政理》：「耳聞之不如目見之，目見之不如足踐之。」意思是聽到的東西沒有親眼所見的可靠。

【耳聞是虛，眼觀為實】親自聽到的也不一定可信，只有親眼看到的才真實可靠。清．名教中人《好逑傳》第九回：「『耳聞是虛，眼觀為實』，叔叔此時，且不要過於取笑侄女，請再去一訪……」也説「耳聽是虛，眼見為實」。

【再接再厲】語出唐．韓愈、孟郊《鬥雞聯句》。厲：同「礪」，磨。意思是公雞相鬥，每交鋒一次，都要磨一磨它的嘴。後用「再接再厲」比喻一次又一次不斷努力。清．劉坤一《書牘二．稟兩省部院》：「賊卻而復前，我勇再接再厲，賊遂披靡。」

【有不為而後有為】《孟子．離婁下》：「人有不為也，而後可以有為。」人要有所不為，然後才能有所作為。儒家所說的「不為」是為了「有為」，只有斷然捨棄一些小事不做，才能集中精力成就大目標。

【有志者事竟成】志向堅定的人做事終歸會成功。清．蒲松齡撰自勉聯：「有志者事竟成，破釜沉舟，百二秦關終屬楚；苦心人天不負，臥薪嚐膽，三千越甲可吞吳。」

【有朋自遠方來，不亦樂（lè）乎】語出《論語．學而》。有朋友從遠方過來切磋學問，交流心得，怎能不令人高興呢？

【有始有終】《論語．子張》：「有始有終者，豈唯聖人乎？」（唯：唯有）指做事有頭有尾，能堅持到底。《水滸傳》第二十二回：「（那漢）道：『他便是真大丈夫，有頭有尾，有始有終。』」

【有益於理者立之，無益於理者廢之】語出《荀子．儒效》。理：治理得好，秩序安定。有益於治理得好的就做，無益於治理得好的就不做。意謂大到治理國家，小至做各種事情，都要以是否有利於事情向好的方面發展為目標。

【有能則舉之，無能則下之】語出《墨子．尚賢》。舉：推薦，選用；下：使下，指撤換、退位。把有才能的人選拔出來，把沒能力的人撤換下來。

【有教無類】語出《論語．衛靈公》。對所有的人給予教育，不區分類別。即教育面前人人平等，每個人都有接受教育的權利。

【有衞生之道而無長生之藥】語出《長春真人西遊記》。只有保護身體健康和預防疾病的方法，卻沒有使人長生不死的藥方。這是道教長春真人邱處機對成吉思汗「有何長生之藥」的答詞。

【有禮者敬人】語出《孟子．離婁下》。講禮儀的人內心裏充滿着對他人真誠的尊敬。

【百尺竿頭】《景德傳燈錄．湖南長沙景岑禪師》：「百尺竿頭不動人，雖然得入未為真；百尺竿頭須進步，十方世界是全身。」佛教比喻道行（héng）修養達到的極高境界。後用「百尺竿頭，更進一步」比喻學業、成就達到很高的程度後，仍需繼續努力，更求上進。

【百行孝為先】清．王永彬《圍爐夜話》：「常存仁孝心，則天下凡不可為者，皆不忍為，所以孝居百行之先。」意思是孝敬父母是在各種善行中佔第一位的。後說作「百行孝為先」。也說「百善孝為先」。

【百折不撓】無論遭受多少次挫折，都不屈服。形容意志堅強。東漢．蔡邕（yōng）〈太尉橋公碑〉：「其性疾華尚樸，有百折不撓、臨大節而不可奪之風。」（疾華：疾恨浮華）

【百姓足，君孰與不足】《論語．顏淵》：「（有若說）百姓足，君孰與不足？百姓不足，君孰與足？」魯哀公向孔子的學生有若諮詢國家財政困難應當如何解決，有若的意見是實行百分之十的稅率。哀公很吃驚地說，現在實行的是百分之二十，還不夠用的，怎麼可以改為百分之十呢？有若說：「如果百姓夠用，您怎麼會不夠用？如果百姓不夠用，您怎麼會夠用呢？」儒家主張保民富民，反對稅賦過高導致國富民窮。

【死而不亡者壽】語出《老子》三十三章。壽：長久，久遠。意思是依道而行的正人君子形體雖死而其道猶存，其功績或精神永不磨滅。後常用作對具有崇高道德操守的志士仁人、英雄模範雖死猶生的稱頌語。

【死而後已（yǐ）】語出《論語．泰伯》。已：停止。本指為實現「仁」的目標終身奮鬥不已。後泛指為某一事業奮鬥到底。三國蜀．諸葛亮〈後出師表〉：「臣鞠躬盡瘁，死而後已。至於成敗利鈍，非臣之明所能逆睹也。」

【死得其所】死在值得死的地方。指死得有意義，有價值。《北史．張普惠傳》：「人生有死，死得其所，夫復何恨！」

【成由勤儉敗由奢】唐．李商隱〈詠史〉詩：「歷覽前賢國與家，成由勤儉敗由奢。」意思是遍察歷史可知，成功來自勤儉節約，而奢侈浪費最終會導致國破家亡。

【至言忤（wǔ）於耳而倒（dǎo）於心】語出《韓非子．難（nàn）言》。忤：違背、觸犯；倒：損傷、敗壞。合情合理的話語刺激聽者的耳朵，敗壞他的心情，不是聖德之人是不能接受的。說明有修養的人能接受逆耳之言。

【此一時，彼一時】時間變化了，情況不同了，不能機械地照搬過時的理論。《孟子．公孫丑下》：「彼一時，此一時也。五百年必有王者興，其間必有名世者。」

【光明正大】形容胸懷坦白，行為正派。《朱子語類》卷七十三：「聖人所說底話，光明正大。」《西遊記》第三十七回：「我卻不是那貪欲貪嗔（chēn，怨怒）之類，我本是個光明正大之僧。」

【光明磊落】 心地坦白，行為正派。清・王夫之《讀通鑒論・漢高帝》：「（張良）光明磊落，坦然直剖心臆於雄猜（多疑）天子之前。」

【光宗耀祖】 為祖宗增光，使祖先顯耀。體現了儒家修身、治家的思想。

【光風霽（jì）月】 光風：雨過日出時的和風；霽月：雨雪停止後的明月。形容雨過天晴時清新明淨的景象。比喻太平清明的政治局面。南宋・陳亮〈賀周丞相啟〉：「長江大河，足以流轉墨客；光風霽月，足以蕩漾英遊（英俊之輩）。」也說「霽月光風」。

【光前裕後】 光前：為祖先增光；裕後：使後代富有。指光耀祖先，造福後代。形容功業偉大。明・李贄〈答耿司寇書〉：「世人之所以光前裕後者，無時刻而不繫念。」

【早知今日，悔不當初】《五燈會元》卷十六：「早知今日事，悔不慎當初。」後簡化為「早知今日，悔不當初」，意為早知道有今天這種結局，不如當初不那麼做，追悔莫及。

【吐故納新】 本為道家養生之術。《莊子・刻意》：「吹呴（xǔ，張口呼氣）呼吸，吐故納新。」即吐出濁氣，吸進清氣。後用「吐故納新」比喻拋棄舊的，吸收新的。也說「吐納」。

【曲則全，枉則直】《老子》二十二章：「曲則全，枉則直，窪則盈，敝則新，少則多，多則惑。」意思是委曲反能保全，屈枉反能伸直，低窪反能充盈，敝舊反能生新，少取反能多得，貪多反而迷惑。一切事物都會向相反方向轉化。

【同仇敵愾（kài）】《詩經・秦風・無衣》：「與子同仇。」《左傳・文公四年》：「諸侯敵王所愾而獻其功。」（愾：憤怒，仇恨）後以「同仇敵愾」指懷着相同的仇恨和憤怒一致對敵。

【同心同德】 同一心願，同一信念。指思想和行動上完全保持一致（跟「離心離德」相對）。北宋・司馬光《涑（sù）水記聞》卷八：「朕觀在昔，君臣惟同心同德，故知天下之務，享無疆之休。」

【同舟共濟】 同乘一條船過河。比喻團結一致，共同戰勝困難。《孫子・九地》：「夫吳人與越人相惡也，當其同舟而濟，遇風，其相救也，如左右手。」

【同牀異夢】《景德傳燈錄》卷三十：「山僧雖與他同牀打睡，要且各自做夢。」雖然同時睡在一張牀上，卻各人做各人的夢。後用「同牀異夢」比喻貌合神離，雖然同做一件事情，而各人有各人的打算。

【吃一塹（qiàn），長一智】 受一次挫折，得一次教訓，長一分見識。《警世通言．王安石三難蘇學士》：「吾輩切記，不可輕易説人笑人，正所謂經一失，長一智。」（塹：壕溝，比喻挫折或失敗）

【因材施教】根據受教育者的資質、才能等具體情況，施行不同的教育。南宋．朱熹《四書集注》引張敬夫曰：「聖人之道，精粗雖無二致，但其施教，必因其材而篤焉（加深）。」

【肉腐出蟲，魚枯生蠹（dù）】語出《荀子．勸學》。蠹：蠹蟲，蛀蝕書籍、衣服等的蟲子。肉腐爛了會生蛆，魚枯死了會生蠹蟲。比喻壞事的發生都由內因而起，應當多從自身找原因。

【年高德劭】西漢．揚雄《法言．孝至》：「年彌高而德彌劭者，是孔子之徒與？」（彌：越，更加；劭：美好）意思是年紀越大，品德越好。後用「年高德劭」指年紀大，品德好。北宋．秦觀〈代賀呂司空啟〉：「年高德劭而臣節益峻，功成名遂而帝眷益隆。」

【先人後己】指福利、待遇先考慮他人，然後考慮自己。《禮記．坊記》：「子云：『君子貴人而賤己，先人而後己。』」

【先行其言而後從之】《論語．為政》：「子貢問君子。子曰：『先行其言而後從之。』」孔子説，君子對於想要説的話，首先要付諸行動，然後照做了的去説。指先做後説，言行一致。

【先知先覺】①儒家用語。指認識與覺悟先於眾人的人。《孟子．萬章上》：「天之生此民也，使先知覺後知，使先覺覺後覺也。」②猶太教、基督教《聖經》中所説受上帝啟示而傳達上帝的旨意或預言未來的人。

【先富後教】《論語．子路》：「冉有曰：『既庶矣，又何加焉？』曰：『富之。』曰：『既富矣，又何加焉？』曰：『教之。』」（庶：眾多）孔子説人口多起來就要使他們富足，而民眾富足了則必須對他們進行教育。

【休戚與共】有福同享，有難同當。形容關係密切，同甘共苦。《明史．瞿式耜（sì）傳》：「臣與主上患難相隨，休戚與共，不同他臣。」

【休養生息】指在戰爭或其他原因引起的大動盪之後，採取安定社會秩序、減輕人民負擔、恢復生產、增殖人口等措施。唐．韓愈〈平淮西碑〉：「高祖太宗，既除既治；高宗中睿（ruì），休養生息。」（中睿：中宗、睿宗）

【任人唯賢】《尚書．咸有一德》：「任官惟賢材，左右惟其人。」指只任用德才兼備的人，而不管他跟自己的關係如何。與「任人唯親」相對。

【任重道遠】擔子沉重，路程遙遠。比喻既然擔負着重大的責任，就必須準備進行長期艱苦奮鬥。《論語·泰伯》：「曾子曰：『士不可以不弘毅，任重而道遠。』」（弘毅：寬宏有毅力）

【任勞任怨】形容做事不辭辛勞，不怕埋（mán）怨。《明史·王應熊傳》：「乃群臣不肯任勞任怨，致陛下萬不獲已，權遣近侍監理。」也作「任怨任勞」。

【自求多福】語出《詩經·大雅·文王》。嚴格要求自己比求助於他人會得到更多的幸福。指自己加強道德修養才能「多福」。

【自見之謂明】語出《韓非子·喻老》。自己了解、認識、發現自己的長處和不足，才稱得上賢明。與「人貴有自知之明」義近。

【自作孽（niè），不可活】《孟子·公孫丑上》：「天作孽，猶可違；自作孽，不可活。」（作孽：幹壞事，製造災難）意思是上天降下的災害還可以逃避，自己造成的罪孽無處可逃。

【自強不息】語出《周易·乾卦·象》。自覺努力進取，不懈怠，不停止。《孔子家語·五儀解》：「篤行信道，自強不息。」參見335頁「天行健，君子以自強不息」。

【自勝之謂強】語出《韓非子·喻老》。自己能夠戰勝、超越自己，才稱得上剛強。

【行天道，出公理，則遠者自親】語出《管子·形勢解》。天道：指自然規律；公理：公眾普遍認同的道理。奉行自然規律，講究公理，那麼遠方的人也自然會和你親近。

【行仁政而王（wàng），莫之能禦也】語出《孟子·公孫丑上》。王：統一天下，管理國家。仁政：以對人民深切的同情、愛護和為人民謀福祉為根本的施政取向。以仁政統一天下，沒有誰可以阻擋得住。

【行百里者半九十】語出西漢·劉向《戰國策·秦策五》。走一百里路，走到九十里才算走了一半。比喻做事越接近成功越艱難。多用來勸勉人做事要善始善終。

【行存於身，不可掩於眾】所作所為雖然出於自身，但在眾人面前遮蓋不住。跟「要想人不知，除非己莫為」意思相近。《晏子春秋·外篇》：「言發於爾，不可止於遠也；行存於身，不可掩於眾也。」（爾：古同「邇」，近；身：自身，自己）

【行成於思】做事成功在於多動腦筋、想辦法。唐·韓愈〈進學解〉：「行成於思，毀於隨（隨意）。」

【合抱之木，生於毫末】語出《老子》

六十四章。毫末：細小的幼苗。合抱的大樹，從細小的萌芽長起。比喻大事是由小事逐漸發展演變而來的，要成就偉大的事業，必須從小事做起。

【企者不立，跨者不行】語出《老子》二十四章。意思是踮起腳是站不穩的，跨步前進是走不遠的。指出輕率浮躁的舉動是做不成事的。今多用來指做事不能投機取巧，要扎扎實實，穩步前進。

【夙興夜寐】 早起晚睡。《詩經．大雅．抑》：「夙興夜寐，灑埽（掃）廷內，維民之章。」（夙：早；興：起身；廷：通「庭」，庭院；維：為；章：法則）後用於形容勤奮不懈。《聊齋志異．紅玉》：「今家道新創，非夙興夜寐不可。」

【名山事業】 見 28 頁「名山」③。

【名之必可言，言之必可行】《論語．子路》：「故君子名之必可言也，言之必可行也。」君子定名分、用概念，是一定可以說明白的；君子所說的話，必定是可操作可實行的。

【名不可簡而成，譽不可巧而立】《墨子．修身》：「名不可簡而成也，譽不可巧而立也，君子以身戴（zài）行者也。」（簡：簡單，這裏指輕易；巧：靈巧，這裏指取巧；戴：通「載」，遵從，施行）意思是好名聲不能輕而易舉地得到，好名譽不能靠取巧來樹立，君子必須身體力行，踏踏實實地去做。

【名正言順】《論語．子路》：「名不正則言不順，言不順則事不成。」意思是指名分和名義不正，說起話來便不順理，事情也很難辦成。後用「名正言順」形容說話做事理由正當而充分。

【名正則天下治】 語出《申子．大體》。名：名分，這裏指法令。意思是法令制定得公正合理，國家就能政治清明，社會安定。

【名非天造，必從其實】 語出清．王夫之《思問錄．外篇》。意思是事物的名稱並非上天造就的，對它的理解和運用必須服從於實際情況。

【多難（nàn）興邦】 語出《左傳．昭公四年》：「鄰國之難，不可虞（期盼）也。或多難以固其國，或無難以喪其邦。」後用「多難興幫」，指國家屢遭災禍，可以激勵民眾戰勝困難，振興國家。

【冰炭不同器】《韓非子．顯學》：「夫冰炭不同器而久，寒暑不兼時而至，雜反之學不兩立而治。」（兼時：同時；至：到，到來；雜反：雜亂矛盾）寒冰和熱炭不能長久地放在同一個器皿裏。比喻互相對立的人或事物彼此不相包容。也說「冰炭不相容」。

【冰清玉潔】 像冰那樣清明，像玉那樣潔淨。比喻人的操行高尚。北齊·劉晝《新論·妄瑕》:「伯夷叔齊,冰清玉潔,義不為孤竹之嗣,不食周粟,餓死首陽。」

【汗牛充棟】唐·柳宗元〈文通先生陸給諫墓表〉:「其為書,處則充棟宇,出則汗馬車。」意思是書籍存放時可堆至屋頂,運書時可使牛馬累得出汗。後用「汗牛充棟」形容著作或存書極多。南宋·陸游〈冬夜讀書有感〉詩:「汗牛充棟成何事,堪笑腐儒錯用功。」

【江山代有才人出,各領風騷數百年】清·趙翼〈論詩五絕〉:「李杜詩篇萬古傳,至今已覺不新鮮。江山代有才人出,各領風騷數百年。」(代:世代;風騷:《詩經》中的「國風」和《楚辭》中的《離騷》,借指優秀詩文的創作)認為各個時代都有其標領風騷的人物,不必唯古人是從,詩歌也應隨着時代不斷發展。警示世人不要迷信古人,要奮發努力,創作出優秀作品。

【宇中有宙,宙中有宇】明末清初傑出哲學家、科學家方以智在《物理小識》卷二中說:「宙(時間)輪於宇(空間),則宇中有宙,宙中有宇。」提出時間和空間不能彼此獨立存在的時空觀。這一觀點比愛因斯坦的相對時空觀早約三百年。

【安天下,必先正身】如果國君想安定天下,必須先端正自身。唐·吳兢《貞觀政要·君道》:「若安天下,必須先正其身。未有身正而影曲,上治而下亂者。」

【安不忘危】指當政者在安定的時候不要忘記危險。《周易·繫辭下》:「是故君子安而不忘危,存而不忘亡,治而不忘亂,是以身安而國家可保也。」

【安邦定國】使國家安定穩固。《三國演義》第三十七回:「方今天下大亂,四方雲擾,欲見孔明,求安邦定國之策耳。」(邦:古代諸侯的封國,後泛指國家)

【安危在是非,不在於強弱】語出《韓非子·安危》。國家的安危取決於君主能否分清是非,而不在於(國家的)強弱。指出國家興亡取決於有道無道。

【安危相易,禍福相生】語出《莊子·則陽》。意思是平安與危難互相轉化,災禍與幸福互為因果。

【安貧樂道】安於清貧生活,樂於聖賢之道。《論(lún)語》:「賢哉,回也!一簞食,一瓢飲,在陋巷,人不堪其憂,回也不改其樂。」(簞 dān:古代盛飯食的竹編器具)孔子表揚弟子顏回安貧樂道。

【安詳恭敬】南宋·朱熹《小學·嘉言》:「教小兒,先要安詳恭敬。」教育兒童，首先要使其安靜、細心、謙恭、敬重尊長。這是古代教育兒童的要領。

【防微杜漸】語出南朝宋·范曄《後漢書·丁鴻傳》。微：微小，指事物的苗頭；杜：杜絕，堵塞；漸：事物的開端。在壞思想、壞事或錯誤剛冒頭時，就加以防止、杜絕，不讓其發展下去。

【如臨深淵，如履薄冰】《詩經·小雅·小旻（mín）》：「戰戰兢兢，如臨深淵，如履薄冰。」意思是小心謹慎得好像面臨深淵、踩在江河的薄冰上一樣。形容提心吊膽、小心翼翼。

【好（hào）為人師】語出《孟子·離婁上》。指不謙虛，不知求教而喜歡以教導者自居。這是很多人容易犯的毛病。

【好（hào）整以暇】語出《左傳·成公十六年》。形容嚴整有序而從容不迫（整：嚴整；暇：不急迫）。清·曾樸《孽海花》二十五回：「在這種人心惶惶的時候，玨（jué）齋卻好整以暇，大有輕裘緩帶的氣象，只把軍隊移駐山海關。」

【邪魔外道】佛教稱擾亂身心、障礙善念與修行的為「邪魔」，佛法以外的宗教、哲學派別為「外道」；後也指妖魔鬼怪。《藥師經》下：「又信世間邪魔外道，妖孽之師，妄說禍福。」也泛指一切邪惡勢力或荒唐有害的言論。

【戒驕戒躁】警惕產生驕傲和急躁情緒。〔戒：警惕，提防（dī fáng）〕

【扶正祛（qū）邪】祛：祛除。扶持正氣，去除邪氣。中醫指增強人體的抗病能力。泛指扶持好的事物，糾正錯誤傾向。

【扶危濟困】扶助有危難的人，救濟困苦的人。

【扶弱抑強】扶助弱小，抑制強暴。漢·袁康《越絕書·外傳本事》：「句踐之時，天子微弱，諸侯皆叛，於是句踐抑強扶弱，絕惡反之於善。」也說「抑強扶弱」。

【扶貧濟困】扶持、救濟貧困戶或貧困地區。

【攻其不備，出其不意】語出《孫子兵法·始計》。不意：沒有意料到。在對方沒有防備時進攻，趁對方沒有料到時採取進攻行動。常指善於抓住有利時機。

【投之亡地然後存，陷之死地然後生】語出《孫子兵法·九地》。指把部隊投入十分危險、無法退卻、只能拚死作戰的境地，將士們就能奮勇殺敵以求生存，直至勝利。後常用來比喻事先斷絕退路，迫使全力拚搏，才能取得成功。後世所說「置之死地而後生」與此義近。

【投桃報李】《詩經・大雅・抑》:「投我以桃,報之以李。」意思是對方送給我桃子,我就回贈李子。後用「投桃報李」比喻彼此贈答或有來有往。

【志之所向,無堅不入】見358頁「志之所趨,無遠弗屆」。

【志之所趨,無遠弗屆】《格言聯璧》:「志之所趨,無遠弗屆,窮山距海,不能限也;志之所向,無堅不入,鋭兵精甲,不能禦也。」(屆:到)志向所趨,沒有不能達到的地方,即使是山海盡頭,也不能限制;意志所向,沒有不能攻破的壁壘,即使是精兵堅甲,也不能抗拒。指出立志的重要。

【志不強者智不達,言不信者行不果】語出《墨子・修身》。達:普遍,全面,這裏指高境界;果:事情的結果,成果。意志不堅強的,智慧就達不到高境界;說話不講信用的,做事就不會有成果。

【志毋(wú)虛邪,行必正直】語出《管子・弟子職》。毋:不要,別。意思是志向不可虛偽邪惡,做事必須公正坦率。

【志合者不以山海為遠】語出《抱朴子・博喻》。意思是如果彼此志趣相同,不會因為有山海阻隔而感到距離遙遠。

【志於道,據於德,依於仁,遊於藝】語出《論語・述而》。孔子認為,人應該立志高遠(即「志於道」),立足於「德」和「仁」的修養磨煉,優遊於禮、樂、射、御、書、數六藝之中。即應該做一個道、德、仁、藝均衡發展的人。

【克己奉公】嚴格要求自己,奉行公事。《後漢書・祭(zhài)遵傳》:「遵為人廉約小心,克己奉公。」

【克勤克儉】既能勤勞,又能節儉。《尚書・大禹謨》:「克(能)勤於邦,克(能)儉於家。」這是中華民族的傳統美德。

【求賢若渴】像口渴了急於尋水喝一樣地尋求賢才。形容求賢的心情十分急迫。《隋書・韋世康傳》:「(朕)求賢若渴,冀與公共治天下,以致太平。」也說「求賢如渴」。

【吾日三省(xǐng)吾身】《論語・學而》:「曾子曰:『吾日三省吾身:為人謀而不忠乎?與朋友交而不信乎?傳不習乎。』」(省:反省,省察)意思是我每天數次自我反省:為別人辦事是否盡心盡力了?與朋友交往是否真誠守信了?對老師傳授的學業是否認真復習了?朱熹說:「曾子以此三者日省其身,有則改之,無則加勉。」(《論語集注》)肯定這種經常虛心自我檢查的精神。簡稱「三省」。

【否（pǐ）極泰來】「否」「泰」都是《周易》中卦名。「否」指凶，是說「天地不交而萬物不通」，「泰」指吉，是說「天地交而萬物通」。後用「否極泰來」指事物壞到極限，就會轉化到它的對立面。說明物極必反的道理。

【見小利，則大事不成】語出《論語・子路》。貪小利就辦不成大事。

【見危授命】語出《論語・憲問》。授：交付。當遇到危急情況時，挺身而出，勇於獻出自己的生命。

【見利思義】語出《論語・憲問》。在有利可取時應思考擬取之利是否符合道義，如違反仁義道德，則應棄而不取。也說「見得思義」。

【見怪不怪，其怪自敗】《五燈會元・泐（lè）潭英禪師法嗣》：「見怪不怪，其怪自壞。」指見到怪異的現象而不大驚小怪，怪異現象自然會自行消散。後多用「見怪不怪，其怪自敗」形容處事鎮定。

【見過自訟】發現過錯而加以自責。參見 27 頁「自訟」。

【見善則遷】《周易・益卦・象》：「見善則遷，有過則改。」意思是見到好人好事就努力學習，有了錯誤就馬上改正。

【見微知著】語本《韓非子・說林上》。見到事物的萌芽狀態，就知道它將發展演變成怎樣一種顯著狀態。指看到事物的苗頭，就知道它的發展趨向和問題的實質。東漢・班固《白虎通・情性》：「智者，知也。獨見前聞，不惑於事，見微知著者也。」

【見義不為，無勇也】語出《論語・為政》。遇見合乎道義的事卻不去做，這是一種怯懦而沒有勇氣的行為。

【見義勇為】語出《論語・為政》。看到正義的事情就勇敢地去做。明・馮夢龍《東周列國志》第十四回：「見義勇為真漢子，莫將成敗論英雄。」

【見賢思齊】語出《論語・里仁》。看見有道德、有才能的人，就想着向他學習、看齊。

【助紂為虐】《史記・留侯世家》：「今始入秦，即安其樂，此所謂助桀為虐。」（桀：夏朝末代暴君）指幫助紂王（商朝末代暴君）做暴虐天道的事。後多用「助紂為虐」比喻幫助壞人做壞事。也說「助桀為虐」。

【里仁為美】里：居住。《論語・里仁》：「里仁為美，擇不處（chǔ）仁，焉得知（zhì）？」（知：通「智」，聰明）孔子說，居住在有仁德的地方才是好的。選擇住處時不考慮有沒有仁德，怎麼能算聰明呢？指在面臨選擇時，把符合不符合仁德的原則放在首位。

【我不入地獄，誰入地獄】《地藏菩薩本願經》記載：當年地藏王菩薩原可以成佛，但他見地獄裏有無數受苦的魂靈，不忍離去，於是留在了地府，並立下重誓：「我不入地獄，誰入地獄？地獄不空，誓不成佛！」地藏菩薩寧願放棄自己成「佛」的前程，而一心救度眾生的高貴品德，與儒家「救民於水火」的信念有相通之處。

【我命在我不在天】語出《抱朴子·黃白》。意思是人的生命要由自己決定，不應由天地掌握主宰。本為道教養生術語。今多用作勵志語，鼓勵通過自身不懈的努力去爭取成功，而不是消極被動地聽天由命或怨天尤人。

【利民之事，絲髮必興】清·萬斯大《周官辨非》：「聖人之治天下，利民之事，絲發必興；厲民之事，毫末必去。」意思是凡是對老百姓有利的事，一絲一髮也要推行；而對老百姓有害的事，一毫一末也必須革除。

【利莫大於治，害莫大於亂】語出《管子·正世》。沒有比社會安定更大的利益，沒有比社會混亂更大的危害。指出社會穩定是最大的利益，社會動亂是最大的禍害，必須維護社會安定。

【兵以詐立，以利動，以分合為變】語出《孫子兵法·軍爭》。兵：用兵；詐：奇詭多變。用兵以奇詭多變來取得成功，以對己方有利為行動的根據，以兵力的分合為變化手段。

【兵者，所以禁暴除害也，非爭奪也】語出《荀子·議兵》。軍隊是用來禁止暴亂、消除禍患的，並不是用來爭奪利益的。

【兵者，尊主安國之經也，不可廢也】語出《管子·參患》。尊：尊奉；經：主要的，這裏指根本。軍隊是尊奉國君、使國家得到安全的根本，不可廢置。

【兵者，詭道也】語出《孫子兵法·始計》。詭：狡詐，虛假。調兵遣將指揮作戰使用的是詭詐之術。

【兵者，國之大事】《孫子兵法·始計》：「兵者，國之大事，死生之地，存亡之道，不可不察也。」戰爭是國家的大事。

【兵貴神速】《孫子兵法·九地》：「兵之情主速。」後用「兵貴神速」指用兵打仗以行動異常迅速為最重要。也常用來比喻處理問題要迅速、果斷。

【兵無常勢，水無常形】語出《孫子兵法·虛實》。兵：用兵；常：固定不變的。調兵遣將指揮作戰沒有固定不變的態勢，就像水沒有固定不變的形態一樣。

【作繭自縛】佛教指人的妄想會把自己纏住不能解脱，就像蠶吐絲作繭把自己裹住一樣。《景德傳燈錄》卷二十九：「聲聞執法坐禪，如蠶吐絲自縛。」今泛指自己使自己陷入困境。

【伯歌季舞】大哥唱歌，小弟起舞（伯：長兄；季：小弟）。形容兄弟友愛和睦。西漢·焦贛《易林·否（pǐ）之損》：「秋風牽手，相提笑語。伯歌季舞，宴樂以喜。」

【位卑未敢忘憂國】南宋·陸游〈病起書懷〉詩：「位卑未敢忘憂國，事定猶須待闔棺。」雖然職位低微，卻從未敢忘記憂慮國事。它體現了中華民眾熱愛家國的偉大精神，揭示了人民與國家的血肉關係。

【身不善之患，毋患人莫己知】語出《管子·小稱》。身：自身，自己；患：擔心，憂慮；莫己知：不了解自己。是説自己需要擔心的是自身沒做好，不必擔心別人不了解自己。指自己做得好，自然取得別人的信任。

【身先士卒】《史記·淮南衡山列傳》：「當敵勇敢，常為士卒先。」是説作戰時將帥一馬當先，衝在士兵的前頭。後用「身先士卒」表示在一切工作中領導走在群眾前面，起帶頭作用。也説「身先士眾」。

【身體力行】《淮南子·泛論訓》：「聖人以身體之。」《禮記·中庸》：「力行近乎仁。」後以「身體力行」指親自體驗，努力實行。明·章懋（mào）〈答東陽徐子仁〉：「合而觀之，皆可得其要矣。但不能身體力行，則雖有所見，亦無所用。」

【含英咀（jǔ）華】語出唐·韓愈〈進學解〉。嘴裏含着花並咀嚼其精華；比喻仔細品味、體會詩文的要點和精華。明·張居正〈贈吳霽翁督學山東序〉：「今世學者，含英咀華，選詞吐艷，蓋人人能矣。」

【含飴（yí）弄孫】含着飴糖逗着小孫子玩。形容老年人閒適的生活。《東觀漢記·明德馬皇后傳》：「穰（ráng）歲之後，惟子之志，吾但當含飴弄孫，不能復知政事。」（穰歲：豐年；但：只；知：主持，掌管）

【肝腦塗地】原指人在戰爭中慘死的景象。《史記·劉敬叔孫通列傳》：「大戰十七，小戰四十，使天下之民肝腦塗地，父子暴骨中野，不可勝數。」（塗地：塗抹在地上）後多用來比喻竭盡忠誠，不惜犧牲生命。

【肝膽照人】形容以赤誠的心對待別人。

【言之所以為言者，信也。言而不信，何以為言】語出《春秋穀梁傳·僖公二十二年》。言語之所以叫作「言」，是因為言語真實可信。如果言語不真實可信，怎麼叫作「言」呢？

【言必有中（zhòng）】語出《論語·

先進》。説話一定中肯，切中要害。

【言必信，行必果】《論語·子路》：「言必信，行必果，硜（kēng）硜然小人哉！抑亦可以為次矣。」（果：果斷，堅決）孔子説，言語一定信實，行動一定堅決，這樣的人不過是不問是非黑白而只顧貫徹自己言論的小人罷了。若論「士」的資格，這種人可以勉強算得上比「孝悌」的士再次一等的士了。今多指説話有信用，做事果斷堅決，出成效，有結果。

【言出法隨】言：這裏指命令或法令。命令或法令一經宣佈就嚴格執行，如果有人違犯，就依法懲處。清·林則徐〈奉旨前往廣東查辦海口事件傳牌稿〉：「言出法隨，各宜懔（lǐn：嚴肅，嚴厲）遵毋違。」

【言有招禍也，行有招辱也，君子慎其所立乎】語出《荀子·勸學》。所立：指賴以立身處世的所作所為、一言一行。言語不當，可能給自己招來災禍；行為不當，可能使自己受辱。君子對自己的處世言行一定要謹慎。

【言而有信】《論語·學而》：「子夏曰：『與朋友交，言而有信。』」是説與朋友交往，説話要守信用、重承諾。

【言者無罪，聞者足戒】語出《詩經·序》。指提意見的人，無論他的意見對錯，都沒有罪；聽取意見的人，無論別人的意見對錯，都應引為鑒戒，有則改之，無則加勉。

【言過其行】指説得多，做得少。《論語·憲問》：「君子恥其言而過其行。」孔子認為説得多，做得少，對有德行的人來説是一種恥辱。

【言無實不祥】語出《孟子·離婁下》。説話沒有事實根據是不吉祥的。

【言傳身教】既用語言傳授，又用行動示範。指用自己的言行對別人施加影響。參見31頁「身教」。

【泛愛眾而親仁】語出《論語·學而》。意思是廣泛地愛護大眾，接近有仁德的人。

【良弓難張，良馬難乘】《墨子·親士》：「良弓難張，然可以及高入深；良馬難乘，然可以任重致遠。」意思是好弓很難拉開，但射得高遠，入的（dì，箭靶）很深；好馬很難駕馭，但可以馱很重的東西，走很遠的路。揭示了珍惜人才的道理。

【良師益友】對自己有教益的好老師和好朋友。清·李漁《比目魚·耳熱》：「要學太史公讀書之法，藉名山大川做良師益友，使筆底無局促之形，胸中有灝（hào，浩大）瀚之氣。」

【良藥苦口】好的藥不好吃。比喻勸誡的話聽起來雖然難受，卻很有益處。《韓非子·外儲説左上》：「夫良藥

苦於口，而智者勸而飲之，知其入而已己疾也。」（已：消除，治癒）

【君子一言，駟馬難追】《鄧析子·轉辭》：「一言而非，駟馬不能追；一言而急，駟馬不能及。」意思是君子一句話，就是套上四匹馬的快車也難追上。指人守承諾、講信用，不要輕諾寡信；也指説話要謹慎。

【君子不休乎好（hào），不迫乎惡（wù）】語出《管子·心術上》。品德高尚的人不被愛好的事情所誘惑，不被厭惡的事情所脅迫。

【君子不鏡於水，而鏡於人】《墨子·非攻中》：「君子不鏡於水，而鏡於人。鏡於水，見面之容；鏡於人，則知吉與凶。」（鏡：照鏡子）君子不用水來照自己，而以人作鏡子反省自己。用水作鏡，只能看出面容；用人作鏡，則可以知吉凶。墨子説的是攻戰之事，他認為好戰不吉而凶，如春秋時晉國的智伯好戰，最後身死族滅。這裏表現出的是墨子的「非攻」思想。現在多用於吸取別人的教訓，對照別人，反省自己，避免做錯事。

【君子有三變】《論語·子張》：「子夏曰：『君子有三變：望之儼然，即之也溫，聽其言也厲。』」君子有三種變化：遠看莊嚴可畏；接近他後感到溫和可親；聽他講話，卻是嚴厲不苟。

【君子成人之美】語出《論語·顏淵》。君子成全別人的好事。

【君子求諸己】語出《論語·衞靈公》。君子凡事都嚴格要求自己。

【君子役物，小人役於物】語出《荀子·修身》。役：驅使，這裏指控制、支配；物：指物欲。品格高尚的人可以驅使物欲，品格低下的人被物欲所驅使。指品格高尚的人可以控制自己的物欲，品格低下的人容易被物欲所左右。

【君子坦蕩蕩，小人長戚戚】戚：哀愁，悲傷。語出《論語·述而》。君子心胸坦蕩，寬宏大度；小人氣量狹小，總不開心。

【君子恥不修，不恥見污】語出《荀子·非十二子》。污：誣衊。君子以自己品德不好為恥辱，而不以受人誣衊為恥辱。

【君子博學而日參（sān）省（xǐng）乎己】《荀子·勸學》：「君子博學而日參省乎己，則知（zhì）明而行無過矣。」（參：古同「三」，表示多次；省：檢查自己的思想、言行；知：同「智」，聰明）品德高尚的人廣泛地學習，經常用學到的東西檢查自己的思想、言行。這樣就頭腦清楚，行為沒有過失。

【君子喻於義，小人喻於利】語出《論語·里仁》。君子懂得的是義，小人知曉的是利。

【君子無爵而貴】語出《荀子．儒效》。爵：爵位，泛指官位。品德高尚的人雖無爵位（官位），但人格高貴。

【君子義以為上】君子把道義放在首位。《論語．陽貨》：「君子義以為上。君子有勇而無義為亂，小人有勇而無義為盜。」（上：崇尚，尊崇）孔子說，君子應該把義作為首要考慮的事情，而不是片面強調勇武精神。君子只有勇，沒有義，就會造反；小人只有勇，沒有義，就會做強盜。

【君子義以為質】《論語．衛靈公》：「君子義以為質，禮以行之，孫（xùn）以出之，信以行之。君子哉！」（義：道義；質：本體或內容；孫：同「遜」，謙遜；出：表述）孔子說，君子把道義作為行事的根本，依照禮節來推行它，用謙遜的語言來表述它，用誠信的態度來完成它。這真的是位君子啊！強調做事以義為唯一的出發點和落腳點。

【君子慎其所立】品德高尚的人一定要注意自己的處世言行。參見362頁「言有招禍也，行有招辱也，君子慎其所立乎」。

【君子憂道不憂貧】語出《論語．衛靈公》。君子所憂慮的是道義真理能否得到弘揚而不是自己的貧富。

【君子謀道不謀食】語出《論語．衛靈公》。謀：謀求，追求；道：道義，真理。君子孜孜以求的是真理道義，而不是物質享受。

【君子檢身，常若有過】語出《亢倉子．訓道篇》。君子檢點自身，隨時反省，就像常有過失一樣。指人要有自知之明，多做自我批評。

【君子懷德】君子以弘揚道德為己任。《論語．里仁》：「君子懷德，小人懷土。」（懷：考慮，牽掛；土：田土）

【君臣上下貴賤皆從法】語出《管子．任法》。君主與臣子、上級與下級、地位高的與地位低的都遵從法律法規。闡釋了以法治國的理念。

【君臣釋法任（rèn）私，必亂】語出《商君書．修權》。釋：廢棄，放棄；任：放縱。君主與臣子拋棄法度，放縱私欲，這樣的國家必定動盪不安。

【君君、臣臣、父父、子子】語出《論語．顏淵》。國君要像個國君，臣子要像個臣子，父親要像個父親，兒子要像個兒子。人人都恪守本分、忠於職守，做到不越位、不亂位，社會就會和諧。否則，君臣失位，長幼失序，倫理失常，社會就會混亂失穩。

【改邪歸正】從邪路上回到正路上來，不再做壞事。比喻由壞變好。明．施耐庵《水滸全傳》九十一回：「將軍棄邪歸正，與宋某等同替國家出力，朝廷自當重用。」

【改弦更（gēng）張】換掉舊琴弦，安上新琴弦。《漢書·董仲舒傳》：「竊譬之琴瑟不調，甚者必解而更張之，乃可鼓也；為政而不行，甚者必變而更化之，乃可理也。」（更：改換；張：繃緊樂器上的弦）比喻改革制度或變更計劃、方法。

【改過自新】改正錯誤，重新做人。《史記·孝文本紀》：「妾傷夫死者不可復生，刑者不可復屬，雖復欲改過自新，其道無由也。」（自新：自覺改正，重新做起）

【改惡從善】不再作惡，歸向良善。清·張南莊《何典》：「既肯改惡從善，也不與你一般樣見識。」

【忍辱負重】為完成重大的任務而忍受暫時的屈辱。《三國志·吳志·陸遜傳》：「國家所以屈諸君使相承望者，以僕有尺寸可稱，能忍辱負重故也。」（有尺寸可稱：有一點可取之處）

【近朱者赤，近墨者黑】語出西晉·傅玄〈太子少傅箴（zhēn）〉。靠近朱砂的易染成紅色，靠近黑墨的易染成黑色。比喻在好的環境中可以使人變好，在壞的環境中可以使人變壞。

【返樸歸真】樸：質樸，也指「道」。基於《老子》「見素抱樸」「復歸於樸」等品行修養的原則，道教認為人通過逆行修煉便可返還到生命初始的「赤子」狀態，復歸於純真的自然本性，達到長生久視的目的。後指去掉雕飾，返回原始的純樸本真狀態。

【迎刃而解】原指劈竹子，只要破開頭幾節，下面的就迎着刀口裂開。比喻先解決了關鍵問題，其他問題便可隨之解決。《晉書·杜預傳》：「今兵威已震，譬如破竹，數節之後，皆迎刃而解。」

【奉公守法】奉公行事，遵守法令。指以公事為重，不徇私情。司馬遷《史記·廉頗藺相如列傳》：「以君之貴，奉公如法則上下平。」

【青出於藍】見 365 頁「青取之於藍而青於藍」。

【青取之於藍而青於藍】《荀子·勸學》：「青，取之於藍而青於藍；冰，水為之而寒於水。」（青：靛青，青色顏料；藍：蓼藍，一種可以提取顏料的草）意思是靛青是從蓼藍裏提取出來的，但是顏色比蓼藍更深。比喻學生向老師學習而超過老師；也比喻繼承前人而超過前人。也説「青出於藍」「青出於藍而勝於藍」。

【長幼有序】指年長者和年幼者之間有先後尊卑次序。《荀子·君子篇》：「故尚賢使能，則主尊下安；貴賤有等，則令行而不流；親疏有分，則施行而不悖；長幼有序，則事業捷成而

有所休。」(尚賢使能:崇尚賢士,任用能者;流:向壞的方面轉變;悖:違背情理;休:休養生息)

【拔刀相助】 原義為拔出刀來助戰。後多指奮不顧身、見義勇為,替受欺侮的一方打抱不平。常與「路見不平」連用。

【披肝瀝膽】 剖開心腹,滴出膽汁。形容真誠相見或竭盡忠誠。北宋·司馬光〈體要疏〉:「猶將披肝瀝膽,以效其區區之忠。」

【披荊斬棘】《後漢書·馮異傳》:「為吾披荊棘,定關中。」(披:撥開,劈開;荊棘:多刺的草木)後用「披荊斬棘」比喻清除種種障礙,克服重重困難。

【其安易持,其未兆易謀】 語出《老子》六十四章。意思是局面安穩時容易維持,事情還沒有異常徵兆時容易謀劃應對。闡釋了大到治理國家,小到日常生活,都要居安思危、未雨綢繆、防患於未然的道理。

【其身正,不令而行】《論語·子路》:「其身正,不令而行;其身不正,雖令不從。」意思是本身正派,不發命令,措施也能實行;本身不正派,就是發命令,百姓也不會聽從。

【取民者安,聚斂者亡】 語出《荀子·王制》。取民:得民心。得民心的政權安全穩固,搜刮民財的政權必將滅亡。反映了荀子的治國理念。

【取於民有度,用之有止,國雖小,必安】 語出《管子·權修》。取:收取;度:限度;止:節制。收取百姓的錢財有限度,使用這些錢財有節制,國家雖小,也必定平安。揭示了輕徭薄賦的道理。

【若大旱之望雲霓(ní)】 語出《孟子·梁惠王下》。雲霓:下雨的徵兆。好像大旱的時候盼望雨水一樣。比喻渴望解除困境。

【若安天下,必須先正其身】 唐·吳兢《貞觀政要·君道》引唐太宗語:「若安天下,必須先正其身,未有身正而影曲、上治而下亂者。」意思是要安定天下,必須首先做到自身端正,沒有身子端正而身影彎曲、朝廷安定而百姓反亂的道理。現多指執政者要一身正氣,做清廉身正的好官。

【苟志於仁,無惡也】 語出《論語·里仁》。苟:假如,如果。如果立志於仁德,就不會做壞事、惡事。

【苟利國家生死以,豈因禍福避趨之】 語出清·林則徐〈赴戍登程口占示家人〉詩。據《左傳·昭公四年》記載:鄭國子產受到誹謗,他說:「苟利社稷,死生以之。」林則徐詩用此典,表示假如對國家有利,可以把生命交付出來,難道可以有禍就逃避,有福就接受嗎？指只要對國家有利，即使犧牲自己也心甘情願，絕不會貪圖安逸、逃避危險。

【直躬之信】《呂氏春秋．當務》記載：一個「直躬」（按直道做事）的人向官府告發其父偷羊，官府捉拿了他的父親並要處死，他請求代父去死。行刑前，他卻向監斬官説，我告發我父親偷竊，難道這不是誠信嗎？我代父受刑，這難道不是孝順嗎？我信孝兩全，都要被殺，天下還有不被殺的人嗎？楚王便赦免了他。孔子聽説此事驚道，直躬這樣的誠信奇怪呀！一個告發父親的人竟取得了美名。孔子認為此人既不孝（告發父親），又不信（沽名釣譽），「故直躬之信不若無信」（直躬的誠實不如不誠實）。也説「直躬證父」。

【杯水車薪】用一杯水去救一車着了火的柴草。比喻力量對比懸殊，無法達到目的。《孟子．告子上》：「仁之勝不仁也，猶水勝火。今之為仁者，猶以一杯水救一車薪之火也，不熄則謂之水不勝火。此又與於不仁之甚者也，亦終必亡而已矣。」

【事在人為】指事情的成功與否，取決於人主觀上是否努力。《東周列國志》第六十九回：「事在人為耳，彼朽骨者何知？」

【事在四方，要在中央】《韓非子．物權》：「事在四方，要在中央；聖人執要，四方來效。」是説具體事務由各地辦理，但政策法規的制定權要掌握在中央手中；最高領導掌握並執行政策法規，各地臣民就會盡心盡力地效勞。強調了加強中央領導的重要性。

【事者，生於慮，成於務，失於傲】語出《管子．乘馬》。慮：思考，謀劃；務：專心從事，努力去做。意思是各項事業都是由思考謀劃而產生，由於專心努力而成功，由於驕傲自大而失敗。

【事親為大】語出《孟子．離婁上》。親：指父母。意為侍奉父母最重要。侍奉父母是做人的根本。一個人只有學會了對父母盡孝，才有可能立足社會，做出成就。

【兩袖清風】除了兩袖筒清風之外，別的什麼也沒有。比喻居官清廉。古時衣袖寬大，可放銀兩或其他物品。官吏清廉，不受賄，袖內無銀兩，只有「清風」而已。元．魏初〈送楊季海〉詩：「父親零落鬢如絲，兩袖清風一束詩。」

【協和萬邦】語出《尚書．堯典》。協和：協調，融洽；萬邦：眾多的國家，各國。促使各國團結融洽。

【非以其名也，以其取也】《墨子．貴義》：「瞽（gǔ）不知白黑者，非以其名也，以其取也。」（瞽：失明，指盲人）盲人不知白黑，不是因為他不能稱説白黑的名稱，而是因為他無法（判斷）選取黑或白的東西。用來比喻不要以事物的名稱判斷事物，而應該以實正名，名副其實。

【非百勝不戰，非萬全不鬥】語出《孫子兵法．形篇》宋代張預注。意思是沒有確保獲勝的把握，沒有周密穩妥的謀劃，就不要開戰。反映出孫子的慎戰思想。

【非學無以廣才，非志無以成學】語出三國蜀．諸葛亮〈誡子書〉。意思是不努力學習就不能增長才智，不立志就無法成就學業。

【非禮勿視，非禮勿聽，非禮勿言，非禮勿動】語出《論語．顏淵》。孔子説，不合禮的不看，不合禮的不聽，不合禮的不説，不合禮的不做。

【尚賢者，政之本也】語出《墨子．尚賢》。意思是推尊重用賢才，是治國為政的根本。

【明君之道，使智者盡其慮】語出《韓非子．主道》。意思是聖明君主的用人方法，在於使有智慧的人傾盡思慮和本領來為國家效力。

【明者因時而變，知（zhì）者隨事而制】語出西漢．桓寬《鹽鐵論》。知：通「智」。是説聰明的人會根據不同的時期而改變自己的策略，有智慧的人會隨着事物的發展而制定相應的措施。

【明法者強，慢法者弱】語出《韓非子．飾邪》。明：嚴明；慢：輕忽，鬆弛。法制嚴明的國家就強大，法制鬆弛的國家就衰弱。後常用以強調法制對於治國的重要性。

【明法審令，捐不急之官】語出《史記．孫子吳起列傳》。明：使明確清楚；審：使周密詳審；捐：捨棄，除去。意思是把刑法禁令制定得明確、周密，削減不急需的官吏職位。這是戰國時期兵家吳起富國強軍的一項政治主張。

【明察秋毫】《孟子．梁惠王上》：「明足以察秋毫之末，而不見輿薪，則王許之乎？」（秋毫：秋天鳥獸新生的細毛；輿薪：滿車柴草）原意是説目光敏鋭，可以看清動物細毛的末梢，卻看不到一車柴草。後用「明察秋毫」形容目光敏鋭，洞察一切。

【忠言逆耳】正直的話聽起來不順耳。《史記．留侯世家》：「且忠言逆耳利於行，毒藥苦口利於病，願沛公聽樊噲（kuài）言！」

【呼吸相通】呼氣與吸氣密切相關。比喻思想一致，關係密切，利害相關。《清史稿．顏伯燾傳》：「閩粵互為唇齒，呼吸相通。」

【制天命而用之】語出《荀子．天

論》。天命：指大自然的規律。意思是人類在自然面前不是無能為力的，應當主動地利用自然規律為社會造福。體現了荀子人定勝天的思想。

【知（zhì）而好（hào）謙，必賢】語出《荀子·仲尼》。知：古同「智」，聰明，智慧；賢：品德高尚。聰惠明智而又愛謙虛，就一定有德有才。

【知人者智，自知者明】語出《老子》三十三章。意思是能了解別人的人是睿智的，能清醒地認識自己、知道自己長處和短處的人是明智的。此即所謂「人貴有自知之明」。

【知之、好之、樂之】《論語·雍也》：「知之者不如好之者，好之者不如樂之者。」孔子説，對於學問事業，了解它的人不如喜好它的人，喜好它的人不如以它為樂的人。孔子揭示了對於學問事業由了解、熟悉到愛好、探索再到以此為樂的三種境界。

【知己知彼】指對自己的情況和對方的情況都十分了解。

【知者不惑，仁者不憂，勇者不懼】語出《論語·子罕》。孔子説，聰明的人不迷惑，有仁德的人經常樂觀，勇敢的人無所畏懼。

【知者樂（yào）水，仁者（yào）山】語出《論語·雍也》。知：通「智」；樂：喜好。孔子説，聰明的人通達事理，反應敏捷而思想活躍，性情好動就像奔流不息的流水一樣；仁厚的人安於義理，仁慈寬容而不易衝動，就像巍然矗立的大山那樣。

【知其不善則速改】南宋·朱熹《朱子語類》卷二十一：「知其不善，則速改以從善，最要在速改上著（zhuó）力。」意思是意識到自己不善的言行，就應該立刻改正，最要緊的是在「速改」上花力氣。

【知其雄，守其雌】語出《老子》二十八章。雄：雄壯剛勁，強大；雌：柔弱，謙恭。意思是知道自己強大剛勁，卻保持柔弱謙恭的本性，不與人爭。這是道家「和光同塵」的處世哲學。跟「大直若屈，大巧若拙，大辯若訥（nè）」的思想一脉相通。今常用來勸人要善於「藏拙」，避免做出超出實際能力而硬要蠻幹的蠢事。也説「知雄守雌」。

【知彼知己，百戰不殆】語出《孫子兵法·謀攻》。殆：危險，被打敗。指對敵我雙方的情況都非常了解，即使打百次仗也會立於不敗之地。也説「知己知彼，百戰不殆」。

【知所以自治，然後知所以治人】《史記·平津侯主父列傳》載：公孫弘上書説：「知所以自治，然後知所以治人。天下未有不能自治而能治人者，此百世不易之道也。」意思是懂得如何自我管理，然後才能懂得如何管理別人。天下從來沒有不能自我管理而能管理別人的人，這是千古不變的真理。指出管理別人的人必須以身作則。

【知屋漏者在宇下】東漢·王充《論衡》:「知屋漏者在宇下，知政失者在草野。」意思是知道房屋漏雨的人在房屋下，知道政治有過失的人在民間。指為官者應當了解民情、傾聽民聲。

【知無不言，言無不盡】只要知道，就沒有不說的；只要說，就沒有不說透的。北宋·司馬光〈《呂獻可章奏集》序〉:「知無不言，言無不盡，如獻可者，於其職業，可謂無所愧負矣。」

【物之不齊，物之情也】語出《孟子·滕文公上》。是說事物千差萬別，是客觀實際情形，自然規律。

【物阜（fù）民豐】指物產豐盛，人民富足。《東周列國志》:「話說周朝，自武王伐紂，即天子位。成康繼之……真個文修武偃，物阜民安。」

【物類之起，必有所始；榮辱之來，必象其德】語出《荀子·勸學》。象：象徵。意思是各種事物的產生，必定有它的起因；榮譽或恥辱的到來，必定與這個人的德行相應。

【物競天擇】19 世紀末嚴復對達爾文《物種起源》的概括。他在〈原強〉中說:「物競者，物爭自存也；天擇者，存其宜種也。」即生物的生存競爭由自然規律決定取捨。原指生物進化的一般規律，後也用於人類社會的發展。

【和光同塵】《老子》五十六章:「和其光，同其塵。」意思是收斂自己的光芒，混同於塵俗。指不露鋒芒、隨俗而處、與世無爭的處世態度。北齊·顏之推《顏氏家訓·勉學》:「嵇（jī）叔夜排俗取禍，豈和光同塵之流也？」

【和風細雨】溫和的風，細小的雨。北宋·張先〈八寶裝〉詞:「花陰轉，重門閉，正不寒不暖，和風細雨，困人天氣。」也用來比喻方式和方法溫和而不粗暴。

【和衷共濟】語出《尚書·臯陶（gāo yáo）謨》。和衷：和睦同心；共濟：共同渡過。比喻同心協力，共同克服困難。

【和實生物，同則不繼】語出《國語·鄭語》。和：和諧，指各種事物和諧相處；同：同一，指排斥不同的事物。世界和諧美妙是由不同的事物相融合而成，如果排除異己，只保留一種事物，其結果是無法繁衍而終歸滅絕。這一思想與孔子的「和而不同」具有高度一致性，是中國古代哲學思想的精華內容之一。

【秉筆直書】拿起筆來徑直寫出（秉：

握住）。指寫文章不隱瞞、不誇大，真實地反映情況。《孽海花》第三十五回：「我是秉筆直書，懸之國門（指京城的大門），不能增損一字。」

【使民以時】《論語・學而》：「道（dǎo）千乘（shèng）之國，敬事而信，節用而愛人，使民以時。」（道：通「導」，治理，管理；乘：古代以四匹馬拉的兵車；敬事：嚴肅治事）意思是治理一個具有千輛兵車的國家，要嚴肅治事並有誠信，要節約財用並愛護人民，要根據農時來使用民力。指農業生產中掌握農時十分重要；為不耽誤農時，農事繁忙季節不宜徵用民力。

【金玉良言】指非常珍貴、有益的話。《二十年目睹之怪現狀》第九十九回：「叔公教你的，都是金玉良言，務必一一記了。」也說「金石良言」。

【金石良言】見 371 頁「金玉良言」。

【金石為開】金屬石頭都被打開了。比喻堅強的意志或真誠的心意能產生巨大的力量，改變局面。東晉・葛洪《西京雜記》卷五：「至誠則金石為開。」

【周而不比】指堅持忠誠信實的原則團結人，而不別有用心地互相勾結。《論語・為政》：「君子周而不比，小人比而不周。」（周：因忠信而親密和諧；比：勾結）孔子說君子和諧而不勾結，小人因利害勾結而不和諧。

【夜以繼日】語出《孟子・離婁下》。晚上接着白天，晝夜不停。形容勞苦勤奮。《史記・吳王濞（bì）列傳》：「積金錢，修兵革，聚穀食，夜以繼日，三十餘年矣。」

【法不阿（ē）貴】語出《韓非子・有度》。阿：偏袒。法律不可偏袒權貴。反映了韓非子法律面前人人平等的思想。

【法不徇情】徇：偏私；無原則地順從。執法公正，不講私人感情。《三國演義》第七十二回：「（操）臨行戒之曰：『居家為父子，受事為君臣，法不徇情，爾宜深戒。』」

【法令既行，紀律自正，則無不治之國，無不化之民】語出北宋・包拯〈致君〉。意思是只要依法治國，法令暢通，紀律和風氣自然清正，那樣就不會有治理不好的國家，也不會有頑固不化的百姓。

【法者，國之權衡也】語出《商君書・修權》。衡：秤，借指標準。法律是國家權力的標準。

【法者，所以興功懼暴也】語出《管子・七臣七主》。興：倡導；懼暴：使強橫兇暴的人懼怕。所謂法律規章，是用來提倡建功立業、威懾強橫（hèng）兇暴之人的。

【法莫如顯】語出《韓非子・難（nàn，

詰難)三》。法律規章沒有什麼比公開化更重要的了。意思是法律規章一定要明文公佈。

【法語(yù)之言，能無從乎】符合禮法的話能不聽從嗎?《論語·子罕》:「法語之言，能無從乎?改之為貴。」(法:指禮法正道;語:告誡)

【治大國若烹小鮮】語出《老子》六十章。河上公注:「烹小魚不去腸，不去鱗，不敢撓，恐其糜也。」即治理一個大的國家，如同烹製小魚一樣，不可亂翻。指治理大的國家，應該秉持正確的理念，遵從事物本身的發展規律，凡事不能過頭，也不能不到位;做任何決策都需要把握好度，不能朝令夕改、隨意攪動、胡亂折騰，而需要遵從社會的自然秩序。

【治世不一道，便國不法古】語出《商君書·更法》。道:方法，方式;便:便利，有利。意思是治理國家並非僅有一種方法，只要對國家有利，未必效法古代。反映了商鞅變法改革的思想。

【治官化民，其要在上】語出《管子·君臣上》。治:治理;化:教化。治理官吏、教化人民，它的關鍵在於君主自身。

【治理之道，莫要於安民;安民之道，在於察其疾苦】語出明·張居正〈答福建巡撫耿楚侗(tóng)〉。治國理政的方法，沒有比使民眾安定更重要的;使民眾安定的方法，則在於體察他們的疾苦。

【治國之道，必先富民】語出《管子·治國》。治理國家的方法，就是一定要先使人民富裕。

【治國常富，而亂國常貧】語出《管子·治國》。社會安定的國家通常是富裕的，而動盪混亂的國家往往貧困。

【治眾者至寡】三國魏·王弼《周易略例·明彖(tuàn)》:「夫眾不能治眾，治眾者，至寡者也。」(眾:指庶民百姓;至寡:指君王)王弼認為，一個社會如果任庶民百姓自由自在，隨心所欲，必然是混亂無序;要想社會安寧，君王的存在是必要的，只有這個至高無上的「至寡」，才能使社會「繁而不亂」，運行有序。

【治亂繩，不可急】《漢書·龔遂傳》:「治亂民猶治亂繩，不可急也;唯緩之，然後可治。」意思是治理亂世之民，好像解開一團亂麻般的繩子，不能着急，需要慢慢理清頭緒。泛指撥亂反正需要有個過程。

【定賞分財必由法】語出《慎子·威德》。定:確定，決定;法:法律規章。確定獎賞和分配財物，一定要遵循法律規章。

【官不私親】《慎子·君臣》:「官不

私親，法不遺（wèi）愛。」（遺：贈送、饋贈）做官的不能偏向親屬或親近者，執法的不能把人情、好處送給喜歡的人。指做官要大公無私，秉公辦事。

【官無常貴，民無終賤】語出《墨子．尚賢》。做官的不會永遠尊貴，而民眾也不會永遠卑賤。反映了墨子平等的觀念。

【建功立業】建立功勛業績。北宋．蘇軾〈應制舉上兩制書〉：「古之聖賢建功立業，興利捍（抵禦）患。」

【居之無倦，行之以忠】語出《論語．顏淵》。身居官位不厭倦懈怠，實施政令出於忠心。這是孔子提出的治理政事應持的態度。

【居安思危】語出《左傳．襄公十一年》。在安樂的環境中，當考慮到可能存在的危險。《舊唐書．岑文本傳》：「故居安思危，所以定其業也；有始有卒，所以隆其基也。」

【屈君而伸天】西漢．董仲舒《春秋繁露》：「屈民而伸君，屈君而伸天。」（屈：委屈；伸：伸張）意思是君主的奢侈安逸，建立在委屈民眾、損害民眾利益的基礎之上；委屈君主、犧牲君主的利益以廣濟天下蒼生，則是伸張天道、尊奉上天的意志。

【始作俑（yǒng）者】《孟子．梁惠王上》：「仲尼曰：『始作俑者，其無後乎！』」（俑：古代殉葬用的木製或陶製的偶）孔子說，那些最開始使用俑做陪葬的人，大概會斷子絕孫沒有後代吧！儒家極為珍視人的生命，對於滅絕人性的殉葬制度極為痛恨，連用俑做陪葬品都持否定態度。後一般用以指帶頭做壞事的人。

【述而不作】《論語．述而》：「述而不作，信而好古。」孔子說自己只闡述典籍而不創作，相信並愛好古代的東西。朱熹認為孔子「其事雖『述』，而功則倍於『作』矣」。（《論語集注》）後世學者認為孔子實際上有述也有作。

【春風化雨】溫暖並滋潤萬物生長的風雨。比喻良好的教育，多用來稱頌師長的教誨或清明的政治。《孟子．盡心上》：「有如時雨化之者。」（化雨：滋潤萬物生長的及時雨）《說苑．貴德》：「吾不能以春風風人，吾不能以夏雨雨〔yù，下（雨、雪）〕人，吾窮必矣。」

【春華秋實】華：花。春天開花，秋天結果。多比喻勞作獲得成果；也比喻事物的因果關係。《後漢書》卷五十二：「春發其華，秋收其實。」

【持之以恆】有恆心，長期堅持下去。清．曾國藩〈家訓喻紀澤〉：「若能從此三事上下一番苦功，進之以猛，持之以恆，過一兩年，自爾精進

而不覺。」（紀澤：曾國藩子）

【持之有故】 所持的主張、見解有根據。多與「言之成理」連用。清·章學誠《文史通義·原學中》：「劉歆（xīn）所謂某家者流……雖持之有故，言之成理，而不能知其行之有病也。」

【政之所興，在順民心；政之所廢，在逆民心】 語出《管子·牧民》。政：政事，政務；廢：衰敗。政事之所以興盛，是因為順應民心；政事之所以衰敗，是因為違背民心。表現了「以民為本」的思想。

【政修則民親其上】 語出《荀子·議兵》。修：修明，清明；上：君主。政治修明，百姓就會親近他們的君主。

【赴湯蹈火】 奔向沸水，踏入烈火。比喻奮不顧身，不避艱險。《三國演義》第六十回：「奉主之命，雖赴湯蹈火，弗敢辭也。」（湯：開水；蹈：踩，踏）

【草茅弗去，則害禾穀；盜賊弗誅，則傷良民】 語出《管子·明法解》。雜草不鏟除，就危害莊稼；盜賊不懲治，就傷害良民。揭示了只有清除有害的人或事物，才能保障好的人或事物生存和發展的道理。

【相忍為國】 指為了國家的利益而作出一定的讓步。《左傳·昭公元年》：「魯以相忍為國也，忍其外不忍其內，焉用之。」

【威而不猛】 君子治政應循的五種美德之一。《論語·堯曰》：「君子正其衣冠，尊其瞻視，儼然人望而畏之，斯不亦威而不猛乎？」（瞻視：指外觀、儀容）意思是君子衣冠整齊，儀容威嚴，莊重的神情讓人看見就生出敬畏之心，這不就是威嚴而不兇猛嗎？

【威武不能屈】 強勢霸道的暴力不能使人屈服。《孟子·滕文公下》：「居天下之廣居，立天下之正位，行天下之大道。得志，與民由之，不得志，獨行其道。富貴不能淫，貧賤不能移，威武不能屈，此之謂大丈夫。」意思是這個人住在天下最寬敞的「仁」的住宅裏，站在天下最正確的「禮」的位置上，走在天下最光明的「義」的大道上。得志時引導百姓循着大道前進，不得志的時候獨自堅持自己的原則。富貴不能使他亂心，貧賤不能使他變態，強暴不能使他屈服變節。這樣的人才能稱得上大丈夫。

【厚德載物】 以深厚的道德育人利物。今多指用高尚的道德和精到的學識育人成才。《周易·坤卦·象》：「地勢坤，君子以厚德載物。」意思是大地的形勢寬廣平順，君子應效法大地，增厚美德，容載萬物。後借指以厚德育人。

【厚積薄發】 充分地積累，少量地發散。指深厚地積累知識，才能拿出有見地的東西。北宋．蘇軾〈雜說．送張琥（hǔ）〉：「博觀而厚取，厚積而薄發。」

【是非之心】儒家指一種分辨是非的本能。孟子認為「是非之心，人皆有之」（《孟子．告子上》）；還認為「是非之心，智也」「是非之心，智之端也」（《孟子．公孫丑上》），也即是非之心就是心智，是人的心智的開端。

【品學兼優】品德和學業都優秀。清．曾國藩〈致四弟．宜常在家侍候父親〉：「明年延師，父大人意欲請曾香海，甚好甚好！此君品學兼優，吾所素佩。」

【重於泰山】指比泰山還重。形容意義重大。西漢．司馬遷《報任安書》：「人固有一死，或重於泰山，或輕於鴻毛。」北宋．蘇軾〈御試制科策〉：「天下有事，則匹夫之言重於泰山。」

【修其心治其身，而後可以為政於天下】北宋．王安石《洪範傳》：「修其心治其身，而後可以為政於天下。不患無位，而思德之修也；不思位之不尊，而患德之不崇。」指要先修心治身，充實德行，然後才能從政。

【修齊治平】「修身、齊家、治國、平天下」的簡稱。是儒家人生觀的主要內容。語出《大學》。修身：修養自身品德；齊家：整治好自己的家族和家庭；治國：治理好國家；平天下：使天下太平。

【信賞必罰】該賞的一定賞，該罰的一定罰，賞罰嚴明。《韓非子．外儲說右上》：「信賞必罰，其足以戰。」

【後來居上】①指資格淺的反而居於資格老的之上。②人或事物勝過先前的。清．紀昀（yún）《閱微草堂筆記．灤陽續錄六》：「今老矣，久不預少年文酒之會，後來居上，又不知為誰。」

【後事之師】指後來事情的借鑒或榜樣。《戰國策．趙策一》：「前事之不忘，後事之師。」

【卻之不恭】《孟子．萬章下》：「卻之，卻之為不恭。」本指拒絕邀請或贈予是對別人的不尊敬。後常用「卻之不恭」，表示拒絕對方的邀請或禮物就不免失敬，是一種客氣的說法。

【風雨同舟】在狂風暴雨中同乘一條船。比喻共同渡過難關。《孫子兵法．九地》：「夫吳人與越人相惡也，當其同舟共濟，遇風，其相救也如左右手。」

【怨天尤人】指遇到挫折或出了問題，一味報怨天，責怪別人。《論語．憲問》：「不怨天，不尤人，下學而上達，知我者其天乎！」（尤：怨恨，歸咎）

【急公好義】 急：為……著急；好義：喜好正義或公益的事情。指熱心公益，好主持正義，愛幫助別人。《官場現形記》第三十四回：「此次由上海捐集巨款，來晉賑濟，急公好義，已堪嘉賞。」

【急流勇退】 北宋・邵伯溫《聞見前錄》卷七記載：陳摶（tuán）約錢若水相晤。錢至，見陳與一老僧擁爐而坐。僧視若水良久，以火箸畫灰作「做不得」三字，慢慢地說：「是急流中勇退人也。」意思是錢若水做不了神仙，但也不是久戀官場的人。後錢官至樞密副使，年四十就退休。後用「急流勇退」比喻在官場得意時毅然抽身隱退；也比喻在複雜的鬥爭中及早脫身。也說「激流勇退」。

【施由親始】 語出《孟子・滕文公上》。意思是對人要愛是不分差別等級的，只是施行起來要從愛自己的父母開始。儒家認為，學會愛一切人是最根本的道德，那就從孝敬父母開始吧。

【施無法之賞，懸無政之令】 語出《孫子兵法・九地》。意思是處於危急情況時，要實行超出常規的賞賜，頒佈超出常規的政令。

【差之毫厘，謬（miù）以千里】 語出《漢書・司馬遷傳》。指開始只相差很少一點，結果卻造成大錯。強調不能有絲毫疏忽。也說「差之毫厘，失之千里」「失之毫厘，差以千里」「失之毫厘，謬以千里」。

【前因後果】 原為佛教用語。指因果報應。《南齊書・高逸傳》：「今樹以前因，報以後果。」後泛指起因和結果，即事情的全過程。

【前車之鑒】 《大戴禮記・保傅》：「鄙語曰：……前車覆，後車誡。」意思是前面的車子傾覆了，後面的車子可以把它當作鑒戒教訓。後用「前車之鑒」比喻先前的失敗可以作為教訓來吸取。

【前赴後繼】 前面的人衝上去了，後面的人也緊跟上去。形容奮勇向前，連續不斷。

【為者常成，行（xíng）者常至】 語出《晏子春秋・內篇・雜下》。為：幹，做；常：經常，每每；行：走；至：到，到達。努力去做的人常常可以成功，不中斷前行的人常常可以到達目的地。比喻只有踏踏實實、堅持不懈地努力，才能做成事業。

【為人師表】 《北齊書・王昕（xīn）書》：「楊愔（yīn）重其德業，以為人之師表。」（師表：榜樣，表率）指做別人學習的表率。

【為之於未有，治之於未亂】 語出《老子》六十四章。意思是在壞事尚未發生以前就着手應對，治理國政要在禍亂沒有出現以前就早做準備。也就是「凡事預則立，不預則廢」，對各種問題要防患於未然，化解於無形。

【為仁由己】《論語 · 顏淵》：「為仁由己，而由人乎哉？」孔子說，實行仁德在於自己，哪在於別人呢？仁是孔子的最高道德理想和標準，「為仁由己」即強調實行仁德的自我決心和意志。

【為（wèi）民請命】指有相當地位的人代表百姓向當權者陳述困難，提出要求，替百姓說話。《史記 · 淮陰侯列傳》：「因民之欲，西鄉為百姓請命，則天下風走而響應矣，孰敢不聽！」（鄉：同「向」；西鄉：面向西方；請命：請求保全性命）

【為政之要，莫先於用人】唐 · 吳兢《貞觀政要》：「為政之要，惟在得人。」北宋 · 司馬光《資治通鑒》：「為治之要，莫先於用人。」指任用賢才是治理國家的重中之重。

【為政以德】《論語 · 為政》：「為政以德，譬如北辰居其所而眾星共（gǒng）之。」（北辰：指北極星；共：通「拱」，環繞）孔子說以德治政，當政者安居其位，就會像北極星一樣，眾星都環繞着它。指以德治政，以德治國，就會得到擁戴。

【為淵驅魚，為叢驅雀】《孟子 · 離婁上》：「民之歸仁也，猶水之就下、獸之走壙也。故為淵驅魚者，獺（tǎ）也；為叢驅雀者，鸇（zhān，一種猛禽）也；為湯、武驅民者，桀與紂也。」老百姓歸服仁德，就像水往低處流，獸向曠野跑一樣。所以，替深池把魚趕來的是吃魚的水獺；替森林把鳥雀趕來的是吃鳥雀的鷂鷹；替商湯王、周武王把老百姓趕來的是殘害老百姓的夏桀和殷紂王。說明統治者為政不善，人心渙散，百姓投向對方，最終導致政權滅亡。

【為（wéi）富不仁】語出《孟子 · 滕文公上》。為：謀求；不仁：刻薄。指靠不正當手段發財致富的人，心狠手毒，不講仁慈。

【為賢之道】《墨子 · 尚賢》：「為賢之道將奈何？曰：『有力者疾以助人，有財者勉以分人，有道者勸以教人。』」作為賢人應該怎樣做呢？墨子說，應該是有力的當以力助人，有錢財的儘量把錢財分給別人，恪守道義的人用道義來勸導別人。這是墨子「兼愛」思想的體現。

【洞天福地】道教對神仙及道士所居的十大洞天、三十六小洞天、七十二福地的合稱。後泛指非常清幽的名山勝地。

【洋為中用】洋：指外國；中：指中國。吸收借鑒外國有用的東西，為中國所用。是清末「洋務運動」的口號之一。

【恆稱君惡】 郭店楚墓竹簡〈魯穆公問子思〉:「魯穆公問於子思曰:『何如而可謂忠臣?』子思曰:『恆稱其君之惡者,可謂忠臣矣。』」(恆:經常;惡:指過錯)意思是敢於經常直言君主過錯的人可以稱為忠臣。

【恪盡職守】 恪:謹慎,恭敬。謹慎認真地履行自己的職責。

【既來之則安之】 語出《論語·季氏》。既:已經;來之:使之來;安之:使之安。既然使他們來了,就要使他們安下心來。今多指既然來了,就應該安下心來。

【既往不咎(jiù)】 語出《論語·八佾(yì)》。孔子主張對別人的過錯採取寬容的態度。後指對以往的過錯不再追究責罰。

【除惡務盡】 鏟除惡勢力務必徹底乾淨。《尚書·泰誓下》:「樹德務滋,除惡務本。」(滋:增益;本:根本)《左傳·哀公元年》:「樹德莫如滋,去疾莫如盡。」

【除暴安良】 鏟除強暴勢力,安撫善良百姓。《再生緣》第七回:「(杏黃)旗上有八個大字:『替天行道』『除暴安良』。」

【除舊佈新】 廢除舊的,建立新的。《左傳·昭公十七年》:「彗,所以除舊佈新也。」孔穎達注:「彗,掃帚也。其形似彗,故名焉。帚,所以掃去塵,彗星象之,故所以除舊佈新也。言此星現,必有除舊之事。」

【飛蛾投火】 唐·道世《法苑珠林》卷 55 引《涅槃經》:「汝等今者興建是意,猶如飛蛾投於火。」多用以比喻自尋死路,自取滅亡。

【柔弱勝剛強】 語出《老子》三十六章。道家的哲學觀點之一。柔弱勝過剛強,是因為剛強不可能長久保持下去,而成長的東西雖然柔弱,卻可以恆常,有強勁的生命力,最終會強大起來。

【矜(jīn)而不爭,群而不黨】 語出《論語·衛靈公》。矜:莊重。君子莊重而不與人爭執,合群而不結黨。

【約法三章】《史記·高祖本紀》記載:秦朝末年,漢軍搶先攻佔秦都咸陽,漢王劉邦與當地父老約法三章:無故殺人者償命,傷人及偷盜者治罪。後泛指事先訂立幾條簡單易行的主要條款,由大家共同遵守。

【約定俗成】 約定:共同議定;俗成:眾人習用而成。指某種事物的名稱或行為習慣往往是經過長期社會實踐共同認定而形成的。《荀子·正名》:「約定俗成謂之宜,異於約則謂之不宜。」

【迷途知返】 迷了路知道返回來重走。比喻發覺了自己的錯誤知道改

正。南朝梁．邱遲〈與陳伯之書〉：「夫迷途知返，往哲是與。」（往哲：先賢；與：贊同）

【逆水行舟，不進則退】清．梁啟超〈蒞山西票商歡迎會學説詞〉：「然鄙人以為人之處於世也，如逆水行舟，不進則退。」意思是人在世上猶如頂着水流行船，不進就會倒退。指做事不努力前進就會後退。

【逆取順守】古代的正統觀念認為，湯、武以武力奪取帝位是「逆取」；取得政權後偃武修文，合於正道，是「順守」。《漢書．陸賈（gǔ）傳》：「且湯、武逆取而以順守之，文武並用，長久之術也。」（逆：背叛；順：合理）

【泰而不驕】安泰而不驕橫。孔子提出的君子治政應遵循的五種美德之一。《論語．堯曰》：「君子無眾寡，無大小，無敢慢，斯不亦泰而不驕乎？」意思是無論人多人少，無論勢力大小，君子對任何人都不敢有所怠慢。

【泰然自若】面對危險或變故而神情如常，沉着鎮定，毫不慌亂。《金史．顏盞門都傳》：「有敵忽來，雖矢石至前，泰然自若。」

【珠聯璧合】本指華美的天象。《漢書．律曆志上》：「日月如合璧，五星如連珠。」後以「珠聯璧合」比喻傑出的人才相匹配或美好的事物聚集在一起。元．王沂〈科舉程文序〉：「予得而閱之，愛其光輝如珠聯璧合。」

【敖不可長，欲不可從，志不可滿，樂不可極】語出《禮記．曲禮》。傲氣不可滋長，欲望不可放縱，意志不可驕盈，行樂不可過分。〔敖：古通「傲」；長（zhǎng）：滋長；從：古通「縱」〕強調道德修養的重要性。

【恥其言而過其行】以言語超過行動為恥。《論語．憲問》：「先行其言而後從之，君子恥其言而過其行。」（恥：羞恥，以……為恥；過：超過；行：行動）孔子認為説大話做小事或者説空話不做事是羞恥的，君子應當避免。

【華而不實，虛而無用】語出《韓非子．難言》。華：開花；實：結果實。只開花卻不結果實，內容空虛而沒有用處。後用以比喻空有華麗的外表卻沒有實質內容。也説「華而不實」。

【真知力行】宋元之際理學家許衡的知行觀。真知，指正確而深刻地認識；力行，指努力踐行。認為行是行其所知，只有知之真，才能行得力；如果知得真，必能行得力；行的準則是「順於理」，要「一切順理而行」。

【桃李不言，下自成蹊（xī）】蹊：小路。桃樹李樹不會説話，但由於花果吸引人，樹下自然會踩出路來。比喻實至名歸，只要人品高尚，就能得到別人的尊敬和景仰。《史記．李將軍列傳論》：「諺曰：『桃李不言，下自成蹊。』此言雖小，可以喻大也。」

【原心定罪】《漢書．薛宣傳》：「《春秋》之義，原心定罪。」（原心：推究其本心；考察其動機）意思是以追究、考察犯罪者心裏的動機來確定有無罪過或罪過輕重。

【原濁者流不清】語出《墨子．修身》。原：同「源」，源頭。如果江河的源頭渾濁，那麼它的支流也不會清澈。揭示了根基好壞至關重要的道理。

【烈火見真金】在烈火中才能夠鑒別出哪些是真金。比喻在嚴酷的考驗中才能顯現出真假。參見 381 頁「疾風勁草」。

【殊途同歸】通過不同的道路，到達同一個目的地。比喻通過不同的方法或途徑，得到同樣的結果。《晉書．劉毅傳》：「是以三仁殊途而同歸，四子異行而均義。」（三仁：指殷末的微子、箕子、比干三位仁人；四子：一般指古代道家的四個代表人物，即老子、莊子、文子、列子）

【時不我待】時間不會等待我。指要抓緊時間，努力學習和工作。參見 398 頁「歲不我與」。

【時移而治不易者亂】語出《韓非子．心度》。意思是時代變化了，而治理國家的方法卻不因之改變，國家就會出現混亂。指要與時俱進地調整治國方略，以適應時代的發展。

【恩不可專用，罰不可獨任】語出《孫子兵法．地形》。領軍用兵，不能只用恩賞，也不能只用刑罰。意思是要把獎賞與懲罰結合起來，賞罰分明。

【恩同再造】恩德之大如同給了第二次生命。多表示對別人給予重大恩德的感激之情。《鏡花緣》第二十五回：「此時難得伯伯到此，務望垂救。若得出此關，不啻（chì，只）恩同再造。」

【剛、毅、木、訥（nè）近仁】語出《論語．子路》。意思是具有剛強、果敢、質樸、不輕率出言這四種品德的人近乎仁德。儒家推崇這四種品德。

【剛正不阿】剛強正直，不阿諛奉迎。清．袁枚《隨園詩話．補遺》卷四：「劉掞（shàn）…… 少穎悟，過目成誦。比長，剛正不阿。」（比：及，等到）

【剛柔相濟】指剛強的和柔和的互相補充，調劑配合，使恰到好處。《三國演義》第七十一回：「凡為將者，當以剛柔相濟，不可徒恃其勇。」

【躬自厚而薄責於人】指嚴以律己，寬以待人。《論語．衛靈公》：「躬自厚而薄責於人，則遠怨矣。」（躬自厚：躬自厚責）孔子說責備自己嚴而責備別人寬，就會遠離怨恨。

【師道尊嚴】指為師之道尊貴莊嚴。

《元史·劉因傳》卷一七一:「家居教授,師道尊嚴,弟子造其門者,隨材器教之,皆有成就。」

【殷鑒不遠】《詩經·大雅·蕩》:「殷鑒不遠,在夏后之世。」(殷:殷商;鑒:鏡子,引申為教訓)夏朝滅亡的教訓並不遠,殷商應引為鑒戒。後泛指前人的教訓就在眼前,如不認真汲取就會重蹈覆轍。

【殺身成仁】《論語·衛靈公》:「志士仁人,無求生以害仁,有殺身以成仁。」孔子説,志士仁人為實現仁的道德理想,即使犧牲生命也在所不惜。後指為正義事業而犧牲生命。

【倉廩(lǐn)實則知禮節,衣食足則知榮辱】語出《管子·牧民》。倉廩:糧倉;實:充實;榮辱:光榮和恥辱。糧倉充足,人們就會懂得禮節;豐衣足食,人們就懂得光榮和恥辱。

【倉廩(lǐn)雖滿,不偷於農】語出《商君書·農戰》。倉廩:糧倉;偷:苟且,馬虎。對善於治理國家的君主來説,即使糧倉已滿也不應放鬆農耕。強調了發展農業對於國家的重要性。

【飢者歌其食,勞者歌其事】語出東漢·何休《春秋公羊傳解詁》。是對《詩經·國風》中詩歌的一種詮釋,指出這些詩歌都是勞動者日常生活和情感的反映。飢餓的人表達想取得食物的願望,勞動者歌詠自己從事勞作的愉悦與艱辛。

【留得青山在,不愁沒柴燒】比喻只要保留住最主要的東西(常指生命和健康),就不愁以後得不到恢復和發展。

【高山仰止】高山需得仰望。語出《詩經·小雅·車舝(xiá)》。後用以表示對高尚品德的崇敬仰慕。

【高山景行】《詩經·小雅·車舝(xiá)》:「高山仰止,景行行止。」(高山:比喻崇高的品德;景行:光明正大的行為;止:語助詞)比喻崇高的德行。三國魏·曹丕〈與鍾大理書〉:「高山景行,私所仰慕。」

【高瞻遠矚】高瞻:站在高處望;遠矚:向遠處注視。形容目光遠大。清·鄭觀應《盛世危言·兵政》:「善料敵者,亦必於事機之未露,兵釁之未開,高瞻遠矚,密訪詳稽,於彼國之一舉一動,無不了然於心。」(事機:指軍事計謀;兵釁:戰爭的徵兆;稽:考察)

【疾風勁草】猛烈的大風中才能辨識強勁有力的草。比喻只有在危難之中才能考驗出立場堅定的人。《東觀漢記·王霸傳》:「上謂霸曰:『潁川從我者皆逝,而子獨留,始驗疾風知勁草。』」《舊唐書·太宗紀上》:「雖復經治亂,主或昏明,疾風勁草,芬芳無絕。」也説「疾風知勁草」。

【疾惡如仇】痛恨壞人就像痛恨仇敵一樣。形容人正義感很強烈。《晉書·傅咸傳》:「剛簡有大節,風格峻整,識性明悟,疾惡如仇,推賢樂善。」(剛簡:剛強率直;峻整:嚴肅莊重)南宋·文天祥〈雷州十賢堂記〉:「敬賢如師,疾惡如仇。」

【羞惡(wù)之心】儒家指一種天賦的羞恥心。這種羞恥之心就是「義」。《孟子·告子上》:「羞惡之心,人皆有之。」「羞惡之心,義也。」

【兼收並蓄】語出唐·韓愈〈進學解〉。把內容不同、性質相反的東西都吸收包羅進去。南宋·朱熹〈己巳擬上封事〉:「小人進則君子必退,君子親則小人必疏,未有可以兼收並蓄而不相害者也。」也說「兼容並蓄」。

【兼相愛,交相利】語出《墨子·兼愛》。同時對所有的人施愛,互相幫助,共謀利益。

【兼聽則明,偏信則暗】語出東漢·王符《潛夫論·明暗》。聽取各方面的意見,才能明辨是非;偏重聽信單方面的意見,就會愚昧不明,以致作出錯誤的判斷。《資治通鑒·唐紀·太宗貞觀二年》:「上問魏徵曰:『人主何為而明,何為而暗?』對曰:『兼聽則明,偏信則暗。』」

【酒逢知己千杯少】遇到真正了解自己的人,就應該彼此好好地痛飲暢談一番。北宋·歐陽修〈春日西湖寄謝法曹韻〉詩:「酒逢知己千杯少,話不投機半句多。」

【涇渭分明】涇河水清,渭河水濁,涇河水流入渭河時,清濁不混,依舊分明。比喻界限清楚,是非分明。明·馮夢龍《喻世明言》十卷:「守得一十四歲時,他胸中漸漸涇渭分明,瞞他不得了。」

【涅(niè)而不緇(zī)】語出《論語·陽貨》。涅:可做黑色染料的一種礦石;緇:黑色。意思是本質潔白的東西被涅石染過也不會變黑。比喻品德高尚的人不受惡劣環境的污染。

【涓滴歸公】涓滴:細小的水滴,比喻極少量的錢物。屬於公家的錢物,即使一點點,也要全部交給公家,不佔為私有。清·李寶嘉《官場現形記》第三十三回:「真正是涓滴歸公,一絲一毫不敢亂用。」

【海不辭水,故能成其大;山不辭土石,故能成其高】語出《管子·形勢解》。海不排斥細小水流,所以能夠成為大海;高山不排斥散碎土石,所以能成為高山(辭:不接受,排斥)。揭示了胸懷寬廣,善於包容,才能成就大事業的道理。

【海內存知己,天涯若比鄰】語出唐·王勃〈送杜少府之任蜀州〉詩。海內:四海之內,古代指中國;比鄰:近鄰。

四海之內到處都有知心朋友，即使遠在天涯，也感到如同近鄰一樣。

【海晏河清】 滄海波平、黃河水清。形容天下太平。唐·薛逢〈九日曲池遊眺〉詩：「正當海晏河清日，便是修文偃武時。」（修文偃武：提倡文教，停息武備）

【海納百川】 寬廣的大海可以容納眾多河流。比喻人心胸寬廣能包容一切，才能造就高尚的品德。清代林則徐贈左宗棠對聯：「海納百川，有容乃大；壁立千仞，無欲則剛。」

【流水不腐，戶樞不蠹（dù）】 語出《呂氏春秋·盡數》。戶樞：門的轉軸。流動的水不會腐臭，經常轉動的門軸不會被蟲蛀。比喻經常運動的東西不易受外物侵蝕，可以歷久不壞。

【浪子回頭金不換】 浪子：指不務正業、到處遊蕩的人；回頭：比喻決心悔改，棄惡從善；金不換：形容十分可貴。形容改過自新，重新做人，十分可貴。

【悦親有道，反身不誠】 語出《孟子·離婁上》。意思是要使父母高興有辦法，首先要誠心誠意；如果反躬自問，心意不誠就不能夠使父母高興。孟子強調真誠是做人的原則，極端真誠而不能夠使人感動的事是沒有的，不真誠是不能夠感動人的。

【家貧思賢妻，國亂思良相】 語出《史記·魏世家》。家境貧寒時想有賢惠能幹的妻子料理家務，國家動亂時想有良相能臣治國理政。説明優秀人才對於扭轉不利局面的重要性。

【宵衣旰（gàn）食】 指天不亮就穿衣起牀，時間晚了才吃飯。形容勤勉工作。多用以稱頌帝王勤於政事。南朝陳·徐陵〈陳文帝哀冊文〉：「勤民聽政，宵衣旰食。」（宵：天不亮時；旰：天已晚）

【宰相必起於州部，猛將必發於卒伍】 語出《韓非子·顯學》。宰相必然從地方官員中崛起，猛將必然從基層士兵中出現。常用於指應當從有豐富實踐經驗的下層選拔文武官員。

【被（pī）髮左衽（rèn）】 披頭散髮，衣襟左開。指異族入侵為主，改變華夏人的習俗。《論語·憲問》：「微管仲，吾其被髮左衽矣。」（微：假如沒有；被：同「披」；衽：衣襟，古代華夏人衣襟右開）孔子肯定管仲的歷史功績説，如果沒有管仲擊敗入侵的異族，我們大概要披散着頭髮，衣襟左開，淪為落後民族了。

【弱者道之用】 語出《老子》四十章。意思是「道」在發揮作用時，用的是柔弱的方法。「道」創造萬物，並不使萬物感到有什麼強迫的力量，而是自然而然地發生和成長。這體現了老子「道法自然」「無為而無不為」和以柔克剛的思想。

【脅肩諂（chǎn）笑】 縮起肩膀裝出笑臉。形容巴結人的醜態。《孟子·滕文公下》：「脅肩諂笑，病於夏畦。」（脅肩：聳起雙肩做出恭謹的樣子；諂笑：裝出奉承的笑容；病於夏畦：比夏天在田間勞動還令人難以忍受）

【通權達變】 通、達：通曉、理解；權、變：隨機應變。根據客觀情況的變化，不拘守常規，靈活應對。《清史稿·宗稷辰傳》：「臣聞見隘陋，非能盡識天下之才，所知湖南有左宗棠，通權達變，為疆吏所倚重。」

【逝者如斯夫】《論語·子罕》：「子在川上曰：『逝者如斯夫（fú）！不捨晝夜。』」（捨：停留，止息）孔子在河邊上説，時間就像這奔流的河水一樣，白天黑夜不停地流逝。警示人們要珍惜時光。

【能者為師】《禮記·學記》：「能博喻，然後能為師。」意思是能對各種知識有深刻而廣泛的理解，這樣才能做老師。後用「能者為師」表示有能力的人就用自己的知識當別人的老師。

【能屈能伸】 能彎曲也能伸展。比喻人在失意時能克制自己，在得志時能施展自己的抱負。北宋·邵雍〈代書寄前洛陽簿陸剛叔祕校〉詩：「知行知止唯賢者，能屈能伸是丈夫。」

【務民之義】 語出《論語·雍也》。之：到。把心力專一放在使人民走向「義」上。

【責有攸歸】 責：責任；攸：所。責任有一定的歸屬。指誰的責任就應該由誰承擔，不得推卸。北宋·司馬光〈體要疏〉（《溫國文正司馬公集》）：「夫公卿所薦舉，牧伯所糾劾（hé），或謂之賢者而不賢，謂之有罪而無罪，皆有跡可見，責有攸歸，故不敢大有欺罔。」（牧伯：州郡長官；糾劾：揭發彈劾；欺罔：欺蒙）

【理國要道，在於公平正直】 語出唐·吳兢《貞觀政要》。治理國家最重要的，在於政令、措施等的公平正直。

【推己及人】《論語·衞靈公》：「己所不欲，勿施於人。」南宋·朱熹注：「推己及物。」（物：他人）後用「推己及人」指將心比心，設身處地為他人着想。南宋·朱熹〈與范直閣書〉：「學者之於忠恕，未免參校彼己，推己及人則宜。」

【推心置腹】《後漢書·光武帝紀上》：「推赤心置人腹中，安得不投死乎？」意思是把自己的心放在人家的肚子裏，人家就會盡力效勞。後用「推心置腹」比喻真心待人。明·焦竑（hóng）《玉堂叢語·規諷》：「李侍郎……與人交，必推心置腹，務盡忠告。」

【推陳出新】 對舊事物去其糟粕，取其精華，並在此基礎上創新、發展。清・延君壽《老生常談》：「久則變，不變則不能推陳出新，勢所不得不然。」

【頂禮膜拜】 佛教徒對佛最虔誠的禮儀。雙手合掌，高舉過頂，然後跪下，用頭頂住受禮人的腳。今多用來比喻對人無限崇拜（多用於貶義）。

【捨生忘死】 形容把個人生死置之度外。如：捨生忘死，赤心報國。也說「捨死忘生」。

【捨生取義】《孟子・告子上》：「生，亦我所欲也；義，亦我所欲也。二者不可得兼，捨生而取義者也。」仁義比生命更重要，在二者不能兼得時，寧捨棄生命去維護仁義。後泛指為了維護正義而犧牲生命。

【捨我其誰】《孟子・公孫丑下》：「如欲平治天下，當今之世，捨我其誰也？」（捨：除了）是說如想平治天下，現在除了我還有哪一個。後用「捨我其誰」形容人敢於擔當，遇到該做的事決不退讓。有時也用以譏諷那些自命不凡的人。

【捨身求法】 佛教指為尋求佛法而不惜捨棄生命。後泛指為追求真理而奮不顧身。魯迅〈中國人失掉自信了嗎〉（《且介亭雜文》）：「我們從古以來，就有埋頭苦幹的人，有拚命硬幹的人，有為民請命的人，有捨身求法的人。」

【授人以魚不如授人以漁】 授：傳授，給予；漁：捕魚。源於古諺「授人以魚，只供一餐；授人以漁，可享一生」。意思是與其送給某人魚，不如教給他怎樣捕魚。比喻傳授學習和掌握知識的方法比單純傳授知識更重要。

【教學相長（zhǎng）】 儒家教育思想。教和學是相互促進共同成長的。通過教學，學生獲得進步，教師自己也得到提高。《禮記・學記》：「學然後知不足，教然後知困。知不足，然後能自反也；知困，然後能自強也。故曰：教學相長也。」

【彬彬有禮】 形容舉止文雅，對人有禮貌（彬彬：文雅的樣子）。《鏡花緣》第八十三回：「老者在前，子路隨後……（老者）喚出他兩個兒子，兄先弟後，彬彬有禮，見了子路。」

【救亡圖存】《鬼谷子・中經》：「聖人所貴道微妙者，誠以其可以轉危為安，救亡使存也。」後用「救亡圖存」表示拯救國家危亡，謀求民族生存。

【救死扶傷】 救護生命垂危者，照顧傷病者。北宋・蘇軾〈宋襄公論〉：「一戰之餘，救死扶傷不暇。」

【堅如磐石】 語出《文選・古詩十九首》。磐石：巨大的石頭。形容非常堅固，不可動搖。

【堅貞不屈】語出《荀子．法行》。堅貞：節操堅定不變。形容堅守節操，不為外力所屈服。

【堅韌不拔】形容信念堅定，意志頑強，不可動搖。北宋．蘇軾〈晁錯論〉：「古之立大事者，不惟有超世之才，亦必有堅韌不拔之志。」

【處之泰然】形容遇到困難或危急情況時能沉着鎮定；也指對事情無動於衷。南宋．朱熹《朱熹文集．牧齋記》：「古之君子一簞食一瓢飲而處之泰然，未嘗有戚戚乎其心而汲汲乎其言者。」

【處變不驚】置身於異常的變化之中能鎮靜自若，不驚慌失措。

【晨鐘暮鼓】寺院中報時，清晨敲鐘，晚上擊鼓。後多用來形容佛教徒的孤寂生活或時日的推移；也比喻催人警醒的話。

【問心無愧】指自己問自己沒有什麼可慚愧的。形容為人處事正當，沒有什麼對不起別人的地方。清．紀昀（yún）《閱微草堂筆記．槐西雜志一》：「君無須問此，只問己心。問心無愧，即陰律所謂善。」

【國者天下之大器也，重任也】語出《荀子．王霸》。國家是天之下最重要、最可貴的器物，也是最重大的責任。

【國皆有法，而無使法必行之法】語出《商君書．畫策》。意思是國家都是有法律的，但沒有能保證這些法律一定得到遵循的法規。

【國泰民安】指國家太平，人民安樂。南宋．吳自牧《夢粱錄．山川神》：「每歲海潮大溢，衝激州城，春秋醮（jiào）祭，詔命學士院撰青詞以祈國泰民安。」（青詞：本為道士齋醮時用朱筆寫在青藤紙上啟奏天神的表章，屬文字華麗的賦體；後來文人學士也可作）

【國無禮則不正】語出《荀子．王霸》。正：治理，匡正。國家沒有禮制就不能治理好。體現了儒家以「禮」治國的理念。

【國雖大，好戰必亡】《司馬法．仁本》：「國雖大，好戰必亡；天下雖安，忘戰必危。」國家即便再強大，如果喜歡戰爭也必然會滅亡。

【患得患失】《論語．陽貨》：「其未得之也，患不得之；既得之，患失之。」孔子說，某些鄙陋的人在沒有得到職位時，擔心得不到；當得到時，又擔心失去。後用「患得患失」形容某些人總是在計較個人利害得失，目光短淺，心胸狹窄。

【患難之交】交：朋友。在一起經歷過憂患和苦難的朋友。明．東魯古狂生《醉醒石》十回：「浦肫（zhūn）夫患難之交，今日年兄為我們看他，異日我們也代年兄看他。」

【患難與共】語出《禮記．儒行》。在不利情況下共同承擔憂患或災禍。指關係密切，利害一致。

【眾志成城】語出《國語．周語下》。指眾人志同道合、同心協力，就能形成一道堅固的城牆。比喻大家團結一致，就可形成無比強大的力量。

【眾寡同力，則戰可以必勝，守可以必固】語出《管子．重令》。軍隊不論人數多少，只要同心協力，進攻必定取勝，防守必定牢不可破。

【崇德修身】崇尚、提高和完善道德以修養身心。《論語．顏淵》：「主忠信，徙（xǐ）義，崇德也。」（徙義：使自己的思想行為服從義）

【移風易俗】語出《禮記．樂記》。指改變不好的風俗習慣。清．龔自珍〈對策〉：「守令久乎其任，皆有移風易俗之權。」

【移樽就教】樽：酒器。端着酒杯到別人席上共飲，以便請教。形容主動恭敬地向人求教。清．陳森《品花寶鑒》三十七：「依我也不必天天要主人費心，誰有興，移樽就教也可。」

【敏而好學，不恥下問】《論語．公冶長》：「子貢問曰：『孔文子何以謂之文也？』子曰：『敏而好學，不恥下問，是以謂之文也。』」〔文：衛大夫孔圉（yǔ）的謚號〕意思是孔文子聰敏而又好學，向不如自己的人請教而不以為恥，所以給他「文」的謚號。

【敏於事而慎於言】語出《論語．學而》。意思是做事要勤奮敏捷，說話應謙虛謹慎。

【貨財行於國，則法令毀於官】語出《管子．八觀》。賄賂錢物之風通行全國，法律政令就敗壞於官府。

【得大兼小】北宋．歐陽修《易或問》：「得其大者可以兼其小，未有學其小而能至其大者也，知此然後知學《易》矣。」指人要首先懂得大道理，懂得了大道理，小道理自然就明白了。

【得心應手】語出《莊子．天道》對木工做車輪方法的講述。後多用以形容技藝純熟精湛，心手相應。也形容做事很順利。

【得魚忘筌（quán）】《莊子．外物》：「筌者所以在魚，得魚而忘筌。」（筌：捕魚用的竹器）捕到了魚就忘掉了賴以捕魚的筌。比喻達到了目的，就忘了賴以成功的條件。

【得道多助，失道寡助】《孟子．公孫丑下》：「得道者多助，失道者寡助。」行仁道、施仁政的政權就會得到很多人的幫助；失掉道義、違背仁政，就必然失去別人的幫助。

【從心所欲】《論語・為政》：「七十而從心所欲，不逾矩。」孔子認為七十歲是他進學的最高境界。從少年、青年、壯年直到老年，終身的道德修養積澱，使自己已經達到可以隨心所欲而無不合於仁德之規矩的境界。

【從善如流】 形容樂於採納正確的意見或建議，像水往低處流一樣自然而順暢。《新唐書・張玄素傳》：「從善若流，尚恐不逮；飾非拒諫，禍可既乎？」(既：盡)

【從善如登，從惡如崩】 語出《國語・周語下》。意思是順從良善如登山一樣艱難，屈從邪惡如山崩一般迅速。

【從義不從父】 父親的訓示若有違道義，做兒子不僅不能盲目聽從，而且還應和藹耐心地勸說父親改變主意。這是做人的大德。《荀子・子道》：「從道不從君，從義不從父，人之大行也。」(從：遵從；道：道義；行：品行，品德)

【從諫如流】 古代用於稱頌帝王能聽從臣下的諫言。唐・陸贄(zhì)〈普王荊襄江西道兵馬都元帥制〉：「從諫如流，改過勿吝。」今指樂於接受下級的規勸，像水往低處流一樣自然順暢。

【欲而不貪】 君子治政應恪守的五種美德之一。《論語・堯曰》：「欲仁而得仁，又焉貪？」意思是君子之欲求當重在仁義，故不能有貪利之心。

【欲速則不達】 語出《論語・子路》。泛指急於求成，反而達不到目的。

【貧而無諂，富而無驕】 語出《論語・學而》。意思是貧困而不對人阿諛奉承，富貴而不驕傲自大，看不起別人。

【訥(nè)於言而敏於行】《論語・里仁》：「君子欲訥於言而敏於行。」(訥：指說話謹慎)意思是君子要言語謹慎，行動敏捷。

【康莊大道】 ①指寬闊平坦的大道。《爾雅・釋宮》：「五達謂之康，六達謂之莊。」②比喻易於遵循的、正確的途徑。

【清規戒律】 ①佛教、道教等要求信徒必須遵守的規則和戒條。②指煩瑣的規章制度。

【淡泊明志，寧靜致遠】 語出西漢・劉安《淮南子・主術訓》：「是故非淡泊無以明德，非寧靜無以致遠。」三國蜀・諸葛亮〈誡子書〉：「非淡泊無以明志，非寧靜無以致遠。」指不追求名利，甘於過樸實的生活以表明胸懷大志；保持寧靜的心情，從而實現高遠的志向。

【深根固柢（dǐ）】《老子》五十九章：「深根固柢，長生久視之道。」（柢：主根；視：活，生存）意思是萬物有了深厚而牢固的根基，才能長久地延續下去。

【惜老憐貧】愛護老人，同情貧苦的人。《紅樓夢》第三十九回：「我們太太最是惜老憐貧的，比不得那個狂三詐四的那些人。」

【進不求名，退不避罪】語出《孫子兵法．地形》。意思是作為將帥，指揮軍隊前進是實戰的需要，不是為了自己求取功名，指揮軍隊撤退也是實戰的需要，不怕國君怪罪。

【進而不止】不斷奮勇前進，決不中途停止。此語由《論語．子罕》概括而來：「譬如為山，未成一簣（kuì），止，吾止也。譬如平地，雖覆一簣，進，吾往也。」（簣：盛土的竹筐）意思是好比集土堆山，只差一筐土就成山了，卻停了下來，那是我自己錯誤決定停止的。又好比在平地上集土堆山，即使才倒下一筐土，如果決心前進，那是我自己要前進的，就一定會成功。表達「為仁由己」的思想。孔子贊成進而不止的精神，這種精神對後人產生了深遠的激勵作用。

【進退無儀，則政令不行】語出《管子．形勢》。進退：指言語和行動的分寸；儀：禮儀，也指法度、準則。人們言語和行動上不講求禮儀，那麼國家頒佈的命令就不可能施行。揭示了禮儀關係到國家政令能否施行的道理。

【視死如歸】把死看得像回家一樣平常。形容為了正義事業不怕犧牲，無所畏懼。《史記．蔡澤列傳》：「是故君子以義死難，視死如歸；生而辱不如死而榮。」

【敢作敢為】敢於大膽地幹。形容做事有魄力，無所畏懼。明．王士性《廣志繹．江南諸省》：「此自英雄大略之主，敢作敢為之事，意到即行。」

【敢作敢當】敢於放手行事，敢於承擔責任。《三俠五義》七十五回：「敢作敢當，才是英雄好漢。」

【敢為人先】敢於做別人不敢做的有益於社會的事情；敢於領頭去幹。

【將（jiàng）軍之事，靜以幽，政以治】語出《孫子兵法．九地》。政：同「正」。指揮軍隊打仗的事，要沉着冷靜而又深入細緻；管理部隊要嚴明公正而治理得宜。

【將者，智、信、仁、勇、嚴也】語出《孫子兵法．始計》。統軍將領，要具備足智多謀、誠信、仁愛、勇敢、嚴明這五種基本素質。

【習慣成自然】指因為經常如此，所以也就變成了很自然的行為方式。《漢書．賈誼傳》：「少成若天性，習慣如自然。」

【琴瑟專一不可聽】《左傳．昭公二十年》：「若以水濟水，誰能食之？若琴瑟之專一，誰能聽之？同之不可也如是。」（濟：接濟，幫助）意思是用清水來給清水調和味道，誰能夠吃得下去？假如用琴瑟老彈一個音調，誰能聽得下去？像這樣一味求同是不行的。比喻用重複別人的話來附和別人，毫無用處。倡導獨立思考和思想創新，要和而不同。

【堯天舜日】 日子過得就像堯舜在位時一樣。多用以形容太平盛世，國泰民安。也說「堯年舜日」。五代．毛文錫〈甘州遍〉詞：「堯年舜日，樂聖永無憂。」

【超凡入聖】 ①脫離凡塵，修道成仙。《西遊記》第十七回：「返老還童容易得，超凡入聖路非遙。」②登峰造極，超越凡庸的境界。《朱子語類》：「就此理會得通，自可超凡入聖。」

【揚善除惡】 發揚善德，除去惡行。

【博學之，審問之，慎思之，明辨之，篤行之】 語出《禮記．中庸》。是古人關於學習的五個要點：博學，即學習要廣博，做到知識淵博；審問，即對學問詳細地請教，以求弄懂；慎思，即學會周全地思考，能舉一反三；明辨，即明白地辨別，以提高判斷力；篤行，即用學習得來的知識和思想指導實踐。

【博學而篤志】 既要博覽群書見識深廣，又能堅守志向百折不撓。《論語．子張》：「子夏曰：『博學而篤志，切問而近思，仁在其中矣。』」（篤：敦厚，堅實）

【博學於文】《論語．雍也》：「君子博學於文，約之以禮，亦可以弗畔矣夫（fú）。」（弗：不；畔：通「叛」）孔子說，君子廣博地學習文獻，用禮節約束自己，也就不至於離經叛道了。

【惡（wù）不去善】 語出《左傳．哀公五年》。意思是不因為厭惡某人而否定他的優點。

【葉落歸根】《壇經》記載：惠能大師將涅槃時，想回歸新州老家，曾對他的門人說：「諸佛出現，猶示涅槃，有來必去，理亦常然……葉落歸根，來時無口（日）。」佛教指返回本源。後以「葉落歸根」比喻事物總有一定的着落和歸宿。多用於客居異國他鄉人最終要回到故土。

【萬事莫貴於義】 語出《墨子．貴義》。一切事情沒有比正義更可貴的。

【萬物並育而不相害】 萬物同時生長而不相妨害。《禮記．中庸》：「辟如四時之錯行，如日月之代明。萬物並育而不相害，道並行而不相悖。」指宇宙和大自然的法則中，相互包容的和合之道隨處可見。

【萬眾一心】千千萬萬的人一條心。形容廣大人民團結一致。《後漢書・朱雋（jùn）傳》：「雋謂張超曰：『萬人一心，猶不可當，況十萬乎？』」

【萬紫千紅】南宋・朱熹〈春日〉詩：「等閒識得東風面，萬紫千紅總是春。」形容百花齊放、色彩絢麗的春色。也比喻事物豐富多彩、欣欣向榮。

【敬老慈幼】語出《孟子・告子下》。慈：憐愛，愛護。尊敬老人，愛護兒童。這是儒家倡導的一種良好的社會風尚。也說「尊老愛幼」。

【敬其事而後其食】《論語・衛靈公》：「事君，敬其事而後其食。」（食：食祿，俸祿，薪水）侍奉君主，首先要以恭敬謹慎的態度，努力做好本職工作，把領取俸祿的事往後放。孔子告誡人們把工作放在首位。

【敬事而信】語出《論語・學而》。做事敬業、專一而有誠信。這是儒家奉行的治政、處事、為人的基本原則。

【敬鬼神而遠之】《論語・雍也》：「務民之義，敬鬼神而遠之，可謂知矣。」（知：通「智」，聰明）孔子說：把心力專一地放在使人民走向「義」上，嚴肅地對待鬼神而遠離它，這可以說是聰明的。可見孔子重視對鬼神的祭祀，但並不真的相信有鬼神存在。

【敬業樂群】《禮記・學記》：「一年視離經辨志，三年視敬業樂群。」（離經辨志：分析經書的文義，讀斷文句，弄清原義）指專心致志於學業或事業，樂於與朋友相切磋。

【朝（zhāo）聞道，夕死可矣】語出《論語・里仁》。早晨若得到了真理，當晚死去都行。形容追求道義、尋求真理心切而堅定。也說「朝聞夕死」。

【焚膏繼晷（guǐ）】膏：油脂，指燈燭；繼：繼續，接替；晷：日影。點燃燈燭讀書寫作一直到第二天日光出現。形容夜以繼日地勤奮學習和工作。唐・韓愈〈進學解〉：「焚膏油以繼晷，恆兀兀以窮年。」（兀兀：勞苦不息的樣子）

【惠而不費】君子治政應循的五種美德之一。《論語・堯曰》：「因民之所利而利之，斯不亦惠而不費乎？」意思是讓百姓去做對他們自己有利的事，這就是使百姓得到實惠而自己不致多費錢財。

【粟多則天下之物盡至矣】語出《管子・治國》。粟：穀物，泛指糧食。糧食多了，那麼各地的物產也就都充足了。體現了管子的重農思想。

【開天闢地】《藝文類聚》卷一引徐整《三五歷記》：古代神話說，起初天地混沌一氣，像雞蛋。盤古生其中，一日九變，天日高一丈，地日厚一丈，盤古日長一丈。如此一萬八千歲，天地開闢。後用「開天闢地」表示宇宙開始或有史以來第一次。

【開花結果】 佛教指通過修行之「因」而逐漸達到覺悟之「果」。《續傳燈錄》卷三十：「無影樹栽人不見，開花結果自馨香。」後用以比喻工作有進展，並取得了成果。

【開卷有益】 打開書閱讀，就會有好處。東晉·陶潛〈與子儼等疏〉：「開卷有得，便欣然忘食。」（開卷：翻開書本）

【開宗明義】《孝經》第一章名。開：張，開始；宗：本，宗旨；明：顯明；義：義理。意思是，這一章開始就説明全書的宗旨，顯明五孝的義理。後指講話寫文章一開始就把主要意思點明。

【開誠佈公】 誠意待人，坦白無私。《三國志·蜀書·諸葛亮傳》：「諸葛亮之為相國也……開誠心，佈公道。」（開誠心：敞開胸懷，表露誠意；佈公道：宣示自己的公正）

【開誠相見】 開誠：敞開胸懷，表露誠意。坦率真誠地與人交往。孫中山〈革命最後一定成功〉：「諸君在革命政府之地，彼此應該開誠相見。」

【開源節流】 指戰國時荀子論述生產和財政收入關係的理論。主張「節其流，開其源」，以實現「上下俱富」的目標。即國家的財政收入要以發展生產為基礎，實行發展生產、節制賦税的政策。

【景（yǐng）不為曲物直，響不為惡（è）聲美】 語出《管子·宙合》。景：古同「影」，影子；響：迴聲。物體的影子不會因本身彎曲而變直，迴聲不會因本來聲音難聽而變得好聽。揭示了事物的本質決定事物表象的道理。

【貴師重傅】《荀子·大略》：「國將興，必貴師而重傅，貴師而重傅則法度存。」（貴：崇尚，重視；傅：師傅，這裏指負有輔佐或教導責任的人；法度：法律和規章制度）重視教師，敬重負有輔佐或教導責任的人。即重視教育，尊重教育工作者。

【蛟龍得水】 相傳蛟龍得水，即能興雲作霧，飛騰太空。比喻有才能的人獲得施展的機會。《北史·楊大眼傳》：「吾之今日，所謂蛟龍得水之秋，自此一舉，不復與諸君齊列矣。」

【黑雲壓城城欲摧】 語出唐·李賀〈雁門太守行〉詩。黑雲密佈在城的上空，好像要把城墻壓塌似的。後用來比喻惡勢力一時囂張造成的緊張局面。

【無曲（qū）學以阿（ē）世】 不歪曲自己所學的正道去投世俗之好（hào）。《史記·儒林列傳》：「務正學以言，無

曲學以阿世。」（務：必須，一定；無：不，不要；曲學：歪曲學說；阿：逢迎）

【無事不登三寶殿】三寶殿，即佛殿。寺門中的規矩，有一定緣由才上佛殿，而且必須恭敬肅穆，進行禮拜、誦經、供養等，不得隨意在佛殿裏閒逛、閒聊。後以「無事不登三寶殿」，指沒事不找上門來。

【無所不用其極】《禮記．大學》：「《詩》曰：『周雖舊邦，其命維新。』是故，君子無所不用其極。」（其命：指周朝承受的天命；維：助詞；極：窮盡）是說君子無處不用盡心力；現多指壞事做盡或什麼卑鄙的手段都使出來。

【無為而治】道家的政治主張。《老子》三十七章：「道常無為而無不為。」意思是「道」是順任自然而無所作為的，卻又沒有什麼事情不是它所作為的。後來黃老學派結合刑名法術之學，強調上下循法，各處其位，各司其事，成為古代君主治民的重要法術。儒家也講「無為而治」，但強調以盛德治民，不同於道家的「無為而治」。

【無冥冥之志者，無昭昭之明】語出《荀子．勸學》。冥冥：專心致志，精誠專一；昭昭：明辨事理。是說沒有精誠專一的志向，就不會有明辨是非的智慧。

【無欲則剛】不被自己想要得到的某種利益所誘惑，沒有世俗的欲望，就能做到剛直、剛正，堅持公道、原則。清．林則徐贈左宗棠聯：「海納百川，有容乃大；壁立千仞，無欲則剛。」

【無德不貴，無能不官】語出《荀子．王制》。是說沒有好品德的人，不能讓他尊貴；沒有才能的人，不能讓他做官。

【短綆（gěng）不可以汲深水之泉】語出《荀子．榮辱》。綆：井繩；汲：從井裏打水。井繩太短，就打不了深處的地下水。比喻能力不強就難以勝任重要工作；也比喻跟淺薄的人不能講深奧的道理。也說「綆短汲深」。

【智者千慮，必有一失】語出《晏子春秋．內篇》。聰明人無數次思考，必定會有一次失誤或疏漏。說明不要把智者、愚者絕對化。闡釋了任何事物都是一分為二的，不要絕對化。

【智者之慮，必雜於利害】語出《孫子兵法．九變》。雜：交錯，結合。智慧高的人思慮問題，必定把利和害兩個方面結合起來進行分析，盡知其利，也盡知其害。指要做出明智的決斷，必須全面地權衡利弊。

【智者求同，愚者求異】《黃帝內經．素問．陰陽應象大論》：「智者察同，愚者察異；愚者不足，智者有餘。」

意思是懂得養生之道的人，能夠調動共有的健康本能；不懂得養生之道的人，只知道強弱異形。後者常感不足，前者就常能有餘。今用「智者求同，愚者求異」指智者於異中求同，尋找共同點，以便合力共進，合作共贏；而愚者擴大矛盾，互相掣（chè）肘，以致兩敗俱傷。

【順天者有其功，逆天者懷其凶】語出《管子・形勢》。天：自然，泛指客觀規律；懷：隱藏，這裏指醞釀。依順客觀規律，就會取得成功；違反客觀規律，就醞釀着兇險。揭示了不能違反客觀規律的道理。

【順理成章】《朱子語類》卷十九：「文者，順理而成章之謂也。」原指作文順着事理去寫就能自成章法。今多用「順理成章」指説話、辦事合乎情理。

【集思廣益】三國蜀・諸葛亮〈教與軍師長史參軍掾（yuàn）屬〉：「夫參署者，集眾思，廣忠益也。」後用「集思廣益」表示集中眾人的智慧，廣泛吸收有益的意見。清・王夫之《宋論・英宗》：「集思廣益，而功不必自己立。」

【集腋成裘】語本《慎子・知忠》。狐狸腋下的皮雖小，但聚集多了就能縫製成一件皮袍。比喻積少成多。《兒女英雄傳》第三回：「如今弄多少是多少，也只好『集腋成裘』了。」

【皓首窮經】皓：白；首：頭髮；窮經：專心研究經書和古籍。直到年老頭白還在鑽研經典和古籍。形容勤勉好學，至老不倦。

【循名實而定是非】語出《韓非子・奸劫弒（shì）臣》。名實：名稱和實物，名聲和實際。遵循名實相符的原則來判定是非。

【循序漸進】順着次序逐步前進。指學習或工作按照一定的步驟逐漸深入或提高。南宋・朱熹〈答邵叔義〉其一：「讀書窮理，積其精誠，循序漸進，然後可得。」

【循循善誘】指有步驟地引導、啟發。《論語・子罕》：「顏淵喟然嘆曰：『夫子循循然善誘人，博我以文，約我以禮，欲罷不能。』」（循循然：有順序的樣子）

【飲水思源】喝水時想到水的源頭，比喻不忘本。北周・庾信〈郊廟歌辭・徵（zhǐ）調曲〉：「落其實者思其樹，飲其流者懷其源。」

【勝人者有力，自勝者強】語出《老子》三十三章。意思是能戰勝別人的人，可説是強壯有力，但能認識到並能戰勝自己弱點的人，才是最強的人。

【勝而不驕，敗而不怨】語出《商君書・戰法》。意思是打了勝仗不驕傲，打了敗仗不埋（mán）怨。指對戰爭勝負保持良好心態，注重總結經驗教訓，以利再戰。也說「勝不驕，敗不餒」。

【童叟無欺】叟：老年男子。連老人和孩子都不欺騙。表示買賣誠信。《二十年目睹之怪現狀》第五回：「他這是招徠（lái）生意之一道呢！但不知可有『貨真價實，童叟無欺』的字樣沒有。」

【善人賞而暴人罰，則國必治】語出《墨子．尚同》。治：太平，安定。善良的人受到獎賞，兇惡殘酷的人受到懲罰，那麼國家就必然安定。指治理國家一定要賞善罰惡，獎懲分明。

【善用兵者，修道而保法】《孫子兵法．軍形》：「善用兵者，修道而保法，故能為勝敗正。」（修：整治；道：政治主張；正：決定，確定）是說善於用兵的人都要修明政治，確保各項法制貫徹落實，這樣才能掌握戰爭的主動權。

【善有善報，惡有惡報】語出《纓絡經．有行無行品》。指做好事與做壞事都會得到各自應得的回報。

【善氣迎人，親如弟兄；惡（è）氣迎人，害於戈兵】語出《管子．心術下》。氣：語氣，這裏指態度。用和善的態度待人，彼此之間就會親如兄弟；用兇惡的態度待人，危害程度超過兵戈相向。揭示了為人處世要熱誠待人、化解矛盾、增強凝聚力的道理。

【善教得民心】《孟子．離婁上》：「善政，民畏之；善教，民愛之。善政得民財，善教得民心。」好的政令，百姓畏服；好的教育，百姓喜愛。好的政令能得到百姓的財富，好的教育能得到百姓的心。孟子認為，得天下之道在於得民心，而得民心之道，用一般政治的手段不如用教育手段有效。

【普天之下】整個天下，整個人間。《詩經．小雅．北山》：「溥（普）天之下，莫非王土；率土之濱，莫非王臣。」

【普天同慶】天下的人一同慶祝。《世說新語．排調（tiáo）》：「皇子誕育，普天同慶。」

【尊五美，屏（bǐng）四惡】語出《論語．堯曰》。〔屏：通「摒（bìng）」，擯棄〕孔子認為，君子只要尊重五種美德，摒除四種惡行，就可以從政了。〔五美：使百姓得到好處而自己無所耗費，安排勞役而百姓卻不怨恨，欲施行仁政而不貪圖財利，安泰矜持而不驕傲放肆，莊重威嚴而不兇猛；四惡：不進行教育而妄加殺戮叫虐，不預先告誡而要求速成叫暴，命令晚出而又限期完成叫賊，同樣是給人東西卻出手吝嗇像是管倉庫的有司（小家子氣）〕

【勞而不怨】君子治政應遵循的五種

美德之一。《論語．堯曰》：「擇可勞而勞之，又誰怨？」孔子説選擇百姓可以幹的事情叫他們去幹，合理勞民，又有誰會怨恨呢？

【惻隱之心】 同情、憐恤之心。《孟子．告子上》：「惻隱之心，人皆有之。」（同情之心，是人人都有的）「惻隱之心，仁也。」（同情之心，就是仁）孟子還認為同情之心是仁的開端：「惻隱之心，仁之端也。」（《孟子．公孫丑上》）也稱「不忍之心」。

【富而好禮】 指富貴之後並不驕橫，仍然崇尚禮節。《論語．學而》：「子貢曰：『貧而無諂，富而無驕，何如？』子曰：『可也。未若貧而樂，富而好禮者也。』」

【富國安民】 使國家富強，讓人民安居樂業。《漢書．溝洫（xù）志》：「此誠富國安民，興利除害，支（維持）數百歲，故謂之中策。」

【富國強兵】 使國家經濟繁榮富有，使武裝力量強盛。《史記．管晏列傳》：「管仲既任政相齊，以區區之齊在海濱，通貨積財，富國強兵。」

【富貴不能淫，貧賤不能移，威武不能屈】 淫：放縱。語出《孟子．滕文公下》。意思是富貴金錢不能使其驕奢淫逸，貧窮低賤不能動搖其節操，威武強暴不能使其意志屈服。孟子認為這樣的人可稱為「大丈夫」。

【登泰山而小天下】 語出《孟子．盡心上》。孔子登上泰山就覺得天下變小了。説明登高才能望遠的道理，鼓勵人們要向高處走，要有大志向。

【發憤忘食，樂而忘憂】《論語．述而》：「其為人也，發憤忘食，樂而忘憂，不知老之將至云爾。」意思是努力工作而忘了吃飯，快樂而忘了憂愁。形容好學不倦，以學為樂。

【發憤圖強】 痛下決心，努力謀求發展、強盛。

【道（dǎo）之以德，齊之以禮】 用道德引導民眾，用禮教規範民眾的行為。《論語．為政》：「道之以德，齊之以禮，有恥且格。」（道：引導；齊：整治；格：正）

【道不同，不相為謀】 語出《論語．衞靈公》。孔子説，主張不同，不可共事。

【道可道，非常道】 這是《道德經》第一章的第一句話，開宗明義提出了老子對「道」的基本觀點。意思是可以用言語表述的「道」，就不是永恆的「道」。「道」是宇宙萬物的根源和本體，是永遠不變的真理，是無法用言語表述的（自然規律）。

【道在為（wèi）人，而失在為己】 語出《晏子春秋．內篇》。道：道德，道義；人：他人，別人。道德（的價值）

在於幫助別人。（道德的）缺失在於為了自己。

【道存則國存，道亡則國亡】 語出《荀子．君道》。道：儒家指政治主張、倫理綱常。好的政治主張、倫理綱常得到維護貫徹，國家就存在；好的政治主張、倫理綱常喪失了，國家就滅亡。

【道（dǎo）私者亂，道（dǎo）法者治】 語出《韓非子．詭使》。道：引導；私：利己。引導人們一心利己，社會必然混亂；引導人們懂法守法，社會一定太平。

【道法自然】 語出《老子》二十五章。老子認為道雖生長萬物，卻是無目的、無意識的。道不把萬物據為己有，不誇耀自己的功勞，不主宰和支配萬物，而是聽任萬物自然而然地發展。以此為根據提出「無為而治」的觀點。

【道高一尺，魔高一丈】 佛教用語。道：指道行、正氣；魔：指誘惑、邪氣。指修行者每修行到一定階段，都會有魔障破壞，可能前功盡棄。後用以比喻光明與黑暗兩種勢力互為消長；今多用以比喻正義必然戰勝邪惡。也說「魔高一尺，道高一丈」。

【道高益安，勢高益危】 語出《史記．日者列傳》。意思是人道德愈高尚，就愈能為他人着想，因而就愈安全；權勢愈大，愈容易濫用權勢謀取私利，因而就愈危險。強調了道德修養的重要性和濫用權勢的危害性。

【道德當身，不以物惑】 語出《管子．戒》。當：把守；身：自身，自己；物：物質，這裏指物欲。守住自己的道德底線，不被追求物質享受的欲望所誘惑。

【道雖邇（ěr），不行不至；事雖小，不為（wéi）不成】 語出《荀子．修身》。邇：近。路程雖不遠，不走就走不到；事情雖小，不做就不成。

【道聽途説】 語出《論語．陽貨》：「道聽而途説，德之棄也。」在路上聽到傳言就四處傳播，這是道德所不容的。後指沒有根據的傳聞。

【運籌帷幄】 運籌：策劃；帷幄：軍中帳幕。在帳幕中制定作戰策略。泛指策劃、指揮。元．李庭〈送徐子方郎中〉詩（《育庵集》）：「劍外方屯十萬師，運籌帷幄要英奇。」

【禍福相依】《老子》五十八章：「禍兮福之所倚，福兮禍之所伏。」意思是禍與福互相依存，可以互相轉化。後用「禍福相依」表示禍福在一定條件下可以互相轉化，壞事可以引出好的結果，好事也可以引出壞的結果。

【禍福無不自己求之】 語出《孟子．公孫丑上》。沒有什麼禍福不是自己造成的。

【禍福無門，惟人自召】語出《太上感應篇》卷一。意思是人之獲福或致禍本來沒有定數，全都是自己招來的。

【過而不改，是謂過矣】語出《論語．衛靈公》。有錯誤卻不改正，這才是真正的錯誤。

【過猶不及】做過了頭和做得不夠是一樣的。《論語．先進》：「子貢問：『師與商也孰賢？』子曰：『師也過，商也不及。』曰：『然則師愈與？』子曰：『過猶不及。』」（師：指顓孫師，即子張；商：指卜商，即子夏；猶：如同）意思是子貢問顓孫師和卜商哪一個更好些？孔子説顓孫師有些過頭，卜商有些趕不上。子貢問是否顓孫師好一些呢？孔子説，過頭和達不到一樣，都是不可取的。

【聖人不法古，不修今】語出《商君書．開塞》。法：效法；修：遵循，這裏指拘泥。意思是聖人既不盲目地效法古代，也不拘守現狀而故步自封。揭示了與時俱進的道理。

【聖人無常心，以百姓心為心】語出《老子》四十九章。意思是聖人沒有固定不變的意志，要以百姓的意志為意志。即治國者不能根據自我意志去做事，要按照百姓的意志去做事。

【勤能補拙】北宋．邵雍〈弄筆吟〉詩：「弄假像真終是假，將勤補拙總輸勤。」（輸：貢獻，報效）北宋．黃庭堅〈跛奚移文〉：「持勤補拙，與巧者儔（chóu）。」（儔：同樣）後用「勤能補拙」表示後天的勤奮能夠彌補先天的不足。

【感恩圖報】感激別人的恩情而想辦法回報。清．文康《兒女英雄傳》二十三回：「且説，安老爺當日，原因為十三妹在黑風崗能仁古剎救了公子的性命……受她許多恩情，正在一心感恩圖報。」

【感恩戴德】感激別人的恩惠和好處。元．蘇天爵《元朝名臣事略．樞密趙文正公》：「今聞其父已死，誠立之為王，遣送還國，世子必感恩戴德，願修臣職。」

【雷厲風行】形容政事法令執行得嚴厲迅速；也形容聲勢猛烈，行動迅速。北宋．曾鞏〈亳（bó）州謝到任表〉：「昭不殺之武，則雷厲風行。」（昭：表明，顯示；武：兵威）

【歲不我與】《論語．陽貨》載：陽貨勸孔子任職説：「日月逝矣，歲不我與。」（逝：過去；與：給予）意思是時間過去，就不會再給我們了。指人不要浪費寶貴的時間。也説「時不我與」。

【歲寒然後知松柏之後雕】語出《論語．子罕》。雕：通「凋」。到嚴寒的時候，才知道松柏是最後凋零的。指經過嚴酷環境磨煉，方能識別人才。

【業精於勤，荒於嬉】 唐·韓愈〈進學解〉:「業精於勤，荒於嬉；行成於思，毀於隨。」指學業由於勤奮而精通，由於嬉笑玩耍而荒廢；事情由於慎重思考而成功，由於隨便、怠惰而毀滅。說明了只有勤奮好學，才能成就事業的道理。

【當仁不讓】 面對應該做的事情時不謙讓不推辭。《論語·衛靈公》:「當仁不讓於師。」孔子說當面臨着維護仁德的時候，就是在老師面前也不必謙讓。

【當局者迷，旁觀者清】 正在下棋的人往往會迷惑不清，不如在旁邊觀看的人對棋局的形勢看得更清楚。比喻當事人因直接涉及利害得失，有時難以對事情作出客觀而正確的判斷，反而不如局外人認識清醒。

【愚者暗於成事，知（zhì）者見於未萌】 語出《商君書·更法》。暗：不明了；知：古同「智」；萌：發生。愚昧的人對已經成功的事情也不清楚是怎麼成功的，有見識的人在事情沒有發生前就已經預見到了。

【路不拾遺】 遺：指丟失在路上的東西。沒有人拾取掉在路上的東西。形容社會風氣良好。漢·賈誼《新書》:「鄒國之治，路不拾遺。」也說「道不拾遺」。

【置於死地而後生】 身處絕境而奮力拚搏才能生存發展。參見357頁「投之亡地然後存，陷之死地然後生」。

【罪莫大於不孝】《孝經》:「子曰：『五刑之屬三千，而罪莫大於不孝。』」〔五刑：指墨（刺面）、劓（yì，割鼻）、剕（fèi，斷足）、宮（去勢）、大辟（殺頭）五種刑法〕意思是在所有的罪行中，不孝是最大的罪行。

【節用裕民】 語出《荀子·富國》。裕：使富裕。節約費用，使民眾富裕。

【節欲則民富，中（zhòng）聽則民安】 語出《晏子春秋·內篇問下七》。中聽：指斷訟得當。節制無休止的貪欲，百姓就能富裕；判斷訟事無差錯，百姓就能心安。這是晏子對齊景公的忠告，要求統治者生活要節儉，處理訴訟案件要公正。

【與人為善】《孟子·公孫丑上》:「取諸人以為善，是與人為善者也，故君子莫大乎與人為善。」（與：偕同）偕同他人共做好事。後多指善意幫助人或幫助人進步。

【與民同樂】 語出《孟子·梁惠王上》。君王實行仁政，與百姓休戚與共，同享幸福。後指官員與民眾共享歡樂。

【與民更始】指帝王即位與民眾共同開創新局面。《漢書．武帝紀》：「其赦天下，與民更始。」（更：更新；始：開始）

【與時俱進】與時代一同前進。指永遠保持不斷進取的精神，跟上時代的步伐。清代乾隆年間，著名學者姚鼐（nài）應兩淮鹽運使朱孝純之請，主持揚州梅花書院。時任揚州知府的謝啟昆慕姚之名，請他為自己的詩文集作序。姚在序文中說：「十餘年先生所造，與時俱進。」（造：創作）熱情讚揚了謝的創新、進取精神。

【與善人居】西漢．劉向《說苑．雜言》：「孔子曰：『與善人居，如入蘭芷之室，久而不聞其香，則與之化矣；與惡人居，如入鮑魚之肆，久而不聞其臭，亦與之化矣。』」（鮑魚之肆：賣鹹魚的店鋪。比喻壞人聚集的地方）意思是同善人相處，會被同化成為善人；同惡人相處，就會被同化成為惡人。強調環境對人的成長有重要的影響。

【傳道授業解惑】唐．韓愈〈師說〉：「古之學者必有師。師者，所以傳道受業解惑也。」（受：同「授」）向學生傳授聖賢的學說，傳授學業、技藝，解除他們的疑惑。意思是教師要從思想道德、知識能力等各個方面教導學生。

【毀瓦畫墁（màn）】墁：牆壁上的塗飾。打碎屋瓦，在新粉刷的牆壁上亂畫。比喻一種毀棄原有文化而自己又無所建樹的有害行為。

【毀家紓（shū）難】語出《左傳．莊公三十年》。毀家：指捐獻家中資財；紓：解除。捐獻全部家產，解救國難。清．吳趼（jiǎn）人《通史》二十五回：「某等願從眾志，毀家紓難，興復宋室。」

【傾囊相助】倒出口袋裏所有的錢物幫助別人。形容慷慨助人。清．蒲松齡《聊齋志異．青梅》：「無已，我私蓄數金，當傾囊相助。」

【傷人乎？不問馬】《論語．鄉黨》記載：孔子家的馬棚失火了，孔子從朝廷回來問：「傷人了嗎？」沒有問馬的事。當時的一匹馬，相當於現今的一輛好車甚至更貴重，然而孔子最關注的是養馬人的安危，凸顯孔子愛人和尊重人的生命的思想品德。

【微邪，大邪之所生也】語出《管子．權修》。邪：不正當的。小的邪念和做小的壞事，是產生大邪念、做大壞事的根源。揭示防微杜漸的意義。

【微言大義】微言：精微的言辭；大義：有關詩書禮樂諸經的要義。西漢．劉歆（xīn）〈移讓太常博士書〉：「及夫子歿（mò）而微言絕，七十子卒而大義乖。」原指用精當的言辭闡述儒家的經典要義；現指含蓄的語言中包含的十分深刻的道理。

【愛人利人者，天必福之】愛護別人、有益於別人的人，上天必定賜福於他。《墨子·法儀》：「愛人利人者，天必福之；惡（wù）人賊人者，天必禍之。」（福：賜福；惡：憎恨；賊：傷害；禍：降禍）這是墨子「兼愛」思想的體現。

【愛人者，人亦從而愛之；利人者，人亦從而利之】語出《墨子·兼愛》。愛護別人的人，別人也隨之愛護他；把好處給別人的人，別人也會把好處給他（從：隨着，接着）。指發揚仁愛精神、做好事會有好的回報。

【愛才若渴】愛慕賢才，急欲求得，就像口渴急於喝到水一樣。清·葉燮（xiè）《原詩·外篇上》：「疾惡甚嚴，愛才若渴，此韓愈之面目也。」

【愛民如子】愛護百姓就像對待自己的子女一樣。儒家的執政理念中，自古就有保民、裕民、以民為本、民貴君輕的思想，認為只有愛護人民，社會才能安定，政權才可以長久。

【愛民如身】愛民如同愛自身一樣。東漢·荀悅《申鑒·雜言上》：「愛民如身，仁之至乎？」

【愛屋及烏】比喻喜歡某個人，連帶着也喜歡跟此人有關的人或物。《尚書·大傳》：「愛人者，兼及其屋上之烏。」《孔叢子》：「若夫顧其遺嗣，得與群臣同受釐（xī）福，此乃陛下愛屋及烏，惠人之道。」（釐福：幸福）

【愛賢念舊】愛慕賢者，思念故舊（舊：故舊，老朋友）。南宋·陳亮〈與韓子師侍郎〉：「愛賢念舊之心，不自知其為僭（jiàn，超越本分）也。」

【飽食終日，無所用心】《論語·陽貨》：「飽食終日，無所用心，難矣哉！不有博奕者乎？為之，猶賢乎已。」指整天吃飽了飯，什麼心思也不用的養尊處優、無所事事的生活方式。

【解民倒懸】語出《孟子·公孫丑上》。倒懸：頭朝下倒掛着。比喻把民眾從苦難中解救出來。

【誠於中，形於外】語出《禮記·大學》。意思是一個人如果內心真誠，能夠從他的外在行為上表現出來。

【義無反顧】為了正義絕不猶豫退縮，只能勇往直前。《史記·司馬相如列傳》：「夫邊郡之士……觸白刃，冒流矢，義不反顧，計不旋踵，人懷怒心，如報私仇。」（旋踵：掉轉腳跟，這裏指退卻）

【慈母有敗子】語出《韓非子·顯學》。慈善的母親如果溺愛孩子，就會有不成材的敗家之子。常用於警示做父母的不可過分溺愛孩子。

【溫故知新】《論語・為政》:「溫故而知新,可以為師矣。」孔子説溫習舊知識,同時獲得新知識,這樣的人可以做老師了。指復習學過的知識,可以得到新的認識;也指重溫歷史經驗,更好地認識現在。

【慎言慎行】《論語・為政》:「多聞闕(quē)疑,慎言其餘,則寡尤;多見闕殆(dài),慎行其餘,則寡悔。」(闕疑:保留有疑惑的問題,不妄作推斷;尤:過失;闕殆:不做危險的事)意思是多聽別人意見,自己保留有懷疑的地方,對於可確定的問題也要謹慎表達,才能避免過失;同樣,遇事要多觀察了解,不做無把握的事情,可確定、有把握的事情也要謹慎實行,這樣才能無後悔。後以「慎言慎行」指言論、行動都要慎重對待。

【慎所樹】《韓非子・外儲説左下》中記載:趙簡子對陽虎説,您種植橘柚,吃起來是甜的,聞上去是香的,可種植帶刺的樹木,長大後卻會刺傷人的。所以,您栽培植物要慎重。後用「慎所樹」比喻選拔培養人才要慎重。

【慎思篤(dǔ)行】《禮記・中庸》:「博學之,審問之,慎思之,明辨之,篤行之。」意思是要想達到理想的學問境界和人生境界,就必須廣博地學習,審慎地詢問,慎重地思索,明晰地辨析,踏實地履行。後用「慎思篤行」指慎重地思考問題並切實付諸實踐。

【慎終追遠】居父母喪和祭祀祖先,要依禮盡哀、恭敬虔誠。《論語・學而》:「曾子曰:『慎終追遠,民德歸厚矣。』」(終:死,這裏指父母去世;遠:指祖先;民德:百姓的道德)

【塞翁失馬】《淮南子・人間訓》中説:住在邊塞的一位老人走失了一匹馬,人們都來安慰他。他説:「怎麼知道這就不是福呢?」後來這匹走失的馬果然帶着胡地的好馬回來了。後用「塞翁失馬」比喻禍福相倚,壞事也可能變成好事。

【群而不黨】《論語・衛靈公》:「君子矜而不爭,群而不黨。」(矜:莊重;黨:結黨)意思是君子莊重而不與人相爭,與人團結和睦但不拉幫結派。

【經師易遇,人師難遭】語出東晉・袁宏《後漢紀》。經師:漢代指講授經書的學官,後也指傳授經學的教師;人師:指道德、學問等各方面都可以為人表率的教師;遭:遇到,逢。認真從事教育教學的教師容易尋找,而在道德、學問等各方面都可以為人表率的教師就很難得到了。也説「經師易求,人師難得」。

【遠水不救近火】《韓非子・説林上》:「失火而取水於海,海水雖多,火必不滅矣,遠水不救近火也。」用很長時間去取距離很遠的海水,救不了近處的火災。比喻用緩慢的方法救不了眼前的急;也比喻方法不當,將於事無補。也說「遠水不救近渴」。

【遠親不如近鄰】元·秦簡夫《東堂老》（雜劇）：「豈不聞遠親呵不似我近鄰。」遠處的親戚不如近處的鄰居。說明關係親疏不能以有沒有姻親或血緣關係為標準。

【嘉言懿（yì）行】指能使人受到教益的美好的言語和行為。清·方苞〈先母行略〉：「每作，晝夜語不休，然皆幼所聞古嘉言懿行，及侍父母時事。」（作：起身）

【臺榭（xiè）相望者，亡國之廡（wǔ）也】語出《管子·七臣七主》。榭：建在高臺上的房屋；廡：堂下四周的走廊。樓臺亭榭相連不斷，那是亡國的房屋遊廊。揭示了大興土木、過於奢華，將會勞民傷財，甚至導致國家衰亡的道理。

【蔽公者謂之昧，隱賢者謂之妒】語出《荀子·大略》，蔽：埋沒；昧：愚昧，糊塗。埋沒公正的人，是愚昧；隱瞞賢能的人，是忌妒。

【兢兢業業】①形容小心恐懼的樣子。《尚書·皋陶（gāo yáo）謨》：「兢兢業業，一日二日萬幾。」（兢兢：戒慎；業業：危懼；萬幾：執政者處理的各種重要事務）《漢書·元帝紀》：「今朕獲保宗廟，兢兢業業，匪敢懈怠。」②形容小心謹慎、勤懇踏實。《紅樓夢》第十四回：「於是寧府中人才知鳳姐厲害，自此兢兢業業，不敢偷安。」

【輕車簡從】行裝簡單，隨員不多。形容官員出行時不事鋪張。清·劉鶚《老殘遊記》第八回：「他就向縣裏要了車，輕車簡從的向平陰進發。」

【輕財重士】輕視錢財，尊重有知識、有才幹的人。《三國志·吳志·張溫傳》：「父允，輕財重士，名顯州郡。」

【輕諾寡信】語出《老子》六十三章。隨便對人做出承諾，就往往很少堅守信用。多用來批評言而無信、光說不做的現象或作風。

【對牛彈琴】《續燈錄·汝能禪師》：「對牛彈琴，不入牛耳。」指禪師說法不對根機（性情），達不到效果。後用以比喻對聽不懂道理的人講道理或對外行人講內行話。今多用來譏笑說話的人不看對象。

【聞過則喜】《孟子·公孫丑上》：「孟子曰：『子路，人告之以有過則喜。』」子路聽到別人指出他的過錯便很高興。後用「聞過則喜」指虛心聽取批評，從諫如流。

【嘔（ǒu）心瀝（lì）血】「嘔心」指把心吐出來。南朝梁·劉勰（xié）《文心雕龍·隱秀》：「嘔心吐膽，不足語窮。」「瀝血」指滴血以示竭誠。唐·韓愈〈歸彭城〉詩：「刳（kū）肝以為紙，瀝血以書辭。」（刳：剖開，挖空）

後以「嘔心瀝血」形容窮思苦索，費盡心血。

【疑今者察之古，不知來者視之往】語出《管子．形勢》。往：從前的，過去的。對當今的事有疑慮，可以去考察古代的情況；對未來的事不知曉，可以去考察從前的情況。揭示了借鑒以往經驗的道理。

【疑行（xíng）無成，疑事無功】語出《商君書．更法》。疑行：猶豫不決地行動；疑事：猶豫不決地做事。行動猶豫不決就不會有成果，做事猶豫不決就不可能完成。指出處事應迅速果斷，決不能遲疑動搖。

【誨人不倦】語出《論語．述而》。教導人不知疲倦。形容教育人非常有耐心。《北史．高允傳》：「恂恂善誘，誨人不倦，晝夜手常執書，吟詠尋覽。」（恂：通「循」；恂恂：有步驟的樣子）

【彰善癉（dàn）惡】彰：表彰；癉：憎恨，斥責。表彰善良，斥責邪惡。《尚書．畢命》：「彰善癉惡，樹之風聲。」（樹之風聲：樹立良好的社會風氣）

【齊心協力】《後漢書．王常傳》：「於是諸部齊心同力，銳氣益壯。」後用「齊心協力」形容思想一致，共同努力。

【齊勇如一，政之道也】語出《孫子兵法．九地》。政：這裏指治理、領導；道：指符合事理或規律。意思是要使將士們像一個人似的齊心協力奮勇作戰，關鍵是主帥領導得法、指揮正確。

【養心莫善於寡欲】語出《孟子．盡心下》。修養內心的方法，沒有比減少欲望更好的了。體現了孟子清心寡欲的主張。

【精益求精】《論語．學而》：「《詩》云：『如切如磋，如琢如磨。』」南宋．朱熹注：「《詩．衛風．淇奧（yù）》之篇，言治骨角者，既切之而復磋之；治玉石者，既琢之而復磨之。治之已精，而益求其精也。」後用「精益求精」形容好了還要求更好；力求完美。清．趙翼《甌北詩話．七言律》：「蓋事之出於人為者，大概日趨於新，精益求精，密益加密。」

【弊絕風清】北宋．周敦頤〈拙賦〉：「天下拙，刑政徹，上安下順，弊絕風清。」（拙：質樸自然）弊病根絕，風氣煥然一新。形容社會風氣好。也說「風清弊絕」。

【榮辱之責在乎己，而不在乎人】語出《韓非子．大體》。名譽的好壞在於自己的所作所為，而不在於別人。

【滿腹經綸】經綸：經過整理的蠶絲，比喻治國的才能。形容人富有政治才能或很有學問。明．馮惟敏《海浮山堂詞稿・一》:「論英雄何必老林泉，滿腹經綸須大展，休負了蒼生之願。」

【寬以待人】以寬容、寬厚的態度對待別人。《三國演義》第六十一回:「某素知劉備寬以待人，柔能克剛，英雄莫敵。」

【寬宏大量】待人寬厚，度量很大。清・李漁《奈何天・計左》:「多蒙袁老爺寬洪大量，不怪小人，也就感恩不盡了。」也作寬洪大量。

【寬則得眾】語出《論語・陽貨》。待人寬厚，就會得到眾人的擁護。參見 58 頁「惠」。

【寧（nìng）死不屈】寧可捨棄生命也決不屈服。明・趙弼（bì）〈宋進士袁鏞忠義傳〉:「以大義拒敵，寧死不屈，竟燎身於烈焰中。」

【寧（nìng）為玉碎，不為瓦全】寧可做玉器而被打碎，也不做瓦器而被保全。比喻寧可為正義事業犧牲生命，也不喪失氣節，苟且偷生。《北齊書・袁景安傳》:「豈得棄本宗，逐他姓？大丈夫寧可玉碎，不能瓦全。」

【實事求是】從實際情況出發，恰如其分地、正確地對待和處理問題。《漢書・河間獻王劉德傳》:「河間獻王德以孝景前二年立，修學好古，實事求是。」後也指根據實際求索真理。

【盡人事】盡力做好所能做的事。常與「聽天命」或「待天命」連用，説作「盡人事，聽天命」或「盡人事，待天命」。表示人只能做好所能做的事情，能否取得成功，取決於是否具備其他條件。北宋・胡寅〈致堂讀書管見〉:「盡人事而待天命。」

【盡心竭力】費盡心思，使出一切力量。《南史・柳仲禮傳》:「汝君父在難（nàn），不能盡心竭力，百代以後，謂汝為何。」

【盡地力之教（xiào）】語出《史記・孟子荀卿列傳》。地力：土地的產出能力；教：通「效」，指效果、功效。最大限度地發揮地力的功效。這是戰國初期魏國法家李悝（kuī）關於鼓勵農耕、發展農業的經濟主張。

【盡善盡美】語出《論語・八佾》。善和美達到了極致。孔子讚美《韶》樂（舜時樂曲名）優美極了，表現的內容好極了，思想內容與藝術形式達到完美統一。後用「盡善盡美」形容事物完美無缺。

【網開一面】把捕捉禽獸的網打開一面。比喻採取寬容態度給人留下一條出路。清・李綠園《歧路燈》第九十三回:「老先生意欲網開一面，以存忠厚之意，這卻使不得。」

【適可而止】做到適當的程度就停下來。指做事不要過分。《東周列國志》

第七十回：「所以然者，由我王能恤民力，適可而止，去其醉飽過盈之心故也。」

【慧者心辨而不繁說】《墨子．修身》：「慧者心辨而不繁說，多力而不伐功，此以名譽揚天下。」意思是聰明人心如明鏡卻不過多言語，能幹實事卻不邀功爭賞，這就是他們名揚天下的原因。

【耦（ǒu）俱無猜】《左傳．僖（xī）公九年》：「送往事居，耦俱無猜。」（往：死者；事：侍奉；居：生者；耦：古同「偶」，雙、二；猜：猜忌，嫉恨）意思是死者與生者對我都沒有猜忌。後泛指兩方面都不猜疑。

【駟不及舌】語出《論語．顏淵》。駟：四匹馬同駕一輛車。一句話說出口，四匹馬拉的車也追不回，即「一言既出，駟馬難追」。比喻已說出的話難以收回，要對自己說的話負責。

【撥亂反正】《公羊傳．哀公十四年》：「撥亂世，反諸正，莫近諸《春秋》。」（撥：治；反：返回）糾正錯誤，治理混亂，使回到正確軌道，恢復正常秩序。《漢書．禮樂志》：「漢興，撥亂反正，日不暇給（jǐ）。」

【賢者在位，能者在職】語出《孟子．公孫丑上》。意思是讓賢德的人居於掌權的地位，有才幹的人擔當合適的職務。

【憂以天下】以天下為憂，時刻關心國家的命運。《孟子．梁惠王下》：「樂以天下，憂以天下。」反映了儒家把國家、民族的利益擺在首位，總是為國家的前途、命運擔憂以及與民同樂同憂的精神。

【憂國憂民】為國家和民族的命運而擔憂。北宋．范仲淹〈謝轉吏部侍郎表〉：「進（仕進，做官）則盡憂國憂民之誠，退則處樂天樂道之分（本分）。」

【賞不加於無功，而誅必行於有罪者】語出《韓非子．奸劫弒（shì）臣》。賞賜不給予沒有功勞的人，而誅罰必須施加給犯罪的人。指治國應恩威並重，有賞有罰。

【賞不欲僭（jiàn），刑不欲濫】語出《荀子．致士》。僭：超越本分，過分。獎賞不要過分，刑罰不要濫用。是說賞罰要適當，掌握好分寸。

【賞罰分明】該賞的就賞，該罰的就罰，處理清楚明白。《漢書．張敞傳》：「敞為人敏疾，賞罰分明。」也說「賞罰嚴明」。

【賞罰者，邦之利器也】語出《韓非子．喻老》。獎賞和處罰是治理國家的精良工具。

【數（shǔ）典忘祖】《左傳．昭公十五年》記載：春秋時晉國大夫籍談出使周朝，周景王問晉國為什麼沒有進獻貢品。籍談回答說因為晉國從來沒有受到過周王室的賞賜。周景王歷數晉國從始祖唐叔起受賞的事實，責備籍談身為晉國司典（掌管典籍文書的官）的後代，卻連這些史實都不知道，是「數典而忘其祖」（談論典章制度，卻忘了祖先的職守）。後用「數典忘祖」比喻忘掉自己本來的情況或事物的本源；也比喻對本國歷史的無知。

【儉節則昌，淫佚則亡】語出《墨子．辭過》。儉省節約會興旺昌盛，荒淫放蕩會導致敗亡。這是墨子「非樂（yuè）」思想的體現。

【樂天知命】《周易．繫辭上》：「樂天知命，故不憂。」（樂天：順應自然）意思是，樂於服從天道的支配，知守命運的安排，所以沒有任何憂慮。這是一種宿命論觀點。今也指順其自然，安於自己的處境。

【樂民之樂】《孟子．梁惠王下》：「樂民之樂者，民亦樂其樂；憂民之憂者，民亦憂其憂。」意思是國君如果樂於做民眾喜愛的事情，民眾也會樂於做國君喜愛的事情；國君擔憂民眾憂慮的事情，民眾也會擔憂國君憂慮的事情。

【樂而不淫，哀而不傷】《論語．八佾（yì）》：「〈關雎（jū）〉樂而不淫，哀而不傷。」（〈關雎〉：《詩經．國風》首篇，寫一男子追求少女的情思；淫：過度，沒有節制）孔子說〈關雎〉這首詩快樂而不放蕩，憂哀而不悲傷。朱熹解釋說，哀、樂是人的本性極致，能哀能樂、不失其節才是正道。

【樂善好施】樂於做好事，喜歡把財物分給貧苦的人。《史記．樂（yuè）書論》：「聞徵（zhǐ）音，使人樂善而好施；聞羽音，使人整齊而好禮。」（徵音：古代五音之一，相當於簡譜的「5」；羽音：古代五音之一，相當於簡譜的「6」）

【德不孤，必有鄰】語出《論語．里仁》。有道德的人不會孤獨，必定會有很多和他親近的人。

【德者，本也】道德是做人的根本。西漢．戴聖《禮記．大學》：「德者本也，財者末也。」（末：枝節，末梢）意思是道德就像樹幹，財富就像樹梢。

【德高望重】品德高尚，聲望卓著。指人在社會上享有很高的威望。《晉書．簡文三子傳》：「元顯因諷禮官下議，稱己德隆望重，既錄百揆（kuí），內外群僚均應盡敬。」（諷：暗示；下議：交下面討論；錄：統領；揆：官）

【德禮誠信，國之大綱】講道德、遵禮儀、守誠信，是治理國家的根本。《新唐書．魏徵傳》記載：魏徵給唐太宗上書說，治理國家基於德、禮，保於誠、信。誠、信立，則天下人沒有二心；德、禮行，則偏遠地方的人也來歸順。

【鋤強扶弱】 鏟除強暴，扶助弱小。陶成章《浙案記略》上卷第一章：「金華曹阿狗善拳勇，性喜鋤強扶弱。」

【慶父（fǔ）不死，魯難未已】《左傳．閔公元年》：「不去慶父，魯難未已。」（慶父：魯莊公的弟弟，為人專橫，謀爭君位不成，於魯莊公病死後，唆使人相繼殺害了兩位新君，使魯國陷入災難；已：停止）意思是如果不除去慶父，魯國的災難就不會停止。後用「慶父不死，魯難未已」比喻不把製造禍亂的罪魁除掉，就不得安寧。也指罷免或清除為害的關鍵人物。

【潔己自好（hào）】 潔身：使自身純潔。保持自身純潔，自愛自重，不同流合污。清．方苞《方望溪先生全集．劉齊》：「太學生雖有潔己自好者，而氣概不足動人。」也說「潔身自愛」「潔身自好」。

【潛移默化】 指人的思想或性格不知不覺受到感染、影響而發生了變化。本作「潛移暗化」。北齊．顏之推《顏氏家訓．慕賢》：「潛移暗化，自然似之。」後多用「潛移默化」。清．龔自珍〈與秦敦夫書〉：「士大夫多瞻仰前輩一日，則胸長一分丘壑；長一分丘壑，則去一分鄙陋；潛移默化，將來或去或處，所以益人家邦、移風易俗不少矣。」

【憤世嫉俗】 憤：憎惡，痛恨；嫉：厭惡；俗：世俗。憤恨憎惡社會上的不良風氣和習俗。

【憐貧惜老】 同情愛護貧苦年老的人。《紅樓夢》第四十二回：「劉姥姥說：『難得老太太和姑奶奶並那些小姐們，連各房裏的姑娘們，都這樣憐貧惜老照看我。』」

【審其所好（hào）惡（wù），則其長短可知】 語出《管子．權修》。審：審視，考查；長短：長處與短處。觀察一個人的愛好與厭惡，就能知道這個人的長處與短處。

【審時度（duó）勢】 度：推測，估計。仔細研究時局，正確估計形勢的發展。明．張居正〈與李太僕漸庵論治體〉：「然審時度勢，政固宜爾，且受恩深重，義當死報，雖怨誹有所弗恤也。」（恤：顧念）

【窮則思變】《周易．繫辭下》：「窮則變，變則通，通則久。」原指事物到了盡頭就會發生變化。後用「窮則思變」指人到了極端艱難困苦、無路可走的時候，就會被迫尋求出路，力求改變現狀。

【窮根究底】 窮：徹底追究。深入探求事物的根源底細。指弄清事物的來龍去脉。

【窮寇勿追】語出《孫子兵法・軍爭》。窮：處境困難。意思是對陷於困境、無路可退的敵軍不要催逼追趕，以免敵軍情急反撲，反而造成我方損失。今常用來比喻不可逼人太甚。

【窮源溯流】源：源頭；溯：逆流而上。比喻深入探究事物發生的根源及其沿革流變。清・何世璂（qí）《燃燈記聞》：「為詩要窮源溯流，先辨諸家之派。」

【履不必同，期於適足；治不必同，期於利民】語出清・魏源《默觚（gū）下・治篇五》。履：鞋；期：盼望；治：治理。鞋不必都一樣，但要適合於腳；治理模式不必都一樣，但要有利於民眾。意思是一切措施、計劃等都要從實際需要出發，以期取得實效。

【駕輕就熟】語出唐・韓愈〈送石處士序〉。駕輕車，走熟路。比喻對事情熟悉，做起來容易。

【緣木求魚】爬到樹上去找魚。比喻方向或辦法不對，不可能達到目的。《孟子・梁惠王上》：「以若所為，求若所欲，猶緣木而求魚也。」（緣木：爬樹）

【選賢任能】選拔和任用品德好、有才能的人。《禮記・禮運》：「大道之行也，天下為公，選賢與（jǔ，通『舉』）能，講信修睦。」明・余繼登《典故紀聞》卷九：「朕嗣承祖宗大統，維新治理，以安民生，選賢任能，尤為切要。」

【擇善而從】選擇好的正確的，跟着學或做。《論語・述而》：「三人行，必有我師焉。擇其善者而從之，其不善者而改之。」（從：跟從，學習）

【薪盡火傳】《莊子・養生主》：「脂窮於為薪，火傳也，不知其盡也。」意思是用油脂做成的火把一支接着一支燒下去，沒有窮盡的時候，火永遠也不會熄滅。比喻師生傳授，知識一代接着一代一直傳下去。

【樸實無華】樸素實在而不浮華。《元史・兀古孫澤傳》：「常曰：『非儉無以養廉，非廉無以養德。』身一布衣數年，妻子樸素無華，人皆言之，澤不以為意也。」

【橘生淮南則為橘，生於淮北則為枳（zhǐ）】《晏子春秋・內篇》：「橘生淮南則為橘，生於淮北則為枳，葉徒相似，其實味不同。所以然者何？水土異也。」（枳：落葉灌木或小喬木，果實小球形，味酸，與橘不是同一種植物；徒：只，僅僅）橘子樹長在淮河以南是橘，長在淮河以北是枳，橘和枳只是葉子相似，它們果實的味道不同。為什麼會這樣呢？是因為水土不一樣。比喻社會環境變了，人的品性也會改變。

【機不可失，時不再來】 語出《舊五代史．安重榮傳》。機會不可以喪失，一旦喪失了，有利的時機就再也不會來了。指好時機難得，不可錯過。

【融會貫通】 融合多方面的知識或道理，從而得到全面透徹的理解。《朱子全書．學三》：「舉一而三反，聞一而知十，乃學者用功之深，窮理之熟，然後能融會貫通，以至於此。」

【勵精圖治】 勵精：振奮精神。振奮精神，想方設法把國家治理好。元．馬致遠《江州司馬青衫泪》：「勵精圖治在勤民，宿弊都將一洗新。」（宿弊：積弊）也說「勵精求治」。

【歷覽前賢國與家，成由勤儉敗由奢】 語出唐．李商隱〈詠史〉詩。意思是盡看前朝舊事，成功來自勤儉節約，而奢侈浪費最終會導致國破家亡。

【奮起直追】 奮：鳥振翅起飛，指奮勇。形容振作起來，奮勇趕上。

【奮發圖強】 奮發：精神振作，情緒飽滿；圖：謀求。振奮精神，努力工作，以謀求強盛。

【殫精竭慮】 用盡精力和心思。唐．王涯《說元五篇．立例》：「後學觀覽，不知其然，殫精竭智，無自而入。」

【戰勝不復】 語出《孫子兵法．虛實》。復：再次。指一次獲勝（的戰法），不能照原樣再用第二次。即每次打勝仗所採取的戰術都不應簡單重複，而是根據不同情況靈活運用、隨機應變。

【積羽沉舟】 語出《戰國策．魏策一》。羽毛雖輕，積累多了，也能使船沉沒。比喻小禍患積累起來可導致大災難。北宋．蘇軾〈杭州召還乞郡狀〉：「古人有言：『聚蚊成雷，積羽沉舟。』言寡不勝眾也。」

【積德累功】 指積聚仁德，多創功勛業績。《太上感應篇》卷一：「積德累功，慈心於物。」

【舉一反三】《論語．述而》：「舉一隅不以三隅反，則不復也。」（隅：方形物體的角；反：類推）孔子說，告訴學生四個角中的一個角，他卻不能推想出另外三個角，我就不再教他新的知識了。後以「舉一反三」表示從一件事情類推而知道很多事情，即觸類旁通。南宋．朱熹〈答胡伯逢書〉：「則復告往知來，舉一反三，聞一知十者皆適。」

【舉重若輕】 舉很重的東西就像舉輕的東西一樣。形容工作能力強，擔負繁重的工作並不感到吃力。清．趙翼《甌北詩話．蘇東坡詩》：「坡詩不尚雄傑一派，其絕人處，在乎議論英爽，筆鋒精銳，舉重若輕，讀之似不甚用力，而力已透十分。」

【興天下之利，除天下之害】 語出《墨子．兼愛》。振興普天下有益的事物，鏟除普天下的禍害。

【興於《詩》，立於《禮》，成於《樂(yuè)》】 語出《論語．泰伯》。孔子說，一個人修養身心，從讀《詩》起步，依靠學禮立身於社會，通過音樂陶冶完成人格修養。

【學不可以已】 語出《荀子．勸學》。已：停止，止住。學習不可以停止。常用於指要持之以恆地學習，否則就會退步。

【學以致用】 學習知識，把知識應用於實際。

【學以致其道】《論語．子張》：「子夏曰：『百工居肆以成其事，君子學以致其道。』」(致：達到。道：仁道，最高道德境界)君子通過學習而達致仁道。儒家所講說的「學」，並不是通常所說的「學習知識，掌握技能」，而是指「學道」，即了解做人的根本道德，這個道德就是仁道。

【學而不化，非學也】 語出南宋．楊萬里《庸言》。學習卻不能夠融會貫通，不是真正意義上的學習。指要深刻理解並靈活運用所學到的知識。

【學而不思則罔(wǎng)】《論語．為政》：「學而不思則罔，思而不學則殆。」(罔：迷惘；殆：疑惑)意思是只是學習而不思考，就會迷惘不解。

【學而不厭，誨(huì)人不倦】 努力學習而不厭煩，教育別人而不知疲倦。《論語．述而》：「默而識之，學而不厭，誨人不倦，何有於我哉？」

【學而知之】 通過學習明白事理。《論語．季氏》：「生而知之者，上也；學而知之者，次也；困而學之，又其次也；困而不學，民斯為下矣。」

【學而時習之，不亦說(yuè)乎】 學：學習為人處世之道；習：溫習，練習，實踐。語出《論語．學而》。學得了道理，按時復習並在實踐中運用，難道不是一件很愉快的事情嗎？

【學如弓弩，才如箭鏃(zú)】 清．袁枚《續詩品．尚識》：「學如弓弩，才如箭簇，識以領之，方能中鵠(gǔ)。」(鵠：目標)學問好比弓弩，才能好比箭頭，用高明的見識引領，才能達到目的。強調見識對於學問的重要性。

【學者非必為仕，而仕者必為學】 語出《荀子．大略》。讀書人不一定都要做官，但為官者必須學習。

【學所以益才也，礪所以致刃也】 語出西漢．劉向《說苑．建本》。學習能使人變得更加有才，就像用磨刀石磨刀使刀變得更鋒利一樣。強調學習對人的重要性。

【學無止境】 學問沒有邊際，學習沒有盡頭。清・劉開〈問説〉:「理無專在，而學無止境也。」

【儒者在本朝則美政，在下位則美俗】 語出《荀子・儒效》。儒者：尊崇儒學的人;美政:使政風美善;美俗:使風俗淳美。尊崇儒學的人，在朝為官會使朝政美善，在民間會使社會風俗淳美。

【獨佔鰲頭】 宋・黃判院〈滿庭芳・壽黃狀元〉:「登瀛，平步上，鰲頭獨佔，頭角軒昂。」(登瀛：登上仙島；鰲頭：皇宮大殿石階上刻的大鰲的頭)科舉時代稱考上狀元。今泛指名列第一或居於首位。

【獨善兼濟】 儒家的人生觀。《孟子・盡心上》:「窮則獨善其身，達則兼善天下。」一個人如果沒有機會實現治國平天下的抱負，那就退而修身，潔身自好；如果有幸參與朝政，那就秉持一貫道德，以天下為務，施行仁政，惠澤百姓。

【獨學而無友，則孤陋而寡聞】 語出《禮記・學記》。寡：少。只是獨自學習而缺少學友之間的交流切磋，那就會知識狹隘，見識短淺。

【諫行言聽】 語出《孟子・離婁下》。諫：下級對上級、晚輩對長輩的不當言行或錯誤決定進行規勸、批評，請求糾正。臣子對君主有勸諫，君主就聽從，有建議，君主就採納。

【親望親好，鄰望鄰好】 親戚之間盼望對方安好，鄰居之間盼望對方安好。意思是要以善良的心地對待別人。

【激流勇進】 船在湍急的水流中勇敢地前進。形容不畏艱險，一往無前。

【激濁揚清】 沖去污水，揚起清水。比喻斥惡獎善。清・顧炎武〈與公肅甥書〉:「誠欲正朝廷以正百官，當以激濁揚清為第一要義。」意思是要興國安邦正百官，必須把除惡揚善、扶正祛邪、弘揚正氣放在第一位。

【避其鋭氣，擊其惰歸】 語出《孫子兵法・軍爭》，惰：懈怠；歸：返回，這裏指退卻。避開敵軍初來時的鋭氣，等到敵軍懈怠或退卻時再狠狠打擊。常用於指選準有利時機，適時出擊。

【避實就虛】《孫子兵法・虛實》:「兵之形，避實而擊虛。」(兵：用兵；形：趨勢，形勢)避開對方實力強大的部分，攻擊他們的虛弱環節。也常用於談問題或處理問題時避開要害和實質，只涉及枝節或表面現象。

【駿馬能歷險，犁田不如牛】 清・顧嗣協〈雜詩〉:「駿馬能歷險，犁田不如牛。堅車能載重，渡河不如舟。」意思是駿馬可以跨越險境，耕地就比不上牛。牢固的車可以承載重物，渡河就比不上船。比喻人各有長處、短處，用人之道重在看人的長處。

【趨利避害】 奔向有利的地方，避開禍患。東漢·霍諝（xū）〈奏記大將軍梁商〉：「至於趨利避害，畏死樂生，亦復均也。」

【鞠躬盡瘁】 語出三國蜀·諸葛亮〈後出師表〉。指恭敬謹慎，竭盡心力。明·宋濂〈先府君蓉峰處士阡表〉：「祖妣（bǐ）夫人與顯考鞠躬盡瘁，誓勿蹶其門。」（蹶：jué，摔倒，比喻敗落）

【優勝劣汰】 原指在生物的生存競爭中，素質優良的繼續生存下去，素質差的被淘汰。今被用於人類社會，泛指在競爭中，強者取勝，弱者被淘汰。也說「優勝劣敗」。

【鍥（qiè）而不捨，金石可鏤（lòu）】 語出《荀子·勸學》。鍥：用刀子刻；捨：放棄，丟下；鏤：雕刻。意思是一直不停地刻下去，毫不放鬆，即使是金屬和玉石也能雕刻成器物。常用於比喻做事要有毅力、有恆心，不要半途而廢。

【謙謙君子】 指謙虛謹慎、彬彬有禮的人。《周易·謙卦·象》：「謙謙君子，卑以自牧也。」（卑以自牧：謙卑自守）

【應（yìng）運而生】 順應天命而降生。今多指順應客觀形勢而出現。唐·王勃〈益州夫子廟碑〉：「大哉神聖，與時回薄（循環相迫），應運而生，繼天而作。」《紅樓夢》第二回：「天地生人，除大奸大惡，其餘皆無大異；若大仁者則應運而生。」

【鴻鵠（hú）之志】 天鵝一飛千里的志向。比喻遠大的志向。《史記·陳涉世家》：「陳涉太息曰：『嗟乎，燕雀安知鴻鵠之志哉！』」

【禮不下庶人，刑不上大夫】 語出《禮記·曲禮上》。指在等級森嚴的宗法社會裏，不要處處用嚴格的禮儀要求庶民百姓，對官員要慎重用刑（以勉勵他們保持名節，自我裁處）。

【禮尚往來】 在禮節上講究有來有往。《禮記·曲禮上》：「禮尚往來。往而不來，非禮也；來而不往，亦非禮也。」現在也指你對我怎麼樣，我也對你怎麼樣。

【禮法兼治，王霸並用】 後人對荀子政治主張的歸納，即禮治與法治結合，王道與霸道並用。參見 9 頁「王霸並用」。

【禮賢下士】 禮賢：敬重有才德的人；下士：降低身份與士人交往。舊指帝王或大臣降低自己的身份禮敬賢德之人並降格與之結交。《紅樓夢》第三回：「且這賈政最喜的是讀書人，禮賢下士，拯溺救危，大有祖風。」今泛指社會地位高的人重視和延攬人才。

【縱情性而不足問學，則為小人矣】語出《荀子・儒效》。放縱自己的本性而不勤奮學習，這就是人品低下的人哪！（情性：本性，荀子認為人的本性「惡」；足：充分；問學：求知，求學）體現了荀子重視學習、克服惡習的思想。

【縱橫捭闔（bǎi hé）】縱橫：合縱連橫；捭闔：開與合。縱橫與捭闔是戰國時期謀士們游説諸侯國國君的政治主張和方法、策略。後多指在外交、政治等方面運用手段進行聯合與分化。也形容言論放縱恣（zì）肆，無拘無束。

【瞽者善聽，聾者善視】語出《陰符經》。盲人一般聽力比較敏鋭，耳聾者一般視力較好。意謂人如果有了某種缺陷，在身體別的部分就會得到相應補償。揭示了置之死地而後生，人或事到了絕境就會出現新的希望的道理。

【藥石之言】石：砭石，古代用來治病的石針和石片。像藥物和砭（biān）石一樣的話。比喻規勸人改正錯誤缺點的話語。清・蒲松齡《聊齋志異・八大王》：「財物過多，耗人精血，損人壽命，此亦藥石之言。」

【覆車之鑒】翻車的教訓。泛指失敗的教訓。東晉・王隱《蜀記》：「隗（kuí）囂憑隴而亡，公孫述據蜀而滅，此皆前世覆車之鑒也。」

【簞（dān）食壺漿，以迎王師】語出《孟子・梁惠王上》。簞：古代盛飯的圓形竹器；食：飯；漿：米湯。百姓用簞盛飯，用壺盛米湯來歡迎、犒勞他們愛戴的軍隊。形容正義之師受到人民群眾的擁護和歡迎。

【歸（kuì）國寶，不若獻賢而進士】語出《墨子・親士》。歸：同「饋」，贈送；進士：推薦賢士。贈送國寶，不如推薦品德好、有才識的人。説明賢士、人才的無比珍貴。

【謹言慎行】語出《禮記・緇（zī）衣》。説話小心，做事謹慎。《宋史・李穆傳》：「質厚忠恪，謹言慎行，所為純至，無有矯飾。」

【謹庠（xiáng）序之教】認真做好學校的教育工作。《孟子・梁惠王上》：「謹庠序之教，申之以孝悌（tì）之義，頒（斑）白者不負戴於道路矣。」（庠序：學校）孟子認為，認認真真地辦好學校，抓好教育，引導年輕人懂得並樂於實踐孝順父母、敬愛兄長的道理，那麼頭髮花白的老人就不必肩扛着沉重的東西趕路了。

【襟懷坦白】形容胸懷坦蕩，光明磊落。清・陳文述〈放牛行同前韻〉：「董君性仁慈，胸懷亦坦白。」

【蟾宮折桂】到月宮去攀折桂枝。科舉時代比喻應試得中。唐・李中〈送黃秀才〉詩：「蟾宮須展志，漁艇莫牽心。」唐・溫庭筠〈春日〉詩：「猶喜故人先折桂，自憐孤客尚飄蓬。」

【懲前毖後】從以前的錯誤或失敗中吸取教訓，使以後謹慎行事，不再重犯。《詩經・周頌・小毖》：「予其懲而毖後患。」南宋・朱熹《詩集傳》注：「懲，有所傷而知戒也。毖，慎。」

【懲惡揚善】懲治邪惡，顯揚善良。參見 415 頁「懲惡勸善」。

【懲惡勸善】懲治邪惡，勸勉從善。《左傳・成公十四年》：「《春秋》之稱微而顯，志而晦……懲惡而勸善，非聖人誰能修之？」亦省作「懲勸」。《舊唐書・于志寧傳》：「大小咸書，善惡俱載，著懲勸於簡牘，寓褒貶於人倫。」

【鵬程萬里】《莊子・逍遙遊》中說：大鵬從北溟（míng）飛往南海，水擊三千里，乘風直上九萬里。後用「鵬程萬里」比喻前程遠大。

【識時務者為俊傑】東晉・習鑿齒《襄陽記》：「劉備訪世事於司馬德操。德操曰：『儒生俗士，豈識時務？識時務者在乎俊傑。』」後以「識時務者為俊傑」表示能認清當前形勢或事情發展趨勢的人才是傑出人物。多用於勸誡人順應時代潮流或趨勢行事。明・梅鼎祚《玉合記・拒間》：「識時務者為俊傑，請元帥三思。」

【譏而不徵】查問而不徵稅。《孟子・公孫丑上》：「關，譏而不徵，則天下之旅皆悦而願出於其路矣。」（關：關卡；譏：稽查，查問）意思是關卡只稽查而不徵稅，那麼天下的商旅都會高興，願意走在這個國家的道路上。這是孟子為吸引「天下之旅」而提出的一項政策。

【廬山真面目】北宋・蘇軾〈題西林壁〉詩：「橫看成嶺側成峰，遠近高低各不同。不識廬山真面目，只緣身在此山中。」後用「廬山真面目」來比喻事物的真相。

【寵辱不驚】無論是受寵還是受辱，都不動心。形容人有很深的涵養，能把得失置之度外。西晉・潘岳〈在懷縣作（其一）〉詩：「春秋代遷逝，四運紛可喜。寵辱易不驚，戀本難為思。」（運：季）

【繩之以法】指依據法律給予制裁。《後漢書・馮衍傳》：「以文帝之明，而魏尚之忠，繩之以法則為罪，施之以德則為功。」（繩：標準，規矩，引申為制裁）

【繩鋸木斷】《太平御覽・器物部・鋸》卷七六三：「水非石之鑽，繩非木之鋸。」意為水非石之鑽卻可穿石，繩非木之鋸卻可斷木。後用「繩鋸木斷」比喻力量雖小，只要持之以恆，就可以達到目的。南宋・羅大經《鶴林玉露》卷十：「一日一錢，千日一千，繩鋸木斷，水滴石穿。」

【飄風不終朝，驟雨不終日】語出《老子》二十三章。暴風颳不完一個早晨，急雨下不了一個整天。泛指來勢兇猛的事物不會長久持續下去，諷喻做事貴在堅持，應持之以恆，不要搞一時的轟動效應。

【觸類旁通】《周易．繫辭上》：「引而申之，觸類而長之，天下之能事畢矣。」（長：增長知識）接觸某一事物並掌握其規律後，就能推知同類的其他事物，從而廣泛知曉。清．章學誠《文史通義．詩話》：「事有是非，辭有工拙，觸類旁通，啟發實多。」

【譽不虛出，而患不獨生】語出《管子．禁藏》。榮譽不憑空產生，憂患不無故出現。揭示了榮譽、禍患都與日常作為密切相關的道理。

【霸王（wàng）之所始也，以人為本】語出《管子．霸言》。霸王：指成就霸業王業。成就霸業王業，要從滿足人民的需求、實現人民的根本利益做起。

【驕兵必敗】語出《漢書．魏相傳》。恃強輕敵的軍隊必定要打敗仗。

【驕倨（jù）傲暴之人，不可與交】語出《管子．白心》。倨：不恭；暴：粗暴。驕橫（hèng）不恭、傲慢粗暴的人，不可同他交往。

【聽其言而觀其行】《論語．公冶長》：「始吾於人也，聽其言而信其行；今吾於人也，聽其言而觀其行。」孔子説，最初我對於別人，聽到他的話就相信他的行為；如今我對別人，聽到他的話還要觀察他的行為。意思是考察一個人的品行，不光聽他說得如何，重要的是要看他做得如何。

【鑒往知來】鑒：觀察，審視；來：未來。審視以往的經驗教訓，便可推知未來的發展變化。

【讀書破萬卷，下筆如有神】語出唐．杜甫〈奉贈韋左丞丈二十二韻〉詩。意思是讀書多，學識淵博，寫起文章來得心應手，如有神助一般。

【讀萬卷書，行萬里路】語出明．董其昌《畫旨》。意思是畫家不僅要多讀書以增長才學，還要去遊歷以開闊視野。現多用於比喻理論要與實踐相結合，做到學以致用。

【麟鳳龜龍】《禮記．禮運》：「麟鳳龜龍，謂之四靈。」（麟：麒麟，傳説中的靈獸；鳳：鳳凰，傳説中的鳥王；龜：傳説中的神龜；龍：傳説中的神異動物）傳説中這四種動物均象徵吉祥、高貴、長壽。今用來比喻品德高尚或傑出的人物，也用來比喻珍稀物品。

【觀俗立法則治，察國事本則宜】語出《商君書．算地》。俗：習俗，這裏指民情；事本：做好根本性的大事，這裏指耕戰。視民情制定律法，國家才能得到治理;察明國情而推行耕戰，才是適宜的。

【觀國者觀君，觀軍者觀將，觀備者觀野】 語出《管子·霸言》。備：儲備；野：田野，這裏指農田。看一個國家，要看國君如何；看一支軍隊，要看將領如何；看一國戰備，要看農田如何。

【蠹（dù）眾而木折（shé），隙大而墻壞】 語出《商君書·修權》。蛀蟲多了，樹木就會折斷；裂縫大了，墻就會倒塌。揭示有害因素多了或者錯誤不及時糾正，就會釀成禍害的道理。

【鑿井者起於三寸之坎，以就萬仞之深】 語出北朝齊·劉晝《劉子·崇學》。坎：坑，地面凹陷處；就：成，成就；萬仞：形容極深或極高。鑿井的人從挖很淺的土坑開始，最後挖成極深的井。指從極細微的積累開始，只要堅持不懈，必然成就事業。

【鸚鵡學舌】《景德傳燈錄·藥山惟儼和尚》:「有行者問:『有人問佛答佛，問法答法，不知是否？』師曰：『如鸚鵡學人話語，自話不得，由無智慧故。』」比喻人云亦云，沒有獨立見解。

【鸞鳳和鳴】 語出《左傳·莊公二十二年》。鸞鳳：傳說中鳳凰一類的鳥。鸞鳥和鳳凰和諧地鳴叫。比喻夫妻關係和諧，感情融洽。如：夜同寢，晝同行，恰似鸞鳳和鳴。

附錄

一、中國歷史四字歌

中華民族，歷史悠長。
三皇五帝，傳位禪讓。
夏禹開始，建立家邦。
湯滅夏桀，國號殷商。
武王伐紂，西周闢疆。
幽王貪色，身死國喪。
平王遷都，東周洛陽。
春秋五霸，齊桓楚莊；
秦穆晉文，還有宋襄。
戰國七雄，各據一方。
即秦楚燕，齊趙魏韓。
嬴政統一，自稱始皇。
反抗暴政，陳勝吳廣。
楚漢相爭，勝者劉邦。
西漢開國，長安稱帝。
新莽篡位，綠林赤眉。
劉秀興兵，反莽殺敵。
再造東漢，洛陽登極。
黃巾起義，分崩離析。
惟魏蜀吳，三國鼎立。
西晉代魏，司馬稱帝。
五族亂晉，干戈不息。
永嘉南渡，東晉是繼。
北十六國，分裂割據。
宋齊梁陳，南方更替。
北有北魏，北周北齊。
南朝北朝，隔江峙立。
楊堅創隋，南北統一。
滅隋建唐，高祖李淵。
安史之亂，黃巢造反。
五代十國，分裂重現。
趙氏篡周，北宋始建。
遼夏女真，覬覦中原。
金襲汴梁，靖康國難。
南宋高宗，遷都臨安。
蒙古崛起，成吉思汗。
忽必烈時，滅宋建元。
順帝腐敗，喪失政權。
洪武建明，定都應天。
成祖永樂，改都順天。
明帝崇禎，自縊煤山。
闖王進京，四十二天。
三桂請兵，清帝入關。
道光以後，列強侵犯。
武昌起義，領袖中山。
建立共和，宣統交權。
老袁竊國，軍閥混戰。
工農革命，帝封俱殲。
各族人民，同掌政權。
華夏文明，史稱五千。

（本文由北京大學教授高明先生撰稿）

二、中國歷代紀元表

夏			約前 2070 — 前 1600
商			前 1600 — 前 1046
周		西周	前 1046 — 前 771
		東周	前 770 — 前 256
		春秋時代	前 770 — 前 476
		戰國時代	前 475 — 前 221
秦			前 221 — 前 206
漢		西漢	前 206 — 公元 25
		東漢	25 — 220
三國		魏	220 — 265
		蜀	221 — 263
		吳	222 — 280
西晉			265 — 316
東晉、十六國		東晉	317 — 420
		十六國	304 — 439
南北朝	南朝	宋	420 — 479
		齊	479 — 502
		梁	502 — 557
		陳	557 — 589
	北朝	北魏	386 — 534
		東魏 534 — 550	北齊 550 — 577
		西魏 535 — 556	北周 557 — 581

隋		581 — 618
唐		618 — 907
五代十國	後梁	907 — 923
	後唐	923 — 936
	後晉	936 — 947
	後漢	947 — 950
	後周	951 — 960
	十國	902 — 979
宋	北宋	960 — 1127
	南宋	1127 — 1279
遼		916 — 1125
西夏		1038 — 1227
金		1115 — 1234
元		1271 — 1368
明		1368 — 1644
清		1644 — 1911
中華民國		1912 — 1949
中華人民共和國		1949 年 10 月 1 日成立

後記

《中華傳統文化簡明詞典》編纂緣起

20 世紀 90 年代，許嘉璐教授任國家語言文字工作委員會主任時，兼任我們「現代漢語規範詞典」編委會主要領導。他離開語委去全國人大常委會擔任副委員長時，囑咐我們一定要把詞典編寫工作堅持下去，隊伍要發展壯大，詞典越編越好，有困難可以去找他。他雖國事繁忙，但仍關心、指導我們工作，抽時間聽取我們彙報。

2013 年歲末，他在聽取我們一年工作彙報後說，希望我們能抓緊時間編一本「傳統文化詞典」。當時大家沒有在意，認為我們無法勝任，也許許先生隨便說說罷了。2014 年春，許先生約我和另外兩位專家談話。他介紹當時相關的情況，特別提出習近平總書記主持工作後，對中國傳統文化的重視，希望我們編一本為青年人學習傳統文化入門的詞典。看許先生當時的決心和信心，此事勢在必行。經我們詞典編寫組研究討論，大家認為有許先生支持指導，群眾學習又需要，於是決定組織力量，着手《中華傳統文化簡明詞典》的編寫工作。

2014 年 6 月中國同聯合國共同在蘇州召開世界語言大會。開幕式上有劉延東副總理的講話和許先生的主題報告。在百忙中，許先生通知下午要單獨找我談話。其時習近平總書記剛剛在北京大學發表了「五四講話」。談起這篇講話，許先生興奮之情溢於言表。他說，習總書記直接引述古聖先賢的至理名言數百字，對祖宗聖賢的治國理念、處世智慧、修身哲學、行為準則充滿着景仰、讚美之情。這是一件了不起的大事情 ——

大學之道，在明明德，在親民，在止於至善；
國無德不興，人無德不立；
國有四維，禮義廉恥；四維不張，國乃滅亡；

格物致知、誠意正心、修身齊家、治國平天下；

民惟邦本、天人合一、和而不同；

天行健，君子以自強不息；

大道之行，天下為公；

天下興亡，匹夫有責；

君子喻於義、君子坦蕩蕩、君子義以為質；

言必信、行必果；人而無信，不知其可也；

德不孤，必有鄰；仁者愛人；與人為善；

己所不欲，勿施於人；出入相友，守望相助；

老吾老以及人之老，幼吾幼以及人之幼；

扶貧濟困，不患寡而患不均；

千磨萬擊還堅勁，任爾東南西北風；

鑿井者，起於三寸之坎，以就萬仞之深；

非學無以廣才，非志無以成學；

見善則遷，有過則改；

學而不思則罔，思而不學則殆；

博學之，審問之，慎思之，明辨之，篤行之；

天下難事，必作於易；天下大事，必作於細。

習總書記說：「像這樣的思想和理念，不論過去還是現在，都有其鮮明的民族特色，都有其永不褪色的時代價值。」

許先生長期從事中國傳統文化的研究、教學和對外傳播交流工作，雖然身為國家領導人，但始終不失「教師」「學者」本色。他敏銳地覺察到，習近平是中國共產黨成立九十多年來第一位充分肯定傳